John Pile A HISTORY OF
INTERIOR DESIGN
インテリアデザインの歴史

John Pile A HISTORY OF
INTERIOR DESIGN
インテリアデザインの歴史
ジョン・パイル

訳
大橋竜太
末永 航
高木陽子
田島恭子
田中厚子
羽生修二
深見奈緒子
星 和彦
安田結子
横山 稔
渡辺真弓

柏書房

訳者一覧（五十音順）

大橋竜太（おおはし・りゅうた）
東京家政学院大学現代生活学部現代家政学科教授（5章）

末永 航（すえなが・こう）
広島女学院大学国際教養学部教授（7章、18章）

高木陽子（たかぎ・ようこ）
文化学園大学大学院生活環境学研究科教授（14章）

田島恭子（たじま・きょうこ）
KYOプランニング・オフィス代表、文化学園大学非常勤講師、朝日カルチャー新宿講師
（12章前半［ヨーロッパ、以下同］、13章前半、15章、20章前半）

田中厚子（たなか・あつこ）
東京電機大学工学部・未来科学部、日本工業大学工学部、武蔵大学人文学部、神奈川大学大学院非常勤講師
（12章後半［アメリカ、以下同］、13章後半、17章、19章、20章後半）

羽生修二（はにゅう・しゅうじ）
東海大学名誉教授（8章）

深見奈緒子（ふかみ・なおこ）
早稲田大学イスラーム地域研究機構招聘研究員（1章、3章、4章）

星 和彦（ほし・かずひこ）
公立大学法人前橋工科大学工学部建築学科教授（2章、9章、10章、11章、用語集）

安田結子（やすだ・ゆうこ）
学校法人根津育英会武蔵学園 武蔵大学・武蔵高校・武蔵中学 国際業務室長。博士（工学）（21章）

横山 稔（よこやま・みのる）
文化学園大学造形学部建築・インテリア学科教授（序文、16章）

渡辺真弓（わたなべ・まゆみ）
東京造形大学名誉教授（6章）

カバー写真（本文19.8）
リチャード・ジョセフ・ノイトラ、ロヴェル邸、ロサンゼルス、1927-1929年、Photo © Michael Freeman

カバー裏写真（本文7.20）
ザンクト・ガレン修道院図書館、ザンクト・ガレン、スイス、1748-1770年、Photo akg-images / Erich Lessing

扉裏写真（本文7.24）
ヨハン・バルタザール・ノイマン、司教館、ヴュルツブルク、ドイツ、1735年、Photo © Paul M. R. Maeyaert

Text © 2000, 2004 John Pile
Translation © 2015 by Kashiwashobo Co., Ltd.
This book was designed, produced and published in 2000 and 2004 by Laurence King Publishing Ltd., London.

A History of Interior Design, 2nd edition
Japanese translation rights arranged with Laurence King Publishing Ltd.,
Through Japan UNI Agency, Inc., Tokyo

原書にはいくつかの記述の間違いならびに図版の取り違えが散見されたが、個々の間違いを注で示すと煩雑となるため、訳者の判断で適宜修正を加えた。

目次

序文　*11*
謝辞　*13*

1　先史時代から初期文明期まで　15

先史時代の内部空間（インテリア）　15

考古学的証拠　15
　拠最初のすみか　15　　ドルメンと古墳　16
部族文化からの証拠　17
　模様とデザイン　19

最初の定住的共同体　20

メソポタミア、シュメール　20
コロンブス以前のアメリカ　21
　北アメリカ　21　　中央アメリカ　23　　南アメリカ　25
古代エジプト　27
　幾何学とプロポーション　27　　エジプトの神殿と住宅　28　　エジプトの家具とその他の内装　30

2　古典古代の文明：古代ギリシャと古代ローマ　33

ミノアとミケーネの文化　33

クノッソス　33
ミュケナイとティリンス　34

ギリシャ　35

神殿　35
世俗建築の室内　37
インサイト：アテナイ人の成長　39

ローマ　39

アーチ、ヴォールト、ドーム　40
野外闘技場と浴場　41
神殿　42
インサイト：古代ローマの生活費　44
世俗建築　45
　家具やその他の室内の調度品　47
ローマの遺産：技術　49

3　初期キリスト教、ビザンティン、そしてロマネスク　53

初期キリスト教のデザイン　53

ビザンティン・デザイン　55
ラヴェンナ　55
インサイト：ラヴェンナのモザイク　56
コンスタンティノープル　57
ハギア・ソフィア　57
世俗建築　59

初期中世：「暗黒時代」　60

ロマネスク様式　61

教会堂建築　62
　ドイツ　62　　イタリア　63　　フランス　63　　イングランド　65　　スカンディナビア　65
要塞と城郭　66
男子修道院と大修道院　67
インサイト：クリュニーの修道院　68
住宅　69
家具やその他のインテリア　70
スペインのロマネスク　72

4　イスラムとアジアの伝統　75

イスラムの影響　75

モスクと宮殿　76

スペインにおけるイスラムの影響　79

　スペインのモスク　79
イスラムの家具　80

インドとパキスタン　83

仏教、ヒンドゥー教、ジャイナ教の建築　83
　ヒンドゥー教と世俗建築　85　　ジャイナ教建築　86
　北型寺院と南型寺院　87
インドにおけるイスラムの影響　87
インサイト：タージ・マハルへのベルニエの解説　88

インドの家具　90
西洋の影響　91
カンボジア　92
タイ　93
インドネシア　94
中国　94
中国建築　95
中国家具　96
朝鮮　98
日本　100
日本家具　102

5　中世後期　105
ゴシック様式の要素　105
新しい建設技術　106
ゴシックの大聖堂と教会堂　109
フランス　109
イングランド　114
ヨーロッパの他の地域　116
ゴシックの世俗建築　118
インサイト：中世建築の建設工事　118
城郭と宮殿　120
中世住宅　123
居住性の革新　123

6　イタリアにおけるルネサンス　129
ヒューマニズムの隆盛　129
ルネサンス人の歴史への関心　130
ルネサンス様式の諸要素　130
初期ルネサンス　132
ブルネレスキ　132
ミケロッツォ　135
アルベルティ　137
盛期ルネサンス　138
ブラマンテ　138
パラッツォ　140
インサイト：ヴァザーリによるパラッツォ・ファルネーゼの説明　141
後期ルネサンスとマニエリスム　144
ミケランジェロ　144
ロマーノ　146
パラーディオ　147
ヴィニョーラ　150

インテリアと家具　150
家具　151
テキスタイル　154

7　イタリアと北ヨーロッパのバロックとロココ　157
バロック様式の要素　157
イタリアのバロック　158
ローマ　158
　ベルニーニ　160　　ボッロミーニ　161
ヴェネツィア　162
　ロンゲーナ　162
トリノ　164
　グアリーイ　164　　ユヴァーラ　164
北ヨーロッパのバロック　165
オーストリア　166
スイス　168
ドイツ　168
家具とその他のインテリア用品　173

8　フランス、スペインにおけるルネサンス、バロック、ロココ　177
フランス　177
初期ルネサンス　179
盛期ルネサンス　180
バロック　185
　ベルサイユ　185
インサイト：ルイ14世とベルサイユ　185
　ルーブル　186　　バロックの教会堂　189
　家具と調度品　190
リージェント様式からロココへ　191
　パリの邸館　192　　プティ・トリアノン　193
　リージェント様式とロココの家具　194
ロココから新古典主義へ　194
アンピール様式　196
インサイト：シャルル・ペルシエとピエール・フランソワ・レオナール・フォンテーヌ：アンピール様式　197
フランス地方様式　199
スペイン　200
プラテレスコ　200
デソルナメンタド　201
チュリゲレスコ　202
家具と他のインテリアの造作　202

9 低地地方とイングランドにおけるジョージ王朝期までのルネサンス 207

低地地方 207
市民の建物 208
個人の住宅 208

イングランド 210
チューダー朝様式 210
エリザベス朝様式 210
 エリザベス朝様式の家具 212
ジャコビアン様式 212
 ジョーンズ 212 ジャコビアン様式の室内家具 215
チャールズ2世からウィリアムとメアリまで 215
 レン 215 チャールズ2世期とウィリアムとメアリ期の室内調度 218
クイーン・アン 219
 クイーン・アンの家具 220
ジョージ王朝期 220
 ロバート・アダムとジェイムズ・アダム 221
インサイト：ロバート・アダムとサイオン・ハウス 222
 ジョージ王朝期のタウン・ハウス 223 その他の建物類型 224 ジョージ王朝期の家具と室内調度 224

10 植民地時代と連邦時代のアメリカ 229

ラテン・アメリカの植民地様式 229
北アメリカのコロニアル様式 231
初期のコロニアル様式の住宅 231
初期コロニアル様式の家具と室内の仕上げ 233
教会堂や礼拝堂 234

アメリカのジョージ王朝期 234
アメリカのジョージ王朝期風住宅 235
アメリカのジョージ王朝期風様式とクイーン・アン様式の家具 239
後期コロニアル様式の公共建築 240

連邦様式 241
ジェファーソン 241
ブルフィンチ 243
ソーントンとラトローブ 243
連邦時代の家具 246
連邦時代のほかの家具調度 248

11 リージェント様式、復興様式、産業革命 251

リージェント様式 251
ナッシュ 251
ソーン 252
リージェント様式の家具 253

復興様式〔リヴァイヴァル〕 254
ギリシャ様式復興 254
 ドイツ 254 イングランド 255 アメリカ 255
ゴシック様式復興 257
 アメリカ 257 イングランド 260

産業革命 262
初期の工業化と考案 263
工業とインテリア 264
鉄とガラス 265
イングランド：パクストン 266
インサイト：クリスタル・パレスの一般的な認識 267
 フランス：ラブルースト、パルタール、エッフェル 268

12 ヴィクトリア女王時代 273

ヴィクトリアン・スタイルのルーツ 273
イギリス 275
大邸宅 275
ミドルクラスの住宅と公共建築 275
 ショウとクイーン・アン・リバイバル 276

ヴィクトリア期のアメリカ 277
大邸宅 279
ヴァナキュラーな住宅のスタイル 280
 シングルスタイル 281 アディロンダック・スタイル 282
シェーカーのデザイン 283
インサイト：シェーカーの哲学 283
初期の高層建築 284
公共建築 287
 ファーネス 287

家具やその他のインテリアの設え 287

13 唯美主義 295

イギリス：アーツ＆クラフツ 295
ラスキンとアーツ＆クラフツのルーツ 295
モリス 295
ウェッブ 298

イギリスのその他デザイナーたち　299
　　**インサイト：ロセッティーと唯美主義
　　ハウス**　299
　　モダニズムへの繋がり　301
　　　　ヴォイジー　301　　マクマード　302　　マッキントッシュ　303
　　アメリカのクラフツマン運動　304
　　スティックレーとロイクロフターズ　304
　　ブラッドリー　305
　　リチャードソン　306
　　グリーン・アンド・グリーンとメイベック　307
　　ヨーロッパ大陸での発展　309
　　ドイツ：ムテジウス　309
　　オランダ：ベルラーヘ　310

**14 アール・ヌーヴォーと
　ウイーン分離派**　313
　　アール・ヌーヴォーの起源と特徴　313
　　ベルギー　314
　　ヴィクトール・オルタ　314
　　インサイト：ヴィクトール・オルタとアール・ヌーヴォー　316
　　ヴァン・ド・ヴェルド　316
　　フランス　317
　　ナンシー派　317
　　エクトール・ギマール　317
　　他のフランスのデザイナー　319
　　スペイン　319
　　ガウディ　319
　　ドイツ：ユーゲント・スティール　320
　　エンデル　320
　　リーマンシュミットとベーレンス　320
　　北欧　321
　　オーストリア：ウイーン分離派　321
　　オルブリッヒ　321
　　ワーグナー　322
　　インサイト：オットー・ワグナーと「モダン建築」　322
　　ホフマン　323
　　ロース　325
　　アメリカ　326
　　ティファニー　326
　　サリヴァン　327

15 折衷主義　333
　　パリのエコール・デ・ボザール　333
　　アメリカ　335
　　重要な建築家やデザイナー　336
　　　　ハント　336　　マッキム、ミード・アンド・ホワイト　338
　　公共建築　339
　　初期の超高層ビル　340
　　インテリアデコレーターの発生　343
　　　　デ・ウルフ　343　　ウッド　345
　　　　マクミラン　345　　他のアメリカのデコレーターたち　345
　　プロフェッショナル業務としての折衷主義　346
　　　　サーリネンとクランブルック・アカデミー　346
　　剥奪古典主義　348
　　大衆のための折衷主義　349
　　　　住宅と集合住宅　349　　家具とアクセサリー　350　　映画館　350
　　ヨーロッパ　351
　　スカンディナビア　352
　　イギリス　353
　　　　ラッチェンス　353
　　インサイト：サー・エドウィン・ラッチェンスと、ニューデリーの総督邸　354
　　オーシャン・ライナーズ（大洋航路の豪華客船）　355
　　折衷主義の広がり　355

16 モダニズムの台頭　357
　　フランク・ロイド・ライト　357
　　前期の作品　358
　　インサイト：フランク・ロイド・ライトの哲学　359
　　デ・スティル　361
　　モンドリアンとファン・ドゥースブルフ　361
　　リートフェルト　362
　　**インターナショナル・スタイルの
　　先駆者たち**　364
　　グロピウスとバウハウス　364
　　ミース・ファン・デル・ローエ　366
　　　　1920年代から1930年代の作品　366
　　インサイト：ミース・ファン・デル・ローエ：トゥーゲンハット邸　367
　　　　アメリカへの移住　369　　後期の作品　369
　　ル・コルビュジエ　370
　　　　パリ時代：機械美への展開　371
　　インサイト：コルビュジエの哲学　371

初期の住宅、大邸宅、集合住宅　372
都市計画　376　　世界大戦後　377
後期作品　378
アールト　380
インサイト：アルヴァ・アールトの想い描いたもの　383

17 アール・デコとインダストリアルデザイン　387

アール・デコ　387
フランス　388
家具のデザイナーたち　388　　テキスタイル・デザイン　389　　大型客船　390
アメリカ　390
ヨーロッパからのデザイナー　390　　デコの建築　392
イギリス　393
スカンディナビア　393

インダストリアル・デザイン　394
ローウィとその他のデザイナー　395
デザイン教育　397

住宅デザイン　398
キッチンとバスルーム　398
照明器具　400
テキスタイル、カーペット、家具　400

18 ヨーロッパにおける初期モダニズムの展開　403
オランダ　404
ドイツとオーストリア　404
イタリア　405
スイス　406
フランス　407
スカンディナビア　408
イギリス　409

19 アメリカのモダニズム　415

建築家とデザイナー　415
ギル　415
ライト：1920年代と1930年代　415
シンドラーとノイトラ　419
レスケーズ　420
グッドウィンとストーン　421
グロピウスとブロイヤー　421
ミース・ファン・デル・ローエ　422
ジョンソン　422
スキドモア、オーウィングズ、メリル　423
エーロ・サーリネン　423
インテリアデコレーション：モダニズムへの対応　423

家具とその他のインテリア造作　426
ノル　426
ハーマンミラー家具会社　427

20 モダニズムの隆盛　431
イタリア　432
インサイト：ジオ・ポンティ；ピレリ・タワー　433
スカンディナビア　433
フランス　436
ドイツ　437
オランダ　437
イギリス　438
アメリカ　438
都市のオフィスビル　443
オフィス計画　444
オフィス家具　445
インテリアデザイナー　446

家具およびその他のインテリアの設え　447
テキスタイル　449

21 現代建築デザイン　453

将来デザインの予言者たち　453
カーン　453
ペリ　456

ハイテク　456
フラー　456
ロジャースとピアノ　457
フォスター　458
インサイト：ロジャース、ピアノとポンピドーセンター　459
スターリング　461
インサイト：ジェームズ・スターリング　462

ポストモダニズム　462
ヴェンチューリとスコット・ブラウン　462
グレイブス　465
ジョンソン　467

ヨーロッパのポストモダン　467

伝統の復活　469
グリーンバーグ　469
スターン　469

後期モダニズム　470
ペイ　470
グワスミーとマイヤー　472

個人主義スタイル　473
スタルク　473
プットマン　475

デコンストラクティビズム　476
アイゼンマン　477
ゲーリー　479

その他のトレンド　480

東西クロスオーバー　480
保存　481
グリーンビルディング　483

新しい世紀　484

用語集　490

参考文献　500

図版クレジット　505

索引　509

序文

現代社会において、人々の生活の多くは内部空間で営まれる。私たちは閉ざされた空間の中にいると、外の空気や空を恋しく思うかもしれないが、それは多くの生活が内部空間で営まれているという現実を表している。私たちの多くは、1日のほとんどの時間を家やアパート、部屋の中で過ごす。"家で"睡眠をとり、食事をし、お風呂に入り、そして自由な時間を過ごす——これこそが、"インテリア"での生活である。仕事もオフィスや工場で行われたり、また特定の目的をもった施設、たとえば病院やコンサートホール、美術館、学校または大学……例を挙げればきりがない。

地球上に人類が誕生してから、およそ170万年がたつと推測されている。しかし、私たちが「歴史」と呼んでいる出来事や発展の記録は、そのうちのわずか6000年から7000年にしかすぎない。人間がいつ、どこで外界から身を守るシェルターづくりを学んだか、そして、原始的な住居がどのようなものだったかについては、多くの説がある。初期のシェルターは、住人に快よさを感じさせるインテリア空間を設けるために存在し、そういった空間が居住者の生活行動に大きな影響を与えたと考えられる。

インテリアデザインは、これを専門的か否かは関係なく、われわれの生活から切り離すことはできない。さらに、自宅から、友人、親戚の家、オフィス、店舗、レストラン、学校、病院、交通車両の内部、その他の現代生活が営まれるあらゆる場所で、まさに私たちの現代社会はつくりあげられているのである。現在では当たり前とされている空間とは全く違う環境で過ごした過去の人類が、多くの面で現代の私たちと異なる生活経験を積んできたことは明らかだ。中世の農家に暮らす農奴、城に暮らす騎士、修道院で暮らす修道士、18世紀の大邸宅の領主とその夫人は、そして連続するタウンハウスに住むヴィクトリア朝の家族の生活を考えてみると、過去の生活パターンはその時代につくられた空間をベースとして営まれていたことがわかる。社会情勢、政治経済もまた人々の生活に大きな影響を与え、特に環境が構築されるうえでは、そうした力が大きな影響力をもっていた。建築やそのインテリアは、その目的やその建てられた時代の要請に沿うように計画されているが、使い続ける限りは、そこで行われる業務や生活に影響を与え続ける。

歴史の中で変化と発展を繰り返してきたインテリアデザインを学ぶことは、過去を探るとともに、私たちが今生きている現代的な空間の理解にも役立つ有効な方法である。プロのインテリアデザイナーは、デザインの歴史からこれまでに流行したあらゆる"様式"を学び、また独特なアプローチ方法で後のデザインに大きな影響を与えた人物や、その人物がいかなる功績を残したかを知って、自らのデザインへとつなげていくことができる。

訪れてみたい空間は、地球上のあらゆる場所に点在し、それぞれの場所へのアクセスは概して困難であるので、次第に人の手によってつくられたインテリア空間の歴史やその見識を、その代わりとして写真や文章、さらに最近では、映画、テレビ、インターネットへと形を変えたものから得られるようになってきた。また、あらゆるテーマの膨大な数の書物と、さまざまな主張が混在してきていて、インテリアデザインの歴史の一貫した内容を理解することは、ますます難しくなってきている。

本書を刊行する目的は、過去6000年に及ぶパーソナルおよびパブリックスペースの代表的な

作品事例を、手頃な1冊の本にまとめてお届けすることである。このような本を編集するにあたっては、当然多くの困難がともなう。インテリアは、絵画や彫刻の個別に存在するあり方とは異なり、何らかの形をもった囲い——家屋やビル、さらに言えば船や飛行機などの内側に存在し、そこには家具や照明、テキスタイル、時には美術品といった、多くのものや芸術品が詰め込まれている。つまりこれは、インテリアというものが、建設、建築、美術、工芸、空調や照明、給排水設備の技術、また、什器や機器、現在"プロダクトデザイン"と呼ばれるもの、配管設備等など、あらゆるものがいくつも組み合わされて成り立つ、境界が非常に曖昧な分野であることを物語っている。これまでの長い時間に生み出されたインテリアは、現存するものだけを数えても膨大な数がある。本書のような1冊のコンパクトな歴史の本を執筆しようとする著者は、どのインテリアを選出し、どれをはずすかという難しい決断にいつも悩むことになる。違った著者が2人いれば、両者が同じ選択をしないことも当然あり得る。今回もやはり同様の命題があり、本書に掲載される作品は以下の観点から選定することとした。

1. インテリアとは、ある構造物、一般的には建物を構成するために必要不可欠なものであるということ。これはインテリアデザインが建築とは決して切り離せない関係であることを意味し、常に建築的な文脈の中でとらえるものとする。

2. 人々のデザイン活動は、全世界的な広がりをみせており、そのすべてを本書でカバーすることは難しいため、世界のある特定の地域に焦点を絞ってある。ここでは主に「西洋」、つまりヨーロッパ及びアメリカのデザインを中心に取り上げ、その有史前のデザインの源泉も探る。

3. ここで取り上げられる、または事例として挙げられるインテリア作品の選出には一定の基準を設けた。本書で掲載される事例は、インテリアそのものが美的に傑出して素晴らしいか、歴史上のある特定の時代、または特定の場所の典型であることを条件とした。事例のうちのいくつかは一般的によく知られていて、インテリアの歴史を学ぶうえで欠かせないもの（例：ローマのパンテオン神殿、シャルトル大聖堂など）を挙げ、その他には、現在まで良い状態で保存されているもの、特別興味深いまたは重要なデザイナーの作品などを取り上げている。一般的によく知られた"重要な"作品に加え、歴史的なある時代において、"日常的な"地域固有のデザインであるかという点も重視した。

4. 天井を覆うものがなく、空をのぞむことができる古代の遺跡や、壁に囲われた中庭など、厳密に言えばインテリアではない空間でもここではインテリアとして取り上げた。

5. 各章の随所にでてくる"インサイト"欄には、1次資料からの引用を掲載した。これらは、ある時代の作品に記述された同時代的視点による考察を教えてくれる。

読者が本書で学ぶことで、その時代の様式や事例作品、あるいは人物について見識をより深め、さらにそこから発展して、新たなる好奇心や興味をかきたてるテーマをみつける手がかりとなることを期待したい。また本書に収録されている文献目録は、さらなる幅広いインテリアデザインの世界を知るガイドとして活用してもらいたい。

もちろん、最も重要なことは、この本を通して興味をもった作品を実際に見に行くことである。多くの読者にとって、実際に現地を訪れることは時間やお金の面でさまざまな制約があると思われるが、実際の作品を自らの目でみて、手で触れて確かめるということは、どんな本にも勝る学習である。生のインテリア空間を体感することで、あなたのデザイン経験はよりリアリティーをもった豊かなものになるだろう。

第2版の出版にあたって

2000年に本書が出版されてからデザインの歴史の基本的コンテンツに変更はないが、さらなる徹底した調査の実用性を向上させるために、新たな資料がこの版では追加されている。特に新たに追加された資料は以下である。

1. 約150の新たな図版を、歴史の記述の主な流れを視覚的に補強するために追加した。

2. デザインの実例や、そして歴史的段階や、それを示す様式の理解を補足するために、家具、テキスタイル、照明、プロダクトデザイン領域

を加筆した。

3. 非西洋文化圏の研究と、そのインテリアデザイン史への関心の高まりに答え、イスラムやアジアのデザインに関する新たな小章を設けた。

4. 本書の初版が刊行されてからまだ間もないが、歴史的変遷のプロセスと考えるに価する、驚くべき量の新たな作品が生み出された。絶え間なく加速する科学や技術分野はデザインに変化を与え、それは近年完成したインテリアにも顕著にみられる。デザインにおけるモダニズムやポストモダニズムから発展した近年の、歴史的な事象は今や過去のものになりつつあり、いまだ名前もクラス分けもされれていない新たな方向性が目にとまるようになってきている。いくつかのそういった新しい作品で、この新たな版は締めくくられている。

謝辞

本書の展開や出版にあたり、多くの方々にご援助をいただいた。特に以下の方々には重要な役目を果していただいた。これらの方々のご尽力と忍耐強くおつきあいいただいたこと対して感謝の意を述べたい。

この原稿を引き受け出版を決断して下さった、Laurence King Publishing 社の編集ディレクター Lee Ripley Greenfield 氏、John Wiley &Sons 社の編集者 Amanda Miller 氏へ。精励かつ熟達したご尽力に対して、Laurence King Publishing 社の上級編集者 Lesley Henderson 氏と Ann Townley 氏へ。

第1章

先史時代から初期文明期まで

1.1 アヌビスの絵、パシェドゥの墓、テーベ、紀元前1500年頃

アヌビスの図像、ジャッカルの頭をもつ死の神が、通路の両側の偽扉の前に立ち、石棺を納めた内室へと続く通路を守る。天井はヒエログリフの碑文で覆われる。意図は不可思議ながら、その形態と彩色は、古代エジプト芸術に典型的な、芳醇な装飾で飾られた空間を創出する。

現代、技術発展の時代に生きていると、日々のほとんどを内部すなわち「屋内」で過ごすことを当然とみなしてしまう。独立住宅あるいは集合住宅に住み、事務所、店舗や工場で働き、学校や大学で学び、レストランで食事し、ホテルに泊まり、自動車、バス、電車、船、そして飛行機で旅をする。外部にいることは一時的で、内部から別の内部へと移行する状況だ。人間は他の生物と異なり、日々の生活の普遍的な環境として、内部空間を受容したのである。

先史時代の内部空間（インテリア）

約170万年前、人類が地上に誕生した。しかし、私たちが「歴史」と呼ぶ出来事、そして発展に関する詳細な記録は、6000から7000年前位までしかさかのぼれない。有史以前、何がどのような順序で起こったのか知るには、神話、伝説あるいは推測に頼るしかない。いつどこで、人類が初めてすみかを習い、最初のすみかはどんなものだったのかという問いは、長い間推測の域にあった。

推測には、2系列の研究からの情報が、ある程度役立つ。1つは、考古学者による先史時代のさまざまな遺物で、もう1つは、人類学者による「原始的」な人々の近年あるいは現在の習慣である。先史時代の遺物は、物理的なもの、加工品、構造物などで、有史以前にさかのぼる。ここで用いる「原始的」という言葉は、単純、粗暴、劣性を意味するものではなく、人類、文化、文明が、近代的なテクノロジーの世界に触れていないということを意味し、私たちが詳細な歴史をたどれる有史以前の数千年間に発達したのである。

1.2 ショーヴェ洞窟、アルデシュ、フランス、紀元前15000-10000年

洞窟を人類が占有した証拠は、壁画が灯火の照明によってのみ描けることに由来する。壁画の意図は、おそらく装飾や自然の洞窟を飾るためではなく、狩猟に対して神秘的な力を得ようとする図像であったと思われる。壁画をみると、自然の洞窟をある程度人間の制御できる空間にしたことが納得できる。

考古学的証拠

最初のすみか

最初のすみかとして、洞窟をみつけ出し、あるいは素手と簡単な道具でつくりやすい材料を用いたということは筋が通っている。「穴居人」という言葉は、初期の人類を記述するときによく用いられ、古代の人々は洞窟を用いていた証拠はあるけれど、初期の人類のすみかとして最も広範に洞窟が用いられていたとは言えない。洞窟は限られた場所にしかなく、数も限られているだけではなく、住むために特別に快適で魅力的な場所でもなかった。ショーヴェ（1.2）、ラスコー、アルタミラのよく知られた壁画によって、初期の人々がこれらの洞窟を使用したことは明らかであるが、そこをすみかとしたという証拠はない。おそらく、洞窟は緊急の非難所、特別な儀礼や儀式の場であった。あるいは、風雨を避けることができるので、私たちが芸術作品として賞賛することとなった壁画のために利用される場であったと思われる。

先史時代に建設されたすみかとして、耐久性のある材料で建設されたものだけが残る。最も

1.3 ストーンヘンジ、ソールズベリ、イギリス、紀元前2750–1500年

巨石が入念に配置され、強い審美的な印象を与える内包空間をつくりだしているが、その空間は当初、無蓋（現在のように）であったのか今では消えてしまった材料で覆われていたのかは定かではない。太陽、月、そして星々の動きに関する儀式と関連する構造物であったことが想起される。環状の形態は、多くの古代構築物の特色の1つである。

得やすく加工に簡単な材料は、小枝や枝、葉っぱ、い草など植物性のもの、あるいは毛皮や皮革のような動物性のものだ。しかし、それらは耐久性に劣り、比較的短い間に朽ち、消滅する。無機物としての材料では、泥あるいは雪（寒冷地）は耐久性が限られる。石材は非常に耐久性があるけれど加工しにくいので、すみかとしての可能性は、限られていた。このような性質ゆえに、先史時代の石製品は、矢尻や槍先などの小さなものが残るのみながら、巨石を配置し、集めて構造物とすることがあった。

ドルメンと古墳

ブルターニュ地方（フランス）、あるいはその他のヨーロッパにある列石やドルメンと呼ばれる石の配置は、先史時代に構築されたと考えられている。イギリスのソールズベリ平原のストーンヘンジのような大きな遺跡は、天体の動きの観測と関連する儀式や儀礼のために使われたと推測され、ドルメンは埋葬儀礼と関連していたとされる。2本か3本の屹立する石のうえに1つの巨石を置く配置は多くのドルメンに見られるが、人工の丘の形で墓の内室をつくっていたと推定される。土が流されてしまい、石のドルメンだけが残ったのだ。土がまだそこにある場合には、イギリスで古墳と呼ばれ、現存する墓で、内室に入ることができるものがある。暗く、神秘的でときには、古代に起源するという想像をかきけすほどに見事である。これらの構造物のいくつかに、石の表面に彫刻あるいは刻み込んだ文様があり、その意味は不明ながら美しい。

先史時代の遺跡の年代推定は、近年の放射性炭素年代測定の技術が開発されるまでは推測の域をでなかったが、有機物（骨や貝殻のような）における放射性の測定から、その年代を測定することができるようになった。ストーンヘンジ（1.3）は、紀元前2750年から1500年と測定され、石器時代にさかのぼる。すなわち、石を扱う際にきわめて発達した技術が石の作品に関与していた時代で、最良の、きわめて持続的な、得られる材料において最高の効果を発揮する石の作品が生み出された。石器時代は旧石器時代（紀元前5000年頃まで）と新石器時代（紀元前1000年頃まで）に分けられる。有名な洞窟壁画は旧石器時代に、今日まで伝わる先史時代の石造構築物は新石器時代に属する。

これらの時代に属する住宅遺構がない点は、耐久性のない材料が用いられたためと推察される。また、この時代の人類の生活様式は、移動し、少なくともある場所に定住しなかったことも理由となる。早い時代の人間生活は水源、狩猟、食料採取にたよっており、獲物の追跡やその他の食料供給のために移動する集団がつくられた。すみかは、簡単に移動できることが必要とされたので、軽い材料でつくられ、すなわち石よりも枝、葉っぱ、い草が用いられた。つく

りやすさと可動性があいまって、適正な規模、軽い材料そして動かしやすいすみかが好まれた。

部族文化からの証拠

知られる限り最古の人類のすみかの痕跡は、南フランスのテラ・アマタで発見され、40万年前と信じられているが、わずかな遺物からはこれらの小屋が木の枝でつくられたことしかわからない。とはいえ、最初期の構築物の様相を裏付けるような遺構はほとんどないので、初期の人類のすみかへの手がかりとなる別な情報源、すなわち「原始的」社会の実践という証拠がみいだせる。近代社会が押しかかり、縮小している状況にはあるが、「原始的」な人々は、いまなお地理的に閉ざされた地域に、あるいは1世紀か2世紀前までは多くの人々が存在していた。「原始的」な社会は、強力な保守性、伝統的しきたりへの信奉（ときには変容を阻止する禁忌制度によって強められる）、近代の「発展」した社会を支配する「進歩」の概念への不信感などによって特徴付けられる。その結果、「原始的」習慣は、石器時代までさかのぼる古い習わしを例示すると見なせる。「原始的」社会は、狩猟、漁労、食物採取のうえに成り立つ。それゆえ、彼らはおしなべて移動し、簡易な可動式のすみかを建てねばならない。

アフリカ、太平洋諸島、北極圏、南北アメリカ大陸の部族民たちは、ヨーロッパの人々が渡来する以前から、現在もあるいは近年まで何世代にもわたって変わることのない生活を行ってきた。熱帯アフリカの村々、サハラ砂漠やモンゴル砂漠の集落、アメリカ先住民（アメリカ・インディアン）、イヌイット（エスキモー）あるいはオーストラリアのアボリジニ社会は、すべて「原始的」生活習慣に従い、それぞれのすみかの型をもっているので、どのように人類の住まいが発展したのかという証拠をたどることができる。

フランスの建築理論家であり建築史家であるウジェーヌ・エマニュエル・ヴィオレ・ル・デュク（1814-1879年）が1876年に著した『全ての時代の人類の住まい』で、彼はどのようにすみかができるようになったのかを説いた。彼の本に、「原始的」な人々が、木の枝をてっぺんで縛り、よりしなやかな小枝で編んだ部材で表面を覆う一枚の挿絵がある。これは、明らかに、「原始的」文化によくみられる初期のすみかの1つで、ウィグワム、あるいはもしも毛皮で覆われるならばティピーである。外装に泥が塗られ、あるいは北極圏においては雪の塊が使われイグルーと呼ばれるドームの形態をとる。樹木や枝に恵まれない地においては、あたかも藁や茅葺きの小屋のように同様な形態が泥レンガによって建てられた。

このような「原始的」すみかには、ある性格が共通する。かなり小規模で、常に円形であることが多い。規模の小ささは、材料入手の困難さと労働力節約の必要性を意味し、円形であることは、相互に補強しあうという事実を反映する。自然の形態では、直線や矩形は滅多に見当たらない。木々や岩、あるいは鳥類や昆虫の巣を観察すると、円形が想起されうる。矩形をつくることのできる材料を探すことは難しかったであろうし、壊れやすいという弱点があった。円も幾何学的な形ではあるが、少なくともその周でほとんどの部分を覆うことができる。理論に基づいたものとして理解されたわけではないが、建物を構築する過程において直感的に把握される状況であったと思われる。

アメリカ平原のティピー（1.4）では、てっぺんで結ばれた長い棒が枠組みとなる。その外装は皮革で、跳ねあげ戸をもつ。扉の上部には、空気の出入りを調節し、日光を通し、煙を外に出す役割があった。ティピーはたたんで、まとめて運ぶのが簡単で、食料供給のために、動物

1.4 メディチ・ロッジ近くに野営するバノック家の写真、アイダホ、ウィリアム・ヘンリー・ジャクソン撮影

アメリカ先住民のティピーは、丸く、可動式の構造物で、木の棒の枠組みと皮革の覆いをもつ。そのインテリアは簡素で、内部には家具はない。

の群れを追って移住する狩猟民族にとって便利だった。モンゴルのブリヤート人たちのユルト（1.5）あるいはゲルは、折りたたみのできる細い格子（近代のエレベーター入口のような）の垂直壁を用い、開いて縛ると円形になる。柳の枝で屋根構造をつくり、壁や屋根をフェルトで覆った。可動式のユルトは現在でも使われ、特殊な地域の固有生活様式にあわせたデザイン発展として非常に興味深い。

北極圏のイヌイット人の雪の家、すなわちイグルー（1.6）は、雪から切り出した塊でつくられた円形の構造物である、雪塊は円状に配置され、うえに行くほど縮小するのでドーム状をなす。入口のトンネル部分は風が吹き込むのを抑えるために、角度がつけられ、犬たちの居場所となる。住まい内部は、壁にそって皮革で覆われ、内部空間が空気層で包まれるので、雪のドームが溶解しないように熱を遮ることができる。一段あがった基壇が設けられ、家具の代わりとなる。ドームの形は、冬の強い風に対する抵抗力を発揮する。雪の家は寒い月だけに使われ、夏には、テントのような皮革で覆われた住まい、ある地域では冬のイグルーと同じようなドームの形の細い木の枠組みを草葺きにした住まいに置き換わる。

移動する人々の円形で可動式の構造物は、たいていの場合、孤立する。それぞれの住まいは1つの単位からなり、おしなべて単一の空間を取り囲む。より複雑ないくつかの部屋をもつ住まいは、気候、水、食料が十分で、常に移動する必要のない場所の村落に見られる。アフリカのカメルーンには、複数の部屋をもつ住まいの村があるけれど、それぞれの部屋は特別な機能（居間、台所、倉庫、厩など）をもつ独立した円形の小屋で、関連する小屋（部屋）の間に覆われた入口が設けられる。壁は泥で、屋根は帽子のような草葺きである（1.7）。

別の「原始的」な住まいのタイプは、円形ではない。細長い材料、木の棒、枝で、直線的な壁をつくり、箱のような矩形となる（1.8）。ダウィ首長の儀式の家の合掌つくり、ニューギニアの人々の家、イエメンの泥レンガでつくった家、アメリカ南西部のプエブロの家、あるいは一部のウィグワム（初期のヨーロッパ人移住者が書き残した絵によって知られる）、南アメリカ先住民によって建てられたさまざまなタイプの家などは、平面が矩形である。南イタリアのアクイラでは古代住居のタイプが現在でも一般的に使われ、ほぼ正方形の部屋を形成するような自然石の住宅が建てられる。石を積み重ね、丸いドームのような屋根を冠する。次第に内径が

1.5 モンゴルのユルトの線刻画
ユルトは、細い格子の囲い壁とそのうえにのる屋根からなる可動式の構造物である。外装は皮革やマットで覆われ、内部には所有物を入れる箱、絨毯、スツールが置かれ、ことのほか審美的な空間が創出される。

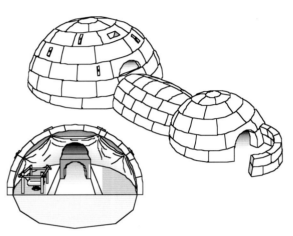

1.6 イヌイットのイグルーの絵
イヌイットのイグルー、すなわち雪の家の典型的な絵で、内部は部分的な断面図に示される。断熱性を高めるために皮革で覆われ、側面に雪でつくったベンチ状の「家具」がある。

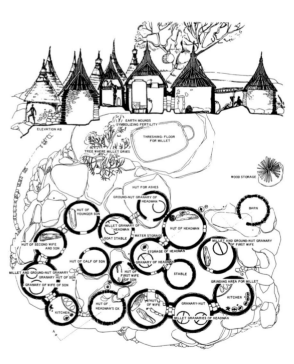

1.7 マカタム農家の平面と立面、カメルーンの部族集落、アフリカ
泥か石製の丸い形の小屋が部屋で、いくつかの同様な構造物が集まって、住まいを形づくる。簡単なインテリアとして、泥の床に収納用の箱や就寝用の敷物が置かれる。

1.8 ヌートカ・サウンドの住宅内部の版画、ジョン・ウェーバー作、カナダ

丸太の構造物で、囲まれた空間をつくり、たき火で暖をとる。乾燥のために魚が架けられ、毛布や敷物が着衣と同時に最低限の内装として用いられる。トーテムのような彫刻は神秘的で審美的な価値をもつ。

1.9 マトマタ住宅の絵

北アフリカのマトマタの人々の地下住居の内部構造で、トンネル（1）が地表面（10）からの入口で、そこにはロバ小屋（2）とヤギ小屋（3）があり、空に開いた中庭へと導かれる。個人の寝室（5）とその他の部屋（貯蔵室（4）や台所（9））が中庭を取り巻き、他の部屋につうじる階段（8）がある。貯水槽（7）は中庭の中央にあり、雨水を集め保存する。

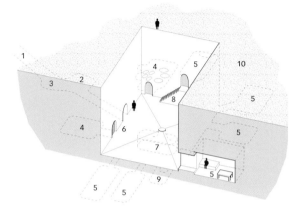

縮減し、最頂部は1枚の石によって覆われる。このようなトゥルッリの住宅はこの地方で何千年にわたって建てられていた。

もう1つ別のタイプとしての「原始的」住宅は、地形学、天候、得られる材料、あるいは特別の気候条件など強力な環境によって、その形を決定づけられた。雪で建てられたイグルーはよく知られているが、サハラのマトマタの地下住居を知る人は少ない。マトマタの住居では、中央の中庭は砂漠に深く掘りこまれた無蓋の大きな凹みで、地下に位置する周囲の部屋へはこの庭から入る。長い、傾斜した入口のトンネルが地表から中庭に達する。この地下構造は、何の材料をも必要とせずに、昼は酷暑で夜間は寒い砂漠に対して、断熱性を達成する。空に開口する中庭は、採光はできるが、十分に深い（30〜40フィート＝9〜12メートル）ので、太陽光線の角度を遮り、中庭面は常に影となり涼しく保たれる。図（1.9）は、この種の住宅を上から見たところで、地平面からは何の視覚的効果もたないことが理解できるだろう。

円形であれ矩形であれ、地表面においては柱を建て、地下においては地面を掘り、このような住宅では、内部空間こそが、存在理由である。このような内部空間は、現代インテリアデザインにみるような洗練され「デザインされた」ものではなく、インテリアは純粋に中空の空間で、建物の外側をつくる技術によって創出された。このような住宅の内部空間で必要とされたのは、毎日の生活で使われる設備で、調理や食事の道具、武器、衣類保管、毛布、そして家具の何でもが、インテリアとなった。テーブルと椅子は滅多に使われない。最も「原始的」な人々は、床に座り、地面自体がテーブルであった。就寝の際には、寝台のような構築物ではなく、可動式の材料を地面に敷いた。このような「原始的」住居において、初歩的な家具は箱のような基壇やベンチで、泥の小屋、地下の掘りくぼめられた部屋、あるいは雪で建てられたイグルーに付加された。貯蔵用の装置は、袋、籠、あるいはそこから発展して、土器の鉢、壺、水差しなどがこのような住まいの至るところに存在した。

模様とデザイン

織物技術は古代の発明で、さまざまな地域に出現し、籠、毛布あるいは敷物（もちろん衣類も）を生産し、動物の皮の代わりに薄い膜を加工できるようになった。自然の染料で染められたさまざまな色の繊維を使う織物は、織模様を発展させた。最も単純な模様は、縞模様や格子柄で、より複雑な幾何学模様が発明され、籠細工、土器、そして織毛布や敷物に適応された。デザインされた模様を導入しようとする人間の欲望は非常に明確である。他の生物の巣も模様を構成する（たとえば蜘蛛の巣のように）けれど、構造的あるいは機能的必要性のみで、人間の場合と非常に対照的である。彩色され装飾された要素は、土器が使われるようになると出現し、幾何学模様やあるいは幾分か具象的な図像が用いられるようになった。

模様や図像は、織物、毛布、籠、壺やこれらの住まいのインテリアとなったものに適応された。こうした模様や図像を、現代的なインテリアと比較すると、現代インテリアにおいては絨毯、壁の設え、家具その他のもの自体が、インテリア空間を構成する要素である。「原始的」な実例では模様や図像は、現代人にとっては装飾的にみえるが、決して単なる装飾ではなかった。色、模様、デザインには、それぞれ目的とする意味があり、社会、部族的忠誠、宗教あるいは

1.10 西アフリカのケンテ織、1975年頃

このアフリカの織物は明るい色を帯状に用いる。織は細い縞模様で、縫いあわされてより大きくなり、ローブ、毛布あるいは掛け物に使われる。

神秘的な関連性、あるいは魔術性など決められた固有の意図に即して用いられた。アフリカの織物デザイン（1.10）、あるいはナヴァホ織はその例で、部族的伝統と禁忌を強めるために、目に見えるデザインをするという習慣に従う。実用的なものがほとんどない住宅に入ると、特別な生活様式の視覚的表現が、入ってきた人に安心感を与える。それは心地よく、ある種の神秘的な経験となる。現代の鑑賞者にとって、その意味はわからないが、審美的な価値は力強いまま続いている。

最初の定住的共同体

　管理された火の使用、言葉の発明、農業の発展は、文明が花開く起因となった。これら3つのうち、農業は、定住的農業と呼ばれるもので、最も直接的に住まいのデザインに影響を及ぼした。食料供給が、狩猟そして植物採集に依存する限り、人類は食料が得られる場所に旅せざるを得ないので、限られた地理的地域に分布したままであった。人類の人口は、他の動物と同様に、食料の調達度によってコントロールされたので、近代の標準と比べると非常に少ないままであった。穀物を植え、より多く確実に食料を収穫することを可能とした農業の発見は、連鎖的発展の基盤となった。ある場所に定住すると、可動式の家を使う必要性がなくなり、より恒久的な家のタイプが発展する、さらには食料供給の改良は、人口増大を可能とした。

　より多くの人々によって、より恒久的な構造技術を使い、村や町がより永住的な集住地となっていった。生活の必需品の制作（衣服、道具、武器など）が、交換や取引のシステムによってさらに特殊化されると、農民、羊飼いや漁師たちは、織物職人、土器職人や大工たちと、双方が利益を得る形で、物々交換するようになる。紀元前4000年頃になると、より大きな町、あるいは都市ともいえる場所が現れ始め、その複雑性の結果として、数や文字を記録するシステムが発明された。書くことの発明は、すなわち「記録された歴史」と呼ばれる歴史の発生の基礎となり、特別な事件、名前、日付などの記録によって、過去において何が起こったのかということをかなりの確実性をもって言えるようになった。食料や住まいが十分に保証されると、最低限の生活の必要性を大きく上回る人間の活動力によって、複雑な発明や芸術のおおいなる発展が可能となった。

　これらの発展は、異なる速度で、異なる場所で数千年の期間をとおして生じた。初期の西洋文明が最高度に発展したのは2つの地域で、エジプトのナイル川沿いと、チグリス川とユーフラテス川の間でメソポタミアと呼ばれる中東の地域であった。

メソポタミア、シュメール

　シュメール文明の始まりは農業を基盤とし、灌漑設備は紀元前3500年にさかのぼることができ、絵を描くシステムが導入された。現存遺構やメソポタミア地方の後続の社会には、土器や粘土板（1.11）、さまざまなその他の遺物や都市や建物の痕跡が存在する。残念ながらインテリアデザインの研究のためには、主要な建材は日光で乾燥させた泥レンガ（日乾レンガ）で、有効な建物は限られている。大きな都市や主要な

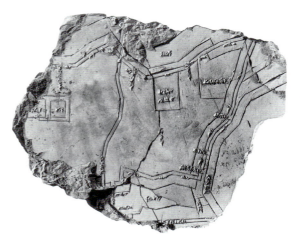

1.11 粘土板に描かれたニップールの地図、シュメール、紀元前1500年頃

最古の都市地図として知られ、寺院のような重要な建物、河川や運河、壁や門が描かれる。建物の内部空間は記録されていないけれど、この地図の洗練度は、デザイン活動と匹敵するような極度に発展した文明の様相を想起させる。

建造物は、耐久性のない泥レンガで建てられたので廃墟だけが残される。考古学者たちはこの地方を発掘し、次々と建てられた都市の何層もの遺構をみつけ、古い都市が破壊されあるいは滅びると、そのうえに連続的に都市が建設されたことを明らかにした。

廃墟から住宅、寺院、宮殿などが復元された。古代シュメール都市ウルの発掘によって、4000年も昔の、近接する住宅群が、それぞれ中央の中庭の周囲に矩形の諸室をもつことが明らかとなった。この住宅タイプは、現在でも多くの温暖な地域で用いられている。泥や粘土のレンガでアーチ架構あるいは曲面架構とする部屋も使われ続けている。ドーム屋根をいただく（前述したイタリアのトゥルッリと同様な）泥レンガの家もイラクやシリアの地域でつくり続けられ、ウルの住居は、これらの住宅形態が古代起源であることを示唆している。

建設者たちが神の家とみなした古代寺院は、その地の住宅のタイプを巨大化し壮麗化した改良版であった。ウルクの白神殿は、壁面が白漆喰で塗られていた痕跡があることからこの名で呼ばれるのだが、紀元前3000年に建設された。無蓋が有蓋かは不明ながら中央の空間を囲ういくつかの部屋をもつ、矩形の塊である。本質的に弱い泥レンガを補うために垂直帯を用いて、厚い壁がさらに厚く補強される。ウルクの初期の建設には、黒、白、赤に彩色された粘土の小さな円錐型の鋲を用い、入念な文様をちりばめた壁の遺構があり、モザイクで、織物模様のジグザグと菱形の模様をデザインした。

かなり後ではあるが、アッシリアの都市には広く複雑な宮殿建築があり、発掘遺構からその平面が研究された。ホルサバードのサルゴンの宮殿（紀元前700年頃）の大広間は、曲面架構の屋根をいただき、おそらく半ドームが使われたと考えられる。豊かな彩色の釉薬タイルが被覆として用いられ、これらの現存する装飾は、想像復元の基盤となった。ヴィオレ・ル・デュクの本にある推定復元の図（1.12）は、上述のアッシリア宮殿の多様で壮麗なインテリアの考え方に関連する。

コロンブス以前のアメリカ

1492年にコロンブスがアメリカ大陸に到着する以前、そこには数多くの共同体があり、ヨーロッパや世界のどこの発展とも全く関係ない存在であった。インドに漂着したという誤った認識によって、コロンブスはアメリカに居住する人々を「インディアン」と認識した。「アメリカ先住民」という言葉への変更にもかかわらず、インディアンという言葉が使い続けられている。コロンブス以前のアメリカには多くの異なる集団が、お互い独立する形で存在した。

北アメリカ

ヨーロッパ人はアメリカ東海岸に到着し、数多くの原住民と遭遇した。彼らは、セミノール、チェロキー、イロコイ、オノンダガ、ヒューロン、エリーなどのさまざまな名前で知られるようになった。これらの集団の多くは農業を発展させ、定住した集落をもっていた。彼らは住まいを草、木の葉、樹皮、わらで覆った木造で建てた。ウィグワムと呼ばれる円形の構築物が普及したが、「ロングハウス」と呼ばれる矩形の建物も建てられた。インテリアは素朴な空間で、必要とされた材料と可能な技術から成り立つ。構造的要素は限られ、唯一多様なのは、織られ

1.12 アッシリア宮殿の広間のインテリア、ヴィオレ・ル・デュク著『全ての時代の人類の住まい』から、1876年

1876年に出版されたヴィオレ・ル・デュクの推定復元の絵は、紀元前720年頃にアッシリアの宮殿の大広間の様相を描く。構築物はアーチと半ドームを用い、アーチの架かった入口は有翼の牡牛の彫像によって守られ、おそらく明るい彩色の釉薬がかかっていた。

1.13 メサ・ヴェルデの廃墟、コロラド、550年頃から

「崖の宮殿」として知られるアナサジ村の廃墟には、崖の側面に円形の部分があり、ここはかつて屋根が架けられ、宗教的儀式が行われた場所であった。

た敷物や毛布で、自然染料で染められ、インテリアに彩色を持ち込んだ。

中央平原の部族は、狩猟生活をして、前述したティピー（p.17参照）のような可動式の住まいの構造を必要とし、彼らの食料源である動物の群れを追った。

現在のアメリカの南西部では、崖に200もの部屋をもつ町々が構築された。1300年ごろからこれらの場所から移動したアナサジは、コロラドのメサ・ヴェルデに印象的な遺構を残す（1.13）。ホピ、タオス、ズニ部族は農業を受け入れ、より恒久的な構造物をつくりだすことが可能となり、プエブロとして知られる矩形の建造物からなる村を形成した。壁はアドベのレンガでつくられ、小さな木部を支える丸太（根太）に平屋根が架けられた。ナヴァホはティピーのような屋根を支える石の壁をもつ円形の構造物を建てた。籠、土器、織物は、機能だけに限られた住まいに多様な色を提供した（1.14）。

北極圏アラスカのアレウトやイヌイットの文化を支えたのは、前述した（p.18参照）丸い雪の家（イグルー）を建てた人たちであった。

1.14 ナヴァホの毛布、アメリカ、1855-65年

ナヴァホの織り手によるこのアメリカ先住民の毛布は、強い色彩で染められたバイェタやサクソニーという繊維で織られた。文様は伝統的ながら、織り手は独自のバリエーションを生み出したので、同じデザインは1つもない。

先史時代から初期文明期まで 23

1.15 ケツァルコアトルの宮殿の中庭、テオティワカン、メキシコ、7世紀

宮殿の中庭には、四角い石の柱の表面に鳥の浅浮彫が彫刻される。

北アメリカの先住民文化は、コロンブス以前のもので、1492年以前から存在し、大陸を横断していくヨーロッパ人の探検家によって順次発見された。彼らの多くは、独自の生活様式を近年まで保っていたので、その住まいは、言葉での説明、図面、絵画、あるいは写真などさまざまな媒体で記録された。アメリカ先住民の伝統は、近代社会との遭遇によって、大きく変化したけれど、アメリカの南西部、カナダやアラスカの北極圏にはその痕跡が残されている。

中央アメリカ

1519年のコルテスの率いるスペイン征服軍が到着する以前、メキシコには発展をきわめた文明が存在した。スペイン人は、黄金だけに興味があり、略奪し、これらの文化を破壊した。それゆえ、その研究は、ほとんど崩壊した共同体を扱わねばならない。現在のメキシコ・シティの近くには、トルテカ、アステカ、マヤの人々が、7平方マイル（18平方キロメートル）にも及ぶテオティワカンの都市を発展させ、現存す

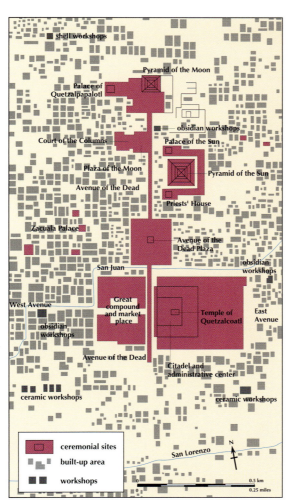

1.16（左）テオティワカンの平面、メキシコ、7世紀

現在は廃墟となったテオティワカン（現在のメキシコ・シティ近く）では、このような平面が最もよく知られる。著名なのは巨大な儀式用、行政用の遺跡で、周囲の建物が小さくみえる。

1.17（右）壁画、テパンティア複合体、テオティワカン、メキシコ、650年頃

る遺構を確認できる（1.16）。主要な遺構は、ケツァルコアトル宮殿（7世紀）のように、中庭、柱廊、その他の要素からなり、浅浮彫で飾られ、内部空間の雰囲気を感じることができる（1.15）。集合住宅複合体には、壁画も現存し、その1つの豊穣の女神（650年頃、1.17）は有名である。

多くのマヤの遺跡は、現在メキシコのユカタン半島にある。パレンケにある碑文の神殿（1.18）は、階段状ピラミッド（700-800年）の最頂部に残る。そのインテリアは、いくつかの部屋からなり、ピラミッドの下にある墓室へと導く隠された階段をもつ。マヤでは、アーチや真正アー

1.18 碑文の神殿、パレンケ、メキシコ、700-800年頃

階段ピラミッドの頂部に位置するマヤの神殿は、建物の深くに葬られた墓室へ続く内部階段をもつ。ここに見える5つの開口部は、幅の狭い前室に通じ、その奥に3つの内室がある。

1.19 マヤの彩色陶器、中央アメリカ、8世紀

このマヤの陶器は、高い基壇上に置かれた腰掛けに座る人物を描く。マヤの家具はここに描かれたのと同様なものであった。

チの曲面架構は全く発展しなかったので、石造の持ち送りで支えられる屋根スパンによってできる空間という限界があった。木材や茅が、寺院をのぞくほとんどの建築で使われ、覆われた内部空間の実例はほとんどない。

8世紀のマヤの着色陶器 (1.19) に描かれた図像は、家具に関する手がかりとなる。低い基壇のうえに布で覆われた腰掛けか椅子が置かれ、玉座のようにみえ、そこに座る戦いの神が描かれる。

ウシュマルにある総督の館、そして「ヌネリー」(1.20) と呼ばれる建物は、興味深い。後者には (900年頃)、数多くの小室によって取り囲まれた中庭がある。マヤの建造物の多くは実際の使用法は不明で、それゆえ建物は、推測と想像の結果、命名された。チチェン・イッツァ

1.20 総督の館の「ヌネリー」、ウシュマル、メキシコ、900年頃

マヤ語で「ヌネリー」と呼ばれるこの遺跡は、総督の館 (900年頃) と関連している。石のモザイク装飾は、数多くの部屋に入る入口の間、そして上部を飾る。

先史時代から初期文明期まで　25

1.21 戦士たちの神殿、チチェン・イッツァ、メキシコ、1000-1200年頃

数多く近接して建てられた四角形の柱は、中央階段の基壇周囲に建てられ、トルテカの戦士たちとは異なった図像が刻まれ、そのいくつかは当時の彩色を保っている。柱全体は1000本柱の集合体として知られる。

1.22 チャクモール、戦士たちの神殿、チチェン・イッツァ、メキシコ、1000-1200年頃

戦士たちの神殿にあるこの彫刻された座像は、丸い皿か鉢の用なものをかかえ、そこにはマヤの宗教的儀式の一部として神への捧げ物が置かれたといわれる。

にある戦士たちの神殿（1000-1200年頃、1.21）も同様で、密接してならぶ何百もの柱がピラミッドの基壇を取り囲む。数多くの柱は、この区域のうえに張られた平らな屋根を支える構造物であったことを推察させる。

上半身をおこした彫像、すなわちチチェン・イッツァで発見されたチャクモール（「赤いジャガー」あるいは「ジャガーの王」を意味する、1.22）は、ピラミッドの頂部で行われた犠牲の儀式の捧げ物を供える宗教的な台座として使われた。明るい彩色がなされ、磨きあげられた金の壁面とあいまって、寺院のインテリアを視覚的に豪華に飾った。

誤って命名されたチチェン・イッツァの「城塞」（エル・カスティージョ）は、ほぼ同じ時代の建築である。実際にはククルカンの神殿（1.23、1.24）、1辺180フィート（55メートル）の正方形で、高さ78フィート（24メートル）の階段状のピラミッドで、頂部の神殿へは、四方の幅広ではあるが急な階段でのぼる。内部配置は幾何学的な「黄金比」と関連し、内側の部屋と外側の空間の比は、0.618：1の（黄金）比をみせる。

南アメリカ

1530年にピサロが率いるスペイン軍の到着によって、初期の土着文化によって発達した文明が、ヨーロッパ人に初めて知られることとなった。残念なことに、スペイン人は略奪することだけに興味をもち、長い間持続してきた文化を壊滅させた。チムー王国は、現在ペルーにあたる南アメリカ西海岸を領土とした。1100年ころからインカの支配が始まる1470年ころまで続く

1.23と**1.24** エル・カスティージョ（城塞）、チチェン・イッツァ、メキシコ、1000-1200年頃

春分と秋分に、沈みかけた太陽が北の階段に波打つ影をおとし、地面から神殿へと大蛇がのぼることを示すと言われている。エル・カスティージョは戦士たちの神殿の南西に位置している。

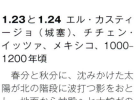

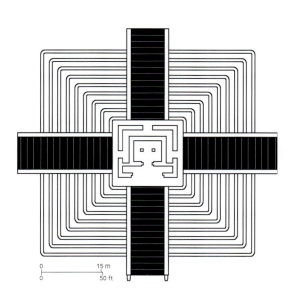

チムー王国は、最も広壮なチャンチャンの都市遺跡を建設した。現在では廃墟として（1.25）知られるのみであるが、研究により、2つの連続する宮殿の平面が明らかとなった。中庭や庭園群、長い通廊、そして群れをなす小さな住宅は、すべて幾何学性をもった直線上に配置される。ピラミッドは埋葬モニュメントであり、スペイン人の探検家たちはピラミッドの中に莫大な金銀財宝を発見した。

チムー王国を従えたインカ文明は、スペイン人到来のとき、主たる勢力であった。インカ帝国は、アンデスの沿岸部と山岳部双方の地域を支配した。首都クスコでは、15世紀中ころには、インカ文明がアメリカ両大陸において最も重要な勢力となっていた。不整形に整えた石を慎重に、モルタルなしに積み重ね、古都クスコの住宅の壁や寺院、サクサイワマン（1.26）が建てられた。インカでは、屋根架構に木材や草葺き以外の手法は発展しなかったので、インテリアは全く残っていない。神殿や宮殿において重要な場所は、太陽信仰に関連して、磨きあげられた輝く黄金で覆われていた。

典型的なインカの住宅は、マチュピチュなどに見られるが、アドベの壁に草葺き屋根の単一正方形の部屋であった。アドベの壁には、道具やその他のものを置くくぼめられたニッチがあり、実用と装飾をかねていた。マチュピチュの住宅の石の構造は一部保存されているが、屋根は失われている（復元されたものを除いて、1.27）。床には動物の皮革や織られた敷物、毛布や壁掛けに使われた鮮やかに染色された織物、など、彩色豊かで生き生きとした空間を想起させる。

ペルーの織物は保存され、多様な素晴らしい染色で、描かれた人間や動物の姿は神や神秘的なものの図像を表現する（1.28）。敷物や毛布などの織物の使用は、インカのインテリアに、暖かさと彩色をもたらした。

1.25 チャンチャンの廃墟、ペルー、1300–1470年
チャンチャンの廃墟のアドベの壁には、ここに見るような鳥たちの彫刻がある。現存する織物のデザインにも同様な要素が見られる。

1.26 サクサイワマンの城塞、クスコ、ペルー、15世紀
このインカの城塞には、慎重に切り出し、積み重ねられた石（巨石積み）がある。1つひとつは巨大で不整形ではあるが、壁の強靱性と安定性に寄与する。

先史時代から初期文明期まで 27

1.27 マチュピチュの復元住宅、クスコ、ペルー、15世紀中頃

マチュピチュの廃墟の上質の石積みは、主要な建造物と、住宅だったと推定される小さな建物の双方にある。石で屋根を葺く方法はなく、本来の木材や草葺きの部分は、町中から消失してしまった。この復元は屋根のあり方を示している。

1.28 織物、チムー文化、ペルー、12-15世紀

チムー文化の織物はかなりの数が残っている。様式化された形の図像をもち、神や神秘的なものを表現したと考えられている。

1.29 ギザの大ピラミッドの断面図、エジプト、紀元前2750-2500年

巨大なピラミッド自体と比べると内部空間はちっぽけだけれど、その形と繋がりは複雑で意味がある。偽の墓室への通路は、入口から本来の墓室へと通じる実際の通廊を、慎重に隠蔽し、ピラミッドを建設したファラオ、クフ（ケオプス）の墓室へと侵入するいかなる努力にも打ち勝とうという望みから建設された。

傷を受けているが、有名なピラミッドのように、非常に良い状態のものもある。ピラミッドは墓として建設され、古代エジプト社会の中枢となった宗教的信念に注目できる。

エジプトの宗教は、他の多くの宗教と同様に、来世への信仰を含み、死者の遺体を保存することを桁外れに強調する。来世は、遺体が持続する限りは続いたので、死体防腐処理の技術が発展し、最も耐久性のある材料による墓の建設が進んだ。さらには、入念に守られミイラ化した遺体とともに墓に納める品々は、死後の生活に用いられるものだった。墓に納めるにはあまりに大きなもの、たとえば住宅や船は、模型の形をとった。墓や神殿の壁面（1.1）には、ヒエログリフで書かれた文書が、視覚的な図像と組み合わせて、漆喰に、あるいは直接石に刻み込まれ、彩色された。石の構築物、墓の埋葬品、現存する文書をあわせて考えると、考古学者たちは古代エジプト人の生活の発展を、年代順にとらえることが可能となる。

幾何学とプロポーション

最も巨大で有名な古代エジプト建築、ピラミッド（1.29）は古い遺構で（最も古いものは紀元前2800年にさかのぼる）、小規模な内部の通廊や小室はエジプト人の概念的思考と比べると、魅力的ではない。古代エジプトでは幾何学計画において、多大なる知識と技能が発展した。ギザのピラミッドはきわめて正確に南北軸方向に向かう（球体としての地球の南北軸は知られていなかったので非常に興味深い）。ピラミッド側

古代エジプト

古代エジプト文明は、研究のために多くの完全な証拠を残したので、実際には完全なままのインテリアはないけれど、インテリア空間がどんなであったのかということをきわめて明瞭に考えることができる。エジプトのデザインの保存にはいくつかの状況が役立った。質がよく、耐久性のある石材がナイル渓谷で入手可能で、エジプト人は重要な建造物に石材を用いることを学んだが、日常使用する住宅建築や宮殿建築は泥レンガのままであった。数多くのエジプトの石造建築が残り、そのいくつかはある程度損

1. 元来の石表面のシルエット
2. 隠し部屋
3. シャフト
4. 王の部屋
5. 王妃の部屋
6. 偽の墓室
7. 大回廊
8. トンネル
9. 入口

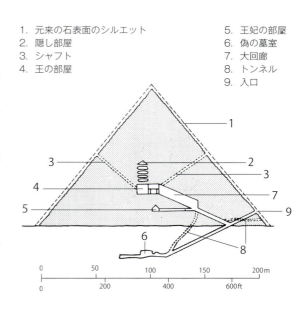

面の傾斜（51度50分35秒）は、偶然な選択であると考えられていた。しかし、「黄金比」をもつ長方形の短辺と長辺が、三角形の底辺と斜辺に用いられた角度であることが判明した。図に表せば、長辺に対する短辺の比率は、両者の和に対する長辺の比率と等しく、短辺をA、長辺をBとすると以下の式が成り立つ。

$$\frac{A}{B} = \frac{B}{A+B}$$

数値で表せば、この関係性は0.618：1、同時に1：1.618となる。この関係性はしばしば黄金比と呼ばれ、歴史上何度も発見、再発見されており、美的であると同時に神秘的な意味をもつ特別な比例であると信じられてきた。エジプト人はこれを知り、使っていたことが明らかであろう。数学的な技術なしに、黄金比は、直線定規とコンパスによって作成可能で、底辺の半分と等しい高さの直角三角形を描くことによって作成できる（1.30）。

黄金比長方形において、円弧で長辺を対辺に移動させて直角三角形をつくると、ピラミッドの立面の半分を構成する（1.31）。

エジプトでは、この巧妙な幾何学性や、その他の簡単な幾何学的概念を、芸術に、そして日用品のデザインに使うようになる。多くのエジプトの作品に見る高い美的達成度は、音楽的調和の数学性と匹敵するので、「和声」の調整に由来すると言う信念へとつながる。心地よい（「調和的な」）音による音楽の和音は、例えば2：3、3：4、3：5などの単純な比の振動数によってつくられる。17：19などといった非正規の比は、雑音、不協和音を生み出す。エジプトのデザインに用いられたプロポーションは、音楽の和音の調和と同じ意味で、「調和的」である。

エジプトの神殿と住宅

エジプトの神殿の平面は、住宅平面を拡張し、洗練したものである。住宅では奥室に、家の神が祀られ、壁に囲まれた空間が何層にも取り巻き、外壁から入口と中庭を通って入ることができる。泥レンガは、住宅の材料として用いられたが（おそらく今では失われてしまった初期の神殿でも）、入念に切り出して、磨かれた石材へと変わっていった。柱礎そして柱頭の下に束ね紐をもつ典型的な石柱のデザインは、宮殿や住宅の泥柱を葦で束ねることによって強化していたことから派生したものであろう。内側へ傾斜する（内転びと呼ばれる）壁は、泥構造の際に安定性を得るために使われたもので、石造になってもその形を変えず、古代エジプト建築に共通する。屋根材として使われた平らな石は、短い距離しか渡せなかったので、余儀なく小さな部屋や狭い通廊に固執した平面となる。あるいはより大きな空間が必要な場合には、空間を近接した柱で満たし、柱石を渡せる柱間で柱を配置する。このように渡された石を楣（まぐさ）と呼び、建物は、柱と楣（まぐさ）を基本としており、梁柱構造、あるいは楣式構造と呼ぶ。

たくさんの柱で満たされた巨大な空間は、多柱室と呼ばれる。カルナックのアモン神殿（紀元前1530年着工）の巨大な多柱室（170×338フィート＝52×103メートル）には、134本の柱があり、その表面にはヒエログリフの碑文が彫り込まれ、彩色される（1.32）。柱は、石のドラムを積み重ね、柱頭はパピルスのつぼみや花の形をとる。広間の中央部は、両側部よりも高く、高窓層から光が差し込む。入口を2つ抜けると広間へと入り、その間は巨大な中庭となり、それぞれの入口はパイロンと呼ばれる巨大な石造

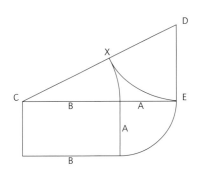

1.30 黄金比長方形の作図

CDEは直角三角形で、線分DEは線分CEの半分である。点Dを中心として線分DEを半径とする円を描き、線分CDとの交点をXとする。点Cを中心とし、線分CXを半径として線分CEとの交点を作成する。直角三角形の底辺は黄金比でA：Bで分割される。長辺B、短辺Aとする黄金比長方形が描ける。

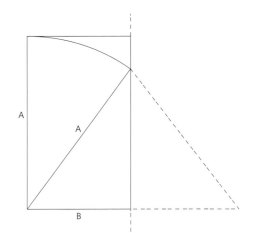

1.31 黄金比長方形から派生するピラミッドの角度

黄金比長方形を用いて、長辺Aを対辺へと移動させる。その結果、底辺をB、斜辺をAとする直角三角形ができ、この三角形を黄金比三角形と呼ぶ。

先史時代から初期文明期まで 29

1.32 カルナックのアモン神殿、エジプト、紀元前1530年頃

多柱室は広大な広間で、おおむね柱によって満たされ、柱は石造の屋根を支えていた。彫刻されたヒエログリフが柱を覆う。本来は、表面は明るい彩色で飾られ（一部は現在も確認できる）、屋根の高さの高窓層から差し込むほのかな明かりで柔らかく輝いていた。

部分の間に設けられる。多柱室を抜けると、さらに3つのパイロン間の入口によって、小室や通廊の複合体が保護され、今では部分的に廃墟となっているが、最も聖なる内部空間である神の部屋へと導かれる。

寺院の平面から、複雑な幾何学の使用が明らかである。空間、壁、柱の関係性やプロポーションは、美的効果はもちろん神秘的、象徴的な重要性をも表現するよう、幾何学的に設定される。単純な線対称は、ほとんど不変の統括概念であ

1.33（左）「エジプト宮殿のインテリア」、『全ての時代の人類の住まい』から、ヴィオレ・ル・デュク作、1876年

エジプト宮殿の中庭を描いたヴィオレ・ル・デュクの絵は、入口のパイロンの方向を見通している。円柱はおそらく葦で、泥で塗られ、彩色がなれていた。

1.34（右）ツタンカーメンの墓から出土した儀式の玉座、紀元前1340年頃

構造材としての黒檀の部分は、椅子の足の部分だけにみることができ、象徴的な図像を彩色したパネルに、金と象牙の象眼装飾がなされる。座るという機能は、健康、威厳、そして権力の表明に従属し、貴重な材料と気品ある職人芸を結集して伝えられる。

る。泥で建てられた宮殿では痕跡だけしか残っていないが、復元の図面でインテリアがどうであったかを知ることができる。たとえば、ヴィオレ・ル・デュクの本からの別の挿絵は、宮殿の中庭を描き、両側の列柱が日影をつくり、中庭の一部には天幕が影をおとす（1.33）。住宅の集合体として街全体の遺跡が残り、広大な王家のプロジェクトのために雇われた職人を住まわせた「周辺地区」が建設された。痕跡により、囲われた庭の一辺を占める住宅の再建が想定でき、快適性はもちろん食物を生産するためにも庭が使われた。いくつかの墓には、木造住宅、店舗そしてその他の日常の設備の模型が残り、快適で色彩豊かな古代エジプト人の生活に関する情報が得られる。

エジプトの色彩の使用は、強烈で効果的である。緑色はもちろん主要な顔料（赤、黄、青）が、白と黒とともに使われ、黒は強烈な色彩の部分を縁取り、明確にするために用いられる。インテリアでは、天井は強烈な青を用いることが多く、夜空を表現した。床は緑が好まれ、おそらくナイル川の象徴性に関連した。

エジプトの家具とその他の内装

エジプト家具の情報源は2つある。1つは壁画の画像で、王家や貴族の家の日常生活を描き、墓に描かれた実例が現存する。もう1つは実際の椅子、テーブル、キャビネットなどで、豪華に装飾されており、裕福で強力な家庭で使われた。保存された典型的な椅子は、簡単な木枠に、い草か皮の紐で織った低い座面をもち、足は床に付く部分に、動物の足の形を彫刻する。非常に優雅なX字型の簡易な折りたたみ椅子が残る。ファラオ、ツタンカーメン（紀元前1340年頃）の墓から出土した洗練された品々は、彩色豊かで装飾的なエジプトデザインの時代を語ることで有名だ（1.34）。多くの小品として、陶器、ガラス製品も残る。象牙の象眼を伴うことの多い木製の小箱は、化粧品や個人的な装身具をしまうのにちょうどよかった。このような品々は、黄金比のような幾何学的プロポーションを考慮してデザインされた。他の遺物として、寝台、化粧箱（1.35）、簡素な椅子（1.36）には、よりシンプルなエジプト家具のデザインがみいだせる。数多くの織物遺物は、エジプト人が高い技術の織り手と染織家であったことを物語る。

古代エジプト文明は、次第にその力を減らしながらもローマ時代まで持続した。後世のヨーロッパの発展に対する影響は、論争となっている。確かに、地中海を取り巻く地域の人々は、

1.35（左）エジプト人の寝台と道具箱、紀元前1314–1158年頃

エジプト家具のこれらの実例は、墓から出土したものである。寝台は動物形の足をもち、黒檀と象牙製の道具箱は、建築に多く使われた1：1.618の「黄金比」のプロポーションをもつ。

1.36（右）エジプトの椅子、紀元前1400–1295年頃

この木製のエジプトの椅子では、端正な細工の継ぎ手（石の道具でつくられた）が幅広の背と座面の枠を形つくり、座面は編み込まれたい草の家具である。低い座面は、あぐらで座ることが規範であったことを示している。

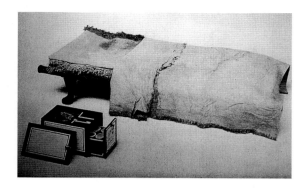

エジプトを訪問した、しかしながら、古代ギリシャのデザインが、エジプトのデザイン知識によって影響されたという点は、推量されているにすぎない。高度な発展に直接的経路があったかどうか不明ながら、古代エジプトのデザインは、力強い美的印象を生み出し、彼らの概念的思考を明示する。

第2章

古典古代の文明：
古代ギリシャと古代ローマ

2.1 G・P・パンニーニの描いた、ローマのパンテオンの堂内、1750年頃

紀元118年から28年にかけ建てられた、すべての神々のための古代ローマ神殿は、驚嘆させる内部をもつドーム構築物である。142フィート（43メートル）の直径と、それに等しい高さが、堂内に幾何学的秩序を与え、一方ドーム頂部にある円窓から注ぐ陽光がその空間を照らしている。

地中海の北側の沿岸部にいくつかの居住集落が築かれ、のちにヨーロッパ文明が成長する基礎が生まれた。「先史的」という用語は、こうした文化にあてられるが、それは記述された歴史を残していないからである。それらの最初は、時代的な関連で、古代エジプト史の中期と重なり合っている。

ミノアとミケーネの文化

ミノアとミケーネの生活共同体はエーゲ海の小さな島々、最も大きなクレタ島、ギリシャ本土で、紀元前2000年頃に始まった。ミノア人という用語は、伝説上の王であるミノスの名に由来し、その社会について述べるために使われるが、小アジア（現在のトルコ）からきたと思われており、クレタ島に散在する居住地を築いた。それらは20ほどの町すなわち小都市で、その各々は個々に宮殿と、農耕と漁労で支えられた8万程度と見積もられる人口を有していた。同時期のエジプト社会との交流がある程度あったとみられるが、その影響を明確に示す証拠はない。

クノッソス

発掘によりミノア都市の生活層が1つひとつ明らかになってきた。その各層は次のレベルが建設されるのにあわせて破壊され、主要な建築材料が石であった、より広大ないくつかの宮殿の遺構を除くと、泥煉瓦構築物の痕跡を残すのみである。こうした宮殿の最もよく知られる完璧なものがクレタ島のクノッソス宮殿である。この宮殿は紀元前1450年から1400年にかけ、ミノス王とその後継者の宮殿であっただろうと考えられている。この遺構は、度重なる再建の結果、複雑でわかりにくくなっている。最近の復元への努力で、住まわれていたときその建物がどのようであっただろうか、という考えを、いくらか与えてくれる部分が建てられた。平面に、大きな中央の開放的な区域のまわりに緩く密集している。一方の側に、狭い部屋の下層階がある。そこは恐ろしげなミノタウロスが閉じ込められていたと想定されている、伝説上の迷宮の基礎部分である。階段がより大きな部屋のある上層階に達しており、その宮殿で儀式用の部室と考えられている。部屋の多くは狭いか小さいかだが、独立した円柱の痕跡の残るより大きな部屋がある。その円柱は、屋根架構の木の梁を支えたことを連想させるやりかたで配置され

2.2 クレタ島のクノッソスにある女王のメガロンの復元、紀元前1400年頃

2.3 クノッソスにある宮殿の玉座の間、クレタ島、紀元前1400年頃

動植物の視覚像で念入りに描かれた壁画は、石の床や腰掛け、高い背もたれの彫刻された石の玉座の簡素さと対照をなしている。

ていた。中庭のもう一方の側に、王の住居とみなされている3層で一群をなす部分を含んでいる、小規模な部屋の集合がある。壁画の痕跡をもつ部屋につながる階段と光庭が取られている（2.2）。復元された階段広間と「玉座の間」（2.3）は、こうした空間の驚くほどの形式張らず彩り豊かな特徴にいくらかの着想を与えてくれる。

ミュケナイとティリンス

ミュケナイ文明という用語は、ギリシャ本土のミュケナイとティリンスの、後期青銅器時代（紀元前1400-1250年）にさかのぼる廃墟となった宮殿を識別するのに使われる。それらの宮殿は、高い地表面に配置され、防衛のための防護壁をもっていた。粗々しく切りだされた巨大な石がモルタルを用いず積み上げられ、複雑な歩廊や部屋を形成し、ところどころ内側に傾けられた石で頂部が覆われており、その石は石造りの屋根を形づくるようにぶつかっている。再構築される平面に充分な石造部分が残っている。平面はクレタの宮殿で初めてみられたのと同様な複雑で迷路状の平面計画を示している。ティリンスでは1つの出入り口が中庭に通じていたようで、その中庭は三方が円柱の並べられた囲いで、第四の側は外側に前室と列柱廊をもつ、宮殿の主要な広間の正面となっていた。その広間が、メガロンと呼ばれた大きな部屋である（2.4）。室内をみると、中央に円形の炉があり、木造の屋根架構を4本の円柱が支え、1段高い玉座が壁の一方の側に置かれていた。床は装飾されたタイルで舗床されており、残された痕跡は彩り豊かに塗られた、装飾的な図案を施した壁体を暗に示している。前庭に関連したメガロンの相称的な平面と配置は、平面計画への整然として堂々としたアプローチの端緒を示唆している。

町の敷地の発掘から、住宅が密に群をなしていることが明らかになった。住宅はたいてい4ないし5部屋をもち、曲がりくねった狭隘な街路ないし小路沿いにまとまっているが、整った計画はなかった。色付けされたタイル、陶器、壁画は、エーゲ海文明のデザインの語彙についてある程度の着想を与える。しかし、住宅の室内のこの時代特有の様式のより完全な観念を示唆する、日常の家具あるいは工芸品はそのままでは残っていない（が、日常の家具や、住宅の室内に関する土地性のより完全な感じを示すその他の人工物は、そのままではその断片はない）。

クレタ島の都市はすべて、紀元前1400年頃、おそらく地震で破壊された。ミュケナイ文明は、紀元前1200年から1000年の間のあるときまで続

2.4 ミュケナイにある宮殿のメガロンの復元図、ギリシャ、紀元前1500-1300年頃

メガロンは、大きな矩形あるいは方形の部屋で、煙が逃げられるような開口部をもった、1段高い屋根の下に中央の炉がある。2本の円柱の建つ玄関から入り、室内の円柱のように、その円柱は大きな柱頭から小さな礎盤へと次第に細くされている。屋根の形状はわからないが、複雑で抽象的な、着色された模様で飾られていたかもしれないことを、画家の印象は示している。

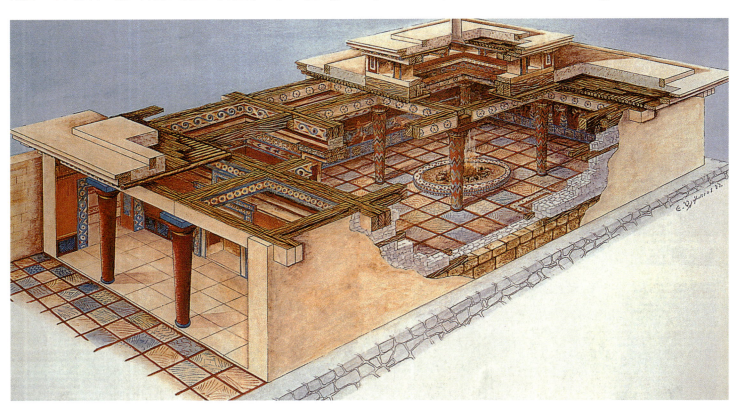

2.5 古代ギリシャの建築のオーダー

1. エンタブラチュア
2. コーニス
3. フリーズ
4. アーキトレーヴ
5. 柱頭
6. 礎盤
7. スタイロベート
8. ステレオベート
9. アバクス
10. エキヌス
11. ヴォリュート
12. トライグリフ
13. メトープ

ドリス式オーダー（左）は、アテネのパルテノンで用いられた様式で、厳格で簡素であり、その円柱は礎盤がなく、単純な柱頭である。イオニア式オーダーの典型的な円柱（右）は、2つの螺旋のヴォリュートをもつ。

2.6 パルテノンの平面図、アテネ、ギリシャ、紀元前447-426年

1. ナオス（神室）
2. プロナオス（前室）
3. オピストドモス
4. 宝物庫
5. アテナの神像の基礎
6. 周柱廊
7. 壁体
8. 基壇（ステレオベートとスタイロベート）

正面と背面の8本の円柱は、各側面の柱とともに、周柱形式を構成する。前面と背面で、さらに6本の円柱列が、一端でナオスすなわち主室に、もう一端でより小規模な部屋、つまり宝物庫につながる扉口の正面に立つ。ナオスの中で、柱がバルコニーを支え、そこで追加された柱が屋根を支える。女神アテナの彫像がナオスを支配する。

いていたが、そのときギリシャ北部からのドーリア人侵入者の移動で取って代わられた。

ギリシャ

ドーリア人とイオニア人が移民し侵入したことから、彼ら固有の木造建築の仕組みがギリシャに持ち込まれ、それだけでなく初期エーゲ文明の建築的諸様相を吸収し、エジプト風意匠の痕跡を示しているように思われる。紀元前900年頃のギリシャ文字とそれに関連した書きかたの発展から、徐々に完全となっていった歴史の記録とともに、ホメロスやその他の物語を残すことが可能となった。

神殿

古代ギリシャ神殿はエーゲ文明のメガロン、すなわち宮殿の主室から発展したものである。かくしてその部屋は神の宮殿かつ住居で、このおおむね民主政の社会が求めた唯一の宮殿であった。木造の神殿は残っていないが、その性質はのちの石造神殿から推測されうる。密な間隔で並べられた円柱が長さの短い石の楣（まぐさ）を支え、そのうえには切妻屋根がのる。楣の帯は細部が彫刻されたエンタブラチュアを形成している。その細部は、木の垂木の鼻を想起させ、また木造の指物で用いられたに違いない種類の留釘に似せた端部をまさに含んでいる。

ギリシャ神殿の機能は、（厳密に儀式的あるいは象徴的）きわめて限られたもので、その構造は単純で、その設計は1つの定式に基づく変化の狭い幅に限られていた。神殿の囲われた空間、神室は、たいていは1室のみかあるいは2室で、象徴的な住まいとして神または女神に捧げられる。建物の印象的な視覚的形態は周囲の円柱の列柱廊、ペリステリウムに起因する。円柱は、普通正面と背面に6ないし8本で、それに加え両側面に柱列をもち、律動的に繰り返す周囲全体を形成する。この単純な定式は、何かとても微妙でいく世紀もの間発見を免れてきた工夫の組み合わせにより、効果的にされていた。

最もよく知られ、最も明瞭な特徴はオーダーの使用である。オーダーは、注意深く統合され

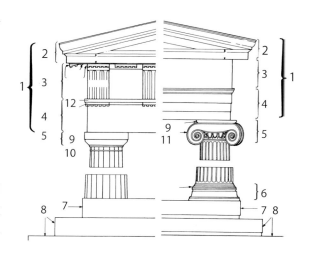

た計画によって要素を体系づける方法であった（2.5）。ドリス式と名づけられた、最も古く称賛されたオーダーは、礎盤のない円柱を使う。その円柱は3段の基壇の最上部（スタイロベート）から、うえに方形の盤すなわちアバクスをもつ円形のエキヌスでできた簡素な柱頭まで立ち上がる。この円柱は、とても微かな曲線すなわちエンタシスをともない、底部から頂部にかけてわずかに細められていた。上部のエンタブラチュアの帯は3つの部分からできていた。簡素なアーキトレーヴ、木の梁の端部を想い起こさせるトライグリフとその間の装飾のないあるいは彫刻

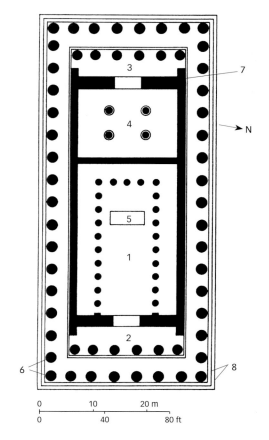

を施されたメトープという、交互になった板でできたフリーズ、そのうえの突出したコーニスすなわち頂部にくる要素、の3つである。これらの部分すべては、円柱の直径に基づくモジュールすなわち単位をとおして関係づけられた寸法を与えられている。イタリア半島にあるギリシャ人植民都市のパエストゥムにあるような、初期のドリス式神殿（紀元前550年頃）では、円柱の高さはせいぜい直径の約4倍半である。この比例は別の場所ののちの作品では徐々に変えられるようになり、パルテノンの円柱の高さは5.5倍に達している。円柱の柱割り、エンタブラチュアをなす帯、最も小さな要素でさえ、基準となるモジュールの倍数あるいは約数として算出されている。

　古代ギリシャ建築はまた、古代エジプト建築ではとても意味をもっていた、比例理論の知識を示している。たとえば、黄金比である。アテネのパルテノン（2.6）は、通例古代ギリシャの最も完璧な神殿（紀元前440年頃）と考えられており、2つの室内空間が黄金比の1：1.618で設計されている。神殿正面の立面は同じ黄金比の矩形に収まり、一方円柱の柱割りから一貫して調和する連続的な関係をみつけだすことが可能となっている。パルテノンは、厳格な規則性から多くのより微妙な逸脱も示している。それは洗練化と名付けられ、最もうまく建てられたギリシャ神殿の特徴である。隅の円柱は隣の柱まで、基準となるモジュールに基づく整然とした柱割りと比べて狭く配置されている。それに加えて、スタイロベートの基礎の基壇の水平線は、微かに湾曲させてうえに曲げられているようにみえ、円柱は内側に心もち傾き、そしてエンタブラチュアの線もまた湾曲させられている。こうして全体の規則性からわずかにずらすことは、直線を曲がっているあるいは垂直に対して傾いているように思わせる、視覚的すなわち透視画法的な歪みを矯正することに役立っている。こうしたずれは建物に、厳格な機械的精確さから形態を微妙に変えて、「優美」といわれる美的な特質を導きいれている。

　室内をみると、ギリシャ神殿の多くはメガロン型住宅の簡素な部屋を1つだけもつが、より規模の大きな神殿では、上部の屋根を支える上層の柱列をもつ中2階あるいはバルコニーを支

2.7 ポセイドン神殿、パエストゥム、イタリア、紀元前460年頃

もとは屋根のあったドリス式神殿のこの眺めは、ナオスを見下ろしている。円柱の下段の列はバルコニーを支えていたが、バルコニーでは別の列の円柱が木造屋根を支えていただろう。

持する室内の柱列をもつ場合もある。どのギリシャ神殿にも完全な状態で室内は残っていないけれども、たとえばパエストゥムのポセイドン神殿の遺構（2.7）は、この構成のもつ美的な成功の1つの着想を与えている。また2、3の円形建物も特別な目的のため建てられたが、おそらく何らかの宗教的崇拝に役立てられたのであろう。復元図（2.8）の1つは、紀元前465年頃の「スキアス」と呼ばれたアテネのアゴラにあった建物の室内の見かけを提案している。色のない遺構は現在それをみる人に誤解を与えている。建てられたときの建物は強烈な色彩を用いており、それは石材にみつけられた痕跡から知ることができる。かかる多色彩色法（さまざまな色を使うこと）は、こうした建物をたいへんしばしば想われている素朴な視覚像とは全く異なるものにしていたに違いない。

　ドリス式オーダーに続いて、他の2つのオーダーがギリシャ建築で使われるようになった。イオニア式オーダーは、ドリス式に比べると、比例的にはより高さがありほっそりとした円柱を使い、礎盤の細部を加え、対になった渦巻き型のヴォリュートをもつ柱頭で最も明瞭に区別される。アテネのアクロポリスにあるエレクテイオンと呼ばれる小さな神殿とアテナ・ニケ神殿は、ともにイオニア式を用い、バッサエのドリス式のアポロン神殿の堂内にも表れている。イオニア式オーダーは、ドリス式の厳格さと比べると、より穏やかで、おそらくより「女性的」

古典古代の文明：古代ギリシャと古代ローマ　37

2.8 アゴラのスキアスの復元図、アテネ、ギリシャ、紀元前465年頃

スキアスと呼ばれるこの円形建物は、ギリシャのアテネのアゴラにあり、紀元前5世紀には、月例の統治会議の代表者のための食事広間ならびに会議室として使われた。ここに示されている室内は復元で、木製の円柱が木造屋根を支えている。もっぱら開放的な戸口から光を入れることができる。

2.9 古代ギリシャの装飾的細部

ギリシャ鍵模様と呼ばれた文様と、最も複雑な、ギリシャ雷文文様として知られる文様はモザイク・タイルに実際に施されており、古代ギリシャの室内にしばしば表れる特徴である。

であると、たいていはみられている。第3のオーダーはコリント式と呼ばれ、ずっとのちに使われるようになった。3つのオーダーのうちでは最も華麗で、円柱の柱頭の隅に小さなヴォリュートと、柱頭下部を取り巻くアーカンサスの葉の刻まれた形を2つとも使っている。コリント式オーダーは古代ローマ時代に広く用いられ、もっとのちに古典的建築の細部を使う人々のお気に入りとなった。

古代ギリシャの意匠の最も小さな細部でさえ、古典主義という概念を私たちが理解する際の要素となってきた。オーダーの一部である刳り形や、使われた装飾的細部——連球紋あるいは卵鏃文様のような名称を与えられた刳り形、刻まれた歯形飾りの帯、あるいはギリシャ雷文装飾（2.9）を含む——は、古典的意匠で使い続けられている。

数は少なく、規模はほどほどで、特定の目的であることを考慮すると、古代ギリシャ神殿がヨーロッパの建築と意匠に与えた影響は、注目に値する。古代ローマの意匠は、古代ギリシャ人の称讃すべき仕事から大きく借りてこられた。古代ローマ建築はルネサンス期に再発見され、古代ギリシャの意匠のローマ化された脚色を古典的美の理想として復活させた。18世紀後半には、ギリシャへの旅が容易となって、印刷された挿画や詳細図面をとおしたギリシャの現地に関する知識が、古代ギリシャの先例をもとにした意匠の復興の基礎となった。古代ギリシャのオーダー、神殿建築、古代ギリシャの装飾を模倣することは、19世紀のデザインに頻繁に現れる主題となった。より最近では、古代ギリシャのデザインへの概念的な様相が、正確に模倣するより重要となってきた。フランスの近代主義者、ル・コルビュジエは、彼の宣言、『ひとつの新建築をめざして』の中で、ギリシャ神殿の細部と匹敵する長所をもっているとみなした自動車と飛行機の視覚像を比べて、古代ギリシャの意匠の美的論理を賞讃した。

世俗建築の室内

神殿を別にすると、古代ギリシャの主要な建物類型は、閉じられた室内空間を強調してはいない。古代ギリシャ劇場は、空や自然に拡がり、舞台として働いた円形のオルケストラのまわりに半円形に並べられた段々になった座席をともなっていた。都市は中心となる開放的な広場、アゴラをもち、アゴラは市場でありかつ一般市民の集まる場であった。アゴラのまわりにあるストアは、長い柱廊の内側で商取引をする施設で、店舗として、倉庫のために、あるいは仕事場として使われる小室を後ろにもっていた。アテネのアゴラにあるアッタロスのストア（2.10、

2.10 アゴラに建つアッタロスのストアの室内、アテネ、ギリシャ、紀元前150年頃

アテネのアゴラ（市民生活の中心あるいは市場）は、現在復元されており、ストアと呼ばれる上部を覆った柱廊で部分的に囲まれていた。左側のドリス式円柱列と中央のイオニア式円柱列が木造屋根を支えた。右側の扉は商人たちの食事室や倉庫のために使われ、かれらの品物は開放的な列柱廊に並べられた。

紀元前150年頃）は大規模に修復され、こうした場所がどのようであったかの確かな印象を与える。外側のドリス式の柱列と内側のイオニア式の柱列は木と瓦でできた屋根を支えている。

　古代ギリシャの住宅は、一般的には露天の中庭をめぐる居室の単純なまとまりであった（2.11）。都市では、住宅は街路に沿って建て並んでおり、出入り口の扉を除くと主には無表情な外観であった。材料は日乾煉瓦か、あるいはときには粗削りの石で、漆喰すなわちスタッコ仕上げで、のろが塗られたものであった。平面は家族それぞれの好みに合わせてさまざまだが、相称性または他の形式性にはほとんど関心が示されていない。アンドロンは一種の前室のついた客間で、より初期のメガロンの形を示唆しているが、その部屋はいつでも出入り口付近にあり、（持ち主やその友人など）男性用であった。他に、屋根を架けない中庭をオエクス、すなわち決まった目的のない居間で仕事場、台所、それ以外に寝室が取り囲んでいるが、それらすべて主として女性や子どもが使う部分を形成している。より大規模な住宅には2階が設けられていた。しかし第2の中庭はめったになかった。テラコッタ製の湯船のある浴室はごく一般的であった。発掘された基礎のみが残っており、室内の詳細に関して知られるところは限られている。部屋はたいてい装飾がなく、突き固められた土、ときにはタイルの白く塗られた壁面や床面であったことを、証拠は示唆している。

　家具は残っていないが、古代ギリシャの絵画、とりわけ壺その他の陶器に描かれた絵にある視覚像はその意匠の着想を与えている。ひとめぐりする画像が、おそらく富裕層のみが所有できる種類の、とても優雅な椅子を示している。それにはわずかに湾曲した背もたれがあり、その背もたれを隅の直立する材が支え、この直立材は優美に曲げられた後脚につながっている。座部は、円形の木の部材で、中の開いた方形をしており、おそらく革の、何らかの材料が張りめぐらされていた。前脚も後脚も強く外側に反っており、クリスモス椅子型の特徴である。その形は、クリスモスの初期のもので使われたのであろう、湾曲した動物の一部を暗に示している。それは構造からみて論理的な形ではなく、その目的のために十分な強度をもつよう、かかる椅子がどのようにつくられるかについて、疑問を生じさせる。蒸気で曲げる技術が発明されていれば、脚部は直線状の細長い一片から曲げられたであろうし、あるいは求められた曲線となるように選ばれた木の枝からつくられたのかもしれない。クリスモス椅子のデザイン（2.12）を再現する現代の努力は、古代ギリシャの家具のもつ実際の性質の現実的な感覚を生んでいる。

　紀元前300年よりあと、ヘレニズム期の間、

2.11 プリエネの典型的な古代ギリシャ住宅の復元図、小アジア、紀元前4世紀

露天式の真ん中の中庭には、一方の側に列柱廊、その反対側にさまざまな部屋、端には円柱の建つメガロン（大きな部屋）が接している。街路側の正面は、目立たない玄関扉以外、窓がない。居住用の部屋はすべて、屋内の中庭を向いている。

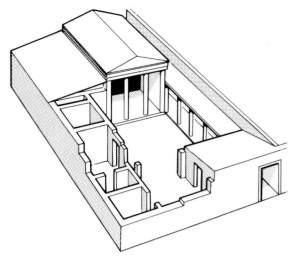

2.12 ヘゲソの石碑、紀元前410年頃

この浅浮き彫りは、クリスモスと呼ばれる古代ギリシャの独特な型の椅子に座った優美な衣裳を身につけた婦人を示している。外側に湾曲した木の脚は正方形の枠を支え、革の帯の表面をもつ。後ろの脚は背もたれの鏡板にまで続いている。椅子の前には小さな足置きがある。

古代ギリシャ劇場、神殿、そして記念建造物は、いっそう大規模に、豊かに、複雑になり、手の込んだ装飾的細部で飾られた（2.13）。紀元前2世紀、緩やかに結ばれていた古代ギリシャの都市国家は古代ローマの支配下に入った。

ローマ

古代ローマのデザインは、幅広く古代ギリシャの先例を利用していた。その結びつきは、イタリア半島のエトルリア文明であった。イタリアのギリシャ人植民都市から、エトルリア文明も影響を受けたからである。またそれは、ローマ人がギリシャを侵略し最終的にはギリシャを古代ローマ帝国の一部にしたという、直截的な関係にあった。紀元前300年頃からのエトルリアの住宅や神殿は、もっぱら残存する痕跡と、古代ローマ時代のウィトルウィウスの著作が提供する文献史料から知ることができる。住宅は古代ギリシャのメガロン形式に倣うもので、基本的な材料は泥煉瓦と木材であった。神殿建築では、上部に破風状のペディメントをもつ円柱の並ぶ正面の列柱廊が、古代ギリシャの神殿建築を想起させる。ギリシャ人が実践していたところをもとにした1種類のオーダーが使われ、イオニア式オーダーのものに似た礎盤を備えた、簡素化されたドリス式円柱をもっていた。古代ローマ人に引き継がれ石造にされたが、これはトスカナ式オーダーとして知られるようになり、古代ローマ人が識別した5種のオーダーの第1のものとなった。エトルリアの墳墓からでてきた

インサイト

アテナイ人の成長

トゥキュディデスは、長いペロポネソス戦争を記録にとどめ、紀元前433年から404年の間に執筆した。その状況が、どのように都市アテナイの無計画ででたらめな拡張の原因となったかを論評している。

> アテナイ人は、彼〔ペリクレス〕が彼らに与えた助言にしたがい、妻たち、子どもたち、そして彼ら自身の家の木造部分でさえ解体して、家財道具すべてを田舎から持ち込んだ。しかし、移住するのは彼らにとって難しい経験であった。なぜなら彼らのほとんどは常に田舎で暮らすことに慣れていたからである……それで一家全体で移住せねばならないことに、彼らは満足するのとは正反対であった。まさに悲しく不承不承、そのとき彼らの住まいと、国を愛したゆえにときの流れが崇めた神殿を放棄し、おのおのの男が自分の町とみなしたものを背後にそのままにして、生活の方法すべてを変える準備をした。
>
> 彼らがアテナイに到着したとき、向かうべき自分の家がある人はいくらかおり、また友人または親戚とともに住む家をみつけられた人もいた。しかし彼らのほとんどは、その都市の建物でふさがれていない地域に、また英雄たちの神殿や社に落ち着かねばならなかった――アクロポリスを除いて。[1]

1. Thucydides, *The Peloponnesian War*, trs. Rex Warner (Penguin, 1972), pp. 133-5

2.13 エピダウロスの劇場、ギリシャ、紀元前350年頃

　古代ギリシャ劇場は露天式で、円形の床すなわちオルケストラに向かって降りて行く、段々になった半円形の座席が設けられ、オルケストラでは合唱隊が踊ったり歌ったりしただろう。俳優は、オルケストラの背後に一段高くされた仮設の壇すなわち舞台で演じた。劇場はたいてい、自然の背景を形作る壮観な景観に位置していた。

　陶器や壁画はしばしば日常生活の詳細を示し、古代ローマ時代に先立つ家具その他のつくりだされたものの着想を、限定的とはいえ与えている。

　伝説によれば、ローマは紀元前750年頃に創建された。紀元前300年頃までに、その力は全イタリアを支配するまでに広がり、紀元前150年頃から紀元後400年まで、その帝国は、認識されている文明化されたヨーロッパ世界のほとんどを統治した。デザインでは、古代ローマ人は古代ギリシャ人の美的概念をとりいれることに満足し、彼らが欲したようにこの概念を拡張し、洗練化、装飾化して、質を損なうこともよくあった。古代ローマ人は組織的で専門化された技術の巨匠であった。偉大な工学的な仕事（道路、端そして水道橋）や広大な室内空間の創造にこそ、古代ローマ人の成し遂げたことが最も輝いている。

アーチ、ヴォールト、ドーム

　長持ちする材料で広い開口部を架けわたすアーチを使用することは、古代エジプト人にも古代ギリシャ人にも知られていた。しかし、アーチ構造は、こうした文明では限られた、概して実用的な方法で使われた。アーチの十分な可能性を探究し、重要な建物の内部で室内空間を創出するためアーチを適用することは、古代ローマ人の手に帰したのである。アーチは組み合わされた楔形の石を並べたもので、それゆえ各々の石、すなわち迫石は両側で隣り合う石の間ではさまれている。かくして1つの石の楣では届かないだろう幅広い開口を越えて到達するように、多くの小さな石を築きあげることができる。アーチはほとんどの場合、なじみのある湾曲した形（アーチがわずかに曲線を描くか平らであっても）につくられる。半円形のものはしばしば

2.14 典型的な古代ローマの
アーチと、センタリングを用い
て構築中のアーチ

1. 起棋点（迫元）
2. 迫石
3. 要石
4. センタリング

　古代ローマ建築と建設者は、
扉、窓そして室内空間の構築に
アーチのさまざまな形を広範に
使用した。典型的なアーチは半
円形で、その構築にはセンタリ
ングとして知られる、仮設の木
製支えを使う必要があった。

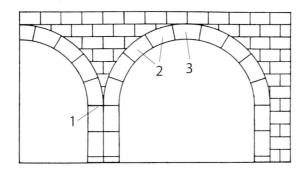

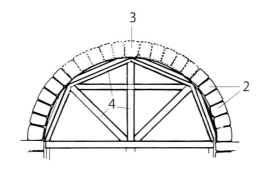

ローマのアーチと呼ばれる（2.14）。

　アーチは技術的に2つの問題を投げかけている。第1は構築技術と関係がある。アーチを構成する石はすべて、立ち上げられる前にしかるべきところになくてはならない。このことが意味するのは、たいていは木でできたセンタリングと呼ばれる仮設の足場が、アーチが完成するまで石をあるべきところに据えられるように、石を支えるために建てられなくてはならない、ということである。古代ローマ人は、アーチの基部近くの突出した石からセンタリングを支える方法を理解した。そのことで、地面から木の構築物を立ち上げることを避けることができた。また彼らは、アーケードという連続したアーチのためセンタリングを再利用した。完成したアーチからセンタリングをはずし、それで建設中の次のアーチを支えるため使えるのである。

　アーチ構法の第2の問題は、迫石を打ち込むことが作用してアーチをとおして横方向へ圧力が伝えられるという事実に起因する。外への力すなわち横圧力の発生で、それには何らかの方法で対抗する必要がある。連続したアーチがアーケードを形成するとき、各々のアーチの横圧力は、両側で隣り合うアーチの釣り合う横圧力で吸収される。橋梁あるいは水道橋（2.15）では、連なっている最後のアーチは丘の斜面や横圧力を吸収するのに十分な重さのある大きな迫台を押し込む。建築構造では、厚く重い壁体が丘または迫台の役割を果たしている。アーチは幅広い開口に架けわたせるが、室内空間を組積造の屋根で覆うには、ヴォールトを形成するため、アーチを広げることが求められる。単純に拡張されたアーチ型のヴォールトは半円筒ヴォールト（またはしばしば筒型ヴォールト）と呼ばれ、横圧力を吸収するため両側の厚い壁体にもたせかける必要がある。より複雑なヴォールトは、2つの半円筒ヴォールトを直角に交差させることの結果である。こうした交差ヴォールトでは四隅の点での2方向の外への横圧力が働くので、その点だけで支えることが求められる。

　こうした構築技術の熟達した活用に加えて、古代ローマ人はドームもまた発展させた。これは球体の半分の、またはより小規模な部分の形をもつ、一種の丸いヴォールトである。ドームはもっぱら円形の空間を覆うことができ、周囲に支えを必要とする。切り石と呼ばれた整った形に切り出された石でアーチ、ヴォールト、ドームを建造したのに加え、古代ローマ人は強く長持ちする焼成煉瓦を使用するようになった。ローマの煉瓦は、現代のそれに相当するものとは異なり、薄く、平らな方形をしていた。古代ローマ人はまた、セメントあるいはモルタル（古代ローマ人はポッツォラーナと呼ばれる火山灰を利用した）と、石または砂利を水と混ぜた、コンクリートを発展させた。求められるどんな形でもしかるべき場所に流し込め、そののちに固くなって人工の石となる物質を作るためであった。石材は、目にされる外観と内部の表面に最も多く使われた材料だが、構築物の表面の背後の軀体は、いかなる組み合わせが最も実用的で効果的であるかの点から、容易に扱えた（かつ高価でない）煉瓦あるいはコンクリートをしばしば利用した。

野外闘技場と浴場

　古代ローマの技術は、著名なローマのコロッセウム（紀元72-80年）のような巨大な円形野外闘技場や、手の込んだ舞台構築物に面する半円形で同様な階段座席をもつ劇場の建設に利用された。そうした建物は屋根がないので、劇場や野外闘技場でもっぱら閉じられた場所という

2.15 ポン・デュ・ガール、ニーム、フランス、紀元1世紀後半

この古代の水道橋は、（最上部の）大きな水の流路を支えるため、3層のアーチを使っている。そして山中の高いところにある水源から海岸に近い都市ニームまで水を運んでいる。橋梁や水道橋という構築物では、アーチはおのおの横圧力を隣り合うアーチに伝え、一方端のアーチは隣接する丘を押しつけている。

のは、座席への通路となった廊下や階段の複雑な仕組みであった。アーチや半円筒ヴォールトはこうした要素のための理想的な構築の工夫であった。大規模な野外闘技場は日除けすなわち天幕状の覆いにより仮設的に屋根を架けられたが、これが周壁からの片持ち梁によって取り付けられたのか、現代のテンション構築物の方法で空間を架け渡す綱によりなされたのか確かではない。

大規模な公衆浴場——古代ローマ人が発展させた別の公共建築の建物類型——では、さまざまな大きさと形の囲われた空間の広大な集まりが求められ、ヴォールトやドーム構築法が駆使された。炉の熱は床下の空間（床下暖房装置）を、また壁の煙道をとおして送られた。床下空間や煙道は、十分な水の流れと同時に、古代ローマの入浴法が求める多様な温度で、蒸気や熱気を生み出した。（温かい）微温浴室、（熱い）温浴室、（きわめて熱い）熱浴室の連なりは、屋根のない大きな水浴槽のある冷浴室へと続いた。その場所は、肉体的な鍛錬や運動、社交的なくつろぎ、図書館でさえあった。アーチの開口部で日差しは浴室の広間にも入った。大規模なローマ浴場の微温浴室は、陽の光で十分に明るくされた最初の大きな室内空間である。覆っていた屋根構造は壊れているが、カラカラ浴場（紀元211-217年、2.16）やディオクレティアヌス浴場（紀元298-306年）の残存部分で、古代ローマ人の手の込んだ、全体的に相称的な平面を学ぶことができ、現在の目的のため室内空間を再構築する努力をかきたててきた。たとえば、ニューヨークの旧ペンシルベニア駅のメイン・コンコース（1963年取り壊し）は、カラカラ浴場の巨大な、コリント式円柱の並ぶヴォールトを架けた微温浴室を再構築するため設計された。

神殿

現実的で世俗的な古代ローマ人は、野外闘技場、浴場、水道橋などと比べると、神殿にはそれほど関心を抱かなかったが、しかし彼らは自分たちの神のため神殿を建てた。古代ローマ神

古典古代の文明：古代ギリシャと古代ローマ　43

2.16 カラカラ浴場の復元図、ローマ、紀元211-217年

巨大なコリント式円柱が頭上のヴォールト天井を支え、一方壁面の上方にある開口部やクリアストーリーが室内を光で満たしている。床面、壁面、天井面は古代ローマ帝国とその皇帝の偉大さを表現するように色とりどりの大理石で覆われていた。

殿は神像を収める単一の部屋（神室）という古代ギリシャの発想を用い、正面に円柱の建つ列柱廊をもち、ギリシャのオーダーの1つのローマ的解釈を使った。古代ローマ人の好みは、厳格なドリス式よりも、むしろもっと凝っているイオニア式とコリント式オーダーの彼ら独特の解釈や、混成したコンポジット式オーダー（イオニア式とコリント式の要素を合成している）であった。神殿の側面と背面に沿っては、独立した円柱は用いられなかった。簡素な壁面か、付加された（「結合された」）片蓋柱が標準であった。より小規模のローマ神殿には、たとえばいわゆるニームのメゾン・カレ（2.17）のように、神室を囲む半円筒ヴォールトで支える屋根をもつ、しっかりとした構造のおかげで、素晴らしい状態で残されてきた。こうした小規模なローマ神殿の室内は簡素で、滑らかな壁面をしており、上部は格間付きのヴォールトで、唯一の中身は神殿が捧げられた神の彫像であった。

より大きなローマ神殿は、現在は廃墟だが、いっそう手の込んだ室内の証拠を示している。たとえば、ローマにあるヴェヌスとローマの神殿（紀元135年）には、建物の両端を向いている内部の部屋があり、おのおのの部屋は側壁が円柱の間にニッチ（壁龕（へきがん））をもつ円柱状のオーダーで覆われ、また部屋の背中合わせに、頂部が半ドームのアプスとなっていた——明らかに欠くことのできぬ彫像の場所である。

古代ローマ神殿で最もよく知られているのは、幸運にもよく保存されている、ローマにある巨大でかつ印象的なパンテオン（紀元118-128年頃）、すなわちすべての神々に捧げられた神殿である（2.1、2.18）。その堂内は、半球形のドームが載った、直径142フィート（43メートル）の単一の球形の部屋である。広場には、8本のコリント式円柱をもつ玄関の列柱廊がある。その幅一杯に三角ペディメントが広がる。それに加えたおのおの4本の円柱からなる2列の柱列で、列柱廊は出入り口の青銅製の扉（いまだその場にあり、創建時の蝶番で動いている）につながる奥行きのある空間となっている。建物の主要部は厚さ14フィート（4.2メートル）の壁で、間隔をあけた円柱の立つ凹部がくり抜かれ、そのおのおのは特定の神に捧げられている。その空間全体の高さは直径に合っており、下の半分は

インサイト

古代ローマの生活費

ローマ人の生活を解説する同時代人の多くは、ローマを生活するのに破滅をきたすほど費用のかかる都市であると記述している。マルティアリスは、30年間ローマで暮らしたスペイン人だが、次のような言説を残している。

> ローマでは、人の空腹を満たすのに金がかかるが、一方スペインでは少ない収入でよい暮らしが可能である……しかしローマの外に住む地主は、そのための支払いなしに必要なすべてを手に入れられる。[1]

ユウェナリスの『風刺詩集』は同じことを主張した。

> ローマで暮らすことは、毎日毎日自分のトーガを着るように、金のかかる社会への誇示を人に強いる。[2]

そしてさらに、

> 居住費用がたいへん高いので、ローマの暗くて薄汚い住居の毎年の賃料で、近隣の町で素晴らしい住宅と庭の自由保有権を買うことができよう……奴隷のための十分な食物と自分自身のためのせいぜいほどほどの食事のつく、汚い住まいにどうにか住めるように、人は多額を支払う必要がある。[3]

こうした重い生活費に加えて、公共心のある市民は、市民としての義務の一部として都市の快適さのため支払いすることを期待された。ボノニアの公共浴場は、皇帝アウグストゥスが建設し、カリグラ帝が修復したが、次の碑文をもっていた。

Ut ex reditu in perpetuum viri et impuberes utriusque sexus gratis laventur[4]

それは、訳してみると、次のことを記録している。すなわち、T・アウァティウス・セルウァニドゥスは、彼の市民の義務の一部として 400,000 セステルティウスを払い、男性、女性が永久に自由に使えるよう、浴場を修復した。

1. Martial, *Epigram 12*, 31; 2. Juvenal, *Satire 3*, 171; 3. *Ibid*, 223; 4. Quoted in Duncan Jones, *The Economy of the Roman Empire* (Cambridge, 1974), p. 230

2.17 メゾン・カレ、ニーム、フランス、紀元前1世紀

コリント式の円柱と半円柱が古代ローマ神殿の囲われた神室の周囲をめぐっている。神室は石造の円筒ヴォールトの架かる単純な部屋である。その優れた構造で、その建物はほとんど最初の状態が保たれてきた。のちの多くの作品にこの建物は霊感を吹き込んできた。たとえば、18世紀アメリカの、トーマス・ジェファーソンによるヴァージニア州議会議事堂が挙げられる。

2.18 パンテオンの平面図と断面図、ローマ、118-128年

1. 円堂
2. ニッチ
3. 列柱廊
4. 円窓

平面の基礎を形づくる円は、また断面も支配する。ドームは半球形で、一方、下部の壁体はちょうど直径の半分の高さの円筒形をなす。かくして、断面図上の円はドームの中にぴったり収まり、真ん中で床面に接する。

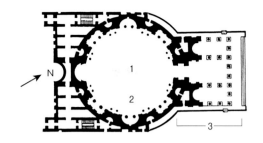

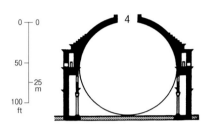

上方のドームの高さに釣り合った円筒形となっている。ドーム下部の壁にはコリント式円柱があり、その上に屋階すなわち上階に似せた階が設けられている。ドームは、寸法が小さくなっていく5段の格間で飾られている。頂部の空のみえる円窓（「眼」）より下にある表面がなめらかな輪が、室内を明るくする唯一の源である。ドームはコンクリート造で、頂部で厚さ4フィート（1.2メートル）あり、下部のレベルではより厚くなっているが、それは増えていく荷重を支えるため、また外へと向かう横圧力に負けないようにする重量を加えるためである。壁体はコンクリートと煉瓦でできており、内外の表面を石で覆っている。ロトンダの室内の巨大な規模、表面の豊かな装飾、陽光の劇的な効果——陽光は天窓を通って流れ込み、磨かれた大理石の床で反射する——、そして円形の部屋が生み出す音響の特質が、パンテオンの堂内を古代から残ってきた最も注目すべき空間の1つとしている。

古代ローマ帝国がヨーロッパの主要地域と近東の文明化された世界に広がるにつれて、基礎となるローマ的主題は多様化し、その発展はより複雑で手の込んだ——しばしば凝りすぎた——デザインへと向かった。レバノンのバールベック、トルコのベルガモンのような、古代ローマ神殿の構築物は、複雑で豊かに装飾された室内をもっていた。たとえば、バールベックのヴェヌスの神殿は大きな神殿の神室の中に一種の小神殿を含んでいた。

世俗建築

古代ローマのバシリカ（2.19）は、のちの建築に大きな刺激をもたらすこととなる、主要な建築類型であった。バシリカは、裁判所として用いるため建てられた大公会堂で、訴訟あるいは審理に関わる公衆を入れる中央の空間（想像上、逆さまにした船体と似ていることから身廊と呼ばれた）をもっていた。判事は、建物の端部にあるアプスの1段高いところに座った。その両側には、アーケードにより分けられた側廊が、身廊そのものに隣接した移動空間となった。身廊は側廊より高くされ、それで窓が身廊の壁

2.19 マクセンティウスのバシリカの復元図、ローマ、307年-312年

この巨大な公共的集会広間のわずか3ベイが残るのみだが、コンクリートのヴォールト構法によるこの試みの規模と豊かさを明らかにしている。高い位置のクリアストーリーから光が入り、あざやかな装飾を照らしていた。

の高い位置に導入されて、クリアストーリーを形成しただろう。組積造の壁は木造の屋根を支えていた。焦点となるアプスをもつ、この身廊と側廊の構成は、キリスト教がコンスタンティヌス帝（在位306-337年）のもとでローマ帝国の国教として受け入れられて以降、キリスト教会堂に改装されるのにきわめて適していることがわかった。

その他の古代ローマの世俗的建築類型に含まれるものには、ヴォールトの架けられた広間をもつ市場（2.20）があった。これは、現代のショッピング・モールを想起させる。またオスティアのような港町の商取引に使われた倉庫や、現代のそれに対応するものと驚くほど似ている、多層の集合住宅あるいは住戸が挙げられる。古代ローマ時代における日常の居住生活の背景や特色を知るには、79年のヴェスヴィオ火山の噴火によりポンペイとヘラクレネウムの町が溶岩と火山灰で埋もれたときがそのまま残されたという、信じがたいことが助けとなる。これらの都市は余暇を過ごすところで、裕福な階層がかなり贅沢な住宅をもっていたが、その住宅は住宅建築への古代ローマ的手法のきわめて典型的な実例とみなすことが可能である。その大惨事の現場での発掘から、街路、住宅、店舗、そして噴火に直撃された人間さえも発見された。驚くほど多様な小さなもの、絵画、モザイクから、古代ローマのデザインをきわめて詳細に理解することが可能となっている。平面は敷地の規模

2.20 トラヤヌスの市場、ローマ、100-112年

大規模で取り囲まれ、ヴォールトの架けられた広間は、その両側にさまざまな店舗に出入りできる開口部が設けられ、追加して設けた店舗にいくことのできる上階のギャラリーをもつ。この広間は商業建築の複合体の一部をなし、その商業建築は皇帝トラヤヌのもとで都市再開発計画の部分として建てられた。その計画には、バシリカ、フォルム、そのほか公共建築が含まれていた。

や形状、持ち主の必要性ややりかたに合わせてきわめてさまざまだが、ポンペイの住宅は古代ローマの地中海地域で規範となった形態にしたがっている。

その住宅は通常平屋または2階建てで、街路に面して装飾のない壁や、あるいはしばしば街路側に店舗、目立たない玄関をもつ。玄関は、通路を通り屋根のない中庭に通じている。この屋根のないアトリウムの中央に、木と瓦の屋根を支える、周囲を取り巻く円柱のある貯水槽（インプルヴィウム）があるだろう。屋根は住宅の部屋のほとんどに出入りできる柱の並んだ通路を覆っていた。玄関の軸線上に、一種の正式な広間すなわちタブラリウムがあり、隣り合わせで屋根のない中庭の三方の側面に3台の長椅子を備え付けられたトリクリニウムすなわち晩餐室を設けた。そこにはテーブルが置かれていたであろうが、全体の配置は横臥の姿勢で食事する古代ローマ人の好みに合わせている。窓はめったに設けられないが、アトリウムに面した扉開口部から入る光で十分と考えられたからである。厨房、パン焼き室、浴室のようなより小規模で特定の用途のある諸室は、その部屋がその目的に最も都合よく使えるところに配置されていた。

ポンペイの住宅は、アトリウムの他数室からなるものから裕福な家族が占有する大規模な高級住宅まで、規模が多様であった。より大きな住宅はしばしば中庭を2つ設けていた。正面のアトリウムは数室に囲まれ、外部の公的な領域を形成し、別の数室が取り巻く、私的な生活の

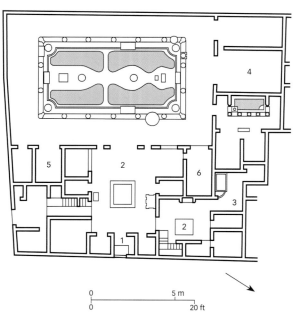

2.21 ヴェッティの家の平面図、ポンペイ、イタリア、63-79年

1. 玄関
2. アトリウム
3. 厨房
4. 食事室
5. パーラー
6. 主室

ヴェッティの家は、ポンペイの住民の住む快適な住宅の典型であった。部屋はアトリウムの周囲に配置され、一方この住宅の外観は、単に目立たない扉をもつ窓のない壁であった。他の住宅は、隣り合わせで建てられ、その配置はヴェッティの家と組み合わされている。

範囲を形づくる、より大きな中庭（すなわちペリステリウム）へと通り抜ける部屋で結ばれていた。ポンペイのヴェッティの家（2.21〜2.23）は、ごく少数の部屋を別にして、列柱のめぐるとても大きなペリステリウムの中庭をもつが、屋根を設けない専用の小さな中庭のある厨房やサーヴィス用の区域が設けられている。とても大規模なパンサの家は2つの中庭のまわりに配置され、後ろに大きな庭園をもっている。かかる古代ローマの住宅の平面は室内から外部へと展開され、それで外縁部分はしばしば公道に面した住宅や店舗で囲まれている。かくして、その住宅は、庭に向く列柱廊を備える庭園以外に、眼にみえる外部をもっていないと表現することも可能である。平面は敷地の規模や形状できわめてさまざまである。しばしば、たぶん子どもや使用人、あるいは倉庫という補助的な目的をもつ部屋を上階に設けていた。

家具やその他の室内の調度品

ポンペイやヘラクレネウムを埋めた高温の噴火した溶岩や火山灰は、住宅の木造部分や木製品を破壊したが、しかし燃えやすくなかった材料でできた要素——石の長椅子や机、鉄や青銅でできた工芸品、油のランプ、木炭の火鉢、装飾的なフレスコ絵画やモザイクなど——は残った。みんな合わせて考えると、廃墟、残存したもの、絵画やモザイクの視覚像は、ポンペイの、それゆえ古代ローマの、デザインをかなり詳細に復元することを可能にした（2.24）。部屋の壁面は、窓で整然としており、下部ではたいてい、装飾のない腰羽目を形成する刳り形や片蓋柱という建築にみせかけた細部で描かれていた。上部では鏡板が一様な色で塗られたり、あるいは外の風景の自然主義風な絵や、または神話とか日常生活の画像で描かれていたかもしれない。透視画法が全部ではないにしろ理解されており、現実感あるだまし絵の効果——壁にかけられていたような枠に嵌められた絵画、偽の装飾的細部、モザイクで床のうえにあるようにみえるもの——を高めるため使われていた。好まれた色は黒と、「ポンペイ風」と呼ばれるようになった朱赤色であった。古代ローマの家具は古代ギリシャの原型から発展させられたもので、装飾的細部がより一層洗練化される傾向と、質のよい木材と象牙あるいは金属の象眼細工を利用する傾向があった。折りたたみ式の腰掛けやある種の椅子は、座る楽しみだけの工夫としてよりも、むしろ地位や身分の象徴としての役割をもつようになった。ヴェッティの家からでた壁画は、薬屋のようなところで仕事をしているキューピッドの奇想を凝らした情景（2.25）を

2.22 ヴェッティの家のアトリウム

その贅沢な住宅は、ヴェスヴィオ火山の噴火で埋められたことにより、部分的に保存された。アトリウムは中央に水盤をもち、屋根がなく、相称的に配置された部屋で囲まれている。その向こうは、屋根を支える円柱のペリステリウムで囲まれている。

2.23 ヴェッティの家の壁画

ポンペイでは住宅の壁面には、しばしみせかけの建築的細部をもつ絵画があった。絵画はかなりの芸術的な価値をもち、この部屋の隅の絵のような、建築を主題としたその他の絵は、もはや失われてしまった地方の住宅のデザインに手掛かりとなるかもしれない。

2.24 ポンペイの住宅室内の復元図、79年以前

この復元図には、79年のヴェスヴィオ噴火の直前と思われるような、ポンペイの住宅の室内が示されている。建築的細部、彩色された壁面、豪華な織物の掛け布は、古代ローマ帝国絶頂期に裕福なローマ人家族の趣味がどういうものかを示している。

描き、仕事机、腰掛け、また物入れが備えられていること示しており、古代ローマの多様で豊かな家具がこうであったに違いないという着想を与えている。

もっぱら石に刻まれた玉座の形で残っている古代ローマの椅子の1つの形式（2.27）は、それでもやはりその他のデザインを示唆している。ローマ風の寝台すなわち長椅子は、貴族の家庭で使われたであろう洗練された装飾的な種類のもので、残存した青銅の部品（2.26）から

古典古代の文明：古代ギリシャと古代ローマ 49

2.25 ヴェッティの家の壁画
ヴェッティの家の別の部屋には、壁画は愉快なクピドの帯飾りがあり、それはもはや知られていない物語を説明している。クピドは薬屋で仕事中のようで、大きな樽で薬を混ぜている。戸棚や大釜の細部は、この時期のローマの住宅でみられただろう家具や器材のデザインの情報となっている。壁面は上方や下方に、広くポンペイの赤として知られる黄赤色に塗られている。

2.26（上左）古代ローマ時代の寝台の復元図、紀元前20年頃
紀元前1世紀の古代ローマ時代の寝台は、脚と青銅製の枠をもち、革、布、あるいは織物の表面を支えていた。青銅製の棒は、頂部と足の端が彫刻された飾りの蛇の頭である。

2.27（下左）古代ローマ時代の玉座の復元図、紀元前60-20年
玉座のような古代ローマ時代の椅子が、ローマ時代の壁画に表れた視覚像をもとにここに示されている。その形は、明らかに古代ギリシャのクリスモスに基づいているが、より大きな背もたれにされて、両側で直立する材で支えられている。その材は、構造的な強固さを増すため、後ろの脚の頂部から立ち上がっている。

2.28（下右）古代ローマ時代の枝編み細工の椅子の復元図、3世紀
枝編み細工の椅子は初めエトルリア時代につくられた。ローマ人は、都市ローマと古代ローマ帝国の多くの地域で、枝編み細工で、典型的には桶型に同様な形をつくった。

復元されることができる。より軽快かつ簡素で、機能的なデザインの椅子はしばしば枝編み細工（2.28）でできていた。

図2.23にかすかにみえるように、壁画は想像される外部の背景の現実のような光景をしばしば提供した。床にはさまざまな図案のモザイク・タイルが使用され、ときにはそれらは「ケイヴィ・ケイネム」（犬に注意）というそれにともなう言い伝えをもつポンペイ風の床の犬のような真にせまった視覚像を使った。

ローマの遺産：技術

古代ローマ人の技術的手腕は、巧みに計画された水供給システムの現存する証拠にその跡をたどることができる。このシステムは、効率的な配管網に給水する水道橋や水槽、衛生的な下水処理方法、かなり複雑な集中的熱供給方式さ

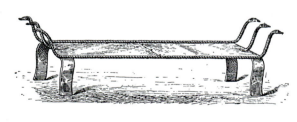

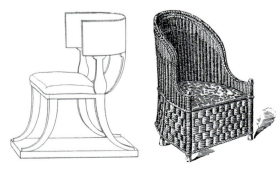

え用いた。地中海性の気候は携帯式の炭の炉が提供する以上のどんな暖房も必要としなかった一方、古代ローマ人が北方へ押し寄せるにつれて、彼らはより寒い天候に直面した。ローマの植民地の限界にブリテン島を横断して皇帝ハドリアヌスが築いた大城壁を最北端で、住宅（ないしはヴィッラ）が建設され、その残存遺構から暖房装置を精査することが可能となっている。この仕組みには、地面からわずかに離れて煉瓦または石の束で支えられた石の床があった。床下のあいた部分は建物の片側の炉と反対側の煙突につながっていた。炉に火が入れられると、燃焼ガスが床下の小部屋を通って引き出されるが、都市ローマの大浴場を熱するのに使われたのと同じ技術であった。暖められた床面は温和だが心地よい温度に達した。暖房のこの方法に、近代にいたるまで再発見されず、そのとき「輻射暖房」の名称で世に現れた。

古代ローマのデザインに関わる知識には、現在に伝わる建築についての最も古い本がかなりの手助けとなっている。それは、一般にはウィトルウィウスとして知られる、古代ローマ時代の建築家で技術者のマルクス・ウィトルウィウス・ポリオが紀元前90年から20年の間に著した、『建築論』である。10の書からなるその本は、多くの技術的事柄、築城術、煉瓦とコンクリートの製造法、機械、時計、水の供給システム、建築家の教育を取り上げていた。その本はまた、神殿、公共建築、住宅のデザイン、美的な問題の議論やローマのドリス式、イオニア式、コリント式オーダー（2.29）の十分な解説も含んでいた。それは、「用」、「強」、「美」の3つの句にまとめられるような、デザインの到達点の

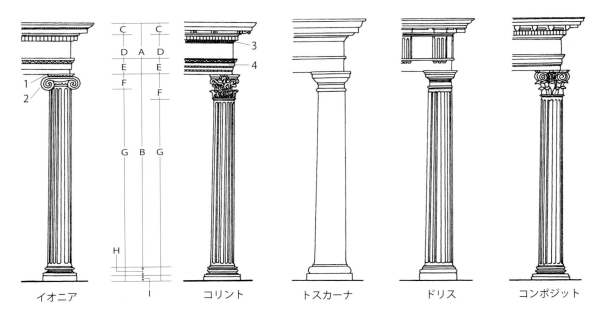

2.29 古代ローマの建築のオーダー

左から右へ、イオニア式（先行する古代ギリシャのイオニア式に似ている）、コリント式（古代ローマのオーダーで最も手が込んでつくられ、ほとんど古代ギリシャのコリント式と異ならない）、トスカナ式（簡素化されたドリス式）、ドリス式（古代ギリシャのドリス式と異なり、礎盤とより装飾的な柱頭をもつ）、そしてコンポジット式（コリント式とイオニア式の形を合成した古代ローマの試み——古代ローマの展開の最後）

A．エンタブラチュア
B．円柱
C．コーニス
D．フリーズ
E．アーキトレーヴ
F．柱頭
G．柱身
H．礎盤
I．台石
1．アバクス
2．渦巻き
3．歯型飾り
4．ファッシア

分析を表明していた。1624年にサー・ヘンリー・ウオットンが「便利さ、堅固さ、美しさ」と翻訳し、今日ではしばしば「機能」、「構造」、「美」といい直され、ウィトルウィウスの分析はいまもなお、デザインすべてが包含する複雑さを理解する有効な基礎とみなされている。ルネサンス期に、残存していた古代ローマ遺構の研究は、ウィトルウィウスの本の重要な部分の学習が支えたのだった。建築実務の全般的な検討を提示しているため、それはなおも最古の残ってきた著述として尊重されている。

現代の視点からすると、古代ローマのデザインは技術的に進んでおり、整然として、組織的で、美的に印象的ではあるが、しばしば派手で、過度に装飾的で、精妙さに欠けているように思われる。古代ローマのデザインの影響は、続く時代を通してその跡を追うことはでき、中世には後退するが、ルネサンス期にはヨーロッパの建築とデザインで重要な主題としてふたたび現れる。古代ローマ文化が徐々に衰退し、終局的に崩壊することで、それに続いた複雑な展開の背景が形づくられるのである。

第3章

初期キリスト教、ビザンティン、そしてロマネスク

3.1 ハギア・ソフィア、イスタンブール、トルコ、532-537年

ビザンティン教会の中で、最大、至高のハギア・ソフィア大聖堂は、ペンデンティブ技法によって、ドームを支え、ドームの基部を窓が取り囲む。窓の効果によって、ドームは浮かび上がってみえる。壁やドームを覆う当初のモザイクが修復されている。柱は、典型的なビザンティン様式で、1階側廊と2階回廊を形成するアーチを支えている。

3.2 生誕教会の床モザイク、ベツレヘム、現在のイスラエル、4世紀

この4世紀に構築された初期キリスト教のモザイク床は、現在の床レベルの下から発見された。籠に盛られた花と果実が、驚くべき写実性をもって描かれ、周囲には抽象的な幾何学文様が広がる。

西暦400年までにローマ世界の支配は明らかに衰退した。帝国は、東と西に分かれ、それぞれに首都と皇帝をいただいた。西ローマ帝国は、ローマ人たちが蛮族と呼んだ北部ヨーロッパの侵入者たちの圧力のもとに、崩壊する運命をたどった。いくつかの競合する宗教の中から、キリスト教が主流となり、その中心は、東方のコンスタンティノープル（現在のイスタンブール）へと移動した。デザインの歴史において、お互いに相容れない潮流が、ヨーロッパ地域の成長とともに始まる。それらは、初期キリスト教デザイン、ビザンティンと呼ばれる東ローマ帝国を中心とした作品、そして中世ヨーロッパで主流となったロマネスク様式である。デザイン史の諸側面は、重なり、関係性をもち、ある程度の対立をもつ。それゆえ、ローマの「没落」からの時代、通例では410年から1000年、あるいは1100年までは、秩序がなく、混沌としているとみなされる。

初期キリスト教のデザイン

ローマ皇帝コンスタンティヌスによって、313年にキリスト教が公認されると、キリスト教徒は秘密の会合や埋葬場所としてのカタコンベ（地下墓所）の使用をやめ、公にみえる存在を選択した。キリスト教の儀礼、洗礼や特別なミサの祝祭などは、新たな建築の形式を必要とした。キリスト教より以前の神殿は、大衆が集まることを意図していなかったが、キリスト教会は、そもそもは広間で、信徒たちが、宗教的儀式を見守り、参加する集会の場であった。それゆえ、キリスト教は初期のローマ建築のタイプの中から彼らの要求に最も近いものを選んだ。バシリカは、公衆の集会所で、ローマ人たちによって、裁判所として使われたものであった。

初期キリスト教のバシリカ教会は、高い中央身廊をもち、儀式の行列や信徒の集会に適していた。奥はアプスで、祭壇、あるいはミサやその他の儀式を司る聖職者の席となった。身廊の両側は側廊で、大規模な教会ではそれぞれ2廊の側廊を有し、信徒の場となり、二次的な機能をもつさまざまな祠堂の場となった。身廊は側廊よりも高く、高窓層から採光された。壁は組積造で、屋根架構には木造の長大材が用いられた。身廊上部の壁は、楣かアーチをわたした列柱廊によって支えられた。身廊と側廊の間は、天井高の変化と柱列によって明確に区分された。この単純な形が、その後の教会建築発展の基本となる。初期キリスト教時代には、さまざまな周到な進展が生み出される。床は色石によって覆われ、幾何学的文様や際立った色彩をも

つ（3.2）。柱はローマ時代の様式、いくつかはイオニア式でほとんどの場合はコリント式を基盤とする。材料は石材で、豊かな彩色の大理石が使われることも多い。柱の上部の壁は彩色され、アプス上の半ドームは、宗教的な題材を描いたモザイクで飾られる。建築材料として、柱頭をともなう柱も、ローマ時代の神殿やその他の建物から転用されたので、ローマ時代のデザインが最も直接的な方法でバシリカ教会へと移入された。城壁外の聖パウロ大聖堂（386年）やサンタ・マリア・マッジョーレ大聖堂（432年）は、後世の増改築が多大ながら、ローマにつくられた大規模バシリカ教会の実例である。ローマのサンタ・マリア・イン・コスメディン聖堂（772-795年、3.3）やラヴェンナのサンタポリナーレ・イン・クラッセ聖堂（500年頃）などの小規模教会堂は、後世の改築が少ない。サンタ・マリア・イン・コスメディン聖堂では、身廊の中に囲まれた部分があり、アプスを身廊部まで拡大してチャンセル（内陣）あるいはクワイアを設け、建物の中の建物のようである。内陣は、次第に教会建築の中で重要な要素となる。

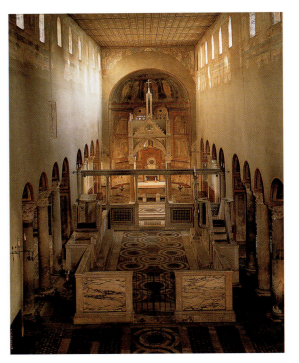

3.3 サンタ・マリア・イン・コスメディン聖堂、ローマ、772-795年

ローマ時代のバシリカの基本的な構成は、両側に側廊、奥にアプスをもつ長い身廊で、キリスト教会堂に使われるようになった。古代ローマ時代の柱が、高窓層をもつ壁を支えるために再利用された。屋根は木造であった。クワイアが身廊に広がる形で設けられた。緑と赤の床モザイクが彩色豊かにみせる。

宗教建築の別のタイプは、円形や八角形の平面をもち、中央におかれた洗礼盤、祭壇、あるいは墓を焦点とするものである。サンタ・コンスタンツァ（3.4、350年頃）とサン・ステファ

3.4 サンタ・コンスタンツァ廟、ローマ、350年頃

コンスタンティヌス皇帝の娘のための墓建築として建設され、後にキリスト教会堂に転用された。中央のドームをいただく空間が、柱廊、すなわち回廊によって囲まれ、その上部のトンネル・ヴォールトもモザイクで覆われる。クリアストーリーから採光され、大理石壁とモザイクが多彩な色彩を醸し出す。

ノ・ロトンド（468-483年）は、双方ともローマに所在するが、このタイプに属する。このような点対称の集中的なプランは、多くのキリスト教会に採用されるようになった。しかし、線対称で、祭壇に向かう強い軸線をもつバシリカ式は、東に向かって建てられるようになり、象徴的な意味（聖地へと向かう）によって東向きの構成を確立し、平面のタイプとして好まれた。両者とも、描画とモザイクで飾られ、豊富な彩色によって内部は芳醇さを加えると同時に、読み書きのできない大衆に、歴史的な出来事の宗教的意味を教えた。

ビザンティン・デザイン

ビザンチウムへのローマ帝国の遷都（330年）によって、同地はコンステンティヌス皇帝にちなんでコンスタンティノープルと名称を変えた。新たな拠点が創出され、やがて東ローマ帝国と西ローマ帝国への最終的な分裂を引き起こすこととなった。東方で発展したビザンティンの建築デザインの影響は、イタリアへと逆流し、同時にイタリアで進展しつつあった初期キリスト教建築と混交した。ラヴェンナは、コンスタンティヌス帝の東ローマ帝国の一部で、2つの様式が並行しながら発展していった様相を観察できる。ビザンティンの作品においては、ローマ建築の古典的細部が衰退し、柱や柱頭のような基本的な部分にだけ限定的に自由に使用することを好むようになる。古代ローマ時代の技術的側面は保たれ、曲面架構やドーム構造物の技術が発展した。

ラヴェンナ

ラヴェンナでは、サンタポリナーレ・イン・

3.5 サン・ヴィターレ聖堂、ラヴェンナ、イタリア、532-548年頃

八角形の集中式平面をもち、東に向かう狭いアプスがある。ドームの架かる中心部は、2階建ての回廊によって囲まれる。上部にある高窓層から採光し、円柱の柱頭は、明快な箱形で、ビザンティン・デザインに典型的である。色彩豊かな大理石とモザイク、そして平面の複雑性は、単純で味気ない外装に、類い希な内部空間を生み出す。

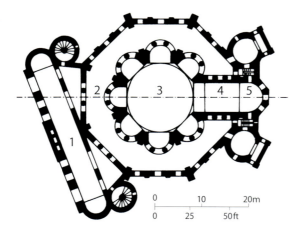
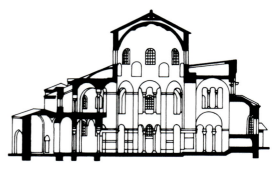

3.6 サン・ヴィターレ聖堂の平面と断面

中央の円形部分は、ニッチによって囲まれ、さらに外側の側廊、すなわち周廊によって囲まれ、外形が八角形となる。入口のナルテクス（前室）は八角形の隣り合う辺に合わせた角度をもつ。

1. ナルテクス
2. 周廊
3. 身廊
4. 聖所
5. アプス
6. ニッチ

初期キリスト教、ビザンティン、そしてロマネスク

インサイト

ラヴェンナのモザイク

そして私は流れる川に光を見ました。
燦爛たる輝きは2つの縁の間に溢れ、
驚くほどの春の花々で染められ、
その流れの外に、飛び散る火花が溢れました。
そして、情熱的な色彩の花々から閃光が走り、
黄金の艶のきらめきのなかのルビーのようでした。[1]

偉大なイタリア詩人ダンテ・アリギエーリは、ラヴェンナで『神曲』に、これらの詩を書いた。彼は光り輝くモザイクに霊感を得た。これらのモザイクは、6世紀に、神の栄光とビザンティン宮廷の栄光を反映し、一連の教会堂や祠堂につくられたものであった。

別の無名の詩人の詩は、アルチヴェスコヴィーレ礼拝堂のモザイクを書き写して

たとえ光がここで生じ、閉じ込められたとしても、光は君臨するでしょう。[2]

サン・ヴィターレ教会堂には、この教会の創設者である大司教マキシミリアンの隣にユスティニアヌス皇帝と皇妃テオドラの、モザイク肖像画がある。大司教の力強い肖像画は、この教会で仕事をした6世紀の年代記編者アンドレアス・アグネルスによって以下のように評される。

背が高く、細身で、顔は骨ばり、禿頭ながら頭髪がわずかにあり、灰色の目、みるからに聖者のような……
建築的な技術的な達成度は、これに及ぶものはイタリアにはみあたりません。[3]

モザイクに表現されたすべての図像は、ビザンティン時代の公式の装束に身を包み、図像を力強く、印象的に表現し、15世紀のルネサンスの最盛期における人文主義者アントニオ・トラヴェルサーリは以下のように述べる。

決して、より素晴らしく、あるいはより優雅な装飾を我々は見つめたことはありません。[4]

1. Dante Alighieri, The Divine Comedy, trs. Melville Anderson;
2. Quoted in Guiseppe Bovini, Ravenna Mosaics (London, 1957), p. 6; 3. Ibid, p. 474; 4. Ibid. p. 9

3.7 テオドラ妃と随臣・侍女たちのモザイク、サン・ヴィターレ聖堂、ラヴェンナ、イタリア、547年頃

ビザンティン・モザイクは光り輝く色彩で、装飾であると同時に、文字を読めない多くの人々に教会の歴史を説く役割をもった。

クラッセ聖堂（先述）は、バシリカ式をとり、素晴らしいモザイクが使われ、モザイクは装飾的にはもちろん宗教主題の説明としても役立った。サン・ヴィターレ聖堂（3.5、3.6、532-548年頃）は、八角形の集中式平面をとり、構造物の重さを減ずるために中空の焼成レンガでドームを架ける。八角形の一辺が拡張されて内陣となり、点対称でありかつ線対称の双方の特性をもつ建物となる。ローマにおける教会建築との関連から初期キリスト教建築の実例とみなすこともできるし、ビザンティン建築とみなすこともできる。後者の様式的属性は、芳醇に装飾されたインテリア、すなわち複雑な文様の色大理石の被覆、聖書の1節を図像的に表現したモザイク画（3.7）に起因する。中央の空間は2階建てのアンビュラトリー（周歩廊）に取り巻かれ、円柱をはさんだニッチが周囲と中央の空間を結びつける。円柱はローマ時代の先例を思い起こ

初期キリスト教、ビザンティン、そしてロマネスク 57

3.8（左）地下貯水槽、イスタンブール、トルコ、532年

イスタンブールの地下貯水槽は、ビザンティン時代のコンスタンティノープルのローマ宮殿へと貯水し給水するために建設された。8m以上もある333本の石柱が、入念な柱頭を冠し、ローマ時代のレンガ架構技術で支えられる。

3.9（右）聖セルギウス・バッカス聖堂、イスタンブール、トルコ、527年

イスタンブールにあるビザンティン教会セルギウス・バッカス聖堂は、1453年にモスクとなった。赤と緑の円柱や、装飾的な細部は教会時代のものである。

3.10 ハギア・ソフィアの平面図
1. アトリウム
2. ナルテクス
3. 身廊
4. アプス
5. 洗礼室
6. ミナレット

中央のドームの架かった空間は、前後に半ドームが付加され外観に方向性を与え、ナルテクス入口から南東のアプスへと向かう長軸が構成される。

させるが、柱頭は抽象的な形態で中東の実例と似ている。ドーム周の高窓層から差し込む光は、宗教信奉の神秘的な雰囲気を醸し出す。

コンスタンティノープル

ユスティニアヌス帝のもと、巨大な地下貯水槽（3.8）がビザンティンの宮殿やその他の建物への給水のために建設された。列柱が並び曲面架構された構造物（532年頃）は、東ローマ帝国の技術の高さをみせつける。教会建築では、より大胆な技術を必要とした。

ビザンティン教会聖セルギウス・バッカス聖堂は527年に建設され、1453年にモスクに転用された。八角形の中央の空間にドームが架けられ、赤と緑の大理石の柱で支えられた2階建ての周廊をもつ（3.9）。数年後に建設されることとなった大教会の小規模な先例とみなしうる。

ハギア・ソフィア

ビザンティン作品の最も重要な実例はハギア・ソフィア大聖堂（聖ソフィア、532-537年）で、コンスタンティノープルに建設された（3.1、3.10）。この建築の広大で驚くばかりの内部空間は、大胆な構造技術によるものである。円形以外の平面上にドームを架けるときの問題点は、ローマ人によって追求されたが、完全に解決されることはなかった。直角に配置された2つの隣り合うアーチの間の空間を満たし、頂部が円の4分の1となる三角形曲面は、ペンデンティブ技法と呼ばれ、ビザンティンの建設者たちによって進展し、ハギア・ソフィアの中央部、直径107フィート（32.6メートル）のドームを支えるためにこの技法が使われた。中央部の両側面の大アーチは壁で充填され、壁には2層のアーケードがうがたれた。前後の大アーチには半ドーム

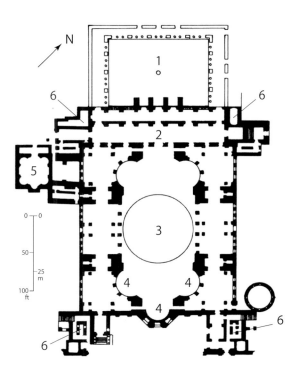

58　初期キリスト教、ビザンティン、そしてロマネスク

初期キリスト教、ビザンティン、そしてロマネスク　59

3.11（左）サン・マルコ大聖堂、ヴェネツィア、イタリア、1063-1073年頃

　名高い教会堂の空間を構成するのは5つのドームで、身廊に3つと両翼廊に2つ配置され、ペンデンティブ技法をともなう。すべての壁面とドームの表面を覆うモザイクは、薄暗いインテリアに壮麗な色彩を与える。この建物は、コンスタンティノープルやアジアに立地する初期の実例と、ヨーロッパで進展することとなったロマネスク様式の間のつながりを明らかにする。

3.12（右）ハギア・イレーネ聖堂、トプカプ宮殿、イスタンブル、トルコ、740年

　バシリカ式のインテリアで、上部の2階を支えるアーケードによって中央の身廊と両側廊が区分される。奥部のアプスには6段の席が設けられ、ビザンティン時代の聖職者によって使われた。この建物は、現在トプカプ宮殿の第一中庭の中に位置する。

が接続し、半ドームはさらに小さな半ドーム状のエクセドラ（ニッチ）が接続する。ペンデンティブ技法で支えられた中央大ドームの幾何学性は、（平面上で）円を正方形にするように4つの円弧を切り落とすことを、半球状の（立体としての）ドームに適応することによって理解することができる。ハギア・ソフィアのドームの四隅部分は前後には半ドーム、両側部分では外観に中実な構造体をバットレス（控え壁）によって支えられている。ペンデンティブの真上には、40の小さな窓の並ぶ環状部分がある。窓は室内への採光とドームの重量軽減の役割を果たす。

　ハギア・ソフィアを飾るモザイクの画像は、建物がモスクになったときに、イスラム教が芸術における写実的表現を禁じたことにより、上塗りされた。より小規模なハギア・イレーネ聖堂（740年）は、ドームとバシリカ式の内装を組み合わせたものである（3.12）。その後（10世紀から11世紀）、ヴェネツィアのサン・マルコ大聖堂（3.11）は、ペンデンティブ技法を用いた5つのドームをもち、5つのドームがギリシャ十字の4本の腕部分と中央の交差部を覆い、巧妙に彫刻されたクワイアの間仕切り、内陣の建具、あふれんばかりのモザイクの内装をもつ。これは、ビザンティン教会建築のインテリアとして、最も完璧で最良の実例であろう。

世俗建築

　初期キリスト教あるいはビザンティンの教会堂建築と同時代の世俗建築は、限られた遺構しかなく、廃墟となりインテリアの研究は難しい。東ローマ帝国の巨大な浴場建築や宮殿建築に、ローマ時代初期の追随例と位置付けられるが、実際にはほとんど残っていない。居住用の建物や初期の修道院建築は、ほとんど消失してしまい、あるいは大幅に再建されている。この時代にさかのぼるヴェネツィアの住宅は、ビザンティンの影響をみせる。典型的な多層建築で、それぞれの階に広い中央広間をもち、両側に開いた前後の小さな部屋から採光する。ビザンティンの影響は、中世のギリシャ、イタリアの建築や、ロシアのドームのある教会堂に顕著である。

初期中世：「暗黒時代」

ヨーロッパでは、ローマの権力が崩壊した後、すなわち西ゴート族による410年のローマ略奪にせき立てられ終焉を迎えたのだが、混乱の時代が続き「暗黒時代」と言及されることもある。歴史家はこの言葉を好まないのは、あたかも文化が全く欠如しているかのような印象を与えるからであろう。400年頃から1200年頃までは、確かに中央集権的な支配体制の欠如した時代であり、ローマ法、道路、経済などの組織化されたシステムが消失してしまった。この無秩序な時代には、地方的な権力者の支配から秩序が生じ、彼ら自身がお互いに領土のために戦い、彼らの選んだ方法で住民を搾取した。

次第に封建制が広がり、権力が確立し、武力と分配された領土によって、階級的な独裁システムが生まれた。王家あるいは皇室の高位から、何層もの貴族層、農地を耕し税金を払い封建構造を支える下位の農奴や小作農へと、統制が上から下へと伝えられた。この構造においては、武力、軍事的権威が主流となり、これらによってのみ混沌が抑制された。

封建君主間では攻撃的な戦いが常に生じ、通常の生活は防御的な技術にたよっていた。強力な武器は、刀、槍、弓矢であった。鎧に身を包んだものがいかなる攻撃者に対しても決定的に有利であった。住宅のまわりに堅固な壁をまわした城塞をつくり、町や都市の周囲に壁をまわすことが、住民を安全にした。封建領主は城に住まい、城塞都市の保護を行い、暴力的な君主と彼の庇護の下に生活する搾取された庶民の間に相互利益の関係を築いた。初期中世（1000年以前）におけるこの関係の進展は、デザイン、芸術、建築の背景をつくりだし、様式的にロマネスクとされる。

3.13 宮廷礼拝堂、フランク人メッツのオド作、アーヘン（エクス・ラ・シャペル）、ドイツ、798年

シャルルマーニュの宮廷礼拝堂として建てられた空間で、計画された建築の中で唯一残っている部分である。八角形の内部空間は、ラヴェンナのサン・ヴィターレ聖堂に基づいており、八角形の傘状ヴォールトを冠し、空間を取り巻く3層の回廊からなり、高窓層をもつ。モザイク装飾は最下層の周廊に用いられ、色大理石の被覆が中央空間を覆う。半円形アーチは、暗色と明色の迫り石を交互に用いる。

初期キリスト教、ビザンティン、そしてロマネスク　61

ロマネスク様式

　フランク人シャルルマーニュがヨーロッパに新帝国（771-814年）を創設した。そこで初めて、暗黒時代の「暗黒」が、生活の諸側面の発展と並行して芸術に新たな啓蒙を表す道筋を与え始めた。カロリング風（シャルルマーニュの名前から派生した）という言葉は、この時代の作品を記述するのに使われるようになり、ロマネスクの建築と芸術における初期の時代とみなされる。ロマネスクという言葉は、ローマ時代のデザインを使い続けることに由来する。特に半円アーチの使用にみられ、ローマ時代のインテリアの細部と同じタイプが用いられる。とはいえ、強力なローマとの関係性を明示すると解釈するのは幾分か見当違いである。ローマ帝国の文化、そして芸術は、中世の初期の時代に、ほとんど失われ、忘れ去られてしまった。

　アーヘン（エクス・ラ・シャペル）はシャルルマーニュの首都で、壮麗な宮殿が、秩序と対称性に基づいて建てられ、ロマネスク様式の典型であった。礼拝堂（3.13）だけが残り、集中式の八角形平面で、八角形傘状ヴォールトを冠し、床面とさらに上層2層の周廊によって囲まれる。半円アーチとトンネル・ヴォールトが古代ローマの技法を思い起こさせ、現在は後世の建築に組み込まれているが、インテリアの大部分は創建当初のものである。

　ロマネスク・デザインで最も簡単に見分けられる視覚的要素は半円アーチである。半円アーチはローマ建築の基本的な方法で、現在まで残るものの中で最も進んだ構造技法で、石造建築において、記憶され、あるいは再発見された。日常建築の通常の材料は石材で、木材は、石造建築の床や屋根の材料として普遍的であったが、現在までは残らない。曲面天井は、永久的な使用がのぞまれる建物で使われた。初期ロマネスクの曲面天井は、単なるトンネル・ヴォールトで、常に半円形であった。より複雑な曲面架構のシステムが進展し、グローイン・ヴォールトが出現したが、やはり半円形の形状であった。

　トンネル・ヴォールトは長い教会の身廊を覆う石造天井に使われたが、ロマネスクの時代には多様な発展は導かれなかった。一般に空間の連続性には、連続的なトンネル・ヴォールトが最も優れていたが、窓をうがつことが難しかったので、インテリアは暗くなった。別の解法は、身廊を別々の部分の連続へと分解しそれぞれに曲面天井を冠すること、あるいは耐久性の限界を認めて木造天井を受け入れるという技術的な後戻りをすることであった。フランスのトゥルノーのサン・フィルベールの修道院教会堂（960-1120年）は、隣り合うグローイン・ヴォールトの側廊部よりも高い身廊をもつ。身廊では身廊を横断するトンネル・ヴォールトが連続し、それぞれが隣のヴォールトを控え壁とし、大きな窓のとれる高窓層の壁を可能とした。小規模なトンネル・ヴォールトが繰り返され身廊の統一性を破ってしまったので、この新技法は定着

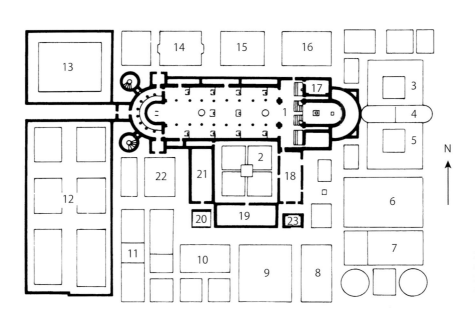

3.14 ザンクト・ガレンの修道院平面図、スイス、820年頃
　ベネディクト会の中世初期の修道院で、現在は後世の建築に置き換わっているが、広域の要素から成り立っていたことを伝える。このような修道院は、閉鎖的で、自給自足の共同体を組織し、居住者の必要とするものすべてを生産していた。教会の両端にアプスをもつ両端同形の平面は、ドイツあるいは周辺の地域の9世紀の教会堂建築としての理想をめざしたものと思われる。

1. 教会
2. 修道院中庭
3. 診察所
4. 小祠堂
5. 修練所
6. 果樹園／墓地
7. 庭園
8. 納屋
9. 工房
10. 粉引所とパン焼所
11. 厩舎
12. 家畜囲い
13. 宿坊
14. 応接所
15. 学校
16. 司教館
17. 写字室と図書館
18. 寄宿舎
19. 食堂
20. 台所
21. 貯蔵室
22. 救貧所
23. 浴場と便所

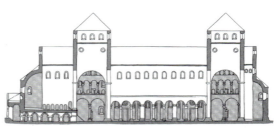

3.15 聖ミヒャエル、ヒルデスハイム、ドイツ、1010-1033年（第二次世界大戦後再建）

側廊にはさまれた身廊をもつバシリカ式のロマネスク様式のインテリアで、列柱廊が身廊と側廊を仕切る。身廊の上部に高窓層がある。屋根は木造で、身廊の両端に建つ方形の塔はアーチによって支えられる。

3.16 聖ミヒャエルの図面

教会の両端に、交差廊をもち、塔が屹立する。身廊の両側の側廊は、幅が広い。東側部分にある小さなアプスを、後世の西側に展開する曲面架構の架かった広い内陣は凌ぐ。

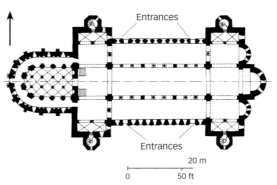

3.17 サン・ミニアート・アル・モンテ、フィレンツェ、イタリア、1018-1062年

身廊は3分割され、それぞれ木造屋根をもつ。端部（東側にしか図面では確認できない）には半地下室があり、身廊に向かって開放している。その上部、目の高さに内陣（クワイア）がある白と黒の大理石が壁を覆い、窓には薄い半透明の大理石がはまる。

しなかった。サン・フィルベールにおいてはナルテクス、すなわち前室が2層となり、ドイツの西構え（下記参照）の手法をみせる。内陣部は、アプスが側廊、すなわち周廊によって囲まれ、放射状の小祠堂が配置され、後世のフランス教会建築の特徴的な要素となる。

教会堂建築

ドイツ

ドイツのヴェーザー川流域コルヴァイの大修道院教会堂（873-885年）は、側廊にはさまれた身廊をもつバシリカ式の教会である。東へと向かう構えは、重力感のある塊で、それ自体で建物として完結しているが、教会の西側（正面）へ付加された部分である。この部分は「西構え」と呼ばれ、ドイツのカロリンガ朝あるいは初期ロマネスクの教会の特色となった。教会の西側を占める部分の発達は、ザンクト・ガレン（3.14、820年頃）の修道院図面にも認めることができる。この図面には広大な施設の秩序ある繊細な配置が描かれ、巨大な教会堂は両端にアプスをもち、身廊の長手方向だけでなく短軸方向にも対称性をつくりだしていることがわかる。

初期キリスト教、ビザンティン、そしてロマネスク　63

3.18 サント・フォワ教会、コンク、フランス、1050-1120年

　十字形平面で、高くて細いプロポーションで建てられた巡礼教会である。十字部分に八角形の高い塔が建つ。身廊のトンネル・ヴォールトは、それぞれのベイを区切るアーチをもち、アーチによって区切られた側廊は2層構成で、外壁の小さな窓からだけ限られた光が身廊へと到達する。それに対して東端部には、大きな窓があり、周廊をまわした内陣へと光が入る。教会は元来豊かな彫刻、彩色画、織物で飾られていたが、現在はほとんど残らない。聖者の聖遺物像が元来の装飾の豊かさを伝える。

この両端同形のデザインは、ドイツにおいて多様に姿を変えながら残り続け、ドイツの後期の教会における西構えや平面計画にみることができる。ヒルデスハイムの聖ミヒャエル（3.15、3.16、1010-1033年）では、側廊にはさまれた身廊をもつバシリカ式の両端部に、トランセプト（交差廊）と両塔が対称的に配置される。

　マインツ（1009年以後）、シュパイヤー（1024年頃着工）、ヴォルムス（1170年着工）の諸大聖堂は、ドイツから東のヨーロッパの各地へとロマネスクの概念が広まっていったことを示す。

イタリア

　フィレンツェのサン・ミニアート・アル・モンテ教会（3.17、1018-1062年）では、屋根は木造ながら、白と黒の大理石を用いて、入念な幾何学文様で装飾されている。内陣部の下に低いクリプト（半地下室）をもつため、内陣部は1段高い。ミラノのサンタン・ブロージョ（1080-1128年）は、初期キリスト教バシリカ式に基づき、前部に無蓋のアトリウムをもつ。身廊は4つのベイ（区画）からなり、うち3つは正方形平面にグローイン・ヴォールトが架かり、斜行するグローイン（稜線）が石のリブで強調される。4番目のベイは内陣で、現在ではどっしりした八角形のランタン（明かりとり窓）の塔を冠する。側廊は2層で、グローイン・ヴォールトが連続する。

フランス

　フランスのコンクにあるサント・フォワ教会（3.18、1050-1120年）は、中世における大巡礼

3.19 ラ・マドレーヌ修道院教会、ヴェスレー、フランス、1104-1132年

　この、高く、光に満ちた教会は、ナルテクスからアプスまで何にも遮られない空間をもつ。グローイン・ヴォールトの石造天井は、身廊と側廊、それぞれ3つのベイを覆う。身廊の横断アーチ、そして側廊へと開口する身廊のアーケードは明色と暗色の迫り石を用いたアーチによって範囲を区切る。身廊のアーケード上部には高窓層がある。円柱の柱頭には優雅で空想的な彫刻がある。奥の内陣部は後世のゴシック時代の付加である。

64　初期キリスト教、ビザンティン、そしてロマネスク

路の1拠点であった。殉教者聖人の遺物が宝石をちりばめた煌びやかな彫像に納められ、スペインのサンチャゴ・デ・コンポステーラへの巡礼路を行き交う信者たちを惹き付けた。身廊は高く、幅に比してせまく、トンネル・ヴォールトが架かり、両側に2層をなす側廊がある。側廊の上階には、身廊側を高くした半トンネル・ヴォールトが架かるので、身廊の壁の上部に高窓層をとることができない。側廊の窓は身廊に光を取り入れる大きさが必要だったので、身廊よりも側廊のほうが明るい。翼廊と身廊の交差部上部の八角形ドームを冠した塔も、同様に大きな窓がとられている。彫刻された円柱、柱頭を除くと、インテリアは簡素で禁欲的であるが、巡礼者を惹き付けた「聖遺物」は、金銀宝石をちりばめた内陣に奉納されていたのであろう。

ヴェズレーのラ・マドレーヌ（3.19、1104-1132年）は、もう1つの巡礼者教会で、屋根の構造はより複雑である。側廊と身廊を分けるアーチが、ベイを区切り、特徴的な身廊を横断するアーチとともに、グローイン・ヴォールトを支える。横断アーチには、明色と暗色の迫石が交互に使われる。ヴェズレーの内陣部は、後世のゴシック様式である。

ロマネスク時代には、広壮な教会堂建築において、多数の構法が並行的に発展した。ペリグーのサン・フロン（12世紀）は、ヴェネツィアのサン・マルコのデザインと同様なギリシャ十字形に配置された5つのドームから構成される。しかしながら、内部の印象が全く異なるのは、芳醇なヴェネツィア・モザイクから装飾のない簡素な石仕上げへと、置き換わったためである。ノルマンディーでは、アベイ・オー・ゾンム（サン・テティエンヌ修道院、1060-1081年）が、征服王ウィリアムによってカーンの地に、1066年のイングランド侵入の成功を祈念して建設されたが、大聖堂タイプへの道筋がみられる。平面は十字形（ラテン十字形をもつ）で、グローイン・ヴォールトの架かった長大な身廊と、深い内陣部をもつ。側廊は2層構成で、側廊の上部はトリフォリウムとなり、さらにうえに高窓層が構成される。曲面天井は正方形で、それぞれが中央で交差するアーチによって分割される。しかし、2つのベイで1つの曲面天井をつくれるように、支持円柱の間にアーチがわたされる。2本の斜行するリブで分割されたこのような曲面天井は、6つの三角形のパネルに分けられるので、六分ヴォールトと呼ばれる。この手法は、続くゴシック大聖堂の典型となるデザインと極めて密接な関係をもつ。

ノルマンディー地方沿岸部の島、モン・サン・ミシェル（3.20、11世紀）の修道院群の中には、ロマネスク時代にさかのぼる空間がいくつかあり、島の頂部を占めるゴシック時代の教会や建造物よりかなり前のものである。10世紀のいくつかの小祠堂があり、無装飾の石造のアーチと曲面天井、そしてグローイン・ヴォールトの架かった地下室には、風変わりな柱が曲面架構を支えるために配されている。唯一の装飾は円柱の柱頭で、簡素で、抽象的だ。モン・サンミシェ

3.20 モン・サン・ミシェル修道院、フランス、1017年-

広いサレ・ド・シュヴァリエ（騎士の間）は修道院複合体の一部屋である。この名は、修道院を警護していた騎士たちの居場所、あるいはルイ11世の命による聖ミカエル騎士団から由来するのであろう。石造の曲面架構は、半円アーチから尖頭アーチへの移行の初期的状況を示しており、半円アーチはそれぞれのベイを斜行する形で、尖頭アーチはそれぞれのベイの4辺に用いられる。開放的な空間は、かなり細い円柱によってアーチが支えられていることによる。

3.21 ダラム大聖堂、ダラム地方、イングランド、1110-1133年

身廊アーケードの半円アーチは、ノルマン様式（ロマネスク様式）の素晴らしい聖堂の建設年代を語る。上部のグローイン・ヴォールトは、かすかに尖頭形の横断アーチをもち、続くゴシック建築の発展を示唆する。灰色の石は、元来は明るい色に彩色され、複合的なピアと円形ピアが互い違いに配置され、円形ピアに彫刻された文様が、視覚を活性化する際立った要素となる。大聖堂は、通例とは異なって、元来の高窓層の窓を今なお保っている。

初期キリスト教、ビザンティン、そしてロマネスク 65

3.22 聖アンドリュー教会、ボルグンド、ソグネ・フィヨルド、ノルウェー、1150年頃

ノルウェーの建物の構法は、樽板教会として知られ、ロマネスクの石造のヴォキャブラリーを木造へと移し替えたものである。アーチの形は、構造的ではないが、フランスの石造修道院を模したものである。この教会堂は、50フィート（15メートル）ほどの高さがあり、高い位置の小さな窓は、採光のためだけに用いられる。多くの樽板教会は、壁や天井の彩色画に、中世写本彩飾の片鱗がみられる。

ル教会の身廊は典型的なロマネスク様式で、側廊部とトリフォリウムのレベルに、半円アーチが続き、高窓層がその上部に位置する。屋根は木造である。そして山の裾野に建てられた町の住宅や壁々は、フランス中世建築の歴史的な断面を明らかにする。カロリング朝から15世紀まで、建築と再建を繰り返し、この複合体1つから、研究のための多くの資料を得ることができる。

イングランド

　ロマネスク風の建物は、1066年のノルマン人の侵入によってイングランドへもたらされた。ノルマンという言葉は、イングランドでは、ヨーロッパ各地でロマネスクと呼ばれる作品を意味する言葉として使われた。多くのイギリスの大聖堂は、ノルマン建築として着工され、そのいくつかはゴシック時代に再建、あるいは変更され、あるものはノルマン時代の片鱗を部分的に残し、あるものはその大部分がノルマン時代の建造物である。ダラム（3.21）とグロスターの身廊は、アーケードに太いピアがあり、11世紀末期に建設された。ダラムでは、1本おきの円柱は、円筒状であるが、彫刻された抽象的幾何学的文様をもつ。ピーターバラ（1118年着工）の大部分は、イーリー大聖堂と同様に内陣を除いてノルマン様式である。ピーターバラでは豊かに彩色された木造天井が屋根の木造トラスを隠す役割を果たしている。

スカンディナビア

　デンマーク、スウェーデン、フィンランド、そしてノルウェーでは、1000年から1200年頃から、数多くの木造教会堂とその他の建造物が現存している。最も驚くべき、フィンランドの木造教会堂は、樽板教会と呼ばれる。実際には完全な木の幹を用いた丈夫な木製の支柱が建物の主たる部分をつくる。典型的な樽板教会は、かなり小規模で通例平面は間口30フィート（9.1メートル）奥行50フィート（15.2メートル）だが、高さはときには100フィート（30メートル）以上となる。これらの教会の中央部の高い空間は、頑丈な水平材によって支えられ、船のマストを想起させる。中央空間の周囲は、低い側廊部となり、幅広の板の外壁に囲まれる。このような建物は、身廊と側廊からできた典型的なロマネスク教会のかなり小さな木造ヴァージョンであるとみなすことができる。全体的な構成と部分的な詳細の双方が、伝道師たちによってスカンディナビアにもたらされたと思われる。彼らは古代スカンディナビアのヴァイキングたちをキリスト教に改宗させるために北方におもむき、南にあった修道院教会を言葉で説明することによって、教会建築を教えた。石造の半円アーチは、木造でつくられ、手本となった石造の作品は木彫の細部に置き換わる。このような教会堂が数百棟19世紀までは実在していたが、現在ではわずか24棟しか残らない。ボルグンド教会（3.22、1150年頃）は、良質な実例である。トルポの教会（1190年頃）は彩色豊かな内部壁画によって有名で、アーチ形の分割天井などに描かれ、天井は石造トンネル・ヴォールトを模したと考えられる。宗教説話の場面を描き出した図像は、中世写本彩飾の様式を醸し出す。

3.23 ヘディンガム城、エセックス、イングランド、1140年頃

このイギリス城郭の広間は、広大で、中央の石造アーチに木材梁が架かり、梁には多数の根太が架かる。半円形の形はノルマン様式（ロマネスク様式）で、装飾は限られており、アーチの起拱点（きょうてん）に簡単な繰り型があるだけだ。アーチ型の暖炉は、壁内に煙突に通じる煙道をもつ。家具と小さな品々は当初のものではないけれど、中世の時代の雰囲気をつくっている。

要塞と城郭

　初期の城塞は、小高い土塁、自然の丘、あるいは容易く守備可能な場所に建つ質素な館で、城壁をまわしていた。最初期には、単なる塀あるいは柵に囲まれただけのものであった。やがて、木部は石に置き換えられ、より恒久性と耐久性を増した。城郭の館、天守は城壁内に独立し、城壁に対して高く立ち上がり、やはり石で構築された。城郭の天守は、数層に及ぶことが多く、高層で屋根から防御することのできる小振りな構築物を形成した。

　初期の城郭は、タワー・ハウス（城館）と呼ばれ、単なる塔であった。内部にいくつかの部屋を垂直に重ねたもので、城壁の防御のために隅部を突出させる。次第に、攻撃に対する軍事的技術が改良されると、城壁に沿った防御の塔、入り組んだ門、多重の城壁などが開発された。城郭の駐屯地は広くなり、居住施設はより複雑化した。城郭の部屋は、一般的には住宅と同様に無装飾で簡素であった。多目的な主室、すなわち広間は、所有者、その家族そして城に住まう召使いや駐屯部隊、すべての人々の居間であり、かつ食堂であった。家族のための私室、サービス・スペース、その他の機能は、漸次付け加えられ、時間の経過とともに、中世の生活が次第に落ち着き、秩序をもつようになった。

　城郭は通例では石造で（とはいえ床や天井は木造であるが）、数多くの実例が現存、あるいは再建され、インテリアの様相を知ることができる。封建領主は複数の城郭をもち、それぞれがある地域に対する権威を主張した。権威の顕示は、それぞれの城郭に領主が定期的に登場することで、観衆と順序通りに謁見（えっけん）し、法的争いを解決した。ある意味で単にみえることだけが重要で、そこには何ら対話の場はなかった。城主

初期キリスト教、ビザンティン、そしてロマネスク 67

3.24 サン・マルタン・デュ・カニグー修道院、フランス、1007-1026年

修道院教会は、トンネル・ヴォールトの内装で、ヴォールトは壁に、言い換えれば飾り気のない円柱にアーチをわたした地味なアーケードに架かり、その柱頭はかすかにローマ時代の原形をとどめるのみである。はるか遠くのアプス、そして側壁にある小さな窓から、絞られた光が入り、色彩は自然の石だけである。

の家族と駐屯部隊は、短期的に滞在するだけで、移動の前に、特定な城の当面の設えがなされた。ほとんどの家具や価値のある所有物は移動可能で、家族とともに必要に合わせて運ばれた。

城郭の部屋では、無装飾の石壁（ときには白漆喰が塗られた）、床も無装飾の石かあるいは木の板、構造的な木造天井、小さな細い隙間窓であった。この窓の形は防御のため、そして耐候性のあるガラスはないことによるものであった。広間の中央には、火のための炉床が設置され、屋根に煙穴が設けられた。暖炉や煙突は、後期の改良であった。広間の端には、床を1段高くした高座が分離され、家族や招かれた客が座るテーブルがおかれた。広間自体は、斜めに組んだ足の間に板をわたしてテーブルとし、台として用いた。ベンチや腰掛けに座り、もしも椅子がある場合は、領主のための名誉の椅子で、主賓席であった。最終的には、無装飾の壁を飾る掛け物が使われるようになり、寒さと威嚇的な雰囲気を和らげた。タペストリーが芸術として発展し、装飾として移動可能な壁掛けとなった。主たる明かりや松明は台のうえ、あるいは壁の持ち送りにおかれ、夜の採光の役割を果たした。

イギリスでは、1100年あるいは1200年頃の広間をもつ城がいくつか現存する。ヘディンガム城の広間（3.23、1140年頃）はエセックス州にあり、2階建てで、扉、窓そして見晴らしのバルコニーをもち、ノルマン様式アーチ（ロマネスク様式の半円形）を用いている。巨大な石造アーチが、部屋の中央を横切り、木造梁を支えている。アーチ形の暖炉は非日常的な贅沢さを表現する。

男子修道院と大修道院

戦闘を旨とした騎士たちの生活に、防護に徹した城郭が安定性を与えつつあった中世に、宗教、学問そして芸術へと傾いた別の意味での防護施設が発展した。それは修道院施設で、世俗社会における生活をあきらめる代わりに、修道院で守られた隔離生活を送る宗教共同体のためであった。防護は防衛的な構造からではなく、人里離れた立地、攻撃の目標となる宝物がないことを意味する清貧、そして勤労と求道に自己を捧げた人々への敬意によるものであった。修

3.25 寄宿舎、ル・トロネ修道院、フランス、1130年頃

寄宿舎はトンネル・ヴォールトの架かった部屋で、窓1つが1人の修道僧に割り当てられた空間となり、それぞれのベッドは木や布の間仕切りで囲まれていたのであろう。床のタイルは、それぞれの部屋の仕切りを表す。金属製のタイ・バーは、古建築を補強するための近代的な試作である。

道院教団は、ベネディクト会、シトー会、クリュニー会などで、僧侶たちを集め、修道院を建て、教会、宿舎、そしてすべての必要とされるサービスを閉ざされた自己完結的な共同体で行った。フランスのピレネーにあるサン・マルタン・デュ・カニグー修道院（3.24、1007-1026年）では、今なお近づき難い高い山奥に小さな建物の集合体がある。教会はバシリカ式で、側廊にはさまれた身廊をもち、屋根は簡素なトンネル・ヴォールトで覆われる。身廊の外へのスラスト（推力）は側廊のヴォールトによって抑えられ、側廊のヴォールトは厚い壁体によって支えられる。小さな窓だけが厚い壁にうがたれ、薄暗い内部空間をつくりだす。身廊と側廊の間、

インサイト

クリュニーの修道院

クリュニーの大修道院は聖ベネディクトの規範にしたがっている。聖者は547年に没したが、禁欲的で隠遁的、加えて苦行をめざす生活によって知られ、彼が最初にヴィコヴァーロにつくった僧侶共同体で名高い。

> 彼の修道法規への厳しい観念は、彼ら、すなわち石窟房に住むすべての人々にはそぐわないということはすぐに明らかになりました。そして、彼を追い出すために、彼のワインに毒を混ぜることさえしました。彼は習慣から、水差しの上で十字を切ったとき、あたかも石が落ちたように、水差しは粉々に壊れたのです。「神よ、あなたたち兄弟を御許しください」。大修道院長は怒らずに言いました。「なぜあなた方はこのようなひどいことを私に企んだのですか。私の習慣はあなた方には合わないと言わなかったですか。どうぞ、あなた方に似合った大修道院長を探しにいきなさい」。[1]

ベネディクト会共同体は、その質素な生活、祈りへの献身、音楽で知られるようになった。クリュニー大修道院は、この意味での建築と音楽でもっとも有名な実例である。そこでの安心と美に満ちた生活は、多くの富裕な篤志家を魅了した。大修道院に蔓延した贅沢と豪壮に対する1115年の落雷への聖ベルナールの改革を促した。

> それらは信奉者の目を惹くけれど、魂の信奉の妨げになります。とはいえ、それを多めに見たとしても、私たちが語られたように、それらは神の栄光のためになされたと考えます。しかし、修道士として私は語ります。どうぞ御教えください、あなたは清貧の告白者です、聖地では黄金は何の役割を果たすのでしょうか……素晴らしさと高価さへの虚栄心を見ると、人々は祈ることよりも与えることを促されています。[2]

1. *Discourses of St. Gregory*, quoted in Butler, *Lives of the Saints*, ed. Herbert Thurston SJ (London, 1956). p. 652;
2. St. Bernard, *Apologia*, quoted in Olive Cook, *English Abbeys and Priories* (London, 1960). p. 67

円柱がアーチを支え、円柱は簡素なドラムと柱頭だけで、柱頭はかすかにローマのコリント式オーダーの雰囲気を伝える。クロイスター（付属中庭）は中央の無蓋の庭のまわりに列柱を回した通廊（修道院平面における重要な要素である）に囲まれ、寄宿舎、斎堂（食堂）、その他共同体の多様な機能を担う諸室へと通じる。

ル・トロネ（3.25）、セナンク、シルヴァカンヌのシトー会修道院は、南フランスに1130年頃に建設されたものだが、禁欲的な教会建築で、曲面天井が架かり、側廊と突出した翼廊とで、明らかに象徴的な意味から十字形の平面を構成する。身廊にはトンネル・ヴォールトが、側廊には半トンネル・ヴォールトが架かる。身廊ヴォールトの外へのスラスト（推力）は側廊の半トンネル・ヴォールトによって抑えられ、側廊自体が連続的な控え壁として役立つ。側廊のスラストは組積造の壁体によって吸収される。構造的にほんの小さな窓しかつくることができなかったが、端部の壁にだけ例外的により大きな窓が設けられた。元来は教会堂の中には、両側に並ぶ石製のベンチとアプスの石製の祭壇以外に、家具はなかった。中央のアプスと、両側に2つずつの副次的なアプスがあり、それぞれに祭壇をもつ。典型的なシトー会修道院の平面は、5つのアプスを必要とした。教会堂は正面の片方に小さな入口をもつだけで、外界への閉鎖性を表す。教会堂への、主たる動線は付属中庭から階段を通るもので、宿舎から直接教会堂に入る入口は、夜のお勤めをする修道僧たちによって使われた。

石の曲面架構はその他の主たる部屋や、中庭を取り囲む周廊にも使われた。入念に切り出され、積み重ねられた石細工は、ほとんど何の装飾もともなわないにもかかわらず、卓越した美しさを誇る。共同の寄宿舎では、それぞれの修道僧は自分の寝台のために設えられた空間をもっていたことが推察されるが、そのような設えは当時の彩画写本に描かれた図像によって知

3.26 インテリア、ジョゼッペ・アセルビ著『1798年と1799年のスウェーデン、フィンランド、ラップランドからノールカップへの旅』、ロンドン、1802年より

1790年頃の中世フィンランド、トゥパの簡素な木造住宅のインテリアを描いた木版である。部屋は多目的に使われ、食事用の長いテーブルとベンチ、3層に配された寝台、調理用の暖炉、釘にかけたり網棚におかれた収納物などが描かれる。3本脚のストゥールに2人が座って口論している。

初期キリスト教、ビザンティン、そしてロマネスク　69

3.27 フィンランド中世の農家、現在ノルウェー文化史博物館に保存

　台所は、農家の一番重要な部屋であった。自然木が床、壁、天井に使われ、白漆喰の暖炉と木のストーブの黒い鉄部分だけが、色彩的統一を破る。家具は、ベンチと吊るされた揺り籠だけである。

3.28 ヴィオレ・ル・デュク著『全ての時代の人類の住まい』から、1876年

　フランス都市、クリュニューの住宅外観の復元で、1200年頃の様子を描く。ブルジョアの商人あるいは工人の店と住宅で、職場の上階に家族が住まっていた。

ることしかできない。

住宅

　荘園で働く農奴は、箱のような、一室に切妻屋根を架けた簡素な木造住居に住まっていた。ほとんど現存実例はみあたらない。スカンディナビアの国々では造船技法に倣って木材にタールを塗ったので、この種の簡素な農家の実例が残り、中世に共通する形態（3.27）であったと推察される。窓にガラスはなく、内部は暗く、暖をとり食事をつくる役割を果たす組積造の暖炉がおかれた。住宅は、住居であるとともに納屋で、人間と動物が一緒にあるいは最小限の区分だけで生活した。自然の石が得やすい場所では、住宅の壁は石で、木の丸太で架構し、草葺き（藁葺き）の屋根が架けられた。このような住宅は、ヨーロッパのへんぴな田舎では、今でも使われている。古い木版画（3.26）は、フィンランドのトゥパにおける1790年頃の一部屋だけの農家の家族生活の様子を伝える。

　都市が発展すると、農民は田舎に住むことをあきらめ、代わりに都市に住宅をもつことを好む。町では、市壁と市門が安全を保証し、教会や市場広場が市民生活の中心として機能する。都市の住宅は、木造床や木や石の階段で、多層となる。狭い街路に沿って多層住宅が建ち並び、市壁内の空間は異常に高い値段を呈するようになる。材料に木材が使われると、より広い空間を得るために上階の床が街路へと張り出すようになった。

　簡素な住宅のタイプは都市にも現れた。石壁で建てられた実例が現存するが、たいがいの場合、木造床と木造天井は度重なる改築によって、置き換わってしまっている。フランスのクリュニーのいくつかの住宅は好例（3.28）である。住宅は共有壁（連棟住宅）で、敷地を完全に覆う。小さな中庭が背面近くにあり、背面の部屋の採光と通風の役割を果たす。1階の表の部屋は、街路に開口し、居住空間よりは、店や工房、あるいは倉庫の空間となることが多かった。片端にある細い階段が上階へと通じ、大きな多目的な居間へ導かれる。中庭の背後にある小さな部屋は台所や寝室として使われた。3階は、屋根裏部屋やロフトで、子どもたち、召使い、労

働者用に、あるいは貯蔵のために使われた。中庭の井戸が水を供給した。

　都市住宅の内部は田舎の小屋の内部と差異はなかったが、木造で多層とするので、堅固な木枠に斜行する筋交いを用い、内部だけでなく外部にも斜行材がみえる。このハーフティンバー構法は、堅固な木材の木枠と木部の間を埋める漆喰や荒石からなる。中世初期の時代には、木材仕上げや漆喰仕上げの贅沢なインテリアは知られていない。井戸や泉からの水を共同で使い、排水やゴミは蓋のない溝に捨てられたので、都市の衛生状況は危険で不適切となった。平均余命は短く（平均で29歳以下）、伝染病やペストが蔓延した。

　入浴に関して、ローマ時代の慣習は忘れられ以前の贅沢な共同浴場は消え去ったが、十字軍の時代にふたたび導入されることとなった。イスラムの浴場を、十字軍兵士が故郷にもち帰った。浴場は、社会的な集まりの場となったが、

70　初期キリスト教、ビザンティン、そしてロマネスク

裸の付き合いや性的自由の可能性（ときには現実）に関連して教会側から悪く見られる傾向があった。私的な入浴は、貴族の家庭へともたらされ、木製の桶、単なる半分の樽に、体を洗うためのお湯が注がれ、近代的な配管のような例は、知られていない。城郭では、厚い城壁内や城壁の突出部の小さな部屋が便所として使われ、汚物は穴や傾斜台から堀、小川や排水溝へとそのまま廃棄された。

家具やその他のインテリア

　初期中世のインテリア考証は、写本彩飾や書物に基づくことが多い。蓄蔵する所有物がほとんどなかったので、収納家具の発展は緩やかであった。収納具は、天板をあけることのできる箱の場合が多く、たたんだ衣類をしまった。教会では、収納具は貴重な遺物を納め、儀式用の装束を保管し、それらの品々は金や宝石で飾られたものもあった。彫刻された表面装飾がこれらの収納具に付加され、最も入念な表面仕上げには金と宝石が使われ、内部に保管するものよ

り収納具の価値が高くなることさえあった。コンクのサント・フォワの豪華な装飾がなされた聖遺物入れ（3.29）は、このタイプのよく保存された実例である。単なる箱形の収納箱はすべての教会に標準的で、金庫として用いられた。強力な封建領主家族は、城から城へと移動するとき、収納箱は保管する役割だけでなく携行具としても用いられた。鉄材による鍵、蝶番、隅部の補強具の発展は、収納具の安全性を高める手段として進化し、金庫室を備えた銀行のない時代に金銭やその他の貴重品を保管した。収納箱は寝台の側面、脚のほう、あるいは壁に面する頭のほうにおかれたのであろう。そして、そのうえにクッションを置き、スツールやベンチの代替品として座るのに便利な家具となっていく。収納箱が部屋の壁に並べられ、多目的な収納と座る役割を果たすこともあった。

　収納箱の洗練の結果が、初期の椅子のデザインを生み出した。1人の人が座ることのできる

3.29（左）サント・フォワ教会の人物型聖遺物入れ、コンク、フランス、983-1013年

椅子に座る聖人の木彫像で、金で覆われ宝石がはめ込まれている。教会を訪れる人々が畏敬の念を感じる象徴となり、この教会はサンチャゴ・デ・コンポステーラへの巡礼路に位置していた（p.64参照）。

3.30（右）ライアススリー写本、ロイヤル・コレクション、ウィンザー城、1250年頃

エドワード1世が、スコットランド王とウェールズ王の間の玉座に座っている。僧職者たち、男爵たち、そしてその他の人々が御前会議に参加し、判事たちは中央におかれた羊毛の袋に座っている。最小限の家具は、権力発言の場において、典型的な重要性を発揮する。

初期キリスト教、ビザンティン、そしてロマネスク　71

3.31 写本挿絵、バヴァリアのイザベルに詩を献上するピサのクリスティーヌ、1300年頃

女性たちの入念な衣服と髪型は、刺繍入の壁掛け、ベッドと椅子の壮麗な赤い覆い、天井の豊かな彩色の構造物などを備えた部屋にふさわしくみえる。抽象的な文様を織り込んだ敷物が床を覆っている。

収納箱の大きさに、背もたれとして上方に拡張した部分を付け加えることによって洗練を加え、さらに肘掛けを加え、玉座として使われるような重量感のある椅子が形作られた。椅子は、第一義的には象徴的なもので、王族や司教、あるいは城の領主によって使われる玉座であった。スツールでさえも、その使用者の重要性を示すエンブレムとして存在した。イギリスのエドワード1世の御前会議を描いた写本の挿絵では、王様だけが椅子に座し、手の込んだ玉座（3.30）であったことを示す。彼の廷臣たち、スコットランドとウェールズの統治者たちは、刺繍を施した織物で覆われたベンチに座った。判事たちは、羊毛の袋に座り、4つの大きな羊毛の袋がみえる。司祭たちと男爵たちは長く背もたれなしの何も架けていないベンチに座った。おそらく部屋の壁は無装飾の石造で、床は菱形の厚板かタイルで、白と明るい緑の市松文様に張られている。

色彩は、織物に由来し、多様な染色を生み出す可能性を発展させた。透明度の高い明るい色彩が衣服に使われ、インテリアを描いた絵画において、ベンチやテーブルの覆い、壁掛け、カーテンなどに表される（3.31）。窓にはカーテンがなく、カーテンはベッドのプライバシーのために使われ、空間を区切り、すきま風を調整した。カーテンはただの四角い布で、布製の輪や

3.32 タラゴナ近くのポブレー修道院、カタルーニャ、スペイン、12世紀

シトー派修道会の寄宿舎（1157年創設）は、かすかな尖頭アーチで、木の天井を支えている。木製の間仕切りがそれぞれの修道僧のベッドを分離していたと思われる。

金属環で棒に架けられ、現代のシャワー・カーテンのように吊るされた。これらの限られた贅沢品は、貴族層だけのものであった。普通の人々は、裸の壁、杭足のベンチ、斜めに組んだ足の間に板を渡しただけのテーブル、お皿としてのパンの一欠片（ひとかけら）、土器のお椀、液体を飲んだり保存する壺などを使わねばならなかった。灰色や茶色の染色なしの織物、彩色のない木や石の壁、土、石そしてタイルの裸床などが最も普通の中間色の色彩として確立し、特別な行事の明るい染色された衣類は効果的だった。人工的な照明は蝋燭に限られ、教会や裕福な家庭で用いられた。蝋燭は獣脂を用い、蜜蝋からつくられたものが最も高価であった。ランプはただの紐芯で、植物や魚からとった油脂を入れた椀に浮かべた。普通の人々の家では、明かりは採光あるいは、たき火の発する光だけであった。水は、井戸で壺、水差しあるいはバケツに入れ、必要なときに洗濯のたらいや料理の鍋に注いだ。

スペインのロマネスク

　スペインのロマネスクの作品はフランスのロマネスクとよく似ている。サンテス・クレウス（1157年）とポブレー（3.32、12世紀）の修道院は、南フランスの典型的なシトー派の実例に、平面や細部においてしたがう。ポブレーでは、食堂のトンネル・ヴォールトと、寄宿舎の木造屋根を支えるアーチ（両者ともに13世紀）はかすかに尖頭形で、ムーア風（イベリア半島および北アフリカのイスラム建築）の実例からの影響を反映するのか、あるいはその後の中世のゴシック建築への移行する段階での単なる発案なのかという疑問を提示する。レオンの聖イシドーロ教会には、そのコンセプトや細部は典型的なフランス・ロマネスクのデザインにしたがうけれども、側廊のアーチが馬蹄形で、トンネル・ヴォールトの翼廊と身廊と交わる部分に多弁形、貝殻状のアーチがあり、ムーア風の実例からの強い影響をみせる。このような細部において、あるいは極度に抽象化された文様装飾の使用に、スペインのデザインは特別な影響を観察でき、その後のゴシック時代の作品にまでつながっていく。

第4章

イスラムとアジアの伝統

4.1 タージ・マハルの打抜き細工、アグラ、インド、1632-1653年

シャー・ジャハーンによってモニュメンタルな墓建築として建設された、有名な建物のインテリアである。入念に彫刻され、宝石を象眼した大理石の間仕切りは、中央ドームの下に配置されたセノタフ周囲を取り囲む。

西洋にみるデザインの発展は、最初の文明から現在まで、連結した鎖のようにみえる。それに対して、非西洋にみる多様な発展は、地理的に分断された立地に始まり、長年にわたって西洋との接触なしに進展した。分断された歴史は、アフリカ、アジア、コロンブス以前のアメリカ、そしてオーストラリア、ニュージーランド、太平洋諸島、北極圏などその他の土着社会にたどることができる。これらの歴史について第1章において多少触れたが、より複雑な非西洋文明のデザイン史について、さらに議論する必要性がある。

アジアにおけるインド、中国、韓国、日本それぞれの文明には、数千年をさかのぼる豊かなデザイン発展の歴史がある。ところが、イスラム・デザインは、宗教によってくくられ、しかも地域を越えてより広い文化的影響をもつ点が異なる。また、その歴史は比較的短く、632年の預言者ムハンマドの死に始まる。そして、西洋のスペインやポルトガルなど、あるいはインド、そして北アフリカ、アジア、中東などの地域別に研究されている。

非西洋のデザイン史の研究は、視覚資料は限られているうえに、初期の実例不足と他の媒体（美術品や文献）の欠如のために難しい。たとえば、13世紀のマルコ・ポーロの大旅行、シルク・ロード交易路の発展、帆船による航海など、長い探検を通して接触が可能となるまで、西洋では東洋文明はほとんど知られていなかった。これらの接触によって、ヨーロッパやアメリカへと運ばれた言葉やもの（小品や織物）を介して知識がもたらされたが、建物の知識は、かなり近年まで限られたままであった。

歴史的困難さに加え、いくつかのモニュメンタルな構造物を除くと、多くの非西洋の建物は木造のため、材料の耐久性が劣り、完全なインテリアはほとんど現存しない。大半の非西洋のデザイン伝統は、近年まで（西洋との対話が始まるまで）非常に保守的であった。また一方、こうした変革への抵抗は古代までさかのぼると思われる。それゆえ、近年まで持続した伝統は、初期の作品を正確に表現し、非西洋のインテリア・デザインの歴史へのヒントを推定すると考えることは妥当である。このように事実と作品の限界があるけれども、非西洋のデザイン史は、かなりの関心をいだかせる材料を提供する。

イスラムの影響

ムハンマドは622年にメッカからメディナへの歴史的な聖遷を行い、この年がイスラム暦の元年となった。続く数百年間にイスラム信仰が伝播し、中東のほとんどの地域で主要となり、シリア、ペルシア（現在のイラン）エジプト、そして北アフリカの沿岸部を併合した。ついに、東ローマ帝国の領土はイスラムの支配下に編入され、アナトリアの地へとイスラムが広まり、地中海岸沿いに、最終的にはスペインを巻き込んだ。東方へは、イスラム信奉はインド、そして中国まで広まった。

イスラム・デザインの顕著な特徴は、コーランの教えに従い、デザインや装飾の要素として人間、動物、植物の形を描くことを忌避することである。それゆえ、コーランやその他の宗教作品からのテキストをつづった書道と組み合わされた純粋な幾何学的な表面装飾の発達を促進した。イスラム地域の為政者の宮殿には、しばしばその地域の非ムスリムの建物の特色がみられるが、上述のような芸術や装飾に対するムス

リムの方針によって区別される。

モスクと宮殿

イスラム共同体の鍵となる建造物は**モスク**である。他の宗教の寺院や教会と異なり、モスクは「神の家」ではなく、単なる礼拝所で、信者が集まり、メッカに向かって礼拝し、コーランの聖句を聞く場所である。モスクのデザインや大きさは非常に多様だが、いくつかの特徴を共有する。モスクの囲われた空間は、一部は無蓋で、多くの場合室内には柱が並び、長い柱列を形成する。壁にうがたれた小さなニッチはミフラーブといい、メッカの方角を示す。別のよくある装置はミンバルで、すなわち説教やコーランの朗誦のための説教壇である。礼拝室自体の前に無蓋の中庭があり、ムスリムの実践にそくして、礼拝室に入る前の小浄のための泉盤や噴水が設置される。モスクと関連する塔（複数の場合もある）はミナレットと呼ばれ、1日に何度か、モスクへと信者を招集するための呼びかけを高いところから行うという特別の機能をもつ。

ダマスクスの大モスクは707年に建設が始まった（4.3）。初期の寺院が転用されたが、広い中央部の両脇に古代ローマ時代のバシリカの手法にしたがった側廊が配置される。無蓋の中庭が礼拝室に続き、以後発展するモスクの原形と位置付けられる。

カイロのイブン・トゥールーン・モスク（879年）は特徴的である。平面（4.2）は長方形の囲い地で、正方形の中庭が大部分を占め、中庭の中央に泉が置かれ、三方の回廊は2重のアーケードである。一方、ミフラーブのある礼拝室は、5本の柱列に屋根が架かる。ミナレットは礼拝室と反対側に設置され螺旋状の外階段によって頂

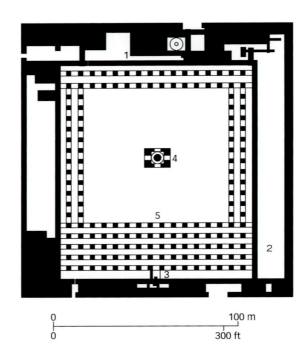

4.2 イブン・トゥールーン・モスクの平面図、カイロ、エジプト、879年

1. ミナレット
2. 外庭
3. ミフラーブ
4. 泉水
5. 礼拝室

中央中庭は、アーケードによって取り囲まれる。5本の並行するアーケードが中庭の一辺を占め、ミフラーブを備えた礼拝室となる。

↘ ヨハネの首塚

4.3 大モスク、ダマスクス、シリア、707年着工

大モスク、あるいはウマイヤ・モスクとして知られ、ウマイヤ朝のカリフ・アル・ワリードによって、初期キリスト教会の敷地に建設された。その教会は洗礼者ヨハネの首を収蔵していたと言われる。聖ヨハネの墓は、礼拝室にあり、（写真中央の）列柱を回した構造物である。木造屋根をいただく3本の廊からなり、アーケードによって区分され、ローマ時代のバシリカのような空間をつくりだす。建物各部に、モスクに変更された当時のビザンティン時代の教会の痕跡を残す。この巨大な3本の廊が礼拝室を構成し、付設された中庭とともに、後世のモスク・デザインの基本となった。

イスラムとアジアの伝統 77

4.4 中庭と列柱吹放広間（ターラール）、チェヘル・ソトゥーン宮、イスファハーン、イラン、1647-1707年

イスファハーンの儀式用の宮殿であるチェヘル・ソトゥーンは、1706／7年に完成した列柱吹放広間をもつ。水面に柱影が写り、ここでは4本が確認できるが、印象的な光景を創出し、この宮殿の「四十柱宮」という名の意味を説明する。

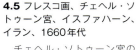

4.5 フレスコ画、チェヘル・ソトゥーン宮、イスファハーン、イラン、1660年代

チェヘル・ソトゥーン宮のインテリアを飾る数多くの壁画の一部である。この図像はシャー・タフマスプで、ムガル朝のフマイユーンを迎える席に座っている。部屋は輝く彩色で飾られ、同様な様式の数多くの壁画がある。

部にのぼる形式である。礼拝室の柱はアーチによって連結され、長い平行な廊を形成する。アーチは、繊細で抽象的な漆喰装飾で覆われる。そのデザインとレンガ構造は、イラク、サーマッラーのマルウィーヤ・モスク（848年〜）に依っていると思われる。サーマッラーの大モスクはおそらく当時最大のモスクで、現存するレンガ外壁の大きさは、510×780フィート（155×238メートル）、中庭の回廊は3廊と4廊、礼拝室は9廊に及ぶ。内部の日乾レンガの柱列は、現存はしていないがかつては木造の天井を支えていた。このモスクもまた、巨大な螺旋状の外階段を回した円形のミナレットをもつ。

世俗建築には宮殿、浴場、市場などがある。上述したように、宮殿建築はムスリムの具象的芸術の禁忌に基づいて装飾されるけれど、少なくともペルシアでは、具象的芸術も宮殿の内装において重要となった。イスファハーン（現在のイラン）は、アッバース1世（1581-1629年）によって、1598年にペルシアのサファヴィー朝の首都となった。

イスファハーンの主要なモニュメントは、アッバース1世の統治下に建設され、イマーム広場、イマームの金曜モスクを含んでいる。チェヘル・ソトゥーンは現存する儀式用の巨大なパヴィリオンで、その一部は1647年にアッバース2世によって建設され、「四十柱宮」として知られる謁見室あるいは迎賓室である。実は20本の糸杉柱しかないけれど、池の水面にもう20本の影が映る。写真（4.4）は池に面する列柱空間で、三方は開放的で木製の平屋根に覆われる。この建築は、1706-1707年に完成した。

内部には、4つの小さな部屋にはさまれた大きな中央広間がある。具象的な絵画が壁のパネルを飾り、儀式の様子、狩猟風景、戦闘場面などすべてがまさに写実的な形で描かれる（4.5）。

現在のトルコにおけるイスラム・デザインとしては、初期キリスト教会堂の転用がモスク建築に現れる。527年建造のビザンティン教会セル

4.6 セリミエ・モスク、エディルネ、トルコ、1575年

エディルネのセリミエ・モスク（1568-1575年）は建築家シナンの作品で、ドームと半ドームをビザンティン風に接合する事例で、ハギア・ソフィア（3章参照）のようなキリスト教建築にさかのぼる。この方式はオスマン朝では大規模モスクを建設する際に用いられた。

ギウス・バッカスは現在モスクに転用されている。より大きくより技術的に卓越したハギア・ソフィア（3章参照）は537年に建設され、15世紀にモスクに転用されたときに、本来のビザンティン時代のモザイクや他の具象的な図像が漆喰で覆われ、典型的なイスラム様式の装飾が描かれた（3.1）。14世紀のオスマン帝国成立後、新しいモスクはそれ以前のビザンティン時代の作品に基づいたデザインで建設された（4.6）。イスタンブールのスレイマニエ・モスク（1557年完成）はビザンティン時代の先例に基づいたドームと半ドームを接合するシステムで建設された。内装は、アラビア文字の書道が基本となる。イスタンブールのブルー・モスク、別名スルタン・アフメット・モスク（1609-1616年）は、ハギア・ソフィアを手本としたドームと半ドームの構造を用いる。青と白のイズニク・タイルが内装を飾り、彩色アラベスク・デザインがドームと半ドームを縁取り、この建築に与えられた「青」という名を納得させる。

トルコにおけるイスラム宮殿として、壮大な複合建築として構成されたイスタンブールのトプカプ宮殿（15-18世紀）は数多くの研究がなされた。私的空間としてのハレム（4.7）には、皇帝の広間、玉座の間、娯楽用の舞踏室などが含まれる。

イスラムとアジアの伝統 79

4.7 ムラト3世の広間、トプカプ宮殿のハレム、イスタンブール、トルコ、1579年

ハレム（後宮）におけるスルタンの私的な部屋である。銅製の三角屋根をもつ暖炉が中央に位置し、両側に2層の窓をもつ部分の対称軸をなす。壁は幾何学的に反復するタイルとアラビア書道の装飾帯からなり、暖炉屋根の両側には、天蓋が位置する。装飾的な透かし細工が窓を覆う。

スペインにおけるイスラムの影響

十字軍（1095-1144年）が中東文化への覚醒を中央ヨーロッパで促したとき、もう1つ別の西洋とイスラムの関係が進展していた。それは、地中海の北淵に沿った動きで、北アフリカを越えて、イタリア、フランス、スペインへと軍事的な侵略を通し、早い時代にイスラムの信仰と習慣が広まった。スペインのコルドバは中世における最も巨大な都市となり、人口は60万人を数えた。イスラムの影響は追い返され、ヨーロッパ全土から消滅するけれど、スペインにおいてはキリスト教徒やユダヤ教徒との文化共存が、異端審問の時代までは保たれていた。異端審問は1233年に始まり、最終的には1492年にスペインからムスリムとユダヤ教徒を追放することとなる。建築とデザインにおいて、中世スペインの作品は2つの伝統の共存を示す。1つは南フランスから生まれたロマネスクで、もう1つは東方から北アフリカを経たイスラム、すなわち「ムーア風」である。

スペインのモスク

イスタンブールのハギア・ソフィアは、祭壇に向かう強力な方向性を越えて、広大な空間がモスクの役割を果たしたけれども、通例ではモニュメンタルな広大な空間はモスクにはなかった。代わりに、屋根を支えるために柱列を林立させることによって大きな空間が構築された。多柱室は中庭に面し、中庭には宗教的な浄めのための噴水や泉盤が準備された。スペインのコルドバに建てられたモスク（785年創建、848年、987年増築）はまさにこの形であった。巨大な礼

拝室は長い柱列（総本数860本）を用い、特徴的な馬蹄形アーチ（半円形アーチを下方に延長した形）が支持し、さらに上方のアーチを支え、そのうえに木造の平天井がのる（4.8）。このアーチは赤レンガと灰白色の石の迫り石が交互に縞模様をなし、終わりなく遠ざかる反復の効果を発揮する。ドームは交差アーチの骨組みで構築され、正方形のマクスーラ（礼拝の導師用の特別の区画）とミフラーブを覆う。カピーリャ・ド・ビリャビシオサ（961-976年、4.9）は豊かな装飾効果を生む重複するアーチを用いる。

イスラム・デザインでは、しばしば半円アーチを下方に延長し真円の60から65％を占めるようになる。多くのスペインにある現在はキリスト教会として用いられている建物、トレドのサンタ・マリア・ラ・ブランカ（12世紀にシナゴーグとして建設された）などは、このようなムーア風アーチのアーケードを有する。自然の植物、動物、人物などの図像が禁じられていたので、スペインのイスラムのデザイナーは、抽象的で、幾何学的なパターンを発達させ、装飾デザインの基本として、アラビア文字の書道を用いるようになった。石材や漆喰の浮き彫りを通してパターンが発展し、装飾的な釉薬タイルによって、パターンはときにはきわめて精巧で豊潤となり、青、緑、金そして白が、厳格な雰囲気を相殺するかのように広範囲に用いられた。その後期は、ヨーロッパの後期中世ゴシックと同時代で、グラナダのアルハンブラ宮殿（13世紀半ばから14世紀）はスペインにおけるムーア・デザイン発展の最終段階を物語る。中庭をアーケードが取り巻き、彩色と装飾にあふれる壁面、わずかに尖頭形の馬蹄形ムーア・アーチが、数多くの泉盤や噴水に影を落とす。その平面（4.10）には中庭、広間が配置され、獅子の中庭（4.11）や天人花の中庭（4.12）などが名高い。

イスラムの家具

イスラムのインテリアにおいて、家具は用いられないことが多い。低いベンチ、コーチを、織物、絨毯や敷物で覆うことが多い。中東における織物技術の発展は多様で美しいデザインを生み出した。多くの地域で個別のデザインが発展し、名高い「オリエント絨毯」と呼ばれるよ

4.8 大モスク、コルドバ、スペイン、785-987年

広大な礼拝室は、対比的な赤と白の迫り石からなるアーチを支える円柱から構成される。円柱の柱頭は、抽象的な形態で飾られ、これらと縞模様アーチだけが装飾要素で、その繰り返しが、無限の距離を感じさせる。

4.9 ビリャビシオサ礼拝堂、コルドバの大聖堂、スペイン、961-976年

コルドバのモスクのカピーリャ・デ・ビリャビシオサは、幾何学的に交差する複数のアーチによって架構されている。手の込んだアーケード壁は、交錯するアーチによって構成される。

イスラムとアジアの伝統　81

4.10（左）アルハンブラ宮殿の平面図、グラナダ、スペイン、13世紀半ば-14世紀

グラナダのアルハンブラ宮殿（13世紀半ばから14世紀）の複雑な平面は、諸中庭、諸広間、池々そして1つの浴場からなり、スペインにおけるイスラム・デザイン（ムーア）の極地をみせる。

4.11（右）獅子の中庭、アルハンブラ宮殿、グラナダ、スペイン、1354-1391年

中庭はアーケードによって取り囲まれているが、抽象的な彫刻のあまりの繊細さにそれぞれのアーチは形を失う。獅子の中庭とは、中央の泉盤による命名で、この泉盤を始めとする諸噴水や池々が水音と水の動きを創出する。漆喰装飾と彩色タイル（挿絵の両脇の下部にみえる）が、さらなる複雑で夢幻な感覚を醸し出す。

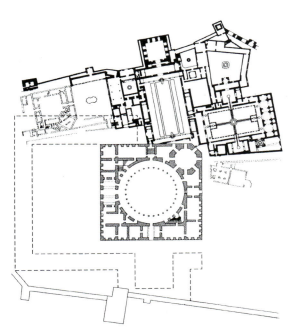

4.12 天人花の中庭、アルハンブラ宮殿、グラナダ、スペイン、1333-1354年

アルハンブラ宮殿の天人花の中庭は、植え込みに縁取られた中央の池と、アーチの連なる前廊、そしてタイルと漆喰装飾で覆われた壁面をみせる。

4.13（左）礼拝用絨毯、トルコ、16世紀後期

この礼拝絨毯は、メッカの方角を指し示すために、中央を強調する形態である。中央区画には、アーチ形のニッチあるいは窓と、草花のモチーフが描かれる。外側の帯状部分では、花文様と抽象的な様相を混在し、中央の区画と帯状部分は、幾何学的な文様のボーダーに囲まれる。

4.14（右）ブハーラ絨毯、19世紀前半

ブハーラ絨毯は赤い地に黒色で菱形文様を繰り返すのが典型である。

4.15 星形カザフ絨毯、19世紀初頭

東コーカサス地方（ダゲスタンやアゼルバイジャン）産の絨毯は、際立って強調された文様を特徴とする。大型の4点星、あるいは8点星や際立った彩色の対比はカザフの特色で、赤、濃紺、黄色の帯にそって、緑や金が配される。

な図像の禁止によって、複雑で精巧な幾何学文様の伝統を発展させ、書道を基本とした抽象的な要素や、写実的な図像をさけた植物や花々の文様が用いられた。日々の礼拝の跪く場の敷物用に、多くの織物が生産された。このような礼拝絨毯は、跪くのに適した大きさで、方向性を意識させるパネルを伴い、礼拝の際にメッカの方角へと向かう意図を含んでいた（4.13）。

多くのイスラム地域で数世紀にわたって絨毯が生産された。アナトリア絨毯（今日のトルコの領域から）では、13世紀よりも早く、幾何学文様が頻繁に使われ、かなりの数が生産された。ペルシアは16世紀までに主要な絨毯生産地となり、幾何学パターンにそって動物や植物の図像を様式化した。これらの絨毯では、幅広のボーダーが反復する図像によって形成され、中央部分はより大きなメダイオンの要素で構成される。赤と青の彩色が増し、黄色と緑が加わる。トルコの敷物と絨毯は一般にペルシア的な性格を有し、おそらくペルシア人職工によって生産される場合もあったと思われる。コーカサスでの絨毯生産は、ペルシア的な技法にしたがうけれど、より際立って大きなモチーフを特徴とする（4.15）。トルキスタンや中央アジアの絨毯では、より強力な赤い色彩が主流である。ブハーラの都市とその周辺地域（現在のウズベキスタ

うになり、今日でもなお収集され、模倣されている。ムスリムの国々で生産された織物には、イスラム的な特徴がみられる。一般に、具象的

イスラムとアジアの伝統　83

ン）は隊商路上に位置し、中東と中国、インド、ペルシア、ロシアをつないでいた。アフガニスタンは典型的なブハーラ絨毯の原産地で、ひしゃいだ八角形の要素を、赤の地に幾何学的な列状に配していく（4.14）。古いオリエント絨毯はときに独特なデザインをもち、それぞれのタイプに属する絨毯の1枚1枚がわずかに異なる多様な構成をもっている。後世の絨毯は、工場生産で、通例古いデザインを繰り返し、このような絨毯が現在まで持続している。インドと中国の絨毯については後述する。

インドとパキスタン

住宅の床や屋根、そして他の大規模建造物にも、インドやパキスタンでは木材が使われたが、木材は長期の耐久性がないので、これらの地域では、初期の建物は完全な形では現存しない。紀元前3000年のインダス流域には、格子状の幾何学的プランをもった大きな都市がいくつも建設された。建物の壁は焼成レンガで、現在のパキスタンにはモヘンジョ・ダロが残る。住宅は厚い外壁をもち、街路に面して単一の入口が設けられ、入口は中庭へと通じ、中庭周囲には部屋が配される。中央の大複合建築は、共同体のさまざまな機能を担っていたと思われる。古代都市の建物（4.16）は半壊した遺構のみが残るが、建築は機能的で、装飾の痕跡はなく、インド亜大陸の後世の多くの建造物と非常に対照的である。これらの建物にどんな彩色や装飾があったのかという点は、痕跡が発見される強烈な色彩の織物から推定することができる。紀元前1500年頃までにインダス文明は、アーリア人と推定される侵略者によって、消滅する。

木材は、主要な建材であった。紀元前200年から紀元100年頃と推定される彫像から、建物が木造であったことがわかる。初期の木造建築への知見は、後世の構法が木造由来であることにも由来する。組積造の材料は、重要でモニュメンタルな建築に使われるようになる。ヒンドゥー教、仏教、ジャイナ教などの寺院がその例で、高度な彫刻技術が内装外装ともに豊潤に装飾された細部を生んだ。

仏教、ヒンドゥー教、ジャイナ教の建築

仏陀（紀元前563年生まれ）は仏教として知られる宗教的哲学的概念を編み出し、インド統治者は紀元前3世紀までに仏教を信仰するようになった。最も初期の仏教建築は説法広間で、岩盤をくりぬいて内部空間をつくりだし、外形をもたない。初期（紀元前3～1世紀）の建物は、高い曲面架構の中央部の両側に側廊を配するものであった。このような石窟寺院の天井曲面にあるアーチ型のリブから、より古い木造建築のデザインが適応されたと推察できる。正面の入口上部には大きな窓が設置され、内部へと光を取り込む。カールリーのチャイティヤ（塔院）窟（4.17）はその典型例である。中央の天井の高い広間は柱列を介して側廊へと続き、それぞれの柱頭は丁寧な図像彫刻を有する。広間の最奥部には、他の石窟部分と同様にドーム状の中実なストゥーパ（仏塔）があり、仏陀ある

4.16（左）城塞の浴場、モヘンジョ・ダロ、パキスタン、紀元前2500-1800年

パキスタンのモヘンジョ・ダロはインダス川沿いにあり、現在は遺跡と化した都市である。城塞の大沐浴場を南からみたところである。

4.17（右）チャイティヤ窟の内部、カールリー、インド、2世紀初頭

マハラシュトラ州にあるカールリーのチャイティヤ窟は、岸壁を彫り込んだ石窟寺院である。両側に側廊をもつ中央広間は、高い天井をもつ。天井にはリブが彫り込まれ、前身としての木造建築を想起させる。

4.18（左）エレファンタ寺院の内部、トーマスとウィリアムのダニエル兄弟作、1800年

ムンバイ近くの島に、6世紀中葉のシヴァ神を祀るエレファンタ寺院は、柱列と平天井で石窟寺院の空間が構築される。

4.19（右）第12窟、エローラ、マハラシュトラ州、インド、7世紀

エローラの仏教僧院（ヴィハーラ）は7世紀に建設され、飾り気のない機能的な形態が岩から切り出される。

いはその弟子たちの聖遺物を埋納したと推される。ストゥーパの形態は、初期の墓建築に由来する。ストゥーパは独立建造物としても建設され、ときにはモニュメンタルな大きさを誇る。後世の石窟寺院には、ヒンドゥー教やジャイナ教のものもある。西インドのエローラには、4世紀から12世紀の数多くの石窟があり、仏教、ヒンドゥー教、ジャイナ教の塔院と僧院が、山腹に1マイル（1.6キロメートル）以上にわたって彫り込まれている。ムンバイ近くのエレファンタ島には、6世紀中葉のシヴァ神を祀ったヒンドゥー寺院があり（4.18）、4本の柱列と平天井をもつ石窟である。40体を超える巨大な神像が石窟の壁に並ぶ。

別のタイプの石窟空間は、仏教僧院でヴィハーラ（僧院）と呼ばれる。西インドのアジャンタでは、さまざまな用途の石窟があり、中には礼拝や伝法のための祠堂や広間もある。アジャンタのヴィハーラ（6世紀、4.20）では、僧侶のためのたくさんの小室が、入念に彫刻された柱廊

4.20 第2窟、マハラシュトラ州、アジャンタ、インド、450-500年頃

このヴィハーラの入念な彫刻を伴う柱と梁は、自然の岩盤から切り出されたものである。アジャンタの石窟は装飾的な細部と彩色豊かな壁画で名高い。

4.21 多柱室、マドゥライ、インド、17世紀

マドゥライでは12世紀から16世紀までに寺院都市が発展し、17世紀には丸彫りの馬、獅子、そして人物像が宮廷と関連して多柱室の柱を飾った。挿図の右に立つ人物と比較するといかに彫刻が大規模かということが理解できる。

の取り囲む中央広間の周囲に配され、広間を支える柱には豊かに装飾された動的な像が彫り込まれる。エローラの7世紀のヴィハーラ（4.19）では、前庭の奥に3層の僧侶の部屋がある。

ヒンドゥー教と世俗建築

バラモン教の集大成としてのヒンドゥー教は、最奥部の内室に神像を配置する対称的な寺院の平面を創出する。祠堂上部に石造持ち送り屋根が高くそびえ、建物の外観を映し出す。水平のくり型を反復し、上方に行くにしたがい先すぼまりで高い外観をなし、その水平帯は想像されうる組み合わせや動作をとる神像やその他の彫像群によって満たされる。南インドのマドゥライでは、12世紀から16世紀にかけて寺院都市が発展した。数多くの広間や池、寺院群を含み、諸塔がそれらを分節する。17世紀の広大な多柱広間（4.21）は数えきれないほどのさまざまな太さの柱を有し、それぞれの柱は跳躍する馬、獅子、王家の人物などの丸彫りの彫像を伴う。これらの要素は、色彩豊かで一部は金箔張りである。平面計画は、正方形を基本とする詳細な幾何学に基づき、1週間の7日と太陽月に基づく数と関連する。中央の小室、すなわち聖所は、複合的な組積造構造物の主要部の核となる。内部通廊の柱や天井要素は、ヒンドゥー信仰の神秘的概念と関係する幾何学的パターン、人物像や動物像で埋め尽くされる。

中央寺院の複合体を囲む、集中的な環状の構造物は、毎日の商取引や居住の役割を果たす。カースト制度は、インドにおける社会的階層を支配し、住宅設計規制の基本となり、統治者の厳しい決まりによってそれぞれの住宅の形や規模が制限される。住宅の規模、平面そして高さは、所有者のカーストを象徴する。最も規模が小さいものとして、スードラ・カーストに属する人々は3.5レベル（単位）以上の建物は建てることができないのに対し、カースト最上層のブラフマンは7.5レベル（単位）以上の建物を建てることができる。すべての住宅のプランは、単一の扉から入る中空の正方形を基本とし、入口は諸室に囲まれた中庭へと通じ、中庭と諸室の間には柱廊が設けられる。せまくて深い中庭は、インドの風土の強烈な暑さに対して心地よい日影を準備する。住宅は、正方形の中庭平面の1辺、2辺、あるいは3辺に建てられることもあり、

4.22 アブー山の「舞殿」、ラジャスタン州、インド、11-13世紀

ジャイナ教のデルワーラ寺院、すなわちテジャパラが建立した寺院の内装は、「舞殿」として知られる幻想的に彫刻された空間を有している。ここを飾るいくつかの踊り子たちの彫刻には、俗称がある。

単一ブロック、L字型、U字型をなし、四方を囲むより完全な正方形の場合だけでない。正面と背面の扉はより精密な決まりに即して配置され、すべての配置プランをみれば、14,000のヴァリエーションがあり、それぞれが固有の名前を有する。一般的に現代インドの住宅は、すべての階において、部屋が中庭に面するという法則にしたがう。ヒンドゥー宮殿はより大きな規模で、同様な概念にしたがっているといえよう。

ジャイナ教建築

　古いジャイナ教の宗教思想は、アブー山の寺院都市にみることができる。白大理石の3つの寺院複合体があり、それぞれが中央聖所を有し、壁に取り囲まれる。壁には開口する小さな細胞のように部屋が並び、諸室は屋根の架かった周廊に面する。聖所の前には、「舞殿」(4.22)と呼ばれる前室が位置する。テジャパラ寺院舞殿の内装は1032年に建設された。基本は単なる正方形だが、豊かな表面彫刻をもつ数多くの柱に

イスラムとアジアの伝統　87

4.23（上）第29窟、マハラシュトラ州、エローラ、インド、750-950年頃

エローラのカイラーサ寺院には、岩から切り出された26本の巨大な石柱が17フィート（5メートル）の高さの部屋を支えている。

4.24（下）ムクテシュワル寺院、オリッサ州、ブヴァネーシュワル、インド、10世紀

ブヴァネーシュワルの寺院複合体に含まれるムクテシュワル寺院は、外観に豊饒な彫刻をみせる。

4.25　ムハンマド・シャーの墓建築の平面と断面、ビジャプール、インド、1656年頃

ムハンマド・シャーの墓建築は交差アーチによる構成をみせ、断面図にあるように大ドームをいただく。正方形平面の4隅に塔が配置される。

よって複雑な表情となり、中央の持ち送りドームや平天井を彫刻された斜め梁のような要素が支えている。数多くの踊り子が柱を覆う。

北型寺院と南型寺院

7世紀以後、2つのタイプの寺院が発展した。北インドではナガラ様式、南インドではドラヴィダ様式である。ドラヴィダ寺院は、神（通例ではシヴァ神）を祀る小さな囲われた内室、回廊、玄関、前室などから構成される。エローラ（4.23）では、そのような寺院が岩塊から掘り出された。広い列柱室が小さな暗い正方形の内室へと続く。建築が巨大な大きさに立ち上がっていないのは、自然の山腹から切り出されたためである。ナガラ様式はより高い寺院建築を創出し、ときには外観に塔のような形をみせる。

初期のヒンドゥー建築は、粘土や木の偶像を守るために竹で建てられたテントのような単純な形であった。竹の構築物が、次第に石造に変わっていく。ほぼ950年以後には、寺院では中心的要素は2つの連続する部屋となる。両者とも高い外観をもち、奥室は外部空間よりも高くそびえる（4.24）。平面は複雑で、円に内接する正方形の幾何学を基盤とする。その結果、建物はほぼ平行するリブによって背の高い典型的な量塊をつくりだす。ブヴァネーシュワルには、8世紀から13世紀の寺院群があり、高さ150フィート（46メートル）以上の寺院もある。ブラフメシュワラ寺院はその典型で、上部を塔状にした聖所の前に集会広間がある。同じ寺院敷地内に、小さな諸塔が建つ。集会広間は低いけれど、階段状の外形をもち、高い聖所の建物は、詳細な彫刻と垂直性を備えた外観をもつ。内部においては、聖所の塔はとてもせまい空間で、装飾もないのに対し、集会広間は外観と匹敵するような彫刻細部をもつ。

インドにおけるイスラムの影響

1206年にイスラムの支配がインドのデリーにおいて打ち立てられた。ヒンドゥー教と仏教のデザインは、イスラムの伝播によって変容した。イスラムは、モスク、墓建築や宮殿など異なる機能の建築をもたらした。13世紀からイスラム・デザインは数多くの建造物をつくりだしたが、ヒンドゥー教の数多くの伝統が、ペルシアから到来したイスラムの構想と折衷した。とはいえ、イスラム政権成立前と成立後の最も衝撃的な対比は、イスラムが人物や動物の図像を禁止したことにある。その結果、ヒンドゥー建築において典型的な彫刻装飾は、抽象的な幾何学文様やアラビア語の書道の装飾に取って代わられた。いくつかの著名なイスラム時代、あるいはムガル時代の建築は詳述する価値がある。

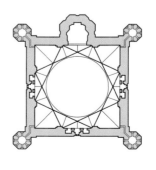 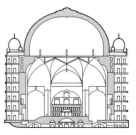

4.26 大モスク、マザール・アリー・ハーン作、デリー、1840年頃

水彩画は、大モスクをシャー・ジャハーナーバード（ニューデリー近郊）の一部として描く。その前面には、中央の大アーチと両隅の塔が描かれる。モスクの主ドームと両脇の小ドームは、正面壁を超えてよくみえる。

> ### インサイト
>
> #### タージ・マハルへのベルニエの解説
>
> アグラのタージ・マハル（1632-1656年）は世界で最も著名な建造物の1つである。シャー・ジャハーンによって愛妻ムムタズ・マハルのための墓廟として建設された。タージ・マハルへの最初の言及は、フランス人物理学者のフランソワ・ベルニエによるもので、彼はムガル帝国の時代1656年から1668年まで旅した人物である。ベルニエはタージ・マハルの最初の印象をこう語る。
>
> > 私がお話しする建物……風変わりな建物なのにある種の心地よさを秘めており、我々の建築書に言及するに十分な位置を占めると私には思われます。アーチの上にアーチを重ね、回廊の上に回廊を重ね、100もの異なる方法で配置計画されています。威風堂々とした姿をもつだけでなく、効果的に着想し完遂されています。みるにたえないものは1つとしてなく、逆にすべての部分が光り輝き、決してみるに飽きることのないものです。[1]
>
> ベルニエは、墓自体を内包する建物の記述をするに先立ち、諸亭、回廊、基壇そして庭を記述する。
>
> > パリのヴァル・ド・グラースと同じくらいの高さの白大理石の大ドームを冠し、数多くの同じく白大理石の小塔に囲まれ、階段状の構成をみせます。4つの大きなアーチ形の入口は、うち3つは完全に開口し、1つは壁によって閉ざされていますが、……。4つの大アーチは白大理石で、黒大理石の大胆なアラビア文字が刻まれており、その対比が美しい効果を生み出します。インテリアすなわちドームの凸型部分は、壁面の最下部から頂部まで全体が白大理石で、どの部分も技術的に劣る場所はみつからない、というか固有の美をもたない場所はありません。どこかしこに碧玉、硬玉、翡翠で、フィレンツェの大公礼拝堂の壁を飾るのと同じように、あるいはそれよりもさらに高価で希少なその他の貴石で、限りなく多様なデザインで、壁の躯体となる大理石の母石に入り交じってはめ込まれています。床細工を飾る白と黒の正方形の大理石にさえ、これらの貴石が、想像できる限り最も優美で繊細な手法で象眼されています。
> > ドームの下には小さな部屋があり、そこにはタージ・マハルの墓が収められています。その部屋は、1年に1度の儀式のときだけに開かれ、キリスト教徒は内部に入ることができません。その聖性が冒瀆されないようにとのことで、私はその内部をみたことがありません。しかしながら、私にはこれより豪華で荘厳なものはありえないと思っております。[2]
>
> ベルニエは、その記述をこう述べることで「驚くべき」と結ぶ。
>
> > 私は、エジプトのピラミッドよりもこのモニュメントを世界の不思議に数えるべきと、主張いたします。ピラミッドは奇妙な形の塊で、私は2度目にみたときには、満足感を感じませんでした。[3]
>
> 1. François Bernier, *Travels in the Mogul Empire, A.D. 1656-1668*, 1670; translated by Archibald Constable (New Delhi, 1968), p. 294; 2. *Ibid*, pp. 297-8; 3. *Ibid*, p. 299

南西インド、ビジャプールのムハンマド・シャー（1656年没、4.25）の墓は、基壇上に築かれ砦のような4つの塔に囲まれた正方形の建築である。内壁には複雑なアーチの交差がつくられ、正方形の壁の内部に八角形を導き、ドームを支え、そのドーム高は床から200フィート（60メートル）にも達する。

アグラの近くに位置する都城ファテープル・

イスラムとアジアの伝統 89

4.27 公的謁見室、デリー、インド、1640年頃

シャー・ジャハーンの宮殿において、40本の円柱がアーチを支え、3本の並行する廊を形成する。白大理石と多弁形（貝殻型）アーチは、インド全土でこの支配者の建造物に典型的である。

シクリは、アクバル大帝（1542-1605年）によって建設が始まり、1571年には儀式的な首都としての役割を演じ、諸基壇、諸中庭、そして諸建造物からなる複合建築である。完成後まもなく放棄されたので、建造物はきわめてよく保存されている。大都市における大モスクの囲い地（4.26）は、礼拝室の前に設けられた巨大な中庭と礼拝室から構成される。3つの空間からなる礼拝室内部には、中庭に面する開口部から入ることができる。中央の空間は大ドームを冠し、両側に多柱室をもち、さらに小ドームを冠した側面の副礼拝室に通じる。壁面は手の込んだ草花文様のパターンが繰り返される。これらの空間を通廊がつなぐ。

インドで最も有名な建築は、何と言っても1632年から53年に建設されたタージ・マハルだろう。アクバル大帝のひ孫シャー・ジャハーンによって、彼の妻のためにつくられた墓建築である。平面は直交する2軸に対称な正方形で、四面に入口を開口する。総大理石つくりで、巨大なブルバス（タマネギ状の）ドームをいただく中央墓室を取り巻き、内部には複雑に繰り返す空間が配される。4本の塔状のミナレットが主建築を囲む。内部には、大理石製の打ち抜き間仕切りが、宝石象眼を伴って、芳醇な意匠の幾何学文様をみせる（4.1）。

デリーのラール・キラー宮殿（4.27）は赤い城として知られ、シャー・ジャハーンの命により1638年に建設が始まった新都市の宮殿である。城塞は長方形の敷地で、その名のもととなった赤砂岩の壁で取り囲まれる。主門は曲面架構のアーケードへ通じ、さらにディワーニ・アム、すなわち公的謁見室へと達する。公的謁見室には、多弁形アーチが40本の柱に架け渡される。大理石壁は宝石によって象眼され、ムガル朝の統治者たちの好んだ装飾様式であるが、フィレンツェに起源をもつことが両地の交易によって知られる。1662年に1つのモスクがこの宮殿複

4.28 真珠のモスク、赤い城宮殿、デリー、インド、1662年頃

赤い城にあるこのモスクの壁面は、白と灰色の縞大理石の無垢な美しさを保っている。ここにみる礼拝室は、ムガル・デザインの顕著な特色の1つであるタマネギ型のドームをいただく。

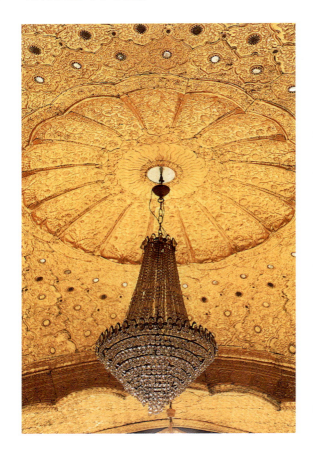

インドの家具

　歴史的なインドのインテリアにおいて、家具は主たる役割をもたなかった。一般に人々は低いクッションに座り、床に敷いた布団で眠った。木製の小さな低いテーブルやストゥールの多くは、残っていない。玉座は2世紀頃の仏教の浅浮彫に描かれ、石製か木製の低い基壇で、ときには低い背もたれをもつ。入念に彫刻され宝石をはめ込まれた玉座は、シャー・ジャハーン（1627-1658年）の孔雀の玉座（4.30）と呼ばれ、上述したデリーの赤い城にみた芳醇なムガル帝国様式の一例である。1000年頃に始まったイスラムからの影響によって、大きなベッド、チェスト、低いテーブルが使われるようになったが、決して広範には受容されなかった。絨毯や織物はインドの家具の少なさを補う。インドの風土においては、木製品は貧弱で長持ちしないので、象牙、石材、金属などの材料が裕福な人たちのための一握りの家具用に使われるようになった。

合体に加わった。これは、モティ・マスジドすなわち真珠のモスク（4.28）として知られ、実は皇帝の寝室近くに建てられた私的礼拝堂であった。白と灰白色の縞大理石で建てられ、中庭に面するアーケードと、アーチによって区分されドームをいただく三部構成の礼拝室からなる。大理石壁の彫刻は厳粛さをとどめている。

　イスラムを奉ずるアフガン族とシーク（シーク教の信奉者）たちの北部での戦乱にあたり3棟の古い寺院が壊され、1765年に新しい寺院が建設された。アムリッツァルに現存する黄金寺院、すなわちハリ・マンディル（4.29）は、1765年頃に完成した。寺院は聖なる池に浮かぶ島に建つ。1辺65フィート（20メートル）の白大理石製の立方体で、建物の通称が由来する金箔で覆われたドームを冠する。金色と輝く色彩の装飾が部屋の壁を覆い尽くし、そこにはシーク教の聖典が納められ、1日の決められた時間に音楽を伴って朗唱される。床には大理石の誇張された文様が使われ、壁には潤沢な色彩の宝石が象眼される。装飾は草花、動物、人物像などを含み、イスラム法とは異なりシーク教では具象的な図像が許されていた。

4.29 黄金寺院、アムリッツァル、インド、1765年頃

アムリッツァルにあるハリマンディル、すなわち黄金寺院（1765年頃完成）は、シーク教の聖典を収納する。インテリアは豪華に装飾され、この写真は、中央広間の天井で、シャンデリアが下がっている。

4.30 孔雀の玉座に座るシャー・ジャハーン、ペルシア風の細密画、ムガル派、18世紀

このペルシア風の細密画では、贅沢と宝石を愛したことで有名なシャー・ジャハーンが、赤い城に置かれた彫刻され宝石象眼された孔雀の玉座に座している。彼は、踊り子と音楽家たちの供する娯楽の合間に、真珠の贈り物を受け取っている。

4.31 インド絨毯、17世紀

この17世紀のインド絨毯では、中央区画の図像にペルシア風の習慣が読み取れる。宮殿の情景が描かれ、草原や庭園でのさまざまな活動が動物とともに描写される。

ヨーロッパからの影響によって、多くの家具がインドで作られるようになり、その多くはイギリスやその他のヨーロッパの国々に輸出された。このような家具はヨーロッパ流につくられたがインド様式の芳醇な表面装飾を伴っている。

インド絨毯は地域色豊かな多様なデザインで、インドで広く使われ、ヨーロッパやアメリカで「オリエント絨毯」として知られるようになる。アクバル大帝のもとでペルシア絨毯がインドへと導入された。1580年頃には、ラホールに絨毯工房が建設された。その後、インドの多くの都市に絨毯織が広まった。インド絨毯はペルシア技法にしたがうが、自然の植物や動物がより多く使われる。赤い地で花文様の青いボーダーが典型的な作品である。17世紀の絨毯は、宮殿の前で繰り広げられたさまざまな情景を動物とともに描き（4.31）、鎖につながれたチーターを荷車で運ぶ様相が表される。

西洋の影響

西洋世界からの影響が増加すると、インドで西洋のデザイナーの作品がつくられる。インドの新首都ニューデリー（1913-1931年）はイギリス人建築家エドウィン・ラッチェンス（pp.353-354参照）が大きく関与した。チャンディガールの新都市はフランス人建築家ル・コルビュジエ（p.378参照）とその仲間たちの作品である。アメリカ人建築家ルイス・カーン（p.453参照）はアハメダーバードのインド経営大学と、東パキスタン（現在のバングラデシュ）の首都ダッカの主要建造物（4.32、1962-1983年）の主任建築家を務めた。南アジアにおける20世紀の

4.32 国会議事堂、ルイス・カーン作、ダッカ、バングラデシュ、1964-1975年

これは、ダッカの国会議事堂で、1962年から1983年の間に、アメリカ人建築家ルイス・カーンによって計画された東パキスタン（現在のバングラデシュ）の首都建造物の1つである。建物は、この建築家特有のスタイルをみせ、地理的特殊性から独立し、時間を超えた質をもつ。

4.33 アンコール・ワット、アンコール、カンボジア、12世紀

作品は、伝統的なアジアのデザイン概念よりも西洋的理想にしたがうものが多い。

カンボジア

現在でもいまだに仏教徒が多いカンボジアに、はるか昔、クメール帝国の時代、アンコール・ワットの巨大都市がつくられ、11世紀から14世紀の間に寺院群が建設された（4.33）。寺院群はスーリヤヴァルマン2世（1112-1152年）の命を受け、ヴィシュヌ神に捧げられた。彼は完成を前にして没し、寺院はモニュメントと祠堂として使われた。平面は格式高く、3つの同心長方形を対称的に配置し、それぞれの入念な門を通して、連続的に上昇し、それぞれギャレー・テラスと空間を伴う基壇へと導かれる。複合建築全体が極度に豊饒な内的空間を創出するが、無蓋の外部空間である。壮大な中央塔は4つの小型の塔で囲まれ、それぞれ複雑な彫像に覆われた錐状を呈する。内部空間は小部屋群で、彫刻がずらりと並ぶ。

彫刻装飾を伴わない部分を、建物内にほとんどみつけることはできない。外周を取り囲む回廊は浅浮彫で満たされ、総延長2,000フィート（610メートル）を超え、世界で最長の連続浅浮彫である（4.34）。第3回廊は浅浮彫で名高く、戦いの場面が1つの主題となり、クルクシェートラの戦いでのスーリヤヴァルマンの勝利もその1つである。スーリヤヴァルマンが着座し、家臣に命を与えるといった宮廷の情景が、マハーバーラタで語られるヒンドゥー説話からの場面として描かれる。ヒンドゥー教の天地創造神話からの乳海攪拌（にゅうかいかくはん）そしてラーマーヤナからのランカーの戦い、すなわちラーマの猿の軍勢が羅刹王ラーヴァナを破るという話が典型的な主題となる。

アンコール・トム（1180-1245年）は、当時のカンボジアの首都で、掘割による1辺2マイル

4.34 アンコール・ワットの壁面浮彫、アンコール、カンボジア

これは、相手グループとの綱引きにおいて、グループの一団が綱を引く部分の図像である。浮彫の総延長は2,000フィート（610メートル）を超え、寺院複合体を取り囲む回廊に並ぶ。

4.35 アンコール・トム、バイヨン、カンボジア、1180-1245年

長い間放置されたために著しく痛んでいるが、バイヨンの入念に彫刻された塔と数多くの浅浮彫は、部分的な崩壊にもかかわらず感動を呼び起こす。

イスラムとアジアの伝統　93

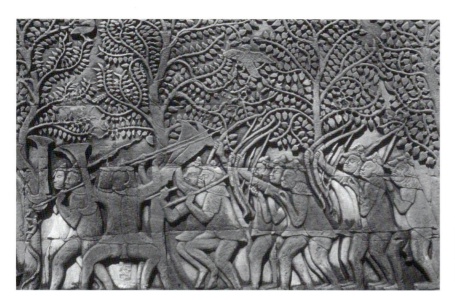

4.36 バイヨンの壁を飾る浅浮彫細部、アンコール、カンボジア、12-13世紀

（3.2キロメートル）の方形都市である。バイヨン（4.35）は、ジャヤーヴァルマン7世によって建設された中央寺院で、彼が残した最も壮麗なモニュメントである。54体の石の神像が護衛する舗装土手を通って、柱列のパビリオン群が続く外囲いへと達する。その内部では、仏像を奉納する中央の塔を、回廊と祠堂が取り囲む。バイヨンでは広範で入念な浅浮彫が周廊沿いに並び、戦闘や日常生活が描かれる。その彫刻から、12世紀のカンボジアでの日常生活の様相を読み取ることができる（4.36）。

タイ

円形の釣り鐘型のストゥーパが特徴的な寺院のタイプで、12世紀以来建設され続けた。アユタヤ（1350-1767年タイの首都）のワット・プラシーサンペット（1500年頃）は後世の実例で、釣り鐘型のストゥーパ群が建ち並ぶ（4.37）。それぞれのストゥーパ内部の隠された部屋は壁画で飾られ、王統の証としての遺物が埋納される。バンコクにあるワット・スワンナラムは王家の僧院で、アユタヤ時代に建設され、もともとはワット・トーンと呼ばれていた。その後ラーマ1世の時代に、取り壊され、再建され、ワット・スワンナラムと改名された。ラーマ3世と、後世のラーマ5世によって改修されたが、中央祠堂のまわりの回廊がその主たる事業である。多様な諸仏と仏陀の図像壁画が内部を飾る。後世（19世紀）の作品ではあるが、バンコク（4.38）では最も素晴らしい壁画の実例がある。

後世の木造建築は、その一例としてバンコクの王宮はラーマ5世のもと、1876年から1882年に建設されたが、今では失われてしまった初期の宮殿の典型的なデザインを示唆する。現存する宮殿のインテリアは、1920年の応接間（4.39）にみるように、西欧の様式からの多大なる影響をみせながらも、タイの初期からの伝統が組み合わさっている。

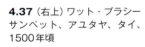

4.37（右上）ワット・プラシーサンペット、アユタヤ、タイ、1500年頃

ここにみる王の私的寺院としての3つの尖塔は、タイの仏教建築において特徴的な釣り鐘型ストゥーパの最も見事なよく保存された実例である。

4.38（右下）ワット・スワンナラムのインテリア、トム・ブリ、タイ、19世紀

バンコクにある王家の僧院のこの彩色された部屋の中心には、14世紀のブロンズの仏陀像が座している。壁画はだいぶ後世のものであるが、19世紀の最も素晴らしい壁画とみなすことができる。

ジプトやギリシャの実例と同様である。

プランバナンにあるロロ・ジョングランのシヴァ寺院（4.41）は、4つの階段をもつ基壇上に建設され、3棟の祠堂をもち、それぞれが複雑な彫像で飾られる。複合建築の総体は、1辺360フィート（110メートル）の内周壁が、1辺720フィート（219メートル）の外周壁によって囲まれ、224の小祠堂をもつ。建物群は東西南北の方向性をもつ。インドネシアの祠堂や寺院の表面は、内外ともに、通例白漆喰で覆われ、彩色された図像をもっていたが、現在はほとんど失われた状況である。

4.39 応接間、王宮、バンコク、タイ、1876-1882年

このタイ王宮応接室の豪華な家具と詳細な（過剰なほどに）装飾細部は、西ヨーロッパの影響を語り、20世紀前半に主流だった貴族的なインテリアの様相をみせる。この写真は、1920年当時の部屋の様子を表わす。

インドネシア

ジャワにあるボロブドゥール（8-9世紀、4.40）は仏教ストゥーパ中最大である。1辺500フィート（152メートル）の基壇上、5層をなす正方形基部からなり、1,300体の仏陀像を有する。この基部上に、3段の円形基壇が配置され、それぞれ32、34、60の小ストゥーパを有する。最頂部に高さ140フィート（43メートル）の大ストゥーパがあり、巨大な仏陀像を奉納する。5段プラス3段で8段という基壇の数字は、フィボナッチ数列として知られる3、5、8という組み合わせと同じで、前2項の和が次項となるという興味深い数列をとる。正方形基壇の1辺と最も大きな円形基壇の直径は、1.618:1という黄金比をみせる。これらの数字の関係性は神秘的な価値によると思われるが、最初のほうの章で指摘したエ

中国

中国文明は世界の最も古い文明の1つであるが、そのデザイン史を中国史の始まった紀元前5000年にさかのぼることは難しい。多くの古代遺物が、石彫、青銅器、焼物などの形で現存しているが、古代の建造物はほとんど残っていない。木材が常に主たる建材であったが、その耐久性によりほとんどの現存建築は漢時代より以前にさかのぼることはできない。漢時代は紀元前206年から紀元後220年まで続き、万里の長城が建設された時代である。この時代の家をかたどった焼物は、ときに墓に埋納され保存されたので、初期の建造物の情報をもたらす。初期の中国デザインを知るもう1つの道筋は、近代ま

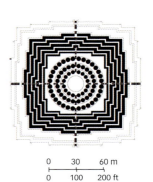

4.40 無数の仏陀の寺院、ボロブドゥール、インドネシア、8世紀中ころ

平面図にほぼ正方形の基壇が次第に減縮する様子がみえ、基壇は丘のように立ち上がる。

4.41 ロロ・ジョングラン、主要寺院群、プランバナン、インドネシア、900年頃

ロロ・ジョングラン寺院複合体は、ヴィシュヌとブラフマン、そして最大の大きさを誇るシヴァを奉ずる、3つの主たる祠堂をもつ。16世紀の地震によって大きな被害を受けたが、装飾的な浅浮彫は遺存し、踊る女神と従者や、中央寺院のシヴァの彫像が有名である。加えてオランダ植民地政府が修理を行った。

イスラムとアジアの伝統　95

4.42、4.43 中国屋根架構の断面図と写真

断面図は伝統的な中国建築の典型的構法をみせる。外部は瓦葺きで、屋根断面はカーブし、水平梁の上に垂直な束を載せる技法で屋根が支えられ、屋根の角度に応じて上方への段が組まれる。この写真にみるような典型的な内部は、水平と垂直の支持材が明らかで、西洋の傾斜屋根の技法と異なる。

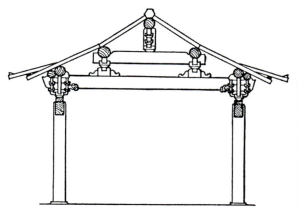 

4.44 ヴィオレ・ル・デュク、中国住宅のインテリア『全ての時代の人類の住まい』、1876年

ヴィオレ・ル・デュクからの挿絵は、中国の構法を用いて建設された、大規模な伝統的住居の主室の復元を示している。

4.45 中国の都市住宅の敷地平面図、1750年以前

典型的な中国の伝統的都市住宅の平面図で、中央の通廊に対して対称的である。前部と後部の諸室の間に無蓋の庭園群が配置される。階段は上階へのアクセスを表す。

で続いていた中国社会の保守性にある。明時代（1368-1644年）の建物は初期の建造物とほとんど変わらないことからも、この可能性は説得的である。

中国建築

寺院、宮殿、住宅すべてが、木柱による基本的な構法を共有し、木柱は、豊かに装飾され持ち送り状の梁を支持することが多い。終始瓦葺きの傾斜屋根が使われ、多くの建物は1階建てであった（4.42）。中国の典型的建築のインテリアは、構造材をそのままみせ、木質の劣化を防ぐために木部の塗装が必要で、彩色豊かな絵画が生まれた。内壁は単なる間仕切り壁で、構造的な柱の間に挿入された。住宅の外壁は組積造であるが、構造的な支持材は用いない。典型的には、単一の入口から、いくつかの前室を通して、周囲に柱廊あるいは庇部分をもつ中庭へとつながり、さらにはより私的な部屋へと連なる。平面計画の対称性が丹念に順守され、風水思想に影響された配置が、すべての計画に超常的な重要性を与えている。

中国インテリアの特色は、内部にそのままの姿をみせる屋根架構によって深く影響されてきた。切妻屋根は、西洋建築にみるような、傾斜垂木と水平梁によって形成される三角形に基づいていない。その代わりに、柱が持ち送り材を伴う水平材を支え、水平材のうえに付加的な垂直支持材が置かれ、屋根の傾斜を支えるように上方に向かう階段状の構成が形成される（4.43）。この架構法の利点は、木造部材や継ぎ手が収縮することで破壊を妨げるので、地震動に対して対抗力が強い。三角形分割が用いられていないので、構造的な剛性は完全に垂直材と水平材の接合部に依存し、それらを連結する斗栱（ときょう）で丹念に組み合わさった接合部によって完遂される。天井は滅多に使われず、内装の特性として、目にみえる構造的な骨組みが主たる要素となる。屋根は際立った外観要素となり、建物に覆いかぶさり、上方へ向かう曲線の形で建築外装を目立たせる。

中央の空間は前面を開放する庇によって取り囲まれるが、より大きな空間をつくるには、身舎部分を多重の柱列で構成する。復元図（4.44）は、大商人が所有したと思われる邸宅の主室の様相を伝える。都市住宅の平面（4.45）は、中央の通廊を中心に対称性をみせる。前部と奥部

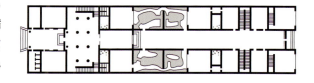

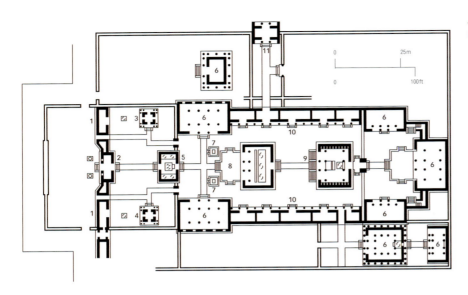

4.46 柏林寺の平面図、北京、中国、1400年頃

1. 主入口
2. 第一門
3. 鼓楼
4. 鐘楼
5. 第二門
6. 講堂
7. 碑楼
8. 第一仏堂
9. 第二仏堂
10. 僧坊
11. 側面門

この柏林寺の平面は、典型的な中軸に沿う配置をみせる。

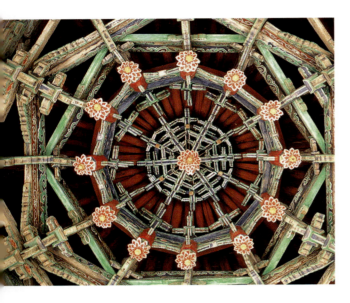

4.47 清真大寺（大モスク）の天井の詳細、西安、中国、1392年

14世紀以後の中国におけるイスラム・デザインは、西安にあるこのモスクのような抽象的な形態を用いた表面装飾（天井の細部）や書道を用いる。

の諸室の間にはさまれた諸庭は無蓋である。

宮殿や田舎の邸宅は、諸中庭とそこに設えられた館を用い、あたかも小さな仮想の街のように、対称的なパターンをもつ。北京の故宮（1406年以後）はこのような大宮殿複合体の現存実例で、堀と壁に囲まれ、宮殿の主要な館は中央軸上に配置される。仏教、道教、儒教の寺院は同様に計画されるけれども、より小規模である。北京近郊の丘陵に位置する柏林寺（4.46）は、典型的な対称性をもった平面で、中央の軸に沿って諸堂が配置される。

中国にイスラム教が伝播し、14世紀以後、中国デザインはイスラムの慣行によって洗練され、イスラム・デザインの抽象的形態や書道の装飾に中国の構造的技法が組み合わされる。西安の清真大寺には、天井にこのタイプの装飾がある（4.47）。

中国家具

2世紀以前、中国の習慣では家具は用いず、床のうえに敷物や織物の袋を置いた。しかしその後、木造のスツール、椅子やチェストなどがつくられ、釘や糊を用いない洗練された接合部が発展した（4.48、4.49）。初期の実例はほとんど現存しないが、先述した中国社会の保守性により、現存する後世の作品がほとんど初期の慣例と変わらないと想定される。素晴らしいデザインの中国家具で最も著名な作品は、明時代（1368-1644年）以後のものである。とびきり優美な肘掛け椅子（4.50）は、紫檀と白檀という硬い木材でつくられる。コーチ、寝台、キャビネットやテーブルなどが、宮殿や富裕層の邸宅の内装用に生産された。赤やその他の色で漆仕上げがされるようになった。伝統的中国家具の大半は、滅多に装飾を伴わない。しかしながら彫刻された間仕切り板や持ち送りが、表板の構造を固定するためにときおり用いられた。キャビネット（4.51）は通例きわめて地味で、磨いた真鍮の金具だけが装飾として用いられる。

中国絵画には、紙に墨で描く（紀元後100年頃の中国の発明）、あるいは間仕切りやパネルに漆で描くという卓越した伝統がある。中国の壁紙は、風景、動物、人間などの図像を描き、18世紀に現れ、中国の内装に用いられると同時に、輸出用に生産された。絹織物は紀元前2世紀にはすでに中国で生産され、近代まで素晴らしいデザインを生産し続けた。とはいえ多くは衣服に用いられ、インテリアで主流とはならなかっ

イスラムとアジアの伝統　97

4.48（左）更衣室の人々、中国派、19世紀

更衣室は屋根のある内部にあり、中国住宅は外に池があった。インテリアと外部空間としての庭の関係が特徴的である。

4.49（右）庭に面する部屋での笛の演奏、中国派、19世紀

後世の作であるにもかかわらず、画像は中国の伝統的住宅の、早い時代にあったであろう特色を伝える。単純なパヴィリオンのような住宅は、明快で優雅な内部空間をもつ。

4.50（左）明朝の椅子、1500-1600年

明快で装飾のないデザインで、この椅子はハウリと呼ばれる硬木（紫檀に近い）でつくられ、富裕層の住宅で使われた典型的な家具である。

4.51（右）明朝の食器棚、1368-1644年

非常に飾り気がなく、赤い漆で真鍮の金物だけが唯一の装飾である。

4.52 明朝タイプの絨毯、1800年頃

中国絨毯は、明時代から中央の大きな文様と細いボーダーをもつようになり、これはこのタイプで、淡い黄色と青の彩色が特徴的である。

た。

中国絨毯は絹製が多く、材料のはかなさから長持ちせず、15世紀以前の中国絨毯は現存しない。明時代以後の多くの絨毯は、宮廷用あるいは富裕な人々のために制作された。この時代の絨毯が中国の現存絨毯の最も初期のもので、絹と並んで綿の使用が増加する。ボーダーは幅細で、宗教的な模様を混入するものが多い。中国絨毯のボーダー、あるいは中央部の重要な要素（4.52）としてメダイオンが描かれる。中国絨毯は、オリエント絨毯と比べると一般的に淡い色が使われる。黄色、薄緑色が頻繁に使われ、青や白色もときには使われる。

西洋世界での中国デザインへの認識は、13世紀以後マルコ・ポーロやその後の探検家や修道士たちがシルク・ロードを旅して運んできた、断片的なもの（や言葉としての説明）だけで、非常に限られていた。お茶の交易や、中東への航路が発展し、知識や実際のものの流入が増加すると、18世紀以後、ヨーロッパやアメリカで中国芸術やデザインが普及した。極東への渡航が比較的少なく難しかった時代に、写真技術が普及すると、視覚映像を提供した。

中国への西洋の影響は19世紀には顕著となり、多くの中国建築家たちが西洋の大学で学び、当時のボザールの折衷建築（14章）をもち帰った。折衷建築のインテリアは、中国伝統をある部分で認めた西洋風にしたがった。20世紀になると中国建築家たちは、モダニズムの国際様式を受け入れた。北京のフレグラント・ヒル・ホテル（4.53）はこの顕著な実例で、I・M・ペイ（pp.470-471参照）によって設計された。

朝鮮

朝鮮デザインの歴史は、中国の初期の作品と後世の日本の作品との間の関係を考えるうえで有用である。中国建築の木造架構法は、紀元前57年までには朝鮮に導入されたが、初期の実例は現存していない。それゆえ、その根拠は住宅や墓建築の壁に描かれた図像に基づくものである。半島が統一された新羅時代（668-935年）には、明らかなインテリアをもたない仏塔のような石造建築が残るのみである。文献史料によれば、木造住宅が建設され、華やかに金銀彩色された細部と装飾された瓦を伴っていた。高麗時代（918-1392年）、木柱と梁を緊結する斗栱技法が中国から導入され、朝鮮で特異な発展を遂げる。慶州の仏国寺は535年に創設され、751年に再建され、その後も建設が続くが、中国の影響を顕著に示す仏教建築の実例である。栄州の浮石寺無量寿殿（13世紀）は、朝鮮における最古の木造建築と考えられる別の例である。間口3間奥行1間の身舎を形成し、庇あるいは基壇によって囲まれた単一の統一的な空間となる。

ソウルには、保存状態のよい宮殿建築があり、館や広間は15世紀から19世紀にさかのぼる。1394年の景福宮のロッジア（開廊、4.54）と昌徳宮の広間のインテリア（4.55）は、典型的な内装空間としての理想を提示する。慶州近郊の王室専用の庭園と湖は雁鴨池として知られ、新羅時代の674年頃に創設され、いくつかの亭を含んでいた。それらは、柱が並ぶだけの瓦葺きの建物で、朝鮮建築のきわめて飾り気のない基本的な特徴を示す（4.56）。

正式の住宅インテリアは、ソウルの国立博物館の「ある学者の部屋」として復元された

4.53 フレグラント・ヒル・ホテル、香山、北京、中国、1983年

フラグラント・ヒル・ホテルは近代建築だが、窓の細部やこの間仕切りにみるような円窓、伝統的な建築細部をみせる。

4.54 ロッジア、景福宮、ソウル、韓国、1394年

景福宮のロッジアには、水に囲まれた開放的な列柱の内部空間がある。

イスラムとアジアの伝統　99

4.55（上）広間、昌徳宮、ソウル、韓国、1405年（再建）

昌徳宮の広間（玉座の間）の再建された内装では、赤と緑のその他の装飾、赤く塗られた柱、そして吊り下げられた照明が相まって、装飾的で贅沢な雰囲気を醸し出す。

4.56（下左）亭、雁鴨池、ソウル、韓国、674年頃

重量感のある瓦葺き屋根をのせた開放的な亭で、雁鴨池（674年頃着工）を見渡し、この雁鴨池は慶州近くの王族の庭園と湖の複合体の一部を占める。この建物は、典型的な朝鮮の新羅時代の建物の一例である。

4.57（下右）ソウル国立博物館「ある学者の部屋」（再建）、韓国、1372年

この住宅インテリアは、「ある学者の部屋」と呼ばれ、ソウル国立博物館の中に再建された。このような部屋は、李氏朝鮮時代の新儒学者の趣味を反映し、飾り気のない家具と落ち着いた色調を特色とする。

（4.57）。朝鮮家具は、中国家具と密接に並行して発展したが、ある種異なる特色をもっていた。伝統的な朝鮮インテリアは、椅子や寝台、テーブルを使わない。床に置かれた座布団に座り、引き出し、文机そして長持ち類は低いものであった。けれどもいくつかの飾り戸棚は、通常の高さがある。変化しやすい朝鮮の四季に対処するために、木製品は小さなパネルを枠の中にはめ込んだものであった（4.58）。男性用の家具は、自然木仕上げの厳格な機能的デザインをもっていた。一方女性用の家具は、より彩色的な漆仕

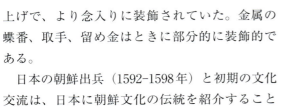

中国の実例との類似が明らかである。

　京都の御所（804年以後）は、屋根のある回廊に囲まれた広い前庭からなる。大広間の中央に紫宸殿があり、天皇の高御座が位置していた（4.60）。庭へと空間は開いているけれど、吊り下げられた蔀によって仕切られる。隣にある小中庭が、天皇の御座所である清涼殿へと続く。

　モジュール（3×6フィート＝90×180センチメートル）としての床畳が平面計画の主軸となり、平安京（現在の京都）の西本願寺の白書院はその例である。インテリアは畳の配置にしたがってデザインされる。彫刻された木製の間仕切りが、空間を分割し、壁は戸外の情景を描いた半ば自然主義的な絵画で覆われる（4.61）。

　京都にある17世紀の二条城は堀と壁を回した囲い地内に、いくつかの館が配置される。諸館は、連続する通廊としての縁側空間によって連結される。この部分は家臣たちが使ったと考えられるので、諸館の中央部を横切らない（4.62）。

4.58 赤漆塗りの飾り戸棚、朝鮮、19世紀

　このような2重重ねの飾り戸棚は19世紀の朝鮮で高価な家具の典型で、表面に装飾が描かれる。この実例は、現在ロンドンのヴィクトリア・アルバート博物館にある。

上げで、より念入りに装飾されていた。金属の蝶番、取手、留め金はときに部分的に装飾的である。

　日本の朝鮮出兵（1592-1598年）と初期の文化交流は、日本に朝鮮文化の伝統を紹介することとなる。中国と、朝鮮そして日本のデザインはそれぞれに固有な特色をもちながらも、歴史的な連続性をたどることができる。

日本

　神社（神道は日本最古の土着宗教）は日本建築において、最も早い時代の見事な建築である。伊勢においては7世紀以来の20年ごとの式年造替を通して、木構造で変わらないデザインを維持してきた。伊勢神宮は、高床式で、柱によって支えられた素朴な一部屋である。多くの神社は、550年の仏教導入以前の時代にさかのぼる。朝鮮から来日した僧侶たちは7世紀以後、建物や計画を取り仕切るようになる。初期の仏教寺院は、塔院と仏殿が木造で建設され、今なお現存する。法隆寺の講義室（大講堂）では、屋根架構を部分的に隠すような、半ば閉じた状況の格子天井が990年とその後に再建された（4.59）。

4.59 講堂、法隆寺、奈良、日本、990年再建

4.60 紫宸殿、御所、京都、日本、804年以後

　紫宸殿（大広間）を取り巻いて開放的な回廊が回るが、吊り下げられた蔀によって閉ざすことができる。天皇の高御座は、絹の几帳を回し天蓋を有し、中央の御帳台のうえに据えられる。

イスラムとアジアの伝統　101

4.61 西本願寺の白書院、京都、日本、1619年以後

この書院は、豊臣秀吉によって大阪天満より移転した浄土真宗の西本願寺に、1619年の火災の後に付け加えられた。畳敷きの床が二方向に敷かれているために、この図上に明るい部分と暗い部分がみえる。壁には様式化された戸外の様相が描かれる。

大広間内部は障壁画で飾られる。金箔と白の地に、緑、青、茶、黒の色彩を使って、樹幹や鳥が描かれる。赤と白の花が紙に描かれ、格天井の格間にはめ込まれる。

京都郊外にある桂にある、著名な桂離宮（1620-1647年）は、美しい庭園に囲まれて、瀟洒な亭が点在する。諸亭は木造で、平面は畳モジュールに基づき、いくつかの部屋からなるが、引き戸（障子）を開閉することによって、多様に変容可能となる。簡潔性を極めた空間で、襖の抽象的な市松以外（4.63）には、何の装飾も家具もない。淡黄色の壁紙に小花文様が銀色で押紋されて固定壁や襖に使われ、一方、他の間仕切りは景色や自然の題材を描いている。わずかな床棚などの設えが、収蔵の役割を果たす。着座は可動式の床の座布団に座り、寝所は布団でいつでも必要なときに敷かれた。大きな床の間は楽器を収める場所でもあった。縁側からに庭が眺望でき、特別な観月の場も設えられた。離宮は、1年に1度、一時的に使われ、御所の絢爛からの鄙びた別天地であった。

離宮のデザインは伝統的な日本住宅に基づいており、上述したようなコンセプトを用いるけれども、住宅はより小規模に収斂している。傾

4.62（左）二条城を描いた洛中洛外図、京都、日本、17世紀

徳川家の所有した京都の二条城を描いている。城の館は、通廊としての回廊によってつながれる。

4.63（右）松琴亭、桂離宮、桂、日本、1620-1647年

桂離宮（京都にある皇室離宮）の形式張らない茶室は、床に畳を敷き詰め、可動壁の形をとる引き戸で構成される。ここには何１つ家具はなく、低い座卓のまわりに座布団を敷いて座っていたであろう。

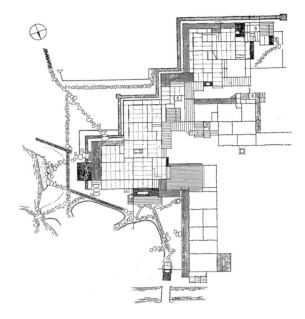

斜した瓦葺あるいは柿葺や檜皮葺は、畳モジュールに基づくグリッド（4.64）上に配置された木柱によって支えられる。間仕切り壁と可動式の障子が、生活様式にしたがって空間を分け、縁側から庭園や中庭を見渡せる。低い炉のある調理の場と作業のための低い調理台が台所を構成する（4.65）。風呂には深い木桶が使われる。暖房装置はきわめて限られ、床を箱形に切った囲炉裏で炭を焚き（4.66）、炬燵では炉と周囲に座る人々の足を覆うように毛布や布団が架けられる。可動式の炉である火鉢は、炭火を入れ、必要な場所に置くことができ、湿った寒さの日本の気候に適したものとして普及する。便所は土や砂を引いた木製の箱で、プライバシーを守り、汚物を廃棄するためにも簡便な可動式である。1954年に典型的な住宅がニューヨークの近代美術館の庭園に建設され、フィラデルフィア市のフェアマウント公園に移築されている（4.67）。この住宅の写真は日本建築のインテリアの簡潔さと美しさのイメージを伝える。

日本家具

家具（備え付けのもの以外）は伝統的な日本のインテリアにおいては重要ではなく、座るときも寝るときも床に置かれた布団が使われた。

4.64 桂離宮の平面、桂、日本、1620-1647年

桂離宮（京都にある皇室離宮）の平面は、非対称に館を配置し、館は畳の数によってその形と規模を決め、幾何学的な格子が配置モジュールを操作する役割を果たしていた。

4.65 エドワード・S・モース「兜山の古い農家の台所」『日本家庭とその環境』1886年

この絵は、手前の床は土間敷で桶やたらいを扱う場合は、履物を履いていた。背後にみえる1段高い木の床は、低い炉に釜が湯気を出し、低い箱机に皿が置かれている。

4.66 彦根アンドレア設計のカーサ・木村の居間、東京、日本、1995年頃

東京にある、新旧を組み合わせた現代住宅の居間である。畳が敷かれ、伝統的な調理用の囲炉裏のまわりの座布団に座る。テレビや電器照明など20世紀の技術が対比的に用いられる。

イスラムとアジアの伝統　103

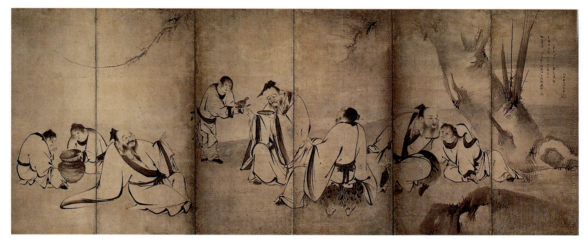

4.67（上左）現代美術館の庭園に建設された日本住宅、ニューヨーク、アメリカ、1954年

　床は畳で覆われ、壁には障子の引き戸が用いられ、典型的な整頓された伝統的インテリアをみせる。

4.68（上中）漆塗り長持ち、大英博物館、ロンドン、18世紀中期

　入念な漆細工は、障壁画や紙本（しほん）に書かれるような風景を描き出す。長持ちは、伝統的な日本家屋における限られた家具の1つである。この実例は単なる実用的な収納家具ではなく、芸術的な作品である。

4.69（上右）日本の灯籠

　これらの灯籠は、蝋燭や灯油ランプで照明を行う。日本の伝統的なインテリアにおいては、このような照明のみが夜間の明かりであった。

4.70（下）飲中八仙図、海北友松、日本、17世紀

　限られた長持ち（4.68）や棚は収納用に用いられ、可動式の間仕切りが共通しており、空間を分断し、ときには高い芸術性を有する絵画の場として用いられた（4.70）。電気が普及する以前、灯油ランプや蝋燭が人工的な照明として用いられた。灯籠（4.69）や行灯が普及し、装飾性と機能性を完備する。

　20世紀を通して、日本の伝統的デザインは、西欧とアメリカの影響と融合を遂げた。旅行や通信の簡易化が増し、多くの日本人デザイナーが西洋の国々で教育を受け、西洋の建築家が日本で仕事をするようになった。フランク・ロイド・ライト（pp.357-361参照）は東京に1916年から20年に建設された帝国ホテル（その後解体）の設計を行い、実際、日本で数年間を過ごした。ル・コルビジェは日本に作品を残し、著作を通して日本に影響を与えた。日本の伝統的デザインに対する西洋の知識の増加は、アメリカやヨーロッパにも影響を与え、双方に有益となるコンセプトの交換をもたらした。

　日本における建築とデザインは、第二次世界大戦以後には西洋モダニズムの概念を共有していたとはいえ、日本固有とみなせる視点をもっていた。日本の建築家は現在では西洋で任務を分担し、真に国際的とみなせる作品を制作している。いくつかの実例については21章で述べる。

第5章

中世後期

5.1 サン・ドニ修道院、パリ、フランス、1135-1144年

この写真は、聖歌隊席（クワイア）の左側のアンビュラトリー（周歩廊）から反対側を撮影したもので、低層部のアーケードの尖頭式ゴシック・アーチと、その上のトリフォリウムと、ステンドグラスが嵌め込まれた大きな窓があるクリアストーリーがみえる。アンビュラトリーには9つのチャペルが放射状につき、フランスのゴシック大聖堂に特徴的な後陣（アプス状の典礼のための東端）を形成している。このように光を重要視する点が、ロマネスク建築とゴシック建築を見分ける主要な鍵となる。

1250年頃からは、封建制度が浸透し、あらゆる生活環境が改善され、さまざまな建築工芸、木工細工、金属加工品、織物がつくりだされた。芸術の才能をもった修道士や法廷の挿絵作家が制作した稿本には、挿絵が多用されるようになり（5.2）、特に、室内空間に関する設計の知識は、大幅に増大した。これらの書籍は、歴史家にとって、貴重な視覚的情報源となっている。

ゴシック様式の要素

巨大な市壁で囲われた都市、壮大で精巧につくられた城塞、鎧をまとい馬にまたがった騎士、ステンドグラスやバットレスやガーゴイルを有する巨大な大聖堂、これらすべてが12-14世紀のヨーロッパの風景をつくりあげている。この時代は、建築の1つの様式として重要性が認識されている「ゴシック」という様式名称によって、特徴付けられる。「ゴシック」という用語は、もともとは軽蔑語で、中世以降、中世の作品が、時代を継承する感覚や優雅さに乏しいと考えられた西ゴート族の作品のように、荒削りで粗野なものとみなされ、用いられるようになった。

石造のゴシック教会堂の建物内部にある金属製の格子や門扉、彫刻が施された石造のスクリーン（障壁）、祭壇、墓石、木製の信者席、司教座、説教壇などの調度品は中世後期に発達し、次第に複雑になっていった。石造建築に取り付けられた彫刻が施された装飾品や描写的な彫像は、聖歌隊席の間仕切や座席の木製彫刻と酷似している。祭壇や聖書朗読台の上で用いられるキャンデラブラン（枝付き燭台）、典礼のための聖具、刺繍が施された織物の祭服などは、ゴシック教会堂を精緻で色鮮やかにする可動の要素である。

宗教上の題材を描いた絵画は、たいてい、チャンセル（内陣）の主祭壇か側部のチャペルの背部に飾られた。祭壇画は、しばしばトリプティク（三連の祭壇画）となり、絵画が描かれた中心の板の両側に、同様に絵画が描かれた2枚の翼板が蝶番でつながれ、それを閉じると、2枚の翼板が中央で合さるようになっている。これら扉板の外側もまた、絵が描かれるか彫刻が施されているが、礼拝時にトリプティクが開かれた際、眩いほどに色彩あふれた輝きが示されるように、通常は穏やかな色とされる。色彩はまた、壁やヴォールトの下部表面の彩色模様として用いられる。このような室内の取り扱いの例は、たいていの場合、かなり最近になって、改修さ

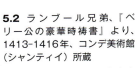

5.2 ランブール兄弟、『ベリー公の豪華時祷書』より、1413-1416年、コンデ美術館（シャンティイ）所蔵

これは1月の挿絵で、祝宴席に公爵が座っており、その後方には巨大な暖炉がある。テーブルは、可動式の脚の上に天板が置かれたものである。炉胸（煙突の室内に飛び出た部分）と天井の色鮮やかな装飾は、卓越した豪華さを暗に示している。

5.3 破壊された聖歌隊席・スクリーンの断片、シャルトル大聖堂、フランス、1220年

動物、鳥、想像上の生物の彫像が、日常の出来事の場面ごとに、枠組みされた装飾的なロンドル（円形浮彫彫刻）として表現されている。これら彫刻は、修道僧と聖職者からしかみえないと思われる大聖堂の聖歌隊席の内側に配されている。

れるか、改変されるかしており、また、石を自然の色のままにしておくために、覆い隠されるか、取り除かれている。

色彩上の最も重要な要素は、ステンドグラスである。ガラスは透明にはつくられず、着色されているので、この用語はいくぶん誤解を生みやすいが、製造中に多様な顔料からなる添加物をガラスに溶かし込むことによって、必要な色がつくりだされた。大きな薄板を製造する技術はなく、ガラスは吹き伸ばされるか、鋳造されるかして、小さな断片としてつくられた。大きな窓をつくるためには、ガラスの小片をH型の断面をした鉛の細長い部材によって継ぎ合わせた。この大きな窓をつくる技法は、図案や聖像の使用をうながした。教義上の伝説や物語に描かれている聖人や聖書に登場する人物を絵画的に描くために、主として赤か青、また、琥珀色やいくらか緑がかった色など、濃く、鮮やかな色が組み合わされて使用された。これらは、文字が読めず、絵本や他の絵画的素材にもふれたことがない一般の人々にキリスト教を布教する際に、一種の視覚的補助となる重要な教育的手段として役立った。壁に鮮明な色調のステンドグラスが嵌め込まれた暗い教会堂の内部に入ることは、今もなお感動的な経験である。中世の教会参拝者にとって、これはきわめて感動的であり、説得力があったに違いない。

ゴシック期には、その時代の特性であった装飾的細部の語彙（ヴォキャブラリー）を発展させ、それまでの古典の装飾的細部の抽象的語彙、すなわち、古典オーダーやデンティル（歯型飾り）、グリーク・キー（縦線と横線の繰り返しからなる装飾パタン）、エッグ・アンド・ダーツ（卵鏃飾り）などを、多くの場合、自然から引き出された新しいモチーフを基礎としてつくられた類似の形態などと、置き換えた（5.3）。クロケット（唐草飾り）と接合されたトリフォイル（三葉飾り）やクワトロフォイル（四葉飾り）といった葉飾りは、新しい様式となった。聖人や殉教者などを表現することによって宗教的な題材を描いた彫刻は、人を面白がらせたり、怖がらせるかもしれないグロテスク装飾やガーゴイル（装飾的な吐水口）とともに、装飾的かつ教訓的な役割を担っていた。ステンドグラスは、トレサリーを形成する流線型の石の帯によって、細分化された。これらの要素は、自由度が増しながら導入されていき、古典装飾への付加物のような整然とした規則とは無関係であった。

新しい建設技術

アーチとそれから派生するヴォールトは、ゴシック期においても、建物を長持ちさせる最も進んだ技術的手法として残った。古代ローマおよび中世ロマネスクの建築は、構造体の耐久性のためにアーチやヴォールトに頼り、ロマネスク建築では、半円アーチは、ときおり、改良され、わずかに尖った形となった。しかし、尖頭アーチが十分に発達し、広く用いられるようになるのは、1150年以降であった。尖頭アーチの意義は、しばしば、その象徴性と関係があるといわれ、また、広く考えられている。すなわち、上方を指し示すことによって目線をうえへと導き、思いを信仰上重要である天へと導く。しかしながら、尖頭アーチ（5.4）は宗教的意味合いとは関係なく、さまざまな状況で用いられるよ

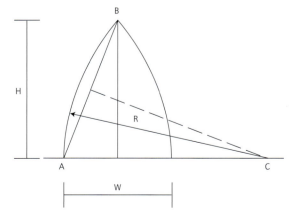

5.4 尖頭アーチの発達

図のように、任意の幅Wと高さHにアーチを架けるには、まずはAとBを結び、ABの中点から垂線を伸ばして、基底線と交わった点をCとする。次に、ACに着目し、Cを中心としたAとBを通る半径Rの円弧を描くと、これがゴシックの尖頭アーチの輪郭となる。

中世後期　107

5.5 ウェルズ大聖堂、サマセット、イングランド、1175-1240年

1330年代に、交差部の塔を支え、荷重を分散させるために、交差部に下向きの"ストレイナー・アーチ"が導入された。

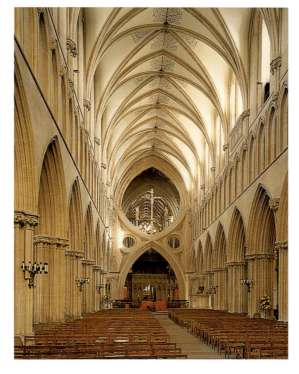

5.6 リブ・ヴォールトの構造

対角線上のリブは半円アーチである。前面と背面のアーチもまた半円アーチで、中央部ではヴォールトの高さまで達していない。両側のアーチは、長方形平面のベイに合わせ狭いスパンとされたため、尖頭形になっている。

5.7、5.8、5.9 ゴシックのヴォールトの派生形

最初の模式図は、正方形平面に半円アーチを架けたヴォールトを示している。対角線上のアーチは、他の4つの側面のアーチより高くなっている。対角線上のアーチの高さに4側面のアーチを揃えるためには、要求された高さと幅が可能となる尖頭アーチが用いられる。こうして、第2の模式図に示したような、ゴシックのヴォールトがつくられる。第3の模式図のように、長方形平面にヴォールトを架けるためには、対角線上のアーチがどのような高さでも、幅と高さを調整することができるように、4側面のアーチに尖頭アーチが用いられる。

うになる。それらは、城郭、市門、要塞といった一般の建造物や、タウン・ホールや他の世俗建築、家具やあらゆる種類の装飾的対象の細部でも用いられた。実に驚くべきゴシックの傑作として、イングランドにあるウェルズ大聖堂の交差部の"ストレイナー・アーチ（二重アーチ）"（5.5）があげられる。ここではアーチの先端が床へと下降している。いかなるゴシックの形態の表現の効果も、近代人がみると、その発達は、実質的には、特に大聖堂など、教会堂の構造設計上の技術的問題を解決する努力の結果であったように思えるだろう。

ロマネスク建築では、単純な円筒ヴォールトを使用していたため、室内空間に満足のいく光を採り入れることができる十分な大きさの窓を設けることは困難であり、不可能ですらあった。交差ヴォールトは、ヴォールトが架けられたベイを4側面で解放することが可能であり、そのため、隣接するベイにつながる前面と背面の開口は、教会堂の身廊（ネイヴ）の縦長の空間をつくりだし、一方で、横方向の開口は、クリアストーリーのクリアストーリーとして用いることができた。ここで残った第一の問題は、両側のクリアストーリーの下のヴォールトが架かった側廊（アイル）の高さを、身廊の正方形ヴォールトの高さと合致させなければならないということであった。そのためには、側廊を広くする（身廊と同じくらい難しく、費用がかさむ）か、両側の側廊のそれぞれのベイを身廊のベイの半分の幅のヴォールトに分割しなければならなかった。後者の方法は、ミラノのサンタンブロジオ教会やドイツのマインツ大聖堂やヴォルムス大聖堂など、多数の建築で採用された。もうひとつの問題は、もし前面、背面、側面のすべてを半円アーチでつくった場合、正方形の交差ヴォールトは、半円ではなく楕円の対角線アーチとなるか、それを取り巻く4つのアーチより背が高い対角線のアーチになるといった問題から生ずる。前者の場合、交差ヴォールトは平たくなり、後者の場合、それぞれのヴォールトが統一感のある空間的印象とは逆に、教会堂の身廊を別々に区画するドームのような構成単位となる。

リブ・ヴォールトを架ける技術が発達すると、問題はより深刻となった。初期のヴォールトは、覆おうとする空間に木製の型枠が架けられ、その上につくられた。ヴォールトが大きくなり、より高い位置につくられるようになると、これら仮設の木造の構造体の支えを最小限にすることが望まれるようになった。そして、まずは、型枠を用いてヴォールトの境界のアーチと対角線上の尖頭アーチがつくり、その後、これら"リブ"・アーチ（5.6）を、リブの間を埋めるために必要となる最低限の木製の足場の支えとして用いた。対角線上のリブは、設計するのが困難で、半楕円として建設されるか、また

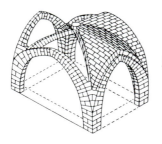 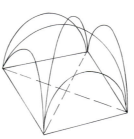 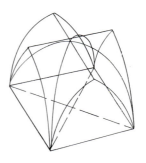 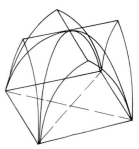

は、周囲のアーチよりも高くされた。側廊のベイに合わせるために、正方形よりも長方形のヴォールトが望まれた場合、各ベイの正面、背面、両側面、対角線上のアーチの高さはすべて異なるので、問題は一層難しくなった。

　問題を解決するには、対角線上に半円アーチを用い、前面、背面、両側には短いスパンで同じ高さのアーチを考案すればよかった。この問題に対する完全な幾何学的解決策は、スパンを囲う4側面に半楕円アーチを用いることであろう。しかし、楕円は幾何学上複雑な形態であり、円の一部ではないため、コンパスでは描くことができない。中世の建築家や石工は、楕円アーチの形状を割り付けし、切断することはできなかった。ゴシックの解決策は、コンパスを用い、幅に合わせて高さを割り付けできるアーチに変えることであった。

　その結果として生じたのが、尖頭アーチであった。これは、楕円に近づける妥協案であったが、割り付けと建設が容易であった。一度この方法が採用されると、ヴォールトは、正方形または長方形、台形でさえも、いかなる平面形状のベイをも覆うよう設計できた（5.7～5.9）。このアーチを用いると、四側面すべてと、ふたつの対角線を同じ高さにすることができ、頂部の稜線を教会堂の身廊の長さにまっすぐと通すことが可能となり、結果として、この連続した直線が、視覚上、空間を統一する効果を生み出した。対角線上の稜線もまた、尖頭アーチとなる。尖頭アーチは、それ自体美しく、象徴的な魅力をもっている。そのため、尖頭アーチは、ヴォールトばかりでなく、たとえば、戸口や窓といった構造とは関係のない装飾的な細部においてさえ、アーチが用いられるだろういかなる場所において、急速に、半円アーチに取って代わって用いられた。

　残された問題は、ヴォールト構造によって生じた外向きの推力を控壁（バットレス）で支える対策についてであった。教会堂の桁行方向において、それぞれのヴォールトの推力は、隣り合うヴォールトによって相殺されるが、梁間方向では、外向きの推力を支えるために、側廊の上部で、クリアストーリーの窓からの採光を妨げない構造が必要となった。がっしりとした石造の控壁は可能だったが、側廊のヴォールトのアーチに負担がかかる大きさは望ましくはなかった。一段もしくは数段になった中空半アーチの控壁の使用は、この問題を解決し、中世の大聖堂における外観上の印象的な要素となるフライング・バットレスが誕生した。内部のクリアストーリーと下方の壁は、もはやいかなる荷重も推力も支えず、ステンドグラスがはめ込まれた窓のために開け放つことができた。

　中世の建築家が活動していた時代には、個人の創造的な役割が認識され、記録されることはなかったため、中世の建築家についての情報はほとんどない。主な中世建築は、慎重に計画され、構造体と装飾は、現在では熟練工と呼ばれる専門家によって監督された。しかしながら、文書によるやりとりがほとんど皆無であった時代だったので、詳細図や仕様書は用いられてはいなかった。設計や工学技術について書かれた解説書も手引書もなかった。中世の建築家は、試行錯誤の原則で行動し、蓄積した経験や経験則による実践力、また直観によって裏付けされていた。

　中世のギルドは、難解な規矩術の専門家になるだろうマスター・メイスン（石工頭）に、技術の修業の機会を与えたので、リブやヴォールトの複雑な形をつくるために、個々の石の小片を切断し、組み合わすための幾何学が発展した。興味深い研究が、最近、行われた。これは、よく知られた大聖堂のいくつかの断面模型に、ひどい嵐の際に建物にかかると想定される重力と風力の模擬実験的な圧力をかけるという現代の構造分析の技術を用いたものであった。実験結果は、概して、これら大聖堂の工学技術が驚くほど優秀であることを示唆しており、ヴォールト、円柱（コラム）、控壁を通って、荷重を地面へと伝えることは論理的であり、利用可能な材料と技術を用いたきわめて経済的な手法とみなされている。

　また一方で、もっと優れた技術が用いられた大聖堂もあった。たとえば、ブールジュ大聖堂（5.10、1195-1275年）では、翼廊（トランセプト）は退化し、二重側廊が建築全体にまわされた。シャルトル大聖堂（1145年頃開始）は、構造設計上、ブールジュ大聖堂ほど優れていたわけではないが、最少の材料によって軽量化された控壁の二重システムによって、絶大な視覚的

中世後期　109

5.10　サン・テチエンヌ大聖堂、ブールジュ、フランス、1195-1275年
ゴシックの交差ヴォールトは、壁上部に巨大なクリアストーリーをつくることが可能となるように、外部に控壁か、フライング・バットレスをもつ。身廊のアーケードは、非常に高く、二重側廊の構成に開放感をもたらしている。

5.11　黄金分割の構成
黄金比は、正方形の分割から導き出される。底辺の中央から上方の隅に線を引き、それを半径として円弧を描くと、AB：ACが黄金比となる。

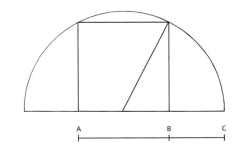

具を用い、単純な幾何学的操作をすることによって、簡単に割り付けることができた。

単純な3：4：5の直角三角形は、正確な直角を定める際に用いられ、また、幾何学的モジュール・プランニングの基礎として用いられた。シャルトル大聖堂の南塔は、幅と高さの比が1：6となっている。この比は、調和音の6音階の音差の振動と一致している。

ゴシックの大聖堂と教会堂

ゴシック建築について、"典型的な"例を言及することはできるが、実際には多様性に富んでいる。たとえば、フランスのアルビ大聖堂（1202-1390年）はレンガでつくられ、側廊がなく、身廊がきわめて広く、控壁は高い外壁の中に納められている。一方で、大聖堂と比べて小規模なゴシック教会堂もまた、個性が際立っている。トゥールーズのジャコバン派の教会堂（1260-1304年）は、建物の中心線上に並ぶ背の高い柱の列によって支えられる2つのヴォールトによって覆われた簡素な単一空間からなり、驚異的で劇的な内部空間をつくりだしている。実際に王室のチャペルとして建設された著名な小規模教会堂のサント・シャペル（5.12、1242-1248年）は、地上階にある背の低い身廊と、その上階の背の高い聖堂からなる。石造のリブを細くすることによって支持構造は減らされ、その間の空間はステンドグラスで満たされた。その結果、内部空間は完全であり、窓の輝かしい光や色によって躍動させられたようにみえる。

フランス

フランスのゴシック大聖堂は、この様式を最も代表したものであり、また、意匠上も最も劇的な成功を収めている。ゴシック様式の建築的手法は、緩やかな変化の過程をたどった。フランスのゴシック作品の発展を説明するために、以下のような用語が用いられる。

● **初期および盛期ゴシック**
これらの用語は、1150年頃から1250年頃まで

明快さを実現している。

既存建築の分析は、設計が思いつきや行き当たりばったりで行われたのではなかったことを証明している。ゴシック建築では、古代エジプトや古代ギリシャで行われていたのと同様の方法で、理論的幾何学概念を前例から引き継いで使用していたことが確認されている。重層された円や正方形や八角形は、多くの平面構成の基礎となっている。同様に、幾何学形態は、断面や立面においても発展していった。このことは、美的統制が比例（プロポーション）の理論体系に関する緻密な知識によって確立されたことを示している。パリのノートル・ダム大聖堂の西正面は、横と縦の比が6：9の直交グリッドに合致し、そのデザインの主要な再分割線はすべてグリッド上にのっている。黄金分割の比例（5.11）は、繰り返し現れた。これは紐と釘でできた道

5.12 サント・シャペル、パリ、1242-1248年

この小さな王室のチャペルは、崇拝された聖遺物を保管するために建てられた。写真に示された上階のチャペル以外に、下階にもチャペルがある。壁は減らされ、ピアは可能な限り細くされ、その間の空間はステンドグラスで埋め尽くされた。その結果、光と色でつくられたように感じられる内部空間となった。上部のヴォールトの表面は、青色と金色に塗られている。

起こった尖頭アーチとヴォールトを使用する建築技術の発展に対して用いられる。シャルトル大聖堂のように、大聖堂は数世紀にわたって建設されるので、初期ゴシックの要素と盛期ゴシックの要素を同時に有することもよくある。アミアン大聖堂（5.13）、ラン大聖堂、シャルトル大聖堂、ブールジュ大聖堂、ボーヴェイ大聖堂といったフランスで高く評価されている大多数の大聖堂が、盛期ゴシックの特徴を示す例である。

● レイヨナン

この用語は、トレーサリーの放射状の線形が重要な要素となる1230年頃から1325年頃までの作品の装飾の精巧さに対して用いられる。フランスの大聖堂の主要なバラ窓の多くは、典型的なレイヨナン様式である。パリのサント・シャペルは、最もよく知られたレイヨナン建築である。

● フランボワイアン

この用語は、文字通り「炎のような」を意味し、フランスのゴシック様式末期の装飾的細部を説明するのに用いられる。トレーサリーの複雑な模様や、しばしば過度となるほど入念で装飾的な細部が特徴的である。ルーアンにあるサン・トゥーアン教会とサン・マクルー教会（5.14）が、フランボワイアンの実例である。

パリ北部にあるサン・ドニ修道院（5.1）は、5世紀に設立された。聖堂は、カロリング王朝期とロマネスク期に数度建て替えられたが、1130年頃、修道院長シュジェールによって開始され、13世紀の修道院長ウード・クレマンの時代まで継続された再建工事によって、典型的なゴシック大聖堂の最初の例に改修された。この建築は、一般的な大聖堂と同様に、十字形平面からなり、正面入口が西に面し、東端部はチャンセルとなり、北と南に翼廊がつく。身廊部は7つの長方形のベイで構成され、両側には側廊が設けられ、さらに3ベイの聖歌隊席（またはチャンセ

5.13（左）ノートル・ダム大聖堂、アミアン、フランス、1220-1288年

完成したフランスの大聖堂のなかで最も背が高い建築で、多くの点において、この種の最も完全な例である。構造体として用いられた灰色の石材は、大理石の床材の模様とステンドグラスの色によって、軽く感じられる。身廊と聖歌隊席の抜きん出た高さ（140フィート＝42.7メートル）は、圧倒的で強烈な感覚を与えている。

5.14（右）サン・マクルー教会、ルーアン、フランス、1436-1520年

この教会堂は、フランボワイアンとして知られる様式でつくられたゴシック後期の実例である。様式の名称の由来となった炎のようなトレサリーの形状が、聖歌隊席の奥壁の窓でみることができる。この教会堂は、大聖堂ほど大きくはないが、特に、西側のポーチなどで、フランボワイアンの最も手の込んだ細部をみることができる。

ル）が続き、端部に半円形のアプスがくる。聖歌隊席のまわりには、二重側廊の通路もしくはアンビュラトリー（周歩廊）がある。身廊、翼廊、聖歌隊席は高さが等しい尖頭ヴォールトで覆われ、建物全体として、天井が高く、開放的で、統一された空間をつくりだしている。また、構造支柱が細いため、壁のほとんどがステンドグラス窓でできているようにみえる。

サンス大聖堂、ラン大聖堂、パリのノートル・ダム大聖堂、といった建物全体にわたって二重側廊をもつ大聖堂は、標準的なゴシック様式の例である。しかし、シャルトル大聖堂（5.15～5.18）は、2基の不均衡な塔（1世紀後の建設）、ロマネスク時代に建てられた初期の部分、ゴシック後期に完成した部分、そして、桁外れのステンドグラスなど、標準からは、かけ離れている。西側正面入口は、三連の戸口で構成され、それぞれ豊富に装飾が施されたパネル（ティンパニと呼ばれる）がついたアーチ型の出入口となっている。三連戸口の配列は、キリスト教信仰の三位一体を意味している。室内に入り、目が徐々に暗がりに適応するにつれ、広大な内部空間はトンネルまたは洞窟のように思えてくる。身廊は前方に伸び、その両側には側廊に対して開くアーケードがくる。アーケードの上の狭い層は、窓がないトリフォリウムとなる。トリフォリウムの上で壁は上向きにのび、ステンドグラスで満たされたクリアストーリーを形成する。各ベイの窓は、トレーサリーによって、上部は円形に、その下は2つの背の高い尖頭アーチに分割される。前方では、翼廊が左右へと開き、聖歌隊席が東に向かってのびる。聖歌隊席は、端部で5つの放射状のチャペルをもった二重のアンビュラトリーによって三方が囲われる。アンビュラトリーを内部と外部に分割する円柱と、壁に穿たれてチャペルに光を照らす窓は、薄暗がりのなかで複雑で神秘的な空間を形成し、無限の価値観を暗示している。

窓ガラスの中には、使徒、聖人、預言者、殉教者を解説したパネルがある。アンビュラトリーの1つの窓には、シャルルマーニュ大帝の伝説が22枚のパネルに描かれ、その絵を抽象的で装飾的な空間で囲んだり、分割している。クリアストーリーの窓は、簡単に細部をみるには高すぎる場所にあるが、色彩や豊かさの効果は圧倒的である。西正面入口を振り返ると、入口の上の端部壁には、上部に丸いバラ窓をもつ3つの巨大なロマネスク様式のアーチ窓がある。それぞれの翼廊の端部壁には、外部にポーチがついた出入口があり、その上部には5つの細長い窓があり、さらにその上にはバラ窓がある。

ランス大聖堂（1211年開始）は、ゴシック大聖堂の類型として、きわめて一貫しており、形式的にみて"完全"である。アミアン大聖堂

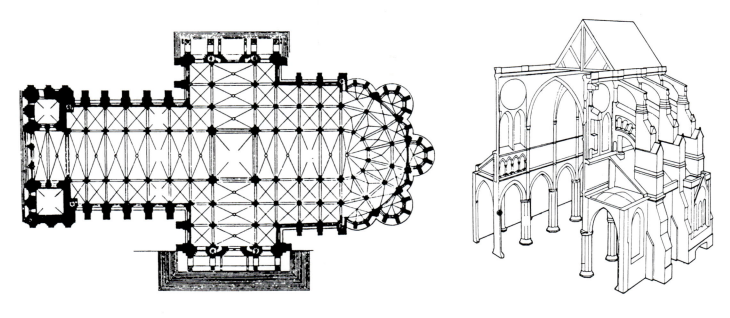

5.15 身廊、ノートル・ダム大聖堂、シャルトル

　この見事なステンドグラスは、輝かしい色を放っているが、光量が限られているため、身廊と聖歌隊席はきわめて暗い。外部のフライング・バットレスが、ヴォールトのアーチの迫元から始まる大きな窓を可能にしている。

5.16、5.17 平面図および斜視図、ノートル・ダム大聖堂、シャルトル

　この大聖堂の平面は、側廊付の身廊、翼廊、二重のアンビュラトリー（二重周歩廊）をもつ聖歌隊席からなる十字形平面で、理想的なゴシックの平面計画を表わしている。5つの突き出したアプス状のチャペルは、東へ広がる後陣を形成している。両側の大きなピアは、構造上の荷重を支え、その荷重は、フライング・バットレスによって、地面に伝えられる。バットレスの間の空間は、クリアストーリーの窓を可能としている。

5.18 北翼廊、ノートル・ダム大聖堂、シャルトル

　北翼廊の巨大な円形のバラ窓は、直径42フィート（12.8メートル）以上ある。聖母マリアがバラの中央に配置され、それを聖人と預言者によって囲んでいる。その下の5つのランセット（尖頭）窓には、聖デイヴィッド、聖アンナ、聖アーロンなどの聖人の肖像が描かれている。

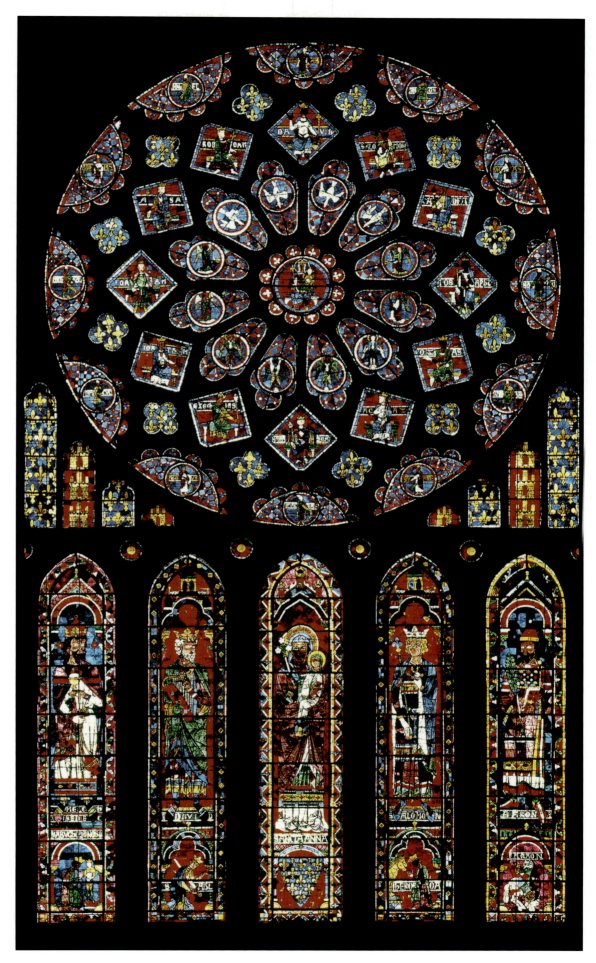

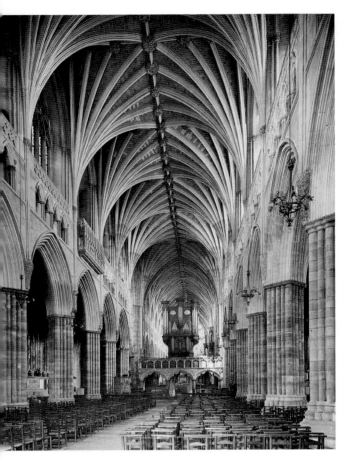

5.19 エクセター大聖堂、デヴォン、イングランド、1328-1348年

この大聖堂は、イングランドで装飾式ゴシックとして知られる様式で建てられた。身廊は、多数の放射状リブをもつファン・ヴォールトによって際立っている。ここでは、かつてはほとんどの大聖堂でみられた身廊と聖歌隊席を分ける巨大なスクリーンが残っていて、のちに増築された巨大なオルガンを支えている。

（1220年開始）は、より劇的で、身廊の高さの比が驚くほど高い。ほぼ同じ頃建設が開始されたボーヴェイ大聖堂は、規模においても、高さにおいても、さらに壮観であったが、1573年に中央の尖塔が崩れる大災害に見舞われ、中世の手法による高層建築が技術的限界に達したことに気付かされた。ボーヴェイ大聖堂は、聖歌隊席と翼廊は残ったが、身廊は完成することはなかった。

イングランド

イングランドの中世大聖堂は、フランスの例と近い関係にある。これは、英仏海峡の両側の建築家や建設業者が密接な情報交換をしていたことを示唆している。旅まわり建築家がフランスとイングランドの両方で、建設工事に取り組むことは可能であった。イングランドの作品は、フランスに匹敵するほどは大胆で劇的ではなかったが、個人主義的な表現を強く建築に組み込もうとする多様な方法がとられていた。短い工期で、一貫した設計手法で建てられたソールズベリー大聖堂（1220-1266年）は、典型的イングランド大聖堂とみなされるかもしれない。交差部の塔の下に、奇妙で、漠然と心をかき乱すような逆さの筋交アーチをもつウェルズ大聖堂（1175-1338年）は、より興味深く、独創的にみえるかもしれない。イングランドのゴシックでは、しばしばリブ・ヴォールトが過度に用いられ、ヤシの葉の扇形を想像させるファン・ヴォールトと呼ばれる放射状の帯によって、表面が分節される。エクセター大聖堂（5.19）の14世紀の身廊は、ファン・ヴォールトの印象的な模様となっている。

ほとんどの大聖堂は、もともとは大修道院（アビー）または修道院（モナストリー）の一部であった。ファン・ヴォールトが架かったグロスター大聖堂のクロイスター、ソールズベリー大聖堂の八角形のチャプター・ハウス、リンカン大聖堂、ヨーク・ミンスター、ウェルズ大聖堂は、最初は修道院の建築群の一部として建てられた。ウエストミンスター修道院（1045-1519年）（5.20）は、イングランドの大聖堂のなかで最もフランス的だと考えられることがよくある。ゴシック様式のクロイスターとチャプター・ハウスが、ノルマン時代初期の修道院の一部とともに残っている。一方で、ヘンリー7世礼拝堂は、豊富に装飾が施された垂直式と呼ばれるゴシック様式が最盛期であった後期ゴシックの例である。イングランドの大聖堂では、建築に関わった何人かの建築家の名前を特定することが可能であることが知られている。たとえば、ウェルズ大聖堂のウィリアム・ジョイ、ウィンチェスター大聖堂のヒュー・ハーランドとウィリアム・ウィンフォード、ウエストミンスター修道院のヘンリー・イェーヴェルなどがその例である。これら建築家を認識することができるということは、職人たちは確かにゴシック建築全体に貢献する自由度があったものの、今日と同様に、概念においても細部の実現においても統制することができるきわめて熟練した専門家の指揮のもとで、仕事に従事していたことを暗示している。

多くの大聖堂は、長期間にわたって建設されたので、1つの建築でも、部分的には連続したそれぞれの様式に属することがしばしばある。従って、異なった様式的用語が、特定の建築の異なる部分にあてはまることがよくある。最も一般

中世後期　115

5.20 ウィリアム・ヴァーチュ、ヘンリー7世礼拝堂、ウエストミンスター修道院、ロンドン、1503–1519年

　この建築はイングランドの垂直式ゴシックの最も精巧な実例であり、もともと国王の個人用チャペルとして建設された。この寄進チャペルの石造ヴォールトは、複数のリブからなるヴォールトの発想からなり、また、ペンダント（垂飾り）石の発展形でもあり、石造構造を否定するかのように思える豊富なトレサリーで覆われている。

5.21 キングズ・カレッジ・チャペル、ケンブリッジ、イングランド、1446–1515年

　色彩豊かなステンドグラスをもつ垂直式のトレサリーの壁でできた単純な直方体空間。壮観なファン・ヴォールトは、この建築の建設最終段階の1508–1515年につくられたものである。内部の大部分は、カレッジの全学生を収容する意図でつくられた聖歌隊席である。スクリーンによって、巨大な聖歌隊席と一般の会衆のための小空間とを分割している。エクセター大聖堂（p.114参照）と同様に、スクリーン（1530年代）の上の巨大なオルガンは、中世以降のものである。

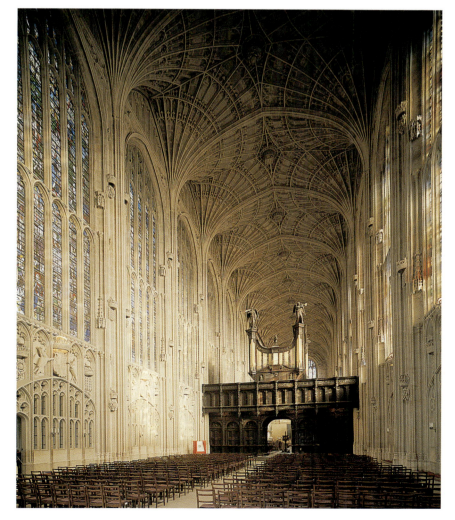

的な分類は、下記のとおりである。

● ノルマン様式

ロマネスク様式のイングランドでの呼び方。第3章で述べた中世初期の建築を指す。ノルマン様式には、1066年から1200年頃の建築が該当する。

● 初期イギリス式

この用語は、13世紀のゴシック建築を指す。リンカン大聖堂の大部分とウェルズ大聖堂が初期イギリス式となる。ソールズベリー大聖堂は、明確で完全な例である。尖頭アーチとヴォールトが、比較的単純な装飾的な細部とともに用いられる。

● 装飾式

14世紀の建築は、通例、この分類に該当する。エクセター大聖堂とリンカン大聖堂の身廊部がその例である。木の葉の曲線をもとに彫られた装飾が、主要な特徴である。

● 垂直式

15世紀のゴシック、すなわち、イングランドのゴシック建築の最終段階に対して用いられる用語である。窓の平行な縦割りとファン・ヴォールトの使用が、この時代の特徴である。ケンブリッジのキングズ・カレッジ・チャペル（5.21）、リンカン大聖堂の塔の最上部、ヨーク・ミンスターが例としてあげられる。

ヨーロッパの他の地域

建築のゴシック的手法は、フランスから各国へと広まったため、ゴシックのデザインは、ヨーロッパのほとんどすべての地域でみることができる。オランダのゴシック教会堂の内部は、冷淡さ、白い塗装の単純さ、大きな透明ガラス窓からの強い光によって特徴づけられる。ドイツでは、ケルン大聖堂（1270年開始）がフランスのゴシック建築に匹敵し、フランスの例に分類されるくらい酷似している。ウィーンのサン・ステファン教会は、広間型教会堂である。すなわち、身廊と側廊からなる内部空間の高さが等しく、そのため、トリフォリウムもクリアストーリーもない。トゥールネー大聖堂やハールレムのシント・バフォ教会といったロウ・カントリーズ（低地帯：現在のベルギーとオランダ）のゴシック教会堂は、白く塗られた身廊をもち、壮麗な絵画の題材となっている（5.22）。

スペインでは、レオン大聖堂（1252年開始）が、アミアン大聖堂の計画を暗示しており、他方、トレド大聖堂（1227年開始）とすばらしいクロイスターをもつバルセロナ大聖堂（1298年開始）は、パリのノートル・ダム大聖堂に近いように思える。スペインの大聖堂では、しばしば主祭壇の背後にある巨大で入念に彫刻されたリアドス（装飾壁）が、聖歌隊席と身廊を切り離す豊富に装飾が施された金属の格子（レジャ）とともに、室内の支配的な要素となる。セヴィリア大聖堂（1402-1519年）は、以前に同じ場所に建っていたモスクによって寸法が決定されたものだが、巨大で平坦な屋根が架かった身廊と、高さと幅がほぼ等しい幅広い二重の側廊をもち、広間型教会堂と非常によく似た室内空間をつくりだしている。緩やかな斜面となった側廊の屋根の上には、フライング・バットレスが架けられている。

イタリアのゴシックのデザインは、古代ローマの影響から、決して完全には逃れることはなかった。イタリアの実例では、ゴシックの尖頭アーチを全体的に用いることはめったになく、ロマネスクからほとんど直接的に、ゴシックの次の様式であるルネサンスへと、飛び越えていったように思える。ミラノ大聖堂（1390年開始）は、イタリアで最も大きく、最も一貫したゴシッ

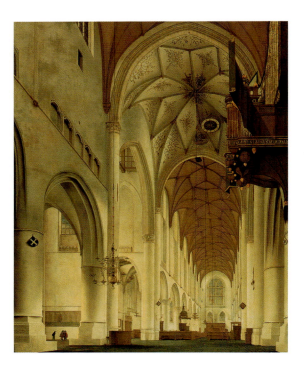

5.22 ハールレムのシント・バフォ教会内部、ピーテル・サーンレダム、1648年

この絵画は、中世オランダのゴシック教会堂の典型である透明ガラス窓からの涼しげな光にあふれる単純な白色壁面を示している。

5.23 シエナ大聖堂、イタリア、1245–1380年

イタリアの中世大聖堂は、建築上、保守的な傾向があり、通例、半円アーチが尖頭アーチよりも好まれた。その単純さを補うために、壮観な表面装飾が建築に取り入れられた。シエナ大聖堂では、室内外で白黒の縞模様となった大理石壁、胸像のフリーズ（ローマ法王の肖像）、色鮮やかなヴォールトなどが用いられている。

ク的な作品である。十字形平面をとり、中央の身廊の天井は高く、両側には二重の側廊をもつ。すべてが尖頭アーチで、内部も外部も装飾的な細部で満たされている。非常に豊富な装飾が、室内空間の質を圧倒する効果があり、ミラノ大聖堂を印象的にすると同時に、失望もさせている。シエナ大聖堂（5.23、1245–1380年）では、明暗の石を交互に配した縞模様の利用によって、室内に独特な印象を与えているが、構造技術はロマネスクのまま留まっている。西正面は、ミラノ大聖堂を特徴づけているのと同様である過度の飾り立てによって、過剰なゴシック装飾となっている。

フィレンツェ大聖堂（サンタ・マリア・デル・フィオーレ、1296–1462年）には、八角塔交差部へと導くゴシックの身廊があり、翼廊とチャンセルを形成する3つの半八角形が放射につく。これは長い身廊を十字形平面に切り替える集中式平面の建築を意図したものと思われる。ゴシックの建築業者には、交差部の八角形を完成させるための問題を解決する能力がなく、第6章で述べる偉大なドームを用いたルネサンスの設計が完結するまで、この建築は完成することがなかった。

ゴシックの世俗建築

ゴシック期の中世建築には、大聖堂以外にもさまざまな種類があった。多数の小規模教会堂が建てられ、それらの多くで、石造ヴォールトが用いられた。他方、多種におよぶ世俗建築では、類似の木造屋根となることもあった。タウン・ホール（市庁舎）、多彩な職人や商人たちのギルド・ホール、税関や各種の公共建築はすべて、国全域にわたり、ゴシック様式で建てられた。ウエストミンスター宮殿の現存遺構の一部であるロンドンのウエストミンスター・ホール（1397-1399年、5.24）には、ハンマー・ビームと呼ばれる一連の大トラスによる木造の小屋組が架けられた。ここでは、単に三角形のトラス構造で屋根を架けるより幅広いスパンを可能とするため、ゴシック・アーチはブラケットの上で支えられている。

中世後期には、ますます情勢が変化し、社会の複雑さが著しくなったため、特別な目的をもった建築が必要となった。病院は、修道院の施設の一部として発展し、病人や老人の世話をするための役割を担った。フランスのボーヌの病院（オテル・デュー、1443年頃）では、さまざまな機能を収容した2階建の一連の建物を中庭の三方に配し、4つ目の辺には、この施設の中心病棟でもあるゴシック様式の大ホールを配置し

5.24 ウエストミンスター・ホール、ヒュー・ハーランド、ロンドン、1397-1399年

世俗建築の1つであるこの大ホールは、旧ウエストミンスター宮殿の唯一の残存部である。この納屋のようなデザインは、ブラケットのようなハンマー・ビームと呼ばれる突出した部材からなる巨大な木造小屋組の一手法で、壮観さがつくりだされている。これは、おそらく、ヒュー・ハーランドという王室大工によって建てられた。小屋組と壁端部の間の窓は、垂直式のトレサリーで豊かに飾られている。

インサイト

中世建築の建設工事

1246年のクローズ・ロールには、イギリス王ヘンリー3世がさまざまな法廷の職員に対して発した、旧ウエストミンスター宮殿の建築工事が満足に仕上げられるように要求する、費用にまでおよぶ、一連の指示と嘆願の記録がある。

ロンドンのワードローブの私室は、……不当で不適切な場所に配置されたので、ひどく匂う。われわれは、あなたがわれわれに対して恩を受けている信頼と愛のもと、命令します。あなたは、ワードローブ内に、より適切でふさわしい場所を選び、他の私室をつくりなさい。たとえ、100ポンドかかるとしても、すばやく、注意深く、それをやり遂げなさい。[1]

クラレンドン・ハウスでは、未払いのうえ予算オーバーの工事の完成を要求するなど、その年の末には、国王は脅迫的で絶望的な雰囲気をもたらした。

ウィルトシャーのシェリフ（州長官）は、たとえ完成のための資金が調達できなくとも、彼が人生と家財を愛すると同様に、クラレンドンの女王の新しいチェンバー（部屋）建設に懸命に取り組み、聖霊降臨節までに完成させるようにと、命令された[2]。

1. Quoted in N. Lloyd, *History of the English House* (London, 1931), p. 32; 2. *Ibid*

中世後期　119

5.25 オテル・デュー、ボーヌ、ブルゴーニュ、フランス、1443年以降

ボーヌ修道院の大ホールは、病院の病棟として用いられた。両側面にある個室のようにカーテンで仕切られた区画には、ベッドが置かれていた。木造のバレル・ヴォールト屋根は、繋梁とキング・ポストを用い、外向きの力と垂直の荷重を制御している。木部の塗装と窓ガラスには彩色が用いられている。

ている。病棟は大規模で解放された中心空間であり、患者の個人用ベッドを置くためのカーテンで仕切られた個室で囲まれる（5.25）。これら患者の個室は壁まで達してなく、代わりにその後ろには、病院職員のための通路が設けられている。見舞客や患者の往来には、礼拝が行われる中央空間が用いられ、医者と職員は自身の作業領域の背後を動くことができるようになっており、しばしば混乱が生じる近代的な病院よりも、さまざまな点ですぐれた配置となっている。病棟の屋根は木造で、天井はヴォールトを形づくる曲面にされているが、屋根トラスの一部である繋梁と小屋束が露出している。この建築は、1948年まで当初の状態のまま使用され続けた。

カレッジや大学もこの時代に発展し、その図書館は、専用の部屋か建物に匹敵するくらい大規模になった。ダラム大聖堂の巨大な図書館とオックスフォードのセント・ジョンズ・カレッジの小規模な図書館（1555年）は、木造屋根が架けられ、図書館の特有の機能を果たす本棚とテーブルが備えられたホールの例である。カレッジを形成する建築群のなかで、最も巨大で、最も重要な空間は、精巧なファン・ヴォールトが架けられたケンブリッジのキングズ・カレッジ・チャペル（1446-1515年）のように、事実上は巨大な教会堂と同じようなチャペルと、晩餐会を行う際、すべての学生が集うことができるダイニング・ホール（晩餐ホール）であった。ダイニング・ホールは、城郭建築の主要な居住空間であった大ホールが巨大化したものである。オックスフォードのセント・ジョンズ・カレッジのダイニング・ホール（1555年）には、ゴシック様式のアーチ窓や戸口、オーク板がはめ込まれた羽目板、ハンマー・ビームが用いられた木造トラス屋根があった。

商業活動に関連した建築は、なかなか出現しなかった。職人のための店舗または物品販売をする商人のための店舗では、店主やその家族（しばしば何人かの従業員とともに）が住んでいた住宅の下階の部屋がそのまま残っている傾向がある。そのうち、特定の目的をもったより大きな空間が現れる。スペインのバレンシアでは、尖頭アーチのリブ・ヴォールトが架けられた巨大なゴシック・ホールが、生糸取引所（ロンハ・デ・ラ・セダ、1483-1498年）として用いられていた。リブは、彫刻が施された繰型（モールディング）として、円柱を螺旋状に回転しながら下へと向かう。マーケット・プレイス（市場）の空間に覆いをつくる目的で、木造屋根が架けられ、四方がアーチで解放されホールが、歴史があるヨーロッパの多数の町や都市に残っている。フランスのクレミューのマーケット・ホー

ルのすばらしい内部空間（5.26）は、その好例である。

城郭と宮殿

城郭は、中世を通して建てられ続けた。中世最末期には、火薬が発明されたため、巨大な城郭の多くは陳腐化した建築タイプとなってしまった。ゴシック期の城郭建築は、それ以前よりも精巧につくられ、より快適な居住棟をもつ。これら内部空間の多くは保存状態がよい。ウエールズのカーナーヴォン城やコンウェイ城（ともに1283年開始）などの巨大で印象的な城郭建築のいくつかは、内部は廃墟となっているが、他の多くは手つかずのままで残されている。シュロップシャーのストークセイの大ホール（1285-1305年）では、石造の壁、頂部にゴシック・アーチが設けられた窓、木造のトラス屋根などが残っている。サセックスのボーディアン城（1386-1389年）は、整然とした正方形平面で、直交する二軸に対して対称となっており、四隅とそれぞれの側部の中央に塔が配置されるなど、のちに一般化する規則的な平面計画法でつくられている。

イタリアでは、フィレンツェのパラッツォ・ヴェッキオ（1298-1314年）などの建築は、機能は新しいタウン・ホールであったが、中世初期の要塞や城郭の質を有していた。ヴェネツィアのカ・ドロ（1420年頃）では、トレサリーの装飾的な形態が、イタリアン・ゴシックの意匠の繊細さを示している。

中世後期のより安定した世情では、富や権力をもった人たちは、城郭建築に住まうことをやめ、たいていの場合、濠と跳ね橋はあるが、城壁と塔による念入りな防御はない巨大な住宅を好むようになった。イングランドには、このようなマナー・ハウス（荘園領主の館：封建払下げ地または荘園の領主が住んだため、こう呼ばれる）が多数、室内の保存状況がよく残っている。ホールは、城郭建築と同様に、主要な多目的空間のままであった。ホールの端部には、通例、木製の障壁で仕切られているスクリーンと呼ばれる玄関のような空間がある。これはまた、上部のバルコニー、すなわち、音楽隊や芸能人が演ずるミンストレルズ・ギャラリーを支え、厨房とパントリーにつながっている。ホールのもう一端は、一段高くなった壇またはデイスが家族や賓客のためのテーブルを隔離し、他の者たちは、ホールの中央の一時的に置かれたテーブルと椅子に腰かけた。壁を背にして設けられた暖炉は、熱源であった。シッティング・ルーム（居間）、寝室、チャペル（礼拝室）といった特定の目的をもった小さな部屋は、中庭のまわりに集められ、一見無計画のように思われるが、しばしば絵画のようにきわめて美しい集合体となった。ダービシャーのハドン・ホール（5.27）は、中世末以降、部分的に改修されてはいるものの、14世紀の大規模で美しいイングランドのマナー・ハウスの例である。ケントのペンズハー

5.26 マーケット・ホール、クレミュー、イゼール、フランス、1300年

建設当初から、この木造屋根は数度にわたって改築されてきたが、ここにはヨーロッパの多くの都市でマーケット・ホールを覆うために用いられた典型的な形態が残っている。中央部が両側よりも高くなった3つの平行な歩廊からなり、市の開催日に農夫や商人が店を開設するため、太陽と雨から保護する空間を提供している。

5.27 ハドン・ホール、ダービシャー、イングランド、14世紀

石造の壁とタイ・ビーム（繋梁）による木造切妻屋根と尖頭アーチの窓をもつこのバンケッティング・ホール（宴会ホール）は、荘園領主と家臣たちの集会空間であった。腰壁の木造の羽目板は、部屋の片端にまで達し、厨房へと導かれるサービス空間である「スクリーン」を形成する。スクリーンは、伝統的に余興の場であるギャラリーを支える。窓のニッチの腰掛、テーブル、チェスト（収納箱）は、中世家具の典型的な要素である。

5.28 聖母マリアの2人の息子の誕生、ロワゼ・リエデ、15世紀中葉、ベルギー王立図書館所蔵

この画家は、この時代の裕福な家庭の典型的な家具を描くことによって中世後期の一場面を設定した。

スト・プレイス（1341-1348年）には、特に美しく、よく保存された大ホールがある。小規模な例では、チェシャーのリトル・モートン・ホール（16世紀）があげられ、これは典型的なハーフ・ティンバーの手法で、外観も明白な太い材からなる木造軸組構法で建てられている。部屋と煙突の風変わりで混沌とした配置、濠と跳ね橋は、時代としては後となるが、概念上は中世である。

ランジェ城（1490年頃）やラ・ブレード城（1290年頃）などのフランスの城郭には、のちの改修で中世の様相が変えられているものの、状態のよい室内がある。フランスの城郭の中で最も印象的なものの1つであるピエールフォン城（1390年頃）は、ヴィオレ・ル・デュクの監督のもと、19世紀に全体的に"修復（復原）"されたので、その中世的特徴はほとんど完全に失われてしまった。しかし、エーグル城（13世紀）やシヨン城（9-13世紀）といったスイスの城は、当初の家具やわずかな細部が失われてしまっただけで、おおむね中世の状態のままである。城郭建築や塔の下階の多くの部屋は、ゴシックの手法で石造ヴォールトが架けられている。比較的大きな部屋には、通常、木造天井が架けられる。一般に、主要な部屋には大きな暖炉があり、ほとんどの場合、壁に窪みをつけるというよりは壁の外側に突き出し、暖炉を覆うフードがある。通常、窓は小さく、鉛留めされたガラスが嵌められ、内側には木製の雨戸（シャッター）がつく。窓の下や両側には、壁の厚みを利用して腰掛が設けられ、光のそばで、かつ太陽がもたらす暖かさのもとで、座ることができるようになっている。城郭建築では、重要な人物の居室には、たいてい暖かさとプライバシーを確保するために天蓋やカーテンを備えた精巧なベッドが置かれたが、それ以外のほとんどの家具は可動式であり、仮設的なものであった。中世の貴族の室内に関する最も詳細な情報は、図解入りの写本（マニュスクリプト）や書籍の挿絵から得ることができる。そのような書籍は、ほとんどの場合、名誉または愛の証として、富と権力をもつ者によって作成された。中世の画家は、正確な透視図に関する知識をもっていなかったので、ほとんどの場合、空間は写実的手法で描かれたが、家具、織物、家庭内の小さな道具は、色を使って詳細に示されている。

中世の室内の様子を伝える絵画は、ふたつの種類に分けられる。1つは、聖書または他の宗教的題材を描いているもので、それらでは、挿絵はその時代の画家にとって身近な設定におかれた。もう1つは、祝祭、晩餐会、結婚、戴冠式といった出来事を描いたものである。たとえば、画家のロワゼ・リエデ（1478年没）は、聖母マリアの2人の息子の誕生を中世の寝室で起こっ

5.29 メロードの祭壇画、ロベルト・カンピンと弟子たち、メトロポリタン美術館クロイスターズ・コレクション所蔵
Photograph ©1996 The Metropolitan Museum of Art

この場面は、中世後期の室内で行われていたことを表現している。聖母マリアは、揺れ動く椅子に座っている。足置きは、暖炉とは反対側にある。床はタイル張りで、天井は木構造が露出し、梁は石造のコーベル（持ち送り）の上にのる。窓は、枠に羊皮紙が貼られてつくられた。雨戸によって、光量と室温が調整できた。

たものとして描いており（5.28）、ここでは大きな暖炉があり、天蓋の付いたゴシック様式のベッドに母がいて、ゴシック様式のアーム・チェアがそばにあり、新生児のためのゴシック様式の揺籠がある。寝具、枕、シーツ、および毛布はすべて設定通りで、驚くほどその時代風にみえる色鮮やかな織物となっている。この画家はまた、優雅なタイル敷きのホールで行われた結婚披露宴を描き、ここでは音楽家がバルコニーでトランペットを演奏している。結婚の当事者である新郎新婦は主賓席に座り、来賓客は長い壁付椅子に座り、それぞれの腰掛は上質の亜麻布で覆われている。精巧なゴシック様式の食器棚には、皿とタンカード（大型のジョッキ）がある。数枚の皿が、使用人から参列客に渡され、今日、客がレセプション（宴席）で前菜をとるのと同様に、手で食べ物をとっているようにみえる。

ロベルト・カンピン（1375-1444年）と考えられているフレマールの巨匠は、中世後期の室内を舞台としたさまざまな宗教画を描いた。『メロードの祭壇画』の中央のパネルには、前面にファイアー・スクリーン（熱除け衝立）がある大きな暖炉が描かれている（5.29）。近くには、暖炉の方を向くか、反対側のテーブルのほうを向くかを選べるように、前後に動く背もたれがついた細長い木製の腰掛があり、これを利用する者は、そこのふっくらとしたクッションに腰掛けた。テーブルには、一本の白い蝋燭を立てる銀の燭台と花を活ける青と白の水差しがある。光は、上部に蝶番があり、滑車で動く紐を引くことによって、軸のまわりを回転して開く雨戸がついた窓から室内に注がれる。15世紀の彩飾写本では、画家が奇妙にも現代オフィスを彷彿とさせるL字形の作業台の一種で、小さな絵を描いている。女流画家は、樽づくりの技術でできた椅子に座っている。この椅子は、箍がはめられた木製の樽板でできており、円形の背もたれがある（5.30）。このような椅子は、中世末に発達し、実際に樽を切断したものから、のちに座面をもち、肘掛けと背もたれがついたものに改良されていった。画家の作業台は、実刔（さねは）ぎされた無垢の木板でつくられるか、または、幅狭の板で広い面ができるように、木の厚板のたわみや収縮の特徴を考慮し、まわりの枠に板が挿入されてつくられた。羽目板は、ときおり、ゴシック・アーチをモチーフにした形か、布を折

5.30 名高き婦人の彩飾写本、ジョヴァンニ・ボッカッチョ、フランス版、15世紀

15世紀の彩飾写本の中で、画家の姿は自画像として表現されている。画題は、ボッカッチョの『名高き婦人』の物語からとったものである。21世紀の視点では、現代オフィスの配置を想起させるだろうL字形の作業台を描いている点が興味深い。椅子は木製のタブ・チェアの一種で、樽づくりの技術に基づいている。

りたたんだようにみえる帯、いわゆるリネンフォールドに彫刻される。色は、通例、石造壁の天然灰色、天然木の茶または黄褐色、クッションやベッドを覆う染色された織物の鮮やかで輝いた赤色、緑色、青色などが用いられた。

中世住宅

画家によって描かれた絵画に登場する場面は、ほとんどが富と権力に基づいたものである。農夫や農奴といった庶民の生活空間は、単純かつ質素で、中世初期の貧困さえも反映する状態が続いていた。典型的な住宅は、一室のみか、せいぜい二室からなり、土間か板敷の床で、壁は石か木が剥き出しにされたままの状態で、おそらく、腰掛やテーブル、チェスト（収納箱）や壁付の食器棚といった最低限の家具があるくらいであった。ベッドは、特に寒い地域では、木でできた箱のような構造で、たいていの場合、非常に短く、寝る際にも体の一部は起きたままであったに違いない。炉床や暖炉は、料理用にも暖房用にも用いられた。蝋燭は、中世後期には一般化し、単純なものから、かなり洗練されたもの、携帯用のもの、テーブル上のもの、壁付用のものなど、さまざまな種類の燭台が発達した。

中世後期は、各種の商業、工芸も発達を遂げたので、作業場兼店舗と小売店舗の両方の店舗が町に出現した。絵画は、大工、機織などの職人の作業場や、パン屋、肉屋といった小売店舗の視覚的イメージを提供してくれる。店舗は、通例、道路に向かって正面を開き、商品のためのテーブルかカウンターがあり、作業空間や収納空間がその後方におかれた。これは、完全に実用的なもので、装飾は全くなかった。

中世後期には、裕福な商人があらわれ、かなり大規模で、かつ快適で洗練された家を所有し、そこに住んだ。このような住宅が、徐々に町や都市につくられていった。実質的に輸送手段が存在しなかったこの時代には、広々とした田園地帯で生活することは、決して安全でなく、また、便利でもなかった。馬を所有できたのは貴族だけであり、道路はひどく、どのような場合でも、往来は問題となった。ヨーロッパの町や都市には、中世末の裕福な自由都市市民の住宅が多数残っている。中規模の例は、クリュニーの住宅（p.68参照）のようなものであった。より洗練された住宅は、小規模な宮殿に近かった。たとえば、フランスの大聖堂がある町のブールジュに残る14世紀の銀行家の住宅であったジャック・クェール邸（5.31、5.32）は、実質上、都市内の城郭建築である。この建築は、中庭のまわりに建てられた多層階の建築棟の集合で、絵画的混沌さを醸し出す階段塔、アーケードになったギャラリー、切妻屋根、ドーマー窓がある。室内は、入念に彫刻が施された戸口と暖炉のマントルピース、色彩豊かに塗装された木造屋根で満たされている。タペストリーは、主要室に、暖かさと色彩と豊かさを与えていると思われる。

腰掛には、簡素なスツール（背もたれと肘掛けがない椅子）、もっと発達した椅子（5.33）、精巧に板がはめ込まれた（しばしば彫刻が施された）大聖堂の司教座（5.34）などがあったと考えられる。初期の城郭建築のホールで用いられた架台に乗った単純な板（または、トレッスル・テーブル）は、ゴシック様式のサイド・テーブル（壁付テーブル）に取って代わられたと考えられる（5.35）。タペストリーの製造技術が発展し、ある場面を描き、物語を伝える視覚的画像としての目的に加え（5.36）、貴族の室内に暖かさと快適さを与えるための壁を覆う素材となった。

居住性の革新

中世末に向かい、城郭建築やマナー・ハウスを占拠していた封建的貴族一家や裕福な商人家族は、室内の快適さを改良する方法を模索していた。木材を広大な森林から容易に入手でき、建材とできる地域では、石や漆喰の冷たい表面を木の羽目板で覆ったリビング・ルーム（居間）が一般的となった。木材は、床や天井の一般的な材料であるとともに、大空間（オープン・スペース）に天井を架ける際の石造ヴォールト天井の唯一の代替手段であったので、ほとんどすべての場所で用いられた。羽目板壁は、（たとえば、紋章等の）装飾的な細部が、ときおり、華やかな色で塗られる場合を除き、通例は、全体的に木材が並べられ、天然の茶色のままの室内

5.31 ジャック・クェール邸、ブールジュ、フランス、1443年頃

この豪商の邸宅は、まるで小規模な宮殿であり、ホールや主要生活階の主な居室は、上部に炉棚がついた入念に彫刻が施された暖炉で飾られている。壁の上方には高度に装飾されたコーニス（軒蛇腹）の繰型があり、木製の板でつくられた個々の戸板が、精巧に彫刻が施された枠の中に組み込まれている。天井は、木造の梁が露出した単純な構造である。小さな窓の間には、王室の紋章がある。

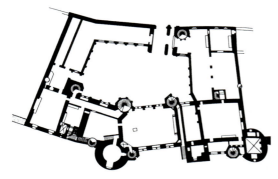

5.32 ジャック・クェール邸平面図

この住宅の平面は、中世の設計に典型的な不規則な平面計画を示している。階段は、曲がりくねっているが、それは装飾的というよりむしろ実用的な目的からである。

5.33（左）ゴシック様式の椅子、15世紀末

下部に収納箱がついた典型的なゴシック様式の椅子は、ひじ掛けをつけ、背もたれ加えることで完成した。薄い木製の板を支える太い束と横木には、堅木が用いられている。

5.34（右）ゴシック様式の司教座（スロウン・チェアー）、15世紀

この精巧に彫刻が施された椅子には、教会堂か大聖堂で儀式用の椅子として用いられていたことを示す細部がある。

5.35 トレッスル・テーブル、イングランド、1500年

このオーク製のトレッスル・テーブル（架台式テーブル）は、主として中世後期の城郭またはマナー・ハウスで用いられたと考えられる種類のものである。これは、以前、ダラム大聖堂の小修道院の厨房で用いられていた例である。

をつくりだした。南ドイツのチロル地方には、木の羽目板でできた部屋がある小規模な城郭建築や裕福な自治市民の住宅や旅籠（イン）が多数あった。これらの部屋には、ほとんどの場合、つくり付けの腰掛、飾り戸棚（キャビネット）、洗面台など、必要な家具がほぼ完全に備え付けられており、ベッド、テーブル、おそらくわずかなスツールといった可動式の家具以外には何も必要なかった。ドイツでは、熱源としてストーブが発達し、凝った装飾が施されたタイル製ストーブが導入された。これらは、それ自体がほとんど小さな建物であり、すべての主要な部屋の隅部付近に設置された。

　木板の幅は木の幹の大きさによって限定されるため、壁全体の表面を覆う羽目板には、必然的に板張の床のように、多数の木板を利用しなければならない。床は、機能上、平坦でなければならないが、壁の羽目板では、板の継ぎ目を覆うために繰型の縞を利用することも、それぞれの板のまわりで枠をつくる繰型によって多数の個々の部材を継ぎ合わせることもできる。細部に彫刻が施された羽目板の表面と繰型の緻密さは、ゴシック住宅の所有者の富と嗜好を誇示するための格好の手段となった。装飾の詳細は、簡素で、幾何学的であったかもしれない。または、尖頭アーチの形態や、葉や花を基にした細

5.36 「視覚」、『貴婦人と一角獣』より、15世紀末、中世美術館（パリ、フランス）所蔵

この有名なタペストリーは、パリで下絵が描かれたもので、ブリュッセルで織られた絵画上の解題に基づいている。それぞれの解題は、特定の感覚、この場合「視覚」の神話を引用している。背景を形成する伝統的なミルフルール（千花）模様に注意を払っていただきたい。

部の彫刻を主題とするゴシック様式の石造建築の語彙（ヴォキャブラリー）を利用したのかもしれない。木彫は、ドイツ、スイス、イングランドのいくつかの地方で、高度な工芸と芸術に発達していった。垂直式ゴシックの室内には、平行か垂直にリネンフォールドの意匠に彫刻された板がはめ込まれた腰羽目や、全体的に表面を覆った羽目板壁などがあった。重要な箇所には浅浮き彫り（バス・リリーフ）が用いられ、しばしば、動物や植物や紋章の盾から主題が選ばれた。

セラー（地下貯蔵庫）、厨房、パントリー（食品庫）、厩舎といった中世建築のユーティリティ空間は、通例、厳密な機能的手法で設計されたが、ほとんどの場合、その後の一連の近代化によって、もともとの性質が失われてしまった。ハンプトン・コート宮殿のキングズ・ニュー・キッチン（5.37、王の新厨房、1520年）は、ヘンリー8世の治世下に建てられた。それは長さ100フィート（30.5メートル）、高さ40フィート（12.2メートル）の大きな一室で、幅18フィート（5.5メートル）、高さ7フィート（2.1メートル）の3つの巨大な暖炉がある。また、調理用オーブンや、直火焼きや煮焚き用の鍋をつかむさまざまな道具もみられる。床は石敷きで、壁は剥き出しのままだが、壁の高い位置に窓が設けられ、天井は尖頭アーチとなっている。もっと質素な住宅では、調理は住宅の主要な熱源でもあった暖炉で行われた。厨房をつくることはきわめて重要視され、しばしば建物唯一の個室となった。

ロマネスク、ゴシック、それに続く建築作品と区別するアーチ、ヴォールト、装飾は、簡素な町屋や農家のコッテジでは用いられず、そのため、何世紀もの間、ほとんど変化がなかった。事実、こういった住宅は、中世と変わらず、近代に至るまで建てられ続けた。窓は、寒冷気候では隙間風のもととなり、南の地域では太陽の光が多すぎることが原因で、ともに望まれないなど、常に歓迎されたわけではなかったが、窓

5.37 ハンプトン・コート・パレス、ロンドン、1520年頃以降

ヘンリー８世による宮殿の厨房は、採光と換気のためのクリアストーリーをもつ、きわめて機能的な空間であった。巨大な暖炉は、宮殿の大人数のためのすべての食料を煮焚きするために用いられた。床は石造で、壁は水漆喰で仕上げられている。巨大で、荒削りにつくられた木製のテーブルは、主要な作業のための台で、毎日、使用されるだろう調理道具をみることができる。

の大きさや数が徐々に増加したことは、ガラスが比較的入手しやすくなり、また、低価格となったことが原因していると指摘されている。イングランドやオランダの一部地域では、窓が南に面していれば、冬の寒さを埋め合わせるくらい多くの日光と熱を導くだろうと理解していたように思われる。木製の雨戸は、夜間、窓を覆うのに役立った。ハーフ・ティンバー（木造軸組）建築の木の枠組には、レンガ、石、漆喰（プラスター）、粗石（ラブル）といったさまざまな材料が充填され、堅固な壁が形成された。窓は、採光が必要な場所での現実的な選択肢であった。中世の技術でつくることができたガラスの大きさには限界があり、鉛の加工技術は、多数のガラスの小片から大きな窓をつくる際に必要とされた。多層階の住宅は、壁で囲まれ、土地利用が節約される町中で建てられ続けた。木造建築の場合、上階をしばしば道路側に張り出させ、建物の床面積を増大させた。上階を張り出させる習慣は、村や田園地域にももたらされた。ハーフ・ティンバー建築の軸組の筋交は、しばしば、根太天井、鉛留めされた窓、他の構造材とともに室内に露出し、これが中世の室内の特徴的な要素になった。

中世の思想とデザインは、デザインにおける新たな思想や新形態が表面化して以来、ヨーロッパで数百年にわたって存在し続けたが、中世への関心は、基本的方法で近代とは根本的に異なっている西洋の歴史の最終期としての見識を基礎としていた。時代の定義において、「中世」という用語は、古典古代文明と近代社会との間を意味する点で重要である。古代ギリシャ・ローマでは、たとえ現在、形態がまさに古代的にみえても、文学、哲学、本質や人間性に関する徹底した好奇心が受け入れられた。神と女神が、高度に組織化された人間社会の中で、中心的な位置を占めた。中世には、これら古典的な伝統は、アナーキー（無秩序）とカオス（混沌）の力に対抗し、徐々に増大する成功とともに、信念と神話的苦闘による他の世界観に道を譲った。14世紀末以降、新しい世界観が出現し始め、ここで、人類の考えおよび努力が、人類の状況を改善するのに価値ある手段としてみられるようになった。

第6章

イタリアにおけるルネサンス

6.1 前室と階段、ラウレンツィアーナ図書館、ミケランジェロ、フィレンツェ、1523年以降

閲覧室に続く小さな四角い前室の壁の窪みに押し込まれた半円柱、独特なペディメントと枠で囲まれた偽の窓、大きく広がる階段そのものなどが、古典主義に新しく印象的な語彙をもたらすマニエリスムの動きを証言している。

多くの点で近代西洋世界の始まりはルネサンスにあるといえる。ルネサンスという言葉で表されるのは、紀元前5000年頃に史上最初の文明が現れたときに起きた変化と同じくらい大きな変化を人類の経験にもたらし、中世的な思考方法を徐々に脇に押しやってしまった種々の発展の総体である。そうした変化がなぜ起こり、いつどこで起こったのか正確にいうことはできない。ただはっきりしているのは、イタリア、特にフィレンツェにおいて、1400年頃に、中世的な思考にかわって美術、建築、インテリアデザインその他人間生活にかかわる多くの側面に変化をもたらす理念が登場したということである。ルネサンス期のヨーロッパでは、権力者や富裕層の生活の場および彼らが管理していた教会や政府の施設などで目立つようになる一連のデザイン様式が存在した。富裕でもなく権力ももたない大部分の人々にとっては様式上の変化など重要ではなく、中世の居住方式はそのまま存続し、本質的ではなく表面的で小さな変化だけがそこに付け加わった。

ヒューマニズムの隆盛

1400年までに、都市国家フィレンツェは、共和制という安定した政治形態を確立し、商取引や銀行業の発展を通して莫大な富を蓄え（これらは高利貸しという「罪」を禁じた中世的な意識の低下にもとづく）、楽観主義と力という一種の連帯感を共同体全体で保持していた。進歩発展と拡大への欲求は物質的な世界への探求およびイタリア中に目にみえる痕跡を多く残した中世以前の文明に対する好奇心へと結びついた。その痕跡とは、古代ローマの廃墟をさすだけではなく、修道院の書庫に保管されていたギリシャ・ローマの手稿の数々のことでもあった。フィレンツェに始まるルネサンス的な自信や楽観主義や好奇心は、ミラノやローマ、そしてイタリアの他の都市へと広がり、また世紀を超えてヨーロッパのあらゆる地域へと広まったのである。

ヒューマニズム［イタリア語ではウマネージモ／人間主義、人文主義］という言葉には個人の尊厳を重視したルネサンス的思考が表されている。個々の人間には、学び、発見し、成し遂げる能力が秘められているという考えが醸成されたのである。中世の世界観では個人の好奇心や想像力は奨励されるべきものではなく、天上からの報奨こそ地上で得られる何ものにもまさると教えられた。聖人とは奇跡や殉教によって聖者と認定された者であり、また封建君主や騎士たちですら読み書きを学ぶことはまれであった。ルネサンスのヒューマニズムは宗教的な価値を否定はせず、むしろ教会の教えとの均衡関係を保ちながら、人間の努力の可能性を信じることによってその価値を高めようとした。興味深いのは、中世の美術作品や建築作品に個人の名前を結びつけることはほとんどできないということに気づくことである。大聖堂は人間によって設計され建てられたのに、知られている名前はほとんどなく、作品と名前を結びつける記録も乏しい。反対に、ルネサンス美術の歴史は名前の羅列からなり、その多くは目立った個性をもつ人物の名として知られている。彼らは伝記の題材となるような、その時代の有名人であった。ブルネレスキ、ミケランジェロ、レオナルドらは、ガリレオやコペルニクスやコロンブスと同様に、その業績が普遍的にといってよいほど広く知られたルネサンス人である。書く能

力、個人の業績を文書で記録すること、そして書かれたテキストを広める印刷術の発達、これらすべてが個人というものの意味を高めるのに欠かせない要因となった。

中世的思考においては因果関係をまともに信ずるということはなかった。中世的な見方では超自然的な力が事件を引き起こしたのであり、人間がその理由を問いただすことは信仰の欠如とみなされた。奇跡は起こりうるものであり、真実はみえる形で露呈されるものとされたが、最も基本的な現実の知識は欠けていることが多かった。地球は誰がみても平らにしかみえないので平らだとされ、遠くに航海し過ぎた船がしばしば戻らないのは、世界の果ての崖から落ちたからだとされた。ヒューマニズムの発展によって育まれたのは、明白なことも疑ってみることは可能であり、不可思議なことも調査や発見を通してさほど不思議ではなくなる可能性があるという考えであった。人間の身体ですら、その構造と機能の秘密を知るために研究されうるものとなったのである（6.2）。実験によって原因と結果の関係を明示することができ、正確にそれを定義しうるという考えは、近代科学が確立されるための立脚点となった。それは印刷術によって新しく入手可能となった書物を通して展開され知られるようになったルネサンスの基本理念なのである。

ルネサンス人の歴史への関心

科学的な好奇心と並行して、その発展を助け、また助けられるようにして、歴史に対する好奇心が新たに浮上した。ルネサンスの歴史への熱狂は恐らく最もよく知られた側面であり、ルネサンスという名称そのもの——文字通りには「再生」、すなわち長く忘れられていた古代の知恵やわざの「再生」を意味する——を正当化する側面である。古代ギリシャやローマでは、重要人物たちが演劇、詩、哲学、数学などの分野において自身の達成を言葉で書き残し、さまざまな見解の発展を促すという伝統、すなわち強固なヒューマニズムの潮流が存在した。ギリシャ人たちは中世の最も学識高い錬金術師より多くの科学的知識をもっていた。プラトン、アルキメデス、ユークリッドらはルネサンスで再発見され、またウィトルウィウスはローマの遺跡や、イタリアではよくみられることだが後世の建造物の中に取り込まれたその断片について、解明する手がかりを与えてくれる権威となった。個々の思考や実験を通しての学問は、歴史から学ぶことによって増強されたのである。

近代的な思考への道を開いた運動が刺激を求めて歴史へと向かったことは逆説的にみえるかもしれないが、ルネサンスの歴史への関心は後戻りすることを目指したものではなかった。それはむしろ、古代人たちが何を知っていたかを学ぼうとする新しい好奇心の別の形の表れであった。目標は過去に人類が達成した最良のものを踏み台として前に進むことであり、さらに進歩した未来へと突き進むことなのであった。芸術においては、古代の要素がどのように崇拝され用いられたかを観察することは容易だが、ルネサンスのデザインはローマ人の仕事を単に再現しようとする試みであったと考えるのは間違いである。ルネサンスの作品は、後のリヴァイヴァリズムや折衷主義の作品のような狭い意味での模倣では決してなかった。古代の先例をコピーしたようなルネサンスの建物は存在せず、ローマ時代あるいはギリシャ時代のもののようにみえる絵画や彫刻も存在しない。細部の模倣はありえたし、主題の再発見もあったが、ルネサンス人は常に古代の古典主義の研究で得た知識から新たに総合的な物を生み出していたのである。

ルネサンス様式の諸要素

権力者や富裕な市民層の住居はもはや要塞化された城のようである必要はなかった。かわって発達したのが、都市の中のパラッツォ［＝パレス、邸館建築］や田園のヴィラで、住居にふさわしい快適さや美を提供するものとなった。都市の典型的なパラッツォは3階ないし4階建ての高さをもつようになる。地上階はエントランス・スペースやサービス部分、厩舎、倉庫などにあてられた。その上の階——ピアノ・ノビレ［高貴な階］と呼ばれた主要階——には社交のための大きくて豊かに装飾された広間がつくられた。しばしば、空間的な余裕がある場合に

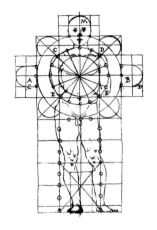

6.2 素描、フランチェスコ・ディ・ジョルジョ、16世紀

ルネサンスの人文主義者で建築家であったフランチェスコ・ディ・ジョルジョ（1439-1502年）は、人体を正方形のグリッドの中に置き、さらにそれを身廊、袖廊、内陣、礼拝室からなる理想的な教会の平面形に発展させた。

は、館の主の家族たちのための寝室も続き部屋形式でこの同じ階に配置された。私的な続き部屋にはたいてい寝室のほかに私的目的以外にも使われる「ストゥーディオ」という名の部屋が含まれていたが、それは書斎、オフィス、作業室、あるいは私的な話をする部屋として用いられた。戸棚のようなつくり付けの小部屋は現代の浴室にあたるスペースで、水は噴水あるいは井戸からもってこられた。多くの家では下の階に井戸があり、建物を貫く縦シャフトに連携し、水はその中に吊るしたバケツやその他の容器で上に運ぶことができた。ピアノ・ノビレの上の階も同じプランのことが多く、同じような生活空間や寝室からなっていたが、天井高はピアノ・ノビレよりも低くつくられた。さらに上の階では天井高はもっと低くなり、部屋の用途はより自由につくられていたが、この階には使用人たちの生活空間と寝室が置かれた。階段は、中世には螺旋階段か狭い隙間のような空間につくられたものが普通であったが、今や幅が広くまっすぐな階段が途中の広い踊り場で反対方向に折れ曲がるといった形の、家の中でも主要な目立つ要素へと変貌した。副次的な階段が、直線型であれ螺旋型であれ、人目につかない場所につくられることも多かった。田園のヴィッラではより拡張型の平面計画が可能なので、2層だけか3層のものが多かったが、階ごとの部屋割りは都市の館と同じ形式——サービス空間は地上階だけ、主要な部屋はその上の階、そして使用人のための空間は最上階あるいは屋寝裏——が普及していた。

ルネサンス期のインテリアのスタイルは、新しく興った古典古代の先例への傾倒に強く影響を受けている。シンメトリーは最重要の関心事であり、繰形やまわり縁といった細部にも古代ローマの実例からの引用がなされた。総じて、壁は平滑かつ簡素で、中間色に塗られるか壁紙を思わせる文様が描かれることが多かった。贅を尽くしたインテリアにおいては、壁面にはフレスコによる壁画が一面に描かれることがよくあった。天井は木の梁を並べた形式、あるいは細部にこだわったインテリアでは格天井につくられることが多かった。天井の梁や格間の木部はしばしば豊かな色彩で装飾された。床にはレンガ、タイル、大理石などが格子模様あるいはもっと複雑な幾何学模様を描くように貼られた。暖炉は唯一の熱源であったが、周囲の部分が装飾され、彫刻できわめて精緻に飾られる場合もあった。ひだのある掛け布とかその他の室内装飾品も色彩豊かであったらしいことが、同時代の絵画などからみてとれる。

家具は中世よりルネサンス期になるとより広く使われるようになったが、それでも現代の標準からすればきわめて限られたものであった。クッションは椅子やベンチの上で使われ、ここにも強い色彩をもたらすことができた。寝台は、台座の上に載せられ、彫刻を施したヘッドボードやフットボードを伴い、天蓋やカーテンを支える四本柱などを備えた巨大な構造物にもなりえた。彫刻、象眼、寄木細工なども家主の財力や趣味に応じて導入された。

ルネサンスの教会のインテリアは壁やヴォールト天井に石を用いており、色彩は抑制されていたが、古代ローマの作例から引用した建築的細部によって豊かな装飾が精巧に施されていることが多かった。窓に嵌められたステンドグラスは、限られた色の簡素なガラスに道を譲った。絵画は宗教的なテーマを描いた祭壇画、三連祭壇画、イーゼル画などの形で広く用いられた。こうした美術作品はたいてい裕福な寄進者によって提供されたもので、ときに寄進者たちの姿が彼らの後援した絵画の中に描かれていることもある。ルネサンスのインテリアは、住宅であれ宗教施設であれ、いずれも相対的に簡素なものからより技巧をこらしたものへと、財力が増大し古典古代の知識がさらに広く普及するのにつれて変化する傾向をみせた。

ルネサンスの複雑な展開を整理しようと試みる中で、歴史家たちは3つの主要な段階に分けられると認定するにいたった。古い歴史観の多くはこれらの時期を、ためらいがちな開始の時期、勝ち誇るような成功に満ちた「絶頂期」、それに続く衰退と頽廃の時期、というパターンを形成した3期とみなしている。より新しい歴史観でも3段階の時期の存在は認めているが、それらは異なる性格からなり、多かれ少なかれ同等の価値をもつ時期であったとみなされる。すなわち冒険的な実験から始まり、発展し均衡のとれた達成の時期を経て、大きな自由と精妙さを獲得した最終章へと至る進展の過程であった

と考えられるようになったのである。

初期ルネサンス

14世紀後半に建てられたフィレンツェのパラッツォ・ダヴァンツァーティ（6.3）は、中世の思考法が新しい時代に向けて変化しつつあった過渡的な時期に存在した都市住宅の中でも美しいままに保存された一例である。建物は中世都市に典型的にみられるような狭く不整形でいくぶん歪んだ敷地に建っている。地上階はエントランスのロッジア（開廊）が街路に面して開き、種々の店舗に使われたと思われる。中央の中庭は上の3階分を占める住居スペースへと導く階段に通じている。住居部分は広くて非常に豪華ではあったが、平面計画的には中世の城の場合と同じように不整形で混乱している。外観的には建物は対称的で秩序があり、部屋の多くは文様をなすように貼られたタイルの床、装飾を施した木製の梁からなる天井、豊かな彫刻装飾がなされた暖炉など、見事な細部を有している。古典古代からの新しい知見を示す証拠は、天井の梁を支える持ち送りや繰形など小さな細部にみいだすことができる。しかし鉛でつないだ窓ガラスやタペストリーのような図柄の描かれた壁画などは依然として中世由来のやり方にみえる。現在の状態でみても（建物は現在ミュージアム）、部屋はどれも簡素で、全く素のままであり、わずかに置かれた頑丈な家具を通して、豪奢と謹厳を見事なバランスで備えた品格という美意識が確立されていることをさりげなく示している。このような建物に入ると、中世が新しい何かに道を譲っていった感覚をつかみとることができる。

ブルネレスキ

イタリアにおけるルネサンスの第一段階あるいは「初期」の様相は1400年頃には明瞭に認識されうるようになり、大雑把にいえば、15世紀がすっぽりその時期にあてはまる。名前のよく知られている最初の重要人物はフィリッポ・ブルネレスキ（1377-1446年）であった。彼はフィレンツェ出身で、金細工職人としての訓練を受け、やがて彫刻家、幾何学者、建築家となり、さらに今ならエンジニアとでも呼ぶような職域まで手がけ、多方面に秀でた「ルネサンス的人間」の一例かつプロトタイプとなった。彼は5年にわたってローマに滞在し、古代の建築作品の廃墟や生き残った建物などを直接研究することができた。フィレンツェに戻った彼は、巨大

6.3 パラッツォ・ダヴァンツァーティ、フィレンツェ、1390年代

パラッツォの中の寝室は美しく保存されてきた。床にはタイルが敷き詰められ、木製の梁がみえる天井には装飾的な文様が描かれている。家具はベッド、揺りかご、物入れ2つ、椅子2脚だけの最小限しか置かれていないが、壁の下のほうの表面には繰り返し文様、フリーズより上方にはアーケード（アーチの列）のパターンがフレスコ画で描かれている。強烈な赤い色調が全体に暖かみのある効果をもたらしている。鎧戸のついた窓と隅の暖炉によってこの部屋の機能的な装備も達成されている。

イタリアにおけるルネサンス　133

6.4 フィレンツェ大聖堂、フィリッポ・ブルネレスキ、1418年

巨大なサイズと高さのドームは外側に突き出すバットレスなしに建設され、驚異的な偉業を示している。

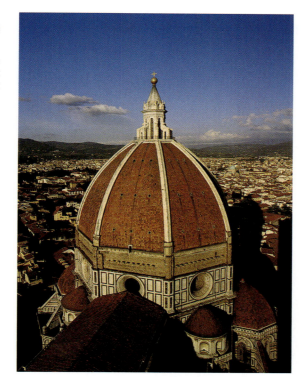

6.5 ブルネレスキのドーム、不等角投影断面図

巧妙なリブのシステムによって仮枠なしにドームを建設することが可能となった。張力環として働く各種の鎖は図には示されていないが、その位置は基部と2段上のレベルであった可能性が強い。

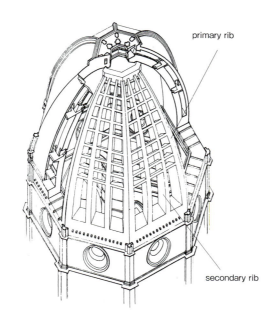

の建造には費用のかかる足場を組む必要があり、それ自体が大掛かりな土木工事であった）。ブルネレスキは自分が使おうとしている技法について詳細を明らかにはしなかったが、最終的にこの計画を請け負うことになり、今もフィレンツェのスカイラインの上にドラマティックなランドマークとして存在し続ける大ドームの建設を、1418年以降、進展させることとなった（6.4、6.5）。

ブルネレスキのドームは形態としてはローマ的ではなく、上に尖った形はゴシック大聖堂によくなじみ、中世のヴォールト架構を思わせるものであったが、外側にバットレスを設けない構造の実現にはいく種もの独創的な技術的工夫が隠されていた。八角形のドームの稜線ごとに石材のリブが設けられ、さらに屋根パネルの各面ごとに2本ずつの副リブが加えられたが、それらのリブはすべて外側の屋根面と堂内からみえる内側表面との間に隠された。二重殻の間の空隙は工事中には作業空間として使われた。この隠されたゾーンにはドームを取り巻く石と鉄と木からなる大型の鎖が何本も内蔵され、ドーム構造を外側へ押し広げようとする推力に抵抗する「テンション・リング（張力環）」としてリブをつないでいる。ドームの頂部にはオクルス（眼）と呼ばれる穴があり、ランタン（明かりとり）へと開いている。ランタンは、事実上それ自体が小さな建造物であるが、ブルネレスキの死後に至るまで完成されなかったものの、彼のデザインに従っており、ドームのうちでは外側も内側も明白に古典的な細部をもつ唯一の部分である。

この大ドーム（それが大聖堂にドゥオーモという非公式の名前を与えた［訳注：というのは間違いで、ドームdomeもドゥオーモduomoもともにラテン語のドムスdomus（家）を語源とする。イタリア語で大聖堂をドゥオーモと呼ぶようになったのはドムス・デイ（神の家）が変化した結果］）は、ブルネレスキの最も目につく仕事ではあるが、他の作品のほうがより徹底して彼のインテリアへのアプローチのしかたを示している。フィレンツェのサン・ロレンツォ聖堂（6.6、1420年頃着工）とサント・スピーリト教会（1435年着工）においてブルネレスキに、袖廊・内陣・身廊・側廊からなる典型的なゴシ

な八角形の交差部に一時しのぎの屋根を掛けただけのゴシックの大聖堂をどのような方法で完成させるかという議論に引き込まれた。中世の建造者たちが建物の最も重要な部分をどのように完成させるかについて何の考えもなしに設計することができたなどとは想像しがたいが、そうした即興的な工事の進め方は中世の現場では珍しいことではなかった。ブルネレスキは巨大なドームのデザインを提案したが、それは外側に突き出すバットレスもなく、また木造の仮枠を建造する必要もないという案であった（仮枠

6.6 サン・ロレンツォ聖堂の身廊、フィリッポ・ブルネレスキ、フィレンツェ、1421–1428年

教会はバシリカ型の平面で、天井の高い身廊とヴォールトの架かる側廊からなる。コリント式の円柱の上には古典的なエンタブラチュアの小さな破片のような迫元石が載り、その上に半円形の（すなわちローマ的な）アーチが載っている。アーチの上のクリアストーリーからは光が入り、屋根を支える木造の小屋組は格天井で隠されている。袖廊（ここではみえない）は最小の長さであっても存在し、文字通りの十字形プランを形成している。

ックの十字形プランを新しいルネサンスの古典主義言語に適合するように練り直した。どちらの教会の平面も正方形の厳格な幾何学的グリッドにのるように計画され、それが立面も含めたデザイン全体に対するモジュールにもなっている。どちらの教会でも身廊の両側のアーケードはローマ的な半円アーチの列からなり、側廊のヴォールト天井はコリント式の柱で支えられている。古代ローマ人はアーチを独立円柱で支えるということはしなかったが、それは推測するに、構造的にも視覚的にも脆弱すぎると考えたからであろう。ギリシャ建築でもローマ建築でも、円柱列は常に連続的な帯状のエンタブラチュアを支えるもので、それが古典主義のオーダー（柱式）の基本的特質であった。ブルネレスキのデザインでは柱の上にエンタブラチュアの破片のような四角いブロックが載り、これは迫元石（アーチの起点の石）あるいは副柱頭などと呼ばれることもある。副柱頭を用いることは初期キリスト教やビザンティンの建築では珍しいことではなかったが、ルネサンスにおける使用はローマ時代の用法が十分に理解される以前の初期段階にのみみられる典型的な事象であった。

サン・ロレンツォ聖堂の中でブルネレスキが最も早く手がけたのは小さな礼拝堂のような聖具室であった（これは、ミケランジェロが後に手がけ、今では通常メディチ家礼拝堂と呼ばれるようになった新聖具室と区別するため、旧聖具室として知られる）。これは正方形の部屋で、天井は四隅のペンデンティヴ（球面逆三角形）の上からドームが立ち上がる形であり、やはり正方形の空間にペンデンティヴ・ドームがのる小さな内陣部分（スカルセッラ（銭袋）と呼ばれている）が連結している（6.7）。この部屋のインテリアはコリント式オーダーをピラスター（付け柱）とエンタブラチュアの形で用いて縁取りされている。室内の隅部にピラスターを用いる際に生じる問題は、単純にピラスターの幅を切り詰め折り曲げて内角に沿わせるという奇妙な初期ルネサンスの手法によって処理されている。ドームの基部には、壁面に4つ、ペンデン

6.7（左）旧聖具室、サン・ロレンツォ聖堂、フィリッポ・ブルネレスキ、フィレンツェ、1421-1425年頃

正方形でドームの架かる礼拝室には小さな「スカルセッラ」と呼ばれる祭壇の張り出しがある。元々の色彩はグレーと白に限られていたようだが、1430年代にドナテッロがドアをデザインし、青と白の浅浮き彫りのパネルを含め周囲に種々の色彩を取り入れたことによって変更がなされた。ドアはパンテオンのドアのように、実際に古代ローマで使われていたものの正確な複製である。中央の聖体拝受用具のためのテーブルは、床に埋め込まれたジョヴァンニ・ディ・ビッチ・デ・メディチとその妻の墓の上に置かれている。

6.8（右）パッツィ家礼拝堂、サンタ・クローチェ修道院、フィリッポ・ブルネレスキ（？）、フィレンツェ、1429-1461年

ドームの架かる礼拝堂は、一見した印象より実際には大きい（内陣部の右側のごく小さくしかみえないドアに注意）。建築部分に色彩があるとすれば、緑がかったグレーの大理石と壁に塗られた暖かい色調の漆喰の色だけである。青と白の浅浮き彫りの円盤はルーカ・デッラ・ロッビアによる。

ティヴに4つ、あわせて8つの円盤装飾が配されている。この空間はローマ時代のどんなものにも似ていないとはいえ、正方形や円形の要素を整然と取り込んでいる点で、これ以前のゴシック・デザインのどれとも異なる古典的な雰囲気を強烈に感じさせる。

フィレンツェのサンタ・クローチェ教会の中庭にある小さなパッツィ家礼拝堂（6.8、1429-1461年）は、通常ブルネレスキの作とされるが、彼がその設計段階でどの程度の役割を果たしたかは不確かである。完成されたのはブルネレスキの死後であったが、デザイン的にはサン・ロレンツォ聖堂の旧聖具室と緊密な関連がみられる。これは、シンメトリーや古代ローマ的な要素を用いている点で、またある種の繊細さや実験段階的なためらいがちの性質などもみられることから、初期ルネサンスの原型的な作品であるとみなされることが多い。ペンデンティヴ・ドームが中央の正方形のスペースの上に架かっているが、その両側には短いトンネル・ヴォールトの架かった翼部が広がり、正方形の平面を長方形に変えている。独自の小ドームが架かる正方形の内陣（これもスカルセッラ＝銭袋と愛称される）が、エントランス・ロッジアの小ドームの架かる中央部分とバランスをとっている。この礼拝堂はサンタ・クローチェ修道院の参事会の建物として建てられたので、参事会に集まった僧侶たちが座れるよう内部の周壁に沿って連続したベンチが設けられている。壁面は灰緑色の石でつくられた付け柱状のオーダーで縁取られ、壁の上部にはルーカ・デッラ・ロッビア（1400-1482年）による円形浮き彫り装飾が掲げられている。ここでも折り曲げた付け柱や切り裂いた付け柱を隅部に用いる手法がみられ、初期ルネサンスに特徴的なインテリアの細部が繰り返されている。デザインの実験段階的な性質は空間の奇妙なスケール感——きわめて小さくみえるが、実際にはきわめて大きい——からも読み取れる。スケールにおけるこうした曖昧さは古典主義デザインの用語をいくぶん不確かなまま探索したことに由来するのかもしれない。

ミケロッツォ

ミケロッツォ・ディ・バルトロメーオ（1396-1472年）によるフィレンツェのパラッツォ・メディチ＝リッカルディ（6.9、1444年以降）は、ラスティケーション（粗面仕上げ）を全面に施した重い石積みの壁面や小さな窓が中世的な量塊感を思わせはするものの、中央に列柱で囲まれた中庭のある対称的な平面計画やローマ風の

136　イタリアにおけるルネサンス

6.9 パラッツォ・メディチ＝リッカルディ、ミケロッツォ・ディ・バルトロメーオ、フィレンツェ、1444年以降

　このパラッツォの整然とした中庭は、厳密に対称的な空間を取り巻く細いコリント式の円柱列の上に半円形のアーチが直接のる形式で、初期ルネサンスの古典主義の作例を示している。古典的な先例の探索がまだ実験段階であったことは、アーチの円柱への取り付き具合、とりわけ隅の部分における関係から読み取れる。

6.10 東方三博士の行列、メディチ家礼拝室、パラッツォ・メディチ＝リッカルディ、ベノッツォ・ゴッツォリ、フィレンツェ、1459年

　初期ルネサンスのシンプルな形の室内は、しばしば壁全体を覆うフレスコ画で飾られることが多かった。ここでの主題は東方三博士の行列であるが、実際に描かれた人物群はメディチ家の一族と従者たちのポートレイトになっている。ゴッツォリは自画像も署名がわりに描き込んでいる。

細部を用いていることによって初期ルネサンスの建物であることを示している。中央入口からの通路は四角い中庭に突き当たり、さらにその軸線上には建物背後の囲まれた庭に通じる中央出口がある。12本のコリント式の円柱で支えられたアーチの連なりが中庭を囲むロッジアを形成している。隣り合うアーチどうしが柱頭の上で出会う形であるが、四隅の円柱の上でのぶ

イタリアにおけるルネサンス　137

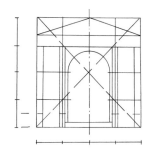

6.11 サンタンドレーア教会、ファサード立面
この教会のファサード立面は正方形にぴったり納まる。正方形は水平方向および垂直方向にいずれも4分割され16の小さな正方形がつくられる。各部の比例は1：1、2：1、3：1、6：1、5：6である。

6.12 サンタンドレーア教会、レオン・バッティスタ・アルベルティ、マントヴァ、1472年以降
この大きな教会のインテリアは、古代ローマの浴場やバシリカのデザインをキリスト教会に応用しようとした努力を示している。身廊、内陣、袖廊には表面が格間（ごうま）からなるトンネル・ヴォールトの天井が架かり、交差部にはドームがのる。バットレスの役を果たすのは堅固な石の壁で、それが側祭室の隔壁になっている。これらの側祭室にもまた、直径の小さなトンネル・ヴォールトが架かっている。当初はグレーの石にオフ・ホワイトの壁面であったが、後世の改修によって壁面は大理石の象眼やカラフルな塗装で覆われるようになった。

つかり具合はとりわけぎこちなくみえ、アーチの列と円柱を組み合わせる古代ローマの手法を設計者がまだよく理解していないことを示している。室内装飾は簡素で、手のこんだ木製の格天井、古典主義建築の細部を施したドア・フレームや暖炉回りといった部分を除けば、ほとんど無装飾である。豪華な絵柄のタペストリーがおそらく主要な部屋べやの壁には掛けられていた。礼拝室の壁面は、《東方三博士の行列》を丘陵地の風景の中を華麗な衣裳の人々が行進する光景として描いたベノッツォ・ゴッツォリ（1420-1497年）によるフレスコ画で覆われている（6.10）。このスタイルおよびディテールはタペストリーが絵画の形に変身をとげたことを思わせる。後世（1680年）に行われた増築の際に建物の外観に関しては対称性が維持されたが、平面における当初の対称性は今では左側の部分に残存しているのみである。

アルベルティ

レオン・バッティスタ・アルベルティ（1404-1472年）は、学者、音楽家、美術家、理論家で著述家であった。アルベルティの死後、1485年に出版された彼の著作De Re Aedificatoria（『建築論』）は、建築デザインに理論的なアプローチを試みた書物としてはウィトルウィウス以来最初の主要な著作であった。その影響は絶大で、15世紀を初期ルネサンスの実験的な段階から、より概念的論理的な傾向の強い次の段階へと押し進める力となった。彼のテキストは古典主義のオーダーを体系的に用いる方法を提示し、「ハーモニー（調和）」と比例のシステムに基づく美学という考えを打ち出している。その考えは、音楽におけるハーモニーの理論と並行させて、2：3、3：4、3：5といった単純な比（音楽において心地よいコードを生み出す振動数の比）を用いた関係は、2次元であれ3次元であれ、空間デザインの基本としても応用できるというものであった。

マントヴァのサンタンドレーア教会（6.11、6.12、1472-1494年）は、アルベルティの最も影響力のあった作品である。十字形の平面の交差部にはドームが架かり、身廊、袖廊、内陣の上部は石造の格天井からなるトンネル・ヴォール

トで覆われている。側廊は存在しない。その位置には巨大な横断壁がいくつも設けられてヴォールト天井の荷重と推力を支え、大小交互に配されたサイド・チャペル（側祭室）の間の区切りの役も果たしている。身廊の両側に独立柱のかわりに並ぶのは巨大付け柱である。インテリアの豊かな表面装飾はアルベルティの死後ずっと経ってから付け加えられたものであるが、その簡潔で荘厳な空間の印象はなお、アルベルティが古代の大浴場の空間をモデルにした意図を強烈に思い起こさせる。室内および外観の壁面構成にはいずれも単純な割合の比例を用いている。ファサードは端から端まで1：4の比例に分割され、身廊のヴォールトの形を繰り返す中心部分は2×4、側祭室の位置にあたる両側の部分は1×4である。縦方向では、1：3の分割がなされ、さらに1：3に対して1：6という比例をもち込むことにより、巨大付け柱は壁全体の高さの6分の5を示すことになる。同様の比例関係によってインテリアの表面分割もコントロールされている。

138　イタリアにおけるルネサンス

6.13 サン・サーティロ、ドナート・ブラマンテ、ミラノ、1476年再建着工

十字形プランを産み出そうとする努力は、ここでは街路が教会の奥の普通なら内陣が置かれる場所を横切るため、挫折させられた。ブラマンテの特異な解決法は、実際のところ、実質的に平らな部分にトロンプ・ルイユ（だまし絵）の効果で偽の内陣を創り出すというものであった。みかけの空間は現実には浅浮き彫りと彩画で創り出した透視図法のイメージである。

盛期ルネサンス

ブラマンテ

　初期ルネサンスから盛期ルネサンスのデザインへの発展・移行は、ドナート・ブラマンテ（1444-1514年）の作品でたどることができるが、彼の経歴はミラノのサンタ・マリーア・プレッソ・サン・サーティロ教会における仕事から始まった（6.13）。その敷地にあった小さな9世紀の教会（サン・サーティロ）は、外観では初期ルネサンス建築の慣用句、すなわち古典的な繰形やピラスターなどを用いて再構成され、何層にも重なって上昇する形——下から円筒形、ギリシャ十字形、正方形、そして最頂部のランタン（採光のための頂塔）は八角形と円形——に仕上がった。こうしてできた構築物は、古典主義の秩序だった構成概念と、互いに無関係なパーツを適当に組み合わせたような感覚の間で奇妙な均衡を保っている。小さな内部空間は集中

イタリアにおけるルネサンス 139

6.14 (左) サン・ピエトロ・イン・モントーリオ、ドナート・ブラマンテ、ローマ、1502年

テンピエットは、ローマの古典主義の語彙をドームののる円形の堂に応用し、非常に成功した代表例である。この建物は小さな修道院の中庭に空間を圧倒する存在として建っている。

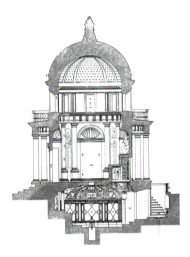

6.15 (右上) テンピエットの銅版画、ポール・ルタルイの『近代ローマの建物』(1825-1860年刊)より

この断面図は礼拝堂のドームがのる円形の空間とその下の地下空間、その中央に置かれたこの礼拝堂の表向きの存在理由をなす聖遺物を示している。

6.16 (右下) テンピエットの立面

この建物の立面は黄金比をもつ2つの長方形を、一つは水平に一つは垂直に置いて、重ねあわせたものからなっている。全体の立面は二等辺三角形の中に納まる。

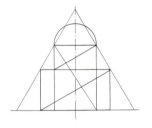

式平面で、正方形の平面の中にランタンを支える4本の柱が立つことによってギリシャ十字形平面とみなすことができるようになったものである。これは礼拝堂として用いられ、より大きな教会堂に付属しているが、後者はトンネル・ヴォールトの架かる袖廊と身廊の交差部にドームがのる形式である。驚くべきことに、ここには内陣が存在しない。というのは、教会の裏側を通る道路によって平面はT形に制限されていたからである。ブラマンテは新たに発展したルネサンス美術上の発見、すなわち視覚的遠近法の知識を駆使してこの問題を解決した。教会堂の一番奥の壁には彩色した浅浮き彫りによって奥行きがあるかのような錯視空間がつくられ、身廊のほうから眺めるとトンネル・ヴォールトの架かる内陣があるようにみえ、十字形平面が完結しているように思わせるのである。

1499年にブラマンテはローマに移った。ここで彼の経歴の第2段階が始まり、彼はイタリアにおける盛期ルネサンス建築の最初の主唱者の1人となるのである。ローマのサン・ピエトロ・イン・モントーリオ修道院において、ブラマンテは既存の中庭を改修して小さな礼拝堂の場をつくる仕事を与えられた。現在テンピエットとして知られる礼拝堂のみが建てられたが (6.14〜6.16、1502年)、残された図面からはブラマンテが円形の礼拝堂を取り巻くポルティコの16本の円柱とそれが支えるエンタブラチュアと同じオーダーの柱で囲まれた円形の中庭空間も計画していたことがわかる。囲まれた建物の中心をなすのはポルティコの上に立ち上がるドラムで、その上には半球形のドームがのる。立面においては、ポルティコの高さと幅の比は3：5で、ポルティコの上のドラムも同じ比例をもち、全体の幅と全体の高さ（ドームも含めた）の比は3：4である。胴体部分の幅と高さの比は2：3、ド

140　イタリアにおけるルネサンス

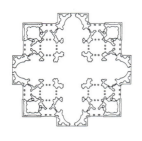

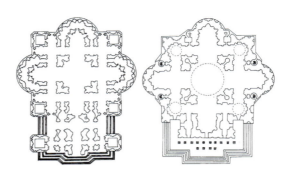

6.17 サン・ピエトロ大聖堂の平面の変遷、ドナート・ブラマンテ他、1506-1564年

大聖堂のプランは（左から右へ）ブラマンテ案（1506年）、ブラマンテとバルダッサーレ・ペルッツィによる案（1513年）、アントニオ・ダ・サンガッロ案（1539年）、ミケランジェロ案（1546-1564年）という変遷がみられた。それ以後、17世紀にカルロ・マデルノによってなされたデザインの修正は、完成された建物の中に組み入れられている。

ームの部分も加えると2：4になる。列柱部分全体の幅は胴体部分の高さと一致する。他にも計測のための補助線を引けば、1：1.618 という黄金比に対応する関係が立ち現われる。堂内では8本のピラスターが2本ずつ対に用いられて、窓のある面と大きなニッチの間を仕切っており、上部のドラムにはドーム天井の下に8つの窓が配されている。また地下にも円形の礼拝室があり、背後のドアの位置に達する一対の階段で降りて行くことができる。テンピエットは古代建築のどのような実例にも基づいてはいないが、秩序だった構成と一貫性という特質があり、それがこの建物を精神において真に古典的であるようにみせている。寸法的な小ささにもかかわらず、デザインの豊かさと複雑さとがテンピエットに視覚的な力を与えており、その後の建築的展開への影響が明らかにされるのである。

　ブラマンテはローマのサン・ピエトロ大聖堂の新しい建造計画を用意するよう求められた（6.17）。彼の複雑な集中式プランは、ドームの架かる交差部、ギリシャ十字形を形成する4本の同じ長さの放射状の腕、そして結果としてできる隅角部に置く4つの小ドーム付き礼拝室からなっていた。建設は1506年にこのプランを元に始まるが、その後の後継者たちが加えた一連の変更にもかかわらず、サン・ピエトロ大聖堂にはブラマンテの計画の基本概念がなお組み込まれている。後に平面をラテン十字（十字架の形）に変更した理由は、集中式平面では古代ローマ的な異教を連想させ、キリスト教のシンボルである十字架と東向きの主要なオリエンテーションの両方への言及に欠けているというヴァティカンの側の感触によって説明されて来たようにみえる。実際に建てられたサン・ピエトロ大聖堂は1546年のミケランジェロのプランに大きく基づいているが、その後東側への拡張がなされ、17世紀にカルロ・マデルノによって仕上げが行われた（p.158参照）。

パラッツォ

　盛期ルネサンスのパラッツォ（英語ではパレスにあたるが、実際には宮殿のようなスケールの都市住宅を指す）や田園のヴィラは、富裕な支配層に属する家系の者たちによって建てられたが、彼らこそ当時の偉大な芸術家や建築家たちのパトロンであった。ファルネーゼ家はアントニオ・ダ・サンガッロ（1484-1546年）を一族のローマにおける大邸宅（1508-1589年）の設計者に選んだ。彼はフィレンツェの初期のパラッツォの手法を取り入れ、中央中庭を取り囲

6.18 パラッツォ・ファルネーゼ邸中庭、アントニオ・ダ・サンガッロとミケランジェロ、ローマ、1508-1589年

中庭を取り巻く立面の下2層分は、若い方（甥）のサンガッロによるもので、ローマのコロッセウムのデザインに基づいているが、最上層はミケランジェロによるもので、ローマ建築の先例のずっと自由な解釈がみられ、マニエリスムへの動きが示されている。

インサイト

ヴァザーリによるパラッツォ・ファルネーゼの説明

裕福で権力もあるファルネーゼ一族のために建てられた偉大なパラッツォは、建築家サンガッロによって着工されたが、ミケランジェロによって完成された。ルネサンスの芸術史家ヴァザーリはミケランジェロ伝（ただしMichelagnolo［＝ミケラニョーロ］と綴られている）の中で、この2人の芸術家の間の競争意識や自己本位に深い洞察を加えながら、次のような話を記録している。

> ある日、彼（ミケラニョーロ）はサン・ガッロがつくった［サン・ピエトロの］木製模型をみにサン・ピエトロにでかけたが、そこにサン・ガッロ派の連中がいるのをみつけた。彼らはミケラニョーロの前に群がって、彼らが駆使しうる最良の言葉を用いながら、この建物がサン・ガッロの設計になったことを自分たちは喜んでいる、この模型はどんな牧草も決して不足しない野原のようなものだからといったので、「本当にそのとおり」とミケラニョーロは答えたが、それは、彼がある友人に明かしたところによれば、芸術について何も知らない羊や牛にはよいと暗に意味したのであった[1]。

ヴァザーリはパラッツォ・ファルネーゼの内部の快適さについてはほとんど記していないが、それは恐らくこれが私的な住居というより公けにみせつけるための建物としてつくられたからである。

> 法王パウロ3世は、サン・ガッロが存命中、彼をファルネーゼ家のパラッツォの建設に従事させていたが、屋根の外側の軒下に置く巨大なコーニス［軒蛇腹］がまだ建設されていなかったので、法王はミケラニョーロが自身のデザインと監督によってそれを仕上げることを望んだ。ミケラニョーロは、自分を評価し引き立ててくれる法王を拒絶することはできなかったので、木製の模型をつくらせたところ……それは法王とローマの人々に気に入られた。そのことがあったので、サン・ガッロが死んだあと、法王はミケラニョーロが建物全体の建造にもかかわってくれることを望んだ。……このパラッツォの内側では、彼は中庭の第1層の上に、最も変化に富み優雅で美しい窓や装飾やみたこともないようなコーニスからなる2つの層を付け加えた。かくしてこの人物の労力と天才のおかげでその中庭は今やヨーロッパでも最も美しい中庭となったのである[2]。

1. Vasari, *Lives of the Artists*, 1550, trans. Gaston du Vere (New York, 1986), p.276
2. *ibid*. p.279

み対称性を備えた巨大なブロックを計画したが、初期ルネサンスの建築家たちにはできなかったような正確さで古代ローマの語彙を用いる方向に動いた。パラッツォ・ファルネーゼ（6.18）の入口は幅の広いトンネルのような通路からなり、頭上にはヴォールト天井が架かり、両側にはそれぞれ6本のドリス式円柱が立ち並んでいる（実際これらは古代ローマのフォルム［フォルム・ロマーヌム＝フォロ・ロマーノ］の廃墟から発掘されたエジプト産赤大理石の古代の柱をそのまま用いたものである）。この薄暗い通路の向こうには明るい中央中庭がみえ、さらに同一軸線上に背後の庭園に通ずる出口もみえる。中庭自体は正方形で、3層からなる立面のいずれのレベルにも古典オーダーの柱列が用いられている。初期のフィレンツェのパラッツォとは異なり、ここではアーチは円柱の上には載らず、堅固な壁柱の上に載っており、さらにその壁柱の前面には一部を壁に埋め込んだ形の円柱が付されているが、円柱は連続的なエンタブラチュアに達する高さをもつ。これは古代ローマのコロッセウムにみられる手法であるが、それによってこの中庭には堅固な雰囲気が与えられ、同時に隅部の処理の問題をも解決することができた。というのも隅のアーチは直角に折れ曲がった壁柱の上にのり、2本の円柱は隣り合った面に互いに邪魔することなく立つことができるからである。地上レベルに使われているオーダーは正確なローマのドリス式である。2階レベルではオーダーはイオニア式で、アーチの内側には1つずつペディメント［三角破風］を冠した窓がはめ込まれている。3層目はコリント式に計画されていたが、建設が始まる前にサンガッロに代わってミケランジェロが建築家に登用され、アーチはやめて代わりに重ね合わせたコリント式の付け柱が曲線状のペディメントを冠した窓の両側を縁取るという、より複雑な壁面構成が採用された。付け柱は柱台の上に載り、窓の下には長方形のパネルが取り付けられた。その長方形パネルの一部は小さな窓となり、建物の周囲の部分で2階と3階の間に設けられたサービス用の隠し階への採光を担っている。

壮麗な階段が主要階（2階）に導くと、そこは中庭に面した3辺に廊下が巡っており、大小さまざまな部屋へのアクセスを供している。建物の中で最大の部屋はサル・デ・ギャルド（衛兵の間）と呼ばれる広間で、2層分の高さをもち、2段の窓の配置は外側と全く同じパターンを繰り返しているので、外観からは内部に何があるかを知ることはできない。この広間には見事な細工を施した暖炉、古典主義の建築要素でつくられた入口まわりの枠組み、格天井、装飾的なタイルの床などがみられる。それ以外には広間は簡素で素っ気ないほどであるが、壁の中

142　イタリアにおけるルネサンス

6.19 天井フレスコ画、パラッツォ・ファルネーゼ、アンニーバレ・カラッチ、ローマ、1597-1600年

このパラッツォの主要階にある、通常は食堂として用いられた広間は、壁面には装飾要素が豊かに施されているが、ヴォールト天井はカラッチによるフレスコ画のためにとっておかれた。パネルの部分にはさまざまな神話の主題が描かれており、一見したところ3次元の建築的細部や彫刻要素にみえる部分は、実際には滑らかな漆喰塗りの表面に描かれたトロンプ・ルイユ（だまし絵）である。

段には小ぶりの浮き彫り円盤が並び、高い位置にはタペストリーも架かっている。他の諸室は厳格な簡素さのレベルから、タペストリーやフレスコ壁画でどの程度飾りつけられているかによって、諧調に変化がある。主要階の裏手中央を占めるカラッチ・ギャラリーと呼ばれる部屋（6.19）は、ルネサンス時代を通して普及し続けることになったやり方で装飾されている。それには部屋のほとんどあるいは全部の表面をフレスコ画で覆うという手法も含まれている。このようなインテリアにおいては家具は、たまたま実際に必要だからという以上の存在理由をもたない。ここでは、トンネル・ヴォールトの天井は、建築のディテールを模したフレームの中に神話の場面を描きこんだアンニーバレ・カラッチ（1560-1609年）によるフレスコ画で全面覆われている。壁面は、3次元のプラスター・ワーク（漆喰細工）で成形したニッチやピラスターを並べ、オフホワイトの表面に金メッキを施し、さらにフレスコ画のパネルもはめ込んだ混成形式である。

額縁に入れたイーゼル画を壁に掛けることは

イタリアにおけるルネサンス

滅多に行われなかったが、インテリア全体の全表面を絵画で覆い尽くすという例は、早くも1305年にジョット（1266-1336年）がパドヴァのアレーナ礼拝堂［＝スクロヴェーニ礼拝堂］の堂内に数段に重ねた一連の宗教画を描いたときから始まっている。フィレンツェのパラッツォ・メディチ＝リッカルディにゴッツォリが描いたフレスコ画についてはすでに述べた。1480年代にジュリアーノ・ダ・サンガッロ（1443-1516年）によって再建されたポッジョ・ア・カイアーノのヴィラ・メディチは、正面の翼と背面の翼をつないでH型のプランになっているが、その結節部につくられた中央接見室は平滑な壁で囲まれ、壁全体にアンドレア・デル・サルト（1486-1531年）その他によるフレスコ画が描かれている。ここでは、円柱、付け柱、エンタブラチュア、繰形などの建築要素が擬似透視図法によって本物そっくりに描かれている。ウルビーノのパラッツォ・ドゥカーレ（公爵の宮殿）には木製の象眼細工で有名な小さな部屋（ストゥディオーロ、1470年頃）があるが、そこには突き出した棚、扉が開いたままの戸棚、本や楽器その他の物が散らばって置かれているようすなどが、すべて象眼で、非常に見事なトロンプ・ルイユ（だまし絵）に描かれている（6.20）。このような効果を創り出すルネサンスの芸術家たちの能力は、彼らが新しく獲得した透視図法の知識に由来するものである。

1532年にバルダッサーレ・ペルッツィ（1481-1536年）は、ローマのマッシモ家の2人の兄弟のために比較的小規模の2つのパラッツォを隣り合わせに建てる仕事に着手した。制約のある不整形の敷地に建てられた2つの邸宅は巧みにかみあわされ、それぞれ表通りと裏通りの両方に入口が設けられている。2軒のうちの大きいほうは、それが面する主要な通りのカーヴにあわせて湾曲した単純なファサードをもつ。壁面はシンプルな構成であるが、入口には特徴的な柱廊からなるロッジアがあって、パラッツォ・マッシモ・アッレ・コロンネ（列柱のあるパラッツォ・マッシモ）という正当なあだ名の由来になった。古典主義的な対称性を重んじたファサードによって、複雑なプランが裏にあることは隠されている。奥には小さいが優美な細部からなる中庭があり、ピアノ・ノビレ（主要階）には贅を尽くしたサロンがあるが、その

6.20 ストゥディオーロ、パラッツォ・ドゥカーレ、ウルビーノ、1470年頃

フェデリーコ・ダ・モンテフェルトロのストゥディオーロは、色の異なる木片による象眼細工で一連の戸棚やニッチ（壁龕）、ベンチ、その他のオブジェをだまし絵で表現した木製パネルで装飾されている。床はアース・カラーのパターンをなすタイル張りである。上方の壁には、公爵自身の肖像も含め、著名な人々の肖像画が架けられている。

6.21 パラッツォ・マッシモ・アッレ・コロンネ、バルダッサーレ・ペルッツィ、ローマ、1532-1536年

ペルッツィによるサロンのインテリアはレタルイイの『近代ローマの建物』の版画に表現されている。イオニア式のピラスター（付け柱）がエンタブラチュアの帯を支え、その上には装飾的なパネルを連ねたフリーズがコーニスの下に挿入されている。天井は深い格間からなり、豊かな装飾が施されている。

部屋の細部の見事さは、ポール・ルタルイイが1825年から1860年にかけて3巻の大部の書として出版し反響を呼んだ、盛期ルネサンスのローマの建物の記録集、『近代ローマの建物（Edifices de Rome Moderne）』に挿図として掲載された版画によって示されている（6.21）。

後期ルネサンスとマニエリスム

マニエリスムという術語が最初に使われたのは、ルネサンスの伝統の枠の中で個人的な表現の自由を発展させた絵画について叙述した美術史の著作中である。この術語は並行して発展したデザインについて語る際にも同じように有効である。ルネサンスのデザインは、16世紀の半ばまでに、古典主義に基づく建築要素の体系を十分に確立していた。ローマのオーダーとローマ風のオーダーの用い方は体系的に整理され、図版入りの書物の主題となっていた。それらの書物は静謐で概して簡素なインテリアをつくりだすための「正しい」方法を示すものであった。1つのスタイルが規範として十分に確立されるとありがちなのは、定式化された規範一式に不当に拘束されていると感ずる美術家やデザイナーがでてくるということである。絵画の分野でマニエリスムと呼ばれるスタイルがもたらしたのは、動きの最中にあるようにみえる人物像、芝居がかったジェスチャー、躍動的で複雑な構図などであった。デザインの領域では、マニエリスムとは規則から逸脱したディテールの用い方を意味するようになるが、それらはルネサンスの静謐さからの離脱や歪曲によって、ときに異常であったりユーモラスであったりさえする。個人的な決断のほうがそれまでの規則にかわって重視され始めたのである。

ミケランジェロ

ミケランジェロ・ブォナローティ（1475-1564年）は最も偉大で最も多才なルネサンスの芸術家の一人であるが、彼が古典主義に対して行った個人的な修正の流儀は、マニエリスムという概念を定義づけるのに役立つものであった。強固なまでに盛期ルネサンス的なパラッツォ・ファルネーゼにおいて彼が果たしたことは、その静穏なファサードの中央の主入口の上に小さいが強烈なバルコニーを挿入したことであり、ま

た中庭の立面の下2層分のローマ風ディテールに対し冒険的な変化形を導入した第3層をつけ加えたことである。

フィレンツェのサン・ロレンツォ聖堂では、先述したブルネレスキの旧聖具室は、対称的な位置に配され1519年からミケランジェロによってデザインされた新聖具室と対比される存在となった。平面形は同じ単純な正方形で、スカルセッラ（銭袋）と呼ばれるより小さな正方形の張り出しがつき、頭上にはペンデンティヴで支えられたドームが架かるのもブルネレスキの計画と同じである。しかしインテリアの扱い方は、ブルネレスキが穏やかで古典的であったのに対し、ミケランジェロのほうは活動的、攻撃的かつ個性的である。濃い灰色の石による付け柱や繰形が白い壁に対して際立っている。複雑なドアや開かない（偽の）窓などの要素が付け柱と付け柱の間に押し込まれ、ドームのレベルの下にはアーチと付け柱と窓を備えた丸々一層分のアティック（小壁）が挿入されている。ミケランジェロ製作の有名なメディチ家の2つの墓は、堂内の両側に置かれ、より親しまれているメディチ家礼拝堂という呼称のもととなっている（6.22）。それらは力強く活気のある彫刻作品で、高度に個性的な用い方をされた古典主義建築の要素をさらに強調する役割を果たし、空間に強烈なマニエリスム的性格を与えている。

サン・ロレンツォではまた、ミケランジェロは1523年に修道院の中庭の一方の側に新しく図書館をデザインする仕事を与えられたが、それは既存の階の上に第2の階を上乗せする仕事であった。外観は、元からの建物の構造の中に埋もれて、ほとんどみえない。図書館の閲覧室内部は細長い空間で、両側の壁には濃い灰色の付け柱によって強いリズムのパターンが与えられ、15列で上下2段に配置された窓の間を仕切っている。木製の閲覧机が窓の下ごとに、広い中央通路の両側に並べられている。格天井は窓の間隔に対応したグリッドで装飾され、床にもそれに対応した幾何学的なリズムのパターンが配されている。ディテールはすべて、ピラスターも窓枠も床も天井装飾も、繊細かつ巧緻である。ドラマチックな対比をなすのは、エントランス・スペースから閲覧室へのアクセスの部分であるが、それはミケランジェロのマニエリスムの衝撃的な一例といえるものである。前室（6.1）は1辺34フィート（10.3メートル）の正方形の部屋で、床から天井までの高さは48フィート（14.6メートル）もある。この空間には隅に近い位置にある小さなドアから入るが、訪問者はほとんど空間いっぱいを占めるような巨大な階段に、上る方向の軸線上ではなく、片側の端から対峙

6.22 メディチ家礼拝堂、サン・ロレンツォ聖堂、ミケランジェロ、1519–1534年

「新聖具室」は見事な彫刻で飾られた有名なメディチ家の2つの墓を据えるための場所となった。この場所の荘重さは、ほとんど黒に近いダーク・グレーの大理石による建築的なディテールと、黒と白の床のタイルによるものであるが、霊廟のような機能とよく合っている。ペンデンティヴで支えられるドームは、複雑な構成の壁の上に立ち上がる。ミケランジェロによるきわめて個人的な古典主義要素の用い方は、彼の作品をここでマニエリスムという術語を用いて叙述することを正当化している。

することになる。階段が行動的で攻撃的だとすれば、それによって満たされた部屋はさらにより圧倒的である。力強く異常な用い方をされている古典主義の建築要素が、そのエネルギーを受け止めることなどできそうにないスペースにぎっしりと詰め込まれているからである。2本ずつ対になった円柱が四面の壁のそれぞれを3つのパネルに分けている。円柱ののる柱礎は階段の上部と同じ高さまで引き上げられ、それぞれの円柱の下には大きく湾曲した持送りが取り付いている。また円柱そのものは壁から離れて立つのではなく、壁の中のくぼみに押し込まれた形になっている。用いられたオーダーは一見したところドリス式かトスカナ式にみえるが、柱頭をよくみれば、それらは古典モデルにもとづく独創的なバリエーションであることがわかる。壁パネルのそれぞれには、普通ではない形のペディメント付きフレームで囲まれた空っぽの偽の窓がとりついている。実際の窓は上方のアティックまたはクリアストーリーと呼ばれる高い位置にあり、そこでは円柱のパターンが付け柱で繰り返され、下の空っぽの窓枠に対応する位置に本物の窓が取り付けられている。建築的なディテールはすべて陰気で暗い灰色の石でつくられており、白い漆喰の背景の壁を圧倒しているようにみえる。全体から受ける衝撃の諸調は高度に劇的であり、悲劇的とさえいえる。

ロマーノ

ミケランジェロのマニエリスムが悲劇的な感覚に傾きがちだといえるとすれば、ジュリオ・ロマーノ（1499-1546年）のマニエリスムの作品は演劇的なコメディーにより近いとみることができる。マントヴァのパラッツォ・デル・テ（6.23、1525年着工）は彼の最も重要な作品である。これは実際には郊外のヴィラで、中央に中庭をとりこんだ巨大な中空の正方形として計画された単層の建物である。中庭に面した4つのファサードは、いずれもルネサンスの古典デザイン研究の成果であるが、どれも奇妙な不規則性、対称性からの離脱、リズムの変更、あるいは故意になされた「エラー」など、みる者を驚かせ、不思議がらせ、あるいは楽しませる仕掛けを含んでいる。ペディメントは窓の上で浮き上がり、要石のブロックは押し上げられているかと思えば、正常の位置から滑り落ちているようにみえる所もある。エンタブラチュアの中段に納まっているはずのトリグリフ［三筋の彫り込みのあるブロック］は、ここそこで故意に半ば滑り落ちた位置に置かれており、古典デザインのルールをほとんど悪ふざけに近い形で無視していることを示している。館内の部屋の多くはフレスコ画で装飾されているが、中にはかなり好奇心をそそるような、あるいは一風変わ

6.23 パラッツォ・デル・テ、ジュリオ・ロマーノ、マントヴァ、1525-1532年

このロッジアは、郊外のパラッツォないしヴィラとして建てられたこの館の外に広がる庭に面しているが、ジュリオ・ロマーノの意図は明らかにネロの黄金宮のような古代ローマのヴィラを想起させることであった。壁に塗られた柔らかいアプリコット色は、オフ・ホワイトの床の大理石や、柱、円柱、ピラスター、その他の建築的なディテールを引き立てている。ヴォールト天井の装飾として挿入された壁画は旧訳聖書のダヴィデの物語を表したもので、ジュリオ・ロマーノの工房に属するいく人かの芸術家による作品である。

イタリアにおけるルネサンス　147

6.24 サーラ・デイ・ジガンティ、パラッツォ・デル・テ、マントヴァ

この注目すべきサーラ・デイ・ジガンティ（巨人族の間）の壁と天井はタイタン族の敗北という神話に基づくフレスコ画で覆われている。周囲の建物を投げ壊している巨人たちのイメージは、ゴンザーガ家の人々（この館の主）や彼らの客たちを怖がらせた。ジュリオ・ロマーノは名人芸と怒りという両義的な表現をパトロンたちに提示していた。床だけは絵画の主題とは独立しているが、旋回する円形のパターンそのものが目眩を起こさせそうである。

った画題のものも含まれている。ある大きな部屋では、壁面は描かれた柱などの疑似建築ディテールで分節され、壁の高いところに馬が何頭も横向きの姿で等身大に描かれているが、その位置は不自然なほどに高い（明らかにこれは、名高い厩舎のオーナーであるフェデリーゴ・ゴンザーガ公爵の馬への情熱を表現したものである）。これよりは小さい、サーラ・デイ・ジガンティ（巨人族の間）と呼ばれる窓のない部屋は、四面の壁から天井まで、神々に反逆する巨人族を描いたロマーノのフレスコ画で覆われているが、その中では何か大きな建物が破壊される最中であり、この館そのものを想定している可能性もある（6.24）。確立した古典的規範を変更し、修正し、歪めたいという欲望は強烈な演劇的傾向とあいまって、マニエリストの称号にふさわしい特質といえる。

パラーディオ

アンドレア・パラーディオ（1508-1580年）は、ルネサンスの建築家たちの中でも最も影響

力のあった人物の一人で、ルネサンスの古典主義に個人的な刻印を残したが、マニエリストとみなすことはほとんどできない。パラーディオは北イタリアの出身で、ヴィチェンツァとヴェネツィア、そしてヴェネト地方の田園地帯で活躍した。1549年に彼は、崩壊の危機に瀕していた中世末の建物であるヴィチェンツァの市庁舎のために支えとなるような設計案を提示した。バシリカという名で知られるこの建物に対するパラーディオの対処法は、三方を2層のロッジアで囲み、バットレス［補強用の支え］の役をもたせたうえで、上下2層とも古典的な円柱で縁取ったアーチの列で構成し、外観をすっかり変えてしまうことであった。下の階はドリス式、上の階はイオニア式の円柱列がエンタブラチュアを支え、柱と柱の間にアーチが置かれている。1つの柱間単位の中では、アーチは大きな柱から離して置かれた小さな円柱の上に載っており、大きな柱と小さな柱の間には長方形の開口部が残される。アーチの開口部の両側に長方形の開口部を伴う配置は、その後のデザイナーたちの関心を引き、近代に至るまで使われ続け、「パラーディアン・モチーフ」として知られるようになる（ここで最初に出現したわけではなかったが）。パラーディオの影響力は1570年に出版された『建築四書』によって大きく増強された。これは古典主義デザインに関する包括的な著作で、ウィトルウィウスからの翻訳引用を含むほか、古代建築の作例や彼自身のルネサンスの作品を木版による挿図で紹介したものであった。この理論書はルネサンス期の出版物の中でも最も人気を博したものに数えられ、ヨーロッパ中で、とりわけイギリスで（英訳書は1676年に出版された）、そしてやがてはアメリカでも、よく知られ活用される書物となった。

パラーディオはヴィチェンツァの町なかにはパラッツォを、そして周辺の田園にはヴィッラを、いくつも手がけたデザイナーであった。マゼールのヴィッラ・バルバロ（6.25、1550年頃着工）は古代神殿のような中央棟の両側に、周辺の領地の農場経営に関連した機能をもつ長く延びた翼部を備えている。主屋のインテリアの平面計画はパラーディオ流の典型を示しており、中央部はギリシャ十字形のスペースと各コーナーに置いたより小さな部屋で構成している。

6.25 ヴィッラ・バルバロ、アンドレア・パラーディオ、マゼール、イタリア、1550年頃

この部屋では、ヴェロネーゼによるフレスコ画が壁や天井を覆い、実際につくられた3次元の繰形など建築的な要素を、風景、ニッチ（壁龕）の中の彫刻的な人物像、ドアの上のペディメントなど仮想のイメージの中に溶け込ませている。左側のパネルの中ではつる性植物の幹が伸び上がり、上のパネルにふたたび現れている。

インテリアの空間は建築的にはシンプルであるが、パオロ・ヴェロネーゼ（1528-1588年）が大半を手がけたフレスコ画には建築的なディテールが本物そっくりに描き出され、開いたドア、バルコニー、外の景色、さらにはバルコニーによりかかる召使い、半開きのドアから覗く小姓などの人物やバルコニーの手すりに止まるオウムまでが、だまし絵の手法で描かれている。

ヴィッラ・カプラ（通称ラ・ロトンダ）は、ヴィチェンツァの町のすぐ外にあり、実際には居住のための館というより、町を見晴らす丘の上に建つ楽しみのためのパヴィリオンの一種といえるものである。中央の円形（ロトンダ）の部屋にドームが架かる正方形の建物は、ルネサンス建築の中でも最もよく知られた1つである。4面のそれぞれにはペディメントをイオニア式の6本の柱が支える神殿形式のポルティコ［柱廊玄関］があり、幅の広い外階段で登って行く。パラーディオの平面は、2本の主軸に関して対称性をもち、基本寸法に基づいて配置を研究した結果である。平面図の上に正方形のグリッドを載せると、諸室は数学的に体系だった比例をもつことがあきらかになり、それらはすべて建物全体の比例と関連していることがわかる。円形の広間の上部にはバルコニーが巡り、壁面にはプラスター細工の入念な装飾が施されている。平面の中心に位置するドームの架かった円形の広間は、四面のポルティコにつながる通路を通して外側の眺めを招き入れるが、その方向は東西

イタリアにおけるルネサンス 149

6.26と6.27 ヴィッラ・フォスカリ（ラ・マルコンテンタ）の平面図、ミーラ、イタリア 1558年頃

平面には11：16の比例をもつ長方形が使われている。それはさらに、正面から背面に向かっては4：4：3、側面から側面には4：2：4：2：4の比例で再分割される。このグリッド上に、6：4、4：4、3：4、そして2：3の比例をもつ諸室が配置される。このような整数比例は調和的な音の間隔、すなわちユニゾン、オクターブ、3度、4度、5度などの和音に対応する。

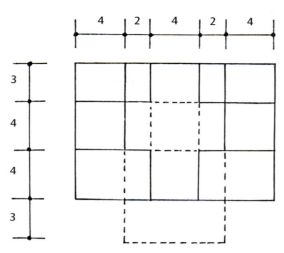
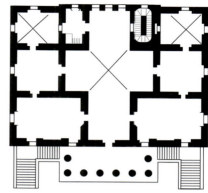

6.28 サン・ジョルジョ・マッジョーレ、アンドレア・パラーディオ、ヴェネツィア、1566年以降

このベネディクト会修道院の教会は、トンネル・ヴォールトで覆われた十字形の空間の中に、ローマの古典的なディテールをもつ柱とエンタブラチュアが配され、交差部にはドームがのる構造である。カラー・スキームは、暖色系の大理石の床を除いて、グレーと白である。祭壇の向こうにもスペースのあることが垣間みられるが、そこは修道士たちの聖歌隊席である。柱のスクリーンの上に設置されたパイプ・オルガンは聖歌隊席と教会本体の両方に音楽を供した。

南北［実際には北東、南東、南西、北西］の四方向で、そこから眺めは無限のかなたまで延びていく。このコンセプトが示しているのは、果てしない自然の宇宙の中心に人間がいるというヒューマニズム的な人間観なのである。

ヴェネツィアの近くのミーラに建つヴィッラ・フォスカリ（ラ・マルコンテンタと呼ばれることが多い、1558年頃着工）の正面には、高い基壇の上に載り、両側から階段で上るペディメント付きのポルティコがある。平面はパラーディオに典型的なグリッド・プランであるが、それによって各スペースには2：3とか3：5といった簡単な数値の「調和」比例が付与されている（6.26、6.27）。イギリスの批評家コーリン・ロウは、ル・コルビュジエがガルシュに建てた近代のヴィッラ（1927年）で同じグリッドを平面分割の基本に使っているということに注目するよう呼びかけた。作品に対する称賛だけではなく、その著作と関連図版を通して情報が得やすいという事実の両方によって、パラーディオの作品はルネサンス期のイギリスでインスピレーションの源泉および手本となったが、その後のコリン・キャンベルのミアワース・キャッスル（1723年）やバーリントン卿のチズィックのヴィッラ（1725年）のような建物もパラーディオの先例に基づいていることは明らかである。さらにトーマス・ジェファーソンがバージニア州シャーロッツヴィルの近郊に建てたモンティチェッロと呼ぶ自邸（1770年着工）もその構想はパラーディオから得たものである。

パラーディオがヴェネツィアで手がけたサン・ジョルジョ・マッジョーレ（6.28、1566年）とイル・レデントーレ（1576-1577年）の2大教会堂は、いずれもトンネル・ヴォールトを架けた身廊、クリアストーリー、交差部に架かる窓のあるドームといった古典主義の建築語彙を応用した設計になっている。イル・レデントーレでは、身廊の両側に並ぶアーチは側祭室群の開口部となっているが、サン・ジョルジョでは側廊に開き、またここでは十分な長さのある袖廊が身廊に架かるヴォールトの形を繰り返している。イル・レデントーレでは、袖廊は実質的に交差部の両側に設けられたアプス［半円形の張り出し］にすぎない。どちらの教会でも装飾的

ディテールはローマのオーダーの建築要素に厳格に限られているが、やや色の濃い石で作られたそれらの部分は、ヴォールトその他の漆喰塗りの表面の白に近い色とのコントラストを呈している。いずれの教会も全体的な印象は、オープンで明るく、落ち着いている。

ヴィチェンツァのテアトロ・オリンピコ（6.29、1580年）では、パラーディオは古代ローマの劇場をより小規模で完全に屋内の劇場として再現することを企てた。階段席は半楕円形状に背後の列柱廊まで立ち上がり、描かれた空の下にどちらも納まっている。舞台の上には、ローマ時代の舞台を模して開口部、窓、彫像などをとりつけた豊かに装飾された固定背景がある（場面転換の用意はなかった）。3つの大きな開口部のそれぞれからは誇張した透視図法で作られた街路のシーンが眺められるが、それらは実際にはきわめて短いのに遠くまで延びているようにみえる［この部分はパラーディオの死後、ヴィンチェンツォ・スカモッツィが設計した］。演劇上演における主要な要素としてのデザインという考えはここで姿を現し、劇場からの着想は建築やインテリアデザインにも導入されていった。

ヴィニョーラ

パラーディオの作品および著作と並んで、ジャコモ・ヴィニョーラ（1507-1573年）の影響もルネサンス・デザインのコンセプトの普及には重要であった。彼の最もよく知られた建物、ローマのイル・ジェス教会（1568年着工）は、17世紀にイエズス会が建設した多数の教会のプロトタイプとなった。これは初期バロックの教会とみなすこともできるので、あとで議論する（7章参照）。ヴィニョーラの著書『5つのオーダーの規範』（1562年）は、古典オーダーの細部について体系化したもので、標準的な参考書となり後世のマニュアル本のモデルともなった（それらマニュアルは「ヴィニョーラ」と呼ばれるようになった）。これらは続く数世紀の作品の多くにおいて、デザインすべてにとっての第一義的なプロトタイプとしてローマの古典主義が受容される基礎となった。

インテリアと家具

ルネサンスの教会堂や他の大きな建物のより公的な空間のインテリアは、おおむねそれらがまだ新しかったときのままに残っているが、日

6.29 テアトロ・オリンピコ、アンドレア・パラーディオ、ヴィチェンツァ、1580年以降

半楕円形の階段席は上に彫像の並ぶ列柱廊まで立ち上がる。天井には空と雲が描かれ、ローマ劇場の野外の自然を思わせる。舞台上には手のこんだ建築のような固定背景が据えられているが、その3個所の開口部を通して、奥に延びる街路が眺められる。

常的な生活空間が変わらずに残ることはめったにない。家具、テキスタイル、小物など簡単に取り除いたり置き換えたりできるものは、概してミュージアムの展示物か、コレクターが大切に保有するアンティークとしてしか生き残ってはいない。幸い、ルネサンスの絵画は線遠近法による技法の発達も伴って、どんどん写実的な表現にむかったので、美術家たちはインテリアをほとんど写真のようにみえるほど迫真的に描くことが可能となった。宗教的な主題は通常、芸術家たち自身の時代に場所を設定して描かれるが、中世の作品では型にはまった形式で描かれた場面が、ルネサンスの作品ではほとんどドキュメンタリーのような手法で登場するのである。たとえば、カルパッチョ（1486-1525年）は聖女ウルスラの夢を、ヴェネツィアかフィレンツェでみいだすことができそうな種類の、きれいに家具の整った寝室で起こった出来事として描いている（6.30）。聖女は装飾の描かれた台の上のきちんと整えられたベッドに眠っているが、ヘッドボードにも精巧な装飾がなされ、細長い支柱が高い天蓋を支えている。奥には小さな本箱とテーブルのそばに引き寄せられたストゥールがあるが、書見台には本が開いて置かれており、読書による知識の増大を指摘している。壁から突き出たろうそく立てから窺えるのは、照明はろうそくを用いた最小限のものでしかなかったに違いないということである。ドア・フレームや窓の細部、繰形などはかなり優美な初期ルネサンスのディテールをみせている。カルパッチョも含め、ルネサンスの美術家たちの気に入りの画題であった《書斎の聖アウグスティヌス》は、教養を示すさまざまなもの、本でいっぱいの棚、書見台、しばしば中世の特徴を残す家具などに囲まれていることが多い（6.31）。

家具

富裕層や権力者たちのために、職人たちは贅沢で芸術的な表現を求める新しい趣味を受け入れて、変化にとんだ優美な家具や工芸品を開発した。特権階級の人々は本、書類、記録、地図、宝石、着替えの服、テーブル覆い、食器一式などをもっており、楽器、時計、はかり、地球儀、美術作品等の特殊な物すら所有していた。これらはすべて、保管するか飾るための場所を必要とした。椅子はベンチやストゥールに代わって、ますます変化に富んだものが登場してきた。こ

6.30 聖女ウルスラ伝、ヴィットーレ・カルパッチョ、1490-1498年

《聖女ウルスラの夢》を描いたこの場面では、聖女は優美な15世紀後期のヴェネツィアの寝室の中で、台の上にかさ上げされ、足元の支柱で支えられた高い天蓋付きのベッドで眠っている。開いた窓の上部には鉛で繋いだガラスが嵌められ、下半分には枝編み細工のスクリーンが取り付けられ、鎧戸も内側に付いていることがわかる。

6.31 書斎の聖アウグスティヌス、カルパッチョ、1502年頃

広々とした書斎の中で、聖人はむき出しの床より一段分高い壇の上で机に向かっているのがわかる。左手にみえる奇妙な椅子と書見台や、おもしろい形の机の脚などは画家の空想の産物と思われるが、棚の上や机の上とその周辺、床の上などに散らかっているたくさんのオブジェは、当時の学者がいかにも所有していそうだったものを表している。赤く目立つ中央のニッチは、小さな私的な礼拝空間になっているようで、それにふさわしいしつらいがなされている。天井は木製で平らであるが、幾何学文様が描かれている。

6.32 ベヴィラックアの間、サーラ・ベヴィラックア、ミラノ、1500年頃、バガッティ・ヴァルセッキ財団

この豊かに装飾された部屋は、絹織りの壁布で覆われ、ドアまわりのフレームや暖炉まわりにも装飾が施されている。建設当時の家具として、左手にサヴォナローラ・チェアとカッソーネ、またカッサパンカ、スガベッロなどもこの部屋に置かれている。

れらは基本的にシンプルなルネサンスの生活空間に徐々にもたらされたものであるが、近代世界のどんどんごった返すばかりの「家具フル装備」のインテリアへと向かう動きはすべてこれらから始まったのである。新しいファッションはもちろん、富裕層と権力者たちの家におおむね限られており（6.32）、平均的な階層のインテリアはそれ以前のものとほとんど変わらないままであった。

いくつかの異なる家具の類型が豊かなイタリアの住まいの中に登場した。

●**カッソーネ**（6.33）：これは上げ蓋式のチェストのことで、通常は堅いクルミ材（ルネサンス家具で最も使われる木材）でかなり大きくつくられ、建築の細部に由来する装飾を丹念に彫り込み、側面のパネルには神話や寓話からの題材を浮彫りあるいは彩画で表現していることが多い。カッソーネは伝統的な婚礼祝いとして贈られるか花嫁の持参道具の一部をなすものであったので、結婚によって結びつく両家の富と力を示す重要なシンボルとして扱われた。小さなカッソーネは宝石や貴重品用のチェストとして用いられた。

●**カッサパンカ**（6.34）：背もたれと肘掛けを付け加えることでできたカッソーネの一変種であるが、これは物入れとしても座具としても使うことができる。

イタリアにおけるルネサンス 153

6.33 サン・ジョヴァンニ洗礼堂広場のパリオ［競馬］の場面で飾られているカッソーネ、ジョヴァンニ・フランチェスコ・トスカーニ作、15世紀

6.34（左）カッサパンカ、フィレンツェ、16世紀、パラッツォ・ダヴァンツァーティ蔵

6.35（右）サヴォナローラ・チェア、1500年頃

● クレデンツァ：やや背の高い戸棚であるが、クレデンツァはサイドボードあるいはサービス用のテーブルとしても使われる。銀器、ガラス器、皿、リネン類などをしまうためにも用いられた。

● セーディア：これは4本の四角い脚が肘掛けを支える形のいくぶんどっしりした椅子である。座面と背もたれは革のバンドをフレームに鋲で取り付けたものであるが、鋲の頭は装飾的な飾りの役を担っている。

● サヴォナローラ・チェア（6.35）：この折りたたみ式のアームチェアは広く用いられる家具の類型の1つである。たくさんのカーブした長い木片が1個所で回転できるように止められている。サヴォナローラという名称は、有名なイタリアの扇動的修道士がこのデザインを好んでいたと考えられていることに由来する。

● ズガベッロ（6.36）：これはストゥールのようでもあるし、小さい単純な椅子ともいえそうだが――実際には厚板の背もたれ付きのストゥールである。3本脚であることも多い。座面は八角形が多く、優雅なものだと彫刻装飾がたくさん施される。パラッツォ・ストロッツィで使われたスガベッロがこのタイプの見事な実例として残されている。

● ダンテ・チェア［イタリア語ではダンテスカ］：サヴォナローラとよく似た椅子であるが、より堅固なフレームをもち、同じ方法で回転できるように止められているが、座面にはクッションが付き、背もたれは伸縮性の布でできている。

テーブルは木製の一対の脚立（トレッスル）、少し上等な柱脚（ペデスタル）、あるいは石を彫り込んだ土台（ベース）の上に堅い厚板を載せたものであった。ベッドは、贅沢な部類の住宅においては、基壇の上に載っている場合も多く、きまって天蓋とカーテンで覆われていて寝室の中の小さな家のような空間をつくりだし、暖かさとプライバシーの両方を供していた。小さな絵画は何重もの精巧な額縁で飾られることが多く、そこに施された建築的なディテールによって小神殿のファサードのような趣きをみせることもあった。鏡はヴェネツィアのガラス産業の発展によってもたらされたもので、まだ小さなものしかできなかったが、やはり精巧な額縁に入れられることが多かった。照明はろうそくによるものが中心で、ろうそく立てはテーブルに置かれたり、壁に取り付けられたり、床置きだったり多くの種類があった。燃えるたいまつ（トーチ）が戸外や大きな室内空間で照明として用いられることもあり、それらを支えるスタンドはトーチュアと呼ばれるようになるが、トーチュアはろうそく立てとしても用いられた。キャ

154　イタリアにおけるルネサンス

6.36（左）ズガベッロ、フィレンツェ、イタリア、15世紀、パラッツォ・ストロッツィ蔵

6.37（右）イタリアのハープシコード、ミラノ、イタリア、16世紀、楽器博物館（Museo degli Strumenti Musicali）蔵

　ハープシコードは重要な鍵盤楽器で、最初に開発されたルネサンス期のイタリアでは、これで演奏するための音楽も大量に作曲された。実際の楽器は軽い構造であったが、脚の上にのる家具のようなケースに入るようになり、通常この例に見られるような精巧な装飾が施された。

ンデラーブラ（大燭台）はたくさんのろうそくを立てられる燭台である。時計は技術の発展を表すようになり、高価で面白い仕掛けであったので、装飾的なオブジェとしても好まれるようになった。

　イタリア人の音楽への情熱は見事な楽器を産み出すことにつながったが、鍵盤楽器など家具といってよいほど大きなものもその中に含まれていた。スピネットと呼ばれる小型のハープシコードにはしばしば移動可能な小型のものがあり、テーブルに置いて使われた。より大型のハープシコード（6.37）は、薄くて軽い木製の骨組でつくられたが、脚ないしスタンドつきのケースに納める必要があり、いくぶん近代のグランド・ピアノの形に似たものとなった。楽器の外側はしばしば彫刻、象眼、彩画などによって装飾された。

テキスタイル

　絹織物はルネサンス時代に好まれたテキスタイルで、強い色彩で織られた大柄なパターンのものが目立つ（6.38）。ヴェルヴェットとダマスク織は初期ルネサンスの主要な織物であったが、やがて16世紀にはブロケードとかブロカテールと呼ばれる錦織が広く用いられるようになった。鮮やかな色彩の布でカバーをしたやわらかなクッションや枕状のものが、ベンチや椅子の座面の上で用いられることもあった。主要な諸室の床は通常タイル敷きであるか、地上階では石の床であった。タイルは正方形のものを敷き詰めたシンプルなパターンのものが普通であったが、空間に壮麗さが求められる場合は凝ったパターンのものになることもあった。モニュメンタルな空間の床には、大理石やテラッツォ（大理石の小片をびっしりとセメントの中に埋め込んで滑らかに研ぎ出したもの）が用いられたが、こ

6.38 金色のヴェルヴェットの布、ヴェネツィア製、イタリア、15世紀後期

　ここでは贅沢に刺繍された文様の中に、花、王冠、楯の形、その他の図柄など、さまざまなモチーフが見られ、ステータス・シンボルであった家紋が暗示されている。富裕な人々や権力者たちは、他の装飾手段でもほとんど同様であったが、このような図像をテキスタイルで誇示することも喜んだ。

れらもしばしば複雑な幾何学パターンに仕上げられることがあった。敷物はめったに用いられなかったが、中東の絨毯などは価値が高く、ときには床だけでなくテーブルのうえの掛け物として用いられることもあった。

ルネサンス・デザインは2つの異なる経路をたどって発展したとみなすことが可能である。地理的には、イタリアのデザインがその他の地域の仕事に影響を与えるという傾向がみられたが、それには50から100年の時差が伴った。北と西の方向に向かったルネサンスは、フランス、低地地方、ドイツ、イギリス、スペインでは発展し続けたコンセプトとみなすことが可能である。イタリア自体では、16世紀を通して、ルネサンス・デザインはマニエリスムに端を発するバロックと呼ばれるスタイルの中に最終的には姿を消していってしまう。それはルネサンスの最終局面とみなせるのか、あるいは全く新しい方向のものであるのか、バロック時代の作品はデザイン史の中でも刺激的な展開を見せる。次の章ではイタリアにおけるバロック時代と、その北への広がり、特にイタリアの国境北部に近い地域への影響を取り上げる。

第 7 章

イタリアと北ヨーロッパの
バロックとロココ

7.1 イル・ジェズ聖堂、ヴィニョーラ、ローマ、1565-1573年

バロック聖堂の原型となったイエズス会の本部教会。アンドレア・サッキとヤン・ミエルによる1670年の絵画には、通常の入念な建築装飾の中に豊かな色彩の装飾が挿入されている様子が描かれている。色彩と光の効果は室内空間を刺激的で高度に劇的なものに変えた。

バロックという用語は時代区分を示すものではなく、ある展開を表す言葉だが、日常の会話では、つくり込んだ、あるいはつくりすぎた装飾を表現するのに用いられるため、これが混乱のもととなってしまう。確かに装飾はたいていのバロックのデザインの備えている特徴ではあるが、それがバロックの作品の唯一の、あるいは最も重要な要素というわけではない。また、バロックから後に派生したより繊細な傾向を、ロココという用語で表現しようとすると、それ以上に誤解が起こるかもしれない。幾人かの歴史家はこれらの用語を取り替えできるものとして扱っているようだし、ロココをバロックの亜種のようなものとみる考えもあるが、一般的にこの2つの用語は「非常に装飾的」であることを示すほとんど同意語となりつつある。「バロック」の語は、壊れた、または不規則な形の真珠を表すポルトガル語のバロッコから来ている。「ロココ」はフランス語とスペイン語の「貝のような」という言葉に由来する。

ここでは、16世紀の盛期ルネサンスがマニエリスムに変容した後につづいてイタリアで現れたデザインをバロックと呼ぶことにする。これはイタリア、オーストリア、ドイツの一部、それらの近隣領域、そしてスペインとポルトガルで17世紀に盛んになった。同時代の作品がこれらの地域とは異なった特徴を示すことがあるとはいえ、フランス、イギリス、北ヨーロッパの関連する作品をバロックと考えることもできる。また、ロココという語は18世紀にフランス、南ドイツ、オーストリアで展開した作品を示すときに使われる。しかし、ロココの展開は簡素で抑制の効いた新古典主義と呼ばれるデザインと時期的に重なっている。ロココの作品がどちらかといえば世俗的な環境で用いられることが多いのに対して、バロックのデザインは宗教建築にみられる。しかし2つが交差する場所も確かに存在する。たとえばバロック建築のインテリアの細部がロココであるという場合である。

バロック様式の要素

バロックの建築とインテリアデザインではそれまでになく、彫刻され描かれたものが強調されるようになった。自然から採られた形、葉、貝、渦巻きなどが初期ルネサンスの古典的な形態に加えられて飾り立てていく。壁や天井の形態自体も変形され、時には立体的に彫刻された装飾、人物や花模様などで覆い尽くされた。そしてそれらはさまざまな色に彩色され、動き回り活気に満ちた登場人物が溢れ、幻視的な空間イメージを示す描かれた背景に溶け込んでいる。クアドゥラトゥーラとは幻視的な透視図法で描かれた建築空間、クワドロ・リポルタートに描かれた幻視的な枠取りに囲まれた絵や浮き彫り、ディ・ソット・イン・スはみせかけのドーム、空、天国を見上げる眺めを指す用語だが、典型的なバロックの装飾技法を表している。

舞台の技術もバロック芸術の時代に、発達を遂げた。プロセニアム・アーチが舞台の空間を縁取るようになり、舞台は観客席と分離される。舞台に視覚的興奮をもたらすために、平面的な幕に描かれた背景によって空間的幻影をつくりだすという舞台デザインは、バロックとロココのインテリアデザインに強い影響を与えた。そしてその舞台デザインは、透視図法や関連する空間効果の利用、有効な手法としての光の活用という点でバロック的技術の影響を受けていた。

バロックの建築とインテリアはカトリック教

会の対抗宗教改革の必要に応えるものだった。北ヨーロッパでマルティン・ルターによって指導されたプロテスタント宗教改革の偶像破壊的な性向とは正反対の、刺激的な画像イメージを示すものであり、日常生活では豪華で美しいものに触れる機会のほとんどない無学な庶民たちにも新しい視覚的刺激を与えるものだった。視覚的空間、音楽、儀式が一体となっているバロックの教会は、教皇庁への忠誠を確保するための強力な装置だったのである。装飾の技術に加えて、バロックのデザインは空間の形としてもより複雑な形態をとるようになる。楕円形や長円形が正方形、長方形、円形などよりも好まれた。曲がりくねった複雑な階段、込み入った平面計画は動的で神秘的な印象を与えていた。デザインの目標は簡素で明快なものから、幻視的な絵画や彫刻によって難なく実現された、より複雑なものに変わった。

イタリアのバロック

ファルネーゼ宮殿、ラウレンツィアーナ図書館など、ジュリオ・ロマーノとミケランジェロの作品にみられるマニエリスムの傾向は、盛期ルネサンスのデザイン体系への苛立ちが募っていたことを示していた。あまりにも完璧な体系、パラーディオの建築論の例にみられるその保持、そしてヴィニョーラが主張したような建築オーダーの使い方の「規則」は、創造性の制限に対する反抗を引き起こした。ローマのサン・ピエトロ大聖堂（7.3）では、ブラマンテ以来未完成だった計画にミケランジェロが目途をつけ、中央の交差部から広がる巨大な円筒ヴォールトを支えるジャイアント・オーダーの付け柱で最終的な聖堂の形を決定した。ギリシャ十字形平面の西側の腕の部分に開かれた入口を設けたことは、2軸対称を変更することになった。巨大なドームは3層の骨組みでつくられ、いずれもみえないようにされた鎖と構造下部を巡って置かれた2本組みの柱の形をとった外側の支えによって補強されていた。ドームはいくらかの変更を受け、ジャコモ・デッラ・ポルタ（1541-1604年）によって、ミケランジェロ死後の1590年に完成した。平面計画は西に2ベイを付加する変更が加えられて、明確なラテン十字形となり、さらにカルロ・マデルノ（1556-1629年）による巨大で劇的なファサードがつくられた。1626年に完成したとき、これが強いバロック的特徴を建物に与えることになった。全体としてサン・ピエトロ大聖堂は、初期ルネサンスから盛期を経てマニエリスムを暗示しつつ、バロックによる完成に至る、という展開の過程を体現している。

ローマ

ヴィニョーラは、ルネサンスのデザインを硬直化するように努めた、規則のつくり手のひとりだったにもかかわらず、バロックへの展開を進めさせる要因ともなった。ローマのイル・ジェズ聖堂（7.1）のためのヴィニョーラのデザインは、イエズス会が対抗宗教改革期に建設または再建したバロック聖堂の原型となった。美術、建築、デザインはローマの教会を劇的で刺激的で魅力的なものにしようとしていた。ヴィニョーラが完成したイル・ジェズのインテリアは、ローマの古典主義が巨大な規模の簡素さを伴って示すことができた、壮大さを希求した一つの作例だった。高い窓が身廊の円形ヴォールトを貫き、ドームのドラム部分の窓の輪が、日光が梁の部分に流れ込んで他の薄暗い空間に広がるという効果を挙げており、これは舞台の照明に通じるものだった。イル・ジェズの絵画と装飾には（デッラ・ポルタによる1577年のファサードと並行して）後に（1670年頃まで）色彩と華やかで複雑な細部が付け加えられ、現在は完全に衝撃的なバロック空間になっている。

7.2（右）バルダッキーノ、サン・ピエトロ大聖堂、ジャンロレンツォ・ベルニーニ、ローマ、1624-1633年

大聖堂のインテリアはこの法外なバルダッキーノ（天蓋）によってバロック的なドラマを与えられた。天蓋は大理石と青銅（コロセウムの石を固定していた留め具から取られたものだといわれてきた）でできており、部分的に金が塗られている。聖歌隊席の東端に聖ペトロの儀式的な座があり、その上に壮観な金の日輪がある。

7.3（左）サン・ピエトロ大聖堂、ミケランジェロ、ローマ、1546-1564年

南西からみた堂々とした大聖堂の外観。ドームの構造は内部の鎖で補強されており、支え壁は不要になっている。ドームはジャコモ・デッラ・ポルタによって1588-1590年に完成された。

ベルニーニ

ジャンロレンツォ・ベルニーニ（1598-1680年）は彫刻家として仕事を始め、建築に関心を移してからも彫刻を利用した計画に継続して関わった。そのため、ベルニーニはバロックの発展に彫刻家的な考え方を持ち込むことになった。1629年、サン・ピエトロ大聖堂の建築家に任命され、1624-1633年、ドームの真下の中央に置かれる巨大なバルダッキーノ（天蓋）（7.2）をデザインした。これは空間を支配し、主観的な特性をバロックの語彙に組み入れるという、バロックの焦点を提示した作品だった。またこれは彫刻であるとともに建物でもあり、4本の巨大な青銅の柱が10階建ての建物の高さで屋根あるいは天蓋を支えていた。柱は少なくとも形式上はローマ・コリント式だが、捻れており、固定的な支持体というよりも誰か巨人が捻ったようにみえ、激しい動きを感じさせる。天蓋の上では、S字状に曲がった半アーチが球の上に乗った金の十字架を支えている。全体は彫刻で作られた葡萄の木、天使やいろいろな像で覆われており、これらがこの天蓋に生き生きとした動きを与えている。教会の一番奥のアプスにある祭壇の裏にはベルニーニのもうひとつの作品がある。聖ペトロ（サン・ピエトロ）の椅子といわれるもので、黄色いガラスの中央部を取り囲む光線を表す巨大な金の装飾の上に載っていて、建物の端からでもみることができる。

ベルニーニのローマにある小さな教会サンタンドレア・アル・クイリナーレ聖堂（7.4、1658-1661年）は、礼拝堂や内陣としても使われる小さなニッチ（壁龕）に囲まれた楕円形の空間にドームを1つ架けたものである。立面図でみるとドームの断面は楕円形の平面のちょうど半分に一致する。コリント式の柱が壁に沿って並び、天使などの彫刻がドームの土台の窓や頂上の円窓に留まっている。動作を暗示するために次第に細くなったり曲がったりする通路や階段への関心にもバロックの原動力が現れる。サン・ピエトロ大聖堂に付け加えられたスカラ・レジア（1663-1666年）は教皇庁に通じる階段だが、ベルニーニによってデザインされ、傾斜す

7.4 サンタンドレア・アル・クイリナーレ聖堂、ジャンロレンツォ・ベルニーニ、ローマ、1658-1661年

基本的に楕円形の平面で、放射状に小礼拝堂を配置して上にドームを架けている。彫刻像が丸天井に付く。付け柱とエンタブラチュアは古典的だが複雑な平面と彫刻の量感でバロックらしい処理がなされている。

7.5 サン・カルロ・アッレ・クワトロ・フォンターネ聖堂、フランチェスコ・ボッロミーニ、ローマ、1634-1643年

修道院聖堂のインテリアはバロック・デザインの代表作として知られる複雑な空間構成を現している。

7.6と7.7 サン・カルロ・アッレ・クワトロ・フォンターネ聖堂、平面図

平面は底辺を共有する2つの正三角形に基づいている。両方の三角形に内接する円と、三角形の重なり合う頂点Vを中心として描かれた弧がある。半径Rが三角形と接するのはT点である。

1. クアトロ・フォンターネ通り
2. クイリナーレ通り
3. 聖堂入口
4. 主祭壇
5. 回廊
6. 修道院入口

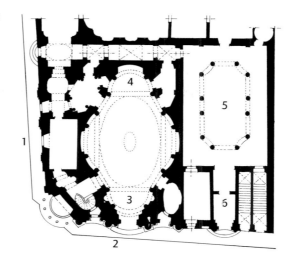
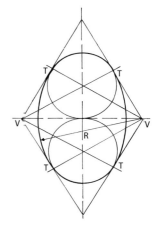

る円形ヴォールトを両側で支える列柱を持っている。窓の光は階段のちょうど半分の所と一番上の踊り場を照らしているのに、通路全体は上に行くほど幅も高さも次第に減っていく。透視図を形にした小さくなっていく形体と空間の明と暗の対比は劇的な効果を発生させている。

ボッロミーニ

フランチェスコ・ボッロミーニ（1599-1667年）は、独立した仕事をローマで得るまで、マデルノとベルニーニの両方と一緒に働いたことがあった。サン・カルロ・アッレ・クワトロ・フォンターネ聖堂（7.5、7.6、1634-1643年）は小さな修道院と修道院の教会で、バロックの原型的な業績と考えられることが多い。建築は2つの通りが交差する場所にあり、それぞれの角に泉水がつくられている（「4つの泉」という教会の名はこれに由来する）。そのうち塔の根元にある泉水は、この聖堂の外観に強力な存在感を与えている波打つようなファサードの横に位置する。小さな修道院の中庭は単純な長方形だが、四隅は凸面に変わっていて角を切り取られたようになっている。聖堂は高い空間で平面は複雑だが基本的には楕円形で、2本組みの柱が内側にあり、アプス（半円形の張り出し部）は外に出っ張っている。概略図的に分析すると平面は底辺を共有する2つの正三角形を基にしていることがわかる。平面を支配している楕円はこの正三角形に内接する円から得られたものである（7.7）。

楕円は床の装飾、そして上部では八角形、六角形、十字形の格間をもつドームの縁によって

7.8（左）サンティーヴォ・デッラ・サピエンツァ礼拝堂、フランチェスコ・ボッロミーニ、ローマ、1642-1662年

ドームの見上げは複雑な形体を示し平面は六角星の上に描かれる6つの円が、凸面と凹面が交互に連なる形をつくる。三角形、六角形、重なり合う円、星形から形がつくれていった跡をたどることができる。

7.9（右）サンティーヴォ・デッラ・サピエンツァ礼拝堂平面図

2つの重なり合う正三角形が六角形と12個の小さな三角形をつくり、平面の基本が決められていた。円には六角形が内接している。

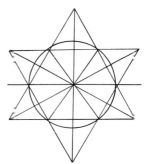

も強調されている。格間は頂上のランタンに向かって上に行くほど形が小さくなっていく。光はドームの底辺にあるクリアストーリーと頭頂の開口部から入ってくる。弾性があるかのような壁の屈曲、曲がったペディメント、祭壇と脇のアプスの上にある「転がる」ような半アーチなどは、ドームの複雑な形体や制御された日光がもたらす劇的な効果とも相まって、すべてがこの空間を動きと緊張の両面で並外れたものにしている。

　サンティーヴォ・デッラ・サピエンツァはボッロミーニによって、デッラ・ポルタが設計したローマ大学の中庭に建てられた礼拝堂である（7.8、1642-1662年）。中央の部分にドームが架けられているとみえるかもしれないが、詳細な検討をすれば、バロック・デザインの典型といえる複雑さが現れてくる。実際に平面は正三角形に基づいているが、サン・カルロのように底辺を共有する代わりに、2つの三角形は重なり合って六角星をつくる（7.9）。垂直方向の支壁（それぞれに2本の実効のある付け柱をもつ）が星の内側の角に置かれて円環をつくっている。星形の外に突出している部分については、重なり合う正三角形の3つの角になるが、一方の三角形が1カ所の祭壇アプス（半円形の張り出し部）と入口両側のアプス的なニッチの場所を決めることになる。もう1つの三角形の角が入口と祭壇両側のニッチとなる。星の頂点が、基となる異なる正三角形によって2種類になり、これが交互に並ぶ構成にしたことで複雑なリズムが生まれ、これは上部のドームでも繰り返されている。

　金の星を散りばめた白いドームは単純な円形ではなく、計6面の凹面凸面が交互に連なり、ランタン（頂塔）に開かれた頂点の円窓に向かって立ち上がっている（7.10）。外からみると、ランタンの上には渦巻きあるいはらせん状の彫刻的な部分が載っている。この象徴的な意味は多義的で不明確だが、この突飛な視覚的振る舞いはまさにバロックならではのものである。

ヴェネツィア

ロンゲーナ

　ヴェネツィアはバロックのデザインが支配的になった都市というわけではない。例外的なバロックの建築がバルダッサッレ・ロンゲーナ（1598-1662年）のサンタ・マリア・デッラ・サルーテ聖堂（1631年以降）である。これは高く円形でドームの架かった中央部分を側廊とアトリウムが取り囲んでいる八角形の建物で、八角形の各辺が放射状の礼拝堂、玄関、そして8番目の辺が内陣に向かうアーチ状の開口部となっている。内陣はほとんど別に付け加えられた建物といってもよいくらいで、より小さいドームを独自に戴いており、聖堂本体からはこのアーチを通してみることになる。聖堂はドームの16の大きな窓から明るく採光されていて、床は明るい黄と黒の大理石を使った幾何学的で複雑な文様になっている。聖歌隊席へ向かう開口部があるにもかかわらず、内陣は比較的薄暗い。このようにさまざまな明暗の状況が生じているが、これこそがバロックの典型ともいえる空間の豊かさなのである。

　ヴェネツィアのインテリアは、1574年の火災の後修復された中世の政庁（7.11）のいくつかの部屋にみられるように、絵画や飾り立てた漆喰細工で覆われた驚くばかりの豪華な壁面を示している。議会の間では派手な金色の縁取りの

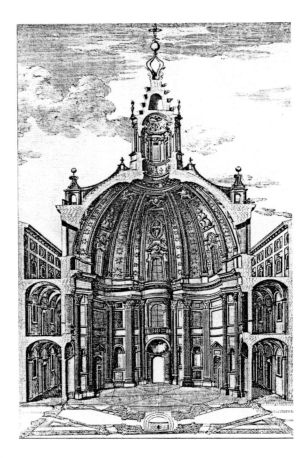

7.10 サンティーヴォ・デッラ・サピエンツァ礼拝堂断面図、ローマ、1642-1662年

この断面図は重なり合う正三角形に基づいた形態を示しているが、これが結果としてボッロミーニの礼拝堂の複雑さの基になっている。

イタリアと北ヨーロッパのバロックとロココ　163

7.11 議会の間、パラッツォ・ドゥカーレ、ヴェネツィア、1574年以降

ヴェネツィアの議員たちには、この見事で華麗なしつらえが会議のために用意されていた。壁の下部には木製パネルが巡らされ、そこに200人、またはそれ以上の議員の席があった。上部は絵画で埋められているが、中の絵を圧倒するほど存在感のある金の額縁に入っている。これからの絵画のうちのいくつかは、ティントレットとその弟子たちの作品である。

7.12 サン・ロレンツォ聖堂、グアリーノ・グアリーニ、トリノ、1666-1680年

サン・ロレンツォのほぼ八角形のドームはグアリーノの複雑な形体への関心を示している。重なり合う8つのアーチ、8つのドーム基部の窓、上部の16の窓が高い円蓋をつくりあげている。ドームは明るいが、下は薄暗く、しっかりと彩られて、金に塗られた部分もあり、複雑な曲線をみせる建築とも相まって豪華に装飾されている。

天井画がみる者を圧倒するにもかかわらず、さらに巨大な壁掛け時計と羽目板の列の上に並ぶ絵画が壁面を占めている。ヴェロネーゼは同様に手の込んだ大会議の間の絵画を1585年に制作したが、ここでは幻視的な透視図法によってバロック的な建築が現れており、「ヴェネツィアの

凱旋」を統領の椅子の上方で演じる人物たちの背景になっている。

トリノ

グアリーニ

バロックの作品を北に持ち込んだのは、テアティノ会の修道士で、主な作品があるトリノに来る前はポルトガル、スペイン、パリでも働いたグアリーノ・グアリーニ（1624-1683年）だった。グアリーニは哲学者でもあり、数学者でもあったが、著書『世俗建築』（1737年）によって建築にも広く影響を与えた。世俗建築の代表作はトリノのパラッツォ・カリニャーノ（1679-1692年）で中央の中庭を囲んで堂々とした区画が築かれ、それは外観にも反映されて、ファサード中央部は波のような曲線を描いて膨らんでいる。入口からは楕円形の列柱のあるアトリウムに導かれるが、ここは中庭に向かって開いている。両脇の小さな玄関は上るにつれて曲がって行く階段に通じており、2つの階段は上がりきったところの広い楕円形の主室への入口で出会うことになる。この主室にはドーム状の天井が張られていて中央に開口部があり、隠れた窓からの光が照らす、上階のもう1つの天井をみることができる。

グアリーニのトリノ、サン・ロレンツォ聖堂（7.12、1666-1680年）は王宮の建築群に組み込まれている。外観は正方形だが、司祭の住居用の小さな区画が張り出していて、さらにギリシャ十字形、八角形、円、曲線を重ね合わせることで生まれた名付けようのない形など、さまざまにみえる膨らんだり退いたりする形体の複雑な型にしたがって窪まされている。内陣はほぼ楕円形である。これらすべてにバロックの建築的彫刻的装飾が華やかに付け加えられているのである。ドームは単純な半球形ではなく、交差する8つのアーチがつくる格子状のもので、中央部の八角形の開口部から始まり採光部のある頂上のランタンに至る。ドームの基に8つの小さな窓、アーチの間に8つの大きな楕円形のものと8つの小さな五角形の窓があり、8つの窓がランタンにもあり、さらにこの驚くべき構造体の頂上には小さな8つの窓をもつドームがある。サン・ロレンツォのドームの幾何学的な複雑性と多くの窓から差し込む光線は、無限という理念に結びついていた。薄暗い聖堂本体の下部との対照は非常に劇的だ。

1667年、グアリーニはトリノ大聖堂の仕事に取りかかった。この聖堂は、キリストが十字架にかかった後遺体に被せられていたといわれ、「聖骸布」として知られる聖遺物を保管する場所でもあった。できあがったサンティッシマ・シンドーネ礼拝堂（7.13）は黒と暗い灰色の大理石が並ぶ暗く厳粛な空間だった。大聖堂から礼拝堂に行くには2連の暗く曲がった階段を上っていく。2つの階段からの入口と（そばの宮殿につながる）後部正面にある出入口が正三角形の3点を形成している。6つの窓をもつドラムの底辺となる環状部を支えて3つのアーチが立っている。それらの上に円錐状のドームが6つの平らなアーチ積みを重ねてつくり上げられている。アーチは下のアーチ中央の頂点上から立ち上がり、上にいくほどだんだんと小さくなり、高さを強調する透視図法的効果をあげている。アーチの背後に隠された窓から入る光がこの空間を照らし、礼拝堂全体の頂点には、やはり隠された窓から光を受ける小さなドームが被せられている。そして一番上のドーム中央の日輪からは黄金の鳥が吊されている。奇異で複雑な形体と光と影のつくりだす技巧をこらした効果は、この礼拝堂を人を戸惑わせる劇的で謎めいたものにしている。

ユヴァーラ

フィリッポ・ユヴァーラ（1678-1736年）は、トリノ郊外の市街を見渡す丘の上にある教会と修道院の複合体ラ・スペルガ（1717-1731年）のデザイナーだった。それは下の方に位置し、回廊を中心に左右対称に配置されている一連の修道院の建物に、高いドームをもつ聖堂を加えるという計画だった。この建築においてユヴァーラは、グアリーニの複雑さから引き戻して、バロックを盛期ルネサンスの最後の段階に近づけようとしたようにみえる。偉大なドームと側塔をもつこの修道院・教会複合体は、だいたい同時期に南ドイツで現れた形式に近い。しかしどの程度ユヴァーラがアルプスの北の作品に影響を与えたのか、そしてどの程度ユヴァーラが北の影響を受けていたのか、ははっきりしない。

イタリアと北ヨーロッパのバロックとロココ　165

7.13 サンティッシマ・シンドーネ礼拝堂、グアリーノ・グアリーニ、トリノ、1667-1690年

聖骸布のための礼拝堂は黒と灰色の石でつくられドームを戴いている。ドームの下部には窓が連なり、その上では多数のアーチが重なりあっている。アーチはそれぞれ下のアーチの中心に支点がある。隠された窓がアーチとアーチの上の小さなアーチの両方に光を当てており、これが神秘性を強調し、劇的衝撃的効果を高めている。

度の角度でつながる六角形のパターンに基づいて左右対称の配置し、これを広げて周りの庭園や風景につながるようにした。広い、2倍の高さの中央サロンは放射状に広がる部屋部屋と通路につながっていて、入り組んだ空間関係をつくりだしていた。装飾は絵画と金色の漆喰細工が組み合わさった豪華なもので、これは表面の装飾がますます豪華になっていながら基本的な形体は簡素化に向かっていた同時代のフランスのデザインの動向に気付いていたことを示している。ここではバロックよりもロココという用語がふさわしい。

北ヨーロッパのバロック

イタリアの北方にあたるヨーロッパの地域では、バロックのデザインは熱意をもって受け入れられ、ことに修道院と教会の複雑な空間理念はそうであった。より単純な世俗建築の空間は、手の込んだ装飾に覆われていて、フランスのロ

トリノ郊外のストゥピニージにある巨大な王宮（7.14、7.15、1729-1733年）はサヴォイア家のヴィットリオ・アマデオ2世のために建てられ、ユヴァーラは低層の建物の複合体を30-60

7.14 ストゥピニージの狩猟小屋、フィリッポ・ユヴァーラ、トリノ、1729-1733年

フレスコ壁画と漆喰装飾で飾られた狩猟小屋の大ホールで、演奏家と歌い手のためのギャラリーにつながっている。この手の込んだ装飾は簡素な小屋というより、実際には王宮そのものというべきで、中央の中庭に面した馬小屋や召使いの区画とは際だった対照をなしている。

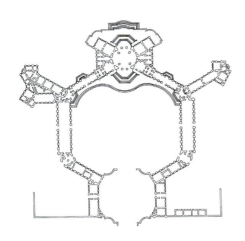

ココの影響が大きかった。

オーストリア

イタリアとオーストリアのバロックの関連性は、イタリアの家庭に生まれオーストリアに移住したカルロ・アントニオ・カルローネ（1708年没）の作品から知ることができる。カルローネはリンツ郊外のザンクト・フローリアン修道院（7.16、1718-1724年）の設計者で、この教会の天井はわずかにドーム状になったヴォールト（セイル・ヴォールトと呼ばれることもある）の連なりでできている。滑らかな漆喰の地に天井画が描かれていて、高いドームであるかのような幻影を生み出しており、建築の細部は騙し絵的な透視図法で描かれている。修道院の建築はオーストリア人のヤーコプ・プランタウアー（1660-1726年）が完成させたがオーストリア人の、F. J. ホルツィンガーによる漆喰と偽大理石の細工で飾り立てた儀式用の大理石の間もこれに含まれている。ここの天井画はいずれもイタリア人のアルトモンテとスコンザーニが描いたものだった。近くのメルクの大修道院（7.17、7.18、1702-1738年）はドナウ川を見下ろす断崖の上に建つ広大な複合体だが、すべてプランタウアーのデザインである。漆喰の建築装飾と幻視的な天井画のある教会のインテリアはイタリアの前例に従っている。図書館のような宗教的施設ではない空間には、機能的でも装飾的でもある突き出したバルコニーがあり、大理石の間

7.15 ストゥピニージの狩猟小屋平面図、フィリッポ・ユヴァーラ

ユヴァーラの平面計画の焦点は大ホールで、そこから放射状に部屋が配され、中庭を囲むおよそ六角形の部分につながる。

7.16 ザンクト・フローリアン修道院、ヤーコプ・プランタウアーとアントニオ・カルローネ、リンツ、オーストリア、1718-1724年

大理石の間はカルローネの死後プランタウアーが引き継いで完成させた。大理石模様を描き、金を塗った柱頭と華美な漆喰細工があり、これらの上にイタリア人美術家マルティーノ・アルトモンテの天井画がある。透視図を駆使しただまし絵的な天井画はオーストリアの栄光とこの時代にトルコに勝利したことを讃えている。

イタリアと北ヨーロッパのバロックとロココ 167

7.17（上）大修道院の図書室、ヤーコブ・プランタウアー、メルク、オーストリア、1702-1738年

書架が壁に並び、その上で飾り立てた腕木がバルコニーを支えている。床は大理石板がタイルのように張られていて、天井は華麗な天井画のために平滑である。

7.18（下）メルク大修道院、ヤーコブ・プランタウアー、オーストリア、1702-1738年

オーストリアのバロックの好例。湾曲した側面の壁、赤茶色の大理石の付け柱、漆喰装飾に覆われた上部バルコニーなどが過剰な迫力を生み出している。クリアストーリーからの光が丁寧に装飾されたアーチを照らす。

なども含めて、オーストリア、ドイツ、フランスの宮殿デザインに典型的にみられるロココの装飾を目指していたといえる。

ウィーンではヨーハン・フィッシャー・フォン・エルラッハ（1656-1723年）がカールスキルへ（聖カルロ聖堂、1716-1737年、7.19）を設計した。中央部は楕円形のドームを戴き、2つの大きな礼拝堂と4つの小さな礼拝堂は放射状に配置されている。巨大なアーチが深い内陣に向かって開かれており、奥には柱のついた仕切りがあるが、聖歌隊席がその先にあることがわかる。壁にはコリント式の付け柱が採用されているが、全般的に細部の装飾は抑制されているので、みる者の注意は中央祭壇の上の日輪（隠された窓から採光）に集まることになる。

168　イタリアと北ヨーロッパのバロックとロココ

スイス

　チューリッヒに近いアインジーデルンの大修道院（1703年以降）はもう1つの強大な修道院・教会複合体で カスパール・モースブルッガー（1656-1723年）が設計した。入口のところにある大きなドームが架かった八角形の区域に小さな礼拝堂があり、内陣と祭壇に向かってだんだんと柱間が小さくなって連なっている。重なり合った彫刻と幻視的な天井画が、バロックらしい劇的な空間の複合を生んでいる。ザンクト・ガレンに古い修道院が再建されたのは1748-1770年のことで、ドイツの建築家ペーター・トゥンプ（1681-1766年）によるものだった。聖堂には長く細い側廊の付いた身廊があり、真ん中にはドームの架かった円形の空間がある。図書館もまた目を見張るインテリアである（7.20）。

ドイツ

　トゥンプはまた、1745-1751年に建設されたビルナウの巡礼教会（しばしば新ビルナウ聖堂と

7.19 カールスキルヘ、ヨーハン・フィッシャー・フォン・エルラッハ、ウィーン、1716-1737年

　楕円形でドームを戴くカールスキルヘ（聖カルロ・ボッローメオ教会）のインテリアは礼拝堂に囲まれている。深い内陣は側面の窓で照らされ、光の焦点は祭壇上の日輪にある。下の円柱越しに向こう側の聖歌隊席がみえる。クリアストーリーからの限られた光が、大理石の華麗な建築細部と装飾に満ちた薄暗い室内に射し込んでいる。

7.20 ザンクト・ガレン修道院図書館、ザンクト・ガレン、スイス、1748-1770年

　この華麗なインテリアの豪華さは際立っている。修道院図書館は、（ここの場合のように）古く貴重な手稿の保管場所となることが多く、その空間は念入りに管理され、側の教会と同様に壮麗でなくてはならなかった。ヨーゼフ・ワンネマハーによるフレスコ画、ヨーハン・ゲオルクとマティーアスのジグル兄弟による漆喰細工、修道士でもあったガブリエル・ローゼルによる胡桃・桜・松材を使った木彫がデザインを華やかにしている。

イタリアと北ヨーロッパのバロックとロココ 169

7.21 ビルナウの巡礼教会、新ビルナウ聖堂、ペーター・トゥムプ、ドイツ、1745-1751年
単純な長方形の堂内とそこから突き出た内陣があるだけの簡素な平面構成だが、過剰な漆喰と絵画による装飾のためにそうはみえない。

呼ばれる）の設計者でもある（7.21）。比較的単純な長方形の聖堂の壁のまわりに突き出したバルコニーと張り出した内陣が空間的な興趣を添えているが、これは彫刻的幻視的な天井画によってさらに増幅されている。また天井画を区切る帯状の部分には時計を組み込んでいる。

ドミニクス・ツィンマーマン（1685-1766年）による、ディー・ヴィースとして知られる巡礼教会（7.22、1744-1754年）、ヨハン・ミヒャエル・フィッシャー（1692-1766年）によるオットーボイレン（1737年以降）とツヴィーファルテン（1739-1765年）の修道院・教会複合体は、バロック的主題、つまり複合的空間、豪華な装飾的彫刻、幻視的絵画を示す、それぞれが独特の作例である。わずかな都市しかない農業地域で、旅行の経験もなく、他に芸術に接する機会のなかった住民たちが、光に溢れ、圧倒的に多様な色彩と装飾で満たされたこれらの教会の1つに入っていったとしたら、それはさぞ刺激的感激的な体験だったに違いない。ドイツの都市バンベルク近辺のフランケン地方には、最もよく知られたバロック教会の1つ、フィルツェーンハイリゲンの巡礼教会（1742-1772年）があり、高い土地に他と離れて建っている（7.23）。ヨハン・バルタザール・ノイマン（1687-1753年）は元来軍事技術者で、建築家として働くためにフランケン地方に戻ってくるまで、君主でもあったヴュルツブルク司教によってウィーンとパリに派遣されていた。2つの塔をもつ禁欲的な外観からは、インテリアのバロック的複雑性とロココ的装飾を想像することはできない。平面は基本的にラテン十字形だが、側廊の配置と天井の低

7.22 ディー・ヴィース、ドミニクス・ツィンマーマン、フュッセン、バイエルン、ドイツ、1744-1765年

ディー・ヴィースとして知られるキリストの鞭打ち巡礼教会のインテリアは白と金で大々的に彩色され、複雑な漆喰装飾は溶けあって靄のようにみえる。天井の縁には、一部分は立体的で一部分はだまし絵になった建築装飾が連なっている。

7.23 フィアツェーンハイリゲンの巡礼教会、ヨハン・バルタザール・ノイマン、バンベルク近郊、ドイツ、1742-1772年

この大規模な巡礼教会には、崇敬される遺物を納めた中央祭壇があり、平面は床、バルコニー、天井という各レベルで複雑に連結された楕円形に基づいているが、インテリアは空間としてほとんど不可解なまでに豪華である。このバロックの理念に白、金、ピンクのロココ的装飾が加えられ、天井画は手の込んだ漆喰装飾と溶け合っている。床の大理石の格子だけが簡素である。

イタリアと北ヨーロッパのバロックとロココ 171

7.24 司教館、ヨハン・バルタザール・ノイマン、ヴュルツブルク、ドイツ、1735年

上下運動も含めて、動きの表現に魅せられていたバロック時代には、手の込んだ階段をつくることが好まれた。教会とは違う宮殿としての階段の扱いでも、ノイマンは儀式的な動きの場として設計している。ほとんどの面は白だが、ロココ的手法の華麗な装飾と彫刻で飾られている。天上の世界を示す色鮮やかなフレスコ天井画（1751-1753年）はティエポロによるものである。

いドームがつくる楕円形の連なりが平面計画を手の込んだ複雑なものにしている。14人の殉教救難聖人に捧げられた巡礼聖遺物祭壇は楕円形ドームの下の身廊にあり、この楕円形ドームは楕円形・円形の連なりと重なり合って、室内空間全体を暗示的な動きに満ちたものにしている。窓は大きく、ガラスは透明なので、白、金、ピンク主体の空間に光が流れ込む。つや消しのロココ様式の漆喰細工や絵画は、光と動きに満ちた聖堂内で技巧的な効果を助けている。

ノイマンは、巨大な宮殿であるヴュルツブルク司教館（7.24、1735年以降）の設計者でもあった。ここには壮観なロココ様式の礼拝堂、儀式ばった大階段、ヴェネツィアの画家ジョヴァンニ・バッティスタ・ティエポロ（1696-1770年）によるフレスコ天井画があるカイゼルザール（皇帝の間）がある。画面から漆喰細工の上に溢れ出す描かれた切れ目のない空間と前景細部ともに、漆喰細工は天井画に溶け込んでいっている。

ウィーンの建築家ヨハン・ルーカス・フォン・ヒルデブラント（1663-1745年）はヴュルツブルク司教館でノイマンの相談役を務めた。ウィーンのピアリステン聖堂（1715-1721年）、やはりウィーンにあるベルヴェデーレ宮殿の上宮（1700-1723年）によってヒルデブラントの名声は確立した。上宮は大きな整然とした庭園の上端に建っていて、低い部分にある他の宮殿を見下ろす位置にある。突き出た中央の玄関が大階段室に入る入口である。中央階段の低い部分は踊り場で2つに分かれ、長く連なった規則的な部屋部屋の中央にある広間につながる。階段室の形状は単純な正方形だが、ロココ様式の彫刻装飾が連なっている。キューピッドの彫刻に支えられた巨大な灯籠が手すりの隅にあり、さらに天井の中央からもう1つの灯籠が下がっている。上に並ぶ各部屋は1つずつ異なったロココ様式の建築装飾とフレスコ画で飾られている。

宮殿のデザインでは、一部の部屋だけが当時の最新様式で装飾されることがめずらしくない。たとえばドイツのアウグスブルクにあるシェッツラー宮殿（1765-1770年）につくられた祝祭の間（フェストザール）である。この部屋は、ロココ様式の漆喰細工と木工品、手の込んだ縁の

172　イタリアと北ヨーロッパのバロックとロココ

7.25 アマリエンブルグ、ニュンフェンブルグ宮殿、フランソワ・ド・キュヴィイエ、ミュンヘン、ドイツ、1734-1739年

ヨーハン・バプティスト・ツィンマーマンによる銀と空色の漆喰装飾が窓と鏡を縁取っている。ロココ様式の装飾はすべて漆喰で、絵はほとんどない。部屋にめぐらされた鏡の角度が万華鏡のような反射の効果を生んでいる。大きなシャンデリアのろうそくの光が鏡に映って終わりのない反復が生じる。

鏡、壁付けの燭台、シャンデリア、天井と壁のフレスコ画で満たされている。この重々しさは、銀行家・銀商人でオーストリアのマリア・テレジア女帝への財政的な貢献が認められて貴族に列せられたこの館の主の重要な地位を象徴し、強調するものだった。

フランス・ロココ様式のインテリアデザインが与えた影響は、ドイツの宮殿、そしてそれだけでなく小さなより非公式な建物、庭園の四阿(あずまや)のようなものまで含めたインテリアが形成される過程で、重要な要素だった。フランソワ・キュヴィエ（1695-1768年）はパリでジャック・フランソワ・ブロンデル（1705-1774年）とともに4年間働いた後にドイツに戻り、パリの社交界で流行していた、華麗ではあっても一種抑制されたインテリアをつくりだした。最もよく知られた作品は、ミュンヘンのニンフェンブルク宮殿の敷地内で雉(きじ)撃ちのための狩猟小屋として計画された、小さな庭園の館アマリエンブルグ（7.25、1734-1739年）である。隣接する部屋の間にある中央の部屋は単純な円形だが、銀色とレモン色で装飾され、3つの窓は庭園に向かって開かれている。壁の鏡張りのパネルは、簡素な部屋の形をより複雑に変形させてみせ、壁と天井の銀色の漆喰細工と大きな中央のシャンデリアの輝きを繰り返し増幅する、一種の万華鏡的

7.26 バロック様式のタンス、パラッツォ・ヴェッキオ、フィレンツェ、イタリア、1660年

7.27 衣装ダンス、ドイツ、1778年

このドイツ・ロココのタンスでは、扉が花模様に囲まれた四季を表した絵画で飾られている。

7.28 渦巻き状持ち送りの卓、フランソワ・ド・キュヴィエ、1739年

この卓はこの建物を設計した建築家によってデザインされたもので、ミュンヘンにあるニュンフェンブルク宮殿のアマリエンブルグ、鏡の間の装飾と関連付けて考案された。

7.29 メクレンブルク＝シュトレーリッツ公妃フレデリカの肖像、ヨハン・フリードリッヒ・アウグスト・ティッシュバイン、1797-1798年

鏡と絵画は、ロココ特有の装飾への愛着から生まれた、適度に豪華で華やかな額縁に入っている。この作品のように、額縁はしばしば本体の絵画を圧倒した。

効果をあげている。

キュヴィエは他にも多くの王侯のインテリアを手がけており、ミュンヘン王宮内の宮廷劇場（1751-1753年）もそのひとつである。ここでは桟敷と巨大な中央ロイヤル・ボックスが馬蹄形に配置され、バロック-ロココ様式オペラ劇場の縮小された原型となっている。ミラノのスカラ座（1776-1778年、ジュゼッペ・ピエルマリーニ設計）のようなオペラ劇場は、大規模だがこれと同様の空間である。

家具とその他のインテリア用品

バロック時代の家具は基本的性格としてルネサンスのそれとそれほど変わらない。しかしバロックのデザインは豊かで力強い精巧さ——華美ですらあることを目指したから、華やかな宮殿の部屋のためにつくられた物の典型であるといえる。キャビネットの基本的な形体としては、扉や引き出しの正面に曲がった、あるいは膨らんだ形が導入されるようになった。脚はしばしば足下で曲げられ、水力旋盤が球体や球根形、壺のような形をつくりだした（7.26）。植物、人物像、寓意像（アレゴリー）、紋章などの彫刻は、建築的な繰形、付け柱、円柱などともに装飾として好んで用いられた。化粧張りの発達は木材の表面を多様な色と文様で飾り、他の装飾的、あるいはエキゾティックな材料と組み合わせて使われた。象牙、亀の甲羅、銀もときには利用されたし、大理石模様、木目模様、金塗り、描き込みなど疑似素材の技術も高く評価されたが、これは経済的だったからではなく、熟練した技能をみせつけるためだった（7.27）。

バロックの家具は大きく、ずんぐりと膨らんだ形が多かったが、対照的にロココのデザインは繊細で優雅な方向に向かった（7.28）。脚は細く、優しく曲がり、各部を組み合わせても寸法は小ぶりで、しばしば極めて入念につくられていた。また錫合金（シロメ）、銀、青銅、金箔などが装飾に使われ、キャビネットの天板には多彩な大理石が利用されていた。座るための家具では詰め物をしたクッションが多用されるようにもなった。曲げられた木の枠が、打紐、組紐、撚紐（よりひも）、あるいは間隔を詰めて打たれた装飾的な

7.30 礼拝用祭服の細部、モンテ・カッシーノ修道院博物館、イタリア、1700-1750年

バロック時代のテキスタイルはイタリア・ルネサンスの色と柄を、より強烈な色、より力強く流れるような柄にしたものだった。絹素材と銀刺繍がこの祭服を豪華なものにしている。

頭部の鋲などで端を飾ったクッションを支えていたのだった。鏡と絵画は装飾を彫り込み金を被せた額縁に入っていて、それは中の絵などを圧倒することもあった（7.29）。貝殻形、巻物、渦巻き模様などはＳ字形の曲線を含み、特に愛好された装飾の形だった。

ふつうの人工光線といえばろうそくの灯りだったから、燭台、壁付けの燭台、シャンデリアは機能的にも重要で、なおかつロココの装飾至上主義にとっては最高のみせ場でもあった。チェンバロはバロック音楽における基本的な鍵盤楽器だったが、たいてい外側と蓋の裏側の両方に絵が描かれた。脚もしくはスタンド（枠台）は卓の支持体部分のバロックまたはロココの流行に従っていて、ときには装飾的な彫刻となることもあった。典型的なバロック聖堂の後部ギャラリーに設置されるオルガンは重厚な構築物で、たいていは祭壇や説教壇に匹敵するほど彫刻が施され飾り立てられていた。中世以来の重要な機械的技術開発の結果である時計は、初めは教会や市庁の塔に置かれる大きくて高価な装置だった。その後も豪華な邸宅の部屋に飾られる地位の象徴ではあったが、だんだんと精度が増して小さくなり、費用は少なくてすむようになった。大きな装飾的なケースや彫刻のついた台がつくられるようになり、時計の形態は手の込んだものになっていった。

後には明るく着色した色が織物、敷物、そしてもちろん絵画の中で現れてくるが、ルネサンス時代に使われた色の範囲は、灰色の石、大理石、白い（または灰色がかった白の）付け柱、赤褐色の胡桃材などに限られていて、これはイタリア・バロックでも保持されていた。しかし織物ではだんだんと多様な色彩の文様が増加してくる（7.30）。また多彩な黄、赤、緑、を使った大理石模様など、より大胆な色彩と鍍金の使い方が、インテリアにおいて劇的な視覚効果をあげるのに貢献するようになる。ドイツとオーストリアではパステル調のピンク、軽い緑と青が鍍金や白漆喰とともに好まれた。より多くの色、しかしより繊細な色調は、ロココのデザインの特徴で、その典型は木材と壁の両方が柔らかな色で塗られていることだが、この場合も木彫や漆喰細工のある細部は金を塗るか繊細な淡い陰影をつけて強調されている。色彩豊かな布を壁に張ることも住宅のインテリアでは多くなっていく。カーテンは天蓋付きベッドの付属品として最もよく使われるもので、風通しを調節し、また最も豪華な邸宅の平面計画でも概して無視されていたプライバシーを守るために有効だった。布張りの板は時折衝立や扉に使われたが、窓のカーテンや窓に使う装飾的な襞布は18世紀になるまでほとんど現れなかった。床はふつう磨かれた寄せ木（小さな木を集めて模様をつくったもの）か大理石、またはタイルで、部屋の形や他のデザイン的要素の図形に合わせ、何色かで模様をつくっていた。絨毯や敷物はまだ希少な贅沢品だった。

主要な教会、大修道院、凝ったつくりの宮殿や富裕な人々の邸宅以外には、バロックとロココのデザインは限定的な影響しか与えなかった。大多数の人々は中世かルネサンス初期以来の家屋に住み続けており、新しい建物でも古いやり方で建てられていた。曲線的な形が彫られた、あるいは描かれた装飾にも現れ、「民俗的」あるいは「田舎風」の家具にもバロックの形態に向かう方向を跡づけることもできなくはないが、大方のこのような家の家具は種類も少なく、単純なものだった。

バロックとロココのデザインの豊かで複雑な特徴は、長年歴史家によって、ルネサンスの作品の頽廃し堕落したものとして扱われてきた。

古い歴史書はしばしばバロックのデザインに紙幅をあてていないか、数行の否定的な評価を記すだけだった。バロックとロココのデザインに対する正当な評価が新しく現れるのは、バロックがデザインの近代的理念につながる空間の複合を重要視していた点が理解されるようになったことと並行していた。たとえば、ジークフリード・ギーディオンは著書『空間・時間・建築』（1943年）の中で、近代的傾向についての研究を、ルネサンスとより豊かな空間的関心が現れるバロックとのつながりを議論することから始めている。ルネサンスの退廃と堕落とは全く違い、今やバロック時代は、それ以前の古典主義と、現代の最良のデザインにつながる新しい大胆な精神との間の最も重要な段階だと考えられるのである。

ヨーロッパの他の地域でのバロックとロココのデザインについて論じる前に、ルネサンスの思想がフランス、スペイン、オランダ・ベルギー、イギリスにどう伝わったかを検討しなくてはならない。それが以下に続く章の課題となる。

第8章

フランス、スペインにおける ルネサンス、バロック、ロココ

8.1 エスコリアル修道院、ファン・バウティスタ・デ・トレダとファン・デ・エレラ、マドリッド近郊、スペイン、1574-1582年

エスコリアルの複合体の中央にあるドーム付教会は、背の高い祭壇と豪華に塗られた装飾壁をもち、天井はヴォールトが架けられ、最も荘厳で、不吉な特性さえ感じさせる灰色花崗岩の空間の中に建っている。フェリペ2世はこれを計画した王であるが、彼は教会の裏側に広がる宮殿のエリアを持ち、右側の高い場所から祭壇を眺めることができるように、寝室に秘密の窓を作らせた。

　ルネサンス芸術のデザイン・コンセプトは、イタリアからフランス、中央ヨーロッパ、スペインへ伝わったとたびたび言われてきた。この"伝わる"という言葉の使用は、自然で、当然のように伝わる過程をほのめかしている。しかし、新しい思想というのは、普及しやすいのは確かだが、その過程は"異質"だからとか、疑わしいものとして反発され、拒否されることもあり、またある特定の時期と場所での事件や立場によっては歓迎され、助長されることもあるはずである。1494年から1522年にかけてイタリアに侵攻したフランス軍は、イタリア思想の知識をフランスの貴族社会にもたらした。プリマティッチオ、サンガルロ、セルリオ、レオナルド・ダ・ヴィンチそしてベルニーニはフランスで精力的な働きを果たし、イタリア思想をフランスで実践するための翻訳を可能にさせた。イタリアにおけると同様に、実験的なフランス初期のルネサンスは、次第に成熟した様式になっていく。イタリアの影響が同化されるにしたがって、フランス・ルネサンス（そして引き続きバロックへ）は特色ある様式として現れてくるが、後期フランスの作品をバロックと称するのは、疑わしいように思われる。なぜなら、後期フランス・ルネサンスの作品は、その特徴からして、イタリア、南ドイツにおける展開よりもより節度のある、保守的なものだったからである。そして、フランスにおけるロココの精巧な作品は、18世紀にまで延長したバロックと織り混ざりながら発展していくのである。

　スペインでは、イタリア直輸入とフランスを経て間接的に流入する両方の流れに基づく思想が、同じような道筋をたどって入ってくる。スペインの建築家たちはイタリアを旅行するだけではなく、ある場合には現地で働いて、盛期ルネサンス様式をもち帰り、そしてそれを幾分抑制され、接近しながらも、既存のものに組み込んだのである。豊かな装飾に対するスペイン好みは、濃厚に装飾するインテリアへの動きを促すことになり、それは強烈なバロック精神にあらわれる。18世紀におけるスペイン・ロココのデザイン的特徴は、明らかにフランスの先例に基づいているが、独自な地域性をもって発展した。スペインがアメリカ大陸開発で果たした役割は、スペインのバロックとロココの思想を、大西洋を横断して新大陸にまで、伝えるのを助けたことである。

フランス

　フランスにおける中世ルネサンスの思想は、保守勢力の抵抗とある種の段階までの奨励の両方と遭遇する。13世紀末に封建社会が深く築かれ、この時代のゴシック建築における表現は、ヨーロッパの他地域と比肩できないほどの完成の域に達していた。それと同時に、王権を中心とした中央集権政治、都市の成長、貿易の発展、そして都市や城の防備化の重要性の減少（鉄砲の開発で時代遅れとなり）が、旧来の中世的やり方の放棄へと段階的に移行させていくのである。

　教会勢力は、ますます強力になってきた貴族たちによって阻止されていくので、宗教建築は世俗建築に比べて重要性が失われていく。フランスはすでに教会や修道院施設が十分に供給されており、その一方で勢力を増した王を取り巻く貴族階級は、それに見合った力を城郭建築に目に見える形で表現される必要があると感じていた。ただし、宮殿や地方の城そして都市の邸

178　フランス、スペインにおけるルネサンス、バロック、ロココ

8.2 シャンボール城、ドメニコ・ダ・コルトナ（？）とジャック・スルドーとドゥニ・スルドー、ロワール、フランス、1519年頃起工

　今は失われている（または、建てられなかったかもしれない）上層階は、城の主要部分中央に建てられた二重螺旋の階段を眺められるようになっていた。この階段は、主要階をつなぎ、屋根へのアクセスができる。支えている柱は、イオニア式の柱頭で飾られ、天井はアーチ形の格間で覆われている。階段室はレオナルド・ダ・ヴィンチのデザインに基づいて考えられた。

8.3 シャンボール城の全体平面図

巨大な城の全体平面図は、建物が正方形の中央ブロックで構成され、それぞれの角に円形の塔を張り出した翼部を伴っていることを明らかにしている。低い翼部は正方形を形づくっている。中央ブロックは、それぞれの隅に居室をもち、中央階段を中心軸とする十字形の循環空間を経て居室間を行き来するようになっている。シンメトリーの配置は、古典的な計画の理想を初期ルネサンスに発見したことを証するものである。

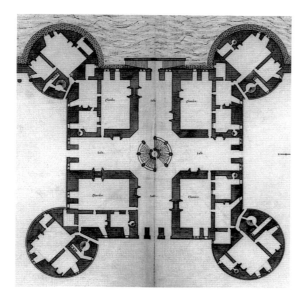

館は重要性がより高まり、防備の必要性がなくなって、より実用的で快適なものとしての性格に変化していくのである。

こうした社会の変化に従って、フランス王たちはその勢力と領地を拡大するための軍事的努力に没頭するようになる。1494年から95年にかけてシャルル8世（在位1483-1498年）はナポリ王国に対して軍隊を派遣した。この冒険の過程で彼と彼の家臣たちは、イタリア・ルネサンスの美術と建築を知る機会を得ることになる。イタリアの職人22人がフランスに連れて来られ、王室のさまざまなプロジェクトで働くことになる。その中にはシャルル8世の最も重要な住居があったアンボワーズ城の工事も含まれている。シャルルの後継者であるルイ12世（在位1498-1515年）もまたイタリアに出征し、ミラノとナポリの両方を獲得するのに成功した。ブロワ城に付属する翼棟は彼の名前からルイ12世棟と呼ばれ、コンセプト上は中世以来の保守的な側面もあるが、モールディングや円柱の柱頭は工事を施工した職人がイタリアの最新式実践を心得ていたことを示唆している。

初期ルネサンス

フランソワ1世（在位1515-1547年）は、1515年4日間にわたってバチカンで法王に謁見した。その際彼はローマで一世風靡していた盛期ルネサンスの作品を目の当たりにすることとなった。フランソワ1世の提案でレオナルド・ダ・ヴィンチは、1516年にフランスに移住することになり、1519年に死ぬまでアンボワーズ近郊に住んだ。外部階段で有名なブロワ城フランソワ1世の翼棟（1515-1519年）は、3層の古典的付け柱とモールディングをもち、それらは表面上フィレンツェのパラッツォ建築中庭の手法に基づいていた。急勾配の屋根には煙突と屋根窓が開けられ、実際にはフランスおよび中世の名残りがあった。

最も華やかな初期ルネサンスの城は、シャンボールにあるフランス王の巨大な狩猟用別荘である（8.2、8.3、1519年初期）。それは、濠に囲まれた中世的な円塔と壮大な屋根が、シンメトリーと規則正しいプランを宗とするルネサンスのコンセプトが絵画のように混ざり合った建築であり、主にアーチ、付け柱、モールディングの小さなディテールの中で、そのルネサンス思想を見ることができる。屋根における煙突、塔、ドーム、屋根窓の驚異的な集合は、イタリア・ルネサンスの古典主義を参照したディテールで溢れている。たとえそのやり方がたまたま採用されたとしても、それはフランス初期ルネサンスの典型なのである。シャンボール城の中央棟主室のインテリアは、開放された回遊空間で構成され、いわばギリシャ十字形プランの中央広間のような役割を果たしている。その真ん中には二重螺旋階段がそびえ立っている。この螺旋階段は、レオナルド・ダ・ヴィンチがアンボワーズ近郊に住んでいたことから、彼がノートに描いた階段スケッチからアイデアを得て、考案したものである。居室は矩形部分の四隅に配され、それに対して付属室、階段、廊下は四隅に張出した円塔の中に配されて、複雑な迷路空間をこの建物につくりだしている。建物の竣工時より、家具類は宮廷に近いパリから調達しなければならなかったので、インテリアにつくり付け家具はない。暖炉、扉口、格天井の石のディテールと中央階段は、すべてイタリアの施工方法を最大限参照にしている。

この建物の基本プランの作成者は、ドメニコ・ダ・コルトナ（1549年没）だと思われる。彼はやはり1495年に渡仏したジュリアーノ・ダ・サンガルロの弟子だった（サンガルロはドメニコがフランスに残留したのに対して、イタリアに戻っている）。フランスの石工頭であるピエール・ヌヴォーもまたその役割を果たしたが、建

築家としてなのか、あるいは誰かの指示による単なる施工者としてなのか、役割をどこまで担ったのかは不明である。

ロワール川に小規模なシャトーであるアゼー・ル・リドー城（8.4、1518-1527年）は、設計者名がわからない作品である。濠と湖に囲まれたL字形プランの建物で、視覚的にとても魅力的な構成を生み出している。出隅の小塔と濠は城郭建築を連想させるが、濠に面する背後のエレヴェーションはシンメトリーで、付け柱とモールディングのディテールは明らかに初期ルネサンスに属するものである。大階段は中央棟の真ん中に置かれている。奇抜な形の玄関が付く柱間は、建物の正面でその所在を印象づけているが、L字の翼部を張り出すことで、玄関を隅に追いやり、非対称のファサード構成にしている。アゼー・ル・リドー城は、家具と装飾ディテールの保存と修復が適切になされ、幸運にも当時のインテリアが保持されている。この程度の規模と豪華さの建物において、驚くべきことは、部屋が主要階の両側に連結して単純に並んで配されている点であり、そのために各部屋が隣の部屋を通り抜けて入るようになっている。そこでは異なる機能に特別合わせようとすることもプライバシーを守ろうとすることもない。主室のそれぞれは根太天井で、石の壁は布張りとなっている。そして、おそらくイタリア人彫刻家の作品だと思われる、規模が大きく、彫刻であふれたマントルピースが据えられている。厚い石の壁に設けられた窓は、厚い壁を刳り抜いて開けられ、それがアルコーブとなって、ある種のプライバシーを与える隔壁となっている。部屋が機能として固定していないので、家具はたとえそのために選ばれた機能が何であっても、置かれる部屋はどこでも構わなかった。たとえば、ある部屋の天蓋付ベッドや食卓、椅子が他の部屋に置かれても構わなかった。色彩は木と石の自然な色合いより、壁の仕上げ材に合わせて選ばれ、ある部屋は緑、他の部屋は黄色という具合に、部屋ごとの色調に合わせて使用された。

盛期ルネサンス

フランスにおける初期ルネサンスの実験的試

みからより確かな盛期ルネサンス、つまり地域に根ざした発展段階への転換は、何人かの国を捨てて移住してきたイタリア人たちの助力を得て到来する。彼らはイタリア式のやり方を、とりわけフランスらしい作品を創造できるように修正したのである。フランソワ1世の下で、フランチェスコ・プリマティッチオ（1504年頃-1570年）とジョヴァンニ・バティスタ・ロッソ（1494年-1540年）は、それぞれボローニャとフィレンツェ出身ではあるが、フォンテブロー（8.5、1533年以前）のフランソワ1世のギャラリーの装飾を手がけた。それは根太天井の架かった、長くて、狭い部屋である。梁間の木製パネルは幾何学的に彫刻され、そこに木製パネルの腰羽目が施されている。この板張りの上には一連の神話的、寓話的テーマの壁画でおおわれた壁が続き、人物や草花をモチーフとした装飾ディテールのスタッコ彫刻で枠付けされている。ストラップワーク（巻き込んだ革紐が組み込まれたパターンを連想させる帯状レリーフを用いた）が初めてここで現れた。

イタリア人建築家セバスティアーノ・セルリオ（1475-1555年）は、1540年にフランスに到着する前は建築書を出版したことで知られていた。彼はブルゴーニュ地方にあるアンシー・ル・フラン城（8.6、1546年開始）の設計者だった。それは中央が空いた正方形プランで、外観、中庭のどちらも4面がシンメトリーとなっている。古典的な付け柱とモールディングが建築書で書かれたとおりに、各階のエンタブラチュアとともに用いられている。各隅部に張り出した塔ブ

8.4 アゼー・ル・リドー城、ロワール、フランス、1518-1527年

城の典型的な部屋であり、居住者の望むどんな目的にも使用できる。ここには、カーテン付きのベッドが据えられているが、テーブルと椅子（折りたたみ式のサヴォナローラの椅子を含む）も質素な食事を出すために使用された。壁は黄色い絹で覆われている。巨大な暖炉と炉棚上の飾りは、イタリアのルネサンス様式で石彫りされ、フランス・ルネサンスのデザイン思想が台頭してきたことを指し示している。

フランス、スペインにおける ルネサンス、バロック、ロココ　181

8.5 フォンテンブロー宮殿、ジョバンニ・バティスタ・ロッソとフランチェスコ・プリマティッチオ、パリ近郊、1533年以前

フランソワ1世のギャラリーは、簡単な廊下のような空間だが、壁面パネルは隅々まで装飾が施された額縁の絵画とその上のスタッコが施され、入念につくられている。

これは大部分がイタリアの芸術家で彫刻家であるロッソ・フィオレンティノとして知られるジョバンニ・バティスタ・ロッソの作品である。梁の架かった天井は、いくらかの装飾ディテールを携えている。床は簡素な寄木張りである。

ロックは3階建てだが、塔と塔の間は2階建てでしかない。各面の中央にある入口要素は強調されることはなく、建築的ディテールの浅浮彫りがほとんど平坦な壁に施され、従って基本プランのコンセプトである単純な正方形を強調するのみとなっている。アーケードとニッチ（壁龕〔へきがん〕）は中央中庭の壁を精巧に仕上げている。数多くの屋根窓や煙突を伴う急勾配の屋根はこの建物にフランス的特徴をとりわけ示すもので、フランス・ルネサンスの規範が1世紀以上もの間そのまま残される。室内のプランは廊下の導入によって一歩前進する。つまり廊下に沿って部屋の列を平行に並べることで、四隅の階段を往来したり、いくつかの部屋を通り抜けせず、正方形プランの各部分を回ることが容易になったのである。

ピエール・レスコー（1515年頃-1578年）はフランス・ルネサンス様式の表現形式を確立させるのをさらにステップ・アップさせた。そ

れは彼がフランソワ1世とアンリ2世（在位1547-1559年）のために働いたパリのルーブル宮においてであった。彼は2階建ての上にアティック階を載せた方形中庭の1つの立面（1546年起工）を設計するのだが、それは古典主義の華麗な翻訳であり、次の世代へ強い影響を与えることになる。

フランソワ・マンサール（1598-1666年）は、フランス・ルネサンス建築の特徴を決定づける一連の計画の立役者だった。そして、ルイ13世（在位1619-1643年）とルイ14世（在位1643-1715年）の治世下で、バロック的特徴へ発展させるのである。

ノルマンディー地方にあるバルロワ城（1626年頃）は、全体構成はシンメトリーだが、両脇に低い翼棟が添えられ、中央部分が1段高い形式となっている。煙突と屋根窓を伴う高くて、急勾配の瓦屋根は、典型的なフランス的シルエットをこの建物に与えている。窓まわりと角の隅

石をより明るくし、その間の面をより暗くするという、石積みの色彩的対比は、密と空による基本的なプロポーションと比べると、古典的ディテールにあまり依存しない、視覚的な効果を創り出している。インテリアもまた壁の表面をおおうプラスター細工の豊かな装飾や壁画があるにもかかわらず、ある程度の自制と品格を保持している。庭園を見渡せる大広間は、簡素な板が配列され、むき出しになっている木造床が敷かれ、壁画を囲んでいる凝った偽大理石の壁面とは対比的である。

マンサールの名前は、フランス・ルネサンスの建物でしばしば見られる傾斜が急な瓦あるいはスレート葺の屋根と結びついている。アティック階は、不動産税が免除されたので、限られた費用で最大限のインテリア空間を得ようとするのに利用された。ヴィクトリアン時代のアメリカでは、こうした屋根が人気となり、想像上の創始者への感謝を込めてマンサードと名付けて知られるようになった。こうした屋根の例としては、マンサールによる有名なパリ郊外のメゾン城（またはメゾン・ラフィット城、1642-1652年、8.7、8.8）がある。全体がU字形の中心には、高い屋根と煙突、屋根窓をもつ奥行の深い部屋が1つあり、外観の白い石組には古典建築の装飾である付け柱、モールディング、ペディメントが施されている。大階段は全体に白くて豊かな彫刻が刻まれた大理石でつくられ、一連の諸部屋へ導いてくれる。各部屋は順次隣の部屋へ開かれており、精巧なつくりとなっているが、飾りっ気のない部屋である。このような貴族社会のインテリアが、彼らの豊かさからくる高圧的なものに見えたのに対して、小規模な邸宅（主に18世紀のもの）は、有力で裕福な一族によって建てられる。それがパリやフランスの他のわずかな都市に出現する、いわゆるオテル（邸館）で、ロココ様式のインテリアを備え、より控え目なスケールの様式的傾向へとつながるのである。

王室からの恩恵は、権力と裕福さの源泉だった。そしてそれを受け入れた人々はインテリア装飾と家具の中に王室のライフスタイルを思い出させる環境で生活したいと願った。オテル・ド・カルナヴァレ（1655年、現市立博物館）は、これもフランソワ・マンサールの設計だが、良い例である。そのインテリアは、さまざまな改修と模様替えを受けてはいるが、貴族社会のライフスタイルに合わせて採用された王室のインテリアがいかに壮麗だったか、その様子を際立たせている。

パリのサン・タントワーヌ通りにあるオテル・ド・シュリー（1630年頃-1640年）は、おそらくジャン・デュ・セルソーが設計したと思われ、彼の得意とするプランが用いられている。つまり通りからの入口は、厩や馬車置き場、厨房などサービス部分が含まれる2つの建物の間に開けられた門からであり、その奥に前庭が広がり、主屋のファサードはそこに現れる。近くにあるサン・ルイ島のオテル・ランベール（8.9、1640年起工）は、フランスの建築・装飾の発展で鍵となる人物の一人であるルイ・ル・ヴォー（1612-1670年）の初期の作品であり、それと同時に代表作でもある。ここには大階段ホールがあり、正面ファサードの後ろにある矩形中庭の奥に配されている。この階段の最上階からは一連の格式ある諸室が続き、矩形、八角形、楕円形の部屋そしてある場合は細長く、狭いギャラリーもその中に含まれる。各部屋は隣の部屋に開かれ、小さな階段と廊下が寝室廻りの私的な動線や使用人用に使われている。部屋のいくつかには、さまざまな芸術家の壁画で囲われ、贅沢に塗金されたプラスター装飾が旧状のまま保存されている。たとえば愛の間とかミューズの間のように、空想上の呼称をイメージできる壁画が部屋に描かれた。画家であるシャルル・ルブラン（1619-1690年）はここでル・ヴォーと

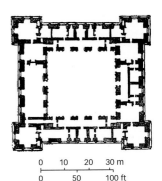

8.6 セバスティアーノ・セルリオ、アンシー・ル・フラン、ブルゴーニュ、フランス、1546年頃

中央の中庭廻りにすべての空間が配置されたシンメトリーの正方形平面は、このフランスの城のデザインにイタリアの影響が潜んでいることを示している。

8.7 メゾン城、フランソワ・マンサール、パリ近郊、1642-1651年

メゾン・ラフィットとしても知られるこの完璧なシンメトリーの城の平面は、U字形になっており、部屋同士がつながりをもって配列されている。それぞれの部屋が隣の部屋に開かれ、移動のための独立した廊下はない。入口広間の右には公式な大階段がある。しかし他のすべての階段は、ちっぽけなサービスのためのもので、目立ちにくい隅っこに配されている。

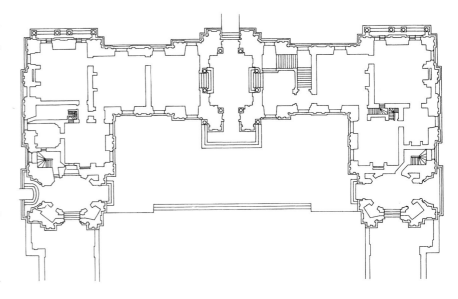

フランス、スペインにおける ルネサンス、バロック、ロココ

8.8 大広間、メゾン城、フランソワ・マンサール、1642–1651年

優雅で正確な古典主義は、この城の表玄関広間からはっきり見える。ローマのドリス式円柱とそれに関連するディテールは、装飾された天井と上部の彫刻された鳥によって緩和された自制の度合いを示している。色は至る所白である。

8.9 サロン、パリの邸館、サン・ルイ島、パリ、18世紀

抑制されたロココの装飾と色彩をもつ優雅なインテリア。右にあるハープシコードは脚のつけ根が装飾されて、その側面と蓋の内部には図像が描かれている。

184　フランス、スペインにおける ルネサンス、バロック、ロココ

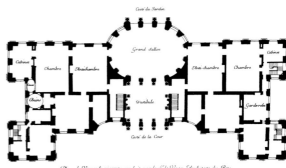

8.10（左）ヴォー・ル・ヴィコント城、ルイ・ルヴォー、ムラン、インテリアはシャルル・ルブラン、1656年

この寝室は王が立ち寄った場合を想定して設けられた。天蓋付ベッドは部屋から柵で仕切られたアルコーブ部分にある。それによってプライバシーが確立されている。アルコーブ部分の開口部に施された入念なディテール、絵画と彫刻で飾られた天井、そして絢爛豪華なシャンデリアは、王の象徴的な権威を表している。

8.11（上）ヴォー・ル・ヴィコント城の全体平面図、ムラン、1656年

城の全体平面は、楕円形のサロンが建物の庭園側正面に張り出し、室内のさまざまな部屋の中心を形成していることを示している。優雅な儀式的な寝室が次から次へと開いているが、私的な移動のための予備空間はない。階をつなぐ階段は、補助的な目立たない場所に配された。

もに働き、この2人はこれ以後いくつかの重要なプロジェクトにおいて共同で働くことになる。

パリの南端にあるヴォー・ル・ヴィコントの壮観な城（8.10、8.11、1656年）は、ル・ヴォーがルイ14世の財務相だったニコラ・フケのために設計したものである。この城は、アンドレ・ル・ノートル（1613-1700年）が幾何学的規則に基づいて設計した広大な庭園とセットとなって、建てられたものである。この作品がフランスにおけるランドスケープ・デザインの手法を確立したのである。城は中央に湾曲した楕円形の部分が張り出し、そこに広間を配し、庭園を見渡す窓が開けられた。反対側にはアーチ型で、コリント式付け柱で枠付けされた鏡張りの扉が設けられた。古典的エンタブラチュアの上とドーム天井の下の窓上部には、彫刻が施されたプラスターの彫像と花冠装飾で縁取りがなされている。一連の諸部屋には国王が訪ねるときを見越して意図された圧倒的に贅沢な寝室、そして衣服や入浴用の特別室が含まれている。さらに当時貴族社会の娯楽として普及してきたゲーム用のビリヤード室もあった。ヴォー・ル・ヴィコント城のインテリアは、厨房でさえそのまま残っているほどに、わずかな改変しか受けずに保存され、ルイ14世時代のインテリアデザインの特に優れた飾り付けを現在までみせてくれる。この城を最初に訪ねたルイ国王はその美しさとあからさまな費用に驚嘆した。その後すぐに行われた取り調べで、その所有者は投獄されることとなり、この城の設計者であるル・ヴォー、ルブラン、ル・ノートルを、王の宮殿の改造で働いてもらうために、ベルサイユへ転勤させることとなる。ヴォー・ル・ヴィコント城における楕円形の外観と長大な見通し、水路、噴水が組み込まれた広大な庭園が、フランスにおけるランドスケープ設計のバロック的特質を確立したのである。

バロック

　フランスにおけるルネサンス後期からルイ14世様式の作品までが、バロックとしてしばしば考えられている。現実には、フランスのデザインはイタリア、南ドイツ、オーストリアのバロック作品を特徴づけている極端に複雑で、精巧なものには向かわなかった。最も贅沢で、重厚な装飾が施されたものでさえ、そこにはある種の自制および論理性と規則正しさを重視するものがある。それゆえフランスが単にマニエリストやルネサンスのバロック的側面を飛び越え、盛期ルネサンスからロココや次に続く新古典的様相に直接移行したという議論も可能であろう。たとえ専門用語に何が用いられようが、ベルサイユの宮殿と庭園のような壮大なプロジェクトや宮殿に向かう放射状道路を盛り込んだベルサイユの都市全体の再建計画が、国王の栄光を表現するための手段として用いられたバロック的巨大さへの偏愛を示していることには変わりはない。

ベルサイユ

　太陽王は、自らが栄光ある軍隊の指揮官であり、世界で最も強力な権力者であることを正当化させるための舞台装置をベルサイユに創るよう命じた。インテリアは驚異的な贅沢さだった。大理石の壁と床、スタッコ装飾、彩色された壁、パネルと天井、そして塗金されたブロンズまたは銀の家具は、ル・ヴォーとルブランによって設計された。1668年、ル・ヴォーの死後まもなく、力作の第2段階がフランソワ・マンサールの甥であるジュール・アルドゥアン・マンサール（1619-1690年）によって引き継がれる。彼は庭園を見下ろす壮大なギャラリーである鏡の間を担当する（8.13）。そこでは室内壁の鏡が庭園を見渡す窓に向いて張り詰められている。天井画（ルブランによる）および塗金と大理石を駆使した建築装飾は、いくぶん創造力に乏しく、単調なコンセプトとディテールであっても、豪華絢爛たる部屋を生み出している。補足的な前室である戦争の間とそれと対称形の位置にある平和の間は、それぞれに贅沢なマントルピースがあり、その上には巨大な楕円形の装飾パネルが施されている。諸室は塗金、大理石、壁画、鏡、そしてシャンデリアが豪華に用いられている。それらは、見たところでは永遠に続く宮殿内の公的な諸室と同様に、ルイ14世様式が生み出し

インサイト

ルイ14世とベルサイユ

　フランスの太陽王ルイ14世は、見た人々すべてが驚嘆する宮殿をベルサイユに創造した。延臣であったサン・シモン候は、彼の回想記の中で、そこでいかなる生活がなされていたのか、おもしろおかしく、なおかつ要を得た説明で、以下のように記している。

> ルイ14世は、華麗なる宮廷向きの人物だった。彼の姿、彼の勇気、彼の優雅さ、彼の美しさ、彼の物腰など、それらは、彼が死を迎えるまで、働き蜂の王として他の男たちから抜きん出たものだった[1]。

> 婦人たちに対する彼の丁重さは比較にならないほどだった。彼は、どんなに卑しい女性に対しても、帽子を脱がずに追い越すことは決してなかった。彼がその身分を知っていた部屋付きのメイドに対してさえ同様だった。彼は、自分の従者を家族のすべてよりも上において巧みに対処した。彼が最も安心していられるのは彼らの間だったからだ[2]。

> 彼専用のアパルトマン、そして女王のアパルトマンは、最も不便であり、退屈で閉鎖的な、悪臭の漂うものだった。……私は、あまりに広大で、多大な犠牲を払って建てられた宮殿の奇怪な欠陥に、いつしか行き着いてしまったようである[3]。

ルイ16世の治世下にベルサイユを訪問したスレイル夫人も同じような所見を述べている。

> 女王は、寝室と応接間の2つの部屋しかもっていませんでした。まず最初にそこで彼女は眠り、服を着て、祈り、談笑し、彼女の姉妹とか私的に交流が許された人と会います。彼女は1人になれる部屋もなく、ベッド脇でいつも立ったまま使う室内便器を置く私室さえないのです[4]。

他のベルサイユの延臣だったロラン夫人は、1770年代に同じような流れに沿って書いている。

> フランス皇太子の娘のひとりだったルグラン夫人は、彼女のアパルトマンを私どもに貸してくださいました。それはパリ大司教のものと同じ通路に繋がったスレート屋根のアパルトマンでした。そして、大司教のアパルトマンとあまりに接近していたので、高位聖職者たちは彼の話が私たちに聞かれないように注意しなければならなかったほどであり、私たちも同様な注意が必要でした。そこは2部屋あって、質素な家具付きでしたが……通路の暗さとトイレの悪臭でぞっとさせる入口だったのです[5]。

1. *Memoirs of the Duc de Saint-Simon on the Reign of Louis XIV and the Regency*, trs. Bayle St. John (London, 1926), p. 216;
2. *Ibid*, p. 229; 3. *Ibid*, p. 272; 4. Quoted in M. L. Kekewich *Princes and People 1620-1714: Anthology of Primary Sources* (Manchester, 1994), p. 173; 5. Quoted in Evelyn Farr, *Before the Deluge: Parisian Society in the Reign of Louis XVI* (London, 1994), pp. 25-6.

た輝きの極致を示すショーケースだったのである。アルドゥアン・マンサールによって宮殿に増築された壮大な翼部で、とくに興味深い空間として、王の礼拝堂（8.12、1689年起工）と"娯楽の間"として知られる劇場つまりオペラ・ハウスが挙げられる。礼拝堂の背の高い中央空間は低層部がアーケード、バルコニー階はコリント式円柱の柱廊で周囲が囲まれている。ヴォールト天井下の天井画が描かれているレベルにクリアストーリーがあり、空間を光で満ち溢れさせる窓が各階に開いている。広い範囲で白と金の色が使われ、この空間は圧倒的な明るさである。金塗りのパイプオルガンは祭壇の上部にあり、ラモー、リュリ、クープランのような作曲家たちがここで行われた初めての演奏を思い起こさせてくれる。それはルイ15世の治世下である1770年まで竣工されなかった劇場においても同様だった。

ルーブル

ルイ14世はすでにあるさまざまな翼廊の集合を拡張、改修することで、パリのルーブル宮（8.14）をベルサイユ宮に比肩しうる都市型宮殿にしようと目論んだ。ルブランによるアポロンのギャラリー（1662年起工）のような、細長い空間にバレル・ヴォールトの天井が架けられ、彫刻と壁画で装飾された部屋（ベルサイユ宮における鏡の間の先触れ）は、インテリアを王室の標準形に向上させた。ベルニーニは、外観をバロックの構造にふさわしいように直す改修デザインを準備するためにイタリアから召集された。彼の3案続けて試みた計画案は"それぞれがあまりにイタリア的すぎた"とみなされた。つまりあまりにローマの宮殿に似すぎたので、国王を喜ばせるものではなかった。1665年ベルニーニは医師であり、アマチュア建築家であるクロード・ペロー（1613-1688年）にそれを残して、イタリアに帰った。そしてペローが、しばしば"新ルーブル"と呼ばれたルーブル宮東面に1667年から1670年にかけて建設されることになるデザインを提供するのである。それは簡素な基壇の上に、対になった円柱からなるコリント式オーダーの長いコロネードを吹き放ち、配列させている。これは、ペディメントを冠する入口要素を両側につなげた、ある種のロッジアを形成している。両端には、付け柱付きの、かすかに張り出した翼廊が配されている。全体としての効果は、ルイ14世時代の初期作品よりも

8.12（右）礼拝堂、ジュール・アルドゥアン・マンサールとロベール・ド・コット、ベルサイユ、1689-1710年

宮殿の北の翼棟にある王室礼拝堂は、アーケードのある下の階と、王とその従者のために設けられ、円柱を備えた上の階で構成されている。欄干や祭壇とそのうえのパイプオルガンに対して、そしてヴォールト天井と絵が描かれた半ドームのディテールにおいて、塗金は控え目にしか使われていない。床は幾何学的なパターンに敷かれた色大理石である。天井のフレスコ画はアントワーヌ・コワペル（1661-1722）の作品であり、大理石の祭壇はヴァン・クレーヴによると信じられている。

8.13（左）鏡のギャラリー、ベルサイユ城、ルイ・ル・ヴォーとジュール・アルドゥアン・マンサール、1679年から

シャルル・ルブランは、鏡のギャラリー（鏡の間）のインテリア・ディテールを決める首席デザイナーだった。この巨大ギャラリーの単純で基本となるデザインは、片側の壁面に沿って嵌められた多数の鏡を使った精巧な特徴を与えることだった。そしてこれらの鏡が反対側の窓を通して庭園の景色を映し出し、夜には無数のローソクによる光を映すのである。豊かな彩りの色大理石と塗金された漆喰細工のディテールは、壁面を豊かにさせている。そして半円筒形ヴォールト天井は彩色され、ルブランが琥珀色の色調の額縁の中にルイ14世治世下の初期時代を賛美する精巧な寓話的場面を描いた。床は寄木細工で模様が施された。

バロック

フランスにおけるルネサンス後期からルイ14世様式の作品までが、バロックとしてしばしば考えられている。現実には、フランスのデザインはイタリア、南ドイツ、オーストリアのバロック作品を特徴づけている極端に複雑で、精巧なものには向かわなかった。最も贅沢で、重厚な装飾が施されたものでさえ、そこにはある種の自制および論理性と規則正しさを重視するものがある。それゆえフランスが単にマニエリストやルネサンスのバロック的側面を飛び越え、盛期ルネサンスからロココや次に続く新古典的様相に直接移行したという議論も可能であろう。たとえ専門用語に何が用いられようが、ベルサイユの宮殿と庭園のような壮大なプロジェクトや宮殿に向かう放射状道路を盛り込んだベルサイユの都市全体の再建計画が、国王の栄光を表現するための手段として用いられたバロック的巨大さへの偏愛を示していることには変わりはない。

ベルサイユ

太陽王は、自らが栄光ある軍隊の指揮官であり、世界で最も強力な権力者であることを正当化させるための舞台装置をベルサイユに創るよう命じた。インテリアは驚異的な贅沢さだった。大理石の壁と床、スタッコ装飾、彩色された壁、パネルと天井、そして塗金されたブロンズまたは銀の家具は、ル・ヴォーとルブランによって設計された。1668年、ル・ヴォーの死後まもなく、力作の第2段階がフランソワ・マンサールの甥であるジュール・アルドゥアン・マンサール（1619-1690年）によって引き継がれる。彼は庭園を見下ろす壮大なギャラリーである鏡の間を担当する（8.13）。そこでは室内壁の鏡が庭園を見渡す窓に向いて張り詰められている。天井画（ルブランによる）および塗金と大理石を駆使した建築装飾は、いくぶん創造力に乏しく、単調なコンセプトとディテールであっても、豪華絢爛たる部屋を生み出している。補足的な前室である戦争の間とそれと対称形の位置にある平和の間は、それぞれに贅沢なマントルピースがあり、その上には巨大な楕円形の装飾パネルが施されている。諸室は塗金、大理石、壁画、鏡、そしてシャンデリアが豪華に用いられている。それらは、見たところでは永遠に続く宮殿内の公的な諸室と同様に、ルイ14世様式が生み出し

インサイト

ルイ14世とベルサイユ

フランスの太陽王ルイ14世は、見た人々すべてが驚嘆する宮殿をベルサイユに創造した。延臣であったサン・シモン侯は、彼の回想記の中で、そこでいかなる生活がなされていたのか、おもしろおかしく、なおかつ要を得た説明で、以下のように記している。

> ルイ14世は、華麗なる宮廷向きの人物だった。彼の姿、彼の勇気、彼の優雅さ、彼の美しさ、彼の物腰など、それらは、彼が死を迎えるまで、働き蜂の王として他の男たちから抜きん出たものだった[1]。

> 婦人たちに対する彼の丁重さは比較にならないほどだった。彼は、どんなに卑しい女性に対しても、帽子を脱がずに追い越すことは決してなかった。彼がその身分を知っていた部屋付きのメイドに対してさえ同様だった。彼は、自分の従者を家族のすべてよりも上において巧みに対処した。彼が最も安心していられるのは彼らの間だったからだ[2]。

> 彼専用のアパルトマン、そして女王のアパルトマンは、最も不便であり、退屈で閉鎖的な、悪臭の漂うものだった。……私は、あまりに広大で、多大な犠牲を払って建てられた宮殿の奇怪な欠陥に、いつしか行き着いてしまったようである[3]。

ルイ16世の治世下にベルサイユを訪問したスレイル夫人も同じような所見を述べている。

> 女王は、寝室と応接間の2つの部屋しかもっていませんでした。まず最初にそこで彼女は眠り、服を着て、祈り、談笑し、彼女の姉妹とか私的に交流が許された人と会います。彼女は1人になれる部屋もなく、ベッド脇でいつも立ったまま使う室内便器を置く私室さえないのです[4]。

他のベルサイユの延臣だったロラン夫人は、1770年代に同じような流れに沿って書いている。

> フランス皇太子の娘のひとりだったルグラン夫人は、彼女のアパルトマンを私どもに貸してくださいました。それはパリ大司教のものと同じ通路に繋がったスレート屋根のアパルトマンでした。そして、大司教のアパルトマンとあまりに接近していたので、高位聖職者たちは彼の話が私たちに聞かれないように注意しなければならなかったほどであり、私たちも同様な注意が必要でした。そこは2部屋あって、質素な家具付きでしたが……通路の暗さとトイレの悪臭でぞっとさせる入口だったのです[5]。

1. *Memoirs of the Duc de Saint-Simon on the Reign of Louis XIV and the Regency*, trs. Bayle St. John (London, 1926), p. 216;
2. Ibid, p. 229; 3. Ibid, p. 272; 4. Quoted in M. L. Kekewich, *Princes and People 1620-1714: Anthology of Primary Sources* (Manchester, 1994), p. 173; 5. Quoted in Evelyn Farr, *Before the Deluge: Parisian Society in the Reign of Louis XVI* (London, 1994), pp. 25-6.

た輝きの極致を示すショーケースだったのである。アルドゥアン・マンサールによって宮殿に増築された壮大な翼部で、とくに興味深い空間として、王の礼拝堂（8.12、1689年起工）と"娯楽の間"として知られる劇場つまりオペラ・ハウスが挙げられる。礼拝堂の背の高い中央空間は低層部がアーケード、バルコニー階はコリント式円柱の柱廊で周囲が囲まれている。ヴォールト天井下の天井画が描かれているレベルにクリアストーリーがあり、空間を光で満ち溢れさせる窓が各階に開いている。広い範囲で白と金の色が使われ、この空間は圧倒的な明るさである。金塗りのパイプオルガンは祭壇の上部にあり、ラモー、リュリ、クープランのような作曲家たちがここで行われた初めての演奏を思い起こさせてくれる。それはルイ15世の治世下である1770年まで竣工されなかった劇場においても同様だった。

ルーブル

ルイ14世はすでにあるさまざまな翼廊の集合を拡張、改修することで、パリのルーブル宮（8.14）をベルサイユ宮に比肩しうる都市型宮殿にしようと目論んだ。ルブランによるアポロンのギャラリー（1662年起工）のような、細長い空間にバレル・ヴォールトの天井が架けられ、彫刻と壁画で装飾された部屋（ベルサイユ宮における鏡の間の先触れ）は、インテリアを王室の標準形に向上させた。ベルニーニは、外観をバロックの構造にふさわしいように直す改修デザインを準備するためにイタリアから召集された。彼の3案続けて試みた計画案は"それぞれがあまりにイタリア的すぎた"とみなされた。つまりあまりにローマの宮殿に似すぎたので、国王を喜ばせるものではなかった。1665年ベルニーニは医師であり、アマチュア建築家であるクロード・ペロー（1613-1688年）にそれを残して、イタリアに帰った。そしてペローが、しばしば"新ルーブル"と呼ばれるルーブル宮東面に1667年から1670年にかけて建設されることになるデザインを提供するのである。それは簡素な基壇の上に、対になった円柱からなるコリント式オーダーの長いコロネードを吹き放ち、配列させている。これは、ペディメントを冠する入口要素を両側につなげた、ある種のロッジアを形成している。両端には、付け柱付きの、かすかに張り出した翼廊が配されている。全体としての効果は、ルイ14世時代の初期作品よりも

8.12（右）礼拝堂、ジュール・アルドゥアン・マンサールとロベール・ド・コット、ベルサイユ、1689-1710年

宮殿の北の翼棟にある王室礼拝堂は、アーケードのある下の階と、王とその従者のために設けられ、円柱を備えた上の階で構成されている。欄干や祭壇とそのうえのパイプオルガンに対して、そしてヴォールト天井と絵が描かれた半ドームのディテールにおいて、塗金は控え目にしか使われていない。床は幾何学的なパターンに敷かれた色大理石である。天井のフレスコ画はアントワーヌ・コワペル（1661-1722）の作品であり、大理石の祭壇はヴァン・クレーヴによると信じられている。

8.13（左）鏡のギャラリー、ベルサイユ城、ルイ・ル・ヴォーとジュール・アルドゥアン・マンサール、1679年から

シャルル・ルブランは、鏡のギャラリー（鏡の間）のインテリア・ディテールを決める首席デザイナーだった。この巨大ギャラリーの単純で基本となるデザインは、片側の壁面に沿って嵌められた多数の鏡を使った精巧な特徴を与えることだった。そしてこれらの鏡が反対側の窓を通して庭園の景色を映し出し、夜には無数のローソクによる光を映すのである。豊かな彩りの色大理石と塗金された漆喰細工のディテールは、壁面を豊かにさせている。そして半円筒形ヴォールト天井は彩色され、ルブランが琥珀色の色調の額縁の中にルイ14世治世下の初期時代を賛美する精巧な寓話的場面を描いた。床は寄木細工で模様が施された。

フランス、スペインにおける ルネサンス、バロック、ロココ 187

8.14 アポロンのギャラリー、ルーブル宮殿、ルイ・ル・ヴォーとシャルル・ルブラン、パリ、1661-1662年以後

　長細いギャラリー。ここではその一方の端を示しているのだが、天井は半円筒形のヴォールトが架けられ、太陽神アポロの神話を賛美する彫刻と絵画の装飾で覆われている。太陽王としてのルイと関連づけていることは明らかである。ルブランは、要求されるいくつもイメージを製造しようとする彼の指揮にしたがって働く多数の芸術家を新規採用した。居室は、ルイがベルサイユの賛成を得てルーブルの拡張を放棄したときにはいまだ完成していなかった。壁面は同様の様式を用い、ルブランのデザインに基づいて装飾された。それを担当したのはウジェーヌ・ドラクロワであり、多数の絵画とたくさんの金箔を駆使している。

8.15 ヴァル・ド・グラース教会、ジャック・ルメルシエとフランソワ・マンサール、パリ、1645-1667年

　このフランス・バロックの教会堂は大病院の礼拝堂であり、祭壇上の舞台装置のような天蓋がローマのサン・ピエトロ大聖堂天蓋の壮麗さに挑んでいる。ベルニーニはパリ滞在中そのデザインを提案し、そして6本のねじ曲がったコリント式円柱は彫刻家ガブリエル・ル・デュクの作品（1658年頃）だった。

フランス、スペインにおける ルネサンス、バロック、ロココ　189

8.16 ザンヴァリッドの教会、ジュール・アルドゥアン・マンサールとリベラル・ブリュアン、パリ、1677-1706年

ザンヴァリッドの中心部分を形成しているこの教会堂は、頂部に巨大なドームを戴いた背の高い中央空間をもち、アルドゥアン・マンサールの作品である。塗金された額縁と絵画が描かれたパネル、そしてドーム内部の金色を除いて、インテリアは灰色の石で構成されている。ドーム下の円筒形壁に開けられた窓が、光と影の劇的な効果を上げながら、その空間に光を注いでいる。

より力強い古典性をあらわしており、バロック的ひけらかしから次の時代にくる新古典主義のより自制的な方向へ転換していることを示している。

バロックの教会堂

王室関係の建設プロジェクトとは別に、ルイ14世の時代は教会堂を建設し、そこでローマの建築様式がフランス的な言葉遣いで再創造された。それらの中で、ジャック・ルメルシエ（1585-1684年）が設計したパリのソルボンヌ大学礼拝堂（1635-1642年）がある。この建物は、一つは道路側から、もう一つは大学内からの2つの入口を強調するために2つの軸線をもち、対称形のプランとなっている。パリのヴァル・ド・グラース病院にある同様のドーム付礼拝堂（8.15、1645年起工）は、フランソワ・マンサールとジャック・ルメルシエによるものである。ベルニーニがパリに滞在中にヴァル・ド・グラースのバルダキーノ（天蓋付祭壇）のデザインを準備した。それはローマにあるサン・ピエトロ大聖堂の巨大なバルダキーノとは違った

190　フランス、スペインにおける ルネサンス、バロック、ロココ

もので、6本の対になったコリント式オーダーの円柱（ローマより6本多い）をもち、それぞれの頂部には塗金された天使像が施された。パリのドーム付教会建築で最も豪華で、有名なのは、アルドゥアン・マンサールが設計したザンヴァリッドのサン・ルイ礼拝堂（8.16、1677-1706年）である。現在ではナポレオンの墓が安置されているが、退役した傷痍兵や軍人のための広大な病院と養護施設に付属する教会堂として建てられたものである。間口の広さよりもはるかに高い中央空間には、頂部が開いた内殻付のドームがのり、上部の壁画が施された殻がみえるように窓からの光を採り入れている。しかし、この窓は下のメインフロアからはみえないように設計され、真にバロック的と呼ばれる空間と光の劇的効果をつくりだしている。この空間のいくぶん威圧的な荘厳さは、床下中央の凹みに収められているナポレオンの記念碑的墓のための理想的な環境をつくりだしている。これらの教会堂は後のサント・ジュヌヴィエーヴ聖堂（後述）に向けてフランス古典主義を導くことになる。

家具と調度品

　家具はルイ14世の宮殿と都市住宅のインテリアに合わせてつくられ、巨大スケール、構造の重厚さ、贅沢な装飾という、この時代の建築とインテリアデザインを特徴づけているものを共有している。オーク材とクルミ材は一般的な木材だったが、象眼や応用装飾にはユリノキのようなエキゾチックな木材が使用され、ゼブラウッド、寄木細工、塗金、銀張りの手法が駆使された。椅子は、矩形で重々しいデザインが一般的で、肘掛け、シート、布張りの背もたれ（8.17）が付く。アンドレ・シャルル・ブール（1642-1732年）は、ルイ14世の有名なキャビネット製造者の1人である。彼はアルモアール（衣服を収納するための大きな開き戸が付いたキャビネット）とコモード（背の高いテーブル式収納ユニット。引き出し式で、必ず象牙、貝殻、真鍮、ピューターそして銀を用いた寄木細工を嵌め込んだ装飾がなされていた。8.18）のデザインと製造を専門に扱っていた。天板はしばしば豪華に色大理石が使われた。ブールはまたオルモルを使用したことで有名になった。つまり、それは家具の角や縁に付けられるブロンズを施した金メッキ装飾技法のことである。水銀はブロンズ飾りの鋳型に金メッキを施すために熱せられた。そのために水銀を使用する労働者にとって悲惨な結果をもたらす毒ガスが製造過程で発生する。すなわち、地位を誇示する要素としての役割を果たすためにおそらく付加された材料だったが、それだけではすまなくなり、人命への犠牲を支払うことになったのも事実だったのである。ブールのワークショップは彼の4人の息子が引き継ぎ、ブールという用語は彼の作品様式を意味することになる。

　この重厚で、手の込んだ家具に加えて、もっと小さな品物でも様式的に同じ方向性へ向かっていた。照明は、金属、彫刻された木材、ガラスを材料として、多様に組み合わせたシャンデリアから、明かりを採り入れた。複雑な燭台には、ゲリドン（1本脚の小円卓）、キャンデラーブラ（枝状の燭台）そしてトルシエ（たいまつ灯）の

8.17（上）ルイ14世のサロン、シュノンソー城、ロワール地方、フランス、16-17世紀

　多種多様で威厳のあるルイ14世の椅子の事例：フランソワ1世の暖炉とマントルピースの両側やこの有名なロワールの城にある絵画の下に置かれている。

8.18（下）ジャン・ドムラン、コモード、フランス、18世紀中期

　中国漆器は、18世紀フランスで潮流となった中国の輸入品に対する興味を意味している。塗金された金属のロココ装飾と湾曲した形は大理石の天板の簡素さを引き立たせている。所有者は、かつてはシャンテルー城に住んでいたデュク・ド・ショアスールだった。

フランス、スペインにおける ルネサンス、バロック、ロココ 191

8.19 音楽時計、フランス、1756年

時計は18世紀の貴族社会でお気に入りの装飾要素となった。ブロンズに塗金したこの例は、時計の基本的な機能を示す簡素な白色のエナメル塗装の部分以外、ロココ趣味の入念な彫刻がなされている。時計製造業者ミッシェル・ストールヴェルケは、旋律を流して時刻を示すという、オルゴールと類似した内部のメカニズムを提供した。

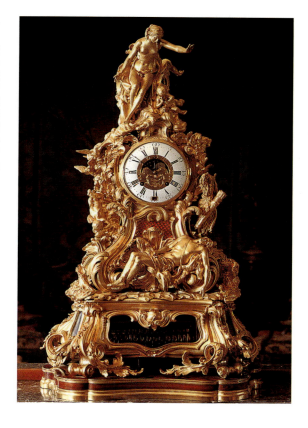

8.20 M.ルボ「家具の指物細工」第3巻、『工芸説明書第2部』、1772年

家具製作の教材から引用したこのページは、1750年頃からはじまったフランス・ロココ様式の典型的なフランス椅子の構造的詳細を示している。

編んだアンビュソンとサヴォンヌリ・カーペットは、ときとして床に敷かれた。床はむき出しの寄木細工張りか、そうでなければ石か大理石を張ったもので、普通は簡素な幾何学的パターンを示している。この時代の可動式家具の多くは、後の改修とかフランス革命時に分散、移動、あるいは撤去（さらには破壊されたもの）されたので、当時のままの完璧なインテリアの特徴に関する最良の情報は、芸術家のイラストから知ることができる。たとえばアブラム・ボスの版画は、上流階級でみられる贅沢に家具が備えられた部屋で行われているさまざまな催しを描写している。

リージェント様式からロココへ

1715年のルイ14世の死から1723年のルイ15世の治世開始までの間、摂政時代に入ったので、その時代の装飾様式にレジャンスの名称が付けられた。この様式は、より明確に定義づけられているルイ14世とルイ15世の時代にはさまれた過渡期のものである。一般的にレジャンスの作品は、前の時代のものに比べて、それほど重々しいものではなく、不格好でも、威圧的でもない。彫刻の形態は、よりありふれたものになる。た

ようなさまざまなタイプがあった。鏡はいろいろな大きさで製造され、絵画用に使われるため贅沢に装飾された額縁と同じように、塗金された彫刻で枠付けされた。小さな鏡は、しばしば両側にキャンドル・ブラケットのある装飾付枠組に嵌め込まれ、ジランドールと呼ばれる光輝を放つ姿見に仕上げられている。時計 (8.19) は、彫像（よくあるのが、台座の上に置かれた胸像）や装飾花瓶とともに、時間を見ることより装飾品のためや権威を示すことに価値があるとされ、マントルピース上の精巧な中心的装飾品として愛好された。ハープシコードは、ブランシェ、ステーラン、パスカル・タスカン（1723-1793年）のような製造者によって、卓越した技術の絶頂期に到達した。その外観は時代の家具様式を反映し、ふたの裏面には、しばしば見事な絵が描かれている。

財力に余裕があればあるほどふんだんに塗金装飾を施すように、色彩も明るい赤、緑、紫のように、濃くなっていく傾向にあった。この時代では、中国産の壁紙が輸入され始め、東洋風で、エキゾティックな香りを醸し出すものとして、徐々に部屋を飾る、お気に入りの要素となってくる。タペストリー、とりわけゴブラン工場からくるものは、好んで壁に掛けられた。羊毛で

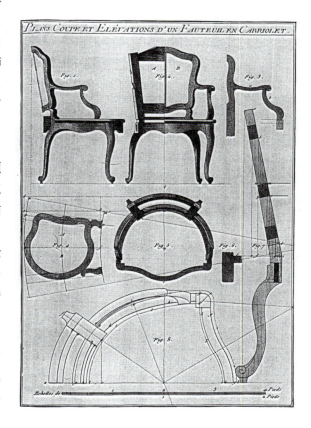

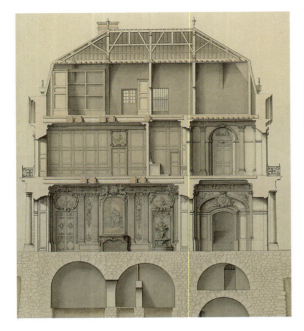

8.21（左）プティ・ブール城インテリアの断面を描いた版画、フランス、18世紀

豪華な住宅の2階にあるサロンは、壁画や見事なマントルピースを含む豊かなロココのディテールが施され、炉胸の右側には小さな噴水まであった。3階は主寝室のフロアで、壁面パネルのディテールはドアの上に彫られた彫刻以外はシンプルである。マンサール屋根の中である4階は、飾り気のない諸室と収納用の棚が含まれ、子どもたちと使用人の領域を示している。基礎階の部屋は石造ヴォールト天井が架けられている。

8.22（右）王女の間、スビーズ邸、ガブリエル・ジェルマン・ボフランとシャルル・ジョゼフ・ナトワール、パリ、フランス、1735年

王女の間として知られる楕円形の部屋には、洗練されたロココのディテールと鏡、そしてナトワール（1700-1777年）の壁画が含まれている。装飾された時計は大理石のマントルピースの上に置かれている。白漆喰のキューピッドが天井の縁にある塗金された装飾ディテールにまとわりつき、ガラスの装飾シャンデリアは部屋の中央に吊るされている。

とえば、カブリオールと呼ばれた優しいS字の脚の曲線が使われるようになる。ジュスト・オーレル・メソニエ（1695-1750年）は芸術家であり、デザイナーでもあったが、100枚以上の版画を出版した。そこには壁の装飾パネル、燭台、流れるような曲線と非対称形の飾り、そして貝殻や葉の自然な形を基本としたディテールを駆使した家具デザインが提示されている。彼の作品はレジャンスおよび次に続く時代のデザインに影響を及ぼす鍵となった。

ルイ15世（在位1723-1774年）様式は、一般的にロココという用語と同一視され、ロココはフランス古典主義後期の局面を特徴づける装飾様式を指す（8.20）。レジャンスのデザインは、流れるような曲線を用いて、より繊細で、明るく、そして装飾過多になっていくが、その展開は、インテリアデザインや家具と結びつく要素、そしてそれらに関連する芸術において、より強力となる。ルイ15世時代の建築はバロック的横溢から、より控えめな古典主義へ、そしてついには新古典主義という様式名称にふさわしいものへと向かう。それに対して、部屋の内部は、より一層ロココ的なものを表していく。フランスのロココ・デザインは、オーストリアやドイツへ即座に輸入され、模倣された。そして同様にイギリスへも重大な影響をもたらした。フランソワ・キュヴィエは、東方へこの様式を持ち込む重要人物となった。彼のミュンヘンでの作品は、アマリエンブルク宮殿のパビリオンのように、ドイツの地にありながらもフランス・ロココの傑作の1つとなったのである。

パリの邸館

イギリスとの戦争で費やされた浪費は、王室の建設プロジェクトに経済的圧迫を課すことになった。ベルサイユやルーブルの宮殿、そしてアルドゥアン・マンサールの作品で代表されるドーム付教会堂のような壮大なプロジェクトが終了し、ルイ15世の時代はより控え目な都市住宅や小規模な王室関連のプロジェクト・デザインを願うようになる。そしてより繊細なロココ様式でインテリアを完成、改善することが関心事となった。パリでは、王室の庇護を受けた富裕で権力のある一族が数多くの大邸宅を建設し、それらはプランの上で興味をそそる多様性に溢れ、一般的にロココ様式の贅沢な装飾がなされた。エリート階級が楽しむ控え目で私的な住環境において、快適さこそが最重要事項になったのである（8.21）。

ガブリエル・ジェルマン・ボフラン（1667-1754年）はマンサールの弟子で、パリのオテル・ダムロを設計したが、そこには楕円形の前庭があり、そのまわりの正面と側面にはサービス用の諸室が配され、前庭の背後には、この邸宅の曲面を描いた正面ファサードが控えていた。六角形の前室や階段室のような不整形な諸室は、便利さとプライバシーの確保を考えた見事なプランの中で手際よく配されていた。

1735年にボフランは、初期のオテル・ド・スービーズに組み込まれた楕円形のサロンを設計した（8.22）。そこでは窓、ドア、鏡そして壁画が、白地の壁パネルと薄青色の天井に施された塗金のロココ装飾に囲まれている。部屋の基本的な形態は簡素ではあるが、草花や貝殻の装飾の上で戯れているキューピッド像が彫刻、塗金されて精巧繊細にデザインされた透かし細工が、豪華な中央のクリスタル・シャンデリアとともに壁の鏡を通して万華鏡のようにみえ方が変身する。このサロンは、正にロココの技巧がいかに驚異的であるかを見せつけてくれるのである。

プティ・トリアノン

ベルサイユ宮庭園の北側に、プティ・トリアノン（8.23）と呼ばれる小さな宮殿が1762年から1768年にかけて、アンジュ・ジャック・ガブリエル（1698-1782年）の設計で建てられた。王の家族がベルサイユでの華美で、見栄を張った生活から逃避するための質素な住宅としてつくられたものである。外観は4面とも似ているが、周辺の庭園に合わせ、そしてプランを反映し、それぞれが微妙に異なるファサード構成を採用している。ファサードの3面は、コリント式オーダーの円柱（あるいは付け柱）が用いられ、黄金尺を根底にした幾何学的比例システムで統制された気品のある実直さで構成されている。室内は、絶頂期にあるロココ様式の模範例となる空間を示している。階段ホールは、乳白色の石が積まれた単純な正方形である。花模様のディテールは、塗金されたモノグラムの差込みや吊り下げの蠟燭ランプ・シャンデリアが付いた鉄細工の階段手すりにだけ用いられた。リビング空間（8.24）は、それぞれ柔らかいパステル・カラーで彩色された木製パネルが嵌め込まれ、その表面は白と金の抑制された飾りが施された。鏡の下にある簡素なマントルピースは、ブラケット式燭台が両側に添えられている。大小2つの食堂は、それぞれ寄木張りの床の中央に円い構成要素があるが、そこには、かつて下のサービス部分に食卓を下げるのに使われたエレベーターがあった。それによって、給仕が食堂を通って王家の祝宴のプライバシーを侵害せず、食卓を片づけ、次の料理を並べることができたのである。マリー・アントワネットが使っていた寝室は、中2階にある小さな部屋である。この部屋はロココの簡素さと豪華さの両方を備えた品位ある例である。つまり、壁のパネルは淡いグレーで彩色され、白と金の彫刻が施されたディテールをもつ。それに対して、大理石の

8.23 マリ・アントワネットの寝室、プティ・トリアノン、アンジュ・ジャック・ガブリエル、ベルサイユ、1762-1768年

天井の低い部屋はプティ・トリアノンの中2階レベルに合わせたものだが、王妃のためのお気に入りの隠れ家となった。淡い色調に塗られた簡素な壁面パネルは、開き窓を引き立たせ、その窓が庭園への美しい眺めを与えてくれる。比較的飾り気の無い新古典主義の形態をもつ家具は、ルイ16世時代（治世1774-1792年）の典型例である。

8.24 プティ・トリアノン、アンジュ・ジャック・ガブリエル、ベルサイユ、パリ近郊、1762-1768年

優美な彫刻が彫られた壁面装飾と暖炉、鏡、燭台のディテールは、ルイ16世時代における抑制されたロココのインテリアを特徴づけている。

マントルピースの周辺には、上部の鏡、カーテン付ベッド、椅子が置かれ、そして飾り布はすべて同系統で金地の黄色となっている。プティ・トリアノンにおけるインテリアのディテールは、大半がリシャール・ミック（1728-1794年）の作品で、彼はルイ15世の死後、王室のお気に入りとなる。プティ・トリアノンは、フランスにおけるロココ・デザインの絶頂期を表す作品であり、一方では新古典主義への転換する始まりをも示すものといえる。

リージェント様式とロココの家具

ルイ15世時代の家具は、レジャンス（摂政時代）の間に発展したパターンを引き継いだものだった。曲線を用いた形態の導入に従って、快適さへの関心が、布張りのシートと背もたれ、そしてオープンなパッド入り肘掛けを備えた肘掛け椅子であるフォートゥイユのようなタイプの中に発展する。ベルジェールはいくぶん大きめな肘掛け椅子で、囲い込まれた布張り肘掛けをもち、一般的に中が詰まっていないクッション付きシートを採用している。カナペは、小さな布張りソファで、シェーズ・ロングは、くつろぐときにシートを伸ばせる、布張りの椅子である。これらはどちらも形式ばらずに安らぎを求める、新しい関心事に応えて発展した家具のタイプである（8.25）。書机や机のタイプがいろいろでてくるのと一緒に、収納家具もまた、よりバラエティーに富んだ発展がみられた。ドロップ・リーフやロールトップ（ビュロー・ア・サンドル）机は機能的な必要性に応えて発展したものである。

ロココから新古典主義へ

ルイ16世（在位1774-1792年）治世下で、ロ

フランス、スペインにおけるルネサンス、バロック、ロココ　195

8.25 トルコ風寝椅子、フランス、1765-1770年頃

横たわる誘惑にかられる寝椅子は、裕福で貴族趣味の住宅居室でお気に入りの対象となった。

8.26 セント・ジェームスのボダール邸、フランソワ・ジョゼフ・ベランジェ、ヴァンドーム広場、パリ、1775-1780年頃

宮殿のようなパリの邸館の大広間は、白と金で塗り込まれ、鏡と天井画で飾られた。ドア上のロンデル（円形飾り）、装飾されたマントルピース、そしてシャンデリアは贅沢な流行のイメージを完全なものにしている。寄木張りの床は、中央に太陽のモチーフを含んでいる。洗練されたマントルピースの時計は小さいけれども、視線に合わせている。

ココのデザインは、よりアカデミックで控え目な新古典主義に向かうさらなる移行と併用して存在し続けた。ガブリエルによるベルサイユの作品（オペラ劇場を含む）、そして有名なパリのルイ15世広場（現在のコンコルド広場）に面する2つのファサードが典型例である。投機的な不動産再開発は、富裕層のための高級アパートメントを建設する。たとえば1690年代に建てられたジュール・アルドゥアン・マンサールのヴァンドーム広場と中央の四角い大広場を囲む建物群はその代表例である。こうした品格のある古典的正面の背後には、形式張ったファサードとはかかわりのないさまざまな建物群が配置された。室内は、流行の変化に従って、部屋がしばしば贅沢に装飾されたり、さらなる改修がなされたりしている（8.26）。簡素な形のロココの部屋は、曲線を描く飾り彫刻で表面が装飾され、おとなしいパステル・カラーの壁パネルをもつのが典型である。ルイ16世時代の家具は、それ以前のものよりずっと直線的で幾何学的な性質をもつようになる。マホガニーはだんだんと一般的になっていく。曲線や塗金を用いるディテールは典型的だが、彫刻は、フルーティングあるいはリーディングといった類の帯状繰形が中心となる。その一方で、ポンペイやヘルクラネウムの発掘（1748年初期）で得た学識が普及

すると同時に、古代デザインへの新しい意識が発展する。さらに古代ギリシャのデザインも知られるようになり、ギリシャの装飾ディテールが古代の古典主義とより一層つながりをもって広まった。以前は稀だった窓の飾り布は徐々にありふれたものになった。それは、深紅色と金色、黄色を含む色彩を表し、しばしばフリンジやタッセルの飾りが付く。革命以前に政治的に活動していた建築家やデザイナーたちの多くはどうにか生き延び、革命後の仕事を再開するとはいえ、1789年のフランス革命は、王室の庇護と奨励に後押しされた時代様式の終焉を告げさせることになる。

ディレクトワールと呼ばれるフランス革命後の様式（この名前の由来は1794年に引き継がれた恐怖政治の政府形態である五執政官政府から来ている）は、ジョルジュ・ジャコブ（1730-1814年）の影響下で発展した。彼はルイ16世の宮廷から委託を受けていたキャビネット・メーカーだった。彼のデザインはルイ16世時代の一般的様式に従っていたが、かなり堅苦しい形態と直線ラインを多用し、より厳格な古典主義を目指そうとしたものである。そしてそこで使用されているディテールは、先行のギリシャとエジプトを基本としたものだった。装飾ディテールはフランス革命から引用することが意図され、たとえばフランスの三色旗、握手、剣と槍はよくあるモチーフである。ナポレオン1世が1799年に政権を握ったとき、こうした引用の人気が増大し、ディレクトワール様式としてしばしば同一視される補助的時代を生み出した。エジプトのモチーフと軍事的要素はナポレオンのエジプト遠征と関連づけてしばしば現れた。窓の飾り布と壁の表面をおおう垂れ布は、使用が増大していく。そこでは槍と投げ槍を暗示する垂れ幕とひだ飾りで整えられたストライプの入った絹と錦が使用された。金属製の三脚台が付き天板が大理石の机は、古代ローマのデザインを模倣し、ローマの軍事力を示唆させるためにつくられた。

アンピール様式

ディレクトワール様式とコンサレート様式に続くのが、アンピール様式である。この名前は、1804年に皇帝となったナポレオン1世自らがその地位に就いたことを宣言したことからきている。パリとローマで建築の学生として出会ったシャルル・ペルシエ（1762-1838年）とピエール・フランソワ・レオナール・フォンテーヌ（1762-1853年）の協働作業が、皇帝の庇護の下に、建築とインテリアデザインの発展を促した。彼らはしばしば近代的意味での最初のプロフェッショナルな"インテリア・デザイナー"と見なされている。それまでのインテリアは、1人の指揮官の下で進めるというよりも、建築家、芸術家そして職人が共に協力し合ってつくりだされるものだった。ペルシエとフォンテーヌは、近代的なインテリア・デザイナーのやり方で、彼らの才能をすべて駆使して展開するインテリア空間を考案したのである。彼らの設計図面集の出版は、彼らの作品をフランスだけではなく、ドイツ、イギリスさらには他のヨーロッパ諸国にまで広く普及させることとなった。そしてアンピール様式の大衆化と模倣を促進した。ポンペイの主題への魅惑、軍と王室を想起させる参照の導入、そして厳格と規律の感覚の下で贅沢さを含ませる意図、それが彼らの作品らしい特性である。フォンテーヌブロー宮殿にある一連の部屋は、ペルシエとフォンテーヌによって、ナポレオン様式で模様変えがなされた。ポンペイ・レッドの壁、塗金された飾り、鏡、黒と金の家具が譲位の間と呼ばれる部屋に備えられている。端部が半円形プランの部屋で、水平の金棒に吊された緑と金の絹地で織られた垂れ布の壁、それは皇帝自らのための書斎として設計されたものである。パリ近郊のマルメゾン城（8.27）では、彼らはナポレオンの妻であるジョセフィーヌ専用の住環境を創造するためにインテリアの模様変えに着手した。そして、彼女の夫の役職、地位そして品性をすべての部屋のすべてのディ

8.27 マルメゾン城の居室のためのデザイン、シャルル・ペルシエとピエール・フランソワ・レオナール・フォンテーヌ、パリ、1801年（居室の竣工は1812年）

彼らの作品集の出版において、著名なインテリア・デザイナーであるペルシエとフォンテーヌは、洗練されたテントのインテリアを想起させる居室を提示している。そこでは、ナポレオンの偉業を讃えるためにアンピール様式の装飾としてさまざまな好戦的トロフィーが描かれている。マルメゾン城における王妃ジョセフィーヌのテント式寝室は、1812年ペルシエとフォンテーヌによって完成された。

フランス、スペインにおける ルネサンス、バロック、ロココ　197

インサイト

シャルル・ペルシエとピエール・フランソワ・レオナール・フォンテーヌ：アンピール様式

フランスの建築家シャルル・ペルシエとピエール・フランソワ・レオナール・フォンテーヌによる銀行家M.レカミエ邸の模様替えは、フランスに新しい様式を誕生させるきっかけとなった。それは、ナポレオン1世の時代と趣味を反映した好戦的気質がすべて当てはまるものだった。ナポレオンは、マルメゾン城で彼らの思いどおりにデザインするよう建築家に自由を与えた。フォンテーヌは、マルメゾンの会議室のためにデザインした軍事様式の装飾について、次のように記している。

> ……（そこに軍事様式）を採用することが適しているように思われた。武具装飾が吊るされている間で槍、幕面そして軍旗で支えられたテントの形態を用いたのは、世界中で最も有名な戦闘好きの人物によって使用されることを思い起こさせるためである。[1]

装飾的な効果の正確さは、インテリアデザインと装備類のすべての様相に厳格な規制を守ろうとする建築家たちの意向を映し出していた。

構造と装飾は密接に結び付けられる。そして、もし全体の中で欠陥があるように見えるのを終わらせないならば、……家具はそれに無関心なままの建築家にとってインテリアデザインの一部として耐えられない存在となるだろう。[2]

アンピール様式は誰からも支持されたわけではなかった。近代のあらゆることに辛口なコメンテーターであるデ・ジャンリス夫人は、レカミエ夫人によって始められた長椅子の大流行を以下のように批判した。

> 貴婦人たちは横たわるときに自分たちの足を隠すべきです。品位はそれを求めています。なぜなら、横たわって足を伸ばすと最も小さな動きでも足先や脚さえも露わにしてしまうからです。それに対して、可愛らしい足掛け布団はたいへん装飾豊かな装身具です。人はそれが無いと日々を過ごせません。何もかもがあまりにだらしなく見えてしまいますから。[3]

1. Percier and Fontaine, *Recueil des décorations intérieurs*, 1812, quoted in Joanna Banham ed., *Encyclopedia of Interior Design*, vol. 2 (Chicago, 1997), p. 942; 2. *Ibid*; 3. Mme de Genlis, *Memoires*, 1818

8.28 パンテオン、サント・ジュヌヴィエーヴ教会、ジャック・ジェルマン・スフロ、パリ、1756-1789年

当初は教会堂として建設され、フランス革命以後この巨大なモニュメントはフランス史に残る偉人を祀るための万神殿に転換された。スフロはドームの架かったインテリアの先例として古代ローマとイギリスの古典主義を念頭に置いていた。プランは周囲に周歩廊が巡るギリシャ十字形である。交差部に高いドームが載り、四方に延びた袖廊の各部分には低い皿状のドームが架けられている。床の大理石模様、中央ドームのペンデンティヴを飾る壁画そして彫像群は、モニュメントとしての現在の機能の脇役を演じている。

テールにはっきり表そうとした。マルメゾンの寝室は、ナポレオンが戦場で過ごしたこの種の贅沢な幕舎のインテリアを暗示して設計された。こうした幕舎を主題にすることで、壁際やベッドまわりに布をゆったりと掛けるやり方がなされるようになる。布製の仮想幕舎で囲まれた広いベッド、リ・アン・バトー（船上ベッド）は、特殊な家具タイプだった。古典的オーダーを基本としたディテールは、アンピール様式のデザインでは稀であるが、マルメゾンの図書室は、磨き仕上げの明るいマホガニー材を使ったドリス式の円柱が使われ、それがあたかも天井の浅いヴォールトを支えているかのように見せている。威厳のある家具は、鷲と古代ローマ皇帝の力の象徴である束ねた棒である束桿の彫刻のように、塗金されたディテールの付いた黒で仕上げられた。金のイニシャルNは、皇帝当人を思い起こさせるものとして、至る所に現れる。色彩としては、ポンペイ趣味とされる深みのある赤が、黒と金とともに好んで使用された。ジャカールが1801年に織物パターンを機械で織ることができる織機を発明したことで、大量のダマスクやベルベットが生産できるようになる。モチーフとしては花冠、バラ花飾り、あるいはナポレオン自らが選んだシンボルとしての蜜蜂のような図柄が付けられた。背景の色彩は、深い茶色、グリーン、濃赤で、小さなパターン要素は明るい色が使用された。回転式印刷技術が発明されると壁紙の生産と使用が増進できるようになっていく。壁紙のパターンは、いつも生地に使われるものと類似している。景色を描いた壁紙もまた使われるようになり、ときには人物の集団や建築とか景観がモチーフとされ、あたかもフレスコ画のようである。プリントされた紙の縁取りは、建築的な飾りの付いたモールディングの方法で多種多様に用いられた。

8.29 マドレーヌ教会堂、アレクサンドル・ピエール・ヴィニョン、パリ、1804-1849年

ナポレオンによる皇帝への野望と彼が率いる国家に合わせて設計された聖女マグダラのマリア教会で、当初は栄光の神殿と呼ばれていく予定だったが、1813年以降マドレーヌとして知られることとなった。インテリアの3つのドームは、それぞれの中央に開けられた天窓を通して採光がなされている。ここでの設計意図は、明らかに古代ローマのバシリカ、あるいは他の記念建造物から着想を得ている。そして巨大なコリント式円柱がアーチを支えているのに対して、細いイオニア式円柱がギャラリーやペディメント付きの脇の礼拝堂で使用されている。

　次の時代の名称に反映された政治上の変化にもかかわらず、ルイ16世、ディレクトワール、アンピールの時代を経て流れてきた新古典主義をテーマとする様式的連続性は、根強くあった。壮大なドームを載せたパリのサント・ジュヌヴィエーヴ教会堂（8.28、1756-1789年）は、ジャック・ジェルマン・スフロ（1713-1789年）が設計したもので、王のプロジェクトとして建設されたが、フランス革命後に偉人を祀る非宗教的ホールであるパンテオンとなった。ペディメント付きのファサードと高いドーム、そしてインテリアの冷たい崇高さは、これ以後の新古典主義建築の模範となった。

　クロード・ニコラ・ルドゥー（1736-1806年）は国王の庇護下で働き、フランス革命の間実務から離れたとはいえ、パリの市門群（1785-1789年）のために37棟の税関を設計指導し、新古典主義の重要な地位にある代表者の1人となった。その税関は、4棟のみしか残されていない（ラ・ヴィレットの円筒形バリエールを含む）が、彼の影響は、1804年に出版された図面集によって広がり、最近再認識され、強い関心が注がれるようになった。彼のインテリアデザインへのアプローチは、ディテールの彫り物を研究することにあった。それはブザンソン劇場（1775-1784年）のための崇高な新古典主義のインテリアで見せてくれる。

　革命後のアンピール建築を代表する顕著な例は、パリのマドレーヌ教会堂（8.29、1804-1849年）である。それは、コンコルド広場のガブリエルによる2つのファサードの間を通り抜けて行くロワイヤル通りの突端にあり、視線を集める建物である。この教会堂は、アレクサンドル・ピエール・ヴィニョン（1762-1828年）の作品で、古代ローマの周柱プラン、コリント式オーダーの神殿を模写しようとして設計されたものである。そのインテリアはコリント式のホールで、天井には眼窓をもつ3つの扁平なペンデンティヴ・ドームが架けられている。たとえ古代ローマのインテリアがこのような形で再現されたとはいいながら、その空間は、古代ローマ皇帝の威厳を再現するというよりも、むしろ冷ややかな印象を与えた。それは疑いもなくナポレオンの趣味だったからである。

フランス、スペインにおける ルネサンス、バロック、ロココ　199

フランス地方様式

　フランス・ルネサンスのインテリアデザイン様式が権力者と富裕層に奉仕する形で発展したのに対して、ささやかな財力しかない市民たちは、中世の機能的で手工芸的伝統を引き継いだ部屋と家具でがまんしなければならなかった。商人、職人そして専門家たちのような中産階級の人々が17世紀、18世紀に登場し始めたとき、そこに快適性や贅沢さのレベルを上げたいと望み、そしてそれだけの余裕が出てきたとする家主が増大してきたのである。より控え目なスケールではあるが、城や宮殿で楽しむ優雅な生活意識が、何か同様の趣味を誕生させることがあってもおかしくなかった。家具や織物、そして住宅製品のあらゆる種類のメーカーは、こうした需要を認識するようになり、それに応えられるようにデザインした製品を開発し始めた。エリート階級の高度な様式がより広範囲の公衆に影響を及ぼす"濾過して降下する"作用は、趣味の歴史でよくあるパターンであり、現在でも続いている。フランスにおいて、それが今日フランス・プロヴァンシャルと呼ばれる様式発展への推進力となり、この地方様式が近代の模倣として流行していった。"プロヴァンシャル"という用語は、田舎の、地方的様式を意味するが、プロヴァンシャル家具は、財力と権力が楽しん

8.30 プロヴァンシャルの厨房、グラース、フランス、現在はフラゴナール博物館で展示されている。

　この厨房は、16世紀から19世紀にかけて南フランスで実在していたものの典型例である。タイル貼りのレンジは調理法の改良を提供しているが、右側のオープン暖炉は伝統的な役割を担って存続している。そこにはスモークフードの下の縁に沿って施されたモールディング以外、装飾は見られない。

8.31 プロヴァンシャルの寝室、グラース、フランス、現在はフラゴナール博物館で展示されている。

　18世紀または19世紀の南フランスにあった田園住宅で見られたものと同類の部屋。彫刻が施された暖炉廻りとマントルピースはある程度の優雅さを示しているが、均整のとれたベッドは、アーチとカーテンで囲われたアルコーブに組み込まれている。簡素な縞模様の壁紙が壁面をおおっている。

できた贅沢さへの一歩を進める手応えを感じた人々の住宅において、地方と都市の両方で模範となっていった（8.30、8.31）。

プロヴァンシャル家具は、フランス各地の到る所でバラエティーに富んで普及したが、ルイ14世あるいはルイ15世様式の最盛期に採用された要素を抽出し、それらを単純化させたものが多い。彫刻されたディテールは装飾過多で、曲線的な傾向があるが、材料は一般的に堅木（化粧張りされたものと見分けられるように）で、最も多用されているのがオーク、クルミ、果物の木（たとえばリンゴ、チェリー、あるいは西洋梨）のどれかである。二重扉の付いた大きな整理箪笥であるアルモワールは、いつでも装飾ディテールが施されたロココ・デザインを表す重要な展示物の1つだった。鍵穴まわりのヒンジや飾り座金のような金物類はディテールに飾りが付けられた。椅子類はいつも小ぶりで簡素である。梯子状の背もたれ、イグサ・シートそして括りつけクッションがごく普通だった。シートや背もたれに装飾が施される椅子類は、最盛期の様式例の形に従っているが、ディテールは簡素化している。時計の機械装置が安価になったので、ロココの形態を表す装飾付き木製ケースを伴った背の高い時計が重要な展示物となり、高い身分を示すものとなった。

19世紀初期のドイツで流行したビーダーマイヤー様式の家具は、アンピール様式のデザインが目指した新古典主義的方向性とドイツの田舎で使われた家具から借用した形態を組み合わせたものである。様式名の由来は、ドイツの風刺週刊誌で連載された小説からきたもので、そこでは、フランスの様式的トレンド、とりわけアンピール様式で配置された流行を追っかけようとしているドイツ中産階級の習慣を揶揄していた。中流階級の民衆向けにつくられたビーダーマイヤーの家具は、装飾が抑制され、簡素で使いやすい形態からなり、かなり洗練されたものである（8.32）。さまざまな木材が使用されたが、明るい色合いの楓、カバ、あるいはニレがしばしば使われ、黒塗りのディテールが施される。寄木細工による装飾は、たいてい大きなチェストや箪笥に施された。座る家具は普通布張りで、ヴェルヴェットの布地でカバーされ、しばしばむきだしである。椅子の布張りと織物の垂れ布

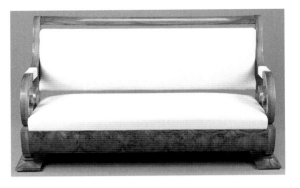

8.32 ビーダーマイヤーのソファー、1830年頃

長椅子の端に施された優雅で流れるような湾曲を伴う、このディテールの卓越した簡素さが、ビーダーマイヤー様式の特徴であり、その簡素さはフランスのアンピール時代における家具の形態をより洗練させるものとなった。

の組み合わせが流行った。南ドイツを起点にしてビーダーマイヤー様式は、オーストリアやスイスのような北方へと伝播する。

スペイン

スペインのルネサンスは、イタリアからの思想輸入と、そして大分遅れて入ってきたフランスからの影響を経て展開された。スペインではこうした様式的方向性が、すでに存在していたスペインの伝統、すなわちヨーロッパのゴシック建築とイスラム（ムーア的）文化の建築とデザインが混合した伝統と結びついていったのである。ムデハルという用語は、中世後期と初期ルネサンス（およそ1200年から1700年まで）の作品を指して使用されている。そこでは、ムーア的なものとキリスト教的な伝統が折衷されている。木や漆喰細工、そしてタイルを駆使した幾何学的装飾と明るい色彩の使用（赤、緑、とくに青と白）は、その後に続くスペインのデザインに影響を及ぼすムデハルの特徴である。

プラテレスコ

プラテレスコという用語は、スペインにおける初期ルネサンスの作品と同一視されて使われている。というのは、プラテロス細工、つまり装飾過多の語彙を発展させた金銀細工師と関係すると考えられているからである。1475年頃から1550年までにイタリアの作品から移入された装飾ディテールは、独特な融合を形づくったムーア的なディテールと入り混ざった。グラナダ大聖堂（8.33、1529年）は、ゴシックの構造なのだが、ディエゴ・デ・シロエ（1495年頃-1563年）によるプラテレスコ様式のディテールが施され、

フランス、スペインにおける ルネサンス、バロック、ロココ 201

8.33 高い祭壇付内陣、グラナダ大聖堂、ディエゴ・デ・シロエ、1529年

二重側廊付身廊は、円形大広間の形態を採る東端の内陣へと導かれる。古典的な形態はプラテレスコ様式の豊かな装飾ディテールの典型と共に用いられている。

古典のモールディングや円柱柱頭、そして王室礼拝堂を保護するための巨大な鉄の衝立、つまりレハが設けられる。それは、スペイン教会のインテリアにおける金銀細工の特徴を示す好例である。

デソルナメンタド

1500年頃に、デソルナメンタドとして知られる、新しい、より保守的な様式が、トレドのアルハンブラにあるシャルル5世の未完広場で出現する。プランは矩形で、中央の円形広場は、下がドリス式、上がコリント式の2層式の、細い円柱コロネードに囲まれている。この建物のいくぶんアカデミックな古典主義は、スペインで唯一無二の巨大さを誇るエスコリアル修道院（8.1）において展開された最も明確な様式である盛期ルネサンスに含まれるものである。それは、フェリペ2世の命を受けて、ローマでミケランジェロとともに研鑽を積んできたファン・バウティスタ・デ・トレド（1567年没）が1563年に起工し、1584年にファン・デ・エレラ（1530年頃-1597年）によって完成されたものである。それは、壮大なスケールの矩形プランを示し、その中におよそ15の中庭が配され、修道院、大学、多くの階層からなる教会堂、そして背後の張り出し部分に宮殿が含まれている。このプランは、サン・ロレンソがそこで殉教したとされ火あぶりの刑で使われた炮烙を暗示して意図されたといわれる。外観はシンメトリーで、各々

の隅部には塔が立っているが、灰色花崗岩の厳しく単調な外壁をみせる。室内は、数え切れないほどの部屋がさまざまな機能に供する中庭を囲んで配された。修道院の図書室は、凝りに凝った、色彩豊かで、イタリア風の様式で飾られた。それに対して大きなドーム付教会堂は、祭壇背後の上部に設けられた飾り壁以外、簡素で暗い建物で、同時代に起きた悪名高きスペインの異端審問との関連を予測させるような不吉な特性を伝えている。この建物だけが、デソルナメンタドに強い影響力をもち、同時代の小さな建物の厳格で簡素な、飾り気のないインテリアのモデルとして役立てられた。壁は普通石か漆喰で、ときどき布または皮をその上に掛けたりする。そこでは、最小限の家具しか置かれず、その家具は、一般的にわずかな飾りが施されたイタリア風の特徴を備え、実務的機能に適しているが、快適性への配慮はあまりないものだった。

チュリゲレスコ

スペイン・ルネサンスの次に続く最終段階は、チュリゲレスコの様式名称で知られるもので、1650年頃から1780年にかけて広がり、スペイン以外ではバロックとロココ様式が同時に起きている。この名称は、この様式の最大なる熟練者であったホセ・チュリゲラ（1665-1725年）の名前から来たものである。デソルナメンタドの無装飾性に対する反発として理解できるが、それは表面があふれるばかりの飾りと色彩で埋め尽くされるようになる極端な反発だった。最も顕著な例としてはグラナダのラ・カルトゥハ祭具室（8.34、1713-1747年）のような教会建築のインテリアを挙げることができる。この作品は、おそらくルイス・デ・アレヴァロとフライ・マヌエル・ヴァスケスによって設計されたもので、壁は漆喰の彫刻装飾をつや消し仕上げにした表面で覆われている。この漆喰装飾は、基本的に円柱とエンタブラチュアという古典の形態を根底から覆すものである。トレドのゴシック大聖堂では、ナルシソ・トメがトランスパレンテとして有名な礼拝室（1732年竣工）を設計した。そこでは展示されたご聖体が祭壇背後をまわる周歩廊から小さな窓（トランスパレンテ〈透けて見える〉という名前の由来）を通してみえる

ように置かれていたのである。窓自体はまわりを囲むチュリゲレスコの彫刻装飾で一杯に埋め尽くされて、ほとんどみえない。そして、これらの窓は上方のヴォールト天井に向かって、どっと押し寄せる彫刻と壁画装飾で囲まれながら、一種の屋根窓が高度な舞台装置の手法でトランスパレンテ自体に降り注ぐ光を入れている。スペイン・バロックのデザインにおけるこうした極致は、スペインの支配者たちがたどる南アメリカへの道をみつけられる。そして宗教建築やそれらの地域のデザインにとっての基礎となったのである。

家具と他のインテリアの造作

スペイン・ルネサンスの家具は、イタリアの初期ルネサンス様式を基底として、一般的に簡素で、大体ほとんどが粗末である。クルミ、オーク、マツそしてヒマラヤスギを使った椅子、机そしてチェストが最も一般的だった（8.35）。どっしりとした肘掛け椅子は、移動するときに椅子を水平に折り畳めるように、前後にヒンジを付けてつくられることがときどきある。スペインの家具メーカーの特別な発展であるヴァルゲーニョ（8.36）は、取り外し可能な脚部の上に載っている落下式甲板ケースあるいは書見キャビネットである。正面部分は書見に使うときに下ろす（脚部の引き出しで支えられる）ことができ、閉じたときの外観は飾り気がない場合や装飾されることもあるが、内部は彫刻や塗金されたディテールでいつでも贅沢に飾られている。その結果、扉を開けると極めて豊かな室内の飾り付けが目の前にあらわれる。ヴァルゲーニョは、おそらく書類と富裕層の誰もが所有するコインや宝石（安全に保管できる銀行の金庫がないので）のような多様なものを収納する実用的な使い方が重宝がられて、イタリアやフランスにしばしば輸出されたと思われる。その証拠に現在でもイタリアやフランスの城や宮殿の諸室でみつけることができる。

スペインで発展したシルクの織物は、しばしば金銀糸が織り込まれ、明るい色彩パターンと豊かな刺繍が用いられた。テキスタイルは主にイタリアから輸入されるが、スペインにあるダマスク織、錦織そしてビロードの工場がイタリ

8.34（右）ラ・カルトゥハ、ルイス・アレヴァロとフレイ・マヌエル・ヴァスケス、グラナダ、スペイン、1713-1747年

スペイン・バロックの圧倒的な装飾漆喰細工は、最晩年期におけるチュリゲレスコ様式の一例である。古典主義建築の根底にある形態は、表層的な装飾の乱舞の中ですべて失われた。このようなインテリアは、バロック、ロココ、またはマニエリストの方向性と関連して類別することは困難である。いかなる整然とした分類にも入らないものがあるように思える。

フランス、スペインにおける ルネサンス、バロック、ロココ　203

204　フランス、スペインにおける ルネサンス、バロック、ロココ

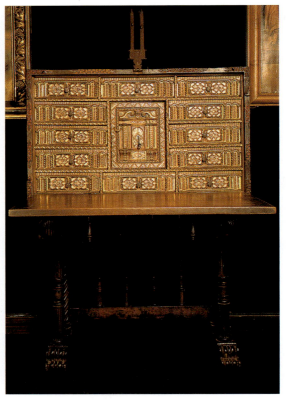

8.35（左）スペインの肘掛け椅子、文化工芸博物館、コペンハーゲン、16世紀末期

スペインの肘掛け椅子に用いられているマッシヴな木製フレームのデザインは、同時代のイタリア・デザインと類似している。シートと背もたれは、飾りの付いた平鋲でフレームにしっかり固定された皮を伸ばし、細工がなされている。

8.36（右）スパニッシュ・ヴァルゲーニョ、17世紀

この前面開閉式キャビネットは、書見台として使用された。キャビネットの本体は、書類や高価なものを収納するための引出しや仕切りで埋め尽くされている。正面を閉じて鍵をかけることは、中に含まれているものをしっかり保管できるのである。

アの影響を受けながら発展した。低地諸国との関係は、フランドルのタピスリーを入手可能にさせた。椅子のシートや壁掛けはしばしばビロード製である。皮はテキスタイルの代用として広く使われ、スペインの皮細工は、コルドヴァを中心として、仕上がり、色合い、細工方法そして皮押形法で特化されたものになる。コルドヴァの革製品は高い評価を受けたスペインの輸出品になった。高性能の金銀細工は、ろうそくが人工照明の唯一の源泉だった間は、精巧に飾られた燭台や張り出しランプ受けを提供した。金属製のスタンド上に置かれる金属製の入れ物である火鉢は、開放式炉床の温度を高めるための持ち運び可能な燃料である木炭を入れるのに使われた。

スペインのシャルル5世の治世下で、オランダはスペインの統治下に入った。低地諸国におけるスペインの影響は、フランスから、そしてプロテスタントの宗教改革がローマ・カトリックから入れ代わって発展した北ドイツから、入ってくるさまざまな思想と入り混ざっていく。イギリス海峡のすぐ向こうに位置していたイギリスと地域間で盛んに貿易を進めていた低地諸国に関連して、イギリスへの思想移動が起こるのは避けられないことだった。次の章はデザインにおいて結果として生じた発展について扱うことになるだろう。

第9章

低地地方とイングランドにおける
ジョージ王朝期までのルネサンス

9.1 ダブル・キューブの間、ウィルトン・ハウス、ジョン・ウェッブ、ウィルトシャー、イングランド、1648-1650年

ウェッブはイニゴー・ジョーンズの助手を務めていた。そもそもこの住宅の建築家はジョーンズであったが、住宅は1647年の火災で被災した。「ダブル・キューブ」という用語は、その空間の幾何学に関係している。基本的に単純な形態が、白色と黄金色の鏡板仕上げ、ヴァン・ダイクの肖像画、驚くほど飾りたてられた、折り上げ天井で占められ、エドワード・ピアス（1635年頃-1695年）のとても凝った絵画もみられる。中央の楕円は、幻想的な光景を生んでいる。金箔を施した装飾的な家具は、ウィリアム・ケント（1685年頃-1748年）によるもので、フランスのロココの主題を思い起こさせる。

ルネサンス思想の北方への動きは、引き続いてオランダやフランドル（現在のネーデルラントとベルギー）に向かい、そしてブリテン諸島へと到った。思想の動きは、商品あるいは人の動きとは異なり、途切れることのない流れである必要はなく、空間でも時間でも急激な変化を生みだすことができる。イタリアで生じた思想はスペイン、フランス、ドイツを経由してこれらの地域に移っていったが、1人ひとりの旅行者たちや印刷物も直截的にその思想を伝えた。陸上、海洋両面での交易の拡大は、ますます多くの人びとが離れた場所の眼にしたこともなかったものをみることができたり、外国から国内に思想を持ち込むことが可能となったりすることを意味した。

低地地方

ネーデルラントはベルギーの一部で、以前はフランドルと呼ばれていたが、隣り合った地域とは異なるルネサンスのデザイン言語を発展させた。その地域の複雑な政治史、ある特有な伝統と社会的条件は、オランダとフランドルのデザインにおける特別な性格を説明するのに役立つ要因であった。16世紀の政治的な混迷は、スペイン国王もかねていたカール5世（1500年ヘント生まれ）が統治していたハプスブルク帝国の権力と、新教改革の影響の間の対立に起因した。とくにフェリペ2世の治世の間においては、スペインのカトリック体制が、ルターとカルヴァンの教義との直截的な抗争にもち込まれた。スペインの支配に対する反対が、オランダ国の出現を導き、1648年のミュンスター条約により、ついにオランダ国はスペインからの独立を勝ち取ったのである。

1566年、とりわけ異端審問所というやりかたにあらわれた抑圧に対する新教徒の怒りが、カルヴァン主義の伸張をとおして表現された。そして、カトリック主義と強く結びつきすぎていると考えられた宗教画像は、カルヴァン主義の教義から反対を受けた。聖画像破壊という叛乱は、その過程で教会堂から（カトリックの伝統を表現しているとみなされた）ゴシックの彫刻、絵画、そのほか装飾物をはぎ取った。そして堂内を、装飾がなく、白く塗られ、破壊されたステンドグラスに取り替えた透明なガラス窓から光が降り注ぐものとした（9.2）。対立したこの時期の間とその後、低地地方では芸術家は極めて詳細にその時期の日常生活を記録する作品を生みだした。農民の生活を描いたブリューゲルの絵画は、しばしば宿屋における情景あるいは農家の室内を示している。ヤン・スティーン、ヤン・フェルメール、そのほか多くのオランダの画家たちの作品は、中流階級と裕福な市民の居心地のよい室内の驚くべき詳細な視覚像で満ちている。彼らは、オランダ都市の町屋で簡素さと贅沢さの興味深い混合の中で生活していたのである。

9.2 アントウェルペンにおける新教徒の聖画像破壊主義者を描いた版画、フランス・ホーヘンベルフ、1566年8月20日

新教徒は、旧教主義に対する激怒にかられ、乱暴狼藉をはたらき、宗教画、彫刻、ステンドグラスを破壊した。教会堂や修道院は取り返しのつかない被害を被った。

208 低地地方とイングランドにおけるジョージ王朝期までのルネサンス

市民の建物

コルネリス・フローリス（1514-1575年）のような建築家が、建築のオーダーの使用を建物に取り入れたが、それらの建物はそのほかの点では精神的に中世風であった。その例には、壮観なアントウェルペン市庁舎（1561年）、あるいはアントウェルペン出身のリーフェン・デ・ケイ（1560年頃-1627年）のライデン市庁舎（1597年）があげられる。ライデンの建物は、古典風の片蓋柱とペディメントを、雷文文様、ストラップワーク、グロテスクな装飾物を利用した地域の装飾様式と混在させているが、それは、たとえば1577年から1581年の『建築術』のようなフレーデマン・デ・フリースの著作に図示されていた様式であった。ストラップワークは木工と漆喰で開発された室内装飾物として人気があった。ストラップワークの漆喰天井は、オランダやフランドルの職人の作品をとおしてイングランドに伝えられ、次第にイングランドで初期ルネサンスのデザインの実例となっていった。

ハーグのマウリッツハウス（1613年頃）は、イタリアに遊学し、かの地でパラーディオやスカモッツィのデザインに知悉した建築家、ヤコブ・ファン・カンペン（1596-1657年）によるもので、立面全体の高さをもつイオニア式片蓋柱と中央のペディメントを採用した箱型の建物である。高さのある屋根をのぞくと、特徴としてはパラーディオ風である。室内は1704年に火事で焼失したが、その設計の着想のいくつかは、ピーター・ポストが1652年につくった39枚の図面集成から得ることができる。古典的な片蓋柱と刳り形が主室にある。最上階の宴会場（9.3）の折り上げ天井の上には普通とは異なる窓状のクーポラがあり、そこには1660年に賓客としてそこで歓待を受けた英国のチャールズ2世を示す版画がある。低地地方とイングランドの密接な関係を示している。イングランドの17世紀の住宅のデザインは、正方形の単純さと古典主義でマウリッツハウスと似ている。

個人の住宅

オランダ・ルネサンスの室内は、この時期と場所に特有のいくつかの状況を映しだしている。スペインとの戦争という政治的混乱から、ネーデルラントでは権力をにぎる支配的な貴族階級がないままであった。宮殿や城館は重要な建物類型ではなく、プロテスタントの教会堂は入念につくるより簡素さを目指していた。主要な社会階級は商人、役人、職人からなっていた。彼らは暮らし向きがよく、裕福でさえあったが、贅沢さや装飾を追い求めたのではない住宅に住んでいた。ルネサンス思想の認識は、イタリア

9.3（トゥーレンヴィレット流の）P・フィリップ、イングランドのチャールズ2世の名誉をたたえるマウリッツハイスにおける晩餐会、ハーグ、1660年頃

トゥーレンヴィレットの絵の版画によるコピーは、全体的に簡素なオランダのインテリアが、壁面や中央の上階のギャラリーにルネサンス装飾の特徴を2、3もっていることを示している。装飾物の細部のほとんどは進行中の祝祭のための仮設の装飾である。

9.4 金検量人、コルネリス・デ・マン、1670-1675年頃

オランダの商人が、自分の居心地のよい家の部屋で仕事をする様が描かれている。木の梁が天井をつくり、床は灰色と茶色の方形の石のタイルが敷かれている。背後の壁面や炉棚は注意深く念入りにつくられた木製で、彩色されたタイルが暖炉の縁となっている。机の脚はオランダ・バロックの膨れた形を示している。カーテンのかかったアーチは、アルコーブの寝台への入り口である。

低地地方とイングランドにおけるジョージ王朝期までのルネサンス 209

に学び仕事するために赴いた芸術家や音楽家から生じたが、イタリアやフランスの壮大な建物を模倣しようとかそれらに匹敵しようとする努力はしなかった。オランダの商船団により続けられた交易は、遠隔地からの知識や実際のものをもたらしたのだった。東洋の絨毯、そのほか織物、東洋の陶器がオランダの室内に持ち込まれた。中国の漆塗りは家具の仕上げとして使われるようになった。

典型的なオランダの中世住宅は、ルネサンス時代にはいっても残っていた。それは間口の狭い多層の建物で、1階はしばしば店舗であり、最上階は倉庫であった。その間の居住用の階は、徐々に利用できるようになってきたガラスを使った大きな窓、装飾のない白い壁、大理石の方形の盤あるいはタイルの床であった。木材は鏡板とかまわり縁にいくらか使われるようになってきた（9.4）。デルフトで作られた陶器やタイルはオランダの装飾言語で独特な部分となった。銘々皿や大皿は飾りを誇示するもので、一方タイルは描かれた視覚像をもって壁の縁取りとなっていた。タイルはたいてい白色で、人物像、風景、船舶、花ばなが最も多くは青色で描かれていた。タイルのおのおのは、通常、視覚像がたった1つで、しばしば縁が飾られていたが、数多くのタイルにわたるように描かれた宏大な風景も製作されるようになり、景色の壁紙の効果と同様な効果を提供した。オランダのタイルは広く知られるようになり、イングランドや、ときにはアメリカに輸出されることもよくあった。

古典的な要素、割り形、また円柱は、建物の外部では装飾となっていたが、室内ではもっぱらとても限られていた。家具はしばしば寸法が大きく、細部は美しく仕上げられていた。寝台は多くがつくり付けで、箱型のオランダ風寝室に納まっており、独立している場合には、天蓋で覆われ、優美に飾られていた。オランダ商船で輸入された東洋風の敷物が机の覆いとなっていたが、床にはめったに使われなかった。音楽は低地地方ではルネサンスの生活の重要な一部をなしていた——アントウェルペンのルッカース一族の製作した、素晴らしいハープシコードやヴァージナルはフェルメールの絵の多くに現れている（9.5）。ヴァイオリンあるいはリュートのように、それらはたいてい薄く柔らかな木でつくられてから彩色されるか、または図案化され、印刷された紙で飾られていた。椅子は同時期のイタリアやスペインの実例と類似していた。

17世紀の間、豊かなバロック的細部意匠をもった大きな収納用物入れが使われるようになった。クローゼットは住宅につくり付けられた構造の一部とはなっていなかったので、こうしたものは、すべての種類の多くの衣類や物を手にいれるのを可能にする富として重要であった。鏡板飾り、彫り物、銘木、割り形や円柱のように古典的な起源をもつ細部が家具に現れた。膨らんだ脚部と机の脚が、好まれたバロック的細部であった。科学への関心、探検や発見への興味が増したことは、地球儀や天体儀、さまざまな楽器や科学的な器具、地図や海図がならんでいることに反映されている。考えだされた美術品が、美しい陶器、ガラス器、銀あるいは錫でできた器とともに陳列されている。オランダ風室内にあるきわめて多様な所有物から生じる

9.5 ヴァージナルのそばに立つ若い女性、ヤン・フェルメール、デルフト、ネーデルラント、1670年頃、ナショナル・ギャラリー、ロンドン

外観は簡潔だが内部には豊かな装飾の施された、小さな箱状の鍵盤楽器を弾くことが絵の主題である。楽器のある部屋は優美な簡素さをもち、灰色と黒のタイルを敷いた床、彩色されたタイルの壁の幅木、鉛ガラスの窓をそなえる。絵画は、その家が上流階級であることを示唆している。

豊かさの感覚にもかかわらず、いろいろなものがいつでも雑然さなしに、装飾のない広々とした背景に対して、簡素さと同時に心地よさを伝えるように置かれている。

　低地地方は、建設に適した石材を供する石切り場と、十分な木材の供給の源としての森のどちらも欠いていた。その結果、いくつかの細部に限定された石を伴うレンガが主要な建築材料となった。木材は、屋根や上階の構築のように、必要不可欠なところにもっぱら用いられた。

イングランド

　初期、中期、後期の時期をとおしてルネサンスの展開のありふれた図式をイングランドで確かめることはできる。けれども、様式の専門用語がそのおのおのの時期を、代々の王朝の統治にちなんでつけられた名称に細分している。イングランドのデザインは、フランスの並行した時代におけるように王室の後援で左右されることはなかったし、しばしばその様式は重なりあっている。それでもここでは通常の時期に関する術語があてられているが、たとえときおり紛らわしくても、それが広く使われているからである。

チューダー朝様式

　ルネサンスの展開を認識させる最初の証拠は、中世末期に向かう、チューダー王朝期の君主たち、すなわちヘンリ7世、ヘンリ8世、エドワード6世、メアリ女王の時代に現れる。チューダーという用語は、17世紀にかなり入ってまで普通に使われるヴァナキュラーな様式であったハーフティンバーの木造建物の出現をしばしば連想させる。しかし、またその用語は、イタリア風の細部が、装飾に、扉や暖炉の縁、鏡板仕上げ、家具の細部に初めて現れ始めた時期も決めている。ダービーシャーのハドン・ホールでは、この大規模なマナー・ハウスをつくりあげる、中世を特色づける建設のさまざまな寄せ集めが、時代を定めるために持ち出されたが、それはチューダー朝様式のロング・ギャラリーを導入したからであった（9.6）。この建物は、平面が左右相称で、南面に沿って数多くの小さなガラス面からなる大きな窓を取り入れ、（低地地方からの職人の作品であるに違いない）ストラップワークで装飾された漆喰天井と、片蓋柱とアーチがパラーディオ風を暗示させる構成と看做しうる木製の鏡板仕上げをもっている。この部屋は1530年頃に遡れるが、装飾的細部にはもっとあとのものもあるようである。自然のカシの鏡板仕上げは、その時期の主要な木材だが、際立った色調をかもしだしている。

エリザベス朝様式

　エリザベス王朝期（1558-1603年）は、一般にイングランドの偉大な時期として認識されている。1588年にスペイン無敵艦隊を撃破したことで、イングランドは海上覇権を確立し、国際的な貿易からの経済発展と、結局は植民地主義

9.6（上）ロング・ギャラリー、ハドン・ホール、ダービーシャー、イングランド、1530年頃

ルネサンスのインテリアには、イタリア・ルネサンスから借用したモチーフを組み込んだ、細部装飾を施した鏡板仕上げが含まれている。こうしたデザイン要素は天井の漆喰のストラップワークとともに、低地地方を経由してイングランドに届いた。家具はまばらで、典型的なジャコビアン様式の特徴である。

9.7（下）居間、プラス・マウル、コンウィ、ウェールズ、1577年頃

この天井の低い質素な部屋は大切に保存されてきたが、それはかつて女王エリザベス1世がウェールズを訪れた際、使用されたからである。鉛ガラスの窓、石の暖炉、手の込んだストラップワーク、飾りのない家具は、典型的なエリザベス朝の室内である。

低地地方とイングランドにおけるジョージ王朝期までのルネサンス　211

への可能性が開かれた。力と富がイングランドに流れ込むにつれて、諸芸術への関心が拡大した。それは、シェイクスピアの詩や劇、ウィリアム・バードの音楽だけでなく、イタリア、フランス、低地地方で展開しつつあった芸術である。チューダー朝様式からエリザベス朝様式へ、デザインは徐々に移行していったが、イタリア風の細部をより頻繁に導入するのに加え、平面の相称性や古典的概念をますます強調していった。プラス・マウル（9.7、1577年頃）と呼ばれるコンウィの住宅でよく保存されている部屋には、整っていない形、低い天井、石あるいは厚板を張られた床、鉛ガラス窓の点で中世風にみえるが、コーニスの細部と暖炉まわりの彫刻を施された石の縁は古典的な基礎をもっている。ストラップワークの漆喰仕上げの天井は、オランダやフランドルとの途切れることない関係を映しだしている。

　グローブ座はシェイクスピアの演劇の多くが初めて公演された劇場で、最近のその復元は、かかる建物がどのようであったかの格好の着想を与えてくれる。天井のない中央部分（「ピット」）をもつ円形（あるいは楕円形）をしており、一方取り巻くギャラリーはよりよい場所を求めて料金を払うことのできただろう人の座席となっていた。正面の舞台は、その一部が差し掛け屋根で覆われていた。構造は中世風の木骨造で、建築的装飾は最小限のものだった。

　最初の完全にエリザベス朝様式の「大規模邸宅」（フランスの城館に匹敵し、ヨーロッパでは邸館と呼ばれるような）がロングリート（1568年起工）で、ロバート・スミッソン（1536-1614年）が設計したと考えられる実質的には宮殿で、1574年の女王の行幸にあわせてサー・ジョン・シンのために建てられた。この邸宅は方形に近い長方形をしており、すべての側面が左右相称で、2つの中庭をもっている。外観はエンタブラチュアの帯で3層に分割され、突出した窓のベイは古典的な片蓋柱で縁取られている。窓は数が多くそして大きい。諸室は複雑な平面にまとめられ、不整形の意図ではチューダー的だが、外観で確立された秩序に合わされている。室内はほとんど、長年にわたり変更され、装飾し直されており、それで室内空間のよりふさわしい着想はハードウィック・ホール（1591-1597年）に保たれているといえるが、これはむしろかなり小規模の邸館で、たぶんまたスミッソンが設計した。その左右相称の大きな一棟の建物は備えた矩形の平面で、屋根の高さの上にもう1層立ち上がる6つの突出したベイをもつ。外観は各階のレベルの割り形をのぞくと装飾が施されておらず、その割り形は下層の地上階レベル、中程の高さの日常生活のための部屋が占める第2層、主だった儀式用の部屋が位置する第3の最上層を区切っている。塔が上方にのび、ストラップワーク装飾をもつピクチュアレスク風の頂部になっている。玄関広間はギャラリーをもつ高さが間口の2倍ある部屋で、中世のやりかたを想起させるが、正しいドリス式細部をもつ4本の円柱で支えられている。木製の鏡板飾りは上部にタペストリーを掛け、壁面を覆っている。暖炉の細部は古典的だが、暖炉の上の突き出た部分は、漆喰のストラップワークで塗られている。幅広い階段が上階へ通じており、そこにロング・ギャラリーが建物の長さにわたり一方の側面に沿って設けられている（9.8）。この部屋は対になった石造りの暖炉と対になった窓のベイでまったく相称的である。外側の壁はほとんど窓である。もう一方の壁はタペストリーで覆われ、天井は抑制の効いたストラップワークの細部をもっている。ハドウィックのほかの部屋は、贅沢さと壮麗さと、ほとんど近代的といえる簡素さのなす、エリザベス朝様式が調和する好例となっている。

9.8 ロング・ギャラリー、ハードウィック・ホール、ロバート・スミッソン、ダービーシャー、イングランド、1591-1597年
このギャラリーは、イングランドのエリザベス朝の「大邸宅」のなかで最も壮麗なものの一つの、最上階にある。右手の柱と柱の間にある大きな窓は、空間を光で満たしている。壁面はタペストリーがおおい、暖炉と、暖炉の上の突き出た部分は、イタリア風様式で装飾的に彫り込まれた石細工である。絵画や家具のほとんどは後の時代のものだが、漆喰のストラップワークはもともとのものである。

9.9 グラストンベリィ・チェア、16世紀

エリザベス朝様式の家具

　エリザベス朝様式の家具は、チューダー様式やそれ以前に中世でやっていたところとは異なっている。それは、よりいっそう彫刻的で、装飾的な細部を取り入れたり、いくつかの新しい形を発展させたりしているからである。そのような1つが陶器飾り戸棚であった。実際には、銀製の装飾的で盛りつけ用の食器を飾るための3段の扉のない棚の家具一式である。棚の支えと縁は、みかけが銀器に匹敵するように意図され豊かに彫刻されていた。大規模な住宅では、きわめて大きな寝台が、頭板で支持された屋根に似た天蓋や、しばしば寝台自体とは独立した脚台とあわせてつくられた。多少なりとも彫刻を施された簡素な箱型の椅子に加え、椅子はたいてい多くのろくろ細工で作られ、ろくろで仕上げた3本の主な直立材が、しばしば三角形の座部をもつ椅子を形づくることもあった。ろくろ職人が糸巻や把手の形をつくりだすやすさが、興味深い複雑さのあるデザインとなった。グラストンベリィ・チェアとして知られる、どっしりとした折り畳み椅子も現れたが（9.9）、2つのアーチのアーケードを連想させる彫り刻まれた背もたれをもつことがあった。カシは通常使われる木であり続けたが、トネリコ、イチイ、クリ、そのほかの木が使われることもあった。室内装飾材料は布の特別に作ったクッションあるいはカヴァーに限られ、ときおりトルコ風の細工で飾られていた。色はたいてい木、石、漆喰の自然な色合いで、豊かな赤やくすんだ緑で細部が塗られていることもあった。

ジャコビアン様式

　ジャコビアン時代（1603-1649年）は、その名称をジェイムズ1世からとっているものの、チャールズ1世の治世も含んでいる。ハットフィールド・ハウス（1608年から）は不整形ではあるが、相称的な棟からなり、平面はU字型である。この建物は実際には2つの住宅（国王と王女のための宿泊施設）で、城郭形式の広間（9.10）、ロング・ギャラリー、そのほかの多くの部屋の設けられた連結棟でつながれている。外観のほとんどは、きわめて簡素な赤レンガで、大きな窓がついている。中央正面はロバート・リミング（1560年頃-1628年）の作品で、アーケード、片蓋柱、玄関の要素のために古典的な円柱をもつイタリア風様式の、イタリア産の大理石でできている。頂部には素晴らしい時計塔が載る。内部では、丹念に作られた鏡板飾り、彫り物、古典風の円柱のつく暖炉、漆喰のストラップワークが、イタリアとオランダの影響のジャコビアン様式の混交を引き立たせている。貴族の所有者の地位と力がその室内に象徴化されている。

ジョーンズ

　イニゴー・ジョーンズ（1573-1652年）は、イングランドに盛期ルネサンスのより一貫した古典主義を取り入れることを担った。彼はイタリアを訪れ、古代の建物を研究し、何枚かのパラーディオの図面をイングランドにもち帰った。最初の仕事は、仮面劇（マスク）と呼ばれる国王の催し物のための舞台デザイナーとしてであった。1615年に王室の建築総監（実際には政府の公式の建築家）に指名されたことで、主要な作品を手がけることになった。グリニッチのクイーンズ・ハウス（1616-1635年）は簡潔な、全体が左右相称の箱型の建物（もともとはH型で、のちに塞がれた）で、装飾のない白い壁と、ほどほどの大きさの適切に配置された窓、そして上層の南側に6本のイオニア式円柱を配した列柱廊をもっている。ジョーンズの古典主義は、立方体とその集まりのもつ幾何学的完璧さに関連する形への継続的な関心をともなうものだった。

9.10 大広間、ハットフィールド・ハウス、ハートフォードシャー、イングランド、1608年

大理石の間は、なみなみならぬ豪華さをもつジャコビアン様式のイングランドの室内である。中世城郭の広間を想起させる隠された意図があったが、この「大邸宅」では、その主題は豊かに彫り刻まれた木工事と、凝った装飾を施して彩色された漆喰天井に変えられた。木工事、吊られたタペストリー、手が込んで彫り刻まれた家具が、簡素なタイルの床と対比をなしている。

バルコニーを支える持ち送り、9枚のパネルの絵画をともなう手の込んだ天井、床の幾何学的図柄の大理石の床貼り、扉の枠の細部はすべて、様式的にイタリア風である。

ジョーンズは宏大な新ホワイトホール宮殿（1638年頃）の設計者でもあった。もし建てられていれば、ルーヴルあるいはベルサイユに匹敵するものであったろうし、それもどちらより厳格に古典的であった。小さな一部分のみが建てられたが、それがバンケティング・ハウス（9.11、1619-1622年）であり、2階分の高さのある単一の部屋で、厳密にパラーディオ風の外観をも

つ。持ち送りの支えるバルコニーをもつ立方体2つ分の室内となっており、下がイオニア式オーダー、その上がコリント式オーダーで、天井は華やかな漆喰装飾で囲まれたパネルに、ルーベンスの絵画となっている。セント・ジェームズ宮殿のクイーンズ礼拝堂（1623-1627年）は別のジョーンズによる立方体2つの部屋で、格間付きの楕円形の天井と祭壇の上のパラーディオ風窓をもっている。これは、たいへん多くのイングランド（そしてのちにアメリカ）の教会堂が採ることになる古典的な形態の初期の1つの事例である。外観では、神殿風のペディメント状の切妻壁をのぞくと、簡素な建物のようにみえる。

ジョーンズによるより大きなロンドンの教会堂、コヴェント・ガーデンのセント・ポールズ教会堂（1630年起工）もまた、ペディメントのある神殿風の形態である。現在では残っていないが、計画された一群の連棟住宅の中央にある庭園に向いた、円柱の建つ完全な柱廊玄関をもつ。その教会堂は、エトルリアの神殿についてのウィトルウィウスによる説明に基づいたように思われる。室内では、装飾のない矩形平面の部屋で、現存するイングランドのゴシック教会堂と際立った対照をなしている。

ジョーンズとジョン・ウェッブ（1611-1672年）は、ウィルトシャーのウィルトン・ハウス（1648-1650年）の再建された翼屋の設計を担った。その建物には、格式張って手が込んだ2つの大広間があるが、その幾何学的な形から、単一の立方体の部屋、2つの立方体の部屋と呼ばれている（9.1）。壁面は白色で、彩色され金箔をかぶせた刻まれた装飾、花綱装飾、果物の束、絵画の掛かる部分を枠取っている見せ掛けの織物が施されている。ヴァン・ダイクによる一連の肖像画が戸口や豊かに飾られた暖炉に囲まれて掛かっていた。天井は絵画の描かれたパネルで折り上げられた天井で、折り上げ部分の表面は漆喰仕上げで枠取られている。こうした部屋の豊穣さは、ジェイムズ1世ないし2世の時期、またのちの時期での展開に向いている。

9.11 ホワイトホール、バンケティング・ハウス、イニゴー・ジョーンズ、ロンドン、1619-1622年

盛期ルネサンスは、イタリアで行われているところを受け入れ、イニゴー・ジョーンズの作品でイングランドへともたらされた。宏大な宮殿のための彼の計画は棚上げされ、バンケティング・ハウスのみが建てられた。ギャラリーの巡る、相称的な室内は、下層にイオニア式半円柱、上層にコリント式片蓋柱がならび、イタリアに刺激を受けたパラーディオ風の細部の熟達した手際を示している。手の込んだ天井もイタリア風の様式で、ルーベンスの絵画の背景となっている。

低地地方とイングランドにおけるジョージ王朝期までのルネサンス　215

ジャコビアン様式の室内家具

ジャコビアン様式の家具は、概してかさばって直線的だが、エリザベス様式の先例に比べると、いくぶん軽快で小さくなった。飾りの彫り物はデザインでより優美な傾向に向かった。糸巻形あるいは螺旋状に捻じれた模様をともなうろくろ細工が脚や横桟にしばしば使用された（9.13）。クッションが外せたり、固定されたりして使われるようになり、飾りとして用いられる装飾的な釘の頭で縁取られていることもあった。カシは依然として最も一般的な木材であったが、クルミも使われた。織物、絹、ビロードの増加は、トルコ風の細工を実現させ、タペストリーは心地よさと贅沢さの雰囲気づくりに寄与した（9.12）。

チャールズ2世からウィリアムとメアリまで

オリヴァー・クロムウェルの清教徒革命と、1649年から1660年までのそれに続いた共和政体は、王室の継承と、それに基づく様式の名称付けを中断させた。1660年にチャールズ2世が復帰するとともに、王政復古期（1660-1702年）が始まった。その時期はしばしば、1660年から1689年までのチャールズ2世期と、1689年から1702年までのウィリアムとメアリの時期に細分される。

レン

イギリスの建築家で最も著名なサー・クリストファー・レン（1632-1723年）は、数学者、物理学者、発明家、天文学者と、まさに多芸な「ルネサンス人」であった。ヨーロッパ大陸へのただ一度の旅でパリを訪れただけだが（そこでベルニーニと出会った）、レンは、主要な生涯の仕事として建築へと向かったときには、イタリア・バロックの作品をはっきりと意識していた。それは1666年のロンドン大火ののちに起きており、そのあと破壊された多くの小規模なシティの教会堂と古いゴシックのセント・ポールズ大聖堂の建て替えを設計するため選ばれた。1669年にレンは建築総監に任命され、ロンドンの都市計画や多くの重要な建築課題を担うことになった。科学と数学への関心から、レンの作品は理論的すなわち論理的な特質を備えることになった。とくにイングランド的な言語を生みだすため、このことは、フランス風やイタリア風のバロック作品への関心と結びついた。しばしばバロックといわれるが、レンの設計は常に秩序や原理の感覚で抑えられており、それがレンの設計を北イタリア、南ドイツ、あるいはオーストリアのカソリックのバロックとは異なるものとしている。

レンが設計したロンドン・シティの教会堂の多くは、建築幾何学の教科書と実践の組み合わせとしてみることができる。変化に富んだ平面は、方形、矩形、そのほか形を組み合わせたもので、多角形や楕円も含んでいる。教会堂の尖塔のおのおのは2つとない形態をしており、1

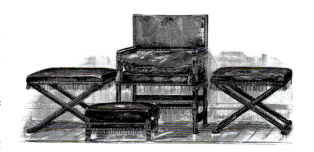

9.12 ジャコビアン様式の家具、ノール、ケント、イングランド、1907年の版画による

深紅色の絹のビロードのクッションと金の縁がこの家具を飾りたてており、ジェイムズ1世の時期（1603年から25年頃）に遡れる。基本的には簡素な形で、こまごまと彫り刻まれた細部をもつ。

9.13 ジャコビアン様式の肘掛け椅子、イングランド、17世紀初期

ジャコビアン様式の椅子は、イングランドで発達していった、徐々に洗練さを増していったろくろ細工の実例を示している。使われている木は、ニレとカシである。

つひとつが古典的な要素を垂直に配置するように検討している。多くの教会堂は規模がとても小さく、外観を目立たせないようにするため建設敷地に閉じ込められている。たとえば、セント・スティーヴン・ウォルブルック教会堂（1672-1679年）は、1つの通りからは無装飾の後ろの壁がみえるように配置されている。狭い出入り口通路と塔は別の通りに置かれている。しかしながら、室内はレンの達成した最も素晴らしいものの1つである（9.14）。簡潔な矩形の空間だが、ギリシャ十字型、方形、それから、上方の八角形を決定するように配列された16本の円柱を取り入れることで複雑にされている。八角形はそれ自体、8つのアーチで規定されており、上部の明かり取りに向かう小さな円形の開口部までに、16枚、8枚、16枚の鏡板の格間を施された円形ドームを、そのアーチは支えている。この注目すべき幾何学的実践は、楕円形とアーチ形の窓から採光され、極めて美しい室内を生みだしている。

レンによるそのほかの教会堂は、たとえばピカデリーのセント・ジェイムズ教会堂やフリート・ストリートのセント・ブライズ教会堂のように、（木と漆喰の）半円筒ヴォールトの身廊天井と古典的な円柱で支えられたギャラリーをもち、典型的なイングランドのルネサンス教会堂デザインを確立し、のちのイングランドやアメリカの多くの実例はそれに基づいている。レンの教会堂はたいてい、丹念に彫り刻まれた祭壇の仕切り壁、説教壇、オルガンのケースで飾られていたが、グリンリング・ギボンズ（1648-1720年）のような芸術家で職人の作品であった。セント・ポールズ大聖堂（9.15、9.16、1675-1710年）は、レンの作品なかで最も壮大でよく知られたものである。これは、イングランドのバロックでローマのサン・ピエトロ大聖堂に匹敵する建物で、皿型ドームのヴォールトの架かる身廊、聖歌隊席、袖廊が交差部に大ドームを載せた十字形平面を構成し、イタリア・バロックを想い起こさせる対になった塔のある正面を備える。ヴォールト架構はゴシックの実践にしたがってバットレスで支えているが、高い障壁がバットレスを隠し、厳格な古典的外観をみせている。ドームはまた、巧妙な解決を秘めている。内側のより低いドームが、下の室内空間に関係する

9.14（上）セント・スティーヴン教会堂、クリストファー・レン、ロンドン、1672-1679年

ロンドンのこの小さな教会堂で、レンは幾何学的な連続性をもとにした案を発展させた。矩形から始まり、方形、ギリシャ十字型、八角形、円へと移っていくもので、ドームは格間が16、8、ふたたび16と分割される。結果として生じる空間は、現存する最も美しい室内空間1つといわれている。

9.15（下）セント・ポールズ大聖堂、クリストファー・レン、ロンドン、1675-1710年

大聖堂の室内は、交差部に大ドームが、身廊、袖廊、聖歌隊席のベイに皿形ドームが懸かり、バロックの重厚さをみせている。ヴォールト天井は、半アーチにより側廊のうえで支えられているが、なかからは目にされることはなく、障壁で外観でも隠されている。

9.16（右）セント・ポールズ大聖堂の断面、ロンドン、1675-1710年

この巨大な大聖堂は、ローマのサン・ピエトロ大聖堂に比肩しようとして設計された。大ドームは、ドラムの下方に窓が巡り、3層に構築されている。最も下のドームは交差部の室内空間を覆い、その上は構造的に働く円錐で、最上部は木造で支えられたドームで目にされる外観を形作り、ロンドンの変わらないランドマークである。

低地地方とイングランドにおけるジョージ王朝期までのルネサンス 217

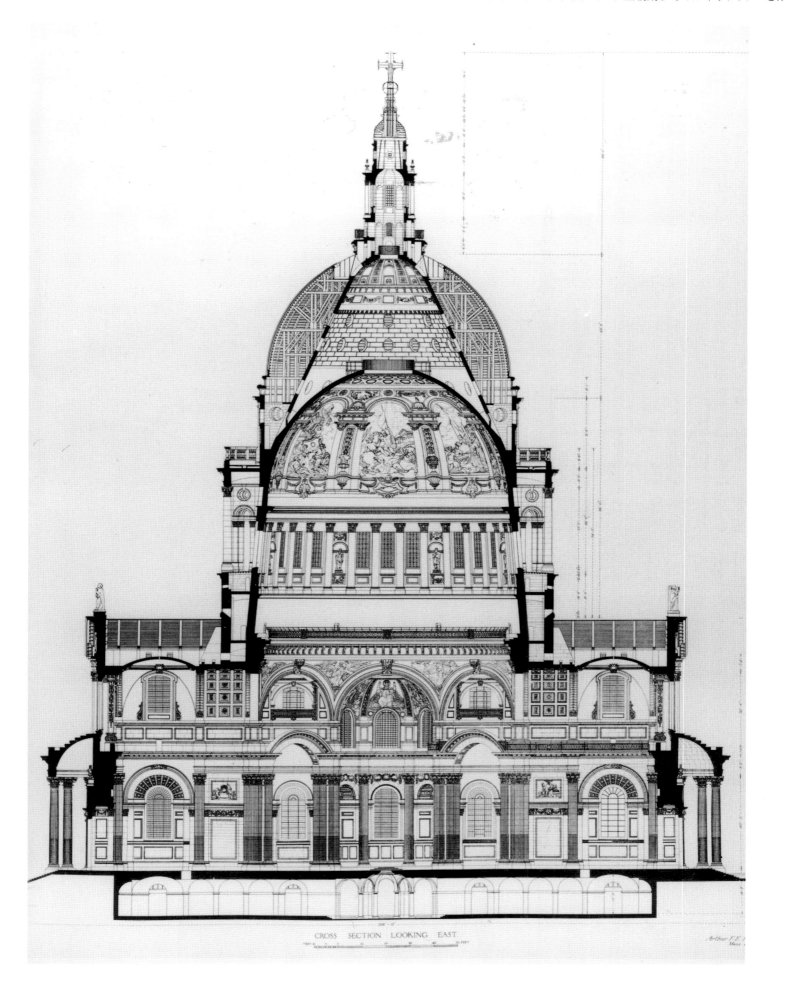

CROSS SECTION LOOKING EAST

ように計画された高さに懸かる。外観的には、最も高いドームが、実際には表面を鉛で葺いた木造で、その建物の際立った輪郭をなし遂げている。その間に、視界から隠れて、レンガの円錐体が木製ドームと頂部の石造の明かり採りを支える。内側のドームの中央の円窓から、（隠された窓から採光される）円錐体をあがって、明かり採りのなかをちらっとみることができる。隠れたバットレスと鉄の鎖が石造の下のドームとその上の円錐体の横圧力を吸収する。

レンによるものと証明できる住宅建築はないが、リンカン近郊の洗練されたベルトン・ハウス（9.17、1685-1688年）の建築家はレンであったかもしれないといい伝えられている。それは落ち着いた灰色の石でできた相称的なH型の建物で、2層に配置された簡潔な窓、正面と背面の中央に配されたペディメント、屋根窓を設けた瓦屋根、たくさんの煙突、中央に小さなクーポラをもつ。厩舎、厨房、そのほかのサービス空間は、一方の側で離れとなっている。表と裏の玄関は、直截この住宅の2つの主要な公的な部屋に開いている。大理石貼りの「広間」と、その背後にある正式的な食事室、すなわち「サルーン」である（9.18）。豊かに飾られた木の鏡板仕上げがこれらの部屋に連なっており、グリンリング・ギボンズの彫刻といわれている。サルーンは装飾的な漆喰仕上げの天井である。こうした部屋は、のちの作品で大いに称讃され模倣されるようになった心地よさと贅沢さの感覚を伝えている。この住宅の平面には廊下あるいは前室がなく、したがって部屋はおのおの隣り合う部屋に通じているのに気付くことは興味深い。離れた建物にある厨房で、給仕は主要な外部扉を直截とおって食べ物を食事室に運び込まねばならなかっただろう。このような実用的でないように思われる配置は、形式性が利便性より勝っているのだが、18世紀に入りかなり経つまで普通であった。

チャールズ2世期とウィリアムとメアリ期の室内調度

チャールズ2世時代の間に、黒檀やそのほかの材料の象眼細工がしばしば施されたウォール

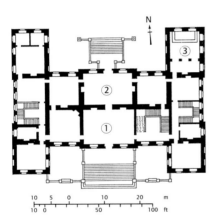

9.17 ベルトン・ハウスの平面、リンカンジャー、イングランド、1685-1688年

1. 広間
2. 食事室
3. 礼拝堂

この平面は、おのおのの部屋への出入りが、もっぱら隣接する部屋を通り可能である点で驚きである。

9.18 ベルトン・ハウス、ウィリアム・ウィンド、リンカンシャー、イングランド、1685-1688年

「サルーン」すなわち食事室はこの住宅の主要な部屋の1つであり、レンが設計したともいわれることがあるが、おそらくウィリアム・ウィンド（1722年没）の設計であろう。彫り刻まれた木の鏡板仕上げは名高い木彫家グリンリング・ギボンズの作品とされてきたかもしれないが、エドムンド・カーペンターへの支払い記録が残っている。凝った漆喰天井は、17世紀の貴族の室内に典型的である。

低地地方とイングランドにおけるジョージ王朝期までのルネサンス 219

9.19 イングランドのいくつかの大邸宅から集めた家具の版画、1660-1702年、1907年の本の図版に示された

左は、ハンプトンコート宮殿からの絹の背もたれのついた椅子。中央は、ハドウィック・ホールからの椅子（前記参照）。右は、ケントのセヴノークスに建つ、大邸宅ノールからの絹の背もたれ付き椅子。これらのデザインは、ウィリアム3世（在位、1689-1702年）からクイーン・アン（在位1702-1714年）の時期にわたる。

ナットが、最も使われる材料となった。湾曲した形が、椅子の背もたれや椅子や物入れの脚にみられるようになった。緩やかなS字曲線形をともなう猫脚が現れ始めた。とても手の込んだ彫刻がごく一般的になり、しばしば漆が塗られたり、金箔が張られたりしていた。贅沢さ、快さ、実際の便利さは、より多くの室内装飾用品の使用や、袖付き安楽椅子のようなタイプ、多様な形の机の出現、タンスの発展にその跡をたどることができ、こうしたものはそれまでほとんど知られていなかった。極東から輸入された陶器や、近東からの東洋風敷物は、イギリス商船の海上貿易でかかる異国風の物資がイングランドに持ち込まれて、王政復古期に使われるようになった。

1689年から1702年まで、ウィリアムとメアリの治世の間、チャールズ2世時代の手の込んだ極致からの方向転換がいくつか生じた。ウォールナットはそのころ鏡板仕上げや家具で好まれた材料であったが、化粧貼りが装飾としての表面処理を生みだす方法として使われ始めた。それは、対照的に色付けされた木の縁飾りの、さまざまな文様を生みだすのに合った木目をともなうものだった。装飾的な漆製品は、それまでもっぱら輸入品として利用可能であったが、家具の表面装飾のそれまでとは別の形としてイングランドで発展させられた（9.19）。ハイボーイ、すなわち脚で立ち上げられたタンスが、折りたたみテーブルのような考案とともによく使われるようになった。フランスの織物技術がイングランドに取り入れられ、プリントされた木綿、チンツが窓や寝台のカーテンに使われ始めた。

クイーン・アン

アン女王の統治（1702-1714年）は、イングランドの建築の後期バロックのデザインと軌を一にしている。家具とインテリアは実用性、慎ましさ、心地よさの新たな感覚を示している。対照的に、建築はバロック的壮大さを反映し続けた。レンの後継者はジョン・ヴァンブラ（1664-1726年）やニコラス・ホークスムア（1676-1734年）だった。ヴァンブラによるブレニム宮殿（1705-1724年）はマールバラー公爵への巨大で壮麗な贈り物であったが、それはブレンハイムの戦いでフランスに勝利した彼の栄誉を讃えるためであった。大広間を貫く無限に続く軸線、3層の高さをもつ大ギャラリー（現在は図書室）、厨房と厩舎の中庭の配置は、この建物をベルサイユに匹敵するものとしている。古典的な言語は、動きのあるスカイラインを生みだし、バロックという名称を正当化する独創的な変化のなかに押しこまれている。その変化とは、ブロークン・ペディメント、屋根先端のオベリスク、幻覚をもよおさせる建築的壁面ときわめて劇的に描かれている天井画で圧倒的なスケールをもつ「サルーン」（正式な食事室、9.20）のようなインテリアなどである。

ロンドンの教会堂のホークスムアによる設計は、驚くべき室内空間と力強い外観からなる工夫に富み、独創的な、力あふれるものである。たとえば、スパイタルフィールズのクライスト・チャーチ（1714-1729年）は大きく目を見張るよ

9.20 サルーン、ブレニム宮殿、ジョン・ヴァンブラ、オックスフォード、イングランド、1705-1724年

この部屋では、戸口の石造の細部が、壁画のみせかけの建築のなかに溶け込んでいる。その壁画は、円柱、片蓋柱、心に描かれた屋外の光景、彫刻的な像でいっぱいである。優美な家具は、その空間と装飾に圧倒されているようにみえる。

うな塔をもち、そのアーチ型の要素は高い尖塔の下で一風変わって騒がしく重なり合って積み上げられている。堂内は、平天井の高さのある身廊となっている（9.21）。両側の円柱は、側廊に開いているアーチを支え、もともとは現在では取り外されたギャラリーを備えていた。内陣側の端部では、2本の円柱が身廊を横断する棒状のエンタブラチュアを支え、室内を複雑にし、驚かすような劇場的感覚を加えている。同時代の批評家は、この室内を「荘厳で崇高」と述べていた。

クイーン・アンの家具

クイーン・アンの家具は、それ以前のものと比べると、一般的にいくぶん小さめで、軽快で、さらに快適である（9.22）。曲げた形状、猫脚、クッションのはいった座部、袖付き安楽椅子、実用的な書架の付いた書き物机が普通に使われるようになった（9.23）。細いろくろ加工した材を曲がった背枠で留めた背もたれ、木杯の鞍のように削られた座部、ろくろで仕上げた横桟を付けた、たいていはろくろ細工の脚のウィンザー・チェアが、広く使われるようになった。手の込んだ彫刻や象眼細工、色付けされた装飾はなおも、裕福な人の住宅のためにつくられたより高価な家具の実例として現れた。

ジョージ王朝期

住宅の室内と関連した家具のデザインで、クイーン・アンは、18世紀イングランドを支配した様式の、ジョージ王朝期の初めの頃と一体化している。ジョージ1世（在位1714-1727年）とジョージ2世（在位1727-1760年）の治世は初期ジョージ王朝期にわたっており、この時期は普通1750年前後に終わるとされている。オクスフォード近郊の、カートリントン・パークの、いくぶん小規模の住宅の室内（9.24）がニューヨークのメトロポリタン美術館に保存されている。その壁面と天井は白く塗られた装飾的な漆喰仕上げで覆われている。鏡、絵画そして大きな金めっきしたシャンデリアが色と輝きを加えている。設計したジョン・サンダーソンによるこの部屋の図面もまた、この美術館の収蔵品の一部となっている。その図面は、対応した位置にならべられた、4つの壁面で囲まれた天井のデザインを示している。

イタリアのパラーディオ風の実践からの影響と、古代ローマ風、ポンペイ風の装飾の細部を参考にすることが混じりあった大邸宅の建設は、富裕層の地所へと続いていった。ウィリアム・ケント（1685-1748年）は、すでに述べたように、彼の家具がウィルトンの立方体2つの部屋に使われていたが、ロンドンの外れにあるチズウィックの大邸宅の設計（1725年）で、パトロンのバーリントン卿の専門的な助言者となった。これは箱型のドームを載せた建物で、明確にパラーディオ風であり、その中央の円形部分や正面の列柱廊は、ヴィチェンツァのヴィッラ・ロトンダの自由な解釈をもとにしている。その室内は、ポンペイの先例をもとにした装飾的漆

9.21 スパイタルフィールズのクライスト・チャーチ、ニコラス・ホークスムア、ロンドン、1714-1729年

アーケードを支える円柱が大胆な空間構成の一部となり、アーケードは側廊に開いている。内陣の端部で、円柱は背の高い棒状のエンタブラチュアを支え、バロック的な複雑さの感覚を、どちらかといえば簡潔な平天井の空間に取りいれている。

9.22（左）クイーン・アンの椅子、1710年頃

クイーン・アンの椅子のきわめてコンパクトで軽快な形は、もっと早い頃のタイプと比べて、より一層の心地よさを提供した。この例では、花瓶の形をした背板、弓型の曲がった頂部が渦巻の桟、獣脚が使われている。座部は落とし込み式のクッションである。

9.23（右）ウィンザー・チェア、19世紀初期

ニレの座部で、トネリコの構造が、肘掛け付きウィンザー・チェアのこの美しい実例に使われている。脚と脚をつなぐ補強材が、それらが接続部分を受けるところでどのように太くなっているかに着目しよう。一方、その部分は穴をあけたところで差せるよう、細くされている。

低地地方とイングランドにおけるジョージ王朝期までのルネサンス 221

9.24 カートリントン・パーク、オクスフォード近郊、イングランド、1748年

この部屋は、同時代の用語で「食堂」と呼ばれた、現在はニューヨークのメトロポリタン美術館に収蔵されている。そこには、地元オクスフォードの職人、トマス・ロバーツ（1711-1771年）によるロココ風の漆喰細工の細部をもつ、むしろ控えめではあるが、装飾が豊かで広々とした室内が示されている。絵画、家具、東洋風敷物、またシャンデリアはその時期に相応しいものだが、その時代の書斎すなわち蔵書室を思い起こさせる。

9.25 ルートン・ホー、ジェイムズとロバート・アダム、ベッドフォード・シャー、イングランド、1767年

1. 廊下
2. 第三代ブート伯爵の寝室
3. 主階段
4. 副階段
5. 化粧室
6. 手洗い

部屋には廊下から出入りするが、伯爵の寝室は隣り合う部屋で仕切られている。副階段はベースメントの厨房とそのうえの階の召使の区画を結んでいる。化粧室はその時期のジェントルマンが被ったかつらに髪粉をかけるのにあてられる。こうしたすべてが、古典的な相称性をもつ全体の着想のなかに収められている。

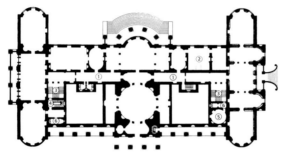

や彩色された細部を使っていた。

ロバート・アダムとジェイムズ・アダム

ジョージ王朝後期の建築とインテリアデザインを特徴づけているのは、アダム兄弟の素晴らしい仕事である。ロバート・アダム（1728-1792年）は、デザイン的にはその協働関係を主導する立場で、一方弟のジェイムズ・アダム（1732-1794年）は彼らの案を実現していく実際的な場面によりかかわりをもっていた。アダム兄弟はロンドンで名声を確立したスコットランド人である。それは、建築と関係した大きな計画、建設工事、インテリアデザイン、また装飾的細部を手際よくまとめる能力と、けれどもおおいに称賛されることになった独特の個人様式によるのだった。彼らの作品は、特徴として、パラーディオ主義的なところはあるが、またロココ的なところもあり、フランスのロココ作品のように、新古典主義的な慎み深さのほうに向かっている。『ロバートとジェイムズ・アダムの建築作品集』（1773-1823年）の美しい版画で自分たちの作品の例を出版したことから、彼らの様式はイングランドと、ついにはアメリカでもよく知られるものとなった（9.27）。

アダムの計画の多くは、すでに建っていた建物の修築であった。完成されなかったものもあり、インテリアのみを含むものもあるが、みんなまとめて、彼らの作品はジョージ王朝期のデザインの優雅で最終的な局面にふさわしいとして理解されうるものである。ベッドフォードシャーにあるルートン・ホーと呼ばれる住宅（9.25、1767年起工）は大きく改造されたので、アダムのデザインは版画にある平面図と立面図で最もよく検討することができる。平面図は、実用に関わる問題に対していだいていたアダムの関心を示している——部屋同士は互いに直接通じていない。その代わり、廊下が建物の長さ分延びており、部屋はその廊下に開いている。食事室には隣接した配膳室があり、階下の厨房への階段を備えている。伯爵の寝室は隣り合った部屋からのみ入ることができるが、大きな蔵書室へつながる扉があり、この蔵書室で伯爵は

222　低地地方とイングランドにおけるジョージ王朝期までのルネサンス

9.26 サイオン・ハウス、ジェイムズとロバート・アダム、ミドルセックス、1762-1769年

この前室は、彩り豊かで壮麗な光景である。ローマから持ち込まれた12本の緑色大理石の円柱は、金色に塗った彫像を支える。イングランド人の漆喰職人、ジョセフ・ローズ・ジュニア（1745-1799年）が壁面と天井の装飾を担った。大理石床のパターンの色は、天井のデザインを映しだしている。

インサイト

ロバート・アダムとサイオン・ハウス

ロバート・アダムは1764年、サイオン・ハウスの再建工事について、ノーサンバーランド公爵に詳細に書いていた。アダムはさまざまな部屋の装飾とともに目的について論じていた。

> フランス様式は、生活の利便性と優雅さで最もよく考えられている……わが国とフランス双方の住宅における広間は広々とした部屋で、そろいの服を着た召使が世話をする面会の部屋として意図されている。ここは大きな部屋で、部屋が常にそうであるように、漆喰で仕上げられている。

明晰な洞察力で、フランス人とイングランド人の重要な相異の1つを彼は指摘した。

> 生活の方法を完全に理解するため、フランス人のなかでいくらかの時間を過ごしてきたことや、社交的で話好きな人々の習慣を学んできたことが、おそらく、不可欠である。しかしながら、1つの点で、われわれの作法から彼らを真似ることができない。フランス人の食事室は、滅多にあるいはまったく、大きな部屋のなかで一室をなしておらず、ひと続きになった部屋からはずれており、そして設える点で、装飾の美しさにほとんど注意が払われない。この理由は明らかである。フランス人は、そこに食事のときに集まるからで、そこではみせびらかしや壮麗さのためには、部屋の装飾ではなく机の飾り付けが頼みとされ、饗宴が終わるや否や、彼らは即座に客間に引き下がる……われわれはそうではない。習慣になっているか、またはわが国の天気の特質により、われわれは大いに飲酒の楽しみにふける……食事室は談笑する部屋として考えられ……正餐のあとすぐに婦人は引き上げ……もっぱら（男は）自分の席に戻り、明らかによりくつろいで、おしゃべりは異なる調子となる──堅苦しさやまた真面目さが薄れ、より放埒になる。

古典様式で美しい家宅をつくる、アダムの疑問の余地のない技術にもかかわらず、詩人で随筆家のメアリ・ウォートレィ・モンターギュ公爵夫人は、彼らの適切さに辛辣に疑問を差し挟んでいた。

> みとおしが不毛の荒野に広がり、部屋はイタリアで心地よい涼しさで工夫されてはいるが、イギリスの北では殺伐としている。

1. Quoted in Peter Thornton, *Authentic Decor* (London, 1983). p. 145;
2. Robert and James Adam, *Works in Architecture of Robert and James Adam* (London, 1778), vol. I, pp. 10-11; 3. Lady Mary Wortley Montagu, *Diaries*, 1753, quoted in Peter Thornton, *Authentic Decor*, p. 88

夜の読書のため本を選ぶこともあったと推測される。その廊下をはずれて、生活用の階段が別の階につながり、小さな部屋には屋内の便所の早い例である洗面所がある。外観では、中央の列柱廊がそのデザインの特色を与え、小さな部屋に光や空位をもたらす光庭を隠すよう、両側に障壁をもった設計となっている。

ロンドンのすぐ外側にあるサイオン・ハウス（1762-1769年）では、壮麗な玄関広間（9.26）は全体が灰色と白色で、両端にアプス状のニッチがあり、12本の緑色大理石の円柱がおのおの金色の彫像を支えている、箱型の驚くばかりの前室につながる。色とりどりの大理石の織りなす床のパターンは、漆喰天井のベージュと金色で繰り返されている。近くにあるオスタリー・パーク（1762-1769年）では、エトルスク様式の小さな広間を含む諸室の間に別のつながりがある。すなわち、古代ギリシャの壺絵（それゆえエトルスク風と考えられている）に由来する壁面装飾と、ポンペイ風の細部の素晴らしい色彩の蔵書室（9.28）を伴うからである。ロンドンのケンウッド・ハウスの蔵書室（1767-1770年）は、アダムの部屋の中でおそらく最も著名である。部屋の両端部に半円形のアプスをもち、部屋の中央部から棒状のエンタブラチュアを支える2本のコリント式円柱で仕切られている。漆喰のヴォールト天井と壁面は淡い緑色で、白色、

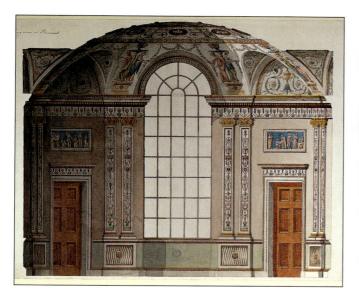

9.27（左）ハーウッド・ハウス、ジェントルマンの化粧室のための設計、ロバート・アダム、ヨークシャー、イングランド、1767年頃

ロバート・アダムの繊細な証言の水彩画にある断面も含む展開図には、ヨークシャーの大邸宅のためのジェントルマンの化粧室に予定されたインテリアが示されている。豊かな漆喰装飾と彩色された細部がその部屋に宝石のような美しさを与えている。

9.28（右）オスタリー・パーク、ジェイムズとロバート・アダム、ミドルセックス、1762-1769年

豊かに彫刻された建築的細部をもつ蔵書室は、ポンペイの古代ローマ遺構でそのころ発見されたデザインへの熱狂が反映している。

ピンク、金色で際立たされたポンペイ起源の細部をもっている。

ロンドンのタウン・ハウスのためのアダムの設計は、たとえばグローヴナー・スクエアのダービィ邸あるいはポルトマン・スクエア20番地（1770年代）のように、きわめて巧みに諸室の複雑な配置を狭い敷地に納めた。いまは壊されてしまったランズダウン・ハウスの食事室は、ニューヨークのメトロポリタン美術館に保存されているが、古代ローマ風の大理石の彫像が、ポンペイ風の繊細な漆喰の細部仕上げの下に簡素なニッチからのぞいている。現在の多くのデザイナーのように、アダム兄弟は幅広い多様な計画にかかわっており、それらは小規模なロンドンのコーヒー・ハウス、ロンドンのドルアリー・レーンの劇場、小さな田舎の教会堂、そして理知的で整然とした計画の傑作であるエディンバラ大学の大規模で複雑な建物を含んでいる。

ジョージ王朝期のタウン・ハウス

こうした大規模で目をみはらせる住宅に対して、むしろほどほどの規模をもつタウン・ハウスが、しばしば美しく整備されたスクエアのまわりに、よく考えられ設計された一群として建てられた。イニゴー・ジョーンズによるコヴェント・ガーデンの開発は、ロンドンにおけるこのような工事のひな型を確立した。ロンドンでは、広大な地所で爵位を与えられた貴紳が所有した土地が、現在なら不動産の投機的な細分割と呼べるようなものを形成するように区画された。開発業者は、巧みに調整された家並みで住宅を計画し、個々の購入者に売られる（あるいは貸される）ため標準的な設計で建設した。

イングランドの社会でそれほど裕福でない階層は、より古い住宅で間に合わせなければならなかった。その住宅はしばしば中世にさかのぼるもので、その近辺は荒廃してスラムとなっていた。17世紀末と18世紀、投機的建設はこうした地区の建て替えを押し進め、また社会的に階層化された階級社会に役立つよう計画された、住宅の新しいまとまりを生みだし始めた。スクエアや主要な街路に面して、たいていは高さが4階ないし5階の大規模な連棟住宅が建設された。地下1階のベースメントは、厨房、洗濯室、家事用の諸室が占めていた。地上1階のグランドフロアは、正式の応接室や、ときには食事室に使われた。その上の階は最も大規模で正式な住宅の接待用の部屋が設けられた。それより上では、広い寝室が3階にあった。子どもまたは来客用のより小さな部屋はその上の階である。住宅の最上階には、住み込みの召使のための小さな部屋が設けられていた。裏の階段は、召使が表の空間に入ることなく住宅の中を動くことを可能としていた。

幅の狭い街路では、より小規模な住宅の列が中流階層の所有者、専門的職能人、熟練工への売買のため建てられた。さらに狭い「裏通り」、袋小路には、主要街路やスクエアに面した大規模住宅に便利なように、小規模の住宅が召使、職人、労働者の家族のために、厩舎、馬車置き場、召使の住宅に沿って建てられていた。ジョー

ジ王朝期には、こうした住宅はすべて、最も大規模なものから小規模なものまで、概して単純で実用本位の設計で、正面は赤レンガで塗装された木製の窓と扉の額縁であった。額縁や細部の細工の細かさは、住宅に住んでいる人の階級に合わせて多様だが、決まって美しく、理にかなって、整然としていた。かかるジョージ王朝期の住宅は、近代では滅多なことでは匹敵できない、住み心地のよい地域の設計の実例であり続けている。

しかしながら、どちらかといえば根本的な利便性の水準はあたり前のところにとどまっていた。水は井戸、手押しポンプから、あるいは雨水から得ていた。そして寝室あるいは化粧室の水差しやたらいに運ばれた。お湯は厨房で沸かす必要があり、同様に運ばれた。浴槽は、もっぱら大規模な住宅のいくつかにあった贅沢品で、化粧室に据えられ、小型で持ち運びできるもので、召使が運んだお湯で満たした。それはおそらく滅多に使われることはなかった。流れまたは湧き水から水が供給され、水を流して使うたらいや、「便所」（洗面所）でさえ、18世紀にあったのはほんのわずかの住宅だった。熱は、木、または使えるようになった石炭を燃やした暖炉から得ていた。調理は暖炉でしていたが、18世紀末の台所用の鉄製かまどが開発されるまで、おそらくさまざまな鉄製の付属品で改良されていった。照明は、絶えず手入れをして取り替える必要のあったろうそくに頼っていた。油のランプは、古代から知られてはいたが、イングランドではその18世紀の終わりになって、ようやく広く使われるようになった。

その他の建物類型

ジョージ王朝期はまた、そのほかの幅広い実用的な建築類型の実例を生みだした。それらには、美しく居心地のよい設えの中でジェントルマンたちが集まり、会話を交わしたり、まどろんだりしたであろうクラブがあった。町や都市の小売店はたいてい小規模なもので、しばしば1階はもち主の住宅だった。店の正面は多くの窓ガラスでできた大きな、ときに弓形の張り出し窓や感じよくデザインされた看板をそなえており、普通は販売中の食器を飾ったり入れたりする棚やケースを並べた室内へ、出入りすることができた。ジョージ王朝期の劇場は、飾りたてたプロセニアムをもつ舞台に面して3面にバルコニー席を設けた閉じられた講堂に発展した。

ジョージ王朝期の家具と室内調度

ジョージ王朝期の住宅の中には、所有者の富と地位により、基本的には簡素で気品のある部屋に、装飾的な漆喰天井、飾りたてた暖炉の炉棚、居住者が好むであろう心地よく仰々しい家具が与えられた。優美に縁取られた絵画や鏡が壁面に掛かるかもしれないし、窓にはますます手の込んだ優美なヒダ付きカーテンが取り付けられた。外来の輸入品、とりわけ極東からのものに対する好みは、家具デザインに影響を与え、それで実際の輸入品、チーク材の机やタンスは、椅子の背もたれや机の脚のシノワズリーの彫物と混ざりあっただろう。中国からの壁紙は自然や眺めのよい風景の主題を表していた（9.30）。輸入された磁器（当然、「チャイナ」と呼ばれた）は皿としてだけでなく、飾るための器や花瓶として流行していた。端麗なジョージ王朝期の銀製の器、ろうそく立て、箱、そのほか小物もまた、たいていあっさりとしたデザインだが、食卓で使う実用的で装飾的な銀器とともに、飾るのに好まれたものであった。輸入された陶器に加え、多くのイングランドの製造所が、華やかで装飾的なデザインで磁器を生産したが、凝っていないデザインも現れた。ジョシュア・ウェッジウッド（1730-1795年）の製造所で製作された飾りのないクイーンズ陶器は古典的な簡素さと実用性をもつ形で、いまなお生産され現在使う人にも評価されている。

イングランドの時計製作者は、彼らの製品の正確さと品質に大きな誇りをもっていた。掛け時計は重力おもりで動かされ、振り子の動きで制御され、それゆえ吊るしたおもりと揺れる振り子を調整するため、方法がみつけられねばならなかった。時計はしばしば高いところにある棚あるいは持ち送りに据え付けられるだろう小さな木の箱とともにつくられ、おもりは箱の下の外にかかっていた。背の高い（「おじいさんの」）時計はおもりと振り子を収めることのできる別の取り合わせであった。そうした時計の箱は大きく、ほかの家具様式の流れにしたがった。時計の箱はしばしばペディメントと円柱で完成

低地地方とイングランドにおけるジョージ王朝期までのルネサンス　225

9.29 ジョージ王朝期の壁掛け時計、1750年頃

この時計は、壁のうえ高くに掛けることを意図され、隅の円柱と整ったペディメントのある神殿様式の小さな建物という、建築的デザインを思い起こさせる木の箱に納められている。おもりは滑車で下に吊るし、週に一度の巻き上げで引き上げられた。

された、小さな神殿風の建物に似ていた（9.29）。より小型の時計はバネ仕掛けの機構でつくられ、箱は控えめなものから飾ったものまで幅があり、特定の部屋の様式に合うよう、機能的で装飾的な要素として意図されていた。

ジョージ王朝期の主要な鍵盤楽器はハープシコードであった。ロンドンで重要な制作者はジェイコブ・コークメンとシューディとブロードウッドの製作所であった。ヘンデルは後者の製作者による鍵盤が2段の素晴らしい楽器を所有していた。イングランドのハープシコードはほかのジョージ王朝期の家具の控えめなデザインを手本とした。マホガニーの箱は化粧単板の帯と、しばしば鍵盤部分にはサテンウッド材の化粧単板をもっていた。ピアノがハープシコードに取って代わり始めると、箱には同じデザインが引き継がれた。ベートーヴェンはブロードウッドのピアノをもっていた。ハープシコードの小型版はスピネットと呼ばれた。これはかさばらない三角形の箱で作られており、小さな住宅で人気のある楽器であった。パイプオルガンは教会堂では最も普通であったが、チェンバー・オルガンあるいはキャビネット・オルガンと呼ばれた小型版がしばしば大邸宅にあった。キャビネット・オルガンは扉の付いた大きな直立した箱に納められ、扉を開けると鍵盤とパイプがでてきた。ほかには、パイプが装飾的に彫り刻まれた縁飾りのなかに並べられたデザインのもきもあった。こうしたオルガンの最も小さなものも必然的に堂々としていて、しばしば部屋の主に目を引く要素としてデザインされることになり、それを取り巻く全体の様式に関連して意匠の施された、外部の装飾的な取り扱いをともなっていた。

ジョージ王朝期の家具は、初期、中期、後期の細分された3期に属すると分類されることができる。初期（1714-1750年）はクイーン・アンの実践を引き継ぐことで始まった。ウォールナットは使い続けられたが、1735年以降、始めはスペイン、それから中米から入ってきたマホガニーの重要性が、見事な木目と赤みがかった色で、その木材をますます人気のあるものにした。猫脚、球を握ったかぎ状の脚、彫り刻まれた獅子の頭、そのほかの空想的な装飾的要素が一般に使われるようになった。フランスのロココ様式の影響は、装飾のより自由で華やかな使いかたに突きとめられる。新しい家具の形式がいくつか現れた。たとえば、2人用の椅子（一緒にまとめられた2つの椅子のような小さな長椅子）、書見台とろうそく立ての付いた読書用の椅子である。背の高い収納箱あるいは引き出し付きの収納箱を、簡単に動かせるよう2つに分けてつくることも普通になってきた。

ジョージ王朝中期（1750-1770年）は、有名な家具製作者トーマス・チッペンデール（1718-1779年）の仕事を特に連想させる。彼の影響は、彼自身の素晴らしいデザインと職人精神に加え、『ジェントルマンと家具製作者の指導書』という版画と教えからなる書物の衝撃からであった。この本は、1754年、1755年、そし

9.30 トマス・シェラトン、皇太子の中国風居間の南端部を図示した彫刻図版、1793年

シノワズリーは、中国からの輸入品に由来する装飾的細部への趣味で、18世紀のイングランドにおいてインテリアデザインの1つの様面である。『家具製作者と室内装飾家の図版集』（1793-1794年）からのこの図版では、2、3の細部——左右の壁の鏡板、その下の腰羽目の細部、そして飾りの付いたろうそく立てと人物像——は、実際の中国風デザインとはどんな強い関係ももっていないが、相称性がありほかの点では概して18世紀的な室内に、新奇性を吹き込むことに役立っている。

て1762年に出版された（9.31）。チッペンデールの典型的なデザインを示す一種のカタログすなわちスタイルブックで、イングランド（そしてついにはアメリカ）のほかの多くの家具製作者に彼のデザインを認識させることにも役立った。こうした家具製作者は、自分たちのデザインの基礎をチッペンデールの著作に置いていた。チッペンデール様式は、多様な異国風の影響と結びつけられたロココの節度のある形といえるかもしれない。異国風の影響は、とりわけ中国の家具と、壁紙に現れていたような中国の風景として知られる形——仏塔の形、彫り刻まれた龍、そして漆細工——からの中国的な要素であった。チッペンデールの家具は基本的に簡潔で、巧みにつくられ、頑丈で実用的だが、華やかで装飾的でもあった。飾りのない箱型の脚、猫脚、中国風あるいはゴシック風の彫刻をもつ穴のあいた背もたれ、球を握ったかぎ状の脚、彫り込まれた紋章は、すべて椅子に使われている。長椅子、正面にガラスを入れた書棚、がっしりとした机が、関連したデザインでつくられている。大きな書棚あるいは前面中央が迫りだしたユニットは、しばしばバロック建築を思い起こさせるペディメントをのせていた。（中央に開いた部分をともなう）ブロークン・ペディメントや、中央部の壺形装飾あるいはそのほかの先端飾りが図解されており、合わせて枝付き燭台、暖炉の火格子、ろうそく用角灯、時計用箱、チェンバー・オルガンつまり小型パイプオルガンのための2、3枚の図面さえのせられていた。チッペンデールはまた、飾り布による窓回りの扱い、天蓋付き寝台、関連した豊かで、幻想的ですらある、装飾的様式の枠付きの鏡の供給者でもあった。さらに質素な家具が多くのほかの職人によって製作されたが、彼らはチッペンデールの表現を、より幅の広い、しかしそれほど裕福ではない一般の人々に合わせるため、単純化し、適用した。

ジョージ王朝後期（1770-1810年）はチッペンデールの末期作品を含んでいるが、ジョージ王朝期のほかの2人の著名な家具製作者が際立っていた、すなわちジョージ・ヘップルホワイト（1786年没）とトーマス・シェラトン（1751-1806年）である。彼らはおのおの個人的な様式を展開し、またともにその様式を広めるのに役立った図版入りの著作を出版した。ヘップルホワイトの『家具製作者と室内装飾家の手引き』（1788-1794年）には、楯やまたは楕円の形で穴をあけられた背もたれをもつ椅子が図解されており（9.32）、合わせて前面中央が迫りだした書棚や詰め物を入れた座具も載せられている。脚は箱型で、しばしば先細りに仕上げられ、たいていは胡麻殻彫りの平行した線で彫られていた。彫り込まれた環状の細部をもつ、丸く先細りのついた脚も示されている。小さな机や枠付きの鏡、花瓶ののせられた柱台、手の込んだ垂れ布のついた寝台、洗面台、そして（蓋付きの寝室用便器のための空きを組み込んだ）「ナイト・テーブル」すなわち寝台の脇に置く机もまた、ヘップルホワイト様式でつくられた（9.33）。

シェラトンの『家具製作者と室内装飾家の図版帳』（1791-1794年）は、いくぶんより直線的な様式を例として挙げており、小さなスケールと繊細な要素をもつものとなっている。椅子は方形の背もたれとまっすぐな脚で、飾り棚の類は化粧単板でしばしば湾曲した部材も使われ、膨らみをもつ正面、曲線的な端部、楕円形の机のような全体を生み出していた。ときに塗られ、色付けされた細部の、対照的な色の象眼細工や、

9.31 中国風椅子、トーマス・チッペンデール、1754年

『ジェントルマンと家具製作者の指導書』（1754年）からの図版は、中国風の影響を想起させることを意図された細部で、18世紀の椅子に典型的なデザインを示している。このような図解は、注文主が脚、背もたれ、横桟、肘掛けの好みのデザインを選ぶ一種のカタログとして役に立った。

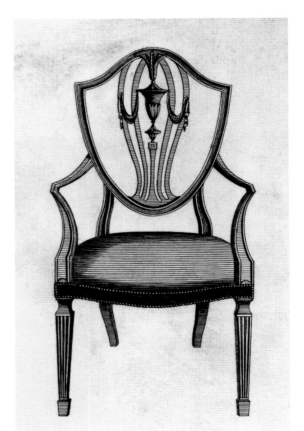

9.32 ヘップルホワイト様式の楯の背もたれの椅子、セダン・アンド・シャックルトン製作、1790年頃

ヘップルホワイトの『家具製作者と室内装飾家の手引き』（1788-1794年）に図示された1790年ころの盾のような背もたれの肘掛け椅子。盾の背もたれはヘップルホワイトの椅子のデザインの最も明らかな特徴であった。その形は、1790年から1820年のアメリカの連邦様式で人気を博すようになった。

低地地方とイングランドにおけるジョージ王朝期までのルネサンス 227

9.33 蔵書箱、ジョージ・ヘップルホワイト、1787年

裕福な貴族は豪華本を蒐集し、その本は適切な書架に納められ、陳列される必要があった。この大きなユニットは、単独で注文できたかもしれない、中央のペディメントのある部分と、注文主にスペースがあるなら、右左の袖の部分が付き、ひとつの堂々としたユニットとなる。頂部の骨壺（とブロークン・ペディメント）は選択可能な部分で、購入者の趣味にあわせることが可能であった。

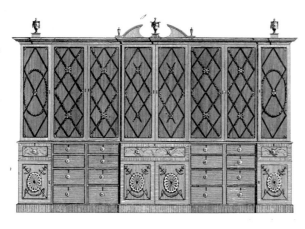

9.34 読書机、トーマス・シェラトン、1793年

シェラトンの『家具製作者と室内装飾家の図版帳』（1791-1794年）からの実例は、象眼細工の化粧単板の、表面が楕円形をした机を示している。側面は両脇から引きだすことが可能で、裕福な書籍蒐集家の好んだ大きくて重い図版入りの本を支える書見台を広げられるようになっている。基部の台座にある空きに足を出し入れできるよう、ひざをいれる穴から開く扉は、面白い細部である。

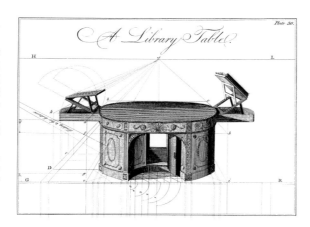

淡い黄色を多く使うことで、薄く彩り豊かな特徴を確立しているシェラトンは、家具の目新しい仕掛けの独創的考案者であり、多くの複雑な家具デザインを図示している。たとえば、取り外しできる仕切りと自在に動く鏡をつけた鏡台、持ちあがる収納の仕切りのある机、梯子に開く読書机（9.34）などである。彼はツインベッドの考案者と思われる。また豊かに布で飾った窓、アルコーヴ、彼自身の趣味で装飾した部屋全体も図解している。たいていカールトン・ハウス・デスクと呼ばれる書き物机は、シェラトンの開発したものである。

イングランドのデザインでのジョージ王朝期は、歴史上で最も称讃される時代の1つとなった。考え方における性格、道理、論理と、細部の優雅さと抑制の一貫性が、建築家、建設業者、職人に広く受け入れられ、それゆえ調和の感覚が最も大きな作品からほどほどの大きさの連棟住宅の単純さにまで広がっている。20世紀の近代主義の始まりを検討すると、18世紀の様式の一貫性への回帰（細部の仕様ではなく）が論理的な出発点であることが、しばしば示唆されている。

19世紀初頭、18世紀の道理と一貫性は技術革新の時代に取って代わられた。その時代は、ジョージ王朝期の伝統を覆し、デザイナーが抵抗するか、あるいは受け入れるかで格闘した難題を与えた。1764年のアークライトによるジェニー紡績機の考案や1769年のワットによる蒸気機関は、19世紀を西洋文明における生活のすべての面での大々的な変化の時期とすることになった展開の基礎を置いたのである。

第10章

植民地時代と連邦時代のアメリカ

10.1 グアドルーペの聖母マリアの聖域の聖堂、モレリア、メキシコ、1708-1716年

メキシコにあるこの聖堂の身廊はヴォールト天井のゴシック的形態をもち、手の込んだ装飾で覆われている。

　15、16世紀の探検家たちが北、南、中央アメリカを発見したことが、生活様式を変え、「新世界」に移住することに応じる準備のできていたヨーロッパ人に、多様な可能性を開いた。動機はさまざまで、金儲けの期待から、宗教的迫害を逃れる願望にまでおよび、また新たな経験や探検への単純な欲求もあった。

　17世紀初め、アメリカ大陸にはいくつかのヨーロッパの国からの植民地開拓者が居住していた。新しい入植者は、彼らが遭遇した先住民に対して、総じて関心もあるいは共感もほとんどもっていなかった。そして、（北アメリカでのように）無視するか、あるいはわきへ追いやるか、（中央、南アメリカでのように）略奪を求めて屈伏させるかであった。入植地は、あとに残してきたヨーロッパの生活環境を、可能な限り再生する努力の対象であると、つねにみなされた。新世界を、旧世界の複製で満たされるのに最適な何もない空間とみるみかたは、彼らの祖国での貧困や抑圧から逃れたいという多くの植民地開拓者の願いを考慮すると、奇妙に思われる。新しい自由あるいは新たな富を求める願望から、純粋にこれまでにないデザインによる表現がみいだされることは、滅多になかったのである。

　概して、その目的はヨーロッパの過去を思い起こすための新たな住宅、新たなまちを建設することであった。かくして、南、中央アメリカのスペインとポルトガルの入植者は教会堂を、ルネサンスのスペインとポルトガルで流行していた、プラテレスコ、バロック、チェリゲレスコの様式で建設した。ルイジアナのフランス人居住地では、同時期のパリの様式にならっていた。スウェーデン人、オランダ人、ドイツ人の入植者は、おのおのの出身国の思い出に基づく植民地様式をつくりだしていた。しかしながら、気候の実情、一定の材料の入手可能性やそのほかの材料の欠如、離れた土地でどうにか生き残るという純粋に差し迫った必要性が、仕事を行ううえでの慣れ親しんだやりかたにある種の修正を加えることを、しばしば不承不承であるが、植民地開拓者に強いることになった。

ラテン・アメリカの植民地様式

　ヒスパニック系入植者の建物は、（玄関出入り口や祭壇という）教会堂の中心となるヨーロッパのバロック風デザインと、先住民（インディアン）の建て方のヴァナキュラーな伝統とを混ぜ合わせたものになっていた。メキシコでは、この先住民がマヤ族とアステカ族で、天火で焼いたアドービレンガを、単純な形のための木の棒状の屋根支持材として使うことを基本としており、その形は北アメリカ南西部の古代のプエブロ集落を想起させる。メキシコ・シティの大聖堂（1563-1667年）は、スペインのルネサンスとバロックの伝統に倣っている。身廊と側廊は等しい高さで、両側面にそって付属礼拝堂があり、華麗なバロック的正面の両側に対して塔を建てる。宗教的主題を説く多彩色の彫刻は、力強い写実主義で表現されている。スペイン人、クラウディオ・デ・アルシニエガが建築家の第一人者であった。モレリアに建つグアドループの聖母マリアの聖域の聖堂（10.1）は、同様に華麗である。テポツォトランのサン・ノゼ聖堂（1750年頃）は、バロック的なチェリゲレスコの装飾を使用した極端な例で、スペイン自体にみいだせるものよりも、いっそう華やかで、濃密である。ペルーの16世紀の教会堂にも、起源を

10.2 布教所、サン・ホセ聖堂、ラグナ・プエブロ、ニュー・メキシコ、1700年頃

この室内は簡素な矩形の部屋だが、入念な装飾の飾り付けで鮮やかな木の梁をかけた天井をもち、祭壇と内陣の部分の周囲に彩色を施している。

たどるとスペインのものがいくつかある。

ブラジルでは、土着の手工芸の技能がそれほど発展しておらず、ポルトガルの植民地住民はよりいっそう強く——デザインにとどまらず、実際の構成部材も——、移入に依存するよう強いられた。石造彫刻は、ポルトガルの供給地から船で持ち込まれた。ミナス・ジェライス、オウロ・プレットのサン・フランシスコ・デ・アシス聖堂（1772-1794年）や、近くにある教会堂、サン・ジョアン・デル・レイのサン・フランシスコ聖堂は、ブラジル風のバロック様式の好例で、対になった塔や白い壁体は装飾的な彫り物や彫刻の現実離れした飾り付けで仕上げられており、内部では色彩を施し金箔を張ることが繰り返し加えられている。こうした教会堂は、たいていアレイジャジーニョとして知られる彫刻家で建築家の、アントニオ・フランシスコ・リスボア（1738-1814年）によるとみなされている。リスボアは、18世紀のブラジルの教会堂設計の展開で、確かに重要な存在である。宗教建築が入念に仕上げられたのと対照的に、ヒスパニックの入植者による世俗建築は、南、中央、そして北アメリカで、概して簡素で機能的であり、ヨーロッパのヴァナキュラーな伝統にしたがっていた。

ニュー・メキシコのサンタ・フェにある総督の宮殿（1610-1614年。しかし大幅に修復）は、簡素で装飾の施されていないアドービの構築物で、スペインの伝統にしたがい、まちの広場に面して長い玄関柱廊をそなえている。カトリックの宣教師は、女子修道院あるいは男子修道院を建設したので、ニュー・メキシコ、アコマのサン・エステバン（1629-1642年）でのように、土着のアドービの伝統を採用した。そこでは、装飾の施されていない、対になった塔をもつ教会堂が、周囲にプエブロ集落風の構築物をもつ修道院の方形の中庭に隣接して建っている。1700年までには、内部の入念な仕上げが始まり、1700年頃のニュー・メキシコ、ラグナのサン・ホセ聖堂（10.2）のようなスペイン風バロック

の方向へ向かった。アリゾナ、ツーソン近郊のサン・ザビエル・デル・バック聖堂（1775-1793年）の洗練されたデザインは、十字型平面と、スペイン風バロックのファサードの細部をもつドームの架かる交差部と、祭壇の飾壁を備えており、スペイン人建築家、イグナシオ・ガオナによるとすることも可能であろう。

カリフォルニアのスペイン布教団は、たとえばカルメルのサン・カルロス・ボッロメオ（1793年）のように、メキシコにおける展開でいくぶん修正された、プラテレスコ様式のスペインの作品を推奨している。住居のインテリアは、白い漆喰塗りの壁体、木の梁の天井、通常の視覚的モチーフとしての簡素な暖炉をもつタイル貼りの床という、地中海のヴァナキュラーな伝統にしたがっている。テキサスのサン・アントーニオにある総督の宮殿では、中庭に開いた居住空間が、よく似たスペインの空間と取り違えられるかもしれない典型的な例となっている。

北アメリカのコロニアル様式

イングランド人入植者は彼らとともに、北アメリカの東海岸に沿って主流となることになった様式を持ち込み、これらイングランド人入植者のデザインこそ、コロニアル式と呼ばれることになるのである。フランス人植民地式、オランダ人植民地式、あるいはスペイン風様式は、普通「地域的」またはある意味で特別であると考えられ、一方修飾語なしに使われる「コロニアル」という言葉は、だいたい1610年から1800年にかけるイングランドのデザインに由来する作品を意味すると理解されるのが、ほぼ一般的である。

初期のコロニアル様式の住宅

イングランドから到着した人々の築いた最も早い居住地は、1607年のジェイムズタウンで、1620年にはプリマスにメイフラワー号の上陸があった。最初に建てられた構築物は、仮設の「イングランド風ウィグウァム」で、小枝と棒を組み合わせて編んだ骨組み（小枝）、泥、ヤシやシュロからできていた。その名称にもかかわらず、その建物は先住民のアメリカ（インディアン）がやっていたことを基礎とするのではなく、イングランドの小作農がときおり建てた種類の小屋であった。現存するものはない。かかる小屋は、ほどなく中世のイングランドの慣習により建てられた木造の住宅に置き換えられた。それらはハーフティンバーの住宅で、がっしりとした木材の頑丈な骨組みをもっている。木は材料のうち最も手に入れやすい、というのは森林地帯を開墾すると副産物として大量に木材が産出されたからである。しかしながら、鋸で切ることは手間のかかる過程で、もっと後の時代のこぎれいに切り出された挽き材の生産はまだ可能ではなかった。とてもたくさんの丸太が切られ、斧や手斧のような道具でだいたい四角にされた。それから、簡単な手工具で作られただろう柄差しまたは釘止めした重ね継ぎのような木の継ぎ手で、住宅の骨組みに組み立てられた。イングランドでは、かかる骨組みは建物の外部へ露出されていたが（ありふれたハーフティンバーの外観をつくりだしている）、アメリカ大陸ではイングランドで使われた漆喰やレンガの充填材がいつでも使えるわけではなかった。気候もまた、むきだしにした骨組みを傷めてしまった。なぜなら寒さから暑さへの、湿気から乾燥までの変化が、骨組みや充填材をばらばらにしてしまいがちだったからで、亀裂や漏れの原因となった。容易に使用可能な木材で、自然の解決は、外壁として使った木の薄い板で骨組みを被うことであった。厚板を骨組みに釘で止め、それから鋸で切ることより丸太を割ることで作った、こけら板あるいは下見板を重ねた外側の表面で被った。内部では、こうした住宅はその特徴の主要な要素として構造をみせている。

典型的な初期コロニアル様式のアメリカの住宅は、文字どおり、木造の外観をもつイングランドの中世住宅であった。それはしばしば、中世の町によくあるように、迫り出した上階と、鉛ガラスの小さな窓をもっている。切妻屋根は決まってシングル葺きであるが、一方煙突が室内の暖炉の位置を示していた。レンガは、最初、船の底荷としてイングランドから持ち込まれたが、そのうち地域の窯で焼かれ、煙突のありふれた材料となった。基礎の土台は、たいてい仕上げをしていない石に、あるいはじかに地面に

232　植民地時代と連邦時代のアメリカ

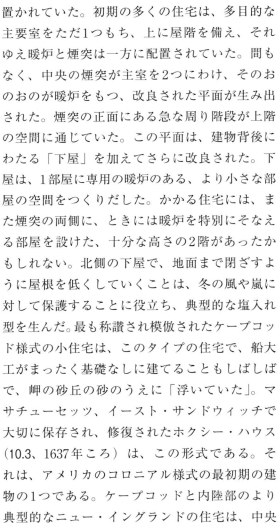

置かれていた。初期の多くの住宅は、多目的な主要室をただ1つもち、上に屋階を備え、それゆえ暖炉と煙突は一方に配置されていた。間もなく、中央の煙突が主室を2つにわけ、そのおのおのが暖炉をもつ、改良された平面が生み出された。煙突の正面にある急な周り階段が上階の空間に通じていた。この平面は、建物背後にわたる「下屋」を加えてさらに改良された。下屋は、1部屋に専用の暖炉のある、より小さな部屋の空間をつくりだした。かかる住宅には、また煙突の両側に、ときには暖炉を特別にそなえる部屋を設けた、十分な高さの2階があったかもしれない。北側の下屋で、地面まで閉ざすように屋根を低くしていくことは、冬の風や嵐に対して保護することに役立ち、典型的な塩入れ型を生んだ。最も称讃され模倣されたケープコッド様式の小住宅は、このタイプの住宅で、船大工がまったく基礎なしに建てることもしばしばで、岬の砂丘の砂のうえに「浮いていた」。マサチューセッツ、イースト・サンドウィッチで大切に保存され、修復されたホクシー・ハウス（10.3、1637年ころ）は、この形式である。それは、アメリカのコロニアル様式の最初期の建物の1つである。ケープコッドと内陸部のより典型的なニュー・イングランドの住宅は、中央に正面扉があり、その両側に窓を2つ備えている。1階または2階の高さであったようで、たいてい単純な切妻屋根である。けれども、正面または背面に向いた破風をもつ、より複雑な形の屋根も普通であった。マサチューセッツ、イプスウィッチにあるウィップル・ハウス（1669年）

10.3（上左）ホクシー・ハウスの室内

典型的な初期のアメリカ住宅の室内はとても暗かったが、それはとても小さな窓がほんのいくつかあっただけだからであった。この光景は、半屋階の物置を示し、簡素な綱を張った寝台の場所となっている。下の場所の隅にある糸車と物置の羊毛の糸巻は、羊毛の織物を家庭で生産していることを映し出している。トウモロコシやそのほかの食料が乾燥のため吊り下げられている。

10.4（上右）寝室、スタンリー-ホイットマン・ハウス、コネティカット、1644年から

がっしりとした隅の木の柱と木造天井が、筋違い入り構造の証拠となっている。漆喰仕上げの壁面が木の骨組みの間を埋めている。寝台は木の枠で、マットレスを支えるよう縄で締められている。（ローラーにのる）脚輪付き寝台が下に格納されており、夜になるとその寝台は引きだされて、寝る場所が増える。揺り籠は生まれたての赤ん坊のためである。どちらの寝台にも織物の覆いがある。窓は小さく、鎧戸が付いている。

10.5（下右）座部がイグサのラダーバック・チェア、18世紀

このアメリカのラダーバック・チェアの例では、丸い直立材が5枚のアーチ状の背もたれの横木でつながれている。ろくろで丸くされた正面の脚は、「糸巻き状にろくろ仕上げされた」横桟で結ばれている一方、2本の簡素な横桟は両側で正面の脚をつないでいる。座部は織ったイグサである。

植民地時代と連邦時代のアメリカ 233

10.6 椅子兼机、ニュー・イングランド、アメリカ、1775-1799年

この初期アメリカ風の家具の背もたれは、椅子の枠にあわせて回転され、それで傾けおろされると、椅子は安定した机に変わる。こうした椅子兼机は、居酒屋でよく使われた。

10.7 高脚付きタンス、ボストン、マサチューセッツ、アメリカ、1734-1740年

高脚付きタンスはイングランドとアメリカの双方で一般的な収納家具であった。それは、便利にまとめられた収納部分に印象的なみかけを与えた。この実例のように、上部は簡単に動かし取り外して、下の部分から持ちあげられる。組み合わされた化粧単板、猫脚、彫り刻まれた垂れ飾り、真鍮の引手と鍵座すべては、優美さと裕福さを暗示している。

は、この形式である。その住宅はまた、明確に中世の特徴を有する迫り出した上階をもっている。

初期コロニアル様式の家具と室内の仕上げ

室内をみると、初期のコロニアル様式の住宅は、厳密に機能的であった。木骨の部材はむきだしで、方杖もしばしばみえていた。床は幅広の木の厚板であった。一方天井は、露出した木組みと上階床の厚板の下面であった。壁の表面は木でできていたか、あるいは骨組みの部材の間で、割った木摺、すなわち薄板を一部割って作った木摺に漆喰を塗っていたようである。それで、その漆喰を適切な箇所にとめておく「壁の下塗」をなす裂け目に、漆喰は押し入れられていた。レンガでできた大きな暖炉が1つ、主室を目立たせており、その部屋は台所やすべての目的にあてられる居住空間として使われた。家具は、普通にはマツであるが、ときにサクラ、カシ、ヒッコリー、あるいはそのほかいくつかの自生している木で作られ、トレッスルテーブル1つ、いくつかのベンチ、ろくろ細工でできた、編んだイグサの座部をもつ、1、2脚のラダーバック・チェアが含まれていただろう（10.5）。堅木は、しばしばテーブルやタンスのためにとても幅広い板にして、手欠き継ぎ手、組継ぎ、蟻継ぎ、あるいは柄差しで組み立てられた。収納には、物を吊すためフックや木釘、2、3段の棚、塩の容器、そしてたぶん小さな戸棚が使われた。さまざまな種類のろうそく立て、支え、手提げランプが暖炉を補うよう明かりを供するだろう。寝室（10.4）では、藁、木の葉、トウモロコシの苞葉、あるいは羽毛のマットレスを支えるため、寝台には縄で締められた木の枠が付いているだろう。天蓋を支える支柱は滅多にない贅沢であった。揺り籠や脚輪付き寝台が、身体の大きさがまちまちの子どもの要求を満たした。また毛布箱もあったようで、持ちあげる蓋と、すべての織物は手製なので、紡ぎ車もたぶん付いていた。三つ編みラグマット、すなわち裂き織りマットは床での贅沢であっただろうし、寝台の手製のキルトは色の源だった。こうしたインテリアの実用的な簡素さは、清教徒の入植者の宗教的な態度とよく調和していた。

彼らの信条は、富と地位の表明を、簡素さ、穏当さ、徳のある生活への目的意識と相いれない装飾性をとおしてみいだした。

時代は過ぎ、入植者がより定着するようになり、さらに裕福になるにつれ、さまざまな改善が次第に取り入れられるようになった。両吊りの窓サッシが、だんだんに開き窓に置き換わり（改良された雨仕舞いで換気の調整をよりよく提供する）、質のよくなったより大きな窓ガラスで光と見晴らしが改善された。専門の職業が発展し、それでよりよくなったデザインと機能をもつものをつくるため、大工、職工、椅子職人、金属細工師、鋳物職人（スズや白目の労働者）が生まれた。イングランドで製作されたその種のウィンザー・チェアが使われるようになり、肘掛け部のついたものもあった。また居酒屋で使うもの（タベルナ・チェアと呼ばれた）は食べ物あるいは飲み物を置いておく特別な幅の広い腕部をもつものもあった。引き出し付きタンスが登場し、下のいくつかの引き出しと、上の持ち上げ式の蓋の付いた毛布の区画をもつ、タンスである。初期のコロニアル様式のほとんどの家具は飾り立てられておらず（10.6）、事実上

10.8 オールド・シップ礼拝堂、ヒンガム、マサチューセッツ、1681年

初期アメリカの宗教建築の威厳のある簡素さは、新教徒の入植者の厳格な哲学を表現している。

イングランドからの移入品であったが、次第にイングランドのデザインの地元独特の解釈ということもたいへんしばしばあり、簡素化されたジャコビアン様式や王政復古様式の装飾がでてきた。曲がった脚、丸く、ボールのような「バン」フット、表面の彫り込みは、木工師の技能と、こうした贅沢をするのに余裕があるだろう家屋所有者の趣味を誇示するのに役立った。ウィリアムとメアリ期の様式の引き出しの付いた高脚付きタンス（10.7）や机は、当時の住まいの最も広々として快適なところで使うため、1760年までにはアメリカでつくられた。

教会堂や礼拝堂

住宅、納屋、小屋を別にすると、もっぱらほかの一般的な建築類型は、教会堂と礼拝堂であった。初期の例はほとんど残っていない。マサチューセッツ、ヒンガムの1681年に建てられたオールド・シップ礼拝堂は滅多にない例外である（10.8）。これは単純な方形平面をした木造の集会場で、主要階と三方のバルコニーに合わせて2層に窓が並んでいる。屋根のむきだしの小屋組は、船大工の仕事といわれており、逆にした船の船体の内部に似ていた（名前の由来）。小屋組は寄せ棟屋根の中央にのる鐘塔を支えた。内部では、白色の壁体と木の小屋組に装飾はまったく施されていない。中央の説教壇の背後には対になったアーチ窓が設けられている。

アメリカのジョージ王朝期

18世紀には、コロニアル様式の簡素さがより優雅で贅沢な様式に取って代わられ始めた。イングランドから職人が持ち込んだり、またクイーン・アンやジョージ王朝期の建築と家具を図解した書籍が刺激を与えたりしたのであった。船舶所有者、商人、なかには熟練工や職人、また金持ちの土地所有者は、イングランドの「ジェントルマン」にひけをとらない生活様式を受け入れるほど充分に裕福になっていた。南部の入植地、とくにバージニアやカロライナでは、宏大なプランテーションが（しばしば称号をもったイングランドの家系の若い息子により）築きあげられて、それが奴隷労働者のおかげで、所有者を豊かにしていた。こうした所有者を満足させる住宅はイングランドの「大規模住宅」に

10.9 パウエル・ハウスの部屋、フィラデルフィア、1765-1766年

植民地時代のアメリカでは富裕層が増加したので、ジョージ王朝期風が細部まで多く使われた室内をもつ贅沢な住宅が、より一般的になった。この部屋は、現在はニューヨークのメトロポリタン美術館に収蔵されており、素晴らしい木の鏡板仕上げ、飾りたてた漆喰天井、そして1つの壁面には輸入された中国の壁紙がみえる。背の高い時計、チッペンデール様式の家具、東洋風絨毯は、所有者の安定した地位を示している。

近づき始めていたが、けれどもその原型の極限にまで届くものはなかった。

アメリカのジョージ王朝期風住宅

アメリカのジョージ王朝期風住宅は、レンガ造あるいは木造であっただろうが、たいていは相称的な平面計画や、ペディメント、片蓋柱、またしばしばパラディアン・ウインドウを含む装飾的細部を用いることで、ルネサンスを基礎としたヨーロッパ風の手本にならっていた。典型的な平面では、中央広間には正面の扉から入り、しばしば後ろの扉まで通り抜けていた。広間には、堂々とした階段が、それに合った2階広間に通じていただろう。玄関の左右に、1ないし2部屋が配置され、パーラー、食堂として、上階では寝室として使われただろう。暖炉のための煙突は端部の壁にそなえられ、（ときには屋根窓をそなえた）寄せ棟屋根が切妻屋根より普通になった。厨房やサービスの部屋は、翼屋や、あるいは特に南部では形の整った平面にまとめられた付属の建物に配置されることもある。

ジョージ王朝期風の建物の室内は、より形が整えられており、漆喰仕上げの壁面あるいは木の鏡板仕上げ、木の羽目板、そして暖炉の炉前飾り周囲の刳り形や古典風にされた細部、扉、また窓やコーニスとして小綺麗な刳り形をもっていた。

フィラデルフィアやボストンなどの都市では、レンガ造の連棟住宅が、細部はイングランドの都市住宅のような手法のジョージ王朝期風に建設された。フィラデルフィアのパウエル・ハウス（1765-1766年）はこの形式の好例である。その住宅から移築された部屋が、（フィラデルフィア美術館に1つと、ニューヨークのメトロポリタン美術館に1つ、10.9）復原されており、しかるべき家具と装飾的細部で仕上げられ、かかる部屋が18世紀にどのようであったかについて納得のいく考えを与えてくれる。ニューヨークではその部屋の手で描いた中国風の壁紙が美術館により加えられたが、そうした壁紙や床の東洋風敷物はヨーロッパ、近東、そして極東からの輸入品が、海運が重要性を増すにつれ、アメリカでも利用できるようになったことを、思い起

10.10 マウント・プレザント邸宅、フェアマウント・パーク、フィラデルフィア、1761-1762年

この瀟洒な住宅の上階に設けた中央広間では、彫り込まれた木造の細部は古典的な原型を基本としており、またパラディアン・ウインドウ、扉口上部のペディメント、イオニア式の片蓋柱と柱頭をともなっている。木工事は白色の漆喰と対比をなす柔らかい灰青色で彩色されている。

こさせる。

ニュー・イングランドでは、マサチューセッツのケンブリッジに1759年に建てられたジョン・ヴァッサル邸（のちに詩人ロングフェローが住んだ）が、ジョージ王朝期風形式の好例である。ペディメントと2層の高さの片蓋柱のオーダーをもち、純粋に木造である。フィラデルフィアの外（現在、フェアマウント・パーク内）で、マウント・プレザント（1761-1762年）と呼ばれたその住宅は、イングランドの大規模住宅の美しく保存された縮小版である。単純な相称的平面をもつ。中央広間の一方がパーラー（10.10）、もう一方が食堂と階段で、上階には相称的にならべられた寝室がある。サービスは正面の両側の対になった小さな付属建物に配置されていた。材料はレンガで、角に隅石をもち漆喰で塗られている。凝ったつくりのペディメント付きの玄関扉で、上部はパラディアン・ウインドウである。室内はよく保存されており、木の素晴らしい鏡板仕上げ、扉ごとに付けられたペディメント、そして上階の部屋の1つに、両側の大理石で縁取られた暖炉の上部にブロークン・ペディメントをもつ、対になったアーチの上部扉をつけた食器入れがある。建築家あるいはデザイナーがだれかは特定できない。細部はイングランドの雛形本に由来するようではあるが、際立つ熟練さをもってつくられている。

さらに南部では、大規模な住宅がプランテーションに建てられていた。ストラトフォード・ホール（1725-1730年）、すなわちバージニア、ウェストモーランドのリー・マンションは、一群の煙突に立ち上がる2つの箱形のブロックが中央のくびれた部分で接続された、H型平面で設計されている。平面はパラーディオの『四書』に図を載せられたイタリア風ヴィッラをもとにしているように思われる。低い天井の下層階には、何部屋かの寝室があるが、上階の主要階には豊かな古典風を基調とした細部をもつ、格式張った部屋がならぶ。家具のほとんどはイングランド風で、裕福な所有者の趣味で輸入された。バージニア、カーターズ・グローヴ（10.11）のようなほかの住宅は、大きなレンガ造の邸館で、平面の考えかたと室内の細部の双方について、レンや彼の追随者を認識していたことが示唆されている。

マウント・バーノンは、ワシントン家のプラ

10.11 デイビット・ミニトリー、カーターズ・グローヴ、ウィリアムズバーグ近郊、バージニア、1751年

広々としたジョージ王朝期風の大邸宅は、イングランドの先例を思い起こさせる。玄関広間はアーチの開口部を抜けて幅広い階段に開いている。壁面は自然木の鏡板仕上げで、イオニア式片蓋柱は美しく細部仕上げされたコーニスを伴う、古典的細部で豊かに飾られている。シャンデリア、家具、絨毯はアメリカの18世紀の様式の典型である。

10.12 マウント・バーノン、アレクサンドリア近郊、バージニア、1740年頃

マウント・バーノンは、ワシントン家のプランテーションの住宅であった。パラディアン・ウインドウが舞踏室(もともと呼ばれていたようにいうと、州のバンケティング・ルーム)にあるが、この部屋は1780年代にジョージ・ワシントンの要望で建てられた、古い住宅への増築であった。彼は木工事に緑色の壁紙と淡黄褐色の塗料を頼んだ。その細部は、ほかのいく例ほど完全に古典的ではないが、全体的な効果は気品があり快く装飾的である。客の1人は、窓のカーテンが「緑のサテンの花綱装飾」をも,「白色のチンツ」であったと述べている。

ンテーション住宅で、背面の幅いっぱいに延びる8本の円柱からなる列柱廊をもち、通例のものと異なる。列柱廊はポトマック川に面している。この住宅は、より小規模な農家として1732年に着手したが、1799年に現在の規模に達するまで、長年拡張されてきた。木造で、石に似せて塗られた、釘止めされた木のブロックで仕上げられた玄関側正面をもつ。窓の配列は当初の住宅から残ってきており、上部にペディメントやクーポラをもつにもかかわらず、奇妙にも非対称的である。舞踏室は、ジョージ・ワシントンがこの住宅を拡張した最後に増築されたが、幅に対して高さが倍ある部屋で、端部の壁を特色づける大きなパラディアン・ウインドウが設けられている（10.12）。その住宅の多くの部屋は、ジョージ王朝風に定式の取り扱いに倣い、木の鏡板仕上げのものがあり、他方飾りたてた漆喰仕上げのものもある。より小さな部屋では、暖炉が隅切りされた部屋の角に対角線上に置かれ、おのおのは装飾的な炉前飾りをもち、ほとんどが炉の上の豊かな装飾を伴っていた。

最南部地域、ルイジアナやミシシッピーでは、日陰や外部の居住空間となった多数の円柱を建てた柱廊や列柱廊が、プランテーションの邸館の外観の典型的な特徴となった。フランス扉とフランス窓が、周囲を巡るベランダとつながるように、室内空間いっぱいにとられていた。そのほかの地域的差異は、入植者の出身の点に起因する。ニューヨークのオランダ人入植者は、木あるいは石で住宅を建てたが、より使い勝手のよい屋階をつくりだす、（傾斜が2つの）腰折れ屋根を好んだ。ニューヨークのダイクマン・ハウス（1783年頃）は石造で、正面と背面で家の間口いっぱいの幅の柱廊を形成するように突出した腰折れ屋根をもっている。オランダのコロニアル様式の住宅の室内の着想は、シェンク・ハウス（1675-1730年）の室内から得られることができたようで、この建物は現在ブルックリン博物館に再建されている。目立つ火打ち梁をもつ重々しい木の骨組み、白漆喰の壁、木の厚板の床、大きな覆いのかぶった暖炉が、2つの部屋のおのおのを目立たせている。2つの囲まれた箱型寝台、重々しいバロック風のカスすなわち衣裳タンス、暖炉の側面の青や白のオランダ・タイルの帯飾りが、2番目のより私的な部屋の特徴的なオランダ風要素である。

ペンシルベニアでは、ドイツ人入植者（誤って、ペンシルベニアのオランダ人と呼ばれた）は、簡素な木造住宅と大きな納屋を建てた。エフラタの修道院として知られる、宗教的な一派により1742年ころに建てられた一群の建物は、きわめて簡素な木造だが、その室内は、すべて自然の木と白漆喰で、全体が簡素であることからでてくる印象的な気品をもっている。ペンシルベニアのドイツ風の住居の、より典型的な室内は、ミルバックからの1752年の厨房（10.13）

10.13（左）ミルバックからの厨房、ペンシルベニア、アメリカ、1752年頃（フィラデルフィア美術館に保存）

アメリカの農家の地所にある広々とした厨房は、自然色の木の床、天井、装飾的な木工部をもっている。壁面は白漆喰である。飾り棚、テーブル、椅子、子どもの揺り椅子は、すべて伝統的でヴァナキュラーな特徴をもっているが、大きな収納用の部分は、ヨーロッパの原型の装飾的細部について、洗練された知識があった証拠を示している。さまざまな入れ物や用具はその時期に典型的である。

10.14（右）ジョージ・ミラーのぜんまい仕掛けのついた箱型振り子時計、アメリカ、1796年

アメリカの箱型振り子時計は、18世紀末からチッペンデール風となる。この時計の部品はジョージ・ミラーが1770年頃に製作した。この箱はウォールナットでできており、ろくろで仕上げた3つの頂華を備えた、豊かに彫り込まれた頂部をもつ。時計の盤は、金箔絵具で塗られた金属である。

10.15 アシュレィ・ハウス、ディアフィールド、マサチューセッツ、1730年頃

「ハイボーイ」、すなわち脚付きタンスが向こうの隅にみられる。椅子は、クイーン・アンと呼ばれた様式で、猫脚と飾りのない背もたれをもつ。壁面は鏡板仕上げで、東洋風の絨毯が取り入れられていた。金属の反射板をもつろうそく立ては、夜間の適度な照明であったろう。

で、現在はフィラデルフィア美術館で保存されている。頭上の木の梁、大きな暖炉、白漆喰の壁面、簡素な木の家具は、快適さは控えめでもその水準がかなりのものであることを示唆している。木製家具はしばしば明るい色で塗られ、ヨーロッパの農民芸術の表現方法の鳥、花、装飾的な渦巻きを使ってデザインされていた。

アメリカのジョージ王朝期風様式とクイーン・アン様式の家具

ジョージ王朝期の後半には、アメリカの職人や家具職人は、イングランドで流行している様式で製作することに、ますます巧みになり、熟練していった。クイーン・アンとチッペンデールのデザインは、ともに最も使われ、ときには混交されてさえいた。フィラデルフィア・チッペンデールという用語は、その都市の家具職人の仕事を表現するのにしばしば用いられた。たとえばときおり「アメリカのチッペンデール」と称されるジョン・ホルウェル（1770年代に活発に活動）や、脚付きの高いタンスで最もよく知られたウィリアム・サヴェリィ（1721-1788年）が挙げられる。脚付きの高いタンスや脚付き書き物机はしばしば飾りのない上面であるが、最も手の込んだ作品にはペディメント、特にSカーヴの渦巻き型のブロークン・ペディメントが使われた。箱型振り子時計が美しいデザインで製作され、最も金持ちの家族のもちものとなった（10.14）。

ロード・アイランドのニューポートでは、クイーン・アン様式の独特な解釈が、ゴダードとタウンゼントの工房で創りだされた。彼らは、ブロックフロントと呼ばれるタイプの、高く評価された脚付き書き物机と背の低い机の製作者であった。帆立貝の貝殻を思い起こさせる溝つきの半円形の形は、もっぱらアメリカで使われたとみられる刻み込まれたモチーフで、ニューポートの家具ではたいそう用いられた。ニューヨークやボストンは素晴らしい家具製作の中心であった。

椅子のデザインはイングランドの形式を手本とした。簡素な薄板の背もたれをもつクイーン・アン様式のデザイン（10.15）や、ロココ風や中国風を思い起こさせる細部をもつチッペンデールやヘップルホワイト風の解釈である。ウィン

10.16 キングズ礼拝堂、ピーター・ハリソン、ボストン、1749-1758年

ジョージ王朝期風教会堂の室内は、ハリソンがイングランドの原型を知っていたことを暗に示している。対になったコリント式円柱はエンタブラチュアの断片を支え、その上は部分的に折り上げ天井となっている。祭壇の上にパラディアン・ウインドウと、素晴らしい金属のシャンデリアがある。囲いを付けた「箱型の」会衆席に座席を配置することは、冬季の寒さとすきま風を最小とする試みであった。

10.17 後ろに方杖のある肘掛けのないウィンザー・チェア、アメリカ、1770-1800年

これは、ウォールナットの肘掛けのないウィンザー・チェアの後ろに方杖のある例である。ウィンザー・チェアが湾曲した弓形の背もたれなしにつくられるとき、この場合の背もたれのV形方杖のような、ほかに補強する形状が求められる。

ザー・チェアは簡素なものから手の込んだものまで多くの種類がつくられた（10.17）。すっぽりと覆いの付けられたウィング・バック・チェアもまたアメリカでは一般的で、おそらく寒い冬から、包み込まれた形が特に歓迎されたのである。

後期コロニアル様式の公共建築

アメリカの入植地が繁栄するにつれ、より多くの公共建築の必要性が明らかになった。教会堂はほとんどどの町にも建てられ、都会にはしばしば数多くの教会堂があった。清教主義の厳格な信仰がより多様な宗教的実践に取って代わるにつれ、教会堂はイングランドの宗教建築の特徴を帯びるようになった。クリストファー・レンやジェイムズ・ギッブズのチャールズ2世風やジョージ王朝風の教会堂が、多くのアメリカの教会堂の手本となった。フィラデルフィアのクライスト・チャーチ（1727年起工）は、ロバート・スミスやアマチュアの建築家、ジョン・カースレィとさまざまにいわれるが、レン-ギッブズ様式の素晴らしい実例である。レンガ造の建物だが、尖塔の上部は木造である。内部では、方形のエンタブラチュアのブロックを頂部にもつ、白く塗られた木のローマ・ドリス式円柱が、ギャラリーとアーチの優美な連なりを支えている。パラディアン・ウインドウが祭壇上部の焦点を形づくる。ピーター・ハリソン（1723-1805年）は、ボストンのキングズ礼拝堂（10.16、1749-1758年）の建築家であった。そこでは、ブロック状のエンタブラチュアを載せた、対になったコリント式円柱が、ギャラリーと漆喰天井の折り上げ部分を支えている。ニューヨークのセント・ポールズ礼拝堂（1764-1766年）は、ニューヨークの建築家トーマス・マックビーンによるもので、類似したデザインをもっているが、とても興味深いことがある。というのは、最近の修復の努力から、もともとの色が発見されたからである——コロニアル様式の教会堂でたいていは典型と考えられる保守的な白、灰色あるいはベージュではなく、白く塗られた

木造の細部を際立たせる青とピンクの強い色調であったからである。アイルランドから輸入されたウォーターフォードの水晶製シャンデリアが豊かな感覚を増大させている。アメリカの教会堂や礼拝堂の多くは、レンガ造あるいは木造のよく似た手本に倣っており、おのおのの場合で、会衆の宗教的な信仰と物質的な豊かさに合わされている。

そのほかのコロニアル様式の公共建築は、レンがロンドンに建てたチェルシー・ホスピタルで確立したチャールズ2世風やジョージ王朝風の伝統にしたがう傾向にある——白く塗られた木造部分をあわせた赤いレンガと、相称性、そして扉口に集められた装飾的細部をもち、尖塔1つをそなえる。バージニアのウィリアムズバーグにある、ウィリアム・アンド・メアリー大学（1716年起工）の建物は、レンによる図面でデザインが実際になされたという伝承から、レンの建物として知られている。確かに、デザインは外部も内部の大ホールもレン様式の優れた実例で、イングランドの大学建築の木の鏡板張りされた食堂を手本とした。ウィリアムズバーグ州議会議事堂（1701-1705年）と総督公邸（1706-1720年）もまた、レン様式の見事な例で、細部が美しく仕上げられたインテリアをもつ。しかし、こうした建物が、とても限られた史料や遺構をもとに1928年から34年にかけて大々的に復元されたことは、注意されるべきである。

連邦様式

1776年の独立宣言の調印とともに、コロニアルという用語は適切ではなくなる。1780年頃から1830年代までに生みだされたデザインは、通常連邦時代に属するものとして記述される。様式的ないいかたをすれば、連邦時代の傾向は、古典主義をだんだん厳格に解釈する方向へ向かうことになった。それは、パラーディオやセルリオのようなルネサンスの権威の出版された著作の見識のある認識や、実際に建った建物の知識にもとづくものであった。ジェームズ・ステュアートとニコラス・レヴェットによる数巻からなるアテネの古代遺構（1762年）のような、考古学的遺跡で作製された詳細な実測図面の書物が、この時期にヨーロッパでも展開した新古典主義——そして古代ローマよりも古代ギリシャの先例——に向かう動きを助長した。

ジェファーソン

トーマス・ジェファーソン（1743-1826年）は、独立したアメリカを誕生させた政治家として、また第3代大統領としての役割で最も知られているが、アメリカの建築とデザインの創造に強く影響をおよぼした存在であった。ジョージ王朝期のイングランドにおけるジェントルマンの伝統で、ジェファーソンは政治理論、科学、農業、音楽、そして美術での幅広い関心をもつ多才な知識人であった。1784年から1789年まで、ジェファーソンはフランスでアメリカ大使を務めた。フランス・ルネサンス建築の古典主義と、また同時にそこで展開しつつあった新古典主義に直接的に接したことは、ニームを訪れてさらに大きくなった。ニームでは、古代神殿で最も保存のよいメゾン・カレ（ジェファーソンはその建物をパラーディオの版画をとおしてすでに知っていた）が、深い感銘を与えた。

まだフランスにいた間、ジェファーソンはリッチモンドに建てられることになる新バージニア州議会議事堂（1785-1788年）の設計を進めていた。その設計は、メゾン・カレの神殿の形のかなり厳密な解釈である。6本の円柱の列柱廊とペディメントのあるファサードをもつが、内部の空間の実用的必要性を満たすため2層の階に窓が取り入れられている。円柱は古代ローマ神殿のコリント式からイオニア式オーダーに変更されている。4面に渦巻きのある柱頭は、イタリア・ルネサンスの建築家で著述家のヴィンチェンツォ・スカモッツィ（1552-1616年）が奨励しており、ジェファーソンの説明では、それはコリント式柱頭を彫刻することがきわめて難しいからであるが、そのほかにその時期のアメリカの石切り工の技術もあったと思われる。まったく現在の目的には関連しないのに古代の建物のデザインをこのように直接流用することは、19世紀初期に起こることになる様式である復興主義の展開への第一歩として考えられうる。

ともにシャーロッツヴィルに近いモンティチェロやバージニア大学（1817-1826年）で

10.18 トーマス・ジェファーソン、モンティチェロ、シャーロッツヴィル近郊、バージニア、1768-1781年、1796-1809年

ジェファーソン（1743-1826年）は、モンティチェロにある自邸の建築家であった。それは考案に満ち、工夫に富み、配置も独特である。彼の寝台は、書斎と寝室の間のアルコーヴにみられ、寝室は寝台のもう一方の側にみえている。色彩と細部は簡素である。最も手前の書物と台の上の顕微鏡は、ジェファーソンの幅広い知的なまた科学的な関心を思い起こさせる。

は、ジェファーソンによるパラーディオ的また古代ローマ的発想の使いかたがより創造的でかつ想像的である。モンティチェロは彼の自邸（1796-1809年）で、円柱を立てた列柱廊とドームを架けた八角形の部屋をもち、パラーディオのヴィラ・ロトンダを基礎にしたといわれることもある。しかしながら、とても異なっており、独創的である。ドームは内部の円形の部屋のうえにはのっておらず、むしろ不思議な、達するのが大変な2階の部屋の屋根となっている。平屋の建物のようにみえるが、現実にはモンティチェロは2階が寝室で満たされており（10.18）、またサービス用に広がる下階をもち、その双方が長い翼屋に続いている。玄関広間を見渡すバルコニーが2階の部屋を結び、一方階段はアルコーヴに隠されている。主要な居住用の階は複雑な平面をもっている。多くの部屋にはクローゼット、暖炉、アルコーヴの寝台が備えられており、ジェファーソンの自室では、1つの側で書斎と、もう1つの側では化粧室から入ることのできるアルコーヴの寝台となっていた。工夫に富んだ興味深い細部が数多くあり、たとえば一方の扉が回転すると、両方の扉が開く床下の仕組みでつながれた対になった2枚の扉があげられる。主要な部屋の白く塗った木造部分、素晴らしい細部の暖炉の炉前飾り、扉の型枠、すべて揃ったエンタブラチュア——コーニスは、全体では装飾の少ない壁面で引き立たせられている——広間のウェッジウッドの輝く青や、そのほかのいくつかの部屋での簡素な壁紙。

バージニア大学では、中央のモールを囲んで小規模な大学の校舎（「ロッジ」と呼ばれる）があり、その校舎は両側に屋根を架けた、円柱の並ぶ歩廊と、一端にドームを架けた円堂で結ばれている。この場合、円堂は古代ローマのパンテオンを手本に、規模を半分に縮小し、基礎のうえに建ちあげ、8本ではなく6本の列柱廊が付いている。内部では、大きなドームの架かる空間がないことを知るのが驚きである。その代わりに、図書館としての機能はより小規模な部屋で果たされており、それらの部屋は楕円形で、平面計画のより大きな円形構成を3層にまとめられている。大学全体は、威厳と秩序を伝えている。全体的な発想は、パラーディオのヴィッ

ラの案をもとにしているのは明らかだが、ほとんど異なる目的に合わせて、ここではうまく採用されている。

ブルフィンチ

チャールズ・ブルフィンチ（1763-1844年）は、ボストンに建つマサチューセッツ州議会議事堂（州議事堂、1795-1797年）の建築家である。ブルフィンチはイングランドを訪れ、アダム兄弟の仕事に通じるようになった。アダム兄弟は、州議会議事堂の外観デザインと、同時に大きなギャラリー付きのドームを載せた下院会議場のデザインで、大きな影響をおよぼした。この建物の上部を覆う金色のドームは、さまざまな州の議事堂の建物の、同様に国会議事堂のための、ほとんどお決まりの特徴として、この建築的要素を使用した最初の実例であった。アダム様式は、パラーディオ主義とフランス新古典主義の意識をともなって、連邦期の建物の多くに、とりわけその繊細な装飾的にその跡をたどれる。

アダム様式のデザインで最も忠実な努力は、外部でもまた内部でも、ニューヨーク、ギャリソンのボスコベル（1805年）に明らかである。それは枠組構法の広々とした住宅で、建設とおそらく設計は所有者、モリス・ダイクマンがしたのであろう。彼はアメリカ革命期のときの王党派で、イングランドに志願し亡命して数年を送り、その地でアダム兄弟の作品に傾倒するようになった。その住宅は、2層に円柱のならぶ列柱廊、パラディアン・ウインドウのつく大中央階段、たいそう繊細に仕上げられた漆喰装飾の細部をもっている。

楕円形階段もいくつかの住宅に出現し、たとえばウィリアム・ハミルトンによるウッドランズと呼ばれるフィラデルフィアの住宅（1788-1789年）や、あるいは名前の定かではない建築家によるマサチューセッツ、ウォルサムにある大きなアダム風の住宅、ゴア・プレイス（1797年）の中央の部屋が挙げられる。多くの住宅や公共建築で、大きく湾曲する階段が重要な特徴となった。このような階権は、たとえば、ボストンのハリソン・グレイ・オーティスのための、1807年のブルフィンチによるタウン・ハウスにもみられる。

ソーントンとラトローブ

ワシントンの国会議事堂の錯綜した歴史は1792年の設計競技で始まった。提出された10案のどれもが、まったく申し分のないものではなかったからである。1793年、ウィリアム・ソーントン（1759-1828年）という、1人のアマチュア建築家が、ジェファーソンとワシントンのふたりの好意的なコメントとともに案を提出し、連邦建築局委員により受理された——設計競技案がすでに認められていたエティエンヌ（あるいはスティーブン）・ハレットは不快であった。ソーントンの国会議事堂は1812年の戦争で火災を被り、それでとくに室内で、広範囲な再建が必要となった。イングランドで鍛練を積んだベンジャミン・ラトローブ（1764-1820年）は、ふたつの大きな立法議会の細部（10.19）とその建物の込みいった室内計画をつくり上げる多くのより小さな間を任された。彼の考案した古代ギリシャのオーダーをもとにしたアメリカ的異種－タバコの葉とトウモロコシの皮をアーカンサスの葉の代わりに使う円柱の柱頭——は、議員からおおいに称賛された。1819年以降、その計画はチャールズ・ブルフィンチに引き継がれ、低いドームをともなうもともとの円堂は彼によるものである。現在のドームと下院と上院の翼屋はほとんどのちのものである。

ソーントンはまた、普通とは形の異なるオクタゴン・ハウス（1799-1800年）をワシントンに、またチューダー・パレスと呼ばれる大規模な住宅（1816年）をワシントンのジョージタウン地区に設計した。どちらの住宅もアダムの先例をもとにした控えめな古典主義を示しており、中央の出入り口の軸を強調するため、双方とも湾曲して突出する1つの要素を用いている。オクタゴン・ハウスの三角形の敷地は、円形の玄関広間（10.20）とその上の丸い寝室が隣接した街路にあわせて角度を付けた2つの翼屋の間で軸として働くという、面白い意図のもととなっている。最近の修復でインテリアの細部が補修され、その住宅にもともとあった家具や関係するものの多くが再発見された。円形の玄関広間は、床が灰色と白色の大理石で、壁は明るい黄

色と灰色の木工部分となっている。同じ色使いが隣り合う階段広間に広がり、そこは床と階段の手すりが自然の光沢のない木で、手すり子や階段の飾りは暗緑色である。居間の壁面は暖かい灰色でより暗い色の額縁をともなう。食堂の壁は緑で、より明るい緑の額縁を備えている。

ソーントンは独学で鍛練を積んだアマチュア建築家で、ベンジャミン・ラトローブはロンドンで研鑽を積んだプロフェッショナルな建築家だが、2人の仕事は全盛期の連邦様式を明確に特徴づける。ラトローブは多様な建築類型のためにより多くの依頼を受けていた。フィラデルフィアのペンシルベニア銀行（1798-1800年、現在は取り壊し）は、前面と背面に6本のイオニア式列柱廊を設けた、古代ギリシャ・オーダーを用いたアメリカで最初の建物である。預金室は浅いドームを載せた円形の部屋であった。簡素な外観は、フランスのルドゥーあるいはイングランドのジョン・ソーンの新古典主義をほのめかしていた。

フィラデルフィアの上水道施設のためのラトローブによる設計（1801年頃）は、抑制された古代ギリシャ風の細部装飾を施した円筒とドームをもつ、箱形のブロックであった。それには、内部のボイラーとポンプで水を上げ下げする機構のデザインも含まれていた。1827年に置き換えられるまで、その都市の中央広場で1つの中心部となっていた。ドームを戴くバルティモア大聖堂（1814-1818年）は、幅の広い開放的な室内空間をもつ、堂々とした新古典主義的な教会堂で、18世紀の典型的なギャラリーの付いたジョージ王朝期風の教会堂とはまったく異なっている。それは、ソーンのロンドンの新古典主義をセント・ポールズでのレンのバロック的壮

10.19 旧立法議会、議事堂、ベンジャミン・ラトローブ、ワシントンDC、1803-1811年

半円形の部屋は、半ドームの天井が架けられ、イオニア式円柱のための精緻な古典的細部、関連した割り形、格間天井を使っている。ラトローブは、古代ギリシャ復興を予期して、次のように書いた。「私は、古代ローマ建築を非難する、頑固なギリシャ人である」。その建築の簡素さと威厳は、豊かな赤と金色の飾りのある天蓋でむしろ圧倒されており、議長の椅子や机を覆い天蓋は複雑に掛けられている。

植民地時代と連邦時代のアメリカ 245

10.20 オクタゴン・ハウス、ウィリアム・ソーントン、ワシントンD.C.、1799-1800年
円形の玄関広間は、上部に明かり取り窓の付いた二重の扉をとおり中央広間に開かれ、中央広間では階段が上階へと達している。

大さのヒントと結びつけている。

スティーブン・ディケーターのためラトローブが設計した住宅（1817-1819年）はワシントンのラファイエット・スクエアにあり、連邦様式のタウン・ハウスの保存のよい実例である。きわめて簡素なレンガ造の箱形のブロックで、サービスのための高さが低い地上階とそのうえの2層の居住部分をもつ建物である。外観では、装飾は玄関にだけ施され、幅広い扉のうえに脇の窓と扇形窓がある。室内では、その住宅は長年にわたり何度も変えられてきたが、最近の修復は利用できる史料をもとにしている。玄関広間のためのラトローブの図面が残されており、ドームを架けた天井とニッチ、繊細な装飾的細部すべての注意深い取り扱いが示されている。もともとの色は壁面のためには淡い灰色、木造部分は黄土色であった。天井は全体に白色である。

セント・ジョーンズ教会堂（1815年）はラファイエット・スクエアをディケーター邸から横切ったところにあり、やはりラトローブの設

計であった。もともとはギリシャ十字型平面であったが、延長された身廊、正面の列柱廊、そして尖塔はのちのものである。その時代の教育を受けた職業人の多くのように、ラトローブは幅広い興味をもっていた。たとえば、セント・ジョンズで、彼は初めてのオルガン奏者で聖歌隊指揮者を務めた。さまざまな上水道施設の工学技術、海軍のための有効性のある構築物、運河建設計画、オハイオ川への蒸気船の導入でさえも、彼の関わりは技術的な多面性の証拠である。ソーントンとラトローブは連邦様式の展開における肩を並べた指導者とみなし得るし、アメリカ国会議事堂は彼らが力を合わせた努力の結果ではあるが、この2人は厳しい論争に巻き込まれることになった。ソーントンの言葉の攻撃はたいへん過激となり、ラトローブは1808年にソーントンに対して名誉棄損訴訟を起こした。1813年、ラトローブはその訴訟に勝ち、1セントの損害賠償金を認められた。

連邦時代の家具

　連邦時代の家具は、「初期」あるいは「後期」と分類されることがある。「初期」は、ヘップルホワイトとシェラトンのジョージ王朝後期の様式が中心であり、「後期」はイングランドの家具製作者に解釈されたフランスのアンピール様式やリージェント様式のデザインの影響をみせている。初期段階のデザインには、繊細で、直線的なシェラトンの形に向かう傾向があった。化粧単板の表面には、貝殻、葉、花弁、籠のモチーフを使った、飾りの象眼細工や小さな彫り込まれた細部がしばしば施されている。脚はたいてい、高くすっきりしており、真っ直ぐか湾曲している。マホガニーは相変わらず好まれた木で、メープルまたはサテンウッドのような対照的な木で帯状飾りや象眼が施されていた。鎧戸が机または食器棚の収納部分のためにしばしば使われている。

　後期連邦様式では、彫り込まれた装飾や、象眼細工、真鍮の装飾物をともなう、より重々しくがっしりとした形が好まれた。かぎづめや、かぎづめのある獅子の脚、渦巻きの彫り込まれた椅子の肘掛け、竪琴型や（X型の）高官椅子の背もたれ、古代ギリシャの壺にある視覚像を思い起こさせる椅子や長椅子が、アンピール様式やリージェント様式の趣味に合わせて、使われるようになった。

　この時期の最もよく知られた家具製作者はサミュエル・マッキンタイア（1757-1811年）とさらに著名なダンカン・ファイフ（1768-1854年）であり、ファイフの名は、彼に帰される似た様式にしばしば加えられることがある。マッキンタイアはマサチューセッツのセーレムを本拠とした建築家だが、仕事は船の船首像を彫刻することから始めた。彼の設計した裕福な船長や商人の住宅は、たいがい簡素な形態で、外も内も彼の彫りもので飾られていた。しばしばほかの家具製作者のためにマッキンタイアは装飾的な細部を彫刻していたが、完全な家具を設計したかどうかは、確かではない。彼特有の様式で彫刻された細部をもつ、ヘップルホワイトとシェラトンに刺激を受けた家具に、マッキンタイアの名が添えられている。花やあるいは果物の彫られた籠が、格別人気のあったマッキンタイアの装飾モチーフであった。

　ダンカン・ファイフは、スコットランドに生まれ、ニューヨーク、オールバニで家具製作者としての下積みをつとめあげ、それからニューヨーク市に移り、1792年頃には家具の事業の成功を不動のものとした。彼のデザインは連邦様式の家具を特色付けるヘップルホワイトとシェラトンの影響を織り込んだものである。けれども、その作品はファイフの名を主導的なアメリカ人のデザイナー兼職人として広く認識させる、独特の性格を獲得していた（10.21）。ファイフの経歴は、1847年に引退するまで衰えることなく、それで様式が変化していく期間にわたっていた。彼はその変化に容易に順応したり、ときにはその変化の先頭に立ったりした。初期の作品はシェラトンの手本に似かよっており、3足の基台付きで、しばしば折り畳み式の天板をもつテーブルを製作していた。この天板で、テーブルを壁に接して置いたり、あるいは独立した食事用テーブルとして開いたり、調整することができた。飾りは簡素な胡麻殻装飾から手の込んだ彫り物まで多様で、螺旋状のごまがら紋から彫り込まれた鷲、花飾り、台座、パイナップルの頂部飾りまで幅広かった。実用的な真鍮飾りは普通であった。より大きな家具の脚部には多

植民地時代と連邦時代のアメリカ 247

10.21(上) ソファ、ダンカン・ファイフ、1810年頃
このマホガニーの枠で造られたソファはダンカン・ファイフのデザインで、1810年頃からの初期連邦様式の一例である。

10.22(下) 肘のない小椅子、ランバート・ヒッチコック、1826-1829年
このきわめて称讃された椅子のデザインは、ランバート・ヒッチコックにより作りだされた、アンピール様式のアメリカ的適用である。この実例は1826年から1829年のもので、ヒッチコックの会社で製作され、装飾的な彩色、ろくろで作った脚、イグサの座部が使われ、黒に塗装された骨組みをもつ。

くの場合キャスターが付けられていた。マホガニーが最もよく使われた材料で、たいていかたどられたまた組み合わされた化粧単板の形態で、ときには対照的な彩りの木の象眼細工が付いていた。

ダンカン・ファイフはフランスのディレクトワール様式と、関係のあるリージェント様式を模倣することに、そして1815年以降は、フランスのアンピール様式に変わっており、これらの様式がアメリカで次々に知られるようになったのにあわせているかのようであった。柱と渦巻き様式は、古典的な円柱とS字型やC字型の渦巻きの彫り込まれた型を使ったもので、彼の製作では（1830年頃以後の）後期に発展させられた。連邦時代が19世紀に移行していくにつれ、歴史的復興の連続的な展開がジョージ王朝後期の影響に取って代わり、適応力があり商業的に野心的なファイフを復興主義者の建築のインテリアに合わせるデザインの製作に向けていった。これらの様式的展開は次の章で扱う。

そのほかの都市がしだいに収納家具や椅子の地方での製作者を支えるようになり、彼らが職人の技巧のデザインや質で高い規準を確立したのだった。ボストンでは、ジョン・シーモアとトマス・シーモアが象眼細工の熟練者で、一方ジョン・ゴグズウェルとスティーブン・バッドラムは飾りタンスで引き戸の鎧戸をうまく使った。トマス・アフレック、ベンジャミン・ランドルフ、ジョン・エイトケン、ジョセフ・バリィはフィラデルフィアで知られるようになった。またバリィは、ジョン・フィンドレィ、ヒュー・フィンドレィが寄木細工の装飾で仕事したバルティモアで店をもっていた。

椅子デザインのきわめて個性的な様式は、ランバート・ヒッチコック（1795-1852年）が発展させた。彼は、コネティカットのバーハムステッド（現在のリヴァートン）に工場を建て、連邦様式あるいはリージェント様式をもとにした、彼が「洒落た椅子」と呼んだものを製作した（10.22）。ろくろで仕上げた正面の脚、イグサの座部、簡素なはしご状の背もたれをもつが、その仕上げ——鮮やかな色付けで、塗装された（たいていはステンシルで模様を刷った）装飾をもつ黒塗り——で特徴付けられていた。こうした椅子は簡素な農家の室内できわめて人気のあるものとなり、どちらかといえば装飾もなくヴァナキュラーな場に装飾的な幻想の雰囲気を採り入れた。ヒッチコックの椅子は、いまだ蒐集家

10.23 ガードナー-ピングリー・ハウス、セーレム、マサチューセッツ、1804-1805年
食事室からパーラーをみた光景は、アダム様式の影響をうけた壁紙と飾りたてた装飾物をみせている。家具はヘップルホワイトの特徴（楯型の背もたれに注意）で、一方木工事（サミュエル・マッキンタイアの作品）は関連したデザインである。パーラーの正面側の壁のところにスクエアピアノと、その上に、連邦時代好まれた装飾の鷲の鳥冠の付いた、枠が円形をした鏡がある。手の込んだ垂れ布は、富の感覚のもととなっている。

のなかで人気のあることもあり、しばしば現代の復刻版でつくられている。

連邦時代のほかの家具調度

連邦時代の間、植民地の時期の間にはたいへんしばしば輸入されていた種々とりどりのものが、地方で生産されるようになった。こうしたなかにはいろいろな型の質の高い時計があり、背が高く棚の高さで、重りまたはゼンマイで動いた。エリ・テリィやセス・トーマスは、シェラトンの家具をもとにした細部をもつ棚あるいは炉前飾りの時計を創りだしたことで、彼らの名がよく知られるようになった。サイモン・ウィラードは、バンジョー時計として知られるようになる縦の要素の頂部が丸い面で箱のような下部をもつ掛け時計を開発した。中の揺れる振り子の様子がわかるように、下部の部分の前面はたいていガラスでできていた。

ハープシコードやスピンネットを作り始めた楽器製造者は、ピアノの組み立てに切り替えていった——ほとんどしばしば、長手の側に鍵盤をもつ平たい矩形の箱状の小さな楽器であった。こうした楽器は、「スクエアピアノ」と呼ばれ

(10.23)、普通は整った外観をしているが、残念なことに音の面では質が限られていた。書き物机の形に組み立てられた背の高いピアノもまた試されたが、十分に成功はしなかった。それらはのちのアップライトピアノの祖型と看做されるかもしれない。教会堂のためつくられたオルガンは、教会堂の主な装飾として、パイプを正面にみせて、簡素な箱に納められていた。小さなオルガンは、多くの場合、ハルモニウムあるいはメロディオンと呼ばれ、音をだすためパイプの代わりにリード（アコーディオンのそれのように）を使うもので、小規模な教会堂や住宅のためにつくられた。

　型枠付きの鏡は、ときに付属の蠟燭立てをつけて、よく使われる装飾と実用をかね備えたものだった。圧縮された視覚像を与える凸型の丸い鏡は、人気のある装飾的付属品となり、普通は手の込んだメッキされた型枠をそなえ、多くの場合、頂部にかつて一般的だった彫られたアメリカ鷲を取り付けていた。

　アメリカでの織物の製作には、印刷された生地が含まれており、当初は木版刷りだが、1770年以降、円筒印刷となった。織られた布地は、その頃開発されたジャガード織機で織られ、むらのない色、狭い縞で、複雑な図柄に作られていた。好まれた色は、強烈な青色や緑色、黄金色、赤色のより深い色調であった。編まれた馬の毛は、室内装飾材料で相伴のよい被覆材となった。その光沢のある表面と使い古してもなかなかすり切れない性質がそれを実用性のあるものにし、馬が農耕や輸送で第一の原動力であり続ける限り、有用性は優れていた。

　木の鏡板仕上げは正式な部屋の一面の壁（暖炉のある壁面）あるいは炉胸のみに、もっぱら使われていた。そのほかの壁面は、木の羽目板とコーニスをみせたり、あるいは塗られたり、壁紙を張られたり、羽目板のうえを織った織物で被ったりしたようである。アメリカの船舶による直接的な極東地域との交易が、中国の壁紙、陶磁器、小さな装飾的なものをアメリカにもたらした。こうしたものは、裕福な家庭で人気のある付属品となった。中国の食器は、たいていアメリカとの貿易のために特につくられ、星、鷲のような、新たに築かれた共和国に関連した図柄のモチーフを使っていた。東洋風絨毯、オランダのタイル、フランスの風景を描いた壁紙、イングランドの銀器やガラス器は、相変わらず人気のある輸入品であり、富と地位を、趣味とともに意味していた。輸入品の品質に充分に匹敵する素晴らしい銀器やガラス器もまた、多くの東部のアメリカ都市でつくられていた。

　1820年はたいてい連邦時代の終わりの時期として示されるけれども、続く発展への移行は緩やかであった。考古学的な精確さの強調は、ソーントンとラトローブにより使われた古代ギリシャのオーダーと細部からすでに感じとることができる。ダンカン・ファイフは、趣味の変化にいつでも合わせることに備え、古代ギリシャの壺絵に描かれた家具の連想させるデザインを発展させた。1820年代と1830年代には、アメリカの建築とインテリアデザインは、古代ギリシャの手本への新たな強い愛着をみいだし、歴史的過去の数度にわたる19世紀の復興の始まりを生みだすが、それは次章で取り上げることにする。

第11章

リージェント様式、復興様式、産業革命

11.1 ソーン自邸、ジョン・ソーン、1812-1813年

自宅の小さな朝食の間が、ソーンにとって建築形態を実験する機会となった。平べったいドームは、部屋の隅の周囲にある細い柱により支えられているが、その部屋の壁面は正方形をなし、ドームより大きい。ドームと壁面の間の空きで、隠された窓から明るさが添えられている。鏡は炉棚のうえとドームの縁の円形部分にみえる。

19世紀は、歴史が始まって以来、人類にかかわることで最も根底的な変化のいくつかを含んでいる。19世紀における科学の発展と産業化の到来は、近代的生活をそれに先行したいかなるものともまったく異なるものにした。世界人口の莫大な増加は、今日の生活を特色付ける輸送と情報交換の性格を大きく変えたこととともに、19世紀にその根源があった。デザインの世界は、こうした深さと大きさの変化に対処する非常に大きな困難をかかえた。それゆえ、19世紀は、変化と、変化を抑制するための努力において、さまざまな矛盾に関する研究である。

リージェント様式

1811年、大英帝国のジョージ3世は摂政皇太子としてあった彼の息子に、自分の地位を引き継がせた。1820年、父の逝去にともない、息子はジョージ4世となり、1830年まで統治した。この時期のデザインは、ジョージ王朝末期とそれに続いた19世紀の展開の移行期で、リージェント様式という用語が充てられている。その様式は、18世紀後期の新古典主義にその起源をもち、その形を古代ギリシャとローマの先例から引きだし、さらに異国風の源泉——エジプト風、中国風、ムーア風——から採ってこられた要素の混合であった。イングランド、フランス、ベルギーが植民地で抱えていたものからの刺激と、遠く離れ多様な文明の新たに拡張された知識が、異国の認識と魅力を利用することのできる主題としたのである。最も興味深いリージェント様式のデザインの特徴は、抑制の効いた古典主義とあふれんばかりの空想の間の一貫していないようにみえる揺らぎである。

ナッシュ

リージェント様式の最も壮観な建物はブライトンのロイヤル・パビリオン（11.2、1815-1821年）で、摂政の気まぐれを喜ばすために設計された、住居かつ娯楽の殿堂であった。ジョン・ナッシュ（1752-1835年）の設計で、外観を支配し、ムーア風の特徴を与える大きな玉葱型ドームをもつ、東洋風様式の混合である。室内では、ロイヤル・パビリオンは奇をてらって装飾された部屋の連なりである。極めて凝ったシャンデリアは、新たに開発されたガス灯が使われ、壮麗さの新たな水準を創出している。中国風壁紙と竹の家具、赤色と金色の手の込んだ垂れ布、銅の象眼細工や装飾材を付けた金箔を施したり彫り刻んだりした家具、異国風の桃色や緑色の絨毯、強調して着色した壁面の色は、ブライト

11.2 ロイヤル・パビリオン、ジョン・ナッシュ、ブライトン、イングランド、1815-1821年

ロイヤル・パビリオンの音楽の間では、壁を覆う材や暖炉の上の金箔を施した鏡の周囲が、中国風の装飾的要素を参考にしている。吊りさげられた明かりが、その部屋の華やかな特色に加わっている。音楽の間は、ピアノ、ハープ、座席で視覚化されているだろう。それらすべては、金箔を施した飾りで満たされ、特徴としては、中国風よりもフランス風にみえる。

ンの離宮をリージェント様式のデザインの面白く、空想的で、装飾的な特徴を代表するものにしている。

より節度を保ち古典的な特徴は、一群の連棟住宅——イギリスで呼ばれているようにテラス・ハウス——を設計したときの、同じ建築家の作品に表現されている。簡潔な形態、装飾のない白い壁面で、古代ギリシャの先例にしばしばもとづく細部をもっていた。リージェンツ・パークの入り口にある、パーク・クレセント（1812年）のような広大な曲線すなわち三日月形に並べられた住宅、あるいはやはりロンドンのカンバーランド・テラス（1827年）の堂々としたアーチやイオニア式円柱は、簡潔なレンガを覆う白塗りのスタッコの細部をともない、最も壮大な様相におけるナッシュの典型である。装飾的な鉄製手すり、弓形張り出し窓、白いスタッコの壁面を引き立たせる玄関あるいは突出したベイに懸かる小さな覆う屋蓋は、ロンドンやほかの多くのイギリスの都市に建設されたリージェント様式の建物群に特徴的である。こうした型通りの建物群は投機的な不動産開発によるもので、居住者の所有あるいは賃貸の個々の住宅からなっており、居住者は内部の部屋を選んだように扱った——見事ではあるが控えめなジョージ王朝期の方法を、いくぶんつくり直したものであることがほとんどであった。

ソーン

サー・ジョン・ソーン（1753-1837年）は、リージェント様式の時期のとりわけ興味深いデザイナーで、きわめて個性的な彼の作品は新古典主義的でもあり、ときに近代主義を指し示すとみられる点で簡潔であり、また装飾的で複雑なこともある。イングランド銀行のロンドン本店のソーンによる室内（1788-1823年）は、円柱の巡る中庭の周りに配置され、現在ではほとんど改造されるか壊されており、それゆえ図面や写真でしか知ることができない。それは、アーチの形態、窓を取り付けた円筒形のクリアストーリー、ドームを使用して、形態は入り組んでいるが、細部は簡潔な空間を生みだしている。旧配当室——対になった女人像柱が中央の高さのある円筒部分に立っていた——、旧植民地（あるいはファイブ・パー・セント）室、コンソール公債室（11.3）と呼ばれた部屋の内部や、中央の大円堂は、大きな公共広間で、堂々とし、広々として、デザイン的に非常に想像力に富んでいた。

ロンドンのリンカンズ・イン・フィールズにあるソーン自邸（1812-1832年）は、建築的経験の一種の実験室として、また美術作品や建築物の断片の彼の莫大な蒐集を納めるギャラリーとして役割を果たした。その住宅は現在、驚くべき室内をもつ美術館である。朝食室の中央に架かる浅いドーム（11.1）は、周囲がより階高のある境界の空間で、隠された光源から陽光を受け入れる明かり取りのクリアストーリーがあり、それでドームは浮遊する天蓋のようにみえる。この場所やほかの部屋で装飾的細部に挿入された円形の鏡が、透明さ、光、そして幻影の驚くべき効果を生んでいる。ギャラリーの空間は、厖大な蒐集物の押し込められた3階の高さ

11.3 コンソール公債室、イングランド銀行、ジョン・ソーン、ロンドン、1798-1799年
（現在は取り壊されたが）この銀行のさまざまな執務空間では、モニュメンタルな建築的要素が、壮麗な雰囲気を実用的な機能に与えるため使われていた。ドームはペンデンティブから立ち上がり、天窓の下には彫像が輪にならんでいる。節度を保ち古典的な細部が、壁と天井の表面の要素を縁取っている。

リージェント様式、復興様式、産業革命　253

11.4 リージェント様式の肘掛け椅子、1805年頃

イングランドのリージェント様式の肘掛け椅子は、そのデザインでフランスのディレクトワール様式とアンピール様式の影響をみせている。木の枠は黒に塗られ、金色を塗られた細部をもっている。

のある部屋である。古代ギリシャとローマ、ピラネージの版画の幻想的な室内、そしてクロード-ニコラ・ルドゥやエティエンヌ・ルイ・ブーレーの新古典主義から引きだした構想をあわせたソーンのきわめて個性的な方法は、19世紀後半のロマンティシズムに向かう動きでソーンを鍵となる人物としている。

リージェント様式の家具

イングランドのリージェント時代の家具は、フランスのディレクトワール様式とアンピール様式のデザインの影響を強く受けており、そうしたように、古代ギリシャとローマ風の様式から、また古代エジプト風、インド風、中世のゴシック風の手本からさえも、借りてきている。マホガニーとローズウッドが好まれた材料で、たいていは化粧単板の形で用いられ、しばしば装飾的な象眼飾りや真鍮の装飾的細部をともなう。黒色の仕上げや金箔のかぶせられた細部もよくあった（11.4）。机や椅子の脚は、一本足に細くなっていく頭と胴体をもつ獅子あるいは翼を広げたグリフォン（モノポディアと呼ばれる）のような、空想的で、奇怪でさえあるモチーフの彫り物が施されている。トマス・ホープ（1770-1831年）は職業が銀行家だが、熱心な家具デザイナーでもあった。1807年にだした彼の著作、『家庭の家具と室内装飾』は、そのとき一般に「イングランドのアンピール様式」家具と呼ばれていたもののための、彼自身のデザインを図解していた（11.5）。

11.5 トマス・ホープ、『家庭の家具と室内装飾』、1807年

ホープは銀行家で、フランス人デザイナー、シャルル・ペルシエ（8章を参照）との交遊関係から、デザインに関心をもつようになった。彼の著作は、ときに「イングランドのアンピール様式」と呼ばれるもの、すなわちペルシエのフランスでの作品を利用したリージェント期の展開を、助長した。この壮大な部屋で翼を広げたスフィンクスのモチーフのつくり付けの長椅子、肘掛け椅子、エジプト起源を推測させるそのほかの装飾をもつ机を、ホープは提唱している。この部屋の基本の形はありふれたもので、額に入った絵が掛けられ、壁面装飾が付けられている。

復興様式〔リヴァイヴァル〕

過ぎ去った時代——素晴らしく、美しく、おそらくときには怖いこともあるが、感性的な意味では豊かと思われている過去——の生活を経験したいというロマンティックな願望は、18世紀後期に芸術のあらゆる面で展開した。それは、近代の技術的世界の初期段階が、先立ったもののほとんどを取り除いていったまさにそのときに、頂点に達したのである。サー・ウォルター・スコットのロマン主義小説、ワーズワースの詩、シューベルト、ベートーヴェン、シューマンそしてブラームスの音楽、ジェリコー、ドラクロワ、コンスタブル、またターナーの絵画芸術は、すべて古典主義の論理と束縛からはなれ、より感性的に表現する方向へと向かった。ロマン主義は、デザインにおいて、過去の様式を再創造するすなわち「復興する」ことに関心を向けさせ、その関心は大きくなっていった。ルネサンスの最も初めの頃から、過去から学び、新しい関係で使える要素を借りることへの関心はあったが、過去のデザインを最新の目的のためまったく文字どおり再現するという発想は、19世紀の考えである。

ギリシャ様式復興

古代ギリシャのデザインは一連の復興の始まりの素材であった。イタリアのパエストゥムにある古代ギリシャの遺構を旅行者が訪れ、それと同様にギリシャ半島も訪れ、ステュアートとレヴェットの『アテネの古代遺跡』のように美しく彫版、印刷された図版集が使えるようになり、そして公共美術館や個人の蒐集での古代ギリシャの花瓶やそのほかの工芸品の展示会が開かれることにより、古代ギリシャの美術とデザインが、人類が美的に成し遂げたことにおける頂点を象徴しているという考えが助長された。古代ローマへのルネサンスの払った敬意に根源をもつ新古典主義から、古代ギリシャの先例を認識してのギリシャ様式復興は、完璧さのロマンティックな理念にとてもよく合っていた。

11.6 上階の階段ギャラリー、アルテス・ムゼウム、カール・フリードリヒ・シンケル、ベルリン、1824-1830年

この版画は、シンケルがモニュメンタルな建物にギリシャ建築の要素を巧みに適用したことで、ギリシャ様式復興はドイツにおいてどのように押し進められたかを示している。シンケル自身の図面に基づくこの版画で、外観で建物を取り巻く数多くのイオニア式円柱が、4本の円柱からなる玄関を通してみることができる。階段手すり、床、また天井のデザインは、古代ギリシャ人の実践から19世紀の建物の形を予測したシンケルの労作である。

ドイツ

ドイツにおける古代ギリシャ様式復興は、通例カール・フリードリヒ・シンケル（1781-1841年）の作品を連想させる。シンケルは、新古典主義からゴシックにおよぶ多様な様式で仕事をし、依頼主に選択させるために、しばしばいくつかの様式で特定のひとつの建物を設計することもあった。最も成功したシンケルの作品は古代の古典主義を適用したもので、オーダーやエンタブラチュア、またたびたびペディメントを用いているが、こうした素材の使いかたは極めて自由で、創造力に富んでいた。古代ギリシャの建物のどれも、彼は決して文字どおりの再現を試みなかった。最も著名なシンケルの作品は、ベルリンにある博物館で、現在旧博物館（1824-1830年）として知られている。正面は、建物の幅全体に拡がる、エンタブラチュア層を支える18本のイオニア式円柱からなる簡潔な列柱廊である。屋階の単純なブロックが建物の中央で立ち上がる。この建物で、シンケルはギリシャ様式復興の基本的な問題に直面した。どのような重要性があっても、古代ギリシャ神殿の室内、もっぱら古代ギリシャの屋内空間は、近代的な目的に適さない、相対的に小さくて暗い空間であった。このギリシャ様式復興主義者は、室内デザインの古代ギリシャ的方法を考案する必要があり、かくして独創性に向かわざるをえなかった。この独創性はそのとき正統的ではないとしばしば批判されたが、いまでは創造性豊かで興味深くみられている。旧博物館では正面の列柱廊の後で、戸外の階段広間の柱廊から大きな中央のドームの架かる円堂にいくことができ、そのドームは屋階に納められており、それゆえ外からは目にできない。階段は円堂で上階のギャラリー（11.6）に通じており、そこで展

リージェント様式、復興様式、産業革命　255

11.7 大広間、ユーストン駅、フィリップ・ハードウィックとフィリップ・チャールズ・ハードウィック、ロンドン、1846-1849年

新しい建築類型、鉄道駅は、多くのモニュメンタルな計画を産んだ。この堂々とした広間（現在では取り壊されている）は、高いところの窓から採光されているが、ギリシャ・イオニア式オーダーを向こうの側では使っており、そこで階段を昇ると、扉と周囲のバルコニーに出入りできる。

示ギャラリーが2つの内側の光庭をともなう矩形に配置されている。室内は素晴らしい細部、絵画、彫刻、そして優れた技術で整えられた新古典主義建築のモチーフで満ちている。

イングランド

イングランドでは、リージェント期のデザインの新古典主義は、復興の1つのとりわけネオ・グリークに容易に紛れ込んでいった。大英博物館は、サー・ロバート・スマーク（1780-1867年）が1823年に着工し、ペディメントがのり、アテネのエレクテイオンのイオニア式オーダーを用いた8本の円柱の列柱廊を備えている。列柱廊は、玄関中庭を形作るように前方に突出しているふたつの両側の翼屋のまわりを包み込む柱廊として続いている——全部で円柱は42本立っている。ギリシャ・ドリス式オーダーもまた、今では意外と思われる方法でイギリスでは使われるようになった。ロンドンとバーミンガム間の鉄道のロンドンでの終着駅、ユーストン駅（1835-1837年）へは、フィリップ・ハードウィック（1792-1870年）の設計したペディメントを頂くドリス式パビリオンをとおって入っていった。玄関の障壁の後にある駅は、戸外の小屋を組み立てたもので、やはりハードウィックによる、よりモニュメンタルな駅に、1846年から9年に置き換えられる予定となっていた。こ

こには、イオニア式円柱の障壁まで登る階段をもつ宏大な『大広間』（11.7）があった——壮麗な空間ではあるが、気分的にはほとんど古代ギリシャ的ではない。外観が古代ギリシャ的な建築に相応しい古代ギリシャ的室内を考案する難しさは、イングランドでギリシャ様式復興を初期の終わりにしてしまう1つの要因であったにちがいない。

アメリカ

アメリカでは、ギリシャ様式復興は、いくぶんイデオロギー的に支持された。まさに古代アテネがそうであったように、新たに独立した国家は、民主主義（実際には共和制）を自ら宣言する最初の近代的な国であった。ギリシャの美術、文学、建築、そして統治の仕組みへの熱狂が突然高まっていったなかで、都市はギリシャ風の名前——シーラキュース、ユーティカ、スケネクタディ、イサカ——を与えられた。その目的は、北アメリカ大陸にペリクレスの時代の栄光を再び創造することにあった。建築とデザインでは、連邦様式は、すでに古代ギリシャ風の細部を用いる傾向にあったが、復興主義の時期に入っていくと、その目的は古代ギリシャ的とみられる建物全体を生みだすことになった。

ウィリアム・ストリックランド（1788-1854年）によるフィラデルフィアの合衆国第二銀行（1818-1824年）は、古代ギリシャ神殿の形で設計されたアメリカで最初の建物である。これは、パルテノンの手本にもとづき8本の円柱を配したペディメントを正面と背面にもっている。室内空間を使いやすくするため、窓は4面すべてに採りいれられた。モニュメンタリティと防火性のため、建物は完全に石造で、室内空間はすべて、古代ギリシャでは知られていなかった方法でヴォールト天井が架けられていた。建物の中央部を占める預貯金本部は、簡素な円筒ヴォールト天井の下のエンタブラチュアを支える、各々の面に沿って立つ6本の円柱をもつ美しい部屋である。

だんだん普及していく様式で官庁建築を数多く委託することによって、新たな連邦政府はギリシャ様式復興主義を奨励した。ニューヨークでは、タウン・アンド・デイビス社（イシエル・タウン、1784-1852年、とアレクサンダー・ジャ

256　リージェント様式、復興様式、産業革命

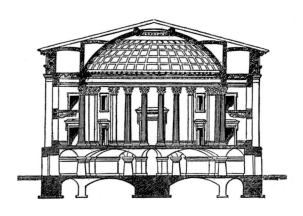

11.8 合衆国税関（現在アメリカ合衆国議会旧議事堂）、タウンとデイビス、ならびにジョン・フレイジー、ニューヨーク、1833-1842年

大規模な公会堂がギリシャ様式復興、神殿風の外観の範囲で求められたが、古代ギリシャでは発達させられなかったものであった。フレイジーはこの問題に天窓の明かり取りをもつ円形ドームの広間を挿入することで取り組んだ。古代ギリシャのコリント式円柱で囲まれているが、その効果は古代ギリシャよりもむしろ古代ローマ的である。

クソン・デイビス、1803-1892年）が、合衆国税関（1833-1842年、現在はアメリカ議会旧議事堂と呼ばれている）とするため、もう1つのパルテノン風の神殿を建設した。この建物はまた、まったくの石造で、正面と背面にドリス式オーダーの列柱廊をもち、側面にそって片蓋柱と交互に配された窓をもっている。室内は多くがジョン・フレイジー（1852年没）の仕事で、彼は公共大広間を設計したが、それは円形に並ぶコリント式円柱と片蓋柱が大きな切妻屋根の下に納められた格間付きのドームを支える円堂であった（11.8）。全体としてギリシャ風ではないこの室内空間は、外観がギリシャ神殿にみえる建物の室内への対処という、継続する問題を別に反映していた。

古代ギリシャの先例をより自由に適用したギリシャ様式復興の建物は、威厳があり印象的であるとともに、しばしば機能的にも成功した。ロバート・ミルズ（1781-1855年）は、1836年のワシントン・モニュメントのデザインで最もよく知られるが、数多くの政府の建物の建築家であり、それらにはドリス式列柱廊をもつ旧特許庁（現在、国立写真ギャラリー）や、無限に続くように思われるイオニア式円柱を備えた財務省（1836-1842年）が含まれる。特許庁には多くの簡素だが気品のある階段やヴォールトの架かる空間があったが、かえってギリシャ的細部で抑える努力をしていた。

ウィリアム・ストリックランドは、フィラデルフィアの神殿風銀行ののち、ギリシャの特色をより自由で独創的に解釈した作品を残した。フィラデルフィアでは、株式取引所の建物（1832-1834年）は、アテネにある古代のリシクラテス合唱隊記念碑を模倣した塔を頂部に載せた半円形の列柱廊のため、コリント式オーダーを使っている。同様な塔のモチーフは、一般にストリックランドの傑作と考えられている建物、ナッシュヴィルのテネシー州議会議事堂（1845-1859年）の頂部にものせられている。それは、単純な矩形のブロックで、両端部は8本の円柱が並ぶペディメントをもつイオニア式列柱廊で、両側面の中央は6本の円柱からなるペディメントのない列柱廊となっている。モニュメントの頂部に立つ塔により、この建物はドームをもたない数少ないアメリカの州議会の建物のひとつとなっている。内部では、ロビーや階段、また法律を作成する諸室は、すべて、控えめで美しいやりかたでギリシャの細部を使っている。

ギリシャ様式復興は、すぐに好まれる住宅様式になり、結果的に北東の州から南部に、そしてミシシッピ川まで中西部に拡がることとなった。バージニア州、アーリントンのリー・マンション（1802-1826年）は、大部分が初めの所有者であるG・W・P・カスティスの設計で簡潔な連邦様式であったが、ジョージ・ハドフィールド（1764年頃-1826年）は重々しいドリス式の列柱廊とペディメントを加えて変えてしまった。木製の鏡板仕上げ、炉棚飾り、そして窓や扉の額縁は典型的な連邦様式であるとはいえ、アーチの開口部や、広間と食事室の間を分離する3連アーチがあり、それらはこうした部屋に特別な性格を与えている。ギリシャ風の列柱廊により、その建物に神殿風住宅として知られる形となったのである。こうした住宅は何百も建てられたが、しばしばギリシャ風の細部を書物で知った地元の大工でかつ建設業者が発展させたデザインをもっていた。そうした書物のひとつがマイナード・ラフィーヴァー（1798-1854年）の『近代の建設業者の手引き』であり、ラフィーヴァーは古代ギリシャの建築表現で成功した根っからの実践家であった。規模の小さな住宅は普通すべて木で建てられ、ギリシャ神殿の石の細部を木で再現する技は驚くべきものである。神殿風住宅には、理に適った住宅平面――必要とされる窓や煙突を完備している――をギリシャ神殿の形に合わせようと努力して、しばしば筋の通らない妥協が示されている。大都市の連棟住宅を神殿風住宅にすることはないようだが、しばしば小さな玄関口の列柱廊が備え

11.9 連棟住宅、ニューヨーク、1832年

この典型的なギリシャ様式復興のタウン・ハウスは、現在ではマーチャンツハウス博物館と呼ばれている。食事室と正面広間は引き戸を備えた開口部で分けられている。ギリシャ・イオニア式オーダーが開口部の左右に立ち、漆喰仕上げの細部には古代ギリシャに着想のきっかけを与えられた要素が使われている。ここにみられる家具は、ダンカン・ファイフによるもので、文様の付いた絨毯はその時期特有のものである。手の込んだ窓の厚地のカーテンは裕福な人びとの住宅で普及していただろう。吊ってあるガス灯の照明器具は、この住宅より時代は少しあとのものである。

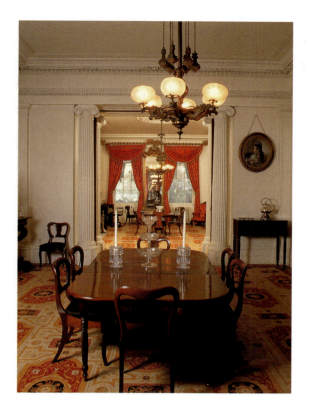

られており、たとえばニューヨークのワシントン・スクエア北にそった美しい住宅にいまも残っている。こうした住宅の内部では、卵鏃文様あるいはギリシャ雷文文様の刳り形の木工や漆喰の細部や、さらにギリシャのオーダーの1つ——イオニア式オーダーがとくに好まれた——を使った片蓋柱または円柱で、主要な部屋をギリシャ風にしていた。こうした部屋の素晴らしい図面がある。タウンとデイビスによりニューヨーク市のタウン・ハウスのため設計されたものと思われ、都市住宅の正面と背面の広間を分ける二対のイオニア式円柱を示している。古代ギリシャに着想のきっかけを与えられた家具、クリスモス風の椅子、ギリシャ風モチーフで刺繍された覆いの長椅子が、ギリシャ式コーニスの刳り形と漆喰でできた天井のばら型装飾の下に置かれていた。床を隅々まで覆う敷物の類でさえ、どことなくギリシャ風の図案を用いている。1832年にジョセフ・ブリュースターのためニューヨークに建てられた適度な規模の連棟住宅（現在は、マーチャンツハウス博物館と呼ばれている）は、この様式のきわめてよく保存された室内をもつことで注目に値する（11.9）。

1820年頃から1850年頃まで、ギリシャ様式復興のデザインは、ほとんどすべての種類の建物に適用された。ギリシャ風の教会堂がおびただしい数建てられた。バージニア州リッチモンドのセント・ポールズ教会堂（1845年）のように、まったくギリシャ風ではない塔を神殿の平面に加えたものもあるが、この場合には、祭壇の背後にコリント式円柱を半円形に配している。そのほかには、ニューヨークの13番街の長老派教会堂（1847年）のように、ドリス式列柱廊を加えてギリシャ風にした簡素なレンガの集会場のこともあり、ここでは列柱廊を木造でうまく作ってあった。ギリシャ風の大学校舎（アマースト大学、ワシントン・アンド・リー大学）、ギリシャ風救護院（ノース・カロライナ州ローリー）、ギリシャ風郡庁舎、ギリシャ風ホテルがある。

南部では、ギリシャ風列柱廊が、大農場に建てられる大規模な邸宅には、純粋に機能的であることがわかった。そこでは、列柱廊の影が室内を快適に涼しくするのに役立ったからである。ナッシュビル近郊の豪邸〔エルミタージュ〕（1835年頃）、オーク・アレィ（ボン・セジュールとも呼ばれる、1839年）や、1848年のイオニア式神殿風住宅のあるメイドウッド——どちらもルイジアナ州のニュー・オーリンズ近郊——、そしてミシシッピ州ナチェズ近郊のデブロー（1840年）は、すべて、細部がギリシャ風の列柱廊をもち単純な神殿風平面をとる、大規模農園の住宅の現存する実例となっている。

ゴシック様式復興

アメリカ

ギリシャ復興主義のあまり実用的ではない面に我慢できなくなり、考古学的精確さをはずれていると批判を受け、1つの限られたデザインの表現をこのように広範に使う単調さから生じたおそらく単なる退屈さから、結局、ギリシャ様式復興の根幹を堀崩し始めた。また、ロマンティシズムの趣向は、より多様で柔軟な源泉のほうに向かった。とどのつまり、古代ギリシャは、月明かりで遺跡を眺めるバイロン卿のような人によってロマンティックな光でみることができるが、古代ギリシャの美術と建築は、根本において古典的で、厳格であった。ロマン主義小説の読者は、サー・ウォルター・スコットの『アィヴァンホー』を彷彿させる情景を希求した。イングランドのラファエロ前派の画家たちは、彼

11.10 トリニティー教会堂、リチャード・アップジョン、ニューヨーク、1846年

ゴシック様式復興は、入念に精細な装飾の施された、中世に遡るイングランド教区教会堂のこの解釈を生みだした。アップジョンは簡単な木造天井をもつ教会堂を設計したかったが、顧客の建設委員会は、このような石に似せた漆喰仕上げで作られたヴォールト天井を望んでいた。色とりどりのステンドグラスで、19世紀のものであるにも関わらず、室内は中世ゴシックの印象的な幻影を与える。

らの作品の先駆としての中世美術の再発見とともに、ゴシック時代との新たな関係を提供した。

中世のゴシック・デザインは、アメリカではヨーロッパの書物の文章による解説ならびに版画をとおしてのみ知られていたのだが、本質的に異国風で古代ギリシャに飽き飽きさせられていた公衆の興味を引いた。リチャード・アップジョン（1802-1878年）はイングランドで生まれ、家具製作者として修業をつんだ。ニューヨークのウォール街のはずれにある彼のトリニティー教会堂（11.10、1846年）は、イングランドのゴシック教区教会堂のなるほどと思わせる解釈である。この教会堂は、わずか4年早く完成したタウンとデイビスによるギリシャ神殿風のアメリカ合衆国議会旧議事堂からほど近いところに建つ。ヴォールト天井の身廊、ステンドグラス、豊かなゴシック風の細部が、アメリカ人にはすでにイングランドでは復興していたその種の中世風デザインの初めての光景となった。

ほとんどすぐに、ゴシックをデザインするほかの専門家が現れた。ジェイムズ・レンウィック・ジュニア（1818-1895年）は、ニューヨークのブロードウェイにあるグレース教会堂（1843-1846年）のための設計競技に、ゴシックのデザインで入選した。これは、イングランドのゴシック教会堂建築を感覚的に優れかつ精確に再生することで、トリニティー教会堂に肩をならべる。レンウィックの最も重要なゴシック様式復興の作品は、ニューヨークのセント・パトリック大聖堂であった（1878年に完成）。この教会堂はフランス・ゴシックの実例をもとに設計されており、十字形平面、側廊、周歩廊、クリアストーリー、ステンドグラスを完備している。石のようにみえるヴォールト天井は、実際

リージェント様式、復興様式、産業革命　259

11.11 リンドハースト、タウン・アンド・デイビス、タリータウン近郊、ニューヨーク、1838-1865年

この大邸宅の室内は、ゴシック復興様式で、建物の凝った外観に合わせるように、相当なゴシック的細部をもっている。木でつくられた尖頭アーチ、鏡板仕上げ、トレーサリ、また拳葉飾りは、窓の鉛ガラスと馴染んでいる。窓の左右のベイのニッチ（壁龕）には、彫像が立っている。家具は彫り刻まれた木の細部をもつ同類の様式を表すことを試みていた。

には紙の張り子なので、結果的に、石造ヴォールト天井の横圧力を抑えることになるはずの外部のフライング・バットレスを欠いている。ゴシックの形態が教会堂のデザインで一定の適切さをもっているようにみえるのと同時に、その様式は、多種におよぶ公共建築や住宅の設計を含む建築と室内装飾のすべての面に急速に拡がった。当初のワシントンのスミソニアン協会本部ための設計（1844-1846年）も様式では中世風だが、この場合発想ではロマネスク風もしくはノルマン風で、外観にはピクチャレスク的な塔と、内部はゴシックの細部をもっている。

タウンとデイビスは、ひとびとの趣向が変化していることに敏感で、古代ギリシャへの熱意を捨て、とりわけA・J・デイビスのおかげもあり、ゴシック様式復興主義者になった。ニューヨークのタリータウンにも近くハドソン川を見渡す、リンドハースト（1838-1865年）と呼ばれる高級な大邸宅は、壮大な塔を含むゴシック的要素をカントリー・ハウスに適用する、デイビスによる注目に値する挿話である。住宅の平面は、もともと建てられたように、相称的であるが、1864年に新たな所有者のため（デイビスにより）拡張されたとき、その変更で平面がピクチャレスク的な非相称性をもつものとなった。部屋はほとんど、ゴシック的な細部——ゴシック風のヴォールト天井を連想させる漆喰のリブの付いた天井、トレーサリーのはいった尖頭型の窓とステンドグラスの挿入物——と、たいそう彫刻的な装飾的細部で埋めつくされている（11.11）。撞球室——美術ギャラリーは、貴族風の広間を思わせる木造の屋根架構をもっている。デイビスは住宅のためのゴシック調を想像させる家具を設計した。それらは、ゴシックのばら窓のトレーサリーを想起させる（ホイールバックと呼ばれる）彫刻された背もたれをもつ椅子、ゴシック風彫刻を施した八角形の食事テーブル、重々しいゴシックの尖頭アーチの頭部と脚部の板を付けた寝台が含まれる。

デイビスは造園家のアンドリュー・ジャクソン・ダウニング（1815-1852年）と親しかった。ダウニングの著作、『田舎家風住居』（1842年）や『カントリー・ハウスの建築』（1850年）は、規模に幅のある住宅の平面や透視図の数多くの版画が含まれており、一般的で影響力をもつようになった。設計はさまざまな様式で表されて

おり、木造を意図されたゴシックの簡素化された様式を含んでいた。大工のゴシックと呼ばれた建てかたの種類は、広く使われた糸鋸の助けで田舎の建設者が木で尖頭アーチ型を切りだして造りだされ、長い間、アメリカの住宅建設の主題となった。外壁は、板と補強の羽目板や尖頭アーチの、しばしば鉛ガラスを入れた窓で垂直性が強調されて、住宅や小さな村落の教会堂の好まれた要素であった。

イングランド

アメリカでのゴシック様式復興は、イングランドにおける同様な復興から、少なくとも部分的に刺激を受けた。18世紀後半にもかかわらず、イングランドではストロベリィ・ヒルのようなカントリー・ハウスの建設において、中世主義をロマンティックに包み込む動きがあった。ストロベリィ・ヒルはロンドン近郊の大きくない別荘で、1750年にホレス・ウォルポール（1717-1797年）が、レースのような、優美かつ戯れにゴシック様式を解釈した室内で改築した。ウォルポールの雇った専門家の中にロバート・アダムがいたことを知るのは1つの驚きで、アダムはここでゴシックの表現を彼なりに考えて仕事をしている。金持ちのイングランド人の奇人、ウィリアム・ベックフォードはウィルシャーのソールズベリィ平原に巨大な邸宅の建設を依頼し、1796年に着工したが、ジェイムズ・ワイアット（1746-1813年）の設計でフォントヒル・アビィという名を与えられた（11.12）。それは、陵堡、小尖塔、巨大なゴシック風広間をもついくつかの塔、そしてヴォールトを架けた八角形の部屋の上部の高さ276フィート（84メートル）の塔の、驚くべき寄せ集めであった。これらすべては、中世の生活のドラマが再演されうるであろう一種の舞台として構想された。フォントヒル・アビィは絵画と版画のみから知ることができる。ほとんどが木と漆喰で建てられており、塔は暴風で崩壊して、構築物すべてはまさにロマンティックな廃墟になってしまった。

ゴシックの中世主義にむかう感情的かつ美的な認識は、まもなく一連の原典研究や哲学で裏打ちされることになった。摂政期がヴィクトリア時代に取って代わられるにつれ、厳格に道徳主義的な宗教性への動きが展開した。ヴィクトリア女王は、自分自身敬虔さと清廉さの模範で、

11.12 フォントヒル・アビィ、セント・ミカエルのギャラリーの南側、ジェイムズ・ワイアット、ウィルシャー、イングランド、1795年から

1823年の版画に示されたこの並外れた住宅は、一風変わったイングランド人の顧客、ウィリアム・ベックフォードのために建てられた。ゴシック様式復興を特色づけることになる様式を、ベックフォードは早くも要求した。その名称にも関わらず、それは僧院ではなく、ステンドグラス、トレーサリー、漆喰で真似られた扇状ヴォールトが、微妙な色合いの壮大な多くの空間を代表した。赤い絨毯、カーテン、椅子のクッションは、着色した表面の最も繊細なピンクと灰色を引き立たせた。1825年、暴風が高さ276フィート（84メートル）の木造の塔を吹き倒したとき、建物は倒壊した。

異教的ギリシャやローマの古典主義に対して、デザインのキリスト教的様式を象徴する指導者となった。キリスト教がヨーロッパで初めて支配的となった時代は、いうまでもなく中世であり、そのゴシック的デザインは教会堂と明らかな関係をもっていた。ロマンティックな精神と道徳的理論は、こうして唯一の高潔で受容可能な様式としてゴシック主義を強く押し進めるため結びついた。著述家の何人かが、批評のこの哲学的な方向の論客となった。ジョン・ラスキン（1819-1900年）は著書『建築の七燈』で、建築の高度な道徳的原理を述べており、そこでは「良き」デザインは、単に審美的な問題ではなく、道徳的な美徳の問題とした。ラスキンによれば、「キリスト教」様式への回帰は、芸術とデザインのために採るべき正しくかつ受け入れられる唯一の方向であった。

ラスキンは彼自身デザイナーではなかったが、彼の主題は専門意識の高い建築家のオーガスタス・ウェルビー・N・ピュージン（1812-1852年）によって、同じ方向を目指す力で押し進められた。ピュージンは『対比』（1836年）や『尖頭すなわちキリスト教建築の原理』（1841年）、またそのほかの数多くの本の著者であった。そのなかで、デザインの同じような問題への古典的方法とゴシック的方法の間の比較のため、図解が用いられている。たいてい、古典的なものには不利で、多くの図版で思慮にかけており、あるいは不合理にみえるようにされていた。古典主義へのピュージンの攻撃の厳しさと彼の議論の道徳的な調子はしばしば「様式戦争」と呼ばれるものを引き起し、その中で古代ギリシャ様式復興主義者とゴシック様式復興主義者がかなりの熱っぽさをもって、対立する見解を論じ合った。多くの建築家やデザイナーは、依頼主が要求しただろうどちらの様式でも喜んで仕事をしていた。

ピュージンはゴシック様式を支持して活動しただけでなく、最初のゴシック様式復興主義者たちの装飾的陳腐さを克服しようと「真正すなわち純粋な」ゴシックを主張した。ロンドンに国会議事堂（新ウェストミンスター宮殿）を建設する時期が訪れると、建築家にはサー・チャールズ・バリィ（1795-1860年）が選ばれたが、彼の以前の作品は落ち着いた古典主義であった。この大規模で複雑な建物の論理的で整然とした彼の平面が受け入れられたが、建物内外のイギリス・ゴシックの取り扱いに圧力がかかった（おそらくヴィクトリア女王自身が起こした）。バリィはピュージンに指示をあおぎ、2人は力を合わせてヴィクトリア朝の頂点で、大英帝国の力と権威の象徴になった著名な建物を生みだした。

塔が持ち込んだ変化や正真正銘の中世のウェストミンスター宮殿の存在を例外とすれば外観では、国会議事堂は古典主義の建物の相称性や整然とした構成を示している。しかしながら、表面の細部はゴシックで、ピュージンの知識や技術を表している――中世的というよりむしろ近代的な、機械的な繰り返しによって損なわれてしまった。鉄製の梁は、産業革命による製品ではあるが、すでに使われており、おそらくゴシックの細部の背後に隠されている。ピュージンは室内の主導的デザイナーで、その室内はゴシック様式復興の最も素晴らしい作品のいくつかを含んでいる。貴賓室、女王の間、セント・スティーヴンの広間、八角形の間、正真正銘の中世のウェストミンスター・ホールの端部に増築されたセント・スティーヴンの玄関、これらすべてはピュージンのゴシック様式復興主義を最もよく表している。貴族院議場（11.13）は、部屋のなかでおそらく最も壮観である。庶民院議場は数次の改修を経て、バリィまたピュージンの（または、ついでにいえば、そこで会議をもった議員の）満足のいかないものになってしまった。

ピュージンは数多くの教会堂をゴシックの表現法でデザインしたが、中世の原型を模倣するのにとても精確であることで、それらはいくぶん単調のようにみえる。田舎の小規模な、ノーフォークのウェスト・トフツのセント・メアリー教会堂（1845-1850年）は最もうまくいったものの1つである。多くの実例には美しく細部を仕上げられた家具や装飾があるのだが、何代かの職人による彫刻や装飾が寄与して、ゆっくり時間をかけた建設から生まれた生気が、近代の専門的なやりかたで仕事をする1人の建築家により（あるいはその指示により）作成された図面から生みだされたこうした作品では、失われている。

ピュージンは彼の理論を住宅の設計に適用する機会がほとんどなかった。家具、テキスタイル、壁紙、装飾タイル、ステンドグラス、金属細工品のデザイナーとしては、ピュージンは活動的で成功し、ヴィクトリア朝で彼の死後、長い間こうした分野でデザインの発展に強い影響力を発揮することになった図版入りのデザインの本を出版した。

ウィリアム・バターフィールド（1814-1900年）の作品は、ピュージンのゴシックと比べて考古学的に精確ではないが、醜さとの境界にあるかもしれないときでさえ、その作品を興味深くする独創性と力強さの特質をもっている。ロンドンのマーガレット・ストリートのオール・セインツ教会堂は、鍵型の敷地に押し込められたレンガ造の建物で、大きな塔とともに司教館と教会学校も併設されていた。赤いレンガの壁面はより暗い色のレンガの帯で縞がつけられ模様を施されている。内部は、簡潔なゴシック的形態が釉薬をかけられたレンガ、タイル、そして大理石で覆われ、多様な色が顕著な幾何学的パターンを形成する（11.14）。ゴシック様式を採用するバターフィールドの意図は、ロマンティックなあるいは美的なものではなかった。その意図はむしろ、ゴシックが構造的に唯一のただしい建設システムであるという確信から生じた。バターフィールドの装飾は健全な構造のための表現力のある細部への独創的な方法であった――「誠実さ」の強調と、20世紀のモダニズムで明らかになるであろう構造表現の先触れであった。

産業革命

産業革命という用語は、イギリスを、それからほかのヨーロッパの国々を、そしてアメリカを、近代的な産業国家に転換していった発展の複雑な全体を表現するのに用いられる。過去2世紀における変化の範囲を把握することを試みるとき、18世紀にどのような技術が役に立っていたかを考察することは有効である。フランスの百科全書派、ドゥニ・ディドロ（1713-1784年）は彼の何巻にもわたる著作で、18世紀における工場制手工業の過程の証拠を提示した。項

目は、素晴らしく精密な版画で図解して、ガラス吹き製法、造船法、家具製作、そのほか多くの職業の技術を示している。実際に、仕事はすべて手作りである――もちろん、道具や設備がないという訳ではないが、道具は簡単で、設備は手作りであった。組み立て工程はなく、機械設備もなかった。

ディドロが提示した最も進んだ機械は、ビールを製造するためホップを挽く製粉機の木製の歯車装置である。動力は、製粉機の基礎で円形部分を歩く4頭の馬であった。水車も載せられているが、車輪や歯車でさえ木でほとんど造られていた。もっぱら動力源は人間、馬、水、風で、人間を除くとあとの3つは限られた使われかたであった。石器時代から18世紀後期まで、人間の歴史を通して、これらはものをつくりだせるであろう最良の方法であり続けた。どの近代の家庭であれその所有物をざっとでも調べて

11.13 新ウェストミンスター宮殿（国会議事堂）、貴族院、チャールズ・バリィとA・W・N・ピュージン、ロンドン、1836-1852年

拡がりのある建物群のための整然としたバリィの計画が、ゴシックの装飾的表現でつつまれ、その表現は、基本的に室内を担当したピュージンが押し進めた。この大規模な部屋はトレーサリの付いたステンドグラス、ゴシックのアーチ、鏡板仕上げの天井で、中世の室内と容易に取り違えられよう。けれどもそれは、ヴィクトリア時代に建設された。

リージェント様式、復興様式、産業革命 263

11.14 オール・セインツ教会堂、ウィリアム・バターフィールド、マーガレット・ストリート、ロンドン、1849-1859年
バターフィールドの作品はゴシック様式復興に属すると看做しうるが、歴史的模倣の先にいく活力と独創性を有している。大アーチとバットレスの半アーチは粗削りな力強さをもっており、この力強さは床と壁にタイルをふんだんに使うことで引き立たせられている。タイルは、ヴィクトリア時代のほとんどの作品に典型的な、極めて対照的な色である。

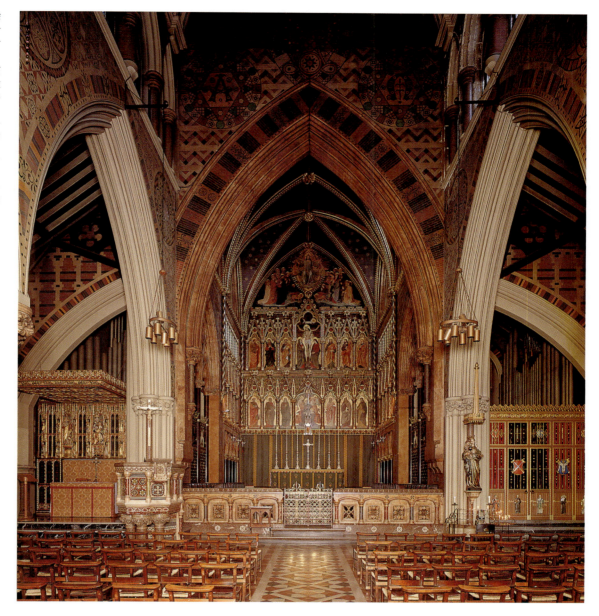

みると、手づくりのものはあったとしてもとても少ない。配管備品、電灯、ストーブ、そして冷蔵庫。電話機、ラジオ、テレビ、そしてコンピュータ。家具、寝具類、衣料品——自動車はいうまでもなく、芝刈り機、子どものおもちゃですら。こうしたすべては工場製品で、ほとんどは注入された水、電流、ガソリン、そして予備の部品の充分な供給なしでは使えないだろう。それらは同様に、工業の生産過程の産物である。その対比は驚くべきである。

初期の工業化と考案

工業化の最初の波は、2、3の鍵となる考案に基づいていた。蒸気機関は、水を汲みあげ、織物工場の織機を動かすための動力源として使うように充てられることになった最初の重要な「動力源」であった。一連の考案者たちが開発したが、頂点にたったのはグラスゴーのジェームス・ワット（1736-1819年）であった。1769年に据え付けられた蒸気機関は、1788年まで、動力源として人間、馬、風、水に対する最初の実用的な代替物を供給した。据え付けの機関に動力を送る蒸気機関やボイラーには可動部分に金属が欠かせなかった。古代以来、鉄は知られており、鋼鉄は特別の目的（鎧、武器や刀の刃）のため少しは造られていたが、機関に必要とされる量には鉱山や溶鉱炉、鋳造場や製鋼所が必要だった。鉱山から石炭を、鋳造場から鉄を、また製鋼所から鋼鉄を機関が造られるだろう仕事場へ

運ぶには、泥深い道路伝いに引かれる牛車に比べ、より相応しいものが求められた。車両とともに、金属レールの道、「鉄道」——もはや牛馬ではなく、蒸気機関の移動式の特別な形、蒸気機関車によって引かれる——を敷設することで、より多くの蒸気機関をつくり、より多くの鉄道のためレールを製造し、工場に原材料を運び、製品を市場にだすことが、いっそう容易になった。蒸気機関を動力とした鉄の船をつくることは、海運と商品の国際的流通に同様な改善をもたらした。エドモント・カートライトの力織機（1785年）と蒸気機関は、安い織物を大量に作ることのできる織物工場を可能にした。

動力化された工場の製品は手仕事をそれほど必要とせず、それで価格は高くなかっただろう。製造所や工場からあがった利益はさらに多くの工場を建てるため使われたのであろうし、工場所有者を裕福にし、ついには工業化に向かった国々を豊かで強くした。イギリスは世界の支配的勢力となり、フランス、ドイツ、アメリカ、結局のところほかの国ぐにも、工業化の過程が進むにつれて、富と地位で向上していった。こうしたことすべてが起きている間、デザインの世界は新たな考案に関連した騒音やほこりにわずかな不平を述べることをのぞけば、ほとんど注意を払っていなかった。古代ギリシャ様式あるいはゴシック様式の復興主義者は、彼らの世界で起きていた大きな変化に、ほとんど気づいていなかった。しかしジョン・ナッシュはブライトン・パビリオンに鉄の柱を用い、ユーストン駅はギリシャ風の玄関をもち、ラトローブは古代ギリシャの細部で蒸気機関の水汲みあげ施設を設計した。蒸気機関は鋳鉄の構造部分をしばしば古典的な円柱の形に組み入れた。蒸気機関車はときおり古代ローマ神殿のような形のドーム、あるいは古代ギリシャの円柱を奇妙に縮めたかたちをもっていた。裕福な顧客は称号の与えられた貴族であることがほとんどなく、産業に尽力するたたき上げの実業家、経営者、専門家であることが大変に多かった。農業に従事し農家で暮らす農民人口層は、工場で働き都市に、しばしばむさくるしい住戸からなるぞっとしたスラムに居住する「職工」となった。

11.15 復元されたアパートの居室、グラスゴー、1892年頃
産業革命は労働者を、都市の一部としてしまったが、都市は住む場所は不足し金がかかった。工場労働者とその家族は狭い住居に押し込められた。たとえばこの部屋で、調理用コンロ、入れ込みの寝台、衣類の干し紐が同じ小さな空間を共有している。この部屋は、復元に際して元々の状態であったはずに比べて、おそらくそれほどむさ苦しくはなくなっている。こぎれいな壁掛け時計や小さなものは本当とは思えない優雅な性格をもち込んでいる。ラジオは、もちろん、新しい。

工業とインテリア

インテリアデザインにおよぼされた産業革命の初期段階の衝撃は、美的というよりむしろ技術的なものであった。近代の配管、照明、暖房に向かう第1段階が現れて、それ以前のインテリアの重要な要素のいくつかを旧式なものとした。鋳鉄はストーブをつくるためのそれほど高価ではない、実用的な材料となった。木材、それから石炭で温められたストーブは、裸火の暖炉をこえる効率と便利さのため、大きな利点をもっていた（11.15）。石炭の便利な利用価値は、改良された採炭法と鉄道輸送の結果だった。調理のための、台所用レンジと呼ばれる、また鋳鉄のストーブの特別な形が、台所の炉を無用にした。台所のレンジは、ストーブの火で温かく保たれる水タンクを発展させ、必要なときにお湯を供給できるようになった。都市では、集中式のパイプで送られる給水システムが出現し始め、圧力は高架水槽すなわち給水塔に水をもちあげうる蒸気ポンプで供給され、それで重力が給水を建物の最上階まで有効にしただろう。流水、水洗便所、下水から発生するガスの漏れを防ぐ排水トラップはすべて、1800年代に取り入れられ、普通に使えるようになった。集中暖房の仕組みが徐々にストーブに取って代わった。石炭を燃やす炉が地下室に配置され、空気を温め、その暖気は居住部分にパイプと、「レジス

ター」と呼ばれる鉄格子とを通して循環させられた。教会堂、劇場、学校、病院や公共の建物など大規模な空間では、暖気システムで温められうるだろう。炉はまた水を温めるため整えられ、それでパイプから流れるお湯が浴室で使えただろう。

人工照明は、18世紀末までろうそくに限られていたが、一連の工夫で改善された。（野菜の種から製造される）菜種油と呼ばれる燃料を燃やす油のランプは、大量に工場でつくられたであろう灯心容器と送油機構で発展し、ろうそくと比べてより質のよい光を提供し、かつ不具合は少なかった。燃料として鯨油がコルツァ・オイルに代わり、ついには「鉱油」に変わった。すなわち、石油とその派生物の灯油である。炉棚飾り、輝ききらめく光を生みだす灰の仕切りを使うような、改良された各種の燃焼装置が、直火に比べるとより適切な光を提供した。使いかたで優れた点があり、さまざまな外観をした油のランプの発展で、幅広く利用でき、ろうそく立て、壁付き持ち送り燭台、シャンデリアは置き換えられた。もとは石炭ガスであった灯用ガスの考案は、集中化された都市システムにより供給される、管で送られるガスを照明のために徐々に取り入れることを可能にした。同じガスがまた、調理用レンジや、ガスの火床のようなさまざまな加熱器具で使えるようになった。裸火を不必要にするように、ガスの火床は暖炉に置かれただろう。

こうした技術的進歩の目に見える証拠は、19世紀初期にはそれほど目立たないままであった。浴室は新たな種類の空間として出現したが、住宅やそのほかの建物の平面ではたいてい重要さの欠けた位置を与えられ、贅沢な実例ではかなりの大理石装飾または色彩豊かなタイルをともなうものの、実用的に扱われていたほどであった。厨房は、召使の仕事場所としてみられており、初期にはしばしばよく考えられもせず目的にかなったデザインの試みであったが、厨房には特別な美的な注意が払われなかったからである。居住部分では、暖炉や炉棚飾りの役割が消えたが、小型の石炭の火床、「客間のストーブ」、最後には暖炉の開口部であったろうところに挿入された暖気の調風装置に道を譲ったからである。

鉄とガラス

産業革命は新たな需要と、新しい技術の相互作用の結果である、これまでにない建設方法をもたらした。機関や鉄道のレールのため生産され、強度が大きく原価の安い材料としての鉄の有効性が、建築材料として、木材やレンガ、石に新たに代わるものを登場させた。同時に、鉄道を延長するための長大な橋梁の必要性や、駅舎の大規模な列車用の上屋は、新たな工学技術の問題を提示した。工学技術は技術的職能として現れ、従来の建築実務の基礎であった、紳士的な美的関心とはほとんど関係がなかった。初期の工学構築物は、初めは古代ギリシャ様式復興やゴシック様式復興の建築の設計者にほとんど衝撃を与えなかったが、デザインの基礎的変化を引き起こすことになった新しい技術をはっきりと示した。それは、ほかのすべての生活の様相で展開していた変化に匹敵した。

最初の鉄の橋は、イングランドでは1779年にシュロップシャーのコールブルックデールでセヴァーン川を渡すために架けられたが、アーチはエイブラハム・ダービー3世の鋳造所で部分ごとに鋳造された。トマス・テルフォード（1757-1834年）は主要な水道橋の設計者で、1805年にウェールズでポントカサステ水路橋を建設した。これは、ディー川を横切る運河を通すためであった。互いにボルトで止められた鋳鉄の弓形部材でできた19のアーチを、大きな石造ピアが支えている。テルフォードは、メナイ海峡を渡りウェールズの本土からアングルシー島を結ぶ輸送道路を支える大吊り橋を設計した。これは1826年に開通した。差し渡し579フィート（176メートル）で、大型の帆船が下を通れるよう、道路は水面から充分な高さに保たれていた。吊るための部品はケーブルではなく、互いにボルト止めされた大きな鉄の棒からつくられた鎖で、それゆえ、鎖はこうした橋のどれにでも典型的な美しい懸垂線の曲線で吊ってあるだろう。橋はいまなお現在の交通を支えて通常の使われかたがなされている。1851年に鉄で建造された大型船、グレート・イースタン号はイサンバード・キングダム・ブルネル（1806-1859年）が設計したが、動力は2組の蒸気機関で、1つが外輪を動かし、もう一方がスクリューの羽

11.16 ホームの上屋、キングズ・クロス駅、ルイス・キュービット、ロンドン、1850-1852年

キュービットが設計した2つの並行するホームの上屋（そのうち1つがここにみえる）は、産業革命の要求を満たすように発展させられた技術的な達成を代表している。ガラスの天窓を支える半円形アーチは元々積層材で構築されていたが、のちに鉄に置き換えられた。ヴィクトリア朝の装飾主義は、ここでは近代の方向を指し示す機能的な強調に取って代わられた。

根を回した。その船の贅沢な乗客用設備は流行の華麗な趣味で装飾されていた。

　機関、鉄道、船舶、橋梁の建設は、インテリアデザインにはほとんど関係をもたないかもしれないが、こうした計画で開発された工業材料を使用する技術こそ、建築物を構築する新しい方法を可能にしたのである。鉄道の終着駅は、列車、乗降客、荷物を保護する、多くの線路をまたいで達するであろう規模の覆いが必要であった。木や石、レンガはその目的のため理想的な材料ではなく、鉄道を設計する技術者は彼らの知識を適用し、鉄で建設することが理にかなうと理解した。ガラスは、そのとき大きな板で大量に工場で製品化できるようになり、列車の覆いをつくるため鉄の型枠に嵌め込む、理想的な軽くて光をとおす材料となった。ロンドンのキングズ・クロス駅にならぶ2つの覆い（11.16、1850-1852年）は、ルイス・キュービット（1799-1883年）が設計した。ここでは、組積造の正面が、簡潔な時計塔により分けられた2つの大きなアーチで、内部の鉄の覆いを隠している。ゴシック風、ギリシャ風あるいはほかの歴史性を想い起こさせる細部は用いられていない。ロンドンのパディントン駅（1852-1854年）は、ブルネルによるガラスと鉄の覆いをもっている。

イングランド：パックストン

　19世紀最大のガラスと鉄の建造物は、1851年にロンドンで建設された。ヴィクトリア朝のイギリスの偉大さを称賛するため、ロンドンで「大博覧会」、アメリカでは万国博覧会と呼ばれる催しを開くことが決定された。世界の国々は、ハイド・パークで巨大な展示ホールに出品されるための芸術と産業の最も素晴らしい製品の展示物を送ることを、要請された。ヴィクトリア女王の夫君、アルバート公はその計画を準備する責任を負い、適切な建物の提案をみつけることに心をくだいた。さまざまな建築家たちが案を提示したが、手が込みすぎていたり、工費がかさんだり、さもなければ実用からほど遠かった。チャッツワースの大きな地所の主任造園家（実際には地所のマネージャー）、ジョセフ・パックストン（1803-1865年）は、すべてが鉄とガラスの熱帯植物のための温室——グリーンハウス——を構築したという報告がなされた。会合が設定され、そこでパックストンはアルバート公に、類似した構造をもつ巨大なグリーンハウスを博覧会のために提案した。疑念や抵抗にもかかわらず、パックストンの提案は最終的に受け入れ

リージェント様式、復興様式、産業革命 267

11.17 クリスタル・パレス、ジョセフ・パックストン、ロンドン、1851年

同時代の石版画にみられる、この著名な建物は、大博覧会、ヴィクトリア朝の繁栄と趣味のショーケースを収容した。この建物は、まさに近代的な概念の最初の建物の地位の1つを占めている。鉄骨とガラスの壁と屋根は、機能的な単純さで、華やかで装飾過多の製品や感傷的な彫像の展示と奇妙な対比をなしている。その室内にある大木は、建物より前からあり、建物が撤去されたのちもそのままであった。

られ、フォックス・アンド・ハドソン技術会社の支援で建設された。

建物は、すぐにクリスタル・パレス（11.17）として知られようになったが、鋳造場で製作された鉄の骨組み、円柱、桁でできており、現場でボルト止めされ、工場生産の板ガラスが嵌められた。それはかつて建てられた何にも似ていなかった。宏大な内部空間（長さが1,851フィート＝564メートルで、80万平方フィート＝7万4,000平方メートルを超す面積があった）は、ほとんど無視してよいほどの構造部材、ガラスの壁体と屋根をもっていた。現場の大きな楡の木

インサイト

クリスタル・パレスの一般的な認識

ロンドンのクリスタル・パレスのためのジョセフ・パックストンのデザインの根本的な性質は、「大博覧会」のまさに概念への批判に加え、多くのところから鋭い非難をあびた。著述家で美術批評家のジョン・ラスキンは、「2つの煙突の間の胡瓜の型枠」と片付け、つぎのように加えた。

> 1851年という年に、そのとききらめく屋根すべてが、われわれ自身に人気のある贅沢の二流の芸術品——ウィーンの彫刻された寝台の骨組み、スイスの糊付けされた玩具、フランスからの派手な宝石——のすべてを展示するために建設され、まさにその年、ヴェネツィアの巨匠の最も素晴らしい絵が、それらを覆う屋根が不足し、ヴェネツィアで雨のなか駄目になっていた[1]。

政治家があとに続いた

> 〔ハイド・パークの〕楡の木はこれまで知られた最大の欺瞞、最大の誤魔化し、最大の不合理さのため犠牲にされるのか……貧しいアイルランド人が飢えているとき、この建物で6,000ポンドに膨らむだろう[2]。

しかしながら、パックストンの設計が完成し、博覧会が始まると、ヴィクトリア女王は彼女の日記に次のように記した。

> 鉄の門をとおりあの袖廊がちらっと目にはいること、揺れる椰子、花ばな、彫像、周りのギャラリーや座席を埋めた数えきれない人びとは、われわれが入場するに合わせ奏でられたトランペットのファンファーレで、決して忘れられない感動を与え、たいそう興奮を感じた……中央へ進むにつれて、光景は、ちょうど前方の美しく透きとおった泉とともに、魅惑的であった——とても宏大で、壮観で、心を動かされる——永遠に続く一日[3]。

初期の批評として、ザ・タイムすら、次のように認めた。

> 昨日目撃されたひとつの光景で、かつてないような、そしてものの本質で繰り返されないようなものがあった。幸運でそれを経験した彼らは、最も称賛すべきものあるいは驚きの感覚で表現する形……建造物、そこに蒐集された宝をほとんど知らなかった……彼らのうえに、われわれの最も崇高な大聖堂のヴォールト天井よりもはるかにそびえ立つ輝くアーチが立ちあがっていた[4]。

1. John Ruskin, *The Opening of the Crystal Palace*, 1854, p. 1;
2. *Hansard Parliamentary Report*, June 18, 1850; 3. Patrick Beaver, *The Crystal Palace* (London, 1970) 4. *The Times*, editorial, May 2, 1851

11.18（左）家庭用家具の展示、クリスタル・パレス博覧会、1851年

この同時代の色彩画に図示された家具展示で、度を超えた飾りつけと華美さがここにみられており、ヴィクトリア朝の中流より上の階層の人々によって称讃されている。展示物は、この建物の進んだ機能性と単純な構造と対比を成している。

11.19（右）化粧台と椅子、H・クレィ、クリスタル・パレス博覧会のカタログより、ロンドン、1851年

この図は、紙張り子でできた、きわめて装飾的な椅子と化粧台を描いている。博覧会建物の革新的な近代デザインと対照をなした、飾りたてた工芸品の種類を、この図は例証している。

は、建物内部に邪魔にならないように残された。美しく単純でひろびろとした室内を、博覧会にでかけた群衆が称讃し、それでその建物を取り払うときがきたとき、それを解体し、そのときロンドンの外縁にあったシデナムで組立直すことが決定された。その建物は、1936年に火災で焼失するまで、そこに建っていた。

建物から製作された数多くの版画やカラーの印刷物から、その広大な室内がどれほど際立って近代的かを知ることができる。実際、クリスタル・パレスは建築のすべてで、もっとあとにモダニズムと呼ばれることになるものを、初めて充分に実現した達成物として現れる。大博覧会の間、クリスタル・パレスを満たしていた展示品もまた、丁寧に図解した出版物で綿密に実証されていた。展示品は建物と奇妙な対照をなしている、なぜなら「盛期ヴィクトリア朝の」デザイン（11.18、11.19）の規範となった装飾されたあるいは装飾過多の種類であったからである（12章参照）。

鉄とガラスは、19世紀後半には徐々に建築材料として使われるが、たいていは厳密に実用的として考えられた建物のためであった。たとえば、鉄道の上屋、市場、ホール、製造所、そのほか工場と、展示場で、それらすべては鉄造の構築物の経済性と建築の容易さが、記念碑的性質よりも重要であった。

フランス：ラブルースト、バルタール、エッフェル

フランスの建築家、ピエール-フランソワ-アンリ・ラブルースト（1801-1875年）は、パリのエコール・デ・ボザールで鍛練を積み、ローマ大賞に輝き、この賞によりイタリアで5年間勉強することができた。最初の主要作品は、パリのサント・ジュヌヴィエーヴ図書館（11.20、1844-1850年）であった。そのデザインは、エコール・デ・ボザールで教えられることにまったく依存しない、先駆性のあるものだった。建物は、石の単純な外観をもち、ほとんど気付かれないほど抑えられた新古典主義的細部で枠取られた、アーチ窓の列であった。上層の窓の下の石の鏡板に彫り込まれているのは、アルファベット順に並べられた810人の著者の名前である。中央の玄関広間の扉が大広間に続き、そこでは新古典的角柱が鉄の櫛形アーチを支え、そのアーチが今度は装飾のない平坦な天井を支える。この前室の両側は、特別な蒐集本の書架と部屋である。玄関広間はトンネルのように建物を通過して、背後の堂々とした二重階段に達する。二重階段はつぎに上階すべてを占める大閲覧室の入り口となっている。壁面には上方に窓の設けられた書棚が並んでいる。部屋の中心線上の鉄の円柱の列が、鉄製アーチの2つの単純な半円筒ヴォールトを支え、そのヴォールトは

11.20 サント・ジュヌヴィエーヴ図書館、ピエール-フランソワ-アンリ・ラブルースト、パリ、1844-1850年

図書館の主要な空間であるこの閲覧室は、建築の目的に充てられるためすべてを鉄とした構築システムによる最初の1つである。外壁は石造だが、支持材は鉄で、その部屋の中央のほっそりとした円柱列が屋根の鉄製アーチを支えている。アーチの細部は装飾的だが、鋳鉄の構築物にふさわしい。

リージェント様式、復興様式、産業革命　269

11.21 国立図書館、ピエール-フランソワ-アンリ・ラブルースト、パリ、1859-1867年

箱型の閲覧室には9つのドームがのっており、そのおのおのは鉄の骨組みがタイルのパネルを支えている。光はドームの円形窓からもたらされる。円柱の極度の細さは、鉄の強度により可能とされ、開放的で美しい空間を生んでいる。

11.22 ボン・マルシェ、ルイ-シャルル・ボワローとギュスタフ・エッフェル、パリ、1876年

大階段は、版画にみられるように、パリのこの百貨店の上層階に通じている。ほっそりとして優美な鉄の構築物は、中央の開放的な空間の壮麗な光景を可能にし、ガラスの天窓の屋根を支持している。買い物をする華やかに着飾った多数の人びとは、店舗が商品を買うだけでなく娯楽の源であると感じた。

は、その空間を光で満たしている。外壁は組積造で、鉄の構築物から独立しており、3段の書棚が出入りのバルコニーとともに並べられている。閲覧室に隣接して、中央書庫すなわち書架が、4段の書架の棚で満たされた同じ程度に広い場所を占めており、すべて鉄の開放的な格子の階段と床であり、天井の天窓から射す陽光でどの階も明るくすることできる。ガラスの壁体で閲覧室から書架が眺められる。階高のある開放的な中央の空間が書架室を貫いており、一方の側から他方へ容易にとおれるように渡り廊下が備えられている。装飾は最小限で、書架室をまったく機能的で、それゆえ驚くほど近代的な様子にしている。

さまざまな目的のそのほかの鉄の構築物が、19世紀にはしだいにより一般的になっていった。パリの大規模な卸売市場、中央市場はヴィクトール・バルタール（1805-1874年）が1853年に着手したが、1964年に取り壊されるまで、屋根のかかった街路をもつ鉄のパビリオンの実質的なひとつの地区であった。1889年のパリ万国博覧会のため建設された機械館のような展示場建物は、基礎部分と中央部分に回転端を取り付けた巨大なトラスを使用した。中央では、長さ480フィート（146.3メートル）を超える「3ヒンジ・アーチ」を形成するようにトラスが交差している。回転端の目的は、熱膨張や構築がトラスの金属部分に起こすような動きを許容するためである。イギリスがなし遂げたことに比較して、工学技術において同等あるいは凌駕していることを示そうとするフランスの願望は、これらの建物と、同じ博覧会のためかたわらに建てたギュスタフ・エッフェル（1832-1923年）の有名な塔で明らかにされている。この塔は、長い間、かつて建設された最も高い構築物であった。その塔に備えられたエレベーターは、高い建物が一般の人々に役立つことになるだろうという証拠であった。塔の高いところにある階にあるレストランは、鉄の技術的表現と、装飾の散乱した場のための流行の趣味を結合していた。エッフェルのもっと前の作品は、いくつかの大規模な鉄道の鉄橋やパリの大百貨店、ボン・マルシェの鉄で構築された室内（11.22、1876年）を含んでいた。ボン・マルシェでは、開放的な中庭の上の鉄の構築物とガラス屋根で、室内に陽光が降

曲線状の漆喰天井を支える。鉄細工は歴史的先例のない装飾的文様で打ち抜かれている。ガス灯を備えたことで、この建物は暗くなっても開館していられるフランスで最初の図書館となった。

もっと大きなパリの国立図書館（1859-1867年）もまたラブルーストが設計したが、さらに複雑な建物である。主要な閲覧室（11.21）では、16本の細い鉄の円柱が9つの方形のベイを形作るよう、交差する鉄のアーチを支えている。各々のベイの上部には陶器製の曲面状の板からできたドームが載る。各ドームの中央にある円形窓

り注いでいる。

　リージェント様式とそれに続いたいくつかの復興様式は、古代にさかのぼれる様式的発展の連続を終えるものとして考えられるだろう。産業革命のもたらした変化は、デザイン史におけるこの長い連続性を無効にしたのである。社会と経済の変化は製造の大変多くの側面の機械化に結びつき、デザイナーが苦心してかかわることになる新しい状況を生み出した。ヴィクトリア時代は、つづく章の主題だが、新たな現実と折りあう努力の成功と失敗で特徴づけられている。

第12章

ヴィクトリア女王時代

12.1 フィラデルフィアのペンシルベニア美術アカデミー、フランク・ファーネス設計、1871-1876年

ヴィクトリアン・タイプの建物で、1階のアート・スクール、2階のミュージアムを結ぶ大階段部分である。ファーネスは、ヴィクトリアン・スタイルにこだわり、過去の様式から離れながらも、しばしば太くて短い柱と尖頭アーチを用いたインテリアを手掛けた。強い色調と模様つき壁面は、独特で強烈であり、批評家のルイス・マンフォードが「褐色の時代」と評した、この時代特有のスタイルである。

ヨーロッパでは、19世紀になるまで、商人や熟練職人、専門職らミドルクラスは、社会的、経済的にも、比較的目立たない存在であった。19世紀になると、貴族的な上流階級が、経済的、政治的にも、力が衰え始めてきた。そして、それまでの農民が減少し、工場や炭鉱の労働者が急増してきた。こうして、産業革命の進行とともに、新時代の富裕なミドルクラスが、台頭してきた。権力ある富裕層といえば、シャトーや宮殿のような豪邸に住み、熟練した職人たちの手による高価な装飾品に囲まれ、ゴージャスな生活をしてきた。そして、新ミドルクラスも、ようやくそんな憧れの装飾的な生活に、手が届くようになってきたのだ。

ヴィクトリアン・スタイルのルーツ

イギリスのヴィクトリア女王の長い治世（1837-1901年）には、過去の様式のリバイバルや多様なスタイルが乱立し、産業革命の進行とともに、イングランドでは、アーツ＆クラフツ運動と、唯美主義の運動がおこった。これら"ヴィクトリアン"と呼ばれるスタイルは、19世紀のイングランドとアメリカ（同様にヨーロッパ全域でも）で広まった結果、装飾的、さらに装飾過多を、意味する言葉とも、なってしまった。後に20世紀のデザイン史学者や評論家の多くが、ヴィクトリアン・デザインとは、質は最低で、度を超えて趣味の悪い馬鹿げたスタイルだとまで、おおむね低すぎる評価を下してきた。

しかし、ヴィクトリアン・デザインとは、その前後の時代の、どちらかといえば味気ないとも言えるデザインと比べて、エネルギッシュでバイタリティーに溢れ、より自由なスタイルであるとも言うことができる。またヴィクトリアニズムには、装飾的な要素が抑えられた、技術的、実践的、機能的という側面もあることは、無視されてきたようだ。こうした機能主義は、20世紀のモダニズムへの発展に、先駆けるものであった。つまりヴィクトリアン・デザインとは、一方では、装飾に満ち溢れた、邸宅や宗教施設、官庁関連での、フォーマルな格調高い分野とともに、サイエンスとテクノロジーの発展で、産業や交通の進歩での、機能的側面もあり、それらが奇妙に分離しながら、両立していたのである。

こうした一見矛盾した発展過程は、1851年クリスタル・パレスでの大博覧会の資料でも、確認できる。この会場は、有名な典型的モダン建築（pp.267-268参照）で、それ自体が、新時代の産業材料である、鉄とガラスの可能性を、ドラマティックに実証していた。しかし、その中での展示といえば、出展者が競い合い、今では滑稽と思えるほど、趣味の悪い装飾的すぎる展示品ばかりで、埋め尽くされていた。こうした奇妙な対比は、博覧会の図解カタログと着色されたリトグラフでも、見ることができる。

これら展示品の背景や頭上には、鉄骨大構造の素晴らしいシンプルさが、かいま見えていた。そして、その会場内を描いたイラストには、当時流行の膨らんだスカート姿のレディーと、長い帽子を被ったジェントルマンたちが、椅子とテーブル、鏡やピアノ、ストーブや暖炉、陶磁器やガラス器など、展示されたさまざまな装飾品の数々に、見入って感心している様子が描かれている。それら展示品の装飾は、それまでの歴史的な様式を、そのまま踏襲しているのではなかった。古典的な古代ギリシャの柱や、中世ゴシックのアーチなど、歴史的な様式そのまま

ではなく、人物や動物、葉や花、複雑なアラベスク模様などのモチーフも、以前からの継承だけという訳でもなかった。さらに、そこここに、蒸気機関車、ピストル、天体望遠鏡、機械のギアなど機能的な展示物も、対照的に展示され、"アーティスティック"というか、過剰な装飾品とは、両極をなしていた。たとえば、白鳥の形をした鋳鉄製の脚つきテーブル、パピエ・マッシュ（張り子細工）加工や、カタログに見られる"両方の思想"での、彫刻を施したサイドボードや揺りかご、"フランスのルネサンス様式の飾り"がついた金属製ベッド、機械化で開発されたアキスミンスター・カーペットや、華やかなチンツ（光沢加工した布地）など。コラード＆コラード社製ピアノは、グランド型にも縦型にも、過剰な装飾的彫刻があり、かろうじて見るに耐えられた。

このような典型的なヴィクトリアンの過剰ともいえる装飾の理由は、2つの関連している発展が要因であった。産業革命から、1851年までの工場生産の進歩で、以前なら時間とお金がたっぷりかけられた熟練職人による手工芸が、簡単に製造できるようになってきた。動力付き織り機では、テキスタイルやカーペットも、シンプルなデザインと同様に、手の込んだデザインも、簡単に織り上げることが可能になった。また鋳鉄は、装飾的な彫刻を施すにも、一度、型さえ作れば、繰り返し同じように制作できる点で、理想的なマテリアルと言えた。実際に、鋳物なら、プレーンな表面に、うまく装飾もつけられた。以前なら、手彫りでしかできなかったような渦巻き模様や複雑な装飾、懐かしい木彫のディテールも、機械生産で可能となった。そして工業生産は、同時に富をも生み出した。製造工場のオーナーたちは、その産業で、マネージャーやセールス・スタッフ、会計係など、新しい階級のニーズを生み出し、銀行のサポートやセキュリティー、保険、関連する企業など、新しいビジネスをつくり上げた。そして、この分野に係わった人たちは、ますます裕福になり、快適な生活を手に入れるための工業製品を買うことができるようになったのだ。

しかし、装飾の質が、劇的に衰えたことには、さらなる説明が必要だろう。工業化以前なら、アーチストや建築家（独学に近い）クラフツマン・デザイナーら、ごく少数のクリエーターだけが、長い期間を経て、じっくりと育て上げた伝統の中から、デザインを生み出していた。たとえば、キャビネット職人なら、徒弟制度で学ぶうちに、その時代の最高の芸術や建築と連動した装飾ディテールを身につけてきたものだ。織工なら、自分で織る布のデザイナーでもあり、その素材や柄についての知識があって、扱っていた。銀細工師、ガラス職人、時計職人、木彫職人、漆喰職人らは、実質的な条件と同様に、美意識を尊重する顧客たちとの関係の中で、仕事をやってきたのだ。

織物が工業製品となってからは、生産されるテキスタイルのデザインに、工場は関与していない。テキスタイルへのプリント作業は、機械的な工程となり、プリントされるデザインは、以前のように織り職人の技とはいえない。工場生産の家具も、キャビネット職人の製作ではなくなり、デザインとは切り離され、機械化によるパーツを組み合わせるだけの職人たちで製作された。こうしてデザインは、クラフツとは切り離され、それまでの伝統とは異なり、工場主やマネージャーが、支配するようになった。つまり、消費者のニーズに合わせて、簡単で安くて、儲けの多い商品を、工場で生産して、供給することになったのだ。そこで、けばけばしい装飾、世間一般に受けそうなデザインである「流行のスタイル」こそが、ヴィクトリアン・スタイルの標準、となってしまったのである。

すべてのスタイルから装飾的な要素を自由に組み合わせた、このヴィクトリアンの傾向を、明確に分類することは不可能である。多くの過去の情報源からの借用を表す"折衷主義"という言葉に、よく示されているが、ヴィクトリアンの例が、混乱を生み出し、20世紀には、よりフォーマルな慣例となっていった。さらに、ヴィクトリアンの建物のインテリアデザインは、もっと分類が難しかった。スタイルの混合や、様式がはっきりしない装飾の多用は、その時代の家具や他の物のデザインにも特徴的であり、建物のオーナーや居住者にとっては、ミックス、改装、再装飾が、とても自由に感じられることにもなった。

12.2 サフォークのエルベデン・ホールのインディアン・ホール、ジョン・ノートン設計、1870年頃

ヴィクトリアンの邸宅の中で、マーブル・ホールとも呼ばれた。新オーナーであるインドのマハラジャが、結婚プレゼントとして、アフリカとドイツのハーフである新妻バンバ・ミューラーに捧げ、インド・スタイルに改装したもの。壁から天井までのプラスターワークのディテールだけで、流行を明示。家具は、それとは無関係な伝統的なイギリス製。

イギリス

ゴシック様式復興は、歴史主義の高度に専門的な修練となり、1880年代まで、貴族階級と肩を並べるような大豪邸を構えたいと願う、新時代の裕福な商人、工場主、銀行家、その他、"起業家"たちが、パトロンとなり、流行の一傾向として、大いに栄えた。中世のチューダーやエリザベスアン、ジャコビアン、カロリアン時代が、そのモデルとなったが、時には廃墟となった本物の城が、手に入ったこともあり、そうなると、本物に偽物の増築が加わることにもなった。

大邸宅

イギリスの新富裕層向けの住宅に、携わる建築家とインテリアデコレーターは、取り入れたい歴史的なスタイルの知識はあっても、結果として、統合力の欠如を露呈することにもなった。イングランドにおけるヴィクトリアンの邸宅は、グレートホール、チャペル、数多いベッド・ルームや、それらに必要な多くの使用人のためのサービス棟などで、巨大すぎるほどの大規模建物となった。中世風のハーフ・ティンバーの破風の棟、戦闘用の銃眼付き壁のキープ（天守閣）、遠くからも見える時計塔、などが、外観として好まれた。チェシャー地方では、ジョン・トルマッシュが、建築家のアンソニー・サルビン（1799-1881年）に、ペックフォートン城（1844-1850年）の建設を依頼したが、驚くほど中世の城を忠実に模倣し、円塔のキープ、石造ボールト天井のグレートホールとチャペルをつくり、そこに当世風のビリヤードルーム、子どもたちの勉強部屋、主寝室に付属したバスルームも完備したのだ。そして、ジョン・ノートン（1823-1904年）設計による、1863年建設の、サマセットのタインテスフィールドは、ゴシック趣味ではあるが、中世そのままとは言えないような、ベイ・ウインドウ（出窓）、小塔、塔などがつき、ヴィクトリアンのデザインの混乱の典型とも言える。そのインテリアには、カーブしたゴシック風の木工、どぎつい色で鮮やかすぎるタイルが使われ、さまざまな時代の様式家具で溢れ、壁は、絵画や花瓶、中国と日本からの焼物など、装飾物で覆われ、すっかりピクチャレスクの混乱状態となっている（12.2）。このような大邸宅の多くは、イングランドのカントリーサイドに分布し、昔からあった歴史的建物との混乱が生じている。

ミドルクラスの住宅と公共建物

裕福なオーナーたちが住みたくなるタウン・ハウスとは、クラシカルなジョージアンの伝統デザインで統一された家並みや街区の中に、装飾が混乱せず調和して建つような住宅であろう。そこでは、居住者が、あまり勝手なことをするのは、難しいともいえよう。

もう少し質素な住宅のインテリアは、乱雑で全面模様付きの過剰装飾であっても、趣味と経済的制約から、かえって居心地の良い空間が生まれることもあった。ロンドン郊外のチェルシー地区で、博物館として大切に保存されている、作家トーマス・カーライルの家のフロント・パーラーにも、19世紀半ばのミドルクラスのインテリアの典型が残されている（12.3）。ヴィクトリアン時代には、イギリスの都市では、郊外居住が広がっていった。そこでは、ペアになった「ヴィラ」や、一戸建て住宅が連なる質素な家並みが建設された。外観としては、その前のリー

12.3 ロンドンのカーライルの家のチェルシー風インテリア、ロバート・タフト、1857年

トーマス・カーライルが住む家の応接間の絵には、ヴィクトリアン最盛期の安楽生活が描かれている。このシンプルだが魅力的にしつらえられたインテリアは、教養ある夫婦が快適で満足できる、控え目な装飾で、典型的なロンドンの連棟住宅の一例といえよう。

ショウとクイーン・アン・リバイバル

リチャード・ノーマン・ショウ（1831-1912年）は、多作だった長いキャリアを通して、イングランドのヴィクトリアンの代表作というべき作品群を生み出した。彼の初期の作品は、ゴシック・リバイバルと見なされ、カントリー・ハウスにおいては、"オールド・イングリッシュ"と称される、ハーフ・ティンバーと石造の混合が見られた。しかし、1870年頃までには、クイーン・アン様式と呼ばれる、さらにクリエイティブで独創的な様式に進化した。彼のデザインは、18世紀初頭の本物のクイーン・アン・スタイルとは、大分異なっていた。ショウ設計のクイーン・アン・スタイルと呼ばれるカントリー・ハウスやロンドンのタウン・ハウスは、外観も左右対称ではなく不規則で、単純ではないプラン構成であった。赤レンガと白い塗装の木製縁取りが、基本的なマテリアルだが、細かく仕切られたガラス入りの窓は、大きくなっている。出窓も多く使われている。そこには、オランダのルネサンス様式の影響ともいえる、ゴシック・リバイバル様式の兆候が見られるものの、ショウの作品は、ユニークでオリジナルであっ

ジェント様式やゴシック・リバイバルのバージョンでも、ヴィクトリアンらしい装飾的なディテールが加わっている。家の中は、さらに居住者が好んだ、ヴィクトリアンらしいディテールが豊富に使われていた。

そしてほとんどの公共スペース、クラブ、レストラン、劇場、ホテル、鉄道駅などで、アーサー・コナン・ドイルが生み出した、有名なシャーロック・ホームズ探偵が活躍した、「ガス灯」時代に相応しい背景として、カーペットが敷かれ、いろいろ詰め込んだ、装飾的な空間ができあがったのだ。

12.4 ロンドンのチェルシー・エンバンクメントにあるスワン・ハウスのドローイング・ルーム、リチャード・ノーマン・ショウ、1876年

1884年撮影の写真で、クイーン・アン様式の椅子、アーツ＆クラフツの装飾、そして（左の方に）ジョージアンの紬車、など、色々な物で溢れたインテリアである。壁紙と天井には、ウイリアム・モリスの影響が見られ、装飾されたグランド・ピアノも、モリス商会製。ショウは、"最もシンプルな部類で、より控え目"なのを良しとして、モリスのパターンを、そう熱狂的に支持したわけではなかったようだ。

た。彼の住宅のインテリアは、装飾的なディテールに溢れ、ヌックや出窓、張り出しなど、快適そうで魅力的である（12.4）。ショウのクライアントたちと自邸における彼自身も、額絵や飾り物など、クイーン・アンのインテリア、ヴィクトリアンに属する、装飾的な家具類に囲まれていた。

　ショウは他に、多くのオフィス・ビル（1871–1873年のロンドンのニュージーランド・チェンバースが代表作）、銀行、教会なども設計した。ロンドンのスコットランド・ヤード（警視庁）も、1887年から90年の作品である。ショウ設計の教会は、すべてゴシック・リバイバル様式であるが、中世建築とは、一線を画すよう、細心の注意が払われている。彼は、暖炉の煙突やバスルームの配管などを、機能的に配置し、技術的な問題を配慮していた。そして丈夫な鉄骨構造を取り入れ、開発されたばかりのスワン社の電灯で明るく照らした、イギリス最初の住宅デザイナーとなった。ショウ設計のカントリー・ハウスでは、部屋の配置は、機能面と外観のピクチャレスクとを追及して、広がりのある構成で、時にはスケールが巨大すぎるようなものもあった。ショウは、クイーン・アンと唯美運動の溝を強調するかのような手法で、アーツ＆クラフツ運動（次の章参照）とは一線を画していた。ショウは、晩年には、後の20世紀に批判を浴びるような、いわゆるヴィクトリアン・デザインには抵抗して、古典主義へと向かうことになった。

ヴィクトリア期のアメリカ

　アメリカのヴィクトリアンのデザインは、同じように精巧な作品をつくりだしたイギリスの同時代に見られる秩序と規則に基づいた、より専門的な、それゆえに創造性の少ない作品に比べると、自由で即興的であった。

　独立戦争後のアメリカ人は、階級制のない社会を理想にしていたにも関わらず、ヴィクトリア期のイギリスと同じようなプロセスをたどった。農民は中産階級の都市居住者、管理者、専門家、ビジネスマンになった。成功した富裕な商人や大農園の所有者は、豪華で美しいものを欲した。装飾主義は溢れるほどのヨーロッパか

12.5 リチャード・アップジョン（増築部マッキム・ミード＆ホワイト）、キングスコート、ロードアイランド州ニューポート、1839年（増築1881年）

シンプルな寄木の床、ステンドグラスと赤い壁面の玄関ホールには、ヴィクトリア期に入る時代のゴシック尖頭アーチの形態への想いがこもっている。

らの輸入品によって支えられた。アメリカの大型帆船、マコーマックの刈り取り機、コルトのリボルバー、そしてウォルサムの時計は、北米人（ヤンキー）の巧妙で実質的でシンプルな気質を示していたが、建築やインテリアデザインは、より表面的で華麗なヴィクトリアンの趣味を取り入れていたため、そのような機能的な関心にはほど遠かった。ここでは歴史家に参照されるいくつかのヴィクトリアン主義の例を挙げる。

● カーペンターゴシック

この用語はアメリカのゴシック・リバイバルスタイルのヴァナキュラーな応用に使われる（12.5）。通常用いられる材料は、ボード＆バテンのサイディングとしての木材である。尖った装飾的なパターンのウッドワークとして尖塔アーチの形態が使われる。鉛のガラス窓がよく用いられ、ときにカラフルなステンドグラスも見られる。小さな鉄道の駅や村の教会は、このスタイルによって建てられることが多かった。

● イタリアネート

この用語は緩い勾配の切り妻屋根とポーチと柱のあるロッジア、ブラケッテドルーフ、コーニス、ときに塔のあるデザインに用いられる。窓とドアの上には、たいがい半円アーチが付く。

● マンサード

このデザインの名は、マンサード屋根に由来する（p.182参照）。マンサード屋根は急勾配の傾斜屋根で、通常、スレートを張ったその正面が道路から見える。可能な限り取り付けた彫刻的なディテールと、鋳鉄の装飾的な枠がついているものが多い。マンサードのデザインは、住宅だけでなく、公共建築、裁判所、鉄道駅にも使われた。ジェネラル・グラント様式という用語は、マンサード屋根をもつヴィクトリアンの建物に用いられる。

● クイーン・アン（クイーン・アン・リバイバル）

この用語は、複雑な装飾的ディテールが付いた後期ヴィクトリアンのデザインに用いられる。このスタイルは、アーツ＆クラフツ運動と同時期に、イギリスで発展した。典型的な特徴は、非対称の要素の配置、ベイ・ウィンドウ、レンガの混在、テラコッタ、シングル、そして浅浮

12.6 食堂のサイドボード、チャールズ・ロック・イーストレイク、1874年

イーストレイクは、ヴィクトリアン趣味の活動的な権威だった。彼はジャーナリストとして、彼の作品を通して読者たちに提案し、彼自身のデザインを広めた。彼の作品には、アーツ＆クラフツの傾向が明らかに見られるが、それとともに、過剰な装飾への衝動も示している。『家具・布張りなど家庭の趣へのヒント』（1868年）に掲載されたこの図版、「職人が作ったサイドボード」は、芸術的な装飾として、陶器が一面に飾られている。

き彫りの装飾的な付加と、窓のステンドグラスである。

1876年にフィラデルフィアで開催された万国博覧会は、イギリスの博覧会がそうであったように、アメリカのヴィクトリアンデザインのショーケースだった。機械、植物、美術などが多くの展示館で展示され、一方、多様な企業やそれぞれの州は、混沌とした多彩なスタイルの小規模な建物を建設した。本物の仏塔が日本から持ち込まれ、日本のデザインへの興味を喚起し、それはヴィクトリアンの様式の混在に、もう1つのエレメントを加えることとなった。最も印象的な展示の1つは、市の発電所の電力のために、コーリス鉄工所によって建設された巨大な蒸気機関だった。それは実際に稼働され、強烈な機能美を賞賛する多くの人々を惹き付けた。それと同時に、家庭用の製品の展示は、過剰な装飾的ディテールをもつ傾向にあった。ヴィクトリアンのパーラー（居間）に似合うメイソン＆ハムリン社のオルガンは、装飾的な象眼や彫刻やクロケット（塔頂飾り）が施されていた。現代の批評家、ウォルター・スミスはそれを「多くの見せかけの手段が美観を損ねているものの、装飾の形態においては、失敗していない」と描写した。

このオルガンのスタイルや、この時代の多くの家具は、イギリスのデザイナーで作家のチャールズ・ロック・イーストレイク（1836-1906

年）によって美学的な価値が高められたので、イーストレイクと呼ばれる。彼の著書である『ヒント・オブ・ハウスホールド・テイスト』（1868年）は、アメリカで広く読まれ、相当な影響を与えた（12.6）。イーストレイクは単純性と抑制を促進したが、本のテキストに付随した図版は、単なるヴィクトリアン風の過剰な労作のさらなる例にしか見えない。

大邸宅

新しく発明された製品を工場で生産することで、大金持ちになった人々は、たいがい大邸宅を建設することを選んだ。そこでは内側も外側もあらゆる所に、あらゆるスタイルの装飾が施された。リボルバーを発明したサミュエル・コルト大佐は、コネチカット州のハートフォードの彼の工場の近くに、アームズミアと名づけた家を持っていた。それはイタリア風に加えて、目立つ所にムーア風のドームを付けた混在するスタイルの家だった。風景画家のフレデリック・E・チャーチは、ハドソン川を見下ろす場所にオラーナと呼ばれる彼の夢の家を建てた（12.7）。プロの建築家と、ランドスケープデザイナーのカルヴァート・ヴォークス（1824-1895年）の助力を得て、彼自身がデザイナーとなって、ペルシャ風と信じる設計をした。

イギリスで生まれたヴォークスは、フレデリック・ロー・オルムステッドのパートナーとして、ニューヨークのセントラルパークやリバーサイドパーク、シカゴのサウスパークなど大きな公園を設計して、アメリカで名声を博した。彼は1857年に、A・J・ダウニングとともにつくった建築に基づいて、『ヴィラ・アンド・コッテージ』を出版した。この本は、住宅を論理的、機能的につくるための実践的な提案や、改良さ

12.7 カルヴァート・ヴォークスとフレデリック・E・チャーチ、ハドソン川近郊オラーナ、ニューヨーク州、1874-1889年

この階段室は、ヴィクトリアンのファンタジーへの嗜好を示している。「ペルシャ風」を意図した要素を用いており、ロマンチックで芸術的である。ステンドグラスの窓からの明かりが入る、ムーア風のアーチに至る階段スペースは、数段高くなっており、カーテンによって仕切られている。

12.8 ハーモニウム、メイソン＆ハムリン、1876年

このドローイングは、1876年のフィラデルフィア万国博覧会で展示されたヴィクトリア期のハーモニウム（リードオルガン）を描いている。カーペンターゴシックと呼ばれる典型的な装飾ディテールが、楽器としての機能性という事実を圧倒している。

れた水洗トイレのデザインの始まりとなった。この本は、外観とインテリア両方の装飾的なディテールの図版を掲載するだけでなく、小住宅から大邸宅に至るまで39の住宅デザインを掲載していた。それらのタイトルには「翼廊（よくろう）と屋根裏のあるピクチャレスクなヴィラ」や、「塔がある不規則な石のヴィラ」（屋根裏と塔を入れずに29室：価格3万ドル）などがあり、そのデザインがヴィクトリアンの趣味を表現していたことは当然といえよう。

ヴァナキュラーな住宅のスタイル

ヴィクトリア期のアメリカの農家は、コロニアルやジョージアンのスタイルを捨てて、左右対称で古典的なディテールではなく、ピクチャレスクで不規則な平面、垂直方向のプロポーション、そして多様な装飾へと移った。多様な装飾には、中西部の全く素朴な住宅から東部や南部の裕福な家族に好まれたジンジャーブレッドまで含まれていた。工場のある街の周辺には、まるで現代の郊外住宅地のように、労働者や中流の管理職のための小さい住宅が並ぶ地域が形成された。住宅には、労働者が住むための最小限の棟や二戸一の住宅から、狭くても土地付きの多少余裕のある一戸建て住宅まであった。それらの住宅は大抵ディベロッパーやスペキュレーターが建設し、貸家か売家にした。その際におしゃれな装飾的なディテールが居住者を惹きつける価値になることはよく認識されていた。本や雑誌は、理想的なプランやデザインを装飾的なディテールとともに掲載した。それらのディテールは工場で作られ、材木屋から運ばれて、基本的な住宅に付加された。室内にはパネル、おしゃれなマンテル、階段の手すり、そしてモールディングがつけられ、居住者は好みの壁紙やカーテンや家具で、好きなように仕上げた。

ゴシック様式復興は、カーペンターゴシックとして入ってきた。それは、鋳鉄あるいはスクロールのこぎりによるジンジャーブレッドの装飾の生産へとつながった。小さな木造住宅は、このようにして装飾満載のヴィクトリアン住宅になり得たのだった。このような家の内部は、花柄の壁紙で覆われ、模様のあるカーペットが床に敷かれた。ウッドワークは彫りやターニングがたくさん使われ、たいてい濃い色に仕上げられた。応接間のストーブは、夢のような鋳鉄製の装飾的エレメントであり、パーラーのオルガンあるいはハーモニウム（12.8）は、それに匹敵する夢のような木製品であっただろう。どの部屋も家具が溢れ、その空間は彫り物や布張りがいっぱいだった。人工的な照明器具として定着していたオイルランプは、精巧な形をしていて、カラフルな模様がたくさん付いたシェードで覆われていた。その他の使われていないスペースは、新しく開発された家具、たとえば「ワットノット」のような、通常役に立たない装飾品を飾るための棚ユニットといったタイプの家具で埋まっていった。空いている壁面には、飾りのある額に入れた"芸術的"な版画が掛けられた。一方、ジョン・ロジャース（1829-1904年）によって大量生産されたプラスター製の小さな彫刻群は、愛と哀しみというセンチメンタルなテーマを描き出した。

奇妙なヴィクトリアンへの熱狂は、八角形の住宅の建物を好んだ。このアイデアは、疑似科学としての骨相学（頭蓋骨の形を調べることで人間の性格を発見する）を広めたことで知られるエキセントリックな理論家、オルソン・スクワイヤー・ファウラーによって広められた。特に装飾豊かな八角形住宅の例として、ニューヨーク州アーヴィントンのアーマー・スタイナ

ー・ハウス（1860年）がある。それはゴテゴテとした鋳鉄の柱と手すりがあるポーチで囲まれ、大きなマンサードのドームがあり、その上にキューポラとスパイアーが付いていた。多くの装飾が付いたインテリアは、八角形の平面に収まるように形作られた三角形のライブラリーや音楽室のような風変わりな部屋も含まれていた。

　大きな都市ではタウンハウスが、ロウハウス（一列型集合住宅）のひとかたまりによって供給されていた（12.9）。そのようなロウ（列）の画一性——たとえばニューヨークのブラウンストーンや、フィラデルフィアやボルティモアのレンガの町並みのような——は、全体としての単調さを生み出したが、視覚的な秩序を確立すると言う利点もあった。道路に樹木が植えられ、今もそれが残るところは、賞賛に値するほど魅力的な町並みを創り出したのだった。イタリアネート様式は、ブラウンストーンのロウ（一列型集合住宅）に最も好まれた。一方、マンサード屋根とベランダのポーチは、ロウに混じって建つ一軒家のステイタスを高めた。これらの住宅タイプすべての内部に、セントラル・ヒーティング（たいがい暖気を用いる）、ガス照明器具、浴室とキッチンの導入といった、技術的な進歩の証拠が見られる。これらは、水道水や、最初石炭で始まり数年後にガスになったレンジ、冷蔵のためのアイスボックスといったものが導入されたことによって改良された。住宅の平面図には、つくり付けのクロゼットや戸棚が、寝室に隣接した着替えスペースにそって組み込まれた。着替えスペースには、ときに水道水のでる洗面台が取り付けられた。大規模な住宅には、大理石のカウンターや、つくり付けの鏡のようなぜいたく品が取り付けられた。装飾的で大きな階段が2階へと誘い（ときには3階や4階までも）、使用人のためには、狭い「裏階段」がつくられた。

　ヴィクトリアンの趣味は、プロポーションにおける垂直性を重視したので、天井は、ときに理由がつかないほど高く、ドアと窓はどちらも縦長だった。ほとんど役に立たない暖炉（たいがいガスのグレートあるいは暖気の排気口となった）の上のマンテルの装飾は、高い天井まで届き、そこはプラスターのモールディングが壁の最上部に沿ってぐるりと廻っていた。昼は、わずかな陽光が、狭い窓から差し込んだ。夜はオイルとガスのランプが明かりを灯した。茶色、黒、オリーブグリーンとモーブの色彩が室内を乱雑で陰鬱にしていた。現代の基準からみれば、美しいというより、風変わりで古くさかった。

シングルスタイル

　イギリスのショーによって広まったクイーン・アン様式は、ゴシック、イタリアネート、そしてマンサード風とともに、適度な熱狂をもってアメリカで受け入れられた。建築史家のヴィンセント・スカーリーによる著書『シングルスタイル』（1971年）は、アメリカの田舎や郊外の住宅を描写するものとして、この用語を用いた。それらの住宅は、ショーおよびその後継者のクイーン・アンに呼応していた。そのような建物の主要な材料は木材だった。木材は、カーペンターゴシックや、そのスタイルを単純化した——スカーリーが「スティック・スタイル」と呼んだスタイルの基本だった。スティック・スタイルは、外側のフレーム材をそのまま現したボード・アンド・バテンの外壁に似ていた。シングルスタイルの建物は、たいてい石積み——特に地面から立ち上がる壁面——を使い、ときに荒々しい自然石を積むこともあった。その反面、多くの場合、外壁と屋根は、自然な灰色へと変化するシーダーのシングル材によって覆われた。外壁の装飾はおおむね少ししか、あるいは全くな

12.9 ブレイクリー・ホール・ハウス、ニューヨーク、1896年
　ニューヨーク市の西45番街にあるこの典型的なローハウスの階段室の現在の写真は、所有者がいかに後期ヴィクトリアンの特徴的なインテリアを組み合わせたかを示す。そこには、暗い色調の木組み、ぼんやりとした壁紙、多量のドレーバリー（カーテン）、絨毯、布張りの家具が、後期ヴィクトリアン趣味の典型である装飾を通して、豊かな感覚を創出している。階段の下部にある手すりの端の柱の飾りが、空間の傾向を決定づけている。

12.10 ワッツ・シャーマン・ハウス、ヘンリー・ホブソン・リチャードソン、ロードアイランド州ニューポート、1876年
このインテリアのドローイングは、おそらくリチャードソンのプロジェクトのインテリアデザイナーを務めたスタンフォード・ホワイトによって描かれた。ヴィクトリアン・ゴシックによく用いられるパネル張りの壁と、装飾的なウッドワークは、リチャードソンとホワイトの初期の作品の特徴を示す。

い場合もあるが、建物の形は複雑で、破風、飛び出したウィング、ポーチ、ドーマー窓、丸い突出部、タレットがあり、たまに塔がついていることもあった。

シングルスタイルの建物の多くは住宅であったが、ホテル、カジノ、クラブハウスなどもこのスタイルで建てられた。マンチェスター・バイ・ザ・シー（ピーボディ、スターンズ、1882年頃）にあるプライベートな海岸沿いの邸宅、クラッグサイドは、広くまとまりのないレイアウト、ピクチャレスクなポーチ、タレット、そして建物のウィングを通り抜ける車用の道路の大きなアーチなどがあって、この様式の好例である。内部は、パネリング、小さなガラスが並ぶ窓、暖炉、そして、造り付けの長椅子があるヌックが、クイーン・アンによく見られる複雑で心地よい魅力を創り出していた。

H・H・リチャードソンは、ロードアイランド州ニューポートのワッツ・シャーマン邸を設計するときに、シングルスタイルを用いた。（12.10、1874年）マッキム・ミード・アンド・ホワイト設計事務所は、ニュージャージー州のエルベロンにあるビクター・ニューコムのための海辺の邸宅（1880-1881年）や、ロードアイランド州ナラガンセット・ピアおよびニューポートのカジノ（1879-1884年）など、このスタイルによる多くの作品を設計した。これらの建築家は、後の章で説明する、より正統的な作品でよく知られている。しかしこれらのあまり正統的ではない建物が、彼らの最も活気あるオリジナルな作品なのだ。エルベロンの大きな居間ホールの芸術的な混乱状態は、非正統性、複雑性、恣意性、快適性といったクイーン・アンの特徴が、アメリカで最も開花したときの様相を示している。

アディロンダック・スタイル

ヴィクトリアンの1つの亜流のスタイルは、ニューヨーク州の山岳部で発展したことにちなんで、アディロンダックと名付けられた。鉄道網が発展し、旅行が比較的早く快適になるにしたがって、経済的に余裕のある人々は、夏休みに手つかずの自然が残る地域に出かけていくようになった。そのような場所で、人々は都市生活から逃れ、山の景観や涼しい夏の気候を楽しんだ。アディロンダック山の周辺は、夏の別荘や狩り、釣りなどを楽しむ人々のためのロッジとして、キャビンやキャンプ施設が建設された。19世紀後半のキャンプ場やロッジは、サイズも快適性も、増加する傾向だったが、質素なキャビンの粗野な雰囲気は常に保たれ、ヴィクトリアンの装飾的な形態の1つとして発展した。アディロンダックの家具は、たいてい木の枝でつくられ（しばしば樹皮を残したままで）、小枝の飾りを付けたベンチやテーブルや椅子が上手に組み立てられた。大きな石積みの暖炉が部屋の中心にあり、自然の色を残した木の板が室内に張られた。パイン・ノットやキャンプ・シダーズ（12.11）といった古風な趣のある名前のキャ

ヴィクトリア女王時代 283

12.11 キャンプ・シダーズ、フォークト・レイク、ニューヨーク州アディロンダック、1886年

山岳地方に、夏休みの別荘として建設される「キャンプ」は、時に贅沢なものもあるが、家具やインテリアの装飾には、質素で粗野なものを選ぶ傾向があった。この荒々しい石の暖炉は、荒削りな丸太で縁取りされ、ベッドも同じような木材でつくられている。ランタン、扇子、珍しい置物などは、ヴィクトリアン趣味の典型である。

ンプ場には、質素で自然な家具やラグ、布の壁飾り、狩りのトロフィー、オイルランプなどで満たされたロッジやコテージが建てられていた。

シェーカーのデザイン

豊穣で過剰なヴィクトリアン・デザインの対極としてのデザインが、当時、シェーカーとして知られた質実で人目につかない宗教コミュニティで発展していた。最初のシェーカー教徒が宗教的な弾圧を逃れ、自由を求めてイギリスからアメリカに来たのは1774年だった。シェーカーのコミュニティは農地の中心に建てられた村だった。そこでメンバーたちは土地を共同所有し、コミュニズムのシンプルな形で働いた。1800年までに、これらの村の多くが設立された。大きな共同住宅棟は、男性と女性を分けた住まいを供給した。「世界」あるいは他者からの完全な独立を目指して、シェーカーのコミュニティは彼ら自身の建物を建設し、可能な限り、彼ら

インサイト

シェーカーの哲学

マザー・アンとして知られるイギリスの神秘的な宗教家、アン・リーは、1774年にイギリスを発ち、新世界の自由な宗教環境の中で、彼女自身のクエーカーのコミュニティーをつくった。次の文章にまとめられた哲学で、彼女はシェーカーを設立した。

> 手を用いて仕事をし、心で神に仕える…何千年も生きるかのごとく働き、明日死ぬかのごとく生きなさい。[1]

シェーカーの生活スタイルの厳格さは、行動からすべてを支配する「Millennial Laws 千の法」のシリーズに表現される。

> 話すこと、笑うこと、くしゃみをすること、ウィンクすること、瞬きすること、手すりにもたれかかること、抱き合うこと、テーブルに付く際に、お互いを探したり、群れたりすることを禁ずる。[2]

装飾の仕上げとして、

> 単に美しいだけのビーディング、モールディング、およびコーニスを、信者は作らない。[3]

19世紀半ばのシェーカーのビルダー、エルダー・ウィリアム・デニングは、マサチューセッツ州ハンコックのチャーチ家族居住棟の仕事に関して、椅子や衣類を木製ペグに掛けるという整理整頓の習慣について、こう述べている。

> 私たちは、人間以外のすべてを掛けた。そしてそれを世界のために残した。[4]

外界の家具などに対するシェーカーの見解は、1850年にハーバードを訪れたメンバーのレポートによって把握することができる。

> 私は、彼らがあまりのも多くの家具を住宅に集めていると思う。バビロンのようだ。マザー・アンは、「そのようなものは、モグラかコウモリにあげるほうがよい」と言っていた。[5]

1. Holy Order of 1841, quoted in David Larkin and June Sprigg, *Shaker Life, Work and Art* (London, 1987) p.43
2. Milenial Laws of 1845, quoted in *ibid*, p.33.
3. *ibid*, p.92.
4. *ibid*, p.168.
5. *ibid*, p.168.

12.12 ハンコック・シェーカー村、マサチューセッツ州ハンコック、1820年頃

シェーカーの共同住居棟の典型的な年長者用ベッドルームには、シンプルな縄製のベッドと、木製の洗面用具台がある。手前の薪ストーブの上部には、シェーカーが発明した煙突の気体から余分な熱を取る煙箱がついている。木製の長押は、シェーカーが呼ぶところの「天国の青」にペイントされている。

が必要とするものを農業と工房で生産した。世の中に誇示することを禁じた宗教的な信念と、人の手間の効率的な利用は、総合的にシンプルかつ機能的に優れたたくさんの種類の品物を生産することを可能にした。シェーカーのデザインは、1830年頃にそのピークに達し、その理想的な水準をヴィクトリア期全体を通して維持した。

シェーカーの建物の室内には全く装飾がなかった。壁は平坦で白いペンキが塗られていた。板張りの床はたいてい濃い色で塗られた。ベンチ、テーブル、椅子、収納キャビネット、ワークテーブルなどの家具は、最も単純な形で作られたが、プロポーションとディテールは、とても繊細だった。掃除がしやすいように、床には物を置かず、収納の引き出しが並べてつくり付けられた。壁に沿って付けられた板に並ぶペグは、帽子やコート、さらに使わないときの椅子を掛けるためにも便利だった。小さな物を入れるための箱、バスケット、効率のよい鋳鉄のストーブ、時計、織物などすべてが高い美的な質をもってデザインされた。シェーカーの社会が美学的な理論をもたず、デザインの実践のための中枢となる管理が全くなかったにもかかわらず、禁欲的な単純性と効率の追求は、それ自体が20世紀のモダニズムの前兆のような、デザインを生み出した原則をもっていたようにみえる。シェーカーのコミュニティは販売用の製品もつくっていた。最も知られているラダーバック・チェア、ロッキング・チェア、布テープを座に織り込んだシンプルな木製の椅子などの製品は、ヴィクトリアンの趣味の規範からは全く外れているにもかかわらず、驚くほどの人気を得た。シェーカーのコミュニティは、現在稀少なまでに減少したが、マサチューセッツ州ハンコック（12.12）や、メイン州のサバスデイ・レイク、ケンタッキー州プレザント・ヴァレーといったシェーカー村の多くは、現代の学習と賞賛に適した形態で、保存されている。

初期の高層建築

都市が大きくなるに従って、中心地区はビジネス活動に特化されていった。電話によるコミュニケーションが可能になる以前は、近接していることがビジネスを早く簡単にするうえで、大事なことであった。結果として中心地区に集中した事務所の必要性がビジネス地区を創り出し、それは家賃と地価の高騰に結び付いた。不動産会社のオーナーたちは、与えられた敷地の中に詰め込まれたレンタルスペースの量によって、彼らの儲けが限られることに気づいた。乗客用のエレベーターの発達によって、より高い建物が利益を生むようになった。しかし建物の高さは、石造の壁と柱が主要な構造要素である以上、限度があった。

鋳鉄は大変使いやすく、また応用性のある材料で、初期の高層建築を含めて多様な用途に用

12.13 シュイラー、ハートレー＆グラハム商店、ニューヨーク、1864年

南北戦争の時代は、銃や軍隊用具の需要が多かった。この商店のインテリアは、カウンター、ケース、キャビネットを使い始めた頃の様子を示している。上部の壁や天井は、ヴィクトリアンの趣味で装飾されている。

いられた。アメリカの都市には、鉄の構造柱と外壁で構成される建物が並ぶ「鋳鉄地区」が出来ていった。そこには工場生産された鉄のガラス窓のユニットが連なる、クリスタル・パレスのような建物が並んでいた。

どのような形にでも鋳造できるという鉄の容易さは、これらの鉄のファサードが、古典的な柱やゴシックのアーチなど、所有者や建設業者が望む装飾的なテーマで造られることを可能にした。しかし、これらの建物の床は木造だったので、火災に対して弱かった。上階からの適切な避難階段がないことも危険だった。多くの鋳鉄の建物は、実用本位のロフトビルや倉庫や劣悪な労働条件の産業が入った工場などだった。その他は、小売店やのちに百貨店へと成長する「乾物」店だった（12.13）。

建物の支柱のサイズを縮小できるという強度的特性により、鋳鉄は建物の高層化を可能にした。しかし石材は外壁に好まれる材料として残った。なぜなら石造は、それぞれの建物を不燃壁で取り囲むことにより、火災時の安全度が高かったからである。建物内の火災時の安全性は、木造の床が、レンガのアーチあるいはテラコッタ・タイルを用いたシステムにとって変わったときに改善された。それらはタイルの断熱材で覆われた鉄の柱梁で支えられていた。防火性の高い構造フレームとエレベーターとの両者が8階、10階、12階という高さを建てることを可能にした。もっと高い「スカイスクレーパー」は、19世紀の最後に、ベッセマー製鋼法によりスチール製の柱と梁ができたときに可能になった。後期ヴィクトリア期の高い建物は、デザイナーたちに難しい問題を提示した。建築の歴史には、高い建物の例がいくつか残されている。同時期にニューヨークに建てられた、ジョージ・B・ポストのウェスタン・ユニオンビル（1873-1875年）あるいはリチャード・モリス・ハントのトリビューンビルは、石のディテール、アーチ、ドーマー窓、マンサード屋根、時計塔など、過去の断片を継ぎはぎしたような奇妙で雑然とした寄せ集めの塊である。

そのような高い建物や多くの小さな建物の内部の事務室は、全く実用的なだけの内装がなされた（12.14）。典型的なオフィスビルは、小さな事務室が廊下に沿って並んでいたから、どの事務室も採光と換気のための窓が近くにあった。

12.14 印刷会社の事務室、ニューヨーク、1890年頃

より大きな企業の発展は、広い事務空間の必要性を促進した。タイプライターやコンピューターが発明される以前、そこでは事務員や簿記業務員が、手作業によって業務を行った。鋳鉄の柱が木の梁、天井、床を支えた。薄暗い日は、ガスライトが明るさを補った。事務所の仕事である書類作成のための事務机や椅子を供給する産業が発展した。

プライベートな事務室は、隣の事務室や待合室から、光が少し内側に入るように、ガラスが入った木製のスクリーンで仕切られていた。ドアの上の開閉するトランザムは外側の窓から内側の部屋や廊下への換気を可能にした。

たくさんの事務員や速記者が働く広いオープンな部屋、つまり大きな「一般事務室」は、鉄道、新聞、製造業など多くの社員を必要とする大きな企業内に出現した。ビジネスに必要な設備、ファイルキャビネット、タイプライター、計算機、時計が、ロールトップの机（12.15）とともに、徐々に後期ヴィクトリアンの事務所に導入されていった。後に電気照明となるガス照明によって、窓際にいる必要はなくなり、後に電話となる電報は、極めて重要なコミュニケーションの手段となった。床、天井、間仕切り、そして家具の多くは、茶色の木製（オークが多い）だった。権力のある社長室や理事たちの会議室だけは、基本的な仕様と異なり、絨毯や革製のクッションチェアや、壁面の絵画などがあった。

高層のホテルやアパートハウスは、高層のオフィスビルが広まったのと同様の経済的価値によって増化した。適切な外壁のデザインという問題もまた同様だった。ヘンリー・J・ハーデンバーグ（1847-1918年）によるニューヨークのウォルドーフ・ホテル（1893年）とダコタアパート（1884年）は、太陽光をすべての主なスペースに入れるために設けられたライトコー

12.15 シュワルツウェルダー社、ロールトップデスクの広告、ニューヨーク、1895年頃

たくさんの引き出しや仕切りが付いたロールトップの机は、机の上のものがロールトップの中に納まるようにつくられ、複雑化するヴィクトリア期のビジネスに対応するように開発された。このアメリカのデザインの広告は、内側の引き出しや仕切りの融通性を誇らしく示している。

ト（光庭）の周囲に、創意に富んだ迷路のように部屋を配置した。それらの外観は、デザイナーが呼ぶところの「ドイツ・ルネサンス」様式で、ヴィクトリアンのアーチやベイ、バルコニー、タレット、ドーマー窓、煙突、タイルの屋根などが集まったものと認識された。ホテルのインテリアは、盛期ヴィクトリアン様式の豪華さがすべて盛り込まれた華麗なものだった。アパートメントハウスの主要な部屋は、パネルやマンテル付きの暖炉、引き込み式のパネルドアやステンドグラス、寄せ木の床、豪華な材料によって、華麗に計画された。使用人室は、アパートの内部あるいは、ダコタアパートのような屋根裏にもうけられた。個人のテナントは、もちろん、比較的豊かな個人宅で使っていたような類いのカーペット、壁紙、カーテン、家具などを自分で選んで飾り付けることができた。

公共建築

公共建築は、個人住宅と同じように、装飾的な様式で建設されたが、よりフォーマルで規模が大きかった。第二帝政様式として知られるナポレオン3世（1852-1870年）の統治時代のフランスの公的な建築は、アメリカ人から大いに賞賛を得た。フランスのマンサールの作品の華麗な再現として、第二帝政様式は、ジョン・マッカーサー・Jr.（1823-1890年）による、強烈なマンサード風のタワーと、巨大な空洞の広場がある、フィラデルフィアの巨大な市役所（12.16、1872-1901年）のようなプロジェクトに用いられた。多くの部分が慎重に修復されたインテリアは、大胆かつ生命力に溢れ、趣味の良い抑制の効いたものとは異なっているように見える。アルフレッド・B・ミュレット（1834-1890年）が、アメリカ財務省のための監督建築家だったときに設計したアメリカ政府のビル、たとえば、ワシントンDCにある大きな国務省・陸海軍省合同庁舎ビル（1871-1887年）、現在の行政府ビルも、同じようなパターンである。重々しく取り付けられたマンサード屋根と建築的なディテールが外観の特徴となる一方、インテリアの華麗さが様式的なクオリティの欠如を補っていた。

ファーネス

フィラデルフィアの建築家フランク・ファーネス（1839-1912年）の作品は、他のどんな流派や運動とも関係していない。その重厚で過激な形態から、それを醜いと特徴づけるのは簡単であるが、それはまた、力強さとオリジナリティーに溢れ、ゴシック・リバイバル、ヴィクトリアンのスティックおよびシングルスタイル、そしてアーツ＆クラフツ運動のような多様な基本様式から引用されていた。ファーネスは幅広く実践した。その中には教会、鉄道の駅、銀行、そして多くの個人住宅が含まれていた。彼が設計したペンシルベニア美術アカデミー（1871-1876年）は、一階に美術学校があり上階は美術館のギャラリーになっていた。

本来の色彩とディテールに修復された堂々とした入口の階段ホールは、流れるような鉄製の手すりや照明器具、重厚なテクスチャーの壁面、そしてファーネスのユニークなずんぐりとした柱と、多少ゴシック様式に基づいた尖塔アーチを用いていた（12.1）。現在、ファーネスビルと呼ばれ、ペンシルベニア大学の建築学科が入っているペンシルベニア大学図書館（1888-1891年）は、さらに独創的である。巨大な読書室と「ロトンダ」は、レンガと石が縞になっている。そこには、複雑なアーチのディテールと、流線形を用いた独創的で奇妙な形態の上部に時計がついた大きな暖炉がある。上階へ上がるために、装飾的な鉄の手すりのある驚異的に複雑な鉄の階段が用意された。ファーネスによる住宅やその他の小さい建物は、木材、石、タイルなどを用いた、面白くて珍しい装飾的なディテールに満ちている。アメリカ人の趣味が19世紀の初めに変わっていたため、ファーネスの作品は、それがデザインされた時点で批判の対象となり、やがて嫌われるようにまでなった。しかし、彼はルイス・サリバンを雇って、その後のサリバンの作品に影響を与え、また彼の作品は、のちにルイス・カーンやロバート・ベンチューリなどの建築家に評価され、研究されてきた。

家具やその他のインテリアの設え

ヴィクトリア期の工場製品は、比較的安価で、

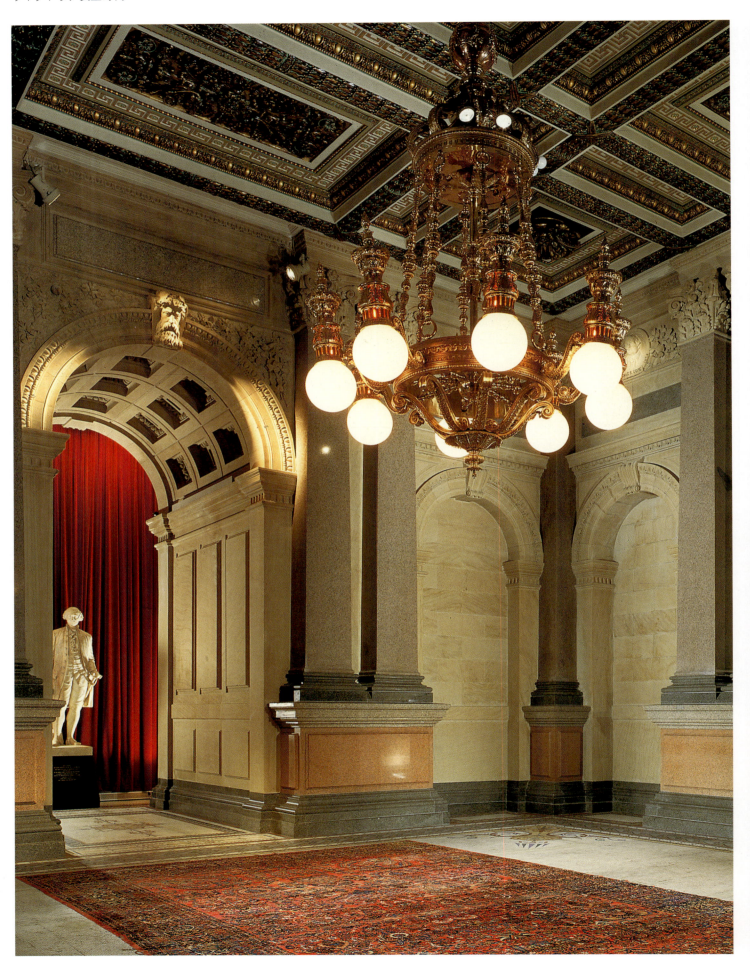

ヴィクトリア女王時代　289

12.16（左）市庁舎、ジョン・マッカーサー・Jr.とトーマス・U・ウォルター、フィラデルフィア、1872-1901年

「会話のホール」として知られるこの空間は、大都市へと成長したフィラデルフィアの中枢となる巨大な建物の記念碑的インテリアである。フランスの第二帝政様式の建築への賞賛が、民主的な社会の公共施設としては、過剰なほどの華麗さと派手さをもたらした。注意深くオリジナルへと修復されたこの空間は、カラフルな大理石、豪華なガスライトのシャンデリア、色彩と金を多用した天井などを誇る。

装飾の多いものが多く、広く大衆の手に入りやすかった。新しい材料と技術が発達したおかげで、全く新しい分野のものが可能になった。オーストリアでは、ソネット兄弟が水蒸気の圧力室を用いた技術を発達させて、堅木の細い材を曲線に曲げることを可能にした。いくつもの曲げ材を使ったソネットの椅子やその他の家具のタイプは、強度があり、軽く、安価だったので、カフェやレストランの椅子、気取らない住宅の室内において広く普及した（12.17、12.18）。

ヨーロッパ大陸で発達した合板は、薄いベニアを多層に重ねてつくられた。それはより安価な上に、反りも割れも少なかったので、無垢の木の代用となった。合板のパネル、椅子のシート、ベンチや教会の信徒用座席の背と座を形づくるカーブした部材は、無垢材と組み合わせて、新しい家具のタイプをつくるのに使われた。最初は、配管用パイプとして製造された鉄や真鍮のチューブといった工業的な材料は、ベッドのフレームとして使われるようになり、人気製品の鉄と真鍮のヘッドボード、フットボードを創り出した。これらすべての新しい材料は、単純で実用的なものを製造することができた。しかし、それらはまた、伝統的な家具タイプのような華麗な形態として、装飾的なデザインにも応用された。

12.17（上）椅子18番、トーネット兄弟、オーストリア、1867年

このトーネット兄弟による曲げ材のサイドチェアは、ヴィクトリア期の家具デザインのなかで最も継続したものの1つである。トーネットは1841年から特許をとった。この椅子は、蒸気によって木材を曲げる可能性を十分に証明した。

12.18（右）カタログの頁、トーネット兄弟、オーストリア、1904年

トーネット兄弟の椅子カタログから抜粋したこの頁には、蒸気による曲げ材を用いたさまざまな機能性と装飾的デザインをもつロッキングチェアが描かれている。

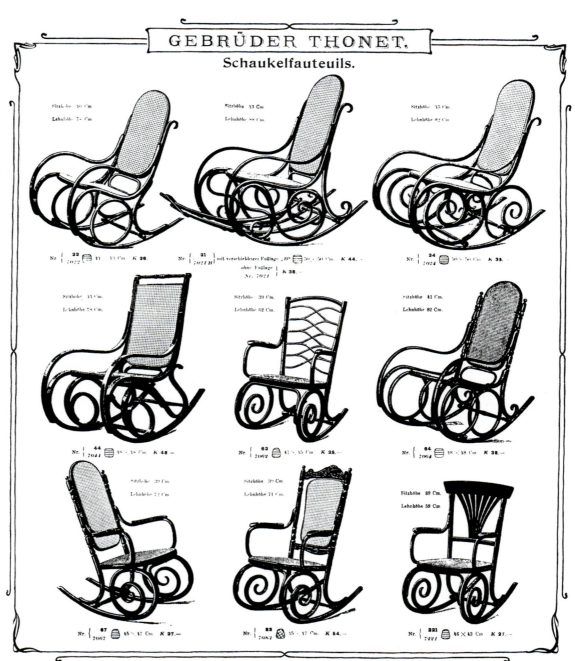

12.19 アームチェア、ジョン・ヘンリー・ベルター、ニューヨーク、1860年頃

ベルターは「ロココ・リバイバル」と呼ばれるスタイルの家具の製造に特化した大きなビジネスを創設した。彼が発明した精巧な装飾の曲げや圧縮の技術は、このスタイルが必要とする複雑な装飾を、機械という手段によって、安価なコストで製造することを可能にした。その結果、装飾が象徴するヴィクトリアンの贅沢の典型として広く人気を得た。

　ヴィクトリアンのデザインの多くは、飾り立てられていた。ジョン・ヘンリー・ベルター（1804-1863年）のニューヨークの店の製品、特にその椅子（12.19）、ソファ、テーブルは、曲線的な形態と精巧な花の彫刻のついたフレーム、そしてふくらみをもった座面があった。その多くは、合板を用いて、表面をカーブさせるという機械工程によって製造され、装飾的なディテールも機械で複製された。その結果としてのデザインは、他の製造社にも模倣され、アメリカのヴィクトリアンのインテリアの大きな特徴となった。このスタイルは、ロココ・リバイバルと呼ばれ、同様のスタイルのものを製造する他の店の作品は、ベルターの名が付くこともあった。

　ヴィクトリアンのファッションが、エキゾチックなテーマを求めたように、家具製造者は、人気のあるスタイルに関連したデザインに対応した。当時のイギリスやアメリカでは東洋のものが評判で、竹細工を模したようなディテールの家具がつくられた。本物の竹製品も輸入されたり、輸入材を用いて地元でつくられたりした。表面にペイントした屏風、あるいは布張りした木製フレームは、部屋の一部にプライバシーが必要なときや、単にもう1つ装飾を加えたいときの常套手段だった。籐、またはそれに似たフレキシブルな素材を編んだウィッカー家具も、ヴィクトリアンのインテリアには欠かせなかった。特にポーチや子ども室、または手に入るあらゆるスタイルのものを楽しみ、みせたがる典型的なヴィクトリアンの欲求における他の家具との混用といったインフォーマルなスペースにおいて人気があった。

　絢爛な見かけと、心地よさの両方を求めた椅子の布張りは、ヴィクトリアンの椅子の主要な要素である。通常、木製のフレームに取り付けられたクッションは、形を強調するためのキルティングや房飾りが施されて、厚く膨らんでいる傾向がある。クッションの裏に隠れた金属製のスプリングは、柔らかい弾力のある表面をつくるために広く用いられた。馬毛（通常黒色）の織物やレザーが使われることもあったが、派手でカラフルな織物のパターンによるカバーの素材が一般的に用いられた。レザーは、特に、喫煙室、デン（書斎）、男性クラブのような「男性的」であることを強調した部屋で好まれた。

　ヴィクトリア期の家具は、サイズが大きめで装飾過多の傾向があった。巨大な鏡付きの帽子掛けは、玄関ホールや通路でよく用いられた。長方形のスクエアピアノは、普及しているアップライトやグランドピアノとともにステータスを象徴するアイテムとして重要であり、特別に豊かで複雑で重厚感のあるデザインが用いられた。

　ヴィクトリアンのテキスタイルデザインは、手織りのプロセスから、大規模で効率的な製造工場の中で電動式の織機を用いる方法へと変化し、重量感のある精巧で色彩豊かなパターンが強調された。花柄のデザインは特に好まれた。ブレード、フリンジ、タッセルといったトリミングの材料を加えることで、カーテンは豊かで複雑なものになっていた。レースのカーテンはより質素で人気があった。室内のドア周辺には、カーテンのロッドが取り付けられ、隙間風を防ぐために、また装飾的豊かさを加えるために、ポルティエールをドアの上から吊り下げることもあった。

　電動織機で製造されるようになったカーペットは、テキスタイルと似たようなテーマでデザインされた。植物の葉、花、アラベスク、渦巻

き模様が繰り返すパターンが展開されて、カーペットはヤード単位で購入できるようになり、壁から壁まで敷き詰められるようになった。新しく発明された床材のリノリウムにも、似たような花柄のパターンが取り入れられ、織物のラグのようなデザインで製造された。木製の床あるいは堅木のパーケットフロアに加え、さまざまなパターンのカラータイルの床も普及していた。

壁紙は特に人気のある壁の仕上げで、ウェインスコットあるいはその他の木製トリムの上の白いプラスターが見えるところに、どこでも使われた。工場で印刷された壁紙は、表面をカバーする最も簡単な方法だった。そのパターンには、幾何学的なもの、花柄、景色などがあり、東洋的なテーマも人気が高かった。壁紙の中にはレリーフのような効果をつくるためにエンボス加工をするものもあった。印刷された壁紙のボーダー（縁飾り）は、エッグ・アンド・ダートやギリシャ雷文のモチーフなど、建築のモールディングやトリムのディテールに基づいたデザインが用いられた。壁紙を張る職人は、切り取り、配置、貼り付けなどの方法で、特別な部屋や壁をカスタマイズするパターンの構成を創造することができた。

ヴィクトリアンの色彩の趣味は明るく大胆なものから重厚で陰鬱なものへとだんだんに変わっていった。オーウェン・ジョーンズの著書『装飾の文法』（1856年）は、装飾的なモチーフを明るい色彩の口絵に描くことで、強烈な色彩を用いることを推奨した。その後次第に、暗くて中間的な色、茶色、オリーブグリーン、モーブなどが、趣味が良いとみなされるようになった。ヴィクトリア期が終わる頃のことを、ルイス・マンフォードは「茶色の時代」と表現した。これらの地味な色彩は、20世紀初めのエドワーディアン期まで続いた。

ヴィクトリアンのインテリアのエレメントの展開は、いくつかの新しい商業的な技術によって広められた。百貨店はあらゆる種類の広い選択肢をもった商品を提供したので、ヴィクトリアンの買い物客は、比較したり、選んだり、家の中の装飾に必要なすべてのものを一度に配達してもらうこともできた。アメリカの都市から離れた中西部や西部の農村では、シアーズ・ローバック、モンゴメリーワードや多くの小さな

12.20 カタログのページ、シアーズ・ローバック、アメリカ、1901年

1901年のアメリカのシアーズ・ローバック通信販売カタログのページには、「がっちりした」鉄製のチューブとスチールのスプリングでつくられたベッドが、より小さなタイプとともに掲載されている。このような工業的な材料が住宅分野にも導入されたことを示す。

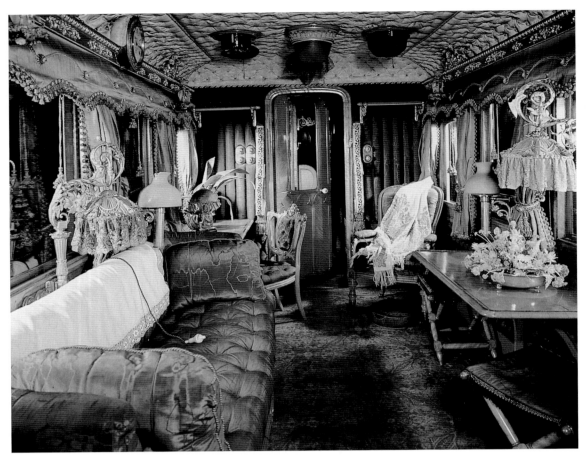

12.21 ヴィクトリア女王のロイヤル・サロン（列車）、1869年

鉄道関連の建物に見られるヴィクトリア期の主な技術的な発展は、この私的な車両のインテリアデザインにおけるヴィクトリアンの趣味と表裏一体である。このインテリアは、ロンドン＆ノースウェスタン鉄道によって女王のために造られた。壁面にはパッドやキルトを施し、フリンジを付けたカーテンがいたるところにある。家具には彫刻とキルトを施し、ランプにはフリンジ付きのシェードを付ける。車両の端のドアは、尖った部分のあるゴシック風に木彫されている。

会社からのメールオーダー・カタログが、最も遠いところからでも配達可能な、より広範囲な製品をイラスト入りで揃えていた（12.20）。メールオーダーの会社では、家具、テキスタイル、カーペット、壁紙に加え、暖房用ストーブ、設備用配管、台所設備などあらゆる種類の便利で飾りにもなるものを提供した。鋳鉄製のストーブや台所のレンジは、形態としての装飾性とともに、暖房や料理のための実用的な性能も高かった。燃料としての木材に代わる石炭は、都市ではガスへと移行した。特許をとった1871型ウィルソン・アジャスタブル・チェアは、さまざまな形にアジャストすることのできる鉄のフレームに支えられたクッションを用いている。浴室用の機器には、実用本位のものから、精巧な装飾が付いたものまで、さまざまなスタイルの水洗トイレ、バスタブ、洗面台があった。

シンプルなものから装飾的なものまで、多種多様なオイルランプは、最もよく使われた照明器具であったが、都市ガスはろうそくのブラケットに似た形態の器具を普及させていった。シャンデリアも人気があり、それらの多くは装飾的な真鍮製で、クリスタルのプリズムをつり下げていた。

電気照明の発達によって、古いランプやガスの照明器具は、電力が得られるようになった地域から、新しいエジソンの電球へと移行した。最初の電気換気扇は1889年に製造され、1893年には、すべて電気を用いた台所がシカゴのコロンビア万国博覧会で展示された。1851年のシンガーの最初のミシンは、家庭の必需品になっていた。発展した最新型は、メカニズムの部分が鋳鉄の足の上のテーブルに納められ、足下のペダルと回転する輪で操作するものだった。鉄の部品は、材料と重量を減らすように穴をあけて、装飾的なかたちに成形された。一方、機械そのものは、金のステンシル模様が付けられた。その上には、通常合板のカバーが取り付けられた。

虚偽性と装飾主義を伴った、機能性と実用性の見事な混在がヴィクトリアン・デザインの特徴であり、それはこの時期を大変複雑で、矛盾したもの、興味深いものにした。その矛盾する傾向は、イギリスの交通博物館で体験できる。そこでは、すばらしく優雅かつシンプルな蒸気機関車を見られるからだ。偉大なスターリング・シングルは、設計者のパトリック・スターリン

グ（1820-1895年）の名前とともに、動力用車輪の、形態を強調したシンプルな直線的デザイン以外は装飾のない緑色にペイントした一対の巨大な8フィート（2.4メートル）のメカニカルな部品の名を冠している。それは、ヴィクトリア女王のための特別仕様の車両として用意されたコーチと好対比をなしていた（12.21）。コーチのインテリアは、詰め物をしたり、キルティングしたり、ゴシック様式の木製のトリムをつけたり、豪華絢爛な椅子の布張りが施されたりした。

ヴィクトリアン・デザインの矛盾と問題点は、次第に明らかになり、改革する方向への運動となった。最も効果的で興味深い運動については、次章で取り上げる。

第13章

唯美主義

13.1 チャールズ・レニー・マッキントッシュによるヘレンズバラのヒルハウス、スコットランドのダンバートンシャー、1902-1903年

アーツ&クラフツのシンプルさと真面目なクラフツマンシップ、そして冒険的な新様式を目指すアール・ヌーヴォーとの境界線に立つような、マッキントッシュの作品。インテリアでは、家具や吊り下げられた照明器具は幾何学的な形態で、後のモダニズムを指し示すかのようである。カーペットは、シンプルな無地に、小さな四角のパターンをアクセントにしている。

　ヴィクトリア女王時代には、歴史主義や装飾過多の展示、過剰に流行を追うデザインの普及に、反対するさまざまなリアクションもおこった。そうした反対は、今となっては似たような組織的運動、つまりアーツ&クラフツと、唯美主義といわれる運動に、まとまっていった。これらの運動は、イギリスにはじまり、19世紀後半に発展した。アメリカでは、"クラフツマン運動"として広まった。これらは、ドイツやオーストリアの、その後のスタイルや、20世紀のモダニズムに、直接つながっていく運動でもあった。

　この章では、デザイン史の方向を指し示すような、影響力のある理論家や哲学者、デザイナーとの関連で、そうした運動の発展をみていくことにする。彼らは、19世紀に、より重要性が増してきた。またセレブ・デザイナーの呈現は、その活動を広く多くの人々に知らせることができるようになった出版の発展によって、もたらされたともいえよう。

イギリス：アーツ&クラフツ

ラスキンとアーツ&クラフツのルーツ

　この中で最初の重要人物は、デザイナーではなく、作家、理論家、批評家であった。そのジョン・ラスキンは、アートやデザインの批評に倫理的にアプローチして、ゴシック様式復興の発展に、大きな影響を与えたとされるが、またアーツ&クラフツのデザインを形成する概念の源泉でもあった。そこには、ゴシック様式復興とアーツ&クラフツの、概念が重なり合い互いに影響しあう、本質的な領域が存在したが、リバイバル主義者は、単純に中世のゴシック様式そのものに戻そうとし、アーツ&クラフツ運動は、ラスキンや、その信奉者たちのイデオロギーに基づき、その時代に合うオリジナルのデザインを目指そうとしたのだ。ラスキンのゴシック作品への賛美は、その素材の使い方と、高められたクラフツマンシップこそ、"本物だ"という確信からきていた。

　ラスキンは、『建築の七灯』（1849）の中で、"建築に向かう道に、良識さえあれば、少しかもしれないが、希望が生まれる"と主張している。この彼が示した"七灯"とは、"犠牲""真実""力""美""生命""記憶""服従"で、ラスキンの思想を強調して理想的に語っている。それは、アーツ&クラフツ運動に強く影響を与えた、ラスキンによる、工業的デザインへの強硬な非難であった。機械生産品は必然的に、味気なくけばけばしくなると想定し、そうならないための唯一の方法は、手工芸に戻すことという改革を主唱したのだ。

　このように、機能、素材、生産技術には、まやかしでない組み合わせが求められ、それには手工芸だけが可能というのが、この運動の主要な教義であった。過度の醜い装飾は、消え去るべきだが、クラフツマンによって考え出された"意味のある"装飾は、受け入れられるというのだ。創作力に富み、趣味の良いクラフツマンは、そう滅多にいないが、アーツ&クラフツのデザイナーは、同時にクラフツマンでもあり、そうでない場合でも、クラフツマンがやるべきデザインをプロデュースしたのである。

モリス

　アーツ&クラフツ運動で、最も有名で影響力

唯美主義

13.2（左）フィリップ・ウェッブによるレッド・ハウス、ロンドンのベクスレー・ヒース、1859-1860年

ウェッブは、友人のウイリアム・モリスのために、レッド・ハウスを設計した。この部屋には、白い壁やモリスがデザインした大きな本棚付きベンチ・ユニット（セトルと呼ばれる）など、典型的なディテールが見られる。左側の梯子は屋根裏部屋のドアに通じている。家具とカーペットは後の時代の物で、暖房ラジエーターは、後の設置であろう。

13.3（下左）ウイリアム・モリスによるルリハコベのデザイン、イングランドのジェフリー商会制作の壁紙、モリス商会のデザイン

このモリスの壁紙の"ルリハコベ"デザインは、ブルーとグリーンの豊かな色調で、どんな部屋のインテリアにも、対応できる。

13.4（下右）ウイリアム・モリスによるテキスタイルのためのトレリス・デザイン、イングランドのロンドン、1864年、ヴィクトリア＆アルバート・ミュージアム蔵

暖色系で、自然をテーマにした伝統的なリアリズムで、モリスのデザインの中でも最も魅力的な1つといえる。

＊訳者註：これはトレリス（格子棚）の図柄ではなく、"イチゴ泥棒"と呼ばれる小鳥とイチゴの図柄である。

が強いのは、ウイリアム・モリス（1834-1896年）である。モリスは、オックスフォード大学で学び、そこで、ルネサンス以前の中世絵画を理想とし、絵画芸術を改革しようとする、ラファエル前派の画家、エドワード・バーン・ジョーンズ（1833-1898年）と出会った。ラスキンの著作も、アートとクラフツを結び付けたい彼ら二人に、強く影響を与えた。モリスは、短期間だが、ロンドンのゴシック・リヴァイバル志向の建築家、ジョージ・エドモンド・ストリート（1824-1881年）の事務所で働いた。モリスは、建築家を職業にはせず、自分の結婚の際は、やはりストリートの事務所に勤めてから、設計事務所を自営していた、友人のフィリップ・ウェッブ（1831-1915年）に、ロンドン郊外のベクスレイヒースに建てようとする新居の設計を依頼した。

このウェッブが設計したレッド・ハウスは（13.2、1959-1960年）、モリスの意図した理想を、実証するものであった。外観は、赤レンガの外壁に赤い瓦屋根で、素材そのままを生かし、窓とドアの配置は、中の機能と合致している。玄関の尖頭アーチは、本物のレンガで積まれたアーチで、煙突はちゃんと暖炉につながり、窓の大小は、それぞれの部屋にふさわしく配置されている。庭の井戸小屋は、本物の井戸のためにある。不整形な平面は、ゴシックの古風な趣きというより、機能的にリアリティーがある。歴史的なフォーマリティーとクラシシズム双方と、ゴシックのピクチャレスクが、より機能的なシンプルさにとって変わったのである。

その結果として、レッド・ハウスは、デザインに近代的な意図が読み取れ、その素朴で格式張らないスタイルは、1851年のクリスタル・パレスのテクノロジーの先進性とは、全く意味合いが違うものである。ラスキンはクリスタル・パレスを「胡瓜フレーム」と呼んで毛嫌いし、ヴィクトリアン・デザインが、達していた悲惨なレベルの証明ともいえる、内部の展示なら称賛したのだ。モリスもまた同じように、展示を形成する工業製品を非難し、好戦的な立場であった。1861年までに、タペストリー、壁紙、家具、ステンドグラスを、デザインし生産するために、モリス・マーシャル・フォークナー商会を設立した（13.3、13.4）。モリス自身は、レッド・ハウスの為の数点の家具や、1862年のシンプルな草編座面の木製椅子など、少しだけ3次元のデザインを行ったに過ぎない。しかし、彼の名前は、傾きを調節したアームチェアのすべてに結び付けられ、モリスが最初にこの種の椅子を手掛けたことから、モリス・チェア、と呼ばれることになった。

モリスの飽くなき興味の対象は、詩作から社会主義を背景とする政治的介入へと、目まぐるしく変わったが、工場生産では、働く人たちを、製作する製品に対して、クリエイティブな関与ができるよう、指導もしていた。彼は、テキスタイル、壁紙、書籍、活字印刷など、2次元のデ

ザインに、焦点を絞った。彼によるテキスタイル・デザインは、常に、テーマとなる植物、花、鳥など、自然物への多大な敬意を表現し、自然のモチーフをベースとしていた。工場生産のヴィクトリアン・プリントと、表面上は似て見えるかもしれないが、モリスのデザインは、多くのヴィクトリアン・デザインが、オーバーでヘビーな過剰装飾とされるのに対し、生き生きとしたシンプルさと品位あるクオリティーが感じられるのだ。1875年には、モリスと継承者たちのデザインで制作する、モリス商会を設立し、単独オーナーとなった。その結果、プリントされたチンツ（艶加工木綿地）、手織りのカーペットにも、ウィルトン＆アキスミンスター・カーペット工場へのデザイン提供も行われた。また商会では、アーツ＆クラフツ関連のインテリアデザインも行われた。現在はヴィクトリア・アンド・アルバート・ミュージアムで、保存活用されている、グリーン・ダイニング・ルーム（1866年）は、モリスの代表作でもあり、フィリップ・ウェッブが主任デザイナーとして、バーン・ジョーンズとチャールズ・フェアファックス・マレーが、彩色パネルを手掛けた。壁面パネルと壁紙、天井装飾、アート・ワーク、家具、のどれもが、モリス指揮による協働作業でなされた。この部屋は、テーマカラーはグリーンだが、全体的に濃厚でカラフルな空間となっている。

ウェッブ

フィリップ・ウェッブは、自身の建築活動と同様に、モリスのインテリア用の家具をデザインするなど、生涯、モリスと協働した。彼は、モリスのレッド・ハウスのため、バーン・ジョーンズが絵を描いてプレゼントした、中世風衣装箪笥のデザイナーでもあった。ウェッブは、ノーマン・ショウによるクイーン・アン様式とは、興味深いコントラストをなすような、たくさんのカントリー・ハウスも設計した。そのうちのいくつかは巨大だが、イングランドの伝統から、質素でアーツ＆クラフツを目指したものであった。彼のインテリアは、ヴィクトリアンらしい詰め込みすぎや乱雑さとは異なり、驚くほどシンプルでオリジナリティーがあり、これこそ、

13.5 フィリップ・ウェッブによるスタンデン、イングランドのサリー、イースト・グリンステッド、1891-1894年

この素晴らしい家の居間には、カーペットや多くの家具に、ウイリアム・モリスのデザインが見られる。シンプルで白く塗装された壁パネルは、アーツ＆クラフツの最盛期のデザインの特色とも言える。

13.6 クリストファー・ドレッサーによる"日本式"パターン、1886年

ドレッサーは、著書『モダン・オーナメント』に出ているこの典型的なヴィクトリアン・パターンから、モダンな工業デザインの先駆者となるような、よりクリエイティブなデザインに移行した。

モリスがインテリアデザインで目指した、最高傑作といえるであろう。またウェッブ設計で、ウィルトシャーにあるクラウズ（1881-1891年）は、大きく広がりのある邸宅だが、そのインテリアは、白い壁にモリスのカーペットが敷かれた白いドローイング・ルーム（居間）、そして白色塗装のウッドワークとプラスターに、シンプルな暖炉のあるライブラリー（接客書斎）などで、もはや過度な装飾はなく、精神的にも驚くほどモダンなスタイルとなった。

他にウェッブがデザインした、サリーにあるスタンデン（13.5、1891-1894年）も、やはり大きいが、シンプルでレンガの農場建築群のような建物である。内部は、ほとんどの部屋が、天井近くまでのパネル壁になっているが、数部屋では、モリスの柄物壁紙が貼られている。その壁パネルは、大体が白塗装だが、ダイニング・ルームの壁は、ブルー・グリーン塗装である。ディテールは、やりすぎにならず、モリスのカーペット、テキスタイルや壁紙の色彩で、楽しくシンプルに構成されている。

イギリスのその他デザイナーたち

19世紀の後半には、他にもたくさんのデザイナーたちが、モリスのアーツ＆クラフツ運動や、日本の版画や陶磁器類などからインスピレーションを得た、唯美主義、のテーマに賛同した。クリストファー・ドレッサー（1834-1904年）は、彼曰く、それこそが装飾デザインであり、"応用アート"の基本となる、植物形態の研究から、キャリアをスタートした。ドレッサーが、1860年代に、日本のアートやデザイン（13.6）に、興味を持ち始めたのは、商業デザイナーとしての地位を確立した頃であり、そのために、初のインダストリアル・デザイナーとも呼ばれるのである。彼は、陶芸作品、陶磁器、ガラス器、テキスタイル、壁紙、銀製品、鉄工芸品などを、幅広くデザインして生み出した。彼は、工業製品のデザインについて、何の危惧もなく、彼の植物知識と自然がもたらすデザインの素晴らしさから、シンプルな"正直さ"を、強く提唱したのだ。たくさんの彼のデザイン、特に銀製品やガラス製品については、驚くほどモダンなコンセプトが見られる。

エドワード・W・ゴドウィン（1833-1886年）も、日本の伝統をベースにした家具デザインに、

インサイト

ロセッティーと唯美主義ハウス

マウント・テンプル夫人は、ヴィクトリアン社交界で認められていた女主人だが、ラファエル前派の詩人で画家でもあるダンテ・ガブリエル・ロセッティーのアーティスティックな感性を、一番最初に見出し評価した。彼女は、回顧録にその出会いをこう記した。

カーゾン通りの私たちのあの愛らしい小さな家を覚えているでしょう。私たちがしつらえたときには、壁に水貼りした紙、ブルーのリボンで束ねたバラの花輪だけには、満足したものでした。バラの花束の艶出しチンツ生地は、とても自然に見えたでしょうが、それらの組み合わせは（あなたと私の間では、とても可愛かったと思いますが。）最も愛らしい装飾で完全なハーモニーとなり、金メッキのペリカンや白鳥、蝋燭立、セーブルを模倣したミントン製陶磁器、至る所に金メッキの蝶結びなどもありました。

ある日ロセッティーさんが1人で、我が家に食事にいらして、私の部屋や装飾を褒めるかと期待したのに、それらに囲まれて、とても居心地が悪そうでした。それで私が、どうしたらよくなるのかを尋ねてみた。すると正直なことに、「それなら、あなたが飾り立てているすべての物を、排除したら良いかも。」と答えられました。[1]

ロセッティーの自邸は、アーティスティックなアプローチの装飾のようで、ヘンリー・トレフリー・ダンが、1863年に訪問した後に、こう書いている。

私は、とても可愛らしく、もの珍しくしつらえられて、たくさん見た中でも、オールド・ファッションといえる居間に、案内された。壁には、あらゆる形、サイズ、デザインの鏡類があり、否が応でも自分自身の姿を見つめることになってしまった。他には、鳥や動物、花や果実などの金色レリーフの中国製の黒漆のオリジナル屏風が、良い効果をもたらして、他方には、オランダの古いタイルのシリーズが、その時代に流行したセリオ・コミック（深刻でコミカル）風に、聖書の主題が描かれ、散りばめられていた。[2]

1. Lady Mount Temple, *Memorials* (London, 1890); 2. Henry Treffry Dunn, *Recollections* (London, 1882)

熱中していた。彼のアート家具会社（1860年代に設立）では、一部の唯美主義エリートたちのための"アングロ・ジャパニーズ"スタイルの家具を、専門に生産した（13.7）。彼のデザインは、ヴィクトリアンのスタンダードとは違い、装飾は抑えてシンプルであり、軽快で繊細であった。ゴドウィンによるデザインのカタログは、"アングロ・ジャパニーズのドローイング・ルーム家具"とか"研究者用家具"といった見出しでグループ分けされたイラスト集で、1877年に発行された。他の図版には、ゴドウィンによるアーツ&クラフツへのアプローチが、はっきりわかるような部屋が見られる。また彼の後期の作品になると、自分のため、またオスカー・ワイルドやジェイムズ・マクニール・ホイッスラー（1834-1903年）といった唯美主義運動のリーダーらクライアントたちのための、一品生産に向かっていったようである。

ゴドウィンは、ロンドンのタイト通りの、1887-1888年のホイッスラー自邸の白い家――たぶんホイッスラーと協働したであろうが――の設計者でもある。ホイッスラーは、画家が主たる活動ではあったが、インテリアも手掛け、ロンドンのピーコック・ルーム（13.8）と呼ばれる部屋の装飾では、額付きの絵画やスクリーンも描かれ、この部屋は後にワシントンのフーリア美術館に移設されている。この部屋は、1876年に、ゴドウィンやホイッスラーと同様に日本に夢中になっていた、トマス・ジェキル（1827-1881年）によるデザインだった。このピーコック・ルームとは、壁面にレザーや、日本製白磁器、青磁器を陳列するために細い棒で構成された棚、ゴドウィンの家具があるダイニング・ルームだった。ホイッスラーは、それに、唯美主義でもてはやされた孔雀の羽根を装飾のベースとして、ドアや壁、窓のシャッターまで、部屋中をペイントして、"青と金のハーモニー"と名付けて、改装した。これは、エキゾチックで極端すぎて、当時流行したギルバート作詞、サリバン作曲のオペレッタの『ペイシェンス（忍耐）』で、ギルバートが風刺した材料ともなった、"気取りすぎ"運動の流れへと繋がった。そして驚くことに、そのギルバート自身も、ノーマン・ショウ設計のロンドンの家に住み、グリム・ダイクによる、ペイシェンスという流れの"気取り

13.7 日本展示館、ロンドン万国博覧会、1862年

ヴィクトリアンが日本のデザインを発見したことで、東洋趣味に新たな興味が生まれた。この博覧会の来場者は、オリエンタル・デザインの形態が、19世紀イギリスの装飾趣味となっていくような、唯美主義に合致する、エキゾチックなテーマを、認識して帰った。

すぎ"の好例と言えるインテリアにしていたのだ。

チャールズ・イーストレイク（p.278参照）も、出版を通して、その運動に影響力があった人物の1人であったが、本人の限られた作品とそれを模倣する人たちの作品は、アーツ&クラフツ精神というより、ヘビーなハイ・ヴィクトリアンの伝統に近いものであった。"アート家具"という言葉は、イーストレイクが賛美した美意識的に"間違いのない"デザインのみに使われた。ブルース・タルバート（1838-1881年）は、彼がゴシックと称するスタイルでの、家具やメタルワークのデザイナーであったが、本の中では、アーツ&クラフツに近いドローイングが見られる。ロバート・W・エディス（1839-1927年）は、クイーン・アン様式で活動した建築家だが、著書『タウン・ハウスの装飾と家具』（1881年）では、モリスの壁紙やゴドウィンの家具などが使われたインテリアのイラストを描いた（13.9）。

アーネスト・ギムソン（1864-1919年）は、1886年にモリスと出会い、プラスター職人や木工職人として技を磨き、家具や鉄製品も、制作した。そのシンプルな形態は、中世のヴァナキュラーを思い起こさせ、20世紀には主要な価値となるシンプルさを暗示していた。彼は、アーツ&クラフツ志向の個性をもつ仲間が集結したアート・ワーカーズ・ギルド、という組織のために、椅子を制作した。チャールズ・R・アシュビー（1863-1942年）も、家具、銀製品、ジュエリーなどのデザイナーとして、そのギルドに

唯美主義　301

13.8 トマス・ジェキルとジェイムス・マクニール・ホイッスラーによるピーコック・ルーム、ロンドンのプリンセス・ゲイト49番地にあった、1876-1877年

このダイニング・ルーム内で、ホイッスラーは、アーツ＆クラフツの環境に、日本的なテーマを導入した。日本製陶磁器の陳列棚のある部屋は、トマス・ジェキルがデザインした。孔雀の羽にインスパイアされた、青と金のウオール・ペインティングは、ホイッスラーが手掛けた装飾である。家具は、以前ウイリアム・バージェスの助手も務めた、エドワード・ウイリアム・ゴドウィンによる。

参加していた。1901年には、コッツウォルズのチッピング・カムデン村に、150人ものクラフツマンを引き連れて移住し、1907年まで、そこで制作を続けた。マッケイ・ヒュー・ベイリー・スコット（1865-1945年）は、ギルドのために家具をデザインし、世紀末にドイツとアメリカで出版されたインテリアのデザインをプロデュースした（13.10）。彼の作品は、ドイツ工作連盟をも含む、20世紀初頭のヨーロッパの運動とも、リンクしていた。いろいろな点から、アーツ＆クラフツのデザイナーたちによるインテリアは、典型的なヴィクトリアンの作品に比べて、天井が低い場合、オープンで風通しが良いように見えるかもしれない。壁面は、大体6か7フィート（2メートル前後）の高さまでパネルを立ち上げ、その上はフリーズや淡いトーンの横帯、オープンさを表す水平強調の塗装や壁紙で処理され

た。球根状のランプや照明設備は、新しく導入された電球となり、スリガラスや色ガラスで覆われた箱型に、代わることになった。

モダニズムへの繋がり

ヴォイジー

ヴィクトリアンから20世紀デザインへの橋渡しで、重要人物は、チャールズ・フランシス・アンズリー・ヴォイジー（1857-1941年）である。ヴォイジーは、建築家だが、初めは、壁紙、テキスタイル、カーペットのデザイナーからスタートした。彼は、アート・ワーカーズ・ギルドのメンバーとなり、その家具デザインは、彼の建築作品と同様に、シンプルで、クラフト・ベースのスタイルを追求した。ヴォイジーは、ブロードレイズ（1898年）というウインダミア

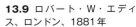

13.9 ロバート・W・エディス、ロンドン、1881年

エディスによる『タウン・ハウスの装飾と家具』（1881年）の中のインテリア図版。家具はエドワード・ウイリアム・ゴドウィン、フリーズ絵はヘンリー・ステイシー・マークス、壁紙は、ウイリアム・モリスによる。エディスは、唯美主義運動とアーツ＆クラフツ運動の理念の、熱心な宣伝活動家であった。彼の著書では、これらの運動で示されたデザインを、読者がフォローし、自分の家でも取り入れてほしいと、推奨している。

る。インテリア空間は、とてもシンプルでエレガントといえよう（13.11）。それらは、一見モダニズムの精神に近いようにも見えるが、実はヴォイジーは、モダニズムを嫌っていた。オーチャードのリビング・ルームでは、菫色のファブリックを眼の高さ位まで貼り上げ、その上部は白く塗装した。木部は、ナチュラル・オークか、白塗装の仕上げである。ベッド・ルームの壁は、彼自身がデザインした柄壁紙である。彼による、時計や銀皿、鉄工芸などのデザインにも、高度なオリジナリティーが感じられ、著しく成功していた。これらヴォイジーの作品は、ヨーロッパ大陸のアール・ヌーヴォーの動きにも、ヒントを与えたのである。（14章参照）

湖を望む、大きなカントリー・ハウスを設計した。3つの弓型の丸い出窓が湖側に張り出している。インテリアは、彼のデザインした家具で独創的で、クラフト志向をベースにした率直性を示していた。彼の自邸である、ハートフォードシャーのコーレイウッドにある、オーチャード（1900年）は、イングランド伝統デザインを感じさせる、シンプルな破風屋根で、構成されてい

マクマード

アーサー・ヘイゲート・マクマード（1851-1942年）の作品は、アール・ヌーヴォーとは、かなり密接な関係を示し、現に、そのスタイルの創作者の1人ともいえよう。マクマードは、当初ラスキンのイタリア旅行中の助手をつとめた。さらに1877年にモリスと、1880年にホイッスラーとも、交流を深めた。彼が装丁した本『レンのシティー・チャーチ』（1883年）では、曲がりくねりカーブした葉や花のマクマードの木版、アール・ヌーヴォー・デザインの典型的

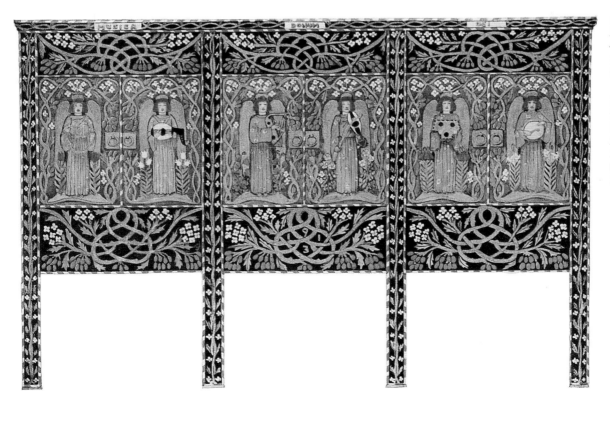

13.10 ミュージック・キャビネットのデザイン画、M・H・ベイリー・スコット、ウイットリーのマーヴェル・ヒル、イングランド、1914年頃

マッケイ・ヒュー・ベイリー・スコットは、アーツ＆クラフツ運動の精神で、20世紀に入っても、デザインしていた。このキャビネットは、モリスが50年前に取り入れたのと同様に、装飾的な彩色パネルでカバーされている。

唯美主義　303

13.11（上）C・F・A・ヴォイジーによるオーチャード、コーレイウッド、イングランドのハートフォードシャー、1900年

自邸の"ホール"と呼ばれるリビング・スペースで、ヴォイジーは、シンプルな要素を用いて、次世代に浮上するモダニズムの理念を指し示した。

13.12（下）『レンのシティー・チャーチ』の表紙、アーサー・ヘイゲート・マクマード、1883年

マクマードは、アーツ＆クラフツの理念のサポーターであったが、クリストファー・レンによるロンドンのシティー・チャーチ群の保存を訴える本の著者でもあった。彼の画期的デザインの表紙は、中身とは関係なく、当時まだ表面化していなかったアール・ヌーヴォーの方向を指し示すことになった。

なグラフィック・スタイルでのレタリングなどで、かなり奇妙で衝撃的な表紙をデザインした（13.12）。彼の家具デザインにも、似たような曲がりくねったカーブが使われた。彼はまた、やはりアーツ＆クラフツの理想を、出版や装飾物の制作を通して、追求する別組織である、センチュリー・ギルドの創設者でもあった。

マッキントッシュ

スコットランドのグラスゴーには、アール・ヌーヴォーに関連する作品を制作した、チャールス・レニー・マッキントッシュ（1868-1928年）率いるデザイナーたちが、短期間ではあるが、活躍した。マッキントッシュの、アーツ＆クラフツの枠を越えた作品は、アール・ヌーヴォーの自由を目指し、ウイーンを含む、ヨーロッパ大陸のデザイナーらに賞賛された。マッキントッシュによる最も重要な建物は、グラスゴー美術学校校舎であり、スタジオの大きな窓が、エクステリアを決定づけているかのようだ。内部では、ロビー、階段、オフィス、そしてライブラリー空間は、シンプルな木材と石材の構造的要素に、個性的な家具と、照明器具とメタルワークのディテールなど、アール・ヌーヴォーの創作力に向かうものとなった。この建物は、グラスゴーの一般市民には、決して好感をもたれたとは言えなかった。マッキントッシュは、

スコットランドで、ダンバートンシャーのヒルハウス（13.1、1902-1903年）など、いくつかの住宅、教会、そしてミス・クランストンがオーナーのいくつかのティー・ルーム・レストランを、グラスゴーに設計した。この店舗では、壁画や暖炉、ステンドグラス入りの窓やドア、個性的な家具、など、極めて独創的なインテリアがなされた。いくつかの住宅やグラスゴー市内の自邸などの設計でも、マッキントッシュは、だいたいはシンプルで幾何学的な形態だが、あまりにも誇張しすぎたかのようなプロポーションのハイバック・チェア、紫や銀、金などの色も使い、白か黒かの塗装仕上げ[1]などを、用いている。そこでの装飾パネルなどの制作は、マッキントッシュの妻である、マーガレット・マクドナルド（1865-1933年）、その妹であるフランシス（1874-1921年）らでなされ、アーツ＆クラフツ運動に積極的に参加して、1890年代のグラスゴーで中心となる活動を形成していた。

アーツ＆クラフツ運動は、ヴィクトリアン・デザインとそのテイストを、広く改革しようとする意図があったが、高いコストでも買えるような少数のサポーターや熱狂ファンだけに影響を与えたという、奇妙な結果に終わってしまった。しかしながら、無意味な大量生産の装飾に反対し、機能と材質やテクニックの実際のデザイン表現での正直さを強調し、それでも、アーツ＆クラフツは、未来を指し示した。アール・ヌーヴォーとの繋がりは、歴史主義の全否定から、モダニズムの全研究の出発点となったのだ。

アメリカのクラフツマン運動

イギリスとアメリカの密接なつながりは、アメリカのアーツ＆クラフツ運動を不可避のものとした。南北戦争後のアメリカでは、前章でとりあげた装飾的なヴィクトリアニズムが主流だった一方で、限られた受容ではあったが、異なる動きが当時の流行に代わるものとして出現した。

スティックレーとロイクロフターズ

アメリカのクラフツマン運動とよばれるようになるものを先導した人物は、家具工場を経営する家族の一員のグスタフ・スティックレー（1858-1942年）だった。スティックレーは、さまざまな歴史的複製品を販売する家具店の経営からそのキャリアを始めた。彼は、ラスキンとモリスの書物に興味をもつようになり、1898年にアーツ＆クラフツの作品を見学するためにイギリスを訪れた。その旅行中に彼は、パリのビングのアール・ヌーヴォーの店にも立ち寄った。彼はアメリカに戻ると、シンプルな家具をデザインして製造することを始めた。それは基本的に堅木のオークで造られたがっちりとした形の、職人技を用いた木接合部や鉄のハードウェア、革製のクッション、その他のディテールを用いていた。部材の接合部のディテールを除けば、装飾は最低限、あるいは全くなかった（13.13）。そのスタイルは、かつてのカリフォルニア・ミッションのシンプルな家具に似ていたことから「ミッション」と呼ばれた。あるいは、「ファミング」というプロセスによってオークの木材に与えられる典型的な黄色がかった茶色の色調から、「ゴールデン・オーク」と呼ばれることもあった。スティックレーの家具の最も興味深い例は、ハーヴェイ・エリス（1842-1904年）が、会社に関わっていた短い期間に製造されたものだった。エリスのデザインは、ヴォイジーおよび後期イギリスやスコットランドのデザイナーたちの作品にみられるような装飾を用いていた。

1901年にスティックレーは、「クラフツマン」という雑誌の発行を始めた。それは、建築とデザインの分野におけるアーツ＆クラフツの理想

注1　白か黒塗装とあるが、マッキントッシュのオリジナルは黒ではなく、濃い焦げ茶色（ダーク・オーク）であったが、後に、イタリアのカッシーナ社が、家具を複製するときに、黒に変えたもの。

13.13 アームチェア、グスタフ・スティックレー、アメリカ、1905年

このアーツ＆クラフツのアームチェアのイラストは、L.&L.G. スティックレーのオノンダガ工房からである。そこでは、典型的なクラフツマン・スタイルのデザインが生み出された。

13.14 アメリカのダイニングルーム、1904年

このイラストが掲載されたクラフツマン誌は、アメリカではクラフツマン運動として知られるアーツ&クラフツの理想を広めた雑誌だった。この雑誌は、モリス、ウェッブ、ヴォイジーの考えに啓発された部屋や置物のデザインを提案した。ギュスタブ・スティックレーの工房のサイドボードやテーブルと一緒に、伝統的なラダーバックチェアが置かれている。木の腰壁と単純な窓周りの部屋自体が、当時の多くのヴィクトリアン・デザインの華麗な装飾とは、対照的である。

と、描かれた「クラフツマン住宅」の普及を推進した（13.14）。また、この雑誌は、芸術写真、詩、小説などのスティックレーが注目する、趣味の良い理想を求める読者を惹き付けるような題材とともに、たとえば女性の権利や、よりよい育児法、社会的正義など多様な事柄を広めるような記事を掲載した。ヴォイジーは、「オーチャード」を含むいくつかの自分のデザインの写真を添えて、住宅設計の記事を寄稿した。クラフツマン誌の広告は、他の職人的な企業がつくる製品を掲載した。そしてついにスティックレーは、ニューヨークに本社を建て、そこにクラフツマン社グループのための複数のショールームやオフィスを置いた。

スティックレーの商業的な成功は、それを真似る同業者によって、クラフツマンの家具やその他の製品が大量に製造されることにつながった。ヴィクトリアンのデザインの過剰さが世紀の変わり目に人気を失い始めたのと同時に、クラフツマン運動は重要性を増していった。ニューヨークのイーストウッドのグスタフ・スティックレーの工房は、彼の弟であるレオポルドとジョン・ジョージ・スティックレーが経営するニューヨーク州オノンダガの店と競合するようになった。エルバート・ハバード（1856-1915年）は、ニューヨーク州のイースト・オーロラに彼自身のクラフトを志向する会社を設立して、ロイクロフトと名付けた。ハバードは、明らかにモリスの作品をもとにしたスタイルでデザインした美術と文学の本やパンフレットを出版した。このロイクロフターズは、スティックレーに対抗するようなミッション・スタイルの家具をも製造し、スティックレーをはるかに超えた美学的カルトをつくり上げていった。第一次世界大戦後に、その重要性は消滅していくのだが、多様な歴史的な模倣様式における「その時代」の装飾がますます人気になるにともない、クラフツマンの影響の足跡もまた、1930年代まで残った。クラフツマン運動に関連したテーマは、カリフォルニアで人気があった土着的な平屋建ての住宅から派生した「バンガロー・スタイル」の発展を含んでいる。典型的なバンガローは、ポーチと、大きく張り出した軒と、シングル張りかスタッコの壁と飾りのないディテールという特徴があった。

ブラッドリー

ウィル・ブラッドリー（1868-1962年）は、商業的なイラストレーターで、クラフツマンスタイル、バンガロー、および関連する特徴のあるイギリスの作品に対する熱狂を広めた。彼は、住宅や室内や家具のデザインを広めるのに人気と影響力があったレディース・ホーム・ジャーナルの仕事をしていた（13.15）。出版された雑誌の中の彼の熟達した魅力的なイラストは、時に驚くほどの装飾的なディテールで、ミッション・スタイルの色彩豊かな側面を示した。「芸術的」なもの——ステンドグラスのパネルがついたランプ、ハンマー打仕上げの銅に代表される

13.15 インテリア、ウィル・ブラッドリー、1902年

ブラッドリーの色彩豊かな住宅インテリアのレンダリングは、人気雑誌、レディース・ホーム・ジャーナルを通して、アメリカの大衆に知られるようになった。彼のアーツ＆クラフツ、あるいはクラフツマン・スタイルのデザインへの支持、およびチャールズ・レニー・マッキントッシュやウィーン分離派のデザイナーたちについての解説は、後に「ミッション・スタイル」と呼ばれる家具の受容を促進した。

金属製の飾りもの、オハイオ州ルックウッド製陶所でつくられたものを含む陶器など——の製造は、アメリカのアーツ＆クラフツのデザインの表現を完全なものにした。アメリカにおいては、アール・ヌーヴォーのアイデアの影響が同時に発展したため、二者の混在が重複して反映する結果を招いた。それはヴィクトリアンのパターンに対する全くかけ離れた代案であった。

リチャードソン

ヘンリー・ホブソン・リチャードソン（1838-1886年）は、アメリカ人の建築家として初めて国際的な評価を得た人物である。リチャードソンの初期の仕事はさまざまなヴィクトリアン様式——ゴシック、第二帝政様式、スティック、シングル、あるいはより多く用いられるようになったロマネスク——のバリエーションだった。彼の最初の名作であるボストンのトリニティー教会（1877年）は、半円アーチとその他のロマネスクのモチーフを用いたが、それらは中央の大きなクロッシング・タワーの周囲に組み合わされた全くオリジナルなものだった。外壁には粗く削った石材が美しいディテールで用いられたが、ステンドグラスの窓からの陽光が際立つ室内は、異なる質感をもっていた。インテリア

13.16 トリニティー教会、ヘンリー・ホブソン・リチャードソン、ボストン、1877年

リチャードソンの仕事は、当時「ロマネスク・リバイバル」と呼ばれたが、その言葉が示す以上に、創造的だった。この教会は、ロマネスク期のどの教会にも見られない形態があり、それらは、ティファニーのステンドグラスやジョン・ラファージの絵画とともに、色彩豊かな印象的な空間として結実した。

（13.16）は、天井の形や、木とプラスターの3つ葉の形のヴォールト、木材で覆った鉄のタイビーム（つなぎ梁）が目立っている。リチャードソンの言葉によれば、「色彩の教会」では、すべての表面はステンシルのペイント、あるいはジョン・ラファージ（1835-1910年）の暗い赤色と赤茶色、青緑色と金色の形象的な絵画で覆われるべきものだった。ラファージは、西側正面

の窓もデザインした。リチャードソンの作品はもう1つのリバイバル——この場合はロマネスク——のように見えるが、彼の作品は、美しい石積みや半円アーチを主要なテーマとしながらも、次第に歴史主義的な傾向から単純化へと向かっていた。それぞれが機能的な平面に基づいた一連の図書館の建物は、そのデザインにおいて、より革新的だった。最もよく知られているのは、マサチューセッツ州クインシーのクレーン図書館（1880-1882年）である。そのメインスペースは、中央にオープンな読書室を配した二階分の高さの書架スペースである。梁が見える天井、書架、アクセス用バルコニーと床は、すべて木製である。精巧につくられた暖炉とマンテルは、部屋の端に焦点を与えている。テーブル、椅子、ガスライトの照明器具はすべてリチャードソンのデザインである。ここで使われている椅子や、リチャードソンによる他のプロジェクトのためにデザインされた同様の椅子は、単純でありながらもエレガントな形をしたスピンドルバックのアームチェアで、当時の典型的な家具デザインよりはるかに優れていた。

リチャードソンの作品の中で最も影響力のあったシカゴのマーシャル・フィールド・ホールセール・ストア（1885-1887年）は、残念ながら取り壊された。それはワンブロックの長さの7階建ての石造の建物で、上部がアーチになった窓が規則的に並んでいた。そのインテリアはシンプルなオープンロフトと、機能性だけを重視した倉庫のスペースだった。建物が評価された理由はその外観の単純性にあった。それは、より進歩的なルイス・サリヴァンの作品の先駆と見なされた。サリヴァンは、実際にこの建物を賞賛する1人だった。

グリーン・アンド・グリーンとメイベック

カリフォルニアではチャールズ・サムナー・グリーン（1868-1957年）と、ヘンリー・マザー・グリーン（1870-1954年）の兄弟が、とても個人的なスタイルの建築事務所を設立していた。それはクラフツマンの伝統と、スティック・スタイルと、土着的なバンガローの流れを汲んでいた。グリーン・アンド・グリーンの住宅は、低い屋根と長い軒のある木造住宅である。どちらもパサディナにある1907年のブラッカー邸と1908年のギャンブル邸（13.17）（現在ミュージアムとして保存）などのグリーン・アンド・グリーンの住宅が、他のカリフォルニアの同時代の住宅作品に比べて際立っているのは、室内のクオリティーである。木材は注意深く、精巧に接合され、職人技の質の重視とアーツ＆クラフツを組み合わせた東洋的な影響を感じさせる。装飾性は高いが、抑制されている。その一方でステンドグラスのパネル、ランタンのような照明器具、吊り照明器具（すでに電気照明）、そして優雅でシンプルな家具、職人技が存分に表出したディテールが、広々としたエントランスホールや他の室内空間を満たしている。よく磨かれた自然なオイル仕上げの赤茶色の木材、マホガニー、チーク、ローズウッド、黒檀、楓などが主な色調で、ステンドグラスと絨毯に赤、青、緑が使われている。

バーナード・R・メイベック（1862-1957年）は、西部のスティック・スタイルと呼ばれることもあるカリフォルニアの住宅の特徴をそなえた住宅を設計した。彼が設計したバークレーのクリスチャン・サイエンス教会（1910年）は、美しく独創的なインテリアを実現するために、とても独創的で職人的な木造ディテールを用いている。その最も壮観な作品、サンフランシスコで1912年に開催されたパナマ太平洋万国博覧会のパレス・オブ・ファイン・アーツは、中央の大きなロトンダによって、非常に個人的で創造性にあふれた古典建築への見方を示し、土着的かつ職人的な伝統から歴史主義へと転換した。グリーン兄弟とメイベックのより質素な住宅作品は、カリフォルニア・バンガローの伝統を確立した。それは、東部において、クラフツマン運動が広まるのを助長し、質素な郊外住宅の発展のなかで定着した。最大の功績は、ヴィクトリアンの虚飾性にとって代わる単純性と繊細さをもたらしたことである。最大の功罪は、それが不動産業者の常套手段となって、貧しいデザインの粗雑に建設された住宅が密集する魅力のない郊外住宅地が、一般の人々の「私自身の家」の夢を満たすものとして提供されたことだった。

唯美主義 309

13.17（左）ギャンブル邸、グリーン・アンド・グリーン、カリフォルニア州パサディナ、1908年

グリーン兄弟の作品は、見方によれば、日本の伝統的なデザインに基づいた木造のディテールと、工芸の理想の理解を基本にしている。精巧なディテールの家具、独特のランタン風照明器具、ステンドグラスの入った窓が、インテリアを独創的でありながらも、かつ伝統的感覚にあふれたものにしている。

13.18（右）ブルス（証券取引所）、ヘンドリック・ペトルス・ベルラーヘ、アムステルダム、1898-1903年

ベルラーヘが設計したブルス（証券取引所）は、オランダの伝統である精緻な石積み（特にレンガとタイル）の強固な基礎によって、20世紀に発展することになる機能主義の要素を実現した。

ヨーロッパ大陸での発展

アメリカのアーツ＆クラフツ運動と、同時に起こったクラフツマン運動は、明確に認識される形ではヨーロッパ大陸とスカンジナビアには移行しなかった。19世紀の終わりとともに、デザインの分野では、かなり複雑で多様な発展が表面化した。ヨーロッパ大陸では、ベルギーやフランスでのアール・ヌーヴォーの出現が、近代社会にふさわしいデザインへの新しいアプローチを示した（14章参照）。

ドイツ：ムテジウス

ドイツでは、イギリスのヴィクトリア朝デザインの出現には直接並行はしないものの、アーツ＆クラフツ運動はヘルマン・ムテジウス（1861-1927年）の努力によって、デザイン改革の試みのモデルとなった。プロシャ政府の建築家、ムテジウスは、1896年にイギリスのデザイン実務を学ぶためにロンドンのドイツ大使館に派遣された。彼は、イギリスのアーツ＆クラフツや、それに関連したデザイン活動を扱うたくさんの雑誌や本の記事を著した。彼はドイツに戻ってから、全3巻のダス・エングリッシュ・ハウス（1904-1905年）を、ショー、ベイリー・

スコット、ヴォイジーらのイギリスの建築やインテリアの大御所の挿絵を付けて出版した。政府の事務官として、彼はドイツのデザインの改良をすすめ、1907年に優れたデザインを促進するための組織であるドイツ工作連盟を設立する立役者となった。工作連盟は、ドイツのモダニズムの発展に大きな影響を与え、19世紀のイギリスのデザイン改革と20世紀のヨーロッパにおける発展への架け橋になった。

オランダ：ベルラーヘ

オランダでは、過剰なヴィクトリアンに代わるデザインへの模索は、アムステルダムの証券取引所（13.18、1898-1903年）で知られる建築家、ヘンドリック・ベルラーヘ（1856-1934年）によって提示された。この建物は、オランダのレンガで建設されていて、ファサードは片側にある高い時計塔以外は、左右対称である。アーチのあるエントランスとシンプルなレンガの壁面は、後のリチャードソンの作品を思わせる。そこには、歴史的な模倣への試みはみじんもなく、装飾的なディテールは最小限に抑えられた。そのインテリアは、大きな取引所のスペースと、それをアーチ越しに見下ろす2層の上階のバルコニーが中心になっている。見上げると、露出した鉄のトラスと鉄のタイロッドがオープンスペースを架け渡し、日中の日差しを取り込むガラスのスカイライトを支えている。ベルラーヘは後に、アムステルダムの都市計画を手がけたが、この建物は最終的にモダニズムへとつながる改革への道筋における彼の重要性を確立したのだった。

もし、デザインの歴史が厳格な理論的パターンによって進歩してきたとすれば、ヨーロッパ大陸で発したアーツ＆クラフツ運動と、並行するアール・ヌーヴォーのデザインは、ともに発展し、20世紀のモダニズムへと穏やかに進行していったのである。しかし、これらの改革における努力は、通常エクレクティシズム（折衷主義）と呼ばれる歴史的な模倣の熱狂的な新しい流行によって、脇に押しやられてしまった（15章参照）。折衷主義を脇に押しのけて、モダニズムとよばれる20世紀の方向へと至る道筋を開くためには、新しい流行が必要だった。

第14章

アール・ヌーヴォーとウイーン分離派

14.1 ウジェーヌ・ヴァラン、マッソン邸、ナンシー、フランス、1903-1904年、現在ナンシー派博物館で展示中

ヴァランは、このダイニングルームすべてのディテールをデザインした。つくり付けの木工による食器戸棚、暖炉縁とマントルピース、天井ディテール。吊り下げ型の照明器具、絨毯、家具、これらすべては、ヴァランの非常に独自的なデザインであり、アール・ヌーヴォーの特徴である曲線で溢れている。

　ヨーロッパ大陸の19世紀後半は、比較的平和と繁栄が続いた時期であった。経済的繁栄により、デザインの実験的な試みを支持する上層階級とアッパーミドルの厚い階層が形成され、ベルギーとフランスはアール・ヌーヴォーの先進国となった。それはやがてドイツ、スペイン、北欧諸国にまで広まった。オーストリアでは、ウイーンがウイーン分離派として知られるデザイン運動の中心になった。東洋のような遠隔地（特に日本）のデザインに対する知識は増加した。旅行が容易になり、交通の発達によりオブジェや芸術作品がヨーロッパ文化に紹介されたからであった。

アール・ヌーヴォーの起源と特徴

　以下の運動の多くは互いにあまり関係がなく、少なくとも最初は先導する核もなかった。アール・ヌーヴォーが1つの運動であったことを示すそれらの関係性と共通点は、歴史を振り返ることでのみ知ることができる。運動が発展している時「アール・ヌーヴォー」という名称は、普及していなかった。「アール・ヌーヴォー」とは、この運動の特徴を示す商品が展示されたパリのあるギャラリーの名称であった。

　ドイツ、そして北欧諸国では、ドイツ語のユーゲント・スティール（青春様式または若者スタイル）が一般的に使われていた。アール・ヌーヴォーが、最初は単に唯美主義の一側面であったイングランド（13章参照）では、リバティ様式と呼ばれた。この名称も、アール・ヌーヴォー関連の商品を供給していたロンドンのリバティ百貨店に由来する。スペイン，スコットランド、そしてアメリカのアール・ヌーヴォー作品は、ブリュッセルとパリに現れたものとかけ離れていた。ウイーンにおける「ウイーン分離派」と呼ばれた運動は、アール・ヌーヴォーと別でありながら並行する現象だと考えることができる。アール・ヌーヴォーのデザインを1つの固有の進化であることを示す特徴は以下である。

- ヴィクトリア朝様式および過去の様式の復興や折衷的な組み合わせといった歴史的模倣の拒否。
- 近代的な素材（鉄、ガラス）や近代技術（工業的生産）や電気照明などのイノベーションを利用する意欲。
- 美術との深い関係。絵画、浅浮彫、彫刻を、建築とインテリアデザインに統合する。
- 花、蔓性植物、貝、鳥、羽、昆虫の羽など自然の造形に基づく装飾オーナメントと、それらの発想源から引き出された抽象的造形の使用。
- 基本構造にも装飾にも、曲線が主題となる。曲線と流れるような自然の造形が結び付き、アール・ヌーヴォーの最も顕著なモチーフ「Sカーブ」や「鞭のような曲線」が生じた。

　アール・ヌーヴォーは、グラフィックイラストレーション、タイポグラフィー、ポスターと広告、絵画と彫刻、そしてファッションデザイン、ジュエリーデザイン、陶磁器、ガラス器、銀器のような装飾オブジェ、額縁、電灯などにみられ、インテリアすべてと建築を総合するものであった。アール・ヌーヴォーは多様な領域と場所に生じたため、秩序だった発展経緯をたどることは困難である。アール・ヌーヴォーはまずベルギーとフランスに現れたといわれているが、イングランドを発生地とするほうが適当かもしれない。イングランドでは、アーツ＆

クラフツ運動のデザイナーの何人かがアール・ヌーヴォーの特徴をもつ作品をデザインしていた。S・チューディ・マドセンは、プロト・アール・ヌーヴォーという用語を、アーサー・マクマードの作品、たとえば1882年の背もたれが渦巻く花のように彫り貫かれた椅子、金属器、テキスタイルプリントのためのデザイン、そして1883年のブックカバーのためのグラフィックデザイン（p.303参照）をいい表すために使っている。C・F・A・ヴォイジーは、テキスタイルプリントに植物の造形を自由な曲線として表現しているし（14.2）、クリストファー・ドレッサーのデザイン哲学も多くは彼の植物学の知識に基づいていた。オーブリー・ビアズリー（1872-1898年）は、幻想的な曲線を使ったイラストレーションによってよく知られている。フランスでは、類似したテーマがアルフォンス・ミュシャ（1860-1939年）のポスターにも、アンリ・トゥールーズ＝ロートレック（1864-1901年）とピエール・ボナール（1867-1947年）のような重要な芸術家のポスターや他の作品にも現れている。

ベルギー

ヴィクトール・オルタ

　ベルギーの建築家・デザイナーのヴィクトール・オルタ（1861-1947年）は、アール・ヌーヴォーデザインの典型的な特徴を示す大量の作品を制作した。ブリュッセルのタッセル邸（1892年［訳注：1893年受注、1894年完成］）は従来の建築要素を取り入れた対称的な長屋形式のファサードをもつ。しかし、内部には、ステンシルで装飾された壁と描かれた天井とモザイクタイル模様の床に発展する、流れるような鉄の手すりと柱、そして曲線を描く電気照明器具のある複雑な階段室がある（14.3）。スペースはヴィクトリア朝様式よりも開かれていて広い。ブリュッセルのヴァン・エートヴェルデ邸（1895年）には、すばらしいサロンがある。技術的にはクリスタル・パレスを連想させる鉄柱がガラスのドームを支えているが、ここにはアール・ヌーヴォーの華麗な曲線も導入されている。ブリュッセルのオルタの自宅および隣接するオ

14.2 ヴォイジー「装飾的デザイン」、イングランド、1907年

　ヴォイジーは、イングランドで流行していたアーツ＆クラフツ運動とヨーロッパ大陸で発展していたアール・ヌーヴォー運動の交差点に位置する。この作家のキャリア後期につくられたこのデザインは、アール・ヌーヴォーの特徴である自然を源とする曲線の造形を採用している。

14.3（左）オルタ邸、ヴィクトール・オルタ、ブリュッセル、1898-1911年

　自宅（現在オルタ博物館）に、ヴィクトール・オルタは、タイルの壁と天井、つくり付けの食器棚、ステンドグラスを嵌め込んだ木工、電灯、アール・ヌーヴォーのカーブのある家具など、すべて自分のデザインを取り入れた。白いタイルと色の使い方は、アール・ヌーヴォー様式の典型である。

14.4（右）タッセル邸、ヴィクトール・オルタ、ブリュッセル、1892年［訳注：1893年］

　このアール・ヌーヴォーのデザイナーは、階段室の段階と鉄の手すり、そしてタッセル邸（現在メキシコ大使館である）のように壁と天井に塗装あるいはステンシルで、流れるカーブを発展させてデザインした。細い柱は、金属が正当な素材として、インテリアに使用されるようになったことを示す。一方吊り下げ型の照明器具は、当時はじまったばかりの電灯を利用している。

［訳注］2014年10月3日時点ヨーロッパ食料インフォメーション協議会の事務所

インサイト

ヴィクトール・オルタとアール・ヌーヴォー

建築専門誌『競争』は1870年代と1880年代に、ベルギーのアール・ヌーヴォー運動を次のように記述している。

「我々は、私たちのものであり、新たな名を与えることができる何かを生み出す必要に迫られている。我々は、1つの様式を発明する必要がある。[…]自分を外国の影響から開放すべきである[…]真実でなければ、建築においては何も美しくない」[1]

編集者のエドアール・アレンは、「塗装漆喰と化粧漆喰を避けてください」と雑誌読者を警告することまで行った。[2] このような意見が存在したからこそ、ベルギーの建築家ヴィクトール・オルタのユニークで影響力のある建築が現れたのであった。ブリュッセルにある著名なタッセル邸設計コンセプトを説明する際、オルタは以下のように宣言した。

「私は花と葉を捨て、茎を取った」[3]

新技術は彼の作品の中核であり、彼は顧客に「聴衆が座った応接室とダイニングルームの奥の壁に写真を投影させながら」自分のデザインとアイディアをプレゼンテーションしたのであった。[4]

アール・ヌーヴォーの過激な性質は、限られた前衛派以外には大きな印象を残さなかった。1904年にベンは、この様式を以下のように批判した。

「この《新しい芸術》に関しては、ある程度理由があるのだが、このように言われていた。つまり、一方では本当に新しい部分が芸術ではなく、芸術である部分が新しくないと言うのである。私には、状況が、きわめて適切、簡潔に要約されていると思う。[5]

1. Edouard Allen, L'Emulation, quoted in Kenneth Frampton, Modern Architecture (London, 1992), p. 67; 2. Ibid, p. 68; 3. Victor Horta, Memoirs, quoted in J. M. Richards, Who's Who in Architecture (London, 1977), p. 151; 4. Ibid, p. 151; 5. R. D. Benn, Style in Furniture (London, 1904), p. 37

フィス（14.4、1898年）は、ねじれた鉄のバルコニー手すりと大きいガラス窓のある非対称のファサードをもつ。オルタはすべての細部——家具、照明、ステンドグラス、ドアと窓枠、金属製品まで——をみずからデザインすることができた。そのため、すべての要素が曲線、自然に関連した装飾ディテールをもつアール・ヌーヴォーの表現になっている。この建築は現在博物館として保存されている。同じくブリュッセルにあるソルヴェイ邸（ホテルではなく豪邸）では、アール・ヌーヴォーの装飾表現形式をさらに豪華に表した内装がある。解体されてしまったオルタの「人民の家」（1896-1899年）は、隣接する道の形をたどるように曲線を描く鉄とガラスのファサードをもつ大きな建物であった。最上階の講堂には、むき出しになった鉄の構造と巨大な電灯照明を備え、20世紀デザインが進む方向を示していた。初期の作品で大成功を収めたのち、オルタはむしろ不活発で型にはまった表現に陥り、初期の成果を活用・発展させることもなく長く続いた栄光のキャリアを享受したのであった。

ヴァン・ド・ヴェルド

ベルギーの2番目に重要なアール・ヌーヴォーの芸術家は、アンリ・ヴァン・ド・ヴェルド（1863-1957年）である。彼の自宅（1894

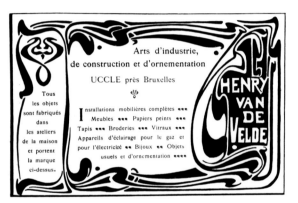

14.5 ヴァン・ド・ヴェルドの工房のための雑誌広告『装飾芸術』第1巻、アンリ・ヴァン・ド・ヴェルド、ベルギー、1898年

この広告によると、ヴァン・ド・ヴェルドは、インテリアデザインのための多様な素材を提供していた。紙とペンキ（訳注：壁紙）、テキスタイル、タイルと照明器具、これらすべては彼のブリュッセル近郊ウックルの店で購入できた。広告の曲線デザインは、ヴァン・ド・ヴェルドがいかにアール・ヌーヴォーに深く傾倒していたかを表している。

年）も、すべてを新たに統一した様式とするアール・ヌーヴォーのよい例であろう。彼は住宅、すべての家具、銀食器と調理器具に至るまでをデザインした。彼はブリュッセルからパリに滞在し、サミュエル（生まれたときの名はジークフリート）・ビング[1]（1838-1919年）が設立し、この様式と時代名の由来となったギャラリー「アール・ヌーヴォー」の内装をデザインした。ヴァン・ド・ヴェルドは同時代のイングランドの作品に強く影響され、イングランドと欧州大陸のアール・ヌーヴォーの始まりの架け橋となった。彼はやがてベルリンに移住し、彼の評価の高いアール・ヌーヴォー家具の大部分は、この時期に制作された。それらの家具は、アール・ヌーヴォーの特徴である曲線に溢れており、複雑で装飾的ではあるが、過去の様式を参照していない。彼が1904-1911年に設計したワイマールの美術学校は、第一次世界大戦後に

注1 近年では、以下の名前と生没年が定説となっている。ジークフリート・ビング（1838-1905年）

アール・ヌーヴォーとウイーン分離派 317

14.6 ヒトヨダケ、テーブルランプ、エミール・ガレ、1902年頃

このアール・ヌーヴォー様式のランプは、ガラスでできた茎と傘に3つの電球を収めている。3本の幻想的なキノコが人間の3世代、つまり 幼児期、青年期、壮年期を象徴している。曲線と明るい色彩は、フランスのアール・ヌーヴォー様式の特徴である。

バウハウス誕生の舞台になった。ヴァン・ド・ヴェルドは、デザインの新たな前進的な理想を振興した重要人物であった（14.5）。

フランス

ナンシー派

フランスのアール・ヌーヴォーの発展には、パリと、より小さい町ナンシーの2つの核があった。ナンシーのウジェーヌ・ヴァラン（1856-1922年）は、ダイニングルームが典型的アール・ヌーヴォーとされ、現在博物館となっている邸宅（1903-1906年）のインテリアデザイナーであった（14.1）。この家の木工細部、天井漆喰、壁の装飾、絨毯、照明家具、そして家具のすべての細部は彼のデザインで、密接に関係した、独特な、曲線による、複雑な造形の幻想的な環境を生み出している。ナンシーでは、ナンシー派が誕生し、熟練した装飾ガラスの巨匠エミール・ガレ（14.6、1846-1904年）と家具デザイナーのルイ・マジョレル（1859-1926年）が含まれる。両者ともに、華麗で複雑な装飾を表現形式とする巨匠であった。マジョレルは、彫刻、象眼、金鍍金、他の金属装飾要素を使用した家具デザインの専門家であった。彼の曲線のテーマは、主として花のパターンに基づいていた。彼は、パリとフランスの他の町でショールームを展開しビジネスで成功をおさめた。

ナンシー派の作品の、多様性、独創性、美しさは素晴らしいが、装飾過剰の傾向がある。

エクトール・ギマール

パリで最も重要なデザイナーはギマール（1867-1942年）であろう。ギマールは建築家だが、彼の作品には、彼が設計した多くの建物の内装、家具、より小さいオブジェ、タイルや窓やドアの縁のような装飾要素のデザイン、そしてビジネスのためにある程度量産された暖炉のマントルピースが含まれている。ギマールは、

14.7 カステル・ベランジェ、エクトール・ギマール、パリ、1894-1899年

ギマールは、このアパートの玄関ホールを、特別にデザインした素焼きの壁のタイル、壁から塗装した天井まで続く金属製ディテール、そして金属製の門で構成している。すべての要素は、アール・ヌーヴォーの流れるカーブをもつ。クリーム色の背景と青緑で描かれた模様はともに、アール・ヌーヴォーのデザイナーたちに好まれていたパステルカラーである。

14.8 家具、エクトール・ギマール、フランス、1900-1905年

これらエクトール・ギマールデザインによる家具は、ニューヨークの近代美術館における展覧会のために集められた。ギマールは、フランスのアール・ヌーヴォー様式のリーダー的存在であった。

さまざまなオブジェの産業デザイナーのパイオニアといえよう。彼は、19世紀後半に建設されたパリの地下鉄入口のような前向きのデザインプロジェクトに邁進した。ギマールの初期作品の多くと、彼がつくり続けた小さな住宅のいくつかは、奇妙な幻想的な特質をもっているが、彼の主要な作品は、アール・ヌーヴォーの最良の作品といえる。

カステル・ベランジェ（1894-1899年）は、玄関ホールを通り抜けた先にある中庭を中心に構築された6階建てのパリの集合住宅である（14.7）。入口アーチはロマネスク様式を連想させるが、両側の渦巻く彫刻で装飾されたずんぐりとした柱をよくみると、このデザインが派生的ではなく、オリジナルであることは明らかだ。入口の鉄扉、そして型で成形された素焼きタイル、タイルを押さえる金属バー、ステンシルで装飾された天井のある玄関ホールは、アール・ヌーヴォーの表現形式である曲線と鞭のようにしなる造形とパステルカラーで統合された試みといえよう。階段は塔の内部を上昇し、中庭にある水栓は幻想的な銅の彫刻で作られた。アパートの内装は、もちろん、アパートの歴史と住人の趣味によって異なる。しかし、ギマールの自宅アパート内のスタジオを記録した古い写真には、自らデザインした家具、木工、漆喰ディテールなどパンフレット『ギマール様式』（14.8）に掲載された商品に囲まれたギマールが写っている。

1909-1912年、ギマールは、パリの不定形な三角形の角地に4階建てのタウンハウスを建築した。道路に面した鉄の装飾的なバルコニー手すりのある二面の石のファサードには、非対称の、流れるような、曲線を彫刻した独特の造形で溢れている。同時代の写真によると内装は、珍しい形の部屋で成り立っており、部屋のすべての家具と装飾ディテールがギマールの個性的なスタイルを表している。

パリのアパート、1つのオフィスビル、パリ市内と郊外のいくつもの住宅の他に、ギマールは1900年ごろにパリのメトロ（地下鉄）入口と多数の細部をデザインした。メトロ入口のサイズと形状はさまざまであったが、いくつかはガラスの屋根があり、多くは統合した看板、電灯、広告ポスターのための看板、ロゴマークをもっていた（14.9）。ギマールは、いくつもの標準化された要素（金属の柵パネル、看板、電灯、壁パネル）をデザインすることで、このプロジェクトに対処した。これらの要素は、前もって量産され、各メトロ駅の必要にあわせ多様な形状に組み立てることができた。いくつかの大きなメトロ入口は一点もののデザインであったが、多くの駅は多様な方法で組み立てられた典型的な要素を共有していた。メトロ入口の多くは解体されたが、残っている例は美しく、地域色溢れるパリの街路の景観に欠かせない要素となっている。これらは、アール・ヌーヴォーのすべてのデザインの中で、最も成功した例であろう。

1929年になっても、ギマールは制作していたが、彼の後期作品はアール・ヌーヴォーの華麗な様式から離れて、抑制されてはいたがそれで

14.9 ポルト・ドーフィヌ駅入口、エクトール・ギマール、パリ、1900年頃

パリメトロの駅入口のためにギマールは、多様な形やサイズのキオスク入口に組み立てることができる、金属の建築基準材を使用した。すべては、自然に関連する形の曲線をもっていた。

アール・ヌーヴォーとウイーン分離派 319

も豊かに装飾された様式へ進んだ。ギマールの作品は、ほかのアール・ヌーヴォーの多くの作品と同じように、経費のかかる手仕事が必要であった。例を挙げれば、椅子の流れるような造形は、流れるような素材を使用した結果ではなく、高度な木工技術によって制作された。そのような仕事は前衛的な趣味をもつ裕福な顧客のみが購入できた。彼らは大量生産を支持できなかった限られた人々であった。

他のフランスのデザイナー

フランスのデザイナーの多くがアール・ヌーヴォーの表現形式を使い、インテリアデザイン、家具、陶磁器や金属器やガラス器やジュエリーなどのより小さい装飾品などの専門領域で制作した。1895年にサミュエル[2]・ビングによって設立されたギャラリー「アール・ヌーヴォー」は、それらの作品をより身近に、周知させる役割をはたした。ビングが売り出したデザイナーの中で、エドワール・コロンナ（1862-1948年）とウジェーヌ・ガイヤール（1862-1933年）は両者とも家具とジュエリーのデザインで知られていた。ルネ・ラリック（1860-1945年）はテキスタイル、ジュエリー、額縁付鏡、電灯のデザイナーであったが、ガラスのデザインによって最も知られている。アール・ヌーヴォー様式は、パリのファッションとの関係が生じることで、ファッションに敏感な人々の間で流行した。しかし、ファッションとは、1つの様式が確立すると、新たな異なる方向を求めるものである。その結果として、アール・ヌーヴォーは20世紀初期に衰退し、第一次世界大戦が始まるまでに（1914年）、ほぼ完全に消滅したのであった。

スペイン

ガウディ

アール・ヌーヴォーという用語は、まずベルギーとフランスの作品に限って使われていたが、次第に、非伝統的で、おおよそ自然の造形に基づく装飾デザインを使ったスタイルの作品であれば、どの地域に現れても、この名称が使われるようになった。そのため、この用語は、アール・ヌーヴォーのいくつかの特徴、またはすべての特徴を備えているスペイン、イングランド、スコットランドとアメリカの作品にも使われている。スペインのバルセロナでは、アール・ヌーヴォー様式の多様な作品がつくられていたが、主な芸術家のアントニオ・ガウディ（1852-1926年）は流れるような曲線と珍しい装飾細部をもつ個性的な表現形式の発明者として知られてい

注2　ジークフリート

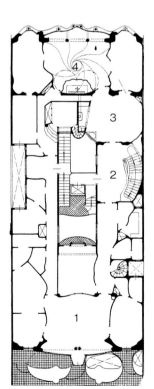

14.10（左）カサ・バトリョ、2階の間取り、アントニオ・ガウディ

1. ダイニングルーム
2. 大階段室
3. 暖炉のある待合室
4. サロン

細長い町の敷地に建つカサ・バトリョは、既存の建築をガウディのデザインで再建させたものであった。中央に階段とエレベーターがあり、多くの部屋は曲線的な壁で成り立つ珍しい形をしていた。道に面するファサードは間取り図の上方に、ダイニングルーム（図上の番号1）は下方に位置する。点線で渦巻く造形が天井に表されているサロン（図上の番号4）は上に位置する。

14.11（右）カサ・バトリョ、アントニオ・ガウディ、バルセロナ、1904-1906年

カサ・バトリョのダイニングルームは、ガウディのきわめて個性的なアール・ヌーヴォール様式のテーブルと椅子、ドアと窓フレーム、パネル、つり下げ型の照明器具、流れるような漆喰天井で構成されている。

14.12 エルヴィラ工房、アウグスト・エンデル、ミュンヘン、1896年（1944年に解体）

写真家のアトリエに使われたこの小さい建物は、アール・ヌーヴォー（ユーゲント・スティール）の、歴史主義を回避し、曲線形と自然の形に由来する芸術的要素の採用といった本質を表している。

る。彼が古い建物を改築した、カサ・バトリョ（1904-1906年、14.10、14.11）は、複雑なファサードと屋根の幻想的なラインをもつ骨のような造形、そしていくつかのアパートにすばらしい内装をもつ集合住宅である。パネル張りの扉には変則的な形の小さな鏡がちりばめられ、天井は渦巻く曲線の漆喰で装飾された。

その近所にある、さらに大きい、この地では非公式にラ・ペドレラ（「採石場」、1905年開始）として知られているカサ・ミラは、中庭を囲むように建てられた6階建ての大きい集合住宅である。マンションの、鉄柵のあるバルコニーのある波打つセメントの外観は、珍しいプランで覆われている。各アパートはモザイクを構成する石のように組み合わせた、不揃いの部屋の集合となっている。屋根のレベルにあるテラスでは、壊れた色鮮やかなタイルの破片をモザイクのように組み合わせている。幻想的な彫刻された造形が、煙突と通気口に発展している。ガウディは、特別なプロジェクトのために熟練した職人に注文する家具のために、幻想的な曲線、ときには骨のような、ときには折針金のような形をデザインした。グエル公園（1905-1914年）そして、未完成の聖家族教会（1903-1926年）は、ガウディの幻想的できわめて個性的な表現形式を大規模に示している。

ドイツ：ユーゲント・スティール

ユーゲント・スティールの用語は、1869年にミュンヘンで設立された雑誌『若者（Die Jugend）』に由来するが、そのスタイルはヨーロッパ各地で実践されていたアール・ヌーヴォーと同様である。

エンデル

ミュンヘンのユーゲント・スティールのデザイナーであるアウグスト・エンデル（1871-1912年）の比較的マイナーな作品が、アール・ヌーヴォーのデザインを要約している。エルヴィラ工房（1869年、14.12、すでに解体された）は、小さい2階建ての写真家のスタジオであった。ファサードには戸口と非対称に窓が挿入されている。これらの開口部は珍しい形で、上の角が曲線の長方形である。いかなる歴史的前例によるヒントもない。圧倒的な力をもつ装飾、つまり抽象的だが、それでも波か海の生物を連想させる曲線をもつ浅浮き彫りが、ほかには何もない壁上部の表面にそびえている。窓の仕切りは、蔓性植物の茎でつくられているように不規則に曲げられていた。玄関と階段は、関係のある幻想的なモチーフをもっていた。エンデルはいくつかの平凡な建物といくつかのアール・ヌーヴォー家具のデザイナーであったが、彼の評判はエルヴィラ工房のみで成り立っている。

リーマーシュミットとベーレンス

ユーゲント・スティールのスタイルは、リヒャルト・リーマーシュミット（1868-1957年）によっても発展した。彼は、1899年のドレスデンの展覧会で、家具、照明器具、壁面装飾を含む音楽室を展示したデザイナーである。その簡素さは、後の彼のデザインを予測させる。斜めのサイドサポートがあるシンプルな椅子は、「クラシック」なデザインとなり、多様な近代のバリエーションの起源となった。1900年、リーマーシュミットは、ベルンハルト・パンコック（1872-1943年）とともに同年のパリ万国博覧会で展示されたダイニングルームをデザインした。一方パンコックは、同じ博覧会のために一人で喫煙室を設計した。その喫煙室は、曲線の木彫りの造形が、窓、天井と照明器具に及ぶ、ユーゲント・スティールの幻想的な形を全面的に表現したものであった。ペーター・ベーレンス（1868-1940年）の初期作品も、たとえば、ダルムシュタット自宅（1901年）の内装のように、

アール・ヌーヴァーとウイーン分離派　321

14.13（左）セント・ジョーンズ大聖堂、ラルス・ソンク、タンペレ、フィンランド、1902-1907年

フィンランドでは、ドイツ語の用語ユーゲント・スティールとして知られていたアール・ヌーヴォーのコンセプトは非常に歓迎された。ソンクはドイツのレンガ造りの教会に影響を受けたが、建築的要素の流れるカーブ、塗装装飾ディテール、壁画とステンドグラス、そして、吊り下げ型の電灯、これらすべては、強烈なフィンランド風アール・ヌーヴォーを示している。

14.14（右）フリードマン邸の部屋のデザイン、ヨーゼフ・オルブリッヒ、ウイーン、オーストリア、1898年

オルブリッヒのドローイングの主題は、ウイーン郊外ヒンターブリュールにあるフリードマン邸のヨハンナ・フリードマン夫人の部屋である。ドローイングのスタイルと描かれたインテリアデザインともに自然からの影響を受けており、ウイーン分離派運動の特徴を表している。

ユーゲント・スティール様式であった。その後は、ドイツ電気産業（AEG）のためにデザインした作品のような、より控えめなモダニストのスタイルに移行した。作品には、扇風機、電気湯沸かしと照明器具などの多様な製品が含まれる。

北欧

ユーゲント・スティールは北へ向かい、北欧諸国まで広がり、特にフィンランドでは、独特な地域的表現として現れている。19世紀末に向かうころフィンランドは、「ロマンティック国家主義」と呼ばれる時代にあり、バイキング時代まで遡るノルディックの主題とこの地域の工芸の伝統を組み合わせ、アメリカのアディロンダック様式と少々類似した作品をつくりだしていた（p.282参照）。アール・ヌーヴォーの独自性と装飾性は、ロマンティック国家主義の作品にブレンドされ、ラルス・ソンク（1870-1956年）による控えめなサイズのタンペレ大聖堂（14.13、1902-1907年）のような建物が誕生した。大聖堂の石の外観は、H・H・リチャードソンを連想させるが、ノルディックとアール・ヌーヴォーのバランスがとれた細部を備えている。内部は、3面が広いバルコニーで囲まれた広いオープンスペースとなっており、ユーゲント・スティールの装飾的な表現形式のステンドグラスと壁画

と化粧漆喰を使っている。ヘルシンキの鉄道駅（1906-1914年）において、エリエル・サーリネン（1873-1950年）は、ユーゲント・スティールから初期モダニズムへの過渡期の様式を示している。

オーストリア：ウイーン分離派

ウイーン分離派とは、1897年に、彼らのモダニスト的作品を拒否したウイーン芸術院に抗議するため展覧会から脱退した美術家とデザイナーのグループによって使われた名称である。グループの先導者は、画家のグスタフ・クリムト（1862-1918年）であった。

オルブリッヒ

ヨーゼフ・オルブリッヒ（1867-1908年）は、ウイーンの分離派ギャラリー（1897年）を、展覧会と分離派運動本部として設計した。建物は、対称で長方形であり、建物の軒のモールディングと他の細部は古典主義を連想させる。しかし、自然に基づくモチーフ、彫られた葉、面のようなメドゥーサの顔などで装飾された細部がある。入口の上部にある屋根には、表面を金メッキした葉でできた大きい空洞の金属製ドームが置かれた。建物の内装に変更されたが、古い写真によると建物がオープンしたときの状態は、立派

な中央ギャラリーには、アーチ形天井と天窓、そしてアール・ヌーヴォーの流れるようなパターンが描かれた壁画があった（14.15）。

オルブリッヒの他の作品には、1899年にドイツのダルムシュタットでヘッセ大公の後援をえて設立されたマティルデンホーヘ・アート・コロニーの家何軒かが含まれている。その展示ホールと結婚式タワー（1905-1908年）は、幾何学的な装飾要素とプロトモダニスト風長方形を使っている。オルブリッヒの住宅作品は、オーストリアの農家建築様式の名残りを分離派の実験的な形と組み合わせている。内装は、しばしば幻想的な造形と組み合わせた、注意深く計算されたディテールで溢れている（14.14）。たとえば、1898年のウイーン近郊のフリードマン邸の、巨大な翼を広げた生物の形をした窓枠が挙げられる。壁には壁画が描かれ、ベッドは天蓋と掛け布でバーチャルな神殿のように囲まれていることもある。

ワーグナー

紋切り型のリバイバル様式の中で建築のキャリアを積んだオットー・ワーグナー（1841-1918年）は、彼の著書『モダン建築』（1895）の出版で、新たな方向に進み始めた。『モダン建築』は、目的に基づくデザインに賛成し、歴史的な復興主義を放棄するよう訴えた。彼の1890年代後半の主たる都市プロジェクトには、ドナウ川運河の閘門高低差の大きい運河で船舶を昇降させるための装置、橋、ダム、高架橋、ビル、そして都市鉄道ネットワークであるスタッドバーンの建築が含まれている。ウイーンのカール広場駅のキオスク（1898年）は、2棟の同じ建物が向かい合うように建てられており、大理石とガラスの壁パネルを支えるために、外面からみえる

14.15 分離派館ギャラリー内部、ヨーゼフ・オルブリッヒ、ウイーン、1897年

分離派館の中央ギャラリーの、扉と他の開口部の厳密な幾何学的造形、および壁の四角形のパターンは、分離派デザインが直線を重視していたことを示す。一方、壁画にはベルギーとフランスのアール・ヌーヴォー作品に類似した、流れるような造形を使用している。

インサイト

オットー・ワーグナーと『モダン建築』

オットー・ワーグナーは著書『モダン建築』で、19世紀の歴史様式復活に対する鬨の声として「モダン建築」という用語をつくりだした。

「我々は、ルイ14世の服装をして歩き回らない」[1]

ワーグナーは、1894年にウイーンの美術学校の建築教授となった。彼の思想に強く影響された学生たちに彼らの意見を出版するように励まし、すぐに過激な教師として評判になった。ワーグナーは、ゴットフリート・ゼンパーの著書、特に1850年代に書かれた随筆『科学・産業・芸術』に影響されていた。

「絶え間なく、科学は、新しく発見された便利な素材と奇跡をつくる自然の力、新たな方法と技術、新たな道具と機械で、科学そのものと生活を富にする」[2]

ワーグナーの建物は、目的のあるモダンなアプローチへのこの信条を、できるだけ「正直」な方法で素材と技術を使うことによって建築に結びつけていた。ワーグナーの学生たちは、『ワーグナー学校について』という雑誌に彼の理論に対する印象を掲載した。

「建物は完璧に製造された機械のように機能する必要がある。設備においては、ワゴンリ*のレベルでなければならない。使用するすべての道具の衛生と清潔度については、病院のレベルに合わなければならぬ。必要なのは、病院、寝台列車と機械を総合したものである。」[3]

そして、

「すべてのこびへつらった表面的な努力、そしてすべての個性は避けるべきだ。機械、良質の椅子、あるいは楽器のように。建築の造形は、必要性と素材という基準でデザインされたユニフォームであるべき…より高度な純粋へ進むために。」[4]

1. Otto Wagner, *Moderne Architektur*, 1895; 2. Gottfried Semper, *Wissenschaft Industrie und Kunst* (London, 1852); 3. *Aus der Wagnerschule*, extract quoted in Nikolaus Pevsner and J. M. Richards, *The Anti-Rationalists* (London, 1973) p. 95; 4. *Ibid*. p. 95

* 訳注　1872年にベルギーで設立された鉄道事業者。オリエント急行を始めとする国際寝台列車を運行する（Compagnie internationale des wagons-lits）

アール・ヌーヴァーとウイーン分離派　323

14.16 郵便貯金局、オットー・ワーグナー、ウイーン、1904-1906年

主たる銀行業務室は、金属の構造をさらし、ガラスの半円筒型天井をもつ。鉄の柱のリベットは、装飾的要素としての役割を果たしている。その他の装飾ディテールといえば、地下室の採光の役割をはたす大きなガラスの床の、黒と白のタイルによる細い帯だけである。

14.17「居間のかたすみ」、雑誌『聖なる春』、ヨーゼフ・ホフマン、1909年

分離派の機関誌『聖なる春』に掲載された、このホフマンのインテリアは、彼が好んだ長方形の規則的なパターンを示している。

金属のかご型の枠組み構造を採用した。金色の装飾的ディテールは分離派様式のアール・ヌーヴォーと関係のあるオーナメンタリズムを連想させる。そのロビーは、白、緑、金色の内装ディテールで装飾されていた。

ウイーンにあるワーグナーによる巨大な聖レオポルド・アム・シュタインホフ教会（1905-1907年）は、高い位置にドームがあり、鉄の構造が銅の外面を支えている。教会内部の、十字架の形をなす大きい交差部分は、低い室内ドームに覆われている。この室内ドームは、金色に塗った細長い金属で固定された軽くて、四角い白色パネルの吊り天井で覆われている。典礼用調度品、天蓋のある祭壇、説教壇と告白室、吊り下げられた照明、祭壇の上の絵画的モザイク、ステンドグラス窓はすべて、分離派運動の幾何学的な装飾表現の好例となっている。

ワーグナーの最も知られているプロジェクトは、巨大なオーストリア郵便貯金局本部である。（14.16、1904-1906年）建物の外面は、頭の部分が装飾的ディテールになっているボルトで固定された石パネルで覆われている。内部のロビー、階段と廊下は、金属とステンドグラスの分離派風ディテールで装飾されている。中央にあるメインの銀行業務室は、高い中央部分と、両側に低い空間がある（厳密に近代的語義で「身廊」と「側廊」）。すべては金属とガラスの天井で覆われており、支柱はリベット頭部が現れているスチールである。すべての金属は白く、構造ガラスの床は階下の空間に明かりを供給している。電気照明器具と管状の換気口は、機能的である

と同時に装飾的な役割を果たしている。シンプルな木製のカウンター、小切手を書く机、スツールは、すべてワーグナーによる簡素なデザインである。ウイーン分離派の作品でありながら、この部屋は最初の真に近代的なインテリアとみることもできる。本建築は、クリスタルパレスで初めて現れたモダンコンセプトを、いかなる応用装飾的オーナメントにも頼らずにフォルムと構造をとおして、インテリアに導入することに実用的にも審美的にも完全に成功している。

ホフマン

ヨーゼフ・ホフマン（1870-1956年）は、分離派運動の初期から20世紀のモダニズムまで、長い建築とデザインのキャリアをもつが、彼の最も重要な作品は、分離派運動初期につくられた。1903年にホフマンは、ウイーン工房の創始者の一人であった。ウイーン工房は、ホフマンと他の分離派デザイナーの作品を製作したゆるいクラフトの同業者組合であった。彼のデザインは厳密な矩形へ移行していった（彼はいつも方眼紙に描いていた）。テキスタイルと紙に、金属製品の打ち抜き穴に、そして建築の文脈における

アール・ヌーヴァーとウイーン分離派

オーナメントに、小さい四角模様が共通してみられる。ホフマンの表現主義的なドローイング（14.17）は、モダニストの簡素さと、アール・ヌーヴォーの方向性を示す装飾への衝動の結合を示している。ウイーン近郊のゲルスドルフ療養所（1903-1906年）は、白い壁と最小限の外面オーナメントのある、厳かな対称的な建物である。内装もシンプルだが、白黒パターンの四角形タイルの床と、ダイニングルームのためにデザインされたシンプルな椅子を含む家具は、後期モダニズムの厳格さを見据えているようである。ホフマンも、多数の展覧会、住宅プロジェクト、小売店、バーとレストラン、背面の角度を調節できる創意に富んだ肘掛椅子（14.18）のような家具、磁器、銀器、ガラス器、皮製品、ジュエリーをデザインした。

ホフマンの最も有名な作品はウイーンではなく、ブリュッセルにある。それはベルギー人アドルフ・ストックレーが注文した、通常ストックレー邸（1905-1911年）と呼ばれる大きな豪華な邸宅である。それは素晴らしい建物で、彫刻がそびえ立つ塔のある非対称の立体といえよう。その壁は金属の細い装飾で縁取られた薄い大理石板で覆われている。多数の部屋には、見下ろせるバルコニーのある吹き抜けの玄関、小

14.18 曲木製のモリスチェアー、ヨーゼフ・ホフマン、1900-1906年

この調節可能な背をもつ肘掛椅子のようなタイプを、ウィリアム・モリスのデザインを起源にもつことから「モリスチェアー」と呼ぶ。ヨーゼフ・ホフマンの例は、1900年から1906年の間に、曲木の構造でつくられた。

14.19 ストックレー邸、ヨーゼフ・ホフマン、ブリュッセル、1905-1911年

ホフマンは、この整然としたダイニングルームの大理石の壁、つくり付けのキャビネット、床のタイル、絨毯、そして家具をデザインした。白黒の床タイルと暗い色の家具は、明るい色の大理石の壁と側壁のモザイク壁画によって輝いてみえる。壁画はグスタフ・クリムトによってデザインされ、レオポルド・フォルストナーによって大理石とガラスと半貴石で製作された。

14.20 アパートメント、アドルフ・ロース、ウイーン、1903年頃

ロース自宅の幾何学的な簡潔さは、1908年の装飾に対する攻撃を予告しているようだ。さらされた梁とレンガは、20世紀モダニズムの表現形式を示している。つくり付けの棚と座席と展示棚は、デザインの機能的なアプローチを示している。装飾的な絨毯、棚に置かれた装飾的時計は意外であるが、ロースはそのような古い装飾品を彼の簡素なインテリアに置くことを許していた。

さい劇場または音楽室が含まれている。すべての部屋は整然としており、さまざまな色の大理石などの贅沢な素材と抑制された幾何学的なオーナメントを使用している。ダイニングルーム（14.19）には、グスタフ・クリムトの大きいモザイク壁画がある。また、バスタブ、壁、床すべてが大理石でできたとりわけ巨大な風呂場がある。ホフマンは、化粧台の棚の上に置かれた銀の化粧道具に至るまでをデザインした。

ロース

　アドルフ・ロース（1870-1933年）は、一時期分離派運動に参加した建築家・デザイナーであったが、やがてこの運動が装飾を表面的にしかとらえていないことに幻滅を感じるようになった。ロースの名声の大部分は、後にモダニズムの発展の主要な理論となった初期の声明を含む著書による。彼の1908年の随筆『装飾と犯罪』は、装飾の使用を攻撃している。ロースは、装飾を、近代文明が消去すべき不必要な退化の表現と考えた。今日では、ロースが装飾と犯罪の関係を明確にしようとした試みは奇異に感じられるが、装飾が近代の機械化された生産体制に合わないという視点は、20世紀デザインでは中心的になっている（14.20）。ロース自身の作品には、トネのためのシンプルな曲木家具、ロブマイヤーのためのガラスウェア（現在も生産されている）が含まれる。ロースの建築作品は、奇妙にも、決して装飾から開放されていなかった。1909-1911年のウイーンのゴールドマン＆ザラチュ商会の小売店のために、ロースは下層階の外面装飾としてギリシャのドーリス式の円柱を採用したが、上層階の住宅フロアは装飾のない四角い窓がならぶ白い壁であったため、怒りと嘲笑を喚起したのであった。ウイーンの1907年作のケルントナーバーは、天井に長方形パネル、床に四角形のタイル、豪華な木材と皮革を

アール・ヌーヴァーとウイーン分離派

家具に使っており、簡素な空間とは決していえない。一方、ロースの1910年のシュタイナー邸は、窓を散在させて穿った白い壁の塊で、簡素さを野蛮の瀬戸際まで押し進めている。内装は、当時のウイーンで快適と考えられていた乱雑さをみせており、教条的ではない。

分離派のデザインは、アール・ヌーヴォーが最も影響を与えた様相であった。ベルギーとフランスの華麗な曲線は常軌を逸したわざとらしい装飾とみられるようなったのに対し、ウイーンのより幾何学的な造形はモダニズムにより簡単に順応することができた。ロースの著作はモダニズムの純粋な単純さの重要性を強調した。一方、工作連盟とウイーン工房運動にみられるクラフト志向の誠実な素材選びとワークマンシップへのこだわりは、アーツ＆クラフツ運動の概念を近代へと届けたのであった。コロモン・モーザー（1868-1918年）も、家具（14.21）を含む分離派様式のさまざまなオブジェのデザイナーであった。ペーター・ベーレンスは、ウイーン分離派でなくミュンヘン分離派のメンバーであったが、ヨーロッパで最も有名であった3人のパイオニア、グロピウス、ミース・ファン・デル・ローエ、そしてル・コルビュジエを採用することで、ユーゲント・スティールからモダニズムに至る人間の関係を形成した。

アメリカ

アール・ヌーヴォーのアメリカにおける役割は、ティファニーとサリヴァンの2人の作品にほぼ限られている。2人ともたいへん影響力をもっていた。

ティファニー

ルイス・コンフォート・ティファニー（1848-1933年）は、有名なニューヨークのジュエリー会社の創始者の息子であった。芸術に集中するためにニューヨークに定住する前、若いティファニーは、アメリカとパリで絵画を学んだ。1870年代末、ティファニーは次第に装飾芸術に興味をもつようになり、1897年にインテリアデコレーションの会社「ルイス・C・ティファニーとアーティストたち」を設立した。ニューヨークの第7連隊アーモリー退役軍人室（1897）やニューヨークの裕福な家族のための住宅インテリアの空間に、そのデザインと工房作品を提供した。これらの室内は、アーツ＆クラフツ運動のスタンダードを意識することによって修正されたヴィクトリア朝のぎっしりと豪奢に仕上げる好みに従っていた。1885年にティファニーは、自分の会社を再編成した。新名称「ティファニー・ガラス会社」は彼がステンドグラス芸術に集中し始めたことを表している（14.22）。彼は、ボストンのリチャードソンによるトリニティー教会（p.306参照）を含む多くのアメリカン教会から窓の制作の注文を受けた。多くは、中世の実践のヴィクトリア朝バージョンで、宗教的な主題を絵画化する手法を使っていた。次第に、彼のステンドグラスは、教会以外の場所のために注文されるようになった。

住宅（14.23）、クラブ、そして似たような場所で、ティファニーの風景、花、そして半抽象的なテーマは、フランス・アール・ヌーヴォーのガラス作品と次第に類似するようになった。四季の風景パネルで「四季」と題されたステンドグラス窓は、1892年にパリで展示された。この作品は、そこでティファニーの国際的な名声を確立し、サミュエル[3]・ビングの興味を喚起し、ティファニーのデザインをビングのパリのギャ

14.21 肘掛椅子、コロモン・モーザー、ウイーン、1903年頃

この椅子は、このデザイナーによって「ツッカーカンドル」と名付けられた。クロベ、マホガニー、樫を使い、インドシスボクと彫ったり描いたりした真鍮を象嵌している。この椅子は、職人のキャスパー・ハラジルが製作し、現在ロンドンのヴィクトリア・アンド・アルバート博物館が所蔵している。

注3 本名ジークフリート・ビング。フランス国籍を取得して、サミュエルと名乗っていた時期がある。

14.22 窓、ロシュロアヌ、アーヴィングトン・オン・ハドソン、ルイス・コンフォート・ティファニー、ニューヨーク、1905年。コーニング美術館、コーニング、ニューヨーク

ティファニーの名声は、ステンドグラスの多様な技術による。このロシュロアヌの応接室にあるようなステンドグラスは、当時の、絵画と関係があるヴィクトリア朝様式で制作された。この風景は、外からの日光の光によってひかり輝く。ティファニーは自分の技術をアール・ヌーヴォーデザインの特徴を帯びたガラスシェード付きのランプや茶碗と花瓶のために発展させた。

ラリー「アール・ヌーヴォー」で展示する作品に加えさせる契機となったのである。

ガラスの技法に専念することにより、ティファニーは装飾的な花瓶、茶碗、文鎮、色鮮やかな花柄や純粋な抽象的なカラーとテクスチャーのパターンを使ったその他のオブジェ制作に進んだ。多様なガラスには、「ファヴリル」、「シプリオッテ」、「カメオ」、「ラヴァ」など、さまざまなプロセスとその結果としてのデザインを表す用語がある。玉虫色は、大いに賞賛されたサトイモ科テンナンショウ属の植物と丸葉朝顔のデザインに多く使われた。ティファニーのガラスは、ガレとラリックのようなフランスの重要なガラスデザイナーの作品に似ており、しばしばそれらを超越している。有名なティファニーランプは、金属のスタンドと多様な形のガラスシェードでできている。シェードは、有鉛つなぎのステンドグラスである場合と、色鮮やかな模様のあるファヴリルガラスで一体構造となっている場合がある。ランプのいくつかは、小さいガラスシェードが花や蔦の茎を連想させる複雑な金属スタンドに支えられている。自然の造形、孔雀の羽または虫の翅は、しばしば植物の造形の代わりに現れる。ティファニーは、モザイク、敷物、そして家具をデザインした。ティファニーのデザインの凄まじい人気は第一次世界大戦後に人々の趣味が変化したことから後退したが、近年、アール・ヌーヴォー期への興味が高まり、ティファニーをこの運動の重要人物として定着させた。

サリヴァン

ルイス・サリヴァン（1856-1924年）は、デ

14.23「ティファニー邸」、ルイス・コンフォート・ティファニー、ニューヨーク、『芸術的な家』からの複製写真、1883-1884年

装飾家として、ティファニーはヴィクトリア朝風、アーツ&クラフツの影響、そして自分の芸術的な衝動に基づいた多様な装飾要素を使った。装飾豊かな壁面、豪華なフロアスタンド、暖炉の装飾、そして本棚と陶磁器は、イーストレイクとエディスが推奨するヒントと一体になっている。

ザイン史上に、重要だが複雑な位置を占めている。サリヴァンは、しばしばモダニズムのパイオニアとして、「形は機能に従う」という理念の主張者としてみられている。サリヴァンはアメリカの最初のモダニズムの建築家であり、同時にフランク・ロイド・ライトの初期の雇用主であり師匠であった。しかし、サリヴァンは装飾の使用に反対していなかった。彼の作品の多くは、自然の造形に基づいた非常に個人的なスタイルの豊かな装飾を含有しているので、サリヴァンもアメリカのアール・ヌーヴォー建築とインテリアデザインの代表的人物で提唱者と考えることができる。サリヴァンは短期間マサチューセッツ工科大学で学び、一時期フランク・ファーネスのフィラデルフィアのオフィスで働いた。1874年にサリヴァンは、パリ美術学校で建築を学んだが、1875年に満足することなくシカゴに戻った。

サリヴァンは、ドイツで教育を受けた年上の建築家ダンクマール・アドラー（1844-1900年）と建築事務所の共同経営を始めた。彼らが手がけたシカゴのオーディトリウムビル（1886-1890年）は、高層のオフィスやホテルビルに囲まれた中央の空間に隠れて建つ大オペラ劇場である。鉄の構造フレームは10階建ての高さを可能にし、外面の壁の石づくりの細部は、リチャードソンのマーシャル・フィールド倉庫を連想させるが、視覚的にそれほど成功していない。サリヴァンの主要な役割は、このプロジェクトを輝かしいものとしているインテリアデザインであった。ロビー、階段、ホテルの公共スペース、そして劇場スペースは、サリヴァンが空間的構成と装飾の両方において素晴らしいデザイナーであったことを示している（14.24）。劇場は、電球を散在させたスペースに橋をかけたような大きなアーチを頂き、サリヴァンのアール・ヌーヴォーに連なる個人的表現形式で装飾された華麗な金色の浮き彫りで囲まれていた。客席と舞台をつなぐ視線と音響の設計は秀逸であり、巨大なホールを必要としない出し物の場合、最大4,200の座席数を減らすことができる移動可能の天井パネルの巧妙な仕組みを備えていた。ホテルの最上階のメインダイニングルームは、ミシガン湖を臨む窓、天窓、サリヴァンの精巧な装飾的細部に縁取られた塗り壁と天井をもつ、素晴らしいアーチ空間であった。

共同事務所時代の後期の作品におけるアドラーの役割は技術面であり、サリヴァンはデザインを担当した。高層ビルのデザイン上の問題は非歴史的な解決方法がふさわしいことから、

アール・ヌーヴァーとウイーン分離派 329

14.24 オーディトリアムビル、ルイス・サリヴァン、シカゴ、1886-1890年

ダンクマール・アドラーとともに、サリヴァンはオフィス、ホテル、そしてその名称の由来となったオペラ劇場を一つの巨大な複合体に組み合わせたこの偉大な建物の共同デザイナーであった。サリヴァンは多くの内部空間をデザインしたが、劇場はその中で最も華々しかった。ディテールを塗装した天井アーチ、舞台開口部デザイン、オルガンのための格子窓は、宝石のような光と色と形をもつ大きなスペースをつくりだすために組み合わせられた。この劇場は、過去のいかなる劇場やコンサートホールとも異なっており、機能性と装飾性の双方において大成功をおさめた。

サリヴァンは、次第に外面が簡素な20世紀モダニズムの有名なビルを製作するようになった。インテリアと細部は、自然を発想源とする花の装飾を使用し続けた。シカゴのシラー・ビル（1891-1892年）は、豪華に装飾された劇場をもつオフィスビルで、まるでオーディトリアムビルの小バージョンのようであった。セントルイスのウェインライトビル（1890-1891年）、バッファローのギャランティービル（1894-1895年）、ニューヨークのベイヤードビル（1897-1898年）はすべて、サリヴァンの高層建築へのアプローチを表している。すべて、外面はシンプルな垂直性を強調した豪華ではあるが適切な装飾ディテール、そして公共スペースには緻密な装飾に溢れたインテリアという共通点をもつ（14.25）。

サリヴァンの他の作品には、1892年のシカゴにある、特別にすばらしいインテリアの細部があり、現在慎重に修復されたチャーンリー邸（フランク・ロイド・ライトが重要なデザイナーの役割を果した）、1893年のシカゴ万国博覧会別名コロンブス万国展覧会の交通館、そして、シカゴのシュレジンジャー・メイヤー百貨店（1899-1904年、現在のカーソン・ピリー・スコット百貨店）などがある。後者のデパートは多くの意味でサリヴァンの建築の最も進んだものであった。12階建てビルの上部10階分の外面は、構造に鉄柱をおさめたシンプルな垂直グリッドと、各階レベルの水平グリッドで構成される。その結果生じたスペースには大窓が挿入され、白いテラコッタの細長い帯で仕切られたガラスのカーテンウォールがつくられる。窓を囲んでいる装飾の帯は、ほとんどみえないほど細いため、外面は驚くほどモダンな性格を帯びている。下部の2階の入口と店のウインドウのまわりは、豊かに金属の装飾で覆っている。ビルの張り出し屋根のコーニスは撤去されたため、サリヴァンの全体的なデザイン構想は損なわれてしまった。

1900年以後、アメリカの趣味が変化したため、サリヴァンのキャリアは衰退していった。1893年のシカゴ万国博覧会の、すばらしいアーチと装飾された金色の入口をもつ交通館は、その独自性において唯一無二であった。交通館は、パリの美術学校で学んだ東海岸の建築家に次第に

アール・ヌーヴァーとウイーン分離派

もつ、サリヴァンの最も優れた作品のいくつかを含む。ミネソタ州オワトナの国立農民銀行（1907-1908年）、アイオワ州シーダーラピッズの国民貯金銀行（1911年）、アイオワ州グリネルのマーチャンズ・ナショナル銀行（1914年）、オハイオ州シドニーの国民貯金貸付組合銀行（1917-1918年）、そして、ウィスコンシン州コロンビアのファーマーズ・アンド・マーチャンズ・ユニオン銀行（1919年）、すべてはサリヴァンのキャリアの最終段階に属している。それぞれが、彫刻的・装飾的な素焼きレンガで飾られた箱である。それぞれ、巨大な円形かアーチ型の窓がある。それぞれ、ステンドグラス、美しく細部装飾を施したカウンター、アール・ヌーヴォーと分離派を連想させる造形の家具と照明家具をもっている。このように小さい町にある小さい建物はこれらの要素によって芸術の稀な作品となっている。サリヴァンは、自分のデザインについての思想をさまざまな方法で出版した。例を挙げれば、サリヴァンが論理的なアイディアを1901年と1902年に書きとめ、後に出版した『幼稚園歓談』（1934年）、『アイディアの自伝』（1924年）、そして『建築装飾のシステム』のドローイング（ともに1924年）がある。

サリヴァンの最も重要な後継者は、フランク・ロイド・ライトであった。ライトはサリヴァンのために働いていた時期、サリヴァンから「私の手の中の鉛筆」と呼ばれた。ライトも、唯一の重要な教師サリヴァンに生涯、大きな信頼をよせ、サリヴァンを「愛する先生」と呼んでいた。1887年から独立する1893年の間、ライトはサリヴァン作品実現のための重要な役割を果たしていたが、ライトの早期の作品にもサリヴァンの影響がみられる。ライトは、多くの先駆的モダニストと異なり、彼の長いキャリアの間中、装飾的オーナメントを使い続けた。しかしライトは、サリヴァンが採用したアール・ヌーヴォーの曲線の造形から離れ、完全に自分のものとなった幾何学的な表現形式に移行したのであった。ライトの、モダニズムの発展における重要人物の一人としての役割については、16章で論じる。

アメリカのアール・ヌーヴォーの方向は最終的に、ヨーロッパよりも長くは続かなかった。20世紀初めの評論家と歴史家は、アール・ヌー

14.25 ギャランティービル、ルイス・サリヴァン、バッファロー、ニューヨーク、1894年

サリヴァンが多くの建物のために装飾をデザインしたアール・ヌーヴォースタイルは、12階建てのギャランティービル内部で使用されたドアノブの例で確認できる。サリヴァンの建築へのアプローチは、ある意味モダニズムを指向する機能を強調したが、彼は自然の造形に基づいた非常に個性的な装飾的ディテールを創作した。

好まれるようになった、歴史を模倣する古典様式で建てられた他の万国博覧会のパビリオンとは対照的であった。大衆も評論家も、光る池のまわりに建てられた白い円柱をもつ古典的なパビリオンに興味を惹かれ、サリヴァンのビルを目障りだと感じていた。時間が経てば経つほど、サリヴァンの来客も仕事も減退した。

アイオワ州シーダーラピッズのセントポール・メソジスト教会（1910-1912年）は、学校の直方体ブロックを半円形の教会講堂と組み合わせることで、建物の外面が成り立っている。巨大な鐘楼は建物の中央からそびえている。教会の内装は、円形劇場のように湾曲して並べた席と、見渡すバルコニー席がある。残念ながら、サリヴァンは、顧客と意見が合わなかった。この顧客は、予算を節約するために、サリヴァンの装飾的ディテールを取り除き、サリヴァンがデザインしたステンドグラスの代わりに廉価なアートガラスを取り入れた。それにも関わらず、この建物は顕著であり珍しい作品である。

サリヴァンのキャリア後期の注文は多くの場合、中西部の町の小さい銀行ビルであった。しかしそれらの中には、シンプルで独創的なコンセプトと、豪華な外面と内装のディテールを

ヴォー運動を、失敗した様式、または軽薄な趣味の悪い装飾過多の様式として蔑んでいた。アール・ヌーヴォーの再発見は、第二次世界大戦後を待たねばならない。展覧会、出版物、そして新たな研究によって、アール・ヌーヴォーはモダニズムの発展への重要な一歩としての正当な立場を取り戻したのであった。

第15章

折衷主義

15.1 パリのオペラ座、ジャン・ルイ・シャルル・ガルニエ設計、1861-1875年

オペラの観客としてのお祭り気分は、華やかな大作といえるロビーと階段にも、表現されている。巨大な枝付き燭台で照らされた彫刻像や、カラフルな大理石の円柱や金メッキなどで、大階段は、メインのオーディトリアム内でのオペラによる興奮を盛りたてる。ここの彫刻は、はっきりと建築的ディテールをみせびらかし、色彩と光の実際の効果も、計りしれない。

19世紀末から20世紀半ばまで、デザイン専門職の間では、過去の作品を模倣する技術と熱狂が、隆盛となった。リバイバリズム（復興主義）とは、19世紀初頭に、古代ギリシャやゴシックのリバイバルが起きたように、ある特定の時代の様式に戻ろうと、それを参考にすることである。トラディショナリズム（伝統主義）という言葉も、モダニズムとは逆行する方向を示している。一般に、"トラディショナル"か"モダン"かの選択がなされるべきだと、考えられている。トラディショナリズムとは、基本的に歴史的なある"時代"の作品を模倣することこそデザインであるとの、ある意味新しい考え方を表現している。このように、"ペリオッド・スタイル（時代別様式）"は、新しいプロジェクトにひらめきを与える可能性の宝庫とも言える。

"エクレクティシズム（折衷主義）"とは、すべてのデザインが、何か歴史的な先例を選び、できる限りの説得力で、それを模倣すべきだ、ということを表現するのに、最適な用語である。ある辞書では、この用語の定義とは、"さまざまな原理や方法、スタイルから、最適とされるものを選ぶこと"としている。この用語は、"折衷主義の哲学"が、多様な史料をベースとしている、という哲学の中で通用する。デザインとは、あるプロジェクトに適合しそうな、魅力的な歴史的な先例からの選択の実行を、意味することになる。すべてのオリジナリティーは、慎まれるべきということだ。しかしながら、多くのリバイバリストとヴィクトリアンたちは、歴史的な先例から引き出しても、何か新しいものをつくりだそうとし、引き出そうとしたその起源から、自分の時代に合う何かをつくりだそうとした。折衷主義の本質とは、過去との対照で、ある過去やどんな過去でも、そのまま再プロデュースするのではなく、そのリプロダクションは、なるほどと納得させるようになすべきである。

折衷主義は、特にアメリカで栄えたのだが、それはたぶん過去の作品が少ないせいもあったと思われる。アメリカでは、新しく富や権力を得た階層が、過去から何かをインポートするアイディアは、ヨーロッパの貴族階級から学び、文化、スタイル、ステイタスを得たいという願望もあった。アメリカでは、大学、大聖堂、記念碑的な官庁建築などを、旧世界に負けないようなモニュメントにするために、折衷主義を取り入れたのだ。

パリのエコール・デ・ボザール

パリのエコールは、最初で真のプロフェッショナル建築学校であり、そこでは秩序どおり論理的に建築プランニング理論を、驚くほど効果的に教える方法が発達していた。そして歴史についても、古典的な遺跡など偉大なモニュメントを、見事なドローイングやレンダリング作業をとおして、教え込むのである。また学生たちが、ボザールの指導者たちのアトリエで行う新しいデザインは、古典的歴史主義を熟練したプランニングに応用する、効果的な勉強となった。ボザールにおける偉大な教師たちは、またボザールの教義の正当性を宣伝するような純正証明付きとも言うべき建築の設計者でもあったのだ。

ヨーロッパ大陸における19世紀のデザインは、フランスのアンピール様式や、ドイツのビーダーマイヤー様式から、新古典主義を経て、イングランドやアメリカで猛烈に発展した、より誇張したテイストへと、徐々に移行した。フランスでは、第二アンピールとも呼ばれるスタイ

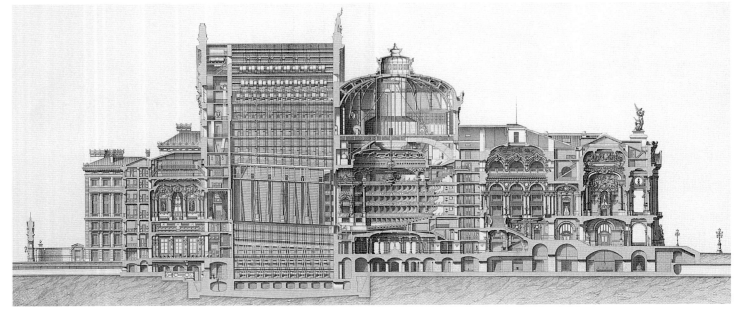

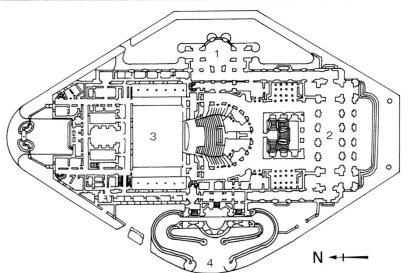

15.2と**15.3** パリのオペラ座の断面図と平面図
1. 馬車で来場する観客用エントランス
2. 歩いてくる観客用エントランス
3. 舞台
4. 皇帝用エントランス

　ボザール建築の最高傑作であり、モニュメンタルな存在としての豊富な装飾があるヴィクトリアン・スタイルとの結合。この建物の機能的な配置は、ボザールの考え方の延長として、たくさんの観客の動線をうまく循環させている。バック・ステージのワーキング・スペースも、論理的にプランニングされている。

ルが、後に同時代のアメリカの作品に多大な影響を与えることになるが、より誇張した古典主義の形態へと進化した。フランスの建築やデザインに対するプロ意識は、パリの国立アート・アンド・デザイン学校の重要性を増すことで、深められたともいえる。それまでの見習い制度や独学などに代わり、エコールでの、歴史や構造、その他専門的テーマでの教室講義や、現在ほとんどのデザインや建築の学校で行われているような方法でのデザイン授業など、厳格で組織されたプログラムとなったのだ。このメソッドのもとでは、学生たちは、ある想定したクライアントが希望しそうな建物への要望を書き出した"プログラム"を、与えられる。それで学生たちはそれぞれ、アトリエやスタジオを運営している"批評家"の指導のもとで、デザインを練って仕上げる。そして与えられた期日には、クラス中の学生たちからさまざまな案が提出され、しっかりしたプロフェッショナルたちからなる"審査委員会"の批評と審査を受けるために、それぞれ仕上げた図面の中身をプレゼンするのである。このような審査で高得点をとると、成績と能力がハイ・レベルと認められ、ディプロマ資格が授与される。このボザール・メソッドは、世界中から学生たちを惹きつけるのに成功してきたし、このエコールで奨励されるようなデザインが、ボザール・スタイルと呼ばれるようになったのだ。

　フランスの主だった建築家たちの多くは、ボザールで教鞭をとり、同時にボザール・スタイルというべき作品を生み出した。ジャン・ルイ・シャルル・ガルニエ（1825-1898年）によるパリ

折衷主義 335

15.4 パリのオルセー駅、ヴィクトール・ラルー設計、1898-1900年

ラルーは、古典的ディテールで、ボザール様式の巨大な鉄道駅舎を完成した。電車が走る下の階、その上のプラットホームは、大きなスカイライトのメイン・ホールの道路レベルに、階段でつなぐ。大時計は、鉄道会社によるスケジュールの責任を表現している。この建物は、オルセイ・ミュージアムという新しい使用法で、生き残った。

のオペラ座（1861-1874年）は、ボザール・デザインの最盛期の傑作である（15.1、15.2、15.3）。それは、論理的でとても機能的なプランであり、エクステリアもインテリアのディテールも、俗悪さの一歩手前で踏みとどまるような、丹精込めた豊かな装飾が施されている。この建物は、フェスティバル・ホールとはこうあるべき、というモデルとなったのだ。ガルニエは、またモンテ・カルロのカジノとコンサート・ホール（1878-1882年）の設計でも、同様に成功をおさめている。

フランスのボザール・デザインの最終段階としては、パリの博覧会での、シャルル・ルイ・ジロー（1851-1932年）による1897-1900年のプチ・パレ、のような展示会場や、パリの大きな鉄道駅（1898-1900年）もあり、特にヴィクトール・ラルー（1850-1937年）によるオルセー駅舎（15.4、1898-1900年）、これは現在は、美術館として見事にリサイクルされ、大成功をおさめている。巨大な鉄骨フレームのヴォールト天井に覆われ、その下に往来する乗客たちから、さらに下のレベルに電車が出たり入ったりをみえるような、19世紀の最も素晴らしいインテリア作品の1つといえよう。ここの典型的に華やかでボザールらしい彫刻装飾は、高度に機能的な計画に、見事に融合している。セーヌ河に面した大時計は、鉄道駅にあって、パブリック・エリアに面して、装飾的なアクセントと機能面の両方をみたしている。

ルイス・サリバンは、エコール・デ・ボザールで学んだが、そこでは、個人の表現力や個性が、全く認められないと感じて、去ることになった。他のアメリカ人たちは、もっと素直に容認して、ボザールの古典主義を本国に持ち帰り、折衷主義を広めていった。

アメリカ

アメリカでは、どこでも、プロジェクトごとにふさわしいと思うものを、デザイナーが選ぶことができ、その結果、さまざまなスタイルが蓄積されてきた。どんな都市や町でも、田舎でも、銀行や法廷はクラシカルで、教会はゴシック、その他は、ジョージアン・コロニアル、というように、まるで互いには関連のない陳列品のように、変化してきた。住宅なら、コロニアル、ノルマン、フレンチ・ルネサンス、ハーフ・ティンバーのチューダー、ゴシック、スパニッシュ・ミッション、ランチ・ハウス（農家のような平屋住宅）など、スタイルの奇妙な混合となってきた。確かなルールとしては、オリジナリティーは禁じられ、過去の模倣だけなら許されるということだった。長年このようなアプローチは、"トラディショナル"として擁護され主張されてきたが、馴染みがあるものなら何でも好

15.5 ロードス島ニューポートのブレイカーズ、リチャード・モリス・ハント設計、1895年頃

ハントは、フランスからボザールで学んだ古典主義への傾倒ぶりを、アメリカに持ち込んだ。この建物は、イタリアのルネサンスをリプロデュースし、インテリアも外観の巨大なスケールとディテールに、マッチしている。

き、という一般大衆には不満はなく、受け入れられてきたようだ。

重要な建築家やデザイナー

ハント

リチャード・モリス・ハント（1827-1895年）は、アメリカへのボザール侵略の先駆者といえよう。彼は、1846年から1855年までエコールに在籍し、そのパリで学んで得た能力や名声を、ニューヨークに持ち帰った。彼の典型的な折衷主義の観点から、どんなプロジェクトに適合するスタイルも、どんなクライアントの趣味でも、何でも実現することができた。ウィリアム・K・ヴァンダービルト用のニューヨークのタウン・ハウス（1879-1891年）では、初期フレンチ・ルネサンスのロアール河畔シャトーのデザインを、街角にあてはめた。ハントによる、ロードス島ニューポートのマーブル・ハウスでは、同じくウイリアム・K・ヴァンダービルト用の1885-1892年の邸宅だが、インテリアは、まるでフランス王室の宮殿の壮麗さに匹敵するほどであった。

ハントによるロードス島ニューポートのもう1つのブレイカーズ（15.5、1892-1895年）は、コーネリアス・ヴァンダービルト2世のためで、ボール・ルーム（舞踏室）としての使用を想定した2層のセントラル・コートのまわりに、左右対称に部屋を配置した、クラシカルなルネサンス・スタイルの大邸宅である。壁はコリント式ピラスターで装飾され、エントランスのポルチコ（柱廊）には、4本のコリント式独立柱が使われている。2階のベッド・ルーム群は、オグデン・コッドマン（1863-1951年）が、イーディス・ウオートンとのコラボ著書『邸宅のデコレーション』（1879年）で提案したような、比較的シンプルなインテリアが、展開された。

ノース・カロライナのアッシュビル近郊の、ビルトモア（15.6、1890-1895年）という名の巨大なカントリー・シャトーは、ジョージ・W・ヴァンダービルトのために、ハントにより設計された。そのスタイルは、またもやフランソワ1世のころのシャンボール城やブロア城のようなフレンチ・ルネサンスである。この邸宅内のインテリアは、邸宅全体の凝りすぎたスタイルに合わせて、各部屋はアンティーク装飾様式とい

15.6（右）ノース・カロライナ州アッシュビルのビルトモア、リチャード・モリス・ハント設計、1890-1895年

この建物は、フランスのゴシックともいわれるが、ハントは、巨大なスケールで、フランスのシャトーをリプロデュースしようとした。バンケティング・ホールのように、いくつかのインテリアは、偉大なる祖先のファンタジー・バージョンを望むクライアントを満足させるように、フランスのルネサンスを超えて実現した。この部屋のあまりに巨大なスケールは、テーブルとイスを真ん中にして、タペストリー、浅く彫られたレリーフ、旗などが目立ち、ハントの戦利品ともなっている。

おうか、まるでミュージアムのようになったのだ。

ハントによるニューヨークのトリビューン・ビルディングでは、高層ビルに何とか歴史主義をあてはめようと不幸な苦闘ぶりがみられ、これは12章でも言及したが、後期ヴィクトリアンでは、技術の進歩による新たな局面で、まさに不確実性といえる例になったのだ。それでもハントは、その古色蒼然ぶりで、リーズナブルな先例をつくりあげ、より立派で大胆な記念碑的ビルディングを設計できたのである。ニューヨークのメトロポリタン美術館（1895-1902年）の大きなフロント・エントランス・ホールは、印象的で威厳のあるファサードと巨大なヴォールト天井のインテリアで、古代ローマの古典主義のルネサンス・バージョンとして、デザインされている。

1893年シカゴ万国博覧会では、ハントは、建築委員会の代表として、巨大な潟のまわりに、モニュメンタルなコラム付きの白い宮殿が建ち並ぶという、全体構想を打ち出した。彼が設計した管理棟は、むしろみすぼらしくもみえそうなドームが付いて、全体の中央に位置し、ハントが好んだ折衷主義の優位を象徴していた。これら輝くような白い建物（すべて仮設の構造で、石材にみせかけるプラスター塗り）は、一般人を魅了し、ルイス・サリヴァンは、それらとはかけ離れた、強い色彩でアール・ヌーボーのディテールを用いて、オリジナルの交通館を設計したが、何とも奇妙で場違いにも感じられた。こうした博覧会は、だいたいターニング・ポイントになるものだが、H・H・リチャードソンや、サリヴァンによって開発中の、今後有望ともいえた方向性は、ボザールの折衷主義の記念碑の表面的なアピールに、圧倒されて打ち負かされてしまったのだ。

デザイン史の中での、ハントの功績は、彼の作品自体より、アメリカのデザインを折衷主義に向けたという役割のほうが、大きいだろう。彼は、模倣した歴史主義を強調することで、アメリカにボザール方式をもたらしたと考えられる。実はパリのエコールでは、このような歴史主義を、中心に据えていたとはいえなかった。学生らは、学び、歴史的建物（主に古代ギリシャや古代ローマのモニュメント）への理解を深めるために、図面化したのである。デザイン課題で、強調されたのは、決して模倣ではなく、プランニングや構図の技能を高めることであった。ガルニエやラブルーストの作品は、単に模倣だけとはいえず、折衷主義の例とは考えにくい。ハントは、かなり忠実な模倣（ビルトモアでのように）では成功し、歴史主義のモデルがなかった場合、問題に直面すると（トリビューン・ビルディングのように）、どうもあまり成功したとは言い難かった。

マッキム、ミード・アンド・ホワイト

チャールズ・フォレン・マッキム（1847-1909年）は、やはり1893年シカゴ万国博覧会の建築委員会のメンバーであり、パリのエコール・デ・ボザールで学んだ実力者だった。彼は、リチャードソンの事務所で働いていたとき、スタンフォード・ホワイト（1853-1906年）に、出会った。マッキムは、1872年に独立して事務所を開設し、1877年にウィリアム・ミード（1846-1928年）と、さらに1879年にホワイトを、パートナーに加えて、マッキム、ミード・アンド・ホワイトという、成功を収めて多大な影響力をもつ事務所が、できあがった。この事務所の初期の作品といえば、ロードス島ニューポートの邸宅キングスコート（1880年）や、ロードス島ブリストルのウイリアム・ロウ・ハウス（1887年）など、ヴィクトリアンのシングル・スタイルのピクチャレスクな表現がみられた。このような作品のオリジナリティーは、その後のより大きな仕事では、モニュメンタリティーをベースにした古典主義の機会を与えられて、すっかり折衷の歴史主義に変化していった。マッキムは、イタリア・ルネサンスや古代ローマの古典主義を、注意深く"正しく"再現するスペシャリストでもあった。ホワイトはといえば、ミードとデザイン・パートナーらが構造問題を組織的にバックアップする中、歴史的な先達の作品を自由自在に使いこなす、賢く発想力豊かなデザイナーであった。ヘンリー・ヴィラードのためのニューヨークのタウン・ハウス6棟（1882-1885年）では、この事務所は、イタリア・ルネサンスのパラッツォそっくりの外観に、豊かに装飾を施したインテリアと、まさに折衷主義の名作をつくりあげた。

ボストン公共図書館（15.7、1895年）で、マッキム、ミード・アンド・ホワイト事務所は、アメリカの公共建築分野での首位に躍り出たといえよう。それは、下階がシンプルで上階はアーチ窓と、パリでラブルーストが設計したサント・ジェヌビエーブ図書館を思わせるが、内部は、大階段が2階へと誘い、コプレイ通りの前面にまで伸びる、豊かに装飾を施された読書室の2階へとつながるのだ。数人の卓越したアメリカのアーティストたち——つまりジョン・シンガー、オーガスタス・セイント・ゴーデンズ、ダニエル・チェスター・フレンチら——が、セントラル・コートまわりの空洞のような四角い空間などインテリア・スペースを、豊かに飾りたてた。

マッキム、ミード・アンド・ホワイトによるニューヨークのペンシルベニア鉄道駅（15.8、1904-1910年）は、古代ローマのカラカラ浴場をベースにした、巨大な複合体である。ヴォールト天井の荘厳なメイン・コンコースは、巨大なコリント式円柱とヴォールト天井で、20世紀で最も素晴らしいインテリア空間の1つとなった。接続する電車ホームの大屋根も、鉄骨構造とガラスを用いて、同じく印象的で、ネオ・ロマン・クラシシズムの周囲を縁取っていた。この建物は、1963-1966年に、解体された。

スタンフォード・ホワイトは、事務所でもっと繊細で装飾的な仕事、ニューヨークで最初のマディソン・スクエア・ガーデン（1889-1891年、取り壊し）や、センチュリー・クラブ（1889-1891年）などを、任された。ホワイトが亡くなった後も、事務所は繁盛した。多くのモニュメンタルな建築や、ニューヨークのコロンビア大学の大学キャンパスの一連の建物、中央ドームのあるロウ記念図書館（1897年〜）なども、設計している。この事務所は、創立メンバーが亡き後も、長年継続し、多くのモニュメンタルな建物を、ずっと生み出した。

公共建築

19世紀末から20世紀初頭にかけて、アメリカの主要都市で骨格となるようなプロジェクトの、主だった官庁舎、シティー・ホール、公共図書館、裁判所、教会、そして宮殿のような豪邸なども、折衷様式で建てられた。そのプランニングは、ボザール教授法のコンセプトに従い、折衷歴史主義のどれが相応しいか検討の結果、長

15.7 ボストンの公共図書館、マッキム、ミード・アンド・ホワイト設計、マサチューセッツ州、1895年

図書館利用者が、非公開の書庫から本をもってきてもらうのを待つ、荘厳なデリバリー・ホール。ディテールは、天井の塗装された梁、大きな暖炉と装飾、ドアを飾るコリント式円柱のマントル、壁面上部の壁画など、イタリア・ルネサンスからの引用である。ボストン市民は、本を待つ間に、ボザール風インテリアの栄光を、楽しむことができる。

15.8 ニューヨークのペンシルベニア鉄道駅、マッキム、ミード・アンド・ホワイト設計

20世紀初頭の鉄道網の発達で、旅行客への機能的サービスと、鉄道の重要性のシンボリックな主張の双方を充たすような、モニュメンタルなターミナル・ビルとなった。この巨大なコンコースは、古代ローマのカラカラ浴場がモデルであり、通りのレベルから、モニュメンタルな大階段で入る。ここには、旅行客が、列車のプラットホームに入る前にとどまるような、切符売り場の窓口があった。この建物は、1963-1966年に、取り壊された。

く使えて印象的な、アメリカン・ルネサンスとも、呼ばれる様式になったのだ。ニューヨーク公共図書館（15.9、1902-1911年）は、ジョン・M・カレール（1858-1911年）とトマス・ヘイスティングス（1860-1919年）の設計だが、彼らはいずれもボザール出身で、マッキム・ミード・アンド・ホワイト事務所に勤めたことがあり、複雑なプランを、驚くほど効果的に回遊できる2つの中庭のまわりに、立派な部屋を配してまとめている。この建物は、近年の修復後も、そのインテリアは新築のときと同じように印象的である。

同じくボザールの折衷主義の成功例としては、ニューヨークのグランド・セントラル駅（1907-1913年）で、ホイットニー・ウオーレン（1864-1948年）とチャールズ・D・ウェットモア（1866-1941年）の設計によるものだ。交通高架橋と、2層の列車線路、その乗客や貨物、そして少なくとも昔は使われていた荷物運搬車など、それぞれの動線が、見事にプランニングされている。メイン・コンコースは、巨大な空間にシンプルなヴォールト天井（星がちりばめられた夜空の絵が描かれている）、それにつなぐパブリック・スペースは、アメリカで最も偉大なインテリア空間の一つである。ファサードの古典的なコラムの柱頭にはボザール最盛期の華やかな彫刻が施されている。その他グレイト・アメリカン鉄道の駅は、各都市に建てられたが、ワシントンDCのユニオン駅（1908年）は、ダニエル・H・バーナム（1846-1912年）の設計である。

初期の超高層ビル

主要都市では、ビジネス需要と、市民の期待と商業的自尊心もあり、高い建物への需要が高

まったが、まだそれをうまくこなせるデザイナーは、とても少なかった。シカゴのマードック・ビルディング（1889-1891年）は、バーナムとパートナーのジョン・ウエルボーン・ルート（1850-1891年）の設計だが、初期の簡潔さが素晴らしい。赤レンガの壁を装飾の少ない16階建ての構造床で支えるので、下階では、上階からの壁の重さを受けとめるため、きわめて厚くなっている。少々はり出している基礎階とシンプルにロールしたコーニスで、分離したボトムと気品あるトップを、うまくつないでいる。内部では、構造体の鉄骨とエレベーターのカゴだけが、装飾要素となっている。シカゴのリライアンス・ビルディング（1890-1895年）も同事務所の作品（ルートの没後完成）だが、外壁に石造はあきらめ、床で支えずに鉄骨フレームで支えるという、鉄にテラコッタとガラスの"カーテン・ウオール"を採用した。これは、石造の外壁が望まれたとしても、世界中の高層ビルに使用されるシステムとなった。

ルイス・サリヴァン（14章参照）設計の優れた高層ビルは、決して構造を隠さず、壮大な石造にみせかけることもなく、美的にもファッショナブルにシンプルで、超高層ビルのデザインとして、あるべき方向を示した。折衷主義のデザイナーたちは、近代的な高層ビル構造のリアリティーとは関係ないデザインを追求するより、何とか工業化以前の構造技術の伝統に戻すことを志向した。高層ビルの内部では、エントランス・ホールやエレベーター・ロビーに、卓越した空間をつくりだした。バーナムとルート設計のルーカリー（1886年）と呼ばれるシカゴのオフィス・ビルディングでは、グランド・フロアのレベルに、ガラスと鉄の大屋根をかけたセントラル・コートがあり、その後1905年には、フランク・ロイド・ライトによる見事な装飾的インテリア空間が生み出されることにもなった。サリヴァンは、設計する建物に、美しいディテー

15.9 ニューヨークの公立図書館、カレールとヘイスティングス設計、1902-1911年

このモニュメンタルな図書館建築は、パリのエコール・デ・ボザールで学んでいるときに知り合った建築家たちが、設計した。上方の窓からの光で満ち溢れ、2段になった開架式本棚に囲まれ、メインの読書室は、素晴らしいインテリアとなっている。これは、オリジナルのまま、今も使われている。

15.10 ロサンゼルスのブラッドバリー・ビルディング、ジョージ・ハーバート・ワイマン設計、1893年

急速にモダンな大きいビルが出現し、電化時代の建築家は、新たな問題に直面した。ワイマンは、セントラル・アトリウムで、各階のオフィスにつながる暗い通路とギャラリーを明るくするために、天窓を設けた。オープンの鉄カゴの中で動くエレベーターと、各階のギャラリーに通じる階段など、折衷というより、より機能的なイメージとなっている。

ルのアール・ヌーボー装飾を施した。オフィス・タワーの上階には、木とガラスの壁か、ホテルの客室フロアのような固定壁で仕切られた、小さなオフィスをたくさん入れた。そのテナントは、もちろん、それぞれ好きなように装飾できたのだが、たいていは、厳密に実用的な"ビジネス・ライク"スペースとなった。ルーフ・レベルにスカイライトがあり、オフィスへのアクセスとして通路を設けている。セントラル・コートのある建物も生まれた。このやり方は、露出した階段とエレベーターのカゴが、ヴィジュアル的なポイントになり、素晴らしいアトリウムを形成した。ロサンゼルスのブラッドバリー・ビルディング（15.10、1893年）は、ジョージ・ハーバート・ワイマンの設計で、このような見事な例となっている。

アーネスト・フラッグ（1857-1947年）は、ニューヨークの47階建てのシンガー・ビルディング（1907-1908年、すでに解体）で、第二帝政様式の豊かな装飾を採用し、何とか成功した。それは、シンガー・ミシン会社の本部として、世界一高いビル、といってもすぐに他に抜かれるものの、オーナーとしての賞賛を浴びたいためであった。その独創的な外観は、大きく壮大な下部のブロックから、マンサード型（腰折れ屋根式）トップのタワーが伸びて、パブリック・スペースの、階段やバルコニーと、ヴォールト天井のインテリアは、マンハッタン南端部に建ち始めた高層ビルの中でも、際立っていた。

フラッグは、ニューヨークのブロードウェイで、以前にも少し小さめなシンガー・ビルディング（1904）を設計しているが、そちらは今も残っている、2つの通りに面したL字型のプランで12階建てのビルだが、ガラスとテラコッタ、メタルの外観で目立つものだ。フラッグによるインテリアは、1913年の1階店舗に残っているが、オリジナルはスクリブナー出版社の直販店で、それがビル全体を占めていたのだ。店舗は、

目立つガラスとメタルのファサードで、中のヴォールトやバルコニーのインテリア・スペースは、外側からはみえないようになっている。

　超高層ビルのデザインには、どのような折衷様式がふさわしいか、長年の試行錯誤で、奇妙で滑稽ともいえる苦労が続いた。1915年にウェルズ・ボスワース（1869-1966年）設計の、アメリカ電話電信会社（AT＆T、現在は単にブロードウェイ195番として知られる）は、ビルの3階ごとに、重なり合った9本の古代ローマのイオニア式柱廊で、構成されている。1階は、パブリック・ロビー・スペースで、巨大な古代ギリシャのドリス式円柱が連なり、確かに印象的ではあるが、この建物の目的や所有者とは全く関係なく、まるで神殿のようなホールになった。

　数年間、世界一高いビルは、ニューヨークのウールワース・タワー（1913年）だったが、それはキャス・ギルバート（1859-1934年）の設計で、彼はマッキム、ミード・アンド・ホワイト事務所でボザール式を身に付けた、傑出した折衷主義のデザイナーであった。ギルバードは、ゴシック大聖堂のタワーを、高い塔の構造に導入した、唯一の歴史的先駆者だろう。ウールワース・ビルディングは、高い中央塔が聳え立ち、フランスのゴシックの教会建築のような、縦線やトレーサリー、小尖塔などのディテールがあり、白く輝くテラコッタで覆われている。鉄骨とエレベーター、そして60階のオフィスが、まるで"商業の大聖堂"のように、街のスカイラインを飾り、細かい5セントや10セント硬貨を集めることから発展したという有名なチェーン店の大成功を宣伝しているのだ。パブリック・スペースとして、広々としたエレベーター・ロビー（15.11）には、アーケードや階段、バルコニーもあり、ゴシックやビザンチン様式のミックスで奇妙でもあり、ある種の効果も挙げている。そこは、多くの大理石やモザイクの装飾が施されている。インテリアのガーゴイル（ゴシック建築の怪物像）には、ウールワース（"5セント"や"10セント"のラベルのついた集金袋を掴んでいる）と、ギルバート（ビルの模型を握っている）の2人を茶化したような、小さな肖像も含まれている。役員室のインテリアは、彫刻やタペストリー、装飾的な家具などで、驚くほどバラエティーに富み、まさに折衷ミックスが展示されている。ギルバートは、たくさんの後期折衷作品、たとえば州庁舎（ウェスト・バージニアやアーカンサス）、図書館、アメリカ一ともいえるワシントンの裁判所（1933年）などを、設計したデザイナーである。

インテリアデコレーターの発生

　折衷建築には、インテリアデザインにも、建物の中にふさわしいスタイルで部屋をプロデュースする知識と能力をもつスペシャリストが必要となった。インテリアデコレーションの仕事は、この需要に応えるべくして発展した。デコレーターなら、多くの要素をうまく組み合わせてインテリアに取り入れ、アンティークやアート・ワークのエキスパートになり、その他プロジェクトを完成させるために必要な、時代別スタイルの知識を、勉強していなければならない。また多くのデコレーターは、クライアントに家具や敷物や、デコレーション・アクセサリーを販売するディーラーやエージェントを兼ねているものだ。そして魅力的で、おだて上手で、リッチなクライアントの気まぐれにもうまく付き合えるような手腕が、不可欠な能力といえる。

デ・ウルフ

　エルシー・デ・ウルフ（1865-1950年）こそ、プロフェッショナルなデコレーターとして最初に成功した人物と思われる。彼女は、女優だったが、社交界の花形で、まず自宅の改装で、壁を白く塗り、華やかな色彩、花模様のチンツなどのスタイルで、典型的なヴィクトリアンの部屋に変えて、認められることになった。そこを訪れた客たちが、その仕上がりを褒めて、自分たちの装飾問題に関し、彼女に助けを求め始めたのだ。たとえば、スタンフォード・ホワイトも、ニューヨークのコロニー・クラブ（15.12、1905-1907年）のインテリアや、いくつかの居住用インテリアで、彼女に協力を仰いだ。デ・ウルフは、講演活動もし、1913年には、『良い趣味の部屋』という本も出版した。デ・ウルフのデザイン感性では、歴史主義はあまり重要ではなかったが、折衷主義の建築家たちが設計した邸宅に住むクライアントたちとのつきあいで、歴

折衷主義 345

15.11（左）ニューヨークのウールワース・ビルディング、キャス・ギルバート設計、1913年

"商業の大聖堂"と呼ばれる、ウールワース・ビルの外観は、ゴシック・スタイルのディテールをまとっている。しかし、ギルバートは、パブリック・ロビーでは、大理石とモザイクを使い、ビザンチン様式のディテールに変えている。エレベーターに通じるエントランスのガーゴイル（彫像）は、たくさんのストーリーを語り、しばらくの間、このビルは、世界一の高さを誇っていた。

15.12（右）ニューヨークのコロニー・クラブ、エルシー・デ・ウルフ、1905-1907年

このプライベートなダイニング・ルームは、彼女の著書"良い趣味の家"の中にイラストがあり、デ・ウルフは、たくさんの歴史的源泉から閃く真の折衷感覚を、繊細な色使い、壁紙、シンプルなフォルムなど、を使い、彼女の個性を証明しているが、特定の時代のスタイルを正確にリプロダクションするのではなかった。

史的な模倣をする仕事にも向かわざるを得なくなった。鉄磁石で成功し億万長者となったヘンリー・クレイ・フリックも、5番街の邸宅（カレールとヘイスティングの設計で、現在はフリック・コレクション美術館になっている）の2階のファミリー・スペースを、1913年にデ・ウルフに依頼し、フランスのアンティーク家具や、それにふさわしいセッティングでまとめられた。

ウッド

ルビー・ロス・ウッド（1880-1950年）は、新聞のレポーターだったが、ライターとして、エルシー・デ・ウルフの仕事を手伝い、（おそらく『良い趣味の部屋』のほとんどを書いたようだ）彼女のアシスタントを務めてから、自らもデコレーターとしてのビジネスを立ち上げた。彼女自身の本『オネスト・ハウス』（1914年）では、シンプルさや"コモン・センス（良識）"を、主張した。彼女の仕事では、折衷の歴史主義から、イギリスの様式家具を使用することが特徴で、よく華やかな壁紙と派手な色彩も使った。ウィリアム（ビリー）ボールドウィン（1903-1984年）は、ルビー・ロス・ウッドのアシスタントから始め、その事務所の方向性を、ドラマティックでファンタスティックな作風に変え、第二次世界大戦後、その作風のデコレーターとして独立した。

マクミラン

エレノア・マクミラン（1890-1991年）は、1924年にマクミラン事務所を設立した。彼女は、フランスの様式家具を用い、室内にさまざまな時代のものをミックスして使い、まさに折衷ファッションといえる。この事務所は、邸宅のインテリアで、富や趣味をみせびらかしたい金持ちで権力もある家族の仕事を引き受けたのだ。

他のアメリカのデコレーターたち

ローズ・カミング（1887-1968年）は、様式を綿密にリプロダクションするというより、様式の要素を、強く活発な色調で、凝ったカーテン、多くの金メッキ製品や、スモーク・ガラスのミラーなども使い、室内を華やかに仕上げるのを得意とした。アメリカで成功した他の折衷デコレーターとしては、ナンシー・マクレランド（より保守的で、歴史的な先例を"正しく"使った）、エルシー・コブ・ウイルソン、フランセス・エルキンズ、シリー・モーム、ドロシー・ドレイパー（邸宅よりも商業空間を多く手がけた）らがいた。彼らや他のデコレーターも、有名人や富裕層ファミリーの邸宅を手掛けて『ハウス・アンド・ガーデン』『ハウス・ビューティフル』

などの専門雑誌や他の出版物などに掲載され、陳列ケース代わりのように、有名になっていった。他の雑誌としては、家事一般の記事とともにデコレーションも取り上げた、『レディーのホーム・ジャーナル』『グッド・ハウスキーピング』『デリニーター』その他で、ミドル・クラスにまで、折衷様式装飾というものを、広めることになった。それぞれのインテリアのアイディアは、"スパニッシュ"、"チューダー"そして最もポピュラーな"コロニアル"などが、一般的に受け入れられることになった。こうしたアイデアは、20世紀のインテリアデザインで、少なくとも第二次世界大戦の前までは、席捲していた。

プロフェッショナル業務としての折衷主義

さらに官庁、学校、病院や、商業空間など、より大きな建物のインテリアでは、折衷主義が規範となった。ある特別なスタイルに詳しく能力あるデザイナーたちは、特別な時代の作品のリプロダクションがうまくできることで、有名になり賞賛された。たとえば、ラルフ・アダムス・クラム（1863-1942年）は、ゴシック・デザインの素晴らしさを宣伝するとともに、このスタイルを実践した。『チャーチ・ビルディング』（1901年）という著書で、クラムは中世の素晴らしさを示すイラストを掲載して、イギリスのゴシック作品の素晴らしい実例を挙げ、"ひどい""気取りすぎ""知的とはいえない"ようなデザインのイラストと対比させた。彼が設計した、マサチューセッツ州ドーチェスターのオール・セインツ教会（1891年）では、典型的なイギリスの教区教会を、注意深く正確に再現してみせた。クラムと彼の事務所のグッドヒュー、ファーガソンらは、ゴシックの教会や、チューダー・ゴシックでの一連のカレッジ・キャンパスの建物を設計し、ゴシック様式を、このようなプロジェクトの定番にしたのだ。"大学ゴシック"という言葉は、コープとスチュワードソン設計のフィラデルフィアのペンシルベニア大学の寄宿舎群（1895-1901年）や、ジェイムス・ギャンブル・ロジャース（1867-1947年）設計の、イェール大学中庭で壮観なハークネス・タワー（1931年）などにも、使われることになった。

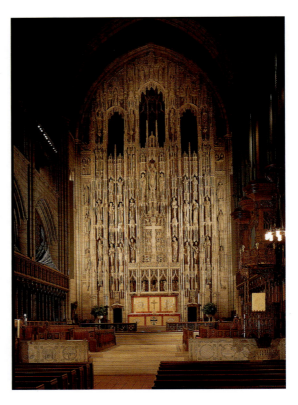

15.13 ニューヨークのセント・トーマス教会、ラルフ・アダムス・クラム設計、1906-1913年

クラムは、いろいろな折衷様式を手掛けたが、中世建築を説得力あるように再現した、ゴシック・デザインをプロデュースして、有名になった。このフランスとイギリスの伝統を合体したような、巨大なシティー・チャーチの形態は、むしろ冷やかな環境の中、クリアストーリーとエンド・ウオールに嵌めたステンドグラスで、鮮やかな青と赤でリッチな空間となった。

クラム自身の事務所でも、プリンストン大学の多くの建物を、印象的なインテリアで、設計した。それらグラデュエイト・カレッジの食堂（1913年）や、ユニバーシティー・チャペル（1925-1928年）は、テューダー・ゴシックで、オックスフォードやケンブリッジの建物に張り合うかのような、説得力ある再現作品が完成した。大きなニューヨーク市のセント・トーマス教会（1906-1913年）は、傑出した作品である。そこでの驚くほど素晴らしいインテリア（15.13）は、石造ヴォールト、ステンドグラス、多くのゴシックの洗礼と結び付くような巨大な彫刻の祭壇の飾り壁など、少なくともその時代には、オリジナルのゴシックを体験するチャンスも滅多になかったので、アメリカの一般市民にとっては、中世の作品そのままをみているようだった。

サーリネンとクランブルック・アカデミー

1922年にシカゴで、トリビューン新聞社の新社屋となる摩天楼のデザインを決めるコンペティション（設計競技）が行われた。ハウエルとフッドによる優勝作品は、中世の大聖堂のゴシック折衷主義ともいえるものであった。しかしながら、多くのプロフェッショナルや批評家たちは、他の参加者、その中には、モダニズム

折衷主義

15.14 ミシガン州クランブルックのサーリネン・ハウス、エリエル・サーリネン設計、1928-1930年

サーリネンは母国フィンランドから、優れたクラフツマンへの尊敬をこめ、スカンディナビアのシンプル感覚を、持ち込んできた。リビング・ルームはフォーマルな左右対称だが、妻のロイヤによるタペストリーやラグ、エリエルによる家具、息子のエーロによる照明などで、活気を与えている。

の始祖ともなるような、アドルフ・ロース、ヴァルター・グロピウス、アドルフ・マイヤーなどもいて、優勝者の作品よりずっと、創造性に富み先進性のあるデザインを提出していたことに、注目した。中でも最も称賛されたのは、二等賞になった、フィンランドの建築家であるエリエル・サーリネンだった。彼は、窓の合間に垂直線の石造ラインを強調した、階段状の比較的シンプルで壮大なタワーを提案した。細部には伝統を暗示させられるものの、いかなる歴史的な作品の模倣ともいえなかった。

サーリネンは、デトロイト近郊の教育と文化の複合体のようなクランブルック財団のクランブルック・アカデミーの校長として、アメリカへ招聘された。この学校の校長でもあり、建築家、デザイナーとしても、センターの多くの建物を設計し、サーリネンは、アメリカの建築とインテリアデザインの発展に、多大な影響を及ぼした。1925年より、折衷主義から脱却し、伝統の根強いルーツを断ち、モダンなヴォキャブラリーに向かい、クランブルックのデザイナー集団のヘッドを務めた。クランブルックでは、さらに美しいキャンパス・コンプレックスにするべく依頼され、たくさんの建物を設計した。クランブルック男子校（1925-1930年）、クランブルック美術アカデミー（1925-1941年）、サーリネン・ハウス（15.14、1928-1930年）、キングスウッド女子校（1929-1931年）、クランブルック・サイエンス研究所（1933年）など、1920年代のノルウェー折衷主義から、モダニズムというべきアプローチへと変化した。これらすべての建物のインテリアは、とても興味深い。男子校の大食堂は、高い樽型ヴォールト状プラスター天井、両側には鉛枠ガラス入りアーチ窓が並び、オレフォス（スウェーデン製）のガラス・ボールの照明器具が下がり、シンプルな木のテーブルと椅子を置いた、細長い部屋である。キングスウッドでは、ダイニング・ホール（15.15）とオーディトリアムは、鉛枠ガラス窓、オーク材の木工と家具、グレイと朱色、シルバーのテキスタイルなどで、印象的な部屋となっている。サーリネン・ハウスでは、シンプルな空間が、既製品のタペストリー、照明設備、その他の装飾で、しつらえられた。クランブルックでは、門の鉄細工、特注照明器具、アンディロン（暖炉の薪台）、アート・ワークなど他の装

15.15 キングスウッド学校、エリエル・サーリネン設計、エミシガン州クランブルック、1929-1930年

大食堂は、ライト・グレイの壁面にダーク・オークの床で、品のよい空間となっている。さし色として、椅子の一部とクッションがサンゴ色で、窓のカーテンに、朱色と銀色、グレイが、使われている。突きあたりの壁のタペストリーは、5月祭の図柄で、エリエルとロヤ夫妻がデザインした。

飾物は、学生や学校の科で製作された。クランブルック・アカデミーの卒業生は、1940年代、1950年代のデザインの発展に重要な役割を果たし、アメリカのデザイン教育の主要なセンターとなったのだ。

剝奪古典主義

第一次世界大戦後、折衷デザインは、歴史的先例をそのままリプロダクションすることから離れ始めて、シンプル傾向に向かい、古代ローマやルネサンスの先例より装飾が減ってきたので、ストリップド・クラシシズム（剝奪古典主義）と呼ばれるようになった。アメリカでは、フランスのボザール出身者の一人、ポール・フィリップ・クレ（1876-1945年）が、1903年から主任教授に赴任したペンシルベニア大学の建築科で、ボザール方式でデザイン教育を押し進めたことも、これに影響を与えた。彼自身の仕事では、ワシントンDCの、パン・アメリカン・ユニオン・ビルディング（1903年）における古典主義の模倣から、同じくワシントンのフォルガー・シェイクスピア図書館（15.16、1930-1932年）と連邦準備制度理事会ビル（1935-1937年）のように、次第に古典主義を単純化したバージョンに変わっていった。その図書館では、エリザベス女王時代の劇場を再現するかのような奇妙な企てがみられるものの、クレのインテリアは、だいたいは古典主義からのフォルムやプロポーションのパターンにならっていたのが、装飾は減らし、よりシンプルで、ほとんど図形のような幾何学的なヴォキャブラリーへと変化した。美しい大理石と魅力的な木が定番といえる素材であり、光源が隠されて、影がほとんどできない照明方法として"間接照明"が導入され、このようなインテリアが、品よく厳かに、冷ややかに完成したのだ。剝奪古典主義は、より流行傾向にあったアール・デコ・デザイン（17章参照）のフォルムとの共通点もあるものの、その醸し出す威厳から、政府の庁舎や他のモニュメンタルな建物には、より受け入れられることになった。アメリカ政府は、大規模な公共建築を、1930年代の大不況時代の形態としたが、クレの剝奪古典主義は、多くの郵

15.16 フォルガー・シェイクスピア図書館、ポール・フィリップ・クレ設計、ワシントンDC、1930-1932年

クレは、"剝奪古典主義"デザインで有名であり、このビルのエクステリアはそうであるが、インテリアは、シェイクスピアに関連する、イギリスのエリザベス朝時代の折衷となっている。読書室は、ハンマー・ビームの木製トラスの天井に、シャンデリアが下がり、その時代を思わせるような木彫などが見られる。

便局や裁判所、雇用促進局（WPA）や他の連邦プログラムで建設された建物などには、理想的だと歓迎された。そして、このスタイルは、WPAスタイルと、非公式な呼び方で、呼ばれることになったのである。

大衆のための折衷主義

　折衷デザインは、プロフェッショナルな建築家やインテリアデコレーターにより普及し、公共建築、美術館、図書館、オフィス・ビル、銀行、ホテル、劇場、店舗などで、一般市民に最初に受け入れられた。しかし、富裕な権力者層に依頼された仕事の、折衷デザインをイラストにして、勧めるような雑誌もあり、一般の階層でも、時代別様式の知識が深まり、折衷デザインを求めるようになった。1917年の『ハウス・アンド・ガーデン』誌では、アドルフ・ルイゾーンのために、C・P・H・ギルバート（1863-1952年）設計で、超リッチ層の折衷邸宅を得意とする、ホフスタッターとバウムガーデン社のデコレーションによる、素晴らしいニューヨークの邸宅のインテリアを特集している。普通の読者は、とても真似することなどできないが、こうした雑誌で、さまざまな"スタイル"の家具や製品が紹介されれば、折衷の壮麗さから、経済効果が生まれるということもあるだろう。

住宅と集合住宅

　一般の人たち向けの、住宅や集合住宅では、スタイルがどうのこうのと不動産業者の主張を正当化できるような、付属品のディテールが必要だった。郊外の一戸建ても、都市部の集合住宅も、居住者の希望で建てられたというより、デベロッパーや販売目的の建設会社により、家具やカーペット、壁紙をプロデュースするのと同様に、売れ筋の住宅がプロデュースされたのである。農場生活や工場労働の貧困層が減少し、都市や郊外の居住人口が増加して、雑誌が提案した、富とカルチャーの証明ともいえる、スタイルの装飾的な要素や、便利な設備が、もてはやされることになった。

　スタイルの好みというのは、地域によっても、さまざまである。スパニッシュ・スタイルならカリフォルニアと南西部、ニューオリンズなら南部の鉄工芸というように、だが、"コロニアル"だけは、ホーム・ベースであるニュー・イングランドから、最も広範囲で好まれた。このコロニアルという言葉は、初期ケープコッドの素朴なコッテージから、ゴージャスなジョージアンの邸宅までを、含むものである。インテリア装飾も、イギリスのチッペンデールやシェラトンといった伝統家具様式そのままの格の高いリプロダクションから、アメリカの植民地では使われていなかった、大量生産のメイプル材製の粗雑な家具まで、いろいろな幅があった。主要都市から遠く離れた地域でも、大都市のデパートで売っているようなさまざまな様式の家具が、カタログ販売で、手に入れることができた。家一軒丸ごとでさえ、カタログ販売で注文でき、シアーズ・ローバック社のカタログにも、たくさんの住宅デザインのプランやインテリア（15.17）などが、紹介されていた。これらすべての素材や周辺部材は、どんな場所でも、地方の大工でも、スタイルを認識しデザインを供給することに責任をもてる、組み立て施工が簡単にできるものだった。それでシアーズ・ローバック社の住宅は、アメリカ全土に普及し、カタログのイラストと同じように完成していった。

　1930年代になると、バージニアの古都ウィリアムズバーグの修復が行われ、植民地時代の懐古趣味が、爆発的に流行した。ロックフェラー財団の経済的サポートにより、開拓植民地のむ

しろ貧弱ともいえるよな形跡が、折衷ジョージアン様式を得意とする、ペリー、ショウ、ヘプバーンらのボストン建築事務所により、復原再生された。その再現された町は、18世紀のアメリカで開発されたどこの町よりも、はるかに"正しい"し、完全であった。ウィリアムズバーグは、有名な観光地となり、ウィリアムズバーグ・スタイルと、ウィリアムズバーグのリプロダクションは、広く知られ、一見コロニアルという舞台装置のような環境に住みたいという、一般の望みがかなえられた。ボストンの建築家であるロイヤル・バリー・ウィルス（1895-1962年）は、チャーミングなケープコッド・コッテージのリプロダクションを設計した。これらには、電気式のストーブや冷蔵庫完備のキッチンに節のあるパイン材製キャビネットで"コロニアル"、窓には"カントリー・スタイル"のカーテンなどで演出された。このようなコロニアル・リプロダクションの、むしろわびしいともいえる住宅は、不動産会社により、郊外分譲地に連なりまとめて、たくさん建てられた。

　イングランドでも、ヘンリー8世時代を思わせるようなカントリー・コッテージが流行し、郊外に連なって建つことになった。フランスでは、ミニチュア・シャトーや、イタリアの地中海風のスタッコ仕上げの外壁のコッテージで、折衷理念を表現した。折衷主義は今も、それを熱望する人々のために、家具やデコレーション・アクセサリーのカタログの中に存在し、奇妙なハーフ・ティンバーの縁取りや、"古風で風変わり"なディテールが、新たに開発された住宅にもみられ、ときおり、真新しいジョージアンの銀行や、ランチ・スタイルのレストランなども、みかけられる。

家具とアクセサリー

　"トラディショナル"な製品を特色とする、家具店やデパートでは、"店舗デコレーター"がセッティングした家具やアクセサリーを、顧客がみて確かめられるような、モデル・ルームを設置して、それらスタッフが、尻込みする顧客に、アドバイスしたり、デコレーションの手伝いをしたりもする。家具製造会社は、いろいろな時代の、特にコロニアルを勧めるような、家具の"スイート（スーツとも呼ばれる）"をつくるようになった。ラジオのようなモダンな発明品が、どんな家でも欲しがられる時代になって、研究所での機能主義ともいえる初期の無線受信機という機械から、ジョージアン、ルイ15世、やスパニッシュ（15.18）、といった伝統様式の木製キャビネットに変わったのだ。ラジオのスピーカーの丸い形が、中世の教会のバラ窓のような木製トレーサリーや尖頭アーチのケースとなり、こんなゴシック様式の木製キャビネットが、広くポピュラーとなったのだ。

映画館

　映画の発達は、大衆エンターテイメントの媒体として、折衷デザインを広める、もう1つの手段となった。素晴らしいハリウッドのセットは、しばしば、時代別様式でリッチに装飾された大邸宅や、歴史ドラマの背景、リッチで有名

15.17 ピューリタン・インテリア、1926年

　アメリカでは、時代別様式インテリアへの願望が、"コロニアル"デザインが最も好きな一般人にまで浸透していった。シアーズ・ローバック社のカタログ（1926年）の、住宅と組み合わせたインテリアのこの広告では、18世紀ではなく1920年代のファミリー向けなので、より親しみやすいキッチンやバスルームもあり、理想であるコロニアル様式の実現を、サポートしている。

折衷主義　351

15.18 ブルックリンのエア・キング社製ラジオ、ハロルド・ヴァン・ドーレンとJ.G.ライドアウト、1930-1933年

電気時代の住宅のインテリアでも、家具や装備とマッチするようなトラディショナル・スタイルが求められた。床置き型ラジオは、色々な時代別スタイルで、木製キャビネットに収まった。この例は、たぶんスペインの、ルネサンス・デザインを目指したようだ。

なモダンな環境など、であった。映画館自体も、折衷様式をビジュアル的に体験させることになった。劇場とオペラ座も、念入りにデコレートされているが、今や大衆が、ロウズ、フォクス、ロキシーといった、巨大な映画館に足を運ぶようになり、装飾された家具での見事なロビーや、まるでムーア人のハーレムか、スペインのお城か、そんな風に装飾された、巨大なオーディトリアムを、体験することになった。天井には、星や雲が動き出し、巨大なオルガンはオーケストラ・ピットを飛び出し、ホールは、センチメンタルなビブラートで、いっぱいになった。トーマス・W・ラム（1871-1942年）は、そんなエキゾティックでファンタスティックなセッティング、たとえば、ペルシア風、ヒンズー風、中国風や、それらのスタイルの混合、でのインテリアで、シアターをデザインするスペシャリストとなった。ニューヨークの175番通りのロウズ・シアター、ブルックリンのロウズ・ピトキン、フィラデルフィアのスタンレイとフォクス（アダム・スタイル）、サンフランシスコのフォックス（バロック）（いずれも、1920年代末から1930年初め）など、300以上のシアターが、彼の功績であった。ジョン・エバーソンは、"ムードのあるシアター"を仕掛けるスペシャリストで、天井には動く複合体の雲や星、月など、ファンタスティックな、建築や彫刻のディテールで、みせかけの空が浮いていた。シカゴのパラダイス（1928年）は、こうしたタイプのたくさんのシアターの1つであった。ハリウッドのグラウマンズ・エジプシャン（1922年）と中国風（1927年）シアターは、マイヤーとホラーにより、全米で有名になるほど、それぞれのスタイルで、突飛な空間を成功させた。ホテルとレストランも、この潮流に乗って、自分の家でもそっくりまねしたくなるような、まるでおとぎ話のような歴史的なセッティングとなった。

ヨーロッパ

ヨーロッパでは、折衷主義の作品が知られていないわけでもなかったが、アメリカでの経験は、世界共通となるまでには至らなかった。たぶん、本物の歴史的建物やインテリアが存在するので、イミテーションは、受けなかったのだろう。ルネサンス以来現代までの、歴史主義は、ただそっくりに模倣するというより、むしろ新解釈が求められたのだ。いくつかの巨大な建物、たとえばジョセフ・プーラルト設計のベルギーのブラッセルの裁判所（1866-1883年）、ジュゼッペ・サッコーニ設計のローマの

15.19 モスクワのクルスカヤ地下鉄駅のセントラル・ホール、グリゴリー・ザハロフとジナイダ・チェルヌィショーワ設計

ヨーロッパの全体主義政権は、ファシストでも、コミュニストでも、それぞれが目指す折衷デザインを採用したが、これは、スターリン主義の例である。まさに剝奪折衷主義のドリス式建築の形態は、地下鉄駅のエントランスとしては、思いがけない仕掛けであろう。

ヴィクトル・エマニュエル2世記念モニュメント（1885-1911年）などは、あまりにも大げさすぎて、匹敵するものがないほどのレベルを成し遂げている。ホテル、銀行、教会、プライベート住宅も、そういった歴史的スタイルで、たくさん建てられたが、それらはたいしたことがない種類の仕事だと片付けられた。デザインにおけるリーダーシップは、歴史主義というよりも、創造性を優先したのである。

　剥奪古典主義は、1930年代のヨーロッパでは、政府御用達公認デザインとなっていった（15.19）。経済不況下にあって、そのフォーマル性と、モダニズムよりの伝統で、経済的にも効率的にも、そのアピールに貢献したのだ。好例としては、J・S・シレン設計のヘルシンキのフィンランド国会議事堂（1927-1932年）が挙げられる。そのモニュメンタルな大階段の上に、14本の古典的コラムが立ち並ぶファサードは、その真ん中の丸い議会場のまわりのシンメトリカルなプランを、覆い隠している。同じようなスタイルとしては、不幸でもあるが、ムッソリーニのイタリアやヒトラーのドイツでのような、ファシズムの建築を表現することになった。大理石で縁取られたグレイト・ホールというのが、偉大さを装いたく、公的空間を広大さで脅しをかけるには、好まれるセッティングであった。アルベルト・シュペーア（1905-1981年）は、ナチ政権で好まれた建築家であり、ベルリンの新首相府（1938年）のように、ぞっとするようなこれみよがしのスタイルで、多くのビルディングを建設した。スターリン政権下のソ連でも、うわべだけはファシズムの反対者だが、ロシアのデザインの公認スタイルは、同様にヘビーで挑発的になっていった。第二次世界大戦後も、モスクワのロモノーソフ大学（1948-1952年）のような建物が、第一次世界大戦前のアメリカの折衷主義を思わせる方法で、デザインされ続けたのである。

スカンディナビア

　スカンディナビア・デザインでの折衷主義とは、古代スカンディナビア人まで遡って民族の伝統に基づいて建設し、決して狭義で模倣するというのではなく、よりシンプルな形態へ、スムースにモダン・デザインを形成するように、移行することができた。その初期の"スカンディナビアン・モダン"のフォルムは、折衷期に属するようなもので、一般大衆のほとんどは馴染みがないような、初期モダニズムといえた。それが世界的にも賞賛されることになったのは、スウェーデン人建築家のラグナル・エストベリ（1866-1945）による、折衷のストックホルム市庁舎であった。これは、湖に面した風光明媚な場所に、ロマンティックな緑青の銅屋根や高い塔があるレンガ造となっている。そのブルー・ホールは、屋根付きの中庭というかアトリウムで、名前とは異なるピンクのレンガだが、（ブルーのモザイクの予定だったが施工されなかった）、金とカラフルなモザイクで彩られた壁の大きなアセンブリー・ホールの黄金の間（15.20）、外観にマッチするように、大きく魅力的で、オージェン王子が壁面装飾を手掛けた、プリンス・ギャラリーなどがある。

　フィンランドでは、ナショナル・ロマンティシズムと呼ばれた、ユニークな折衷主義となった。エリエル・サーリネン（p.321、pp.347-348参照）は、1902年から、ヘルシンキ郊外のヴィトレスクに、仲間と住宅とアトリエ村を設計して移り住んだ。これらは、ユーゲント・スティールとも関連した、赤いタイル屋根の北欧のロマンティック・スタイルでの一連の建物であったが、またオリジナルの質もあり、特にインテリアで、敷物やタペストリー、メタルワーク、家具などは、クラフトの伝統をベースとしたデザインの好例がみられる。サーリネンの妻のロヤは、彫刻や織物制作、テキスタイルやカーペットのデザイナーでもあり、ヴィトレスクでのデザインに積極的に参加していて、夫の作品の多くにも参加し、終生支えた。

　サーリネンがヨーロッパで認められた仕事としては、ヘルシンキ鉄道駅舎（1906-1914年）の設計で、高い塔と、北欧ナショナリズムを思い起こさせる魅力的なインテリアの、素晴らしい石造建築であった。1925年にアメリカに移住してから、サーリネンは、アメリカのデザインの発展に多大な貢献をした。[1]

注1　ヴィトレスクでの仕事には、同じくデザイナーだった前妻が活躍したが、その前妻がサーリネンの友人と恋に落ち、サーリネンは、その友人の妹と再婚して、アメリカに渡った。つまりアメリカでの仕事は、その二度目の妻が協力した。

折衷主義 353

15.20 ストックホルム市庁舎、ラグナル・エストベリ設計、1908-1923年

20世紀初頭のスウェーデン・デザインにおけるノルディック風は、強く一般大衆にアピールした。それは、現代でも、しっかり伝統をルーツとした、デザイン・ヴォキャブラリーであった。これは、フォーマルでモニュメンタルなホールで、黄金の間と呼ばれ、世界中からの観客に強い印象を残すような、ストックホルム市庁舎内のいくつかの部屋の1つである。

15.21 ノーサンバーランドのロスベリーのクラッグサイド、リチャード・ノーマン・ショウ設計、1870-1984年

ショウによるクラッグサイドの暖炉まわりのデザインを、WRレサビーが描いたドローイングである。ショウは、地元の建物やディテールを使いながらも、過去の例をただ模倣するのではなく、伝統の感覚で計画する、19世紀のイギリスのデザインを、個性的に生み出そうとしたことがわかるものだ。この豊かな装飾の作品は、まだその時代にも残っていた地域性の素晴らしさを望むリッチなクライアントを満足させるものであった。

イギリス

イングランドでは、ボザールの古典主義の影響もあって、アーツ＆クラフツの影響も薄まり、ノーマン・ショウによる後期の作品の中には、表面上の折衷主義もみられた。ショウ設計の豪邸であるドーセットのブライアンストン（1889-1894年）は、クリストファー・レンやフランスの18世紀シャトー建築のような、左右対称のU字型プランとなっている。インテリアには、ヘビーでクラシカルなディテールが満ち溢れている。ノーサンバーランドのロスベリーのクラッグサイド（15.21、1870-1884年）も、装飾でみちている。ノーサンバーランドの邸宅であるチェスターズ（1890-1894年）は、古典的左右対称で、よりフォーマルでモニュメンタルな形態であり、エントランスは、壮大なイオニア式円柱の柱廊で、インテリアは、興味を惹かれるというより、とにかく巨大さが印象的であった。ショウ設計のロンドンのピカデリー・ホテル（1905-1908年）は、イオニア式円柱のスクリーンとともに、華やかなオランダのバロック様式をミックスした巨大なブロックである。

ラッチェンス

イングランドで、最もクリエイティブな折衷といえば、サー・エドウィン・ラッチェンス（1869-1944年）であった。彼は、ノーマン・ショウやフィリップ・ウェッブの信奉者として設計を始めたが、まもなく世紀末前後に、最後のカントリー・ハウスとも称される、大邸宅のデザインで、彼独自の路線を見い出した。バークシャーのソニングのディーナリー・ガーデン（1889年）は、オリジナルで、レンガやタイル、アーチのエントランス、大きな煙突、小さく仕切られたガラス入りの巨大な出窓、など、多くのお馴染みの要素もあり、よく組んで仕事して

インサイト

サー・エドウィン・ラッチェンスと、ニューデリーの総督邸

長いキャリアで、ラッチェンスは、クライアントたちと、しばしば生涯の友情を持ち続けるほど、密接な関係で働いた。しかし最も長い仕事の1つで、インドのニューデリーでの新行政センターの仕事では、帝国官庁の官僚主義の権化のような扱いをするハーディング卿には、かなりフラストレーションがたまったようだ。主として任されたのは大規模な空間デザインだったが、ハーディングは、このプロジェクトのコストを半分にカットしようとしていた。ラッチェンスは、この大打撃の件を、こう記した。

> それはまるで、オペラを作曲するのに、ヴァイオリンやすべての管楽器を止めて、一弦だけのバンジョーと総督のドラム、トライアングルとコメットだけで、やれというようなものだ。[1]

サー・ハーバート・ベイカーは、ラッチェンスの友人でもあり、このプロジェクトにかかわる役人でもあったが、こうコメントした。

> 私は、ラッチェンスが粘り強く、総督と政府相手に戦うのを、静かに感心しながら見守ったが、彼のプランでは、建物は巨大すぎ、フロア面積も大きく、とても経費は足りずに、相反する忠誠心で難しいポジションにいたとは、たぶん私1人だけがわかっていたのだ。ついに、驚くべきスキルとエネルギーで、彼はプランを縮小し、その案は、受け入れられたのだ。[2]

結果としては、コストとスケールを縮小するというラッチェンスにとっての不幸にも関わらず、ナイト爵位を授与されたほど、十分に感銘を与えるほどのできばえとなり、1931年の『アーキテクチュアル・レビュー』誌に、ロバート・バイロンは、こう讃辞を寄せた。

> 道路は、カーブを描き、気がつかないほどの勾配で乗り上げる。突然右側に、タワーとドームの形が、地平線に浮かび上がり、太陽光でピンクとクリーム色に輝き、一杯のミルクのような新鮮さで青空に踊り、まるでローマのように、ドーム、タワー、ドーム、タワー、ドーム、タワー、赤、ピンク、クリーム、白いスタッコの金色が、朝焼けにきらめく。[3]

1. Edwin Lutyens, letter to his wife, quoted in Christopher Hussey, *Life of Sir Edwin Lutyens* (London, 1953), p. 320; 2. *Ibid*, p. 321; 3. Robert Byron, *Architectural Review*, "New Delhi," 1931

15.22 キャッスル・ドローゴ、エドウィン・ラッチェンス設計、イングランドのデーボンのドリューステントン、1905-1925年

ラッチェンスは、キャッスル・ドローゴで、伝統主義と未来志向との微妙なバランスを保つのに成功した。これは城ではなく邸宅で、この巨大なカントリー・ハウスのドローイングルームからホールへの通路だが、石のシンプルなディテールを用いて、伝統的でもあり、新しい20世紀のシンプル性もあるという空間をつくりだした。

いるガートルード・ジーキル（1843-1932年）と開発した、美しいランドスケープ・ガーデンに囲まれている。サリーのティグボーン・コート（1899年）では、地元産の石材を使い、中世を思わせる三角破風や暖炉の煙突などはあるが、ゴシックのディテールそのままのリプロダクションは全くない。簡素なシンプルさに向かい、決別し、クラシカルなディテールといえば下層のエントランス・ポーチだけである。彼は、ヨークシャーのカントリー・ハウスであるヒースコート（1905-1907年）には、より自由に、ちょっと風変りな古典主義を導入した。デーボンのキャッスル・ドローゴ（15.22、1905-1925年）は、要塞のような銃眼付き胸壁もあるようなマナー・ハウスで、オリジナルというより、かろうじて模倣に属するかのようである。これらの邸宅で、ラッチェンスは、クライアントが望むような、貴族階級に属するような伝統と、クリエイティブな独創性の本物の要素で、快適性を提供するという、驚きべき才能を示していた。

同時代のイギリスの建築家の中でも、主要な人物と認められるようになり、ラッチェンスのステイタスは急速に上がっていった。彼の仕事は、だんだん大きく、モニュメンタルな作風に

15.23 SSフランス、1910年

最もみごたえある折衷インテリアとしては、ビルの中より、海の船上で、みられた。この壮大な空間、大階段とダイニング・ルームは、リッチなバロック装飾が施され、一等乗客にとって、大西洋上というより、グランド・ホテルか宮殿で、食事しているかのように感じさせようとするものだった。大陸間旅行で、乗客たちにとって、海の旅が長く不快とならないように、このようなデザインの力で、満足感を与えようとしたのだ。

注2 日本では、1877年イギリスから直接ジョサイア・コンドル（1852-1920）を招いて、建築教育が始まり、その弟子である辰野金吾（1854-1919）は、1880-1883年にロンドンに留学し、ウイリアム・バージェスの事務所で学んだ。片山東熊（1854-1917）も、コンドルの教え子で、宮内省で赤坂離宮のために、1886年からドイツやフランス、イギリスなどヨーロッパの宮殿建築を視察に行き学んだ。ということで、いずれも、ボザール系アメリカ建築学校とは関係なく、イギリスとヨーロッパ仕込みであった。

なって、インドの首都ニューデリー（1913-1930年）のプランニングまで、任されるまでに上り詰めた。ここでの建物は、フォーマルなシンメトリーで、伝統的なコンセプトによるものであったが、ラッチェンスがデザインした個々の建物は、（総督邸のように）、インドの伝統デザインと、イギリスの古典主義とを、真の折衷でミックスしたのである。

オーシャン・ライナーズ（大洋航路の豪華客船）

折衷のインテリアデザインは、大洋航路の豪華客船のインテリア（15.23）にまで、広がった。イギリスのクイナード・ラインのモーリタニア号（1907年）では、一等客室の乗客たちを喜ばせるために、イギリスの建築家で、派手な折衷のインテリアを得意として、タウンハウスや、カントリー・ハウス、ホテルなどを手がけてきた、H・A・ペト（1854-1933年）が起用され、イタリア・ルネサンスやフランスのフランソワ1世スタイルで、ホール、ラウンジ、スモーキング・ルームなどが、設えられた。そこには、パネリング、コラム、ピラスター、金メッキ、クリスタルなどが、至る所に使われた。クイナードのフランコニア号（1923年）のスモーキング・ルームは、巨大なレンガの暖炉がついた、チューダーのハーフ・ティンバーのホールであった。第一次世界大戦前の大ドイツでは、折衷装飾が優れていて、ファテルランド号（1914年、後にルビアサム号と改名）のスイミング・プールは、タイルのプールの周囲のデッキに、2階の高さまでの古代ローマのドリア式円柱もあり、"ポンペイ風"となっていた。イタリアのコンテ・デ・サボイア号（193年）は、18世紀ローマのコロンナ宮殿のギャラリーを、彫刻やフレスコ画まで再現し、リプロダクションしたメイン・ラウンジとなった。

折衷主義の広がり

折衷インテリア装飾の船は、海外移住者を、ちょうど、母国の折衷建物を建てたいとする未開国にまで、運んでいった。インドやオーストラリア、他の植民地での、西欧化建築は、移民たちが快適に感じるような、古代ローマの古典主義、ゴシックやルネサンスなどのモチーフが使われたが、それらは、現地住民にとっては、印象が強く、腹立たしいものだっただろう。中国でも、また影響が少ないはずの日本でも、香港や上海でのイギリス人駐在に影響された折衷作品が生まれた。ボザールの折衷主義が流行していた、アメリカの建築学校で学んできた、中国や日本の建築家達が設計した。辰野金吾による、日本銀行（1895年）、片山東熊による赤坂離宮（1909年）は、ヨーロッパやアメリカにみられる折衷作品に非常に近いといえよう。[2]

1930年代から1940年代には、デザイン学校で専念していた歴史主義から、何とか抜け出そうとの長い苦闘があった。デザイン訓練は、折衷主義から方向転換し、モダンで技術優先、すべての歴史的模倣を排除したい新世代によって、デザインの職能も、次第に変化してきた。折衷様式は、少数の時代遅れのデザイン学校や、まだ遠い過去の様式を模倣したものやセッティングを好む一般大衆が多いと、勘違いしているかのような製造業者やビルダーに、まだ生き残っていくのだろう。

第16章

モダニズムの台頭

16.1 ラーキン・ビル、フランク・ロイド・ライト、バッファロー、ニューヨーク、1904年

通販会社が入るこのオフィスビルで、ライトは中央の自然光が入るアトリウムのまわりに社員が働くスペースを何層かに分けて配置した。ファイルキャビネットはアルコーブに整然と収められ、机に合わせた脚がスイング式で出てくるアームがついた椅子を含む家具は、すべてこのビルのためにライトにより特別にデザインされたものである。日中の光は、ライトの設計による鈴なりのようなデザインの照明器具で明るさが補われた。ビルは1950年に解体された。

20世紀初頭までには、社会における工業化やテクノロジーの出現、それが顕在化し、私たちの生活は人類が火を発見し言語を発明して以来の大きな変革を遂げた。電話や電気照明、船舶や鉄道、自動車、および航空機による移動、鋼鉄や鉄筋コンクリートを用いた建造技術などは、人々の生活を大きく変化させ、一般的に「第一機械時代」といわれている。近代以前の主流は手工業であった。（風力、水力、馬力等と限りがあった）近代には手工業は影をひそめ、生産手段の大部分を占める工場生産へと移行した。また当時、加速する人口増加と都市部における貧困層の広がりが、新たな緊急課題となっていた。さらに、コミュニズム（共産主義）やファシズム（全体主義）、第一次世界大戦で人々が負った苦しみなど、技術では解決できない問題で世の中が混迷していた時代でもある。アートや建築、デザイン分野においても、それまで使われてきた古い考え方が、近代社会ではもはや適応しないということが明白になっていった。

19世紀は、新たなデザインの方向性を模索する時代であった——アーツ＆クラフツ運動やアール・ヌーヴォー、ウィーン分離派、しかしこれらのムーブメントのいずれも、過去の縛りから脱却するには至らなかった。アーツ＆クラフツ運動は、産業化社会以前に盛んであった手工業への回帰を図るものであり、アール・ヌーヴォーおよびウィーン分離派は新たな装飾様式を探求したが、当時の急激な生活の近代化を理解することが困難で、折衷主義派は過去のデザインを現代に応用することを主題としていた。かなり手のこんだ19世紀の装飾主義（ヴィクトリア様式とその類例）と、表層的な歴史主義の折衷主義的作品は集中的に非難を浴びていった。モダニズムの先駆者たちは、たとえ彼らが政治的な思想に直接的に関わっていないとしても、ある意味では「革命家」といえる。デザイン分野も音楽や文学、そのほかの芸術分野と同様に、新しい思想は反社会的とされ、大部分の主流派からは恐れられる存在であった。

20世紀前半のデザインで最も重要な展開は、進歩したテクノロジーとその結果として生まれた新たな生活様式の近代社会に対応できる、デザイン言語を生み出したことであった。近代化の動きを示すモダニズムという言葉は、絵画、彫刻、建築、音楽、文学、すべての芸術分野において新たに生まれた総称である。近代デザインの先駆者として、4人の男たちを挙げることができる。彼らは近代化への明確で新たな方向性を示し、"モダン・ムーブメント（近代運動）"の先駆者としてそれぞれの理念を力強く主張した。4人はともに肩書きは建築家であったが、彼らは皆インテリアデザインやプロダクトデザイン、その他のデザイン分野においても、20世紀モダニズムを代表するものをデザインした。その4人の建築家とは、ヨーロッパ人であるヴァルター・グロピウス（1881-1969年）、ルートヴィヒ・ミース・ファン・デル・ローエ（1886-1969年）、ル・コルビュジエ（1887-1965年）、そしてアメリカ人のフランク・ロイド・ライト（1867-1959年）であった。

フランク・ロイド・ライト

フランク・ロイド・ライトは、大きく前期後期と2つの時代に分けられる長いキャリアの中で、実現した400にのぼる建築と多くのプロジェクトを含む、莫大な数の作品を残している。デザインの歴史においては、彼のキャリアの前期

と後期、どちらの仕事も非常に重要である。初期の時代、または「前期ライト」は、彼のキャリアの始まりから1920年代ぐらいまでをいい、この時期にライトはモダン建築家の第一人者としての立ち位置を確立した。一方で、「後期ライト」は1930年代以降を指すが、詳細については後に19章で述べられる。

ライトは、1886年にウィスコンシン大学で短期間エンジニアとしてのトレーニングを受けた。仕事としては、シカゴにあるアドラー＆サリヴァン事務所（1887-1893年）で働きはじめたのが最初で、サリヴァンと親交を深めたライトは、それによって将来の作品の方向性を見定める。サリヴァンのコンセプトであった"形態は機能に従う"という言葉と、歴史的でない"有機的"な形態といったデザインの基本理念は、前期ライトの作品の核となっていた。ライトはサリヴァンを尊敬し、勤めていたサリヴァンの事務所でも成功を収めていたが（1892年には事務所が手がけたシカゴのチャーンレイ邸の主任デザイナーを務めた）、次第にアシスタントとしての仕事に満足できなくなり、1893年シカゴの郊外にあるイリノイ州オークパークへと移り、そこに自身の設計事務所を構えた。オークパークや近隣のリバーフォレストの一帯は郊外型の広々とした住宅地で、裕福なビジネスマンがそこから日常的にシカゴの都市部まで通う環境のよい場所であった。ライトはオークパークに家族のための住宅と、隣接して自身のスタジオを建設し（1889年）、それ以降、地元や近隣地域の住宅設計を手掛けるようになった。

前期の作品

最も前期のライトの作品はどれも実験的で、ヴィクトリア様式やアーツ＆クラフツ運動、クイーン・アン様式の装飾などからヒントを得たものや、施主からの要望があったときのみではあるが、部分的に折衷の方式も試みている（いくつかの作品では、西洋木造建築の手法も用いた）。しかし、1893年にリバーフォレストに建てたウィンズロー邸には、それ以前の作品とは決定的に違うライト独自の手法がみられる（16.2）。道路に面したファサードはシンメトリーで、古典的かつ威厳あるたたずまいは、ウィーン分離派の初期の作品を思わせる。しかし、垂直性を

16.2 ウィンズロー邸、フランク・ロイド・ライト、リバーフォレスト、イリノイ州、1893年

初期ライトの作品でしばしば用いられた、伝統的な建築様式を感じさせる細部のデザイン、さらに彼と親交のあったルイス・ヘンリー・サリヴァンの影響もみられる。写真は、邸宅のエントランスホールを抜けると現れる、側面にある暖炉とそのすぐそばに造り付けの椅子が設けられた小さなスペースをもつ柱廊。両サイドの手すりの端には台座とその上部に彫刻が飾られている。

強調する典型的なヴィクトリア様式の住宅とは異なり、ライトはこの作品で水平のラインを強く強調した。また、軒が大きく張り出した寄棟造りの深く低い屋根も印象的である。玄関ドアはまわりを囲うようにして装飾が施され、2階の窓はテラコッタの帯状の装飾の中に組み込まれている。中央に配された煙突と、その周囲に密集する部屋との兼ね合いにより、建物のプランはさまざまなスペースが相互に組み合わされ、複雑なものになっている。玄関ホールには、アーチ状の列柱の中に暖炉の両脇にベンチを備えた小部屋を設けている。中央の暖炉と背合わせにして設けられたダイニングルームは、建物の側面から半円形の形状で外へ突き出ている。いくつかの窓にみられるステンドグラスを含めた装飾のディテールについては、サリヴァンの有機的なデザインの影響が現れてはいるが、後にライトはキャリアを積み重ねるにつれ、これらの装飾をさらに幾何学的なデザインへと徐々にシフトさせていくのである。

続いて、イリノイ州カンカキーに建てられたヒコックス邸では、オープンなリビングとダイニング、そしてミュージックルームのあるエリアのみシンメトリーとなっている。深い軒をもつ切妻屋根、横一列に連続する窓、1階の屋外まで延びた低い壁、これらが強調する横に長い水平ラインは、平原が広がるアメリカ中西部特有の景観とそこに建つ住宅を調和させ、ライトは後にこうした一連のデザインをプレーリースタイルと呼んだ。道路に面した建物の側面は完全なアシンメトリーで、白い塗り壁と木の格子の組み合わせで構成される壁面は、それとなく日本を思わせるデザインである。これはライトが模倣する動機ではなく、彼が長らく興味をもっていた、英国の耽美主義でも好評を得ていた浮世絵の美意識からきているものである。ライトのインテリアデザインは彼が手掛けるプレーリーハウスの中で着実に進化していった。1901年に刊行された『レディース・ホーム・ジャーナル』誌のためにライトが描いた図面からは、仕切りのないオープンなリビングスペース、広範囲にわたる木の造り付け家具やこの住宅のためにデザインされた家具などを読み取ることができ、これらはすべて彼の住宅作品の特徴となった。

ライトの評判が人々に広まると、次第にそれまでメインだった住宅以外の仕事も増え、そのうちの1つがニューヨークのバッファローに建設された大きな4階建てのオフィス、ラーキン・ビル（1904年、現存しない）である。太陽の光が差し込む中央の吹き抜け空間を囲うように配置されたオープンなオフィススペースが設けられ、スカイライトのすぐ下の最上部のみにデザインされた、有機的なライト特有の装飾に自然の光があたる演出は、この建物のインテリアに壮厳さを与えている（16.1）。当時最先端であった金属の家具や照明器具はこのビルのためにデザインされたもので、そうしたインテリアは建

インサイト

フランク・ロイド・ライトの哲学

フランク・ロイド・ライトが建築家としてデビューしたころは、彼の周辺環境から答えを模索してスケッチを描くことに時間を費やしていた。彼の建築へのアプローチに内在しているロマン主義的思考は、彼の1890年代における経歴からだったと、1928年に出版された記事に記されている。

「建築家になって間もないころ、オーディトリアム・ビルの巨大な石塔から、自分が大いなる建築に抱かれる小さな鉛筆のように感じながら、シカゴから南方のベッセマー製鉄転炉のまばゆく赤い光を見ている私は、まるで恐怖とロマンスが共存するアラビアンナイトの1ページをみているような、ぞくぞくさせられる感覚になっていた」[1]

彼の建築家としての信念は、本人が語っているとおり、人々の健康を増進させ、精神を高揚をさせ、周辺環境に呼応した、完全なる環境を創造する建築をつくることであった。

ライトが設計したプレーリーハウスは、彼自身のまわりにみえた、すべての景観を考慮して生まれたスタイルで、1908年に執筆したエッセイの中でその理念が述べられているように、イリノイ州のハイランドパークやリバーサイドといった住宅も、同様の発想に基づくものである。

「我々中西部の人間は平原の上に住んでいる。草原とはそれ自体ですでに完成された美しさをもつものであり、私たちはそのありのままの自然美、静けさを受け入れ、それを際立たせる方法を知らなければならない。それゆえ、緩やかな勾配をもつ屋根、水平を強調する低いプロポーション、落ち着いたスカイライン（輪郭線）、高さが抑えられた重厚な煙突、張り出した深い庇、地上階のテラスとプライベートガーデンの周囲を囲うようにのびた腰壁など、これらのデザインが生まれたのである」[2]

1. Frank Lloyd Wright, "The Nature of Materials," *Architectural Record* (Chicago, 1928); 2. Frank Lloyd Wright, 1908, quoted in Kenneth Frampton, *Modern Architecture* (London, 1992), p.137

物とともに、ライトのデザインコンセプトを一体的に表現するうえでとても重要な要素であった。イリノイ州のオークパークにあるユニティ教会（1906年）は、ライトが初めて設計したRC造建築である。建築は2つのブロックの聖堂部分と教徒が使用する建物から構成され、中央にそれらをつなぐ要素としてエントランスが設けられた。教会の屋根スラブは、天井に近い位置に連続窓があるアトリウムの壁から大きく突き出たデザインが特徴的である。外へ張り出したバルコニーや、格子状に組まれた天井に埋め込まれてデザインされた天窓、白い壁面に美しく装飾された木材の線状のライン、天井から吊るされた照明器具、さらには造形的な幾何学模様のステンドグラスなど、いくつもの要素から構成されたインテリア空間は、人々に抽象的で複雑な印象を与え、これが数年後のヨーロッパにおいてアートやデザインが進む新たな方向性へとつながっていく兆しとなるのである。

彼はまた、1907年ごろに同じくイリノイ州の郊外であるリバーサイドの、広大な敷地に建ついくつかの建物からなる邸宅を、アヴェリー・クーンレイのために設計した（16.3）。邸宅の周囲には手の込んだ庭や、プール、さまざまなサービス用の建物や施設が整備されていた。この邸宅のプランは、ライトが自身のキャリアをとおして頻繁に用いた格子状のグリッドモジュールによるプランニング手法で、ある決められた比率のもとでデザインを一元的にコントロールできるものであった。正方形は、外壁の装飾的なタイルや塗り壁の造形パターン、さらにはインテリアの細部の装飾、特にラグなどの織物やステンドグラスの模様のテーマにもなっていた。緩やかな勾配のついた邸宅の屋根のイメージは、インテリアの構造部材を思わせる木のストライプ状のデザインをもつなだらかな勾配天井と装飾パネルでも表現され、間接的に壁から天井を照らす照明も仕込まれている。インテリアの色に関しては、ライトの他の多くのインテリアデザインと同様に、自然素材の色をそのまま生かすことへのこだわりから、使用される色は限られており、暖色系の色調でまとめられている。天然木やレンガ、石材などのあたたかみのある色調と、ファブリック素材にはベージュ系を基本色とし、ガラス（鉛入り）やインテリアのさりげない部分に装飾のアクセントとして明るめの赤を用いた。

シカゴの南地区に建てられた大きなフレデリック・ロビー邸（1908-1910年）は、ライトの残した作品の中でも傑作の1つとされている。低い壁で囲われた庭やテラスや緩やかに勾配する寄棟屋根の張り出しが、居住空間の周辺を取り囲み、流れるようにすべてが調和している。ひと続きの空間となっているメインのリビングとダイニングルーム（16.4）には、通り沿いの家の正面にあたる面に、途切れなく連続窓が設けられている。その中央にある暖炉と煙突は背後に設けられたオープンな階段室とともに、壁やドアを設けずに、その空間を2つのスペースに仕切っている。窓のステンドグラスや天井面を飾る木の帯状装飾、特注の照明器具や空間に合わせて設計された木製家具が、インテリアに統一感を与えている。もともとこうした家具やラグ、テキスタイルなどのインテリアは、すべてライトのデザインであった。ハイバックのダイニングチェアーはテーブルにつく人に、ある種の囲まれ感を演出している。またテーブルは通常よりも高さが低く抑えられ、四隅の脚は天板より上へ大きく突き出して照明と一体になったデザインになっている。

ライトのアメリカでの仕事は、1910年から1930年にかけ徐々になくなり、そして終焉することになる。ライトの身に起きた私的な一連の不幸や悲劇と、ライトの際立った個性的なデザインや社会的嗜好とのずれが重なり、ライトの仕事は激減していった。そんな折、ライトは日本のビジネスマンのグループから東京に大規模なホテルを設計する依頼を受け、その後の数年間、帝国ホテル（1916-1922年、現存せず）のデザインおよび建設の責任者として日本で過ごすことになる。この大きくかつ精緻に装飾された

16.3 クーンレイ邸、フランク・ロイド・ライト、リバーサイド、イリノイ州、1907年

ライトはこの邸宅の設計をするころには、彼自身の初期モダンスタイルを確立させていた。広く雑誌で発表された他、オランダやドイツで刊行された本に図解として掲載されたこの邸宅のドローイングは、ライトのデザインアプローチを示すものであった。天井のパターンは屋根の構造がそのまま表されたものであるが、同時に非常に装飾的な仕上がりにもなっている。

ステンドグラスや、この邸宅のためにデザインされたラグなどには、幾何学的なデザインがみられる。この中に収められた家具もすべてライトのデザインによるものである。

16.4 ロビー邸、フランク・ロイド・ライト、シカゴ、1908-1910年

この邸宅はおそらく初期ライトの建築の中で最もよく知られ、評価された作品であるといえるだろう。ダイニングルームはリビングルームと空間的な連続性をもち、自立型の暖炉と煙突のみがこの2つの空間を仕切っている。家具もすべてライト自らデザインを手掛けた。四隅に設けられた照明と一体型のテーブルの周囲に、ハイバックのダイニングチェアが配され、それらは家族や訪問者がそのテーブルを囲み、包み込まれているような雰囲気になるよう意図されている。造作のキャビネットやステンドグラスによる窓、さらに天井のディテールなどはすべて、20世紀初期にライトが残した作品の典型的なデザインである。

公共スペースは、1923年の大震災にも生き残った。この出来事でライトは再び世間から好意的に注目され、アメリカに戻った後も建築家として第二の歩みをスタートさせることができたのである。

デ・ステイル

ライトはしばしば、彼こそが建築界におけるモダニズム唯一の創始者であり、ヨーロッパのモダニストたちの作品の多くはライトのデザインを単に模倣したもの（価値の低いもの）であると語っている。実際にそうした主張を裏付けることは難しいが、ライトの作品を扱ったヨーロッパでの展覧会や出版された書籍を通じて、先んじてヨーロッパで名声を得たライトは、数年後アメリカでも同様の評価を得ることになる。1917年に創刊され、1927年まで出版された雑誌『デ・ステイル』に登場したオランダ人アーティスト、彫刻家、デザイナーたちはライトのデザインを熟知していた。確かに、ライトが1909年に設計したオークパークのゲイルハウスと、デ・ステイルグループの一員として活躍した建築家ロバート・ファント・ホフ（1887-1979年）によるオランダのユトレヒトのハイデ邸（1916年）との間にはデザイン上の類似性が認められるかもしれない。

モンドリアンとファン・ドゥースブルフ

デ・ステイルはもともと、絵画や彫刻における純粋な抽象化というコンセプトから生まれた芸術運動で、ピエト・モンドリアン（1871-1944年）、ジャン・（ハンス・）アルプ（1887-1966年）、テオ・ファン・ドゥースブルフ（1883-1931年）といった芸術家たちが、その抽象性の限界まで挑んだ成果が現れている。モンドリアンは、白い背景に黒の直線で囲われたクリッドの、そのいくつかが3原色で塗られている抽象絵画で知られている。彼の活動は絵画に限定されたが、その影響力はデザインや建築様式にまで大きな影響を及ぼしていくのだった。歴史主義が次第に衰退していく中で、抽象的な造形が新たなデザインの主流となっていった。モンドリアンとファン・ドゥースブルフは新造形主義と呼ばれる新たな理論を提唱し、それは芸術におけるすべての自然主義や主観的価値の中で、抽象的造

16.5 レストラン、テオ・ファン・ドゥースブルフ、ストラスブルグ、フランス、1926-1928年

バーやビリヤードルーム、さらに映画館をそなえたこの娯楽施設で、ドゥースブルフはデ・ステイルの抽象的な幾何学模様による、印象的でモダンなインテリア空間をつくりあげた。シネマダンスホール（右写真）は、中央スクリーンに映画が投影され、客がブースを使用し、中央のダンスフロアで踊れるようになっていた。これはファン・ドゥースブルフが抽象画家であったジャン・アルプや彼の妻であるゾフィー・トイバー・アルプとともに手掛けた作品であるが、施設がオープンした当初は、このデザインは人々に全く受け入れられなかった。

形や色（原色と黒）の優位性などを説明し、主張するものであった。この抽象的な造形と原色の理論は、ファン・ドゥースブルフが設計した建築という3次元的な構造のなかで表現している。多くの図面が残されているファン・ドゥースブルフの作品の中で実際に建てられたのは、ムードンにある彼の小さな自邸（1930年）と、1926-1928年（16.5）に建設されたフランスのストラスブルグにあるロベルトと呼ばれるいくつかのレストランのインテリアデザインのみである。幾何学的かつ抽象的に斜めに構成された3次元的造形、チューブ状の階段やバルコニーの手すり、コンクリート、スチール、アルミニウム、ガラスといった"モダン"な素材の構成（木質が省かれた）や白と黒と3原色のみによる塗り壁、これら1つ1つがこの作品に欠かせない重要なエレメントであった。

リートフェルト

デ・ステイルの中で最もよく知られるヘリット・リートフェルト（1888-1964年）が設計したユトレヒトのシュレーダー邸（1924年）は、一連の運動の思想をより完全な形で実現しているといえるだろう。この作品は、交差し合う壁のパネルや屋根、突き出たテラス、メタルサッシの窓ガラスで覆われた空間などが組み合わされた、直線的な構成による建物である。上階のメインリビングフロア（16.6）は、あらゆる場面に応じて空間の大きさを変化させることのできるスライディングパネルシステムによって空間が仕切られる。可動家具やつくり付け家具は、幾何学と抽象というコンセプトのもとにリートフェルトが設計した。白とグレートーンで全体が統一された建物に、3原色と黒の色だけがアクセントになっている。

リートフェルトの代表作といえば、幾何学的な形をもった2つの椅子で、4枚の平らな木の板がZ型に組み合わされたシンプルで小型な"Zチェア"と、赤と青に塗られたフラットな座面と背もたれ、それらを支える黒で塗装され端部を黄色に塗り分けられた木の細い角材で複雑に構成された、1918年制作の"レッド＆ブルーチェア"である（16.7）。一見近寄りがたい感じはするが、座る快適性を適度に兼ねそなえた抽象的なみる彫刻としても成立している。これら2つの椅子は今なお生産されている。リートフェルトのデザインによる他の家具や照明にも、彫

モダニズムの台頭　363

16.6 シュレーダー邸、ヘリット・リートフェルト、ユトレヒト、オランダ、1924年

リートフェルトが、デザイナーのトゥルース・シュローダー＝シュレーダー（1889-1985年）とともにユトレヒトにデザインした邸宅である。上階には床から天井までのスライディングパネルの仕切りによって、個室空間を設けることも、また写真のように空間を一体的に使用することも可能にしている。デ・ステイルの象徴的な配色である、白、黒、赤、青が直線的で幾何学的空間に活気を与えている。

16.7 レッド＆ブルーチェア、ヘリット・リートフェルト、1917年

　座面と背板として2枚の合板が設けられたこの椅子は、細長い角材を用いたかご状の構造による支えで成り立っている。それぞれの部材を接合する金属製のピンが、みえないように設計されていることで、椅子の部材がそれぞれ明確に分かれてみえるようになっている。3原色の青、赤、そして黄色が、黒い構造部分とアームに配色されている。この椅子の座り心地は、驚くほど快適である。

16.8 バウハウス、ヴァルター・グロピウス、ワイマール、ドイツ、1923年

バウハウスがまだワイマールに所在していた頃、グロピウスは自身のオフィスの設計も手掛け、抽象的で幾何学的な空間をデザインした。ラグやタペストリー、家具、さらには天井から吊り下げられた照明などはすべてバウハウスの教員や生徒によってつくられたものである。机と椅子はグロピウス本人がデザインしたものである。

刻的で抽象的という同様に徹底したコンセプトがみられる。

デ・ステイルの運動は、メンバーが少なく短命で作品も限られていたため、社会には十分浸透せず、ドイツやフランスにおけるモダニズムの創始者たちに比べると明らかにその影響力は小さかった。

インターナショナル・スタイルの先駆者たち

ドイツでは、上記で述べたとおり、ドイツで生産される製品の質的向上全般を推進していたデザイン団体「ドイツ工作連盟」の重鎮であるペーター・ベーレンスが、建築デザインに新たな運動を起こし、先進的なデザインの先駆者として世間の脚光を浴びた。そのベーレンスのもとで働いていたのが、ドイツ人のヴァルター・グロピウス、ルートヴィヒ・ミース・ファン・デル・ローエ、そして後にル・コルビュジエとして有名になるスイス生まれのフランス人、シャルル・ジャンヌレの3人である。ベーレンスやその他の3人の弟子たちの作品から、初期ライトの作品を知っていたのではないかと想われる。

グロピウスとバウハウス

ヴァルター・グロピウスは1911年に独立して建築活動をはじめ、ベーレンスの手掛けた工業

モダニズムの台頭　365

ビルのスタイルを直接受け継いで、簡素で機能的な作品を発表した。歴史上におけるグロピウスの重要性は、彼の建築というよりはむしろ、彼がデザイン教育において残した功績のほうにあるといえる。第一次世界大戦後、彼はワイマールにある美術とその応用を目的とする2つの学校の校長職を託された。彼は2つの学校を合併し、スタートリッヒ・バウハウス（国立ワイマール・バウハウス）を設立した（16.8）。このバウハウスという名前の"bauen"（建てること）はドイツ語で広い意味ももち、その中には創造するという意味もあり英語ではデザインと訳される。バウハウスでは、モダニズムが加速する美術と建築や都市計画、広告、展覧会のデザイン、舞台美術、写真や映画、さらにはまもなくしてインダストリアルデザインと呼ばれた木工、金工、陶芸、テキスタイルなどを含めた、あらゆるデザイン・工芸分野の間に新たな関係性を構築する教育プログラムの開発が試みられた。

バウハウスの教育プログラムによる講義は、初年度は2次元と3次元の抽象デザインの集中的指導が行われ、また後の専門分野の基礎固めを目的とした素材やテクスチャー、そして色彩についての学習にも力が注がれた。グロピウスはパウル・クレーやワシリー・カンディンスキー、ライオネル・ファイニンガーといった著名な近代芸術家や、ヨーゼフ・アルバース、ラスロ・モホリナギ、マルセル・ブロイヤーなどの有名な教員を招聘した。1925年、経済的、政治的問題によりワイマールのバウハウスが閉鎖されると、工業都市であるデッサウにグロピウスが設計した新しい校舎（16.9）へ移転した。1926年に完成したデッサウの校舎は、平面プランと美的感覚の両面においてバウハウスの思想を見事に具現化したものであった。この校舎で最も目を引くのは、生徒らがデザインした作品の製作、少なくともプロトタイプレベルの製作ができるようにつくられた4階建てのアトリエ棟である。プリント素材や織物、家具、陶芸、照明、金工、舞台美術、さらにはコスチュームなどがアトリエでつくられ、さらに作品によっては、メーカーに頼んで製造、販売することもしばしばあった。橋のように公道の上空に架けられた部分には、オフィスや図書館が入り教室のある棟へとつなげられた。

低層で建物を結ぶ部分には食堂と講堂が配され、そこから上級生向けのスタジオタイプの部屋をそなえた小さな学生寮へつながり、学生が居住しながら作業できるようになっている。アトリエ棟は際立った3層にわたるガラスのカーテンウォールをもち、それ以外の棟は徹底して装飾を排除し、大きな帯状の窓をもち、そして学生寮には小さく突き出したバルコニーとチューブ状の手すりを備えていた。建物の形態は平面計画から導かれたもので、屋根はすべて近代的工業的なフラットルーフであった。結果として建物の姿形は厳格な機能主義となり、伝統主義者は大きなショックを受け、新たな世代の近代主義者には好奇心を大いにそそられるものとなった。

1932年、歴史家で評論家でもあるヘンリー・ラッセル・ヒッチコックが（フィリップ・ジョンソンと共同で）ニューヨーク近代美術館にて開催した企画展で、バウハウスの建築やそれに類似する近代建築はインターナショナル・スタイルとして紹介された。その名前には国ごとの文化や地域色が色濃くでた過去のデザイン史のスタイルとは一線を画す、モダニズムの特徴が表されている。その後フランスやイタリア、イギリス、さらには北欧の国々にまでその流れが広まり、そのようなモダニズムは着実に世界規模で広がっていった。バウハウスのインテリアは建築と同様、シンプルさと機能性が追求され

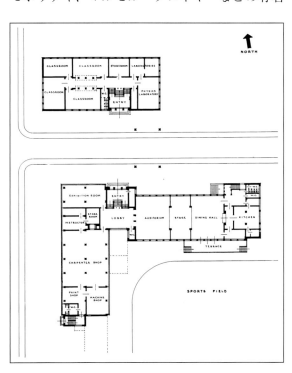

16.9 バウハウス、ヴァルター・グロピウス、デッサウ、1926年

地上階の平面図をみると、アトリエのエリアが左下にあり、また右手方向に講義ホールとダイニングルームが配されている様子がわかる。上階には、図面の上側にある教室棟とつなぐ橋の役割をもつわたり廊下が設けられた。橋の下には道路が走り、どちらの建物にもエントランスが設けられている。

た。グロピウスがデザインした校長室のインテリアは、直線的、幾何学的な形の素晴らしい研究室であった。また、多くのバウハウスの生徒や講師によってデザインされた、デ・ステイルの特徴的な白とグレー、さらにアクセントとして3原色を用いた家具や照明器具が校舎の至るところに置かれた。

バウハウスは、すべての前衛的思想に敵愾心(てきがいしん)をもつナチスの台頭の影響を受け、経営が圧迫され、政治的な圧力をかけられた。1928年にグロピウスが校長を辞任、ハンネス・マイヤーが第2代校長の座に就き、1930年にミース・ファン・デル・ローエが第3代校長を務めた。1933年、ついにバウハウスが閉鎖に追い込まれると、多くの生徒や職員たちはドイツ国外に亡命した。彼らは亡命先での設計やデザイン活動、または教師の職を通じて、バウハウスの理念を広めることに成功し、インターナショナル・スタイルは、モダニズムとして世界に広く知れわたるようになった。グロピウスは一時イギリスで活動したが、1937年アメリカへ移り、ハーバード大学のデザイン大学院でヘッドを務めた。バウハウスに学生として入り、教官になり、グロピウスのもとで働き、後に独立したマルセル・ブロイヤーは、バウハウス時代にデザインした家具で特に有名である。その中にはチェスカチェア（16.10）やワシリーチェア（16.11）といった作品が含まれ、現在も不朽の名作として生産され多くの場所で使用されている。

ミース・ファン・デル・ローエ

ミース・ファン・デル・ローエはベーレンスのもとで働いた後、1912年、住宅の設計のため1年間をオランダで過ごした。その際にデザインした大規模なクレーラー邸は、シンメトリーの強調や歴史様式のディテールこそ少ないものの、全体的にはシンケルの新古典主義に影響されたデザインであった。木とキャンバスで舞台美術さながらの住宅の原寸大モデルが現地に建てられたが、その住宅の建設が実現することはなかった。1913年、ミース（頻繁にこう呼ばれる）はベルリンに自身の建築事務所を開設した。第一次世界大戦後、彼は建物全体をガラスカーテンウオールが覆う高層建築や、各フロアが帯状のコンクリートと水平連続窓で交互に積層する、コンクリート建築のオフィスビルをいくつもデザインした。彼の作品は後に出版された書籍の中で、実現しなかった設計図面やスケッチ等も紹介されたことで、その後1950年代から1960年代のヨーロッパ、アメリカにおける次世代のモダニズムに大きな影響を与えた。

1920年代から1930年代の作品

1927年までにはドイツでの活躍が認められ、ミースはシュトゥットガルトで開かれた近代住宅デザイン展「ヴァイセンホーフ・ジードルンク」を任され、ディレクターとして大きな役割を果たすまでになっていた。近隣へのアピールの機会とも目された、新しいスタイルを提唱するこのモデルハウス群のデザインには、近代運動を牽引した多くのリーダーたち（ベーレンス、グロピウス、ル・コルビュジエを含む）も招かれた。ミースの展覧会の中で最も大きい建物は、ルーフデッキをもつ3階建ての共同住宅で、滑

16.10 チェスカチェア、マルセル・ブロイヤー、1928年

鋼製パイプのフレームによる椅子は、この椅子をデザインしたマルセル・ブロイヤーの娘チェスカの名前にちなんで名付けられた。アームのないタイプとアームのついたタイプの両方がデザインされ、座面と背もたれのシートは籐で編まれている（クッションタイプも存在した）。このデザインは知名度も高く、現在もなお多くの工場で生産されているが、ときどき質のよくない製品も出回っている。

16.11 ワシリーチェア、マルセル・ブロイヤー、1925年

マルセル・ブロイヤーがデザインしたこの椅子は、伸縮性のあるキャンバス地やレザーといった素材で張られた座面、アーム、背もたれを支える構造に、クローム仕上げのパイプフレームを用いている。

16.12 ドイツ・パビリオン、万国博覧会、ルートヴィヒ・ミース・ファン・デル・ローエ、バルセロナ、1929年

特に明確な個室を設けず、ガラスや大理石によるスクリーンで空間を仕切ったこのオープン・スペースは、近代のインテリア計画に欠かせないプランニングとして、大きな影響をもたらした。右側の壁は床から天井まで一面ガラス張りで、構造的には細い鋼製の柱で支えられた。会場は、大理石やトラバーチン、オニキス、グリーン色がかったガラスなどといった上質なマテリアルで仕上げられた。パビリオンに置かれた椅子とオットマンは現在、バルセロナ・チェアの名で親しまれ、もとに展示されていた場所に置かれている。

らかな白い外壁と大きな連続窓というインターナショナル・スタイルの典型がみられた。1920年代後半から1930年代前半にかけて開催されたその他の展覧会では、ミースのインテリアデザインに対する独自のアプローチ法を披露することになった。リリー・ライヒ（1885-1947年）は、数々のプロジェクトで彼に協力したとされ、スチールパイプを曲げてつくられるキャンティレバー構造のフレームがレザー張りの座面と背もたれを支えるMRチェアなどの、家具デザイン製作にも貢献したと思われる。徹底的にシンプルさを追求したこれらのインテリアは、素材がもつ豊かな色や質感のみでデザインされ、ここには「less in more（より少ないことは、より豊かなことである）」というミースの言葉に込められた信念が明確に表れている。

ミースは1929年に開かれたバルセロナ博覧会で展示される、ドイツ・パビリオンの設計で、国際的な脚光を浴びるようになる。彼が設計したバルセロナ・パビリオン（現在この名で知られる）は、建物は2つの水盤と広大な大理石の土台の上に置かれ、フラットな屋根スラブを8

インサイト

ミース・ファン・デル・ローエ：トゥーゲンハット邸

この建物を所有したグリート＝フリッツ・トゥーゲンハットは、ミース・ファン・デル・ローエが設計したこの住宅での生活をたいへん気に入っていた。グリートは、気分をおおいに高揚させ、さらに実用性も兼ね備えた空間に存在する"リズム"について以下のように述べている。

「外部空間と内部空間の関係性はとても重要である。空間がすべて囲まれ、独立しているにもかかわらず、このガラスの壁は完璧に境界線の役割を果たしている。そうでなければ、私は落ち着かず、風雨にさらされるであろう。しかし、これはこの空間のもつリズムから、壁に囲まれた部屋では味わえない、おおいなる安らぎをおぼえる。」[1]

フリッツ・トゥーゲンハットもこの住宅のデザインについても、同じく興奮気味にこう語っている。

「住み始めて約1年後には、この住宅は技術的に現代人が望みうる、すべてのものを兼ねそなえていることがよくわかった。冬のこの家は、他の厚い壁や小さな二重窓をもつどの家より暖房がよく効く。床から天井までのガラス窓のおかげで、部屋の奥にまで日差しが差し込む。よく晴れた寒い日には、窓を下げ、陽だまりの中で雪景色をみたりする。夏は、日よけとエアコンで快適な温度に保たれるのだ。」[2]

1. Cited in Wolf Tegethoff, *Mies van der Rohe: The Villas and Country Houses*, 1985, p. 97 2. Cited in *ibid*, p. 98

368　モダニズムの台頭

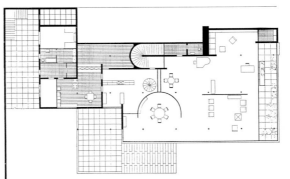

16.13（上）トゥーゲンハット邸、ルートヴィヒ・ミース・ファン・デル・ローエ、ブルノ、チェコ共和国、1928-1930年
この邸宅のリビングスペースには、オープンプランニングの考え方がみられる。床から天井までのガラス張りの壁は、地下に引き込まれるようになっていて、ここを外部に対して完全にオープンなスペースにできる。家具もミースによるデザインであるが、インテリアはスクリーン状の壁にふんだんに用いられた縞目の大理石や、美しく磨き上げられた木材の素材の色が生かされた。建物は鋼製の柱で支えられている。

16.14（中）トゥーゲンハット邸の平面図
特に仕切りの壁を設けないリビングスペースにこのプランの開放性が顕著に現れており、これがその後のデザイン思想に大きな影響をもたらした。

16.15（下）バルセロナ・チェア、ルートヴィヒ・ミース・ファン・デル・ローエ、1929年
バルセロナ万国博覧会が開催された1929年、ドイツ・パビリオンのためにミースによってデザインされた椅子である。シンプルな鋼製フレームがレザーストラップを支え、それがタフティング加工（訳者注：ボタンどめ）を施されたレザー張りの座面と背もたれのクッションを支えている。この椅子は、後に近代デザイン運動のクラシックデザインの一つとして人々に認知され、現在においても生産が続けられ、広く親しまれている。

本のスチール柱が支えるシンプルな構造であった。閉じられた壁はなく、スクリーン状のデザインのガラスや大理石の壁が不規則な抽象的パターンで配置され、その壁の一部は外部空間にまで拡張されている。来訪者は開放的なスペースを巡ることで、大理石の豊かな質感や抽象的な空間構成、数点の近代的な彫刻作品（16.12）をすぐそばでみて感じることができた。スチール柱の輝くクロームの鏡面仕上げや、大理石壁の豊かな緑やオレンジがかった赤の色調、深紅色の布地、透明かつオパール色のガラス、これらの色彩はパビリオンを抽象的アート作品に仕立てた。クロームメッキされたフラットバーのフレームと、レザー張りのクッションで構成されたシンプルな椅子とオットマン、それに合わせて置かれたガラストップのテーブルは、スペイン国王夫妻の来訪の際に行われるセレモニーのために用意された。これらの家具デザインはモダンデザインの名作として世に広まり、今なお商品として生産されている。バルセロナ・パビリオンは、壁を構造から解放して空間の要素の1つとするなど、鋼鉄やコンクリートによる近代的な構造技術の可能性をフルに生かした初めての建築であり、その結果として屋根を支え

る役割のあった構造壁を必要としない開放的なインテリア空間は、必要な機能を仕切りのないスペースの中に、より自由な形でデザインすることが可能になったのである。

これらの考え方に準じて造られた住宅が、ミース・ファン・デル・ローエ設計による、ブルノ、現在のチェコ共和国にあるトゥーゲンハット邸（16.13、16.14、1928-1930年）である。この住宅は傾斜地に位置し、上階（通りに面した）部分には玄関と車庫が配された。寝室はペントハウスのようなかたちで最上階に設けられている。メインフロアである下階の開放的なリビングは、オニックス大理石のスクリーンのような壁によって一部隣接する書斎と仕切られ、カーブしたスクリーンのような縞黒檀の壁がオープンなダイニングスペースとの間を隔てている。下り坂方向を臨むこのスペースの外壁はすべて、床から天井まで一面ガラス張りとするデザインであった。カーテンが引かれ電動で地下に引き込む仕組みの昇降窓が設けられていて、外部に対して完全に開かれた室内空間を実現させている。細いスチール柱は構造部材としての主張をせず、鏡面の仕上げによってその存在はほとんど消えてしまっている。バルセロナ・パビリオンとトゥーゲンハット邸のインテリアは、どちらも素材の色や質感などによって空間の抽象性を高めた画期的なインテリアとして、以前の装飾にとって代わり、近代インテリアデザインに強烈なインパクトを与えた。さらにバルセロナ・チェア（16.15）や、その他ミース・ファン・デル・ローエがデザインした多くの家具は、"クラシック・モダン"として選定され、現在もなお生産され続けている。

アメリカへの移住

バウハウスで教官として働き、後には校長を務めた後、ナチスが台頭していたドイツでミースの仕事はほとんどなくなっていった。彼は実現することのなかった邸宅をいくつか設計しているが、残された素晴らしい図面からはインテリアのシンプルさ、開放感といったバルセロナ・パビリオンと類似する点がみられる。それらの図面もミニマリスト的な空間美学を表現している。ミースはその後アメリカへ移り、ヘッドとしてシカゴにあるイリノイ工科大学で建築を教えた。

彼は教授としてアメリカにわたって建築を教え、アメリカの近代デザインにインターナショナル・スタイルという新たなモダニズムの思想を広めた。彼のアメリカでの作品には、イリノイ工科大学のキャンパスの配置と建物の設計も含まれる。その中の1つがクラウンホールで、ここには建築とデザイン学部が入っている。4面ガラス張りの校舎は、その内側に長方形のシンプルで開放的なインテリアスペースをもつ。屋根をまたいで直接屋根を支えるスチールの大梁が、一切の柱を設けない内部の大空間を可能にしている。建物内の仕切りといえば、可動スクリーンと収納ユニット、地下へつながる階段、そして一部地上部分をもつ地階の部屋を除き、すべて壁に囲われた部屋は地階につくられている。外観上、構造的部材は黒に塗られ、ガラス壁面の中で主張しすぎないよう配慮されている。彼がこだわり抜いた構造のシンプルさや細部にみせる絶妙なプロポーションなど、ミースのミニマリストの精神がデザイン上に表れており、近代的な印象の中にも古代ギリシャ建築を想起させるような、古典的で穏やかな雰囲気を醸し出している。

後期の作品

ミース・ファン・デル・ローエがキャリアの終盤にアメリカで手掛けた作品には、デトロイトやニュージャージー州ニューアーク、シカゴに建設された摩天楼と呼ばれる高層アパート、シカゴ、トロント、ニューヨーク（フィリップ・ジョンソンと共同）のオフィスビルなどが挙げられる。その中でもニューヨークのシーグラムビル（1954-1958年）は、アメリカで設計された近代デザインの高層ビルのうち、最も賞賛された建築の1つである（p.423を参照）。プラノのファンズワース邸（16.16、1946-1951年）は、彼の後期の作品の中で最も有名な住宅作品である。この住宅はフォックスリバーからほど近い、人里離れた広大な場所に建てられた。床スラブを地盤面より数フィート持ち上げ、地面から浮いたようにつくられている。床は屋根と同様に支える、同じサイズと形状の8本のスチール柱により支えられている。建物の約3分の2は床から天井まで4面すべてガラスで囲われており、

16.16 ファンズワース邸、ミース・ファン・デル・ローエ、プラノ、イリノイ州、1946-1951年

ミースはそのキャリアの終盤、アメリカでの仕事を手掛ける中で、ミースはエディス・ファンズワース博士から依頼された別荘に、オープンなリビングスペースをコンセプトとした4面ガラス張りのデザインを行うことができた。暖炉を備えた左側にみえる壁は島となってこの建物の核を構成し、この中には浴室など水回りが収められ、またその背面にはキッチンが配された。収納ユニットはスクリーン状の壁のような形状である（写真の正面）。この邸宅のすべての家具はミースのデザインによるものである。

残りの3分の1は外のデッキスペースで、横に広い階段で地上から昇る広大な踊り場から、さらに5段の幅の広い階段で昇るようになっている。柱や、床、屋根、そして踊り場の端部のスチールの仕上げはすべて白で統一された。開放的なガラスの箱の内部は、浴室や水回りを納めた"コア"のみによって空間が仕切られ、それはオープンなキッチン設備を納める背板としても機能した。その開放的なリビングスペースには、（すべてミースの設計による）いくつかの家具が配されている。

ミースの最後の作品の1つとして有名なのが、ベルリンに建設したナショナル・ギャラリー（1962-1968年）である。地上から持ち上げられた広いテラスがギャラリー、オフィスとレストランの周囲を囲んでいる。テラスの上段には中心部に向かってセットバックした、四方をガラスで囲われたシンプルな展示スペースがある。スチール屋根は、建物の外周に配された8本の柱によって支えられている。一時的な展示内容にあわせて自由に配置できる解放的な空間を、屋根から少しセットバックして設けられた床から天井まで全面ガラス張りの壁が囲っている。

ル・コルビュジエ

モダニズムを牽引した4人目の先駆者、若きル・コルビュジエは、自宅のあったフランスの国境とほど近いスイスのラ・ショー＝ド＝フォンという小さな町やその近郊に数軒の住宅を設計した。それらの住宅は、アール・ヌーヴォーやウイーン分離派から影響を受けたロマンティックなデザインであった。1910年、コルビュジエはペーター・ベーレンスの事務所に5カ月間在籍し、その後ヨーゼフ・ホフマンと仕事を行うために一時的にヴィエナに留まった。これらの影響は、設計されたのが初期の住宅作品の中では最も規模の大きい、ラ・ショー＝ド＝フォンのシュウォブ邸（16.17、1916-1917年）にみられる。新古典主義を思わせるシンメトリーの整然とした様式をもつ一方で、モダニズムの象徴でもあるコンクリート素材、開放的なプランニング、大きな窓、フラットな屋根がデザインされている。シュウォブ邸の外観の美しさは、コルビュジエが"regulating lines（レギュレーティング・ライン）"と呼ぶ、ルネッサンス期の巨匠たちが用いた、90度に直交するラインの関係性がデザインエレメントの配置を決めると

モダニズムの台頭 371

16.17 シュウォブ邸、ル・コルビュジエ、ラ・ショー＝ド＝フォン、スイス、1916-1917年

ル・コルビュジエのキャリアの初期にデザインしたこの家は、彼の黄金比率を用いた幾何学的美意識への関心を明示した作品である。図解には、黄金比に沿った長方形に対角線が引かれている。これらの平行な対角線と、それらが直交することによって、それぞれの関係性が示されている。実際に完成した建物には、実際このような線はみえないが、そういったデザインの考え方は、外観からも感じ取ることができる。

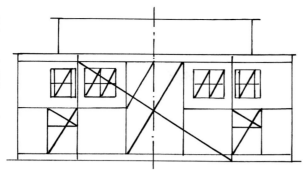

いう幾何学的システムによるものであった。コルビュジエは、生涯のキャリアを通じてそうした幾何学的な法則を用い、さらなる完成形を目指して研究を重ねた。彼の小さな作品にさえみられる力強い美しさは、多くがこのレギュレーティング・ラインから生み出されている。

パリ時代：機械美への展開

このころのル・コルビュジエは、ピカソやブラック、デュシャン、そのほか当時活躍していた芸術家たちの影響を受け、特に絵画に強い関心を寄せていた。1917年にパリへ移ったコルビュジエは、芸術家アメデ・オザンファンとともに、当時の立体抽象絵画のキュビズムを発展させ、"ピュリズム"を提唱した。1920年、彼らは共同でレスプリ・ヌーヴォー（新しき精神）という雑誌を刊行し、あらゆる視点から近代芸術を探ることを試みた。1922-1923年、コルビュジエは建築家として、パリにオザンファンのスタジオを兼ねた住宅を設計した。住宅街の一番奥に建てられた小さな4階建ての建築は簡素で幾何学的な形態で、最上階のアトリエは大きな窓と工場でよくみられるようなノコギリ波状の天窓をもっていた。外観のインターナショナル・スタイルに忠実な白い壁とスチール製の窓枠、さらには外へ突き出た1階から2階へ昇る螺旋外階段、天窓などすべての要素が、これまでの建築の型にはあてはまらない奇抜な印象を与えている。幾何学的なプロポーション・システムの中でそれぞれの形状や要素の配置が支配され、そのプロポーションには、1：1.618の黄金比が用いられた。通りに面する最上階の部屋は2面に巨大な窓をもつスタジオで、その窓をもつ壁面と天窓をもつ天井とが交わる部分は、構造的に可能な限り細くした部材が用いられ、それらの完全なる抽象かつ幾何学的要素が配置された空間は劇的な演出効果をもたらしていた。途中いくつかの望ましくない小変更を受けた小さな住宅ではあるが、そのプロポーションからは、今もなお強烈な印象を受ける。

生涯を通じて画家としての活動を続けたコルビュジエだが、1920年代ごろを境に建築やデザインへの興味を強めていった。コルビュジエの建築理念は、彼の思想が語られた文章や、実現には至らなかった設計図面をまとめた書籍によって広く知られるようになる。1923年刊行の『建築をめざして』（英訳で「Towards a New Architecture」）のエッセイ集の中で、彼のデザインにおけるモダニズムの基本的な理念が力強くかつ明快に主張されている。歴史的建築、特に古代ギリシャにおける建築は、その抽象的で

インサイト

コルビュジエの哲学

ル・コルビュジエは彼の建築理論とそのアイディアを、1923年に刊行された『建築をめざして』という著書のなかに記している。

「社会の機械化と言うのは、歯車がすっかり抜けた状態の振り子のように、歴史的に重要な意義の向上化と破滅の間で揺れ動いている。人間の初原的本能には、安全なシェルターを実現したいという性質がある。色々な階層の芸術家、肉体労働者や知的労働者に関わらず、そのほとんどは、ニーズに合った住宅をもち合わせてはいない。今日の社会不安は、建物の問題か社会的変革からきているのだ」[1]

建設と建築の間にある違いは、以下の言葉の中にありありと表現されている。

「石と木とコンクリートを使用して、その素材で家や宮殿をつくることは建設である。精巧な仕事。しかし突然に建築は私の心を捉え、私はうれしくなりこういうだろう。美しい！これが建築である。そこには芸術性があるのだ」[2]

ル・コルビュジエにとって、住宅は「住むための機械」であった：

「もしも我々の心や精神の中の、住宅に関するすべての死に絶えた考えを捨て、批判的にかつ客観的な見地から住宅というものを捉えたとき、『機械的住宅』、すなわち量産される住宅が、生活に供する作業用の道具や精密機器の様に、健全で（徳義上的にも）美しいことをさす、この言葉にたどりつくのだ」[3]

1. Le Corbusier, *Vers une Architecture*, 1923, quoted in K. Frampton, *Modern Architecture* (London, 1992), p. 178;
2. *Ibid*, p. 149; 3. *Ibid*, p. 153

初期の住宅、大邸宅、集合住宅

コルビュジエの従兄弟でコルビュジエの仕事上のパートナーであったピエール・ジャンヌレ（1896-1967年）とともに、パリで開催された装飾芸術国際博覧会に参加し、雑誌レスプリ・ヌーヴォーがスポンサーのパビリオン（1925年）を設計した。それは大規模な集合住宅を構成する1つのモデルユニットで、同様に新たな都市計画の構成要素と考えられた。天井高が2層吹き抜けのリビングスペースの上部には、広いロフトスペースがある（16.18）。そこには、大量生産型のトーネットのシンプルな曲げ木椅子と、コルビュジエ自身がデザインした組み立て式の収納ユニット、制作者不明のシンプルな生地で張ったソファが置かれた。室内における装飾といえば、白い壁に飾られた純粋主義の絵画、床に敷かれたベルベル人の工芸品である織物ラグ、花瓶代わりに花が生けられた研究実験用ガラス器

形式的な資質が賞賛されているが、一方折衷的な模倣であるとして、「建築にとって、ルイ15、16、17世様式やゴシック様式は、女性が頭部に飾る羽根のようなものだ。それはときとしては可愛いかもしれないが、いつもというわけでなく、そしてそれ以上のものでもない」と批判されている。当時の工場、穀物を運ぶエレベーター、遠洋定期船、自動車、飛行機などの写真はパルテノン神殿と一緒に並べられている。近代的な機械の美しさは、真の近代における芸術的表現であるとして引用されている。"住宅は住むための機械である"というコルビュジエの印象的な言葉は賛否両論を生み、それは美的価値を否定するものとして誤解されることがしばしばある。しかし実際のところ、コルビュジエは歴史的建築の様式美について深い知識をもち合わせており、彼の美意識はそうした過去の歴史に対する美意識に類似したものである。

16.18 レスプリ・ヌーヴォー館、装飾芸術国際博覧会、ル・コルビュジエ、パリ、1925年

展示スペースの中に、コルビュジエはアパートの原寸大モデルのインテリアを制作し、彼のデザイン理論をその中で提示してみせた。組み立て式の収納ユニット、シンプルなアームチェア、トーネットの曲げ木椅子など、これらはすべて当時主流であった装飾的な家具とはかけ離れたデザインであった。壁に掛けられた絵画は、コルビュジエが唱えていたピュリズムの作風である。

モダニズムの台頭 373

16.19、16.20 スタイン・ドゥ・モンジ邸、ル・コルビュジエ、ガルシュ、パリ近郊、1927年

この邸宅のプランは、パラーディオが設計したミーラのヴィッラ・フォスカリ（p.149参照）と同様の手法をとっており、11：16の比率で描かれた四角のグリッドをベースに設計された。このプランニングに用いられたグリッドは、正面から後ろへ4、3、4、さらにパラーディオと同じように端から端へ、4、2、4、2、4の比率に分けられている。[16.20]はコルビュジエ本人が描いた、この邸宅のアイソメ図である。

具、石と貝殻のみである。パビリオンのインテリアは、1920年代におけるモダニズムの理想を大胆かつ明快に表現したものだった。このパビリオンは、1977年イタリアのボローニャ広場に再建されている。

1927年、コルビュジエはマイケル・スタイン（ガートルードの弟）とガブリエル・ドゥ・モンジに依頼され、パリ郊外ガルシュにテラスの家（16.19～16.21）を設計した。この邸宅は、インターナショナル・スタイルの白い壁、横長の連続窓、フラットルーフをもつ直方体的な建築であった。正面からみた建物の外観は、車庫の入口や玄関上部の庇による多少のずれはあるものの、ほとんど左右対称性を保っているが、一方建物の裏面からと平面においては、インテリアの機能に従った複雑な配置により、外観の対称性が崩されている。イギリスの歴史評論家コーリン・ロウの研究において、コルビュジエのこうした設計とルネッサンス時代にパラーディオが設計したミーラ（ヴェネツィア）のヴィッラ・フォスカリとの幾何学的な関連性が論じられている。ヴィッラとの明白な同一性は認められないものの、完成した建物の随所に古典的な様式を用いたと思われるデザインがみられる。コルビュジエによる設計図は、ここでもまたあらゆる形が黄金比率の幾何学に基づいて設計された

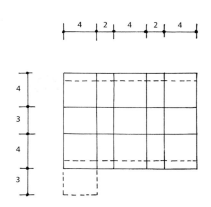

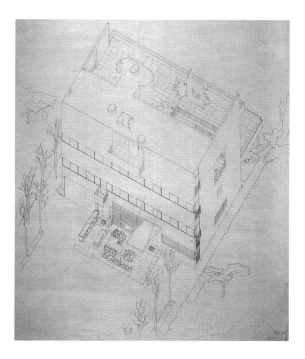

16.21 スタイン・ドゥ＝モンジ邸のインテリア

初期のコルビュジエの住宅作品のインテリアは、彼が残した図面に描かれているとおり、オープンなプランによる空間的なつながり、シンプルさ、厳格さといった特徴が表現されていた。

16.22 サヴォア邸、ル・コルビュジエ、ポワシー、フランス、1929-1931年

この住宅では、幾何学的な壁で囲われた家の中に、テラスに向かって大きく開けたリビングスペースが配されている。当初はこの建物に見合う家具がなかったため、一般的な家具が並べられていた。現在は改修に伴い、コルビュジェ自身がデザインした家具に取り替えられて置かれている。前面にみえる水平連続窓は、コルビュジェが好んだ内部と外部のオープンな関係性をよく示している。

ことを示している。現在、建築当時とは完全に変わってしまったガルシュの家の内装も、残されている古い白黒写真からは改装される前の複雑な空間構成がみてとれる。写真上でみると白・黒・クローム色の空間が印象付けられてしまうせいか、コルビュジエのインテリアは色彩が乏しく「寒々しい」と語られることが多々ある。しかし実際は、壁などの広い面積が鮮やかな色で塗られ、画家である彼らしい大胆な色使いがなされていた。外観でさえいつも単なる白い箱だったわけではない。実業家アンリ・フリュージュの依頼で計画され、小さな労働者の住宅として設計されたボルドー郊外のベサック住宅群（1926年）の外壁は、それぞれ黄、青、淡い緑色、濃い栗色に塗り分けられた。外壁に使用されたものと近い色がインテリアでも用いられ、空間の一面のみを色で強調し、そのほかの白く塗られた面との対比を強めている。このようなキュビズムを彷彿とさせる手法によって、集合住宅全体が色彩豊かに彩られていた。

ル・コルビュジエの作品の中でも最もよく知られ広く影響を与えた作品として、パリ近郊のポワシーに建てられたサヴォア邸（16.22、1929-1931年）が挙げられる。主要部は、細い筒状のスチール柱で2階の高さまで持ち上げられたほぼ正方形の建物で、横長の連続窓と白い壁が特徴的である。地上階は、カーブしながら車庫へとつながる車寄せ、玄関ホールエリア、サービスルームが占めている。上階の壁面から大きくセットバックした位置に設けられた地上階の壁は、その視覚的な印象を最小限に抑えるためガラスと深緑色の塗装で仕上げられている。中心部にあるスロープは途中で折り返されメインのリビングルームへと導く。広々としたリビングとダイニングは、建物の片側に沿って広くとられている。中庭（パティオ）に面する壁面は、

モダニズムの台頭 375

16.23（左）カウチ椅子、ル・コルビュジエ、シャルロット・ペリアン、1929年

これはモダニストによる伝統的なカウチのデザイン的解釈で、上部の構造部が下部のベースの上に乗っていて、ユーザーの好みで自由な角度に変えられるようになっている。

16.24（右）椅子、ル・コルビュジエ、1929年

カゴ型をしたクローム仕上げのフレームに、レザー張りの5つのクッションが嵌め込まれ、クッションはそれぞれ取り外し可能なユニットとなっている。この作品やこれに合わせてデザインされたソファは、デザイナーによって「グランド・コンフォート」シリーズと名付けられている。これと同様の「プチ・コンフォート」という名のソファは、若干小さなサイズとなっている。

空に対して開放的な床から天井までのガラス張りとし、横長の連続窓状のガラスの入っていない壁が中庭を囲み、そこからまわりの風景を見渡すことができる。

屋外へと続くスロープは、パステルカラーに塗られたスクリーン状の壁や湾曲する壁で守られた屋上デッキにあるリビングスペースへと導く。螺旋状の階段が隣接する寝室、浴室が外観同様の箱型の中に収められ、複雑でドラマティックな空間の関係性を生み出している。この住宅は丁寧に修復されている。昔の写真をみる限りでは、室内空間がいかに色彩で溢れていたかを想像することは到底できない。しかし、簡素なテーブルと椅子、数脚の銘柄が不明な布張りの椅子、数箇所に置かれた小さな東洋の敷物、これらが配置された住宅の中心である主たるリビングスペースが快適で魅力的なものであったことは、この写真からも読み取ることができる。この空間では、天井から吊るされた間接照明器具が部屋を明るくする唯一の人工的な光であった。壁は明るいブルーやオレンジ色に塗られ、床には正方形のイエロー系のタイルが敷き詰められた。隣接する寝室との間に壁や扉がなくオープンなメインのバスルームは、青みがかったグレーのタイルが全体を覆い、身体の曲線に合わせてデザインされたつくり付けのカウチと、一段低くなった浴槽が設けられる非常に独創的なインテリアであった。

1928年と1929年、ル・コルビュジエはシャルロット・ペリアン（1903-1999年）と共同で、アームチェアや調節可能な長椅子、またクローム仕上げのスチールパイプフレームの中にウレタンクッションを緩くはめ込んだシンプルなソファ（16.23、16.24）などを含む多くの家具デザインを制作した。この家具はアヴェレーの住宅で使用されたものであったが、1929年パリで開催されたサロン・ドートンヌに出展した住宅の中で初めて公に発表された。ここでは、空間の仕切りと収納家具の両方の機能を持ち合わせたモジュール式収納ユニットが、ガラストップのテーブルやモデルキッチン、個性的な浴室とともに配され、これらはすべて"住宅は住むための機械である"という基本概念をもとに設計された。彼らが当時デザインした家具は、現在でも生産され広く愛用されている。

1931年、コルビュジエはジュネーブにクラルテと呼ばれる9階建ての集合住宅を計画した。アパートの大部分は、2層分の天井高を有するリビングルームをロフトから見下ろすことのできるメゾネットタイプであった。ガラスの壁がこの空間を明るく照らしている。この建物には、2つの独立したエントランスロビーがあり、エレベーターへつながる暗い空間と、建物の半分ずつに階段が配されている。屋内階段は主にガラスでつくられ、太陽の光を導入するために設けられた天井のトップライトとともに公共屋内空間へと光を降り注ぐ。

コルビュジエが、パリに住むスイス人学生のために設計したスイス学生会館（1932年）は、屋上に設けたデッキと3層分の寮を含む4階建てで、コンクリート柱によって床が持ち上げられた建物の足元には空間が生まれ、後にこれがピロティと呼ばれるようになった。階段やエレベーター部分が縦方向の要素として、エントランスや共用施設が配された平屋の建物からさらに上へと伸びている。奥の壁を湾曲させた奥行きの深い低層棟は前面を乱石積みとし、この表面の荒々しさが高層部の建物の平滑な壁面との対比を際立たせている。この棟の内装はもともと、顕微鏡レベルに拡大された自然物の姿を写

した写真で壁面が覆われていたが、現在は第二次世界大戦後に行われた建物の改修の際に、コルビュジエが描いた壁画に塗り替えられている。コルビュジエが設計し、1933年に完成したパリのポルト・モリトのアパートには、最上階と屋上にわたる大面積のガラスと、カーブする天井面、平滑な塗り壁とレンガの粗さのコントラストが印象的な、彼の自宅兼アトリエが存在する。この場所は、定期的に訪れていた南フランスの海沿いにある小さな家での生活の他に、年老いたコルビュジエが残りの人生を過ごした住まいでもあった。

コルビュジエは実際には建てられなかった大規模な作品も数多く残している。コルビュジエのデザインはしばしば、彼に反発する保守派らによって些細な理由で選考から落とされており、その一例として彼が参加したジュネーブの国際連盟設計コンペでは、図面に使用したインクの種類を誤ったとして落選した。いくつものインクで描かれたラフスケッチや、ディテールまで描かれたパースなどの図面から、コルビュジエの考えた住宅やオフィス、アパート、近隣地域全体、都市計画までのアイディアをうかがい知ることができる。コルビュジエのことを快く思わない権力者やクライアントが、プロジェクトを妨害し中止に追い込むことも多々あり、それに応じてコルビュジエは闘争することになったのだが、そういったことは、結果的に彼の将来のプロジェクトの成否に影響を及ぼすことになってしまった。

都市計画

ル・コルビュジエの都市計画の構想の始まりは、パリに想定したヴォワザン計画（1925年）で、巨大で未来的な摩天楼とその合間をぬう高架の高速道路による新たな現代都市をつくるた

めに、パリの中心部の建物をほとんど取り壊すというプランであった。その計画には、大小さまざまな規模の集合住宅、ビルの内部の高いレベルに設けられるショッピングストリート、さらにはレストラン、学校、レクリエーションスペース、小さなホテルに至るまであらゆる共用施設をそなえた、彼が「ユニテ・ダビタシオン」と呼ぶそれぞれの大きなビルが1つの小さなコミュニティをつくるという、複合的な大規模ビルの構想も含まれていた。

1946年、マルセイユ市はコルビュジエに、そうしたユニテのようなビルで新たな住宅地区を開発する計画を依頼した。マルセイユで実現したユニテは1棟で、それは巨大な床スラブのような塊の上に、17層分のアパートと建物が持ち上げられ、地上部分にオープンスペース：ピロティをもつものである（16.25、16.26）。この集合住宅の主要な住戸プランは、奥行きが長く幅が狭いメゾネットタイプ（1戸が2層にまたがっていた）で、そのうちの1層分は建物の奥行き全体にまたがり、建物の両側面に設けられたオープンテラスへとつながっている。もう1層は、

16.25 ユニテ・ダビタシオン、ル・コルビュジエ、マルセイユ、1945年

生活機能をすべてこの建物の中で完結させるように設計された巨大な集合住宅。こうした建物は、公園のように造成されたスペースに、間隔を空けて建てられていて、それは近代都市でよくみられる、大勢の人々での混沌とした状態を回避しようとする意図からデザインされた。

16.26 ル・コルビュジエによるユニテ・ダビタシオンの立面図

1. 幼稚園／託児所
2. スロープ
3. エスカレーター用タワー
4. 換気装置
5. 風除
6. ジム
7. 上階テラス
8. 廊下
9. ショッピング街
10. サンシェイドエリア
11. 避難口
12. 空調設備及び機械室
13. ピロティ

ユニテ・ダビタシオンの部屋の配置は、2層分の開口をもつ住戸が中央の廊下を介して両側に配されていたが、各階の廊下にはそれぞれどちらか片方の住戸の玄関しか設けられておらず、言い換えると、各住戸の玄関があるレベルの上か下にはもう1層分の居住スペースがあるということになる。

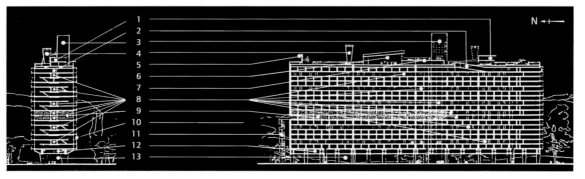

16.27 託児所のインテリア、フィルミニ・ヴェール、ル・コルビュジエ、フランス、1968年

奥行きが建物の半分までしかなく、オープンなバルコニーと上下層を結ぶ階段が設けられている。2つの住宅ユニット結ぶのは、3層ごとに設けられた共用廊下の役割を果たす中央に設けられたスペースである。廊下から住戸への動線をみると、片方はメゾネットの上層から入り階段を通じて面積が大きい下層へ下り、その反対側は、下層から階段を昇って面積の広い上層へと導かれる、言葉で説明するより断面図で図示したほうがわかりやすい計画である。

さらに、この建物の中層階にはショッピングストリート、さらに屋上には共用施設として、2階建ての小さな保育園が、ビルの上にさらに建物が建っているような形で配され、その脇には非常に彫刻的なフォルムをもつ大きな煙突状の換気装置が設けられている。各戸は狭小だが、住宅に適切な機能が巧妙にプランニングされ、特に2方向に向いたオープンテラスから十分に取り込まれる光と風がこの空間の質を高めている。建物の外壁の、庇の役割を果たすグリッド状の壁は、その外部テラスの側面の壁に塗られた明るい色彩によって鮮やかな印象を与えている。完成後、この建築は世間の論議を引き起こした。批評家は、この建築がその後次々と建設された高層の公共集合住宅の悪の根源であると批判し、またある批評家は、いまだ従来の高級集合住宅が建設される中で、この住宅は多大な功績を残したと論じた。コルビュジエはマルセイユのほかにも、フランスのブリエ・アン・フォレのフィルミニ・ヴェール（16.27）、ナント近郊のルゼ、ベルリンなどにも同様のユニテ・ダビタシオンを設計した。フィルミニのユニークな青少年文化の家の、ワイヤーケーブルを用いた吊り屋根構造は、これまでのユニテとは一味違う、みごたえのあるインテリアスペースを生み出している。

世界大戦後

第二次世界大戦以降のコルビュジエの作品は、初期によくみられた箱型の直線的なデザインか

16.28 ノートルダム・デュ・オー礼拝堂、ル・コルビュジエ、ロンシャン、1951年

情緒的な印象を与える、巡礼地でもあるこの教会の薄暗い内部は、色彩豊かなステンドグラスが嵌め込まれた小さな窓から差し込む光によって、幻想的な空間が演出されている。天に向かってカーブを描く屋根と、金属ピンによる壁との接合により、壁との隙間からもれる連続した光の帯が実現されている。コルビュジエはすべての内部の設えもデザインした。

ら、より自由で彫刻的なフォルムへとシフトしていった。スイスの国境にほど近いフランスのロンシャンに建つノートルダム・デュ・オー礼拝堂（1951年）は、まさしく彼の後期の建築におけるデザイン言語を表す象徴的な例である。湾曲したコンクリートの壁が、不規則な形をした内部空間を囲んでいる。カーブを描く鉄筋コンクリートの屋根の断面を切ると、まさしくそれは飛行機の翼のような中空のフォルムである。天井の低い2個所の小礼拝堂と、天井の高い1個所の礼拝堂、合わせて3つの礼拝堂は、その天井面が緩やかなカーブで、屋根の高さを超え突き出ている。内部は閉鎖的で暗く、天井の下に隠すようにデザインされた窓から差し込む光が、3つの礼拝堂を照らしている（16.28）。屋根は2面の壁の上端でピンのような部材で支えられ、壁と屋根の隙間に嵌め込まれたガラス窓が、屋根をあたかも空中に浮いたように錯覚させる。1面のずっしりとした厚い壁に四角く筒状にあけられた開口部は、そのうちの多くは外側に向かうに連れて穴が小さくなる様に角度がつけられ、そこには色とりどりのステンドグラスが嵌め込まれている。壁面は白く塗装されてはいるが、外の光が開口部のステンドグラスを透過することで、その光の色彩が内部をあでやかに彩っている。祭壇の背後には、非常に小さなガラスを嵌め込まれた貫通口があり、その光は、内部で人が歩くたびに遮られたり照らされたりする。原色のステンドグラスや、エナメル塗料で塗られた儀式的な正面入口の扉（ピボットヒンジで回転する）、座席、内陣（祭壇のまわり）などの設えに至るまで、ゴシック様式の教会のように神秘的で心動かされる祈りの空間を創造するために、すべてコルビュジエ本人がデザインした。

リヨン近郊に建てられたラ・トゥーレット修道院（1960）は、中央の中庭の三方が修道院の建築で囲われていて、残る最後の面は巨大な教会堂によって占められている。建物を形成するコンクリートは、型枠をはずしたままの状態のように仕上げられ、その表面に荒々しさを残している。修道院建築様式に相応しい、厳しく厳粛な風格をもたせる仕上げであるが、同時にコルビュジエの好みである力強い形態を、荒々しく厳しくもある仕上げ材によってもたらしているといえる。この時期につくられたこのような仕上げの建築は、英国の批評家たちによって"ニュー・ブルータリズム"と名付けられた（おそらくフランス語で荒々しさを残す打ち放ちコンクリートを指す、ベトン・ブリュットにちなんだ名称）。南フランスに位置するル・トロネには多くみられるロマネスク様式の修道院（pp.67-68参照）をコルビュジエが訪れた際に、中世の建築の簡潔さの魅力に気づかされ、いかにしてそれに近代建築を近づけるかという探究心に火が着いた。そうした経緯で設計された教会堂の内部は、中央に祭壇が設けられた箱型の空間で至ってシンプルな構成である。屋根は上からの陽の光を反射させる細い連続窓によって壁と切り離され、スリット状の窓からは、一部が外部から遮られたデザインで間接光に変えられた光が、上部の窓枠に美しく塗られたあでやかな色彩を反射しながら室内へと導かれている。教会堂に隣接する突き出たユニットは、彫塑的な造形を有し、中には小さな礼拝堂が2層にまたがって何個所かに配された。煙突のようなデザインのスカイライトは、その内部が鮮やかな色に塗装されていて、シンプルな手法によってステンドグラスを使ったような演出がなされている。

後期作品

コルビュジエはその長いキャリアの終盤に差しかかったころ、インドのチャンディーガルにあるパンジャーブの首都計画に参加した。この近代的な都市の基本構想や、建てられた建築の多くはコルビュジエの設計によるものである。建設された高層ビルの多くは大胆な彫塑的な造形を有し、特に有名な高等裁判所（1956年）では、外部動線でオフィスや法廷に導かれ、そこにはコルビュジエ本人がデザインしたタペストリーが飾られている。そのほかの合同庁舎（1958年）やメインの立法議会所をもつ州議会棟（1961年）は、半円形の漏斗型の形をもつ部分が中心を外れたところに配置され、丸い煙突状の造形物が中心から外れて置かれる"フォーラム"と呼ばれるスペースは、動線のための広いスペースをもち、それらすべての打ち放しコンクリートや大胆な色使いによるダイナミックな建築群は、コルビュジエの後期作品の中でも最も力強い作品とされている。

コルビュジエが唯一アメリカに残した建築作品であるカーペンター視覚芸術センター（1963年）は、マサチューセッツ州のケンブリッジにあるハーバード大学の施設で、大学院生が利用する小さなアートスタジオである。建物の中央を切り込むような形でスロープが設けられ、すぐ隣の湾曲したフォルムをもつ建物側に配されたスタジオスペースへのアクセスとなっている。部分的にアクセントとして鮮やかな色彩が塗られた、"ブルータリスト"的な荒々しいコンクリートの仕上げは、スタジオとしての機能によくマッチしている。

コルビュジエが亡くなる直前に手掛けていたプロジェクトが、チューリッヒ公園に建設されたメゾン・ド・ロム（1963-1967年）、別名コルビュジエ・センターとして知られる展示のためのパビリオンであり、コルビュジエの死後に完成された。この建築は、立方体の幾何学モジュールで設計され、フレームに嵌め込まれたガラスや鮮やかな原色で塗装されたパネルによって壁面が構成、上階へのアクセスするスロープが外に向かって突き出ている構成になっている。上空に設けられた傘のようなスチールの大きな屋根は細い柱によって支えられ、パビリオンの建物全体を覆っている。内部空間は展示のための開放的なギャラリースペースであったが、その一部のエリアには、キッチンや寝室など典型的な住宅のような機能が設けられた。コルビュジエが生涯をとおして手掛けてきた他の作品と同様に、この建物もあらゆる所に比率を用いた幾何学システムが体系的に使われ、それによって建築を一元的に支配している。それは、コルビュジエの初期のころの著書で初めてみられ、次第にこうした設計のアプローチは彼の生涯のキャリアを通じて追究され、その成果として2つの有名な著書『モデュロールⅠ』と『モデュロールⅡ』が出版されている。この本に書かれた文章や図には、小さな家具から大きな建物、都市計画に至るまで、通常あらゆるデザインを支配するインチ・フィートとメートル法における寸法の法則の代わりにモデュロールが基準とされ、そこから生み出された数字の比率を提唱している。それは人体的各部の寸法が基準として用いられ、その考えは黄金比の比率と関係して説明された。建てられたユニテ・ダビタシオンのいくつかや、それ以降に建てられたその他のコルビュジエの作品は、すべてこのモデュロールの法則に則り設計されている。

コルビュジエの作品は、ときには猛烈な批判や攻撃の対象になることも少なくなかったが、コルビュジエが近代デザインに大きな影響をもたらしたことは事実である。彼の功績は、美的

16.29 トゥルン・サノマト新聞社ビル、アルヴァ・アールト、トゥルク、フィンランド、1927-1929年

テーパーのつけられたコンクリートの柱列の効果で、トゥルン新聞社の印刷室という、本来工業的で素っ気なくなりがちなインテリアに、リズムが与えられ、非常に美しい空間に仕上げられている。

価値と1920年代に入って顕著になった近代の技術的な"機械時代"をうまく関連付けたことにあるといえる。初期の時代のコルビュジエの建築は、キュビスト的で四角く、荒削りで、冷たい印象を与える素材や形態が批判の対象であったが、彼の建築がより自由な造形になってからも、今度はその彫塑的なフォルムや豊かな素材感が攻撃の的となった。常に自然との関係性を意識した"有機的な"作品を多く残したライトとは対照的な建築として比較の対象とされた"機械的な"機能性を重視したコルビュジエの作品は、後期に入ると次第にその形態の中に、ライト作品にみられる有機性やロマンティックな傾向が現れるようになる。ライトはインターナショナル・スタイル的な造形を何度も使ったが、ライト自身はインターナショナル・スタイルに対して、ひどく批判的であった。近年の後期近代建築にみられるスタイルの多くは、コルビュジエに影響されたといっても過言ではない。また、彼のデザインした家具は、今でも多くの人々に広く愛されている。写真でも十分にそのすばらしさが伝わる作品でも、実際の建物を訪れて体験しなければ、コルビュジエ独特の建築の複雑さや空間の豊かさを理解することはできないだろう。

アールト

先に述べてきた4人の先駆者以外にも、モダニズムの発展に寄与したヨーロッパ生まれの建築家やデザイナーたちが大勢いる。その中には、残された作品の数が少ない者、スタートした時期が遅かった者や、モダニズムの動きが盛んであった地域から離れていた、または認知度の低い場所での活動であったことなどを理由に、第二の先駆者としての地位に甘んじているケースもある。そうしたモダニズムの"第二の先駆者"の中で最も重要な人物が、フィンランド人の建築家でデザイナーの、アルヴァ・アールト（1898-1976年）である。アールトのキャリアは、ロマン主義と北欧民族主義を謳っていたソンクとエリエル・サーリネンの最盛期で、新古典主義やアール・ヌーヴォー様式の運動も盛んだった19世紀後半に始まった。アールトの初期の作品であるユヴァスキュラの労働者会館（1924年）は、意匠的なドーリア式の柱やその柱頭のデザインは、地上階で柱廊のように連ねられている。1929年に建てられたトゥルン・サノマト新聞社ビルは、明らかにインターナショナル・スタイルのモダニズムの潮流がみられる建築であり、白い壁と左右非対称に配された横長の窓が印象的である。プレスルームの鉄筋コンクリートの柱は、内側に向かって傾斜している（16.29）。丸みを帯びた角をもつ天井に向かって広がっている一連の柱のデザインは、上部の天井スラブへなめらかに流れ、実用性に特化した機能が特徴づけられた空間を形成している。建物全体のコンセプトからそれを構成する小さなインテリアデザインの要素まで統一感をもたせるために、照明や手摺り、さらにはドアノブといったインテリアの細部に至るまで丁寧にデザインされている。

1930-1933年に結核患者の療養所として建設された大規模な施設、パイミオ・サナトリウムにより、アールトは国際的に高い評価を得た。それぞれの棟は羽を広げたような角度で左右にふられ、病室が配された6階建ての細長い病棟は、すべての病室が太陽の光が十分に取り込まれる南側に位置し、屋上にテラスが設けられた短い外気浴棟、中央エントランス棟、共用のダイニングや実用的なサービスの施設が設けられた。内部は、開放的でシンプルかつ合理的な空間構成であったが、細部には非常に繊細なデザインが施されていた。受付のオフィスや階段、エレベーター、さらには照明器具や時計など小さなものに至るまでが、この建物のために熟考されたきわめて巧妙なデザインであった。アールトはこの施設のために家具やインテリアエレメントもデザインし、それらは工場生産され、今でも多くが製造され続けている。

ヴィープリの図書館（1935年に建設されたが、ソ連・フィンランド戦争の際にほとんどが破壊された）は2つの四角い箱によって構成されたシンプルな建築で、そのうちの大きな建物にはメインの読書室のスペースが設けられ、もう一方の低層で横長の建物には、小さなオーディトリアムとその他の付随する機能が配された（16.30）。読書室は丸くくり貫かれた天窓から太陽の光が差し込み、夜はこの穴が人工的な照明と化してこの空間を照らす。オーディトリアム

16.30 市立図書館、アルヴァ・アールト、ヴィープリ、フィンランド、1927と1933-1935年

この小さな市立図書館の中に設けられたレクチャールームは、波打つような天井一面に天然の色がそのまま生かされた細い木材が張られ、それが外の景色に面した大きな窓の開口とともに、快適で心地よい空間を形成している。アールトはこの施設に置かれたさまざまな形の椅子もデザインしており、ここでは三脚のスタッキングスツールが印象的である。

16.31 ヴィラ・マイレア、アルヴァ・アールト、ノーマルク、フィンランド、1938-1941年

リビングルームに大きな窓をもつ、この広々とした郊外の邸宅は、フラワーボックスが置かれたすぐ脇のベンチに腰掛けると、空間全体を満たす明るい光に身を包まれる。座り心地がよさそうな可動式の椅子が置かれ、フロアーランプや天井からのペンダントライト等が、夜の電飾となっている。こうした落ち着いたあたたかなインテリア空間は、アールトの住宅作品の象徴ともいえるものである。

の波型の表面をもつ天井は、天然の細い板状の木材で全面が仕上げられた。アールトの家具にみられるシンプルさはインターナショナル・スタイルの代表的な特徴であったが、一方でそれらに用いられたフィンランドバーチの成型合板は、空間にぬくもりのある印象と色彩を与え、アールトの建築に特有な"人間らしさ"をもった空間の形成に寄与していた。家具メーカーのアルテックによるアールトのデザインした家具の製品化、さらには他のフィンランドの家具メーカー数社が生産した照明、ガラス食器などの製品類によって、アールトのデザインが世界的に広く認知されるようになった。

ノーマルクのヴィラ・マイレア（16.31、1938-1941年）は、裕福な実業家であるグリクセンとその妻（アルテック社をマネージメントしていた）のために建てられ、インターナショナル・スタイルの理論、方式と、繊細でむしろロマンティックでさえある自然素材、自由な形態、それらの融合を成功させた傑出した建築といえるだろう。ギャラリー、スタジオ、さらに娯楽スペースが心地よく流れるように配され、視覚的な変化とともにこの空間の利用にフレキシビリティをもたせている。アールトのデザインは、1939年のニューヨーク万国博覧会で初めてアメリカの人々の目に触れることとなる。箱型をしたフィンランドの展示スペースの内部は、流れるように自由な造形の壁を有した、人々の目を惹きつける画期的なものであった（16.32）。細い木材で覆われた壁が、メインの展示スペース側に傾斜してデザインされ、上階にある別の展示スペースとの間を仕切っている。さらに展示

モダニズムの台頭

モダニズムの台頭 383

インサイト

アルヴァ・アールトの想い描いたもの

アルヴァ・アールトは、パリ万国博覧会（1937年）およびニューヨーク万国博覧会（1939年）において彼が手掛けたフィンランドパビリオンのデザインの背後に秘められた考えを以下のように説明している。

> 「建築的に難しい問題点は、いかに建築をヒューマンスケールで周辺環境に合わせるかということである。近代的建築は、構造の合理性のそびえ立つ建物の塊で、それによって生じた建築の孤立状態が起こり、それはフォーマルな庭園で補われている。もしも敷地計画に人間と建築と居心地のよい関係性を築くため人間の有機的な動きが組み込めれば、うまく計画できるのだ。幸いにして、パリ万博のパビリオンでは、この方法で問題は解決できた」[1]

人間らしさと有機性は、常に彼の作品の核をなしていたのである。

> 「建築とそのディテールは、生物学と関連があることを付け加えたい。たぶんそれは、大きなサーモンやマスのようなものだ。それらは成長しきった状態で生まれてくるのではなく、いつも生息する海で生まれたわけでもない……魚の卵が成長して有機的な生物になるには時間がかかるように、われわれの世界のすべての進化、思想の具現化には時間が必要である」[2]

同時代に活躍した建築家でありライターでもあったスタンリー・アバークロンビーは、アールトの建築の"人間的な"質の追求について、このように述べている。

> 「彼は一度 MIT の建築の学生に、窓のデザインは、愛する女性が座りたくなるようなデザインで考えるようにとアドバイスをした」[3]

1. Alvar Aalto, Collected Works, quoted in K. Frampton, Modern Architecture (London, 1992), p. 197; 2. Alvar Aalto, The Trout and the Mountain Stream, quoted in ibid, p. 201; 3. Stanley Abercrombie, in A. L. Taylor and C. Naylor (eds.) Contemporary Architects (Chicago and London, 1987), p. 4

16.32（左）フィンランド・パビリオン、ニューヨーク万国博覧会、アルヴァ・アールト、1939年

大きな建物の中のほんのわずかな展示スペースではあったが、アールトの設計したフィンランドのパビリオンは、この博覧会において専門家たちから大きな関心を集めた。細い木材によって装飾された波のようにうねる壁とバルコニー（わずかに右側に見える）でエキサイティングな空間を形成し、その中でフィンランドの工業製品を、刺激的に見せることに成功している。

場には、バルコニーに設けられたレストランがあり、映画を映す設備をもち、それは宙に浮いているかのような奇抜で有機的な造形をした映写室から映画を映し出せるようになっていた。展示の規模は小さく、展示場はあまりわかりやすい場所ではなかったにも関わらず、この博覧会を機に、アールトのデザインは人々に高く評価され、ついにはマサチューセッツ工科大学（MIT）で教える機会を得ることとなる。アールトが設計した、MITの学生寮であるベーカーハウス（1947年）は、彼がアメリカ時代に残した建築の中で最も重要な作品である。この6階建ての寮は、チャールズ川の川岸に沿うようなうねりを伴って横に長く伸びている。寮に隣接している平屋の建物には広く開放的な共有スペースが設けられ、天井にくり抜かれた円形状の天窓は、昼間はそこから太陽の光が差し込み、夜は人工照明となって空間を照らしている。寝室はすべて川に面するように配され、その反対の陸側に設けられた2つの階段は、強い角度をもって建物を斜めに昇る様なデザインになっている。

フィンランドに帰国した後、アールトのもとには途切れなく仕事の依頼が舞い込むようになる。ヘルシンキの国民年金協会（1952-1956年）は政府機関の事務所がそなわった複合施設ではあるが、適度な規模の建物で、その外壁は暖かなレンガで覆われ、快適で実用性の高いインテリア空間と連動している。天窓から光が差し込む、来訪者と面会する小さなブースが設けられたホールや、ヴィープリの図書館が再現されたようなライブラリー、建物全体の細部のデザインや照明計画はその他の公的施設のモデルとなった。

オタニエミ工科大学（ヘルシンキ近郊、1962-1965年竣工）は、数棟の低層の教室棟が、人目を惹くデザインの大規模な講堂に付随する構成になっている。講堂の内部には、日中この空間に光を取り込むことができる、隠し窓が埋め込まれた階段状の天井と、それと並行してカーブ状に横に並べられた階段式の座席が配されている。さらにフィンランドの長い冬の主光源として人工照明も備えられている。

イマトラに建てられたヴォクセンニスカ教会（16.33、16.34、1956-1959年）は、規模の異なるグループでの利用にも対応できる、湾曲したスライディングウオールによって空間をいくつかに仕切ることができる仕組みをもつ、広大なインテリアスペースが特徴的である。日中、自然光で満ち溢れる室内空間は、大方、白く仕上げられている床と、天然の木製家具が置かれている。さらにアールトは、内陣の備品（祭服に至るまで）や、大きなガラス窓に嵌め込まれている小さく分節された色鮮やかなステンドグラス、側面のバルコニーに置かれた、素晴らしいパイプ配列の大きなオルガンなど、すべてのデザインを自ら手掛けた。

アールトの作品はよい補修を続けられており、現在も引き続き活用されているものが多く、彼

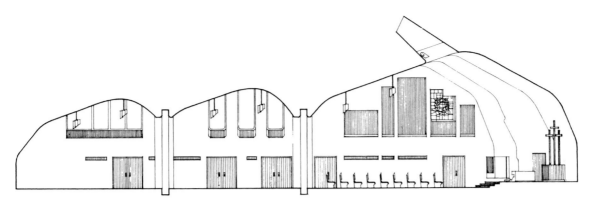

16.33（上）ヴォクセンニスカ教会、アルヴァ・アールト、イマトラ、フィンランド、1956-1959年

この断面図から、可動壁によって空間が3つに分けられているのが読み取れる。祭壇とステンドグラス、オルガンが配された右側の空間がメインの礼拝堂として使用され、ここでは通常の礼拝が行われる。特別な行事での集会の際には、より多くの人を収容するために、可動壁が仕舞われて、残りの1つ、もしくは2つ分の空間が拡張されて使用される。右側に描かれている天窓は礼拝堂にいる人々からはみえない位置から自然光を取り込め、内陣のあたりを煌々と照らせる仕様になっている。

16.34（下）ヴォクセンニスカ教会、アルヴァ・アールト、イマトラ、フィンランド、1956-1959年

教会のメインの礼拝堂が、3つの空間続きで使用されている状態だが、これは可動壁で使用状況により、大小の空間にも分割できる。概して一様な、白い壁、天然木による家具と床仕上げは、大窓に設えられたステンドグラスによって生かされている。

の建築が美と用の両面で見事に両立していたことを明示している。アールトデザインの家具やガラス製品は、今も生産されている。

モダニズムの先駆者たちの作品は、世の中に広く影響を与えたがゆえ、必然的に多くの非難も浴びてきたようである。新しい思想はいつも、過去の価値観にとらわれた批評家たちの抵抗にさらされてきた。

近代のアート、音楽、建築はすべて、同様の抵抗にあってきたのだ。このモダニストの作品は広く歴史家たちに受け入れられたが、歴史修正主義者は現実や想像で考えた欠点探しをさまざまなメディアで論じていた。屋根の水漏れ、スタッコ塗りの白壁の耐久性の不安、錆びる窓枠、過大なガラスの使用による冬場の熱損失や夏場の熱の上昇、施主の不満足など、同様の不平や苦情を聞いたことがあるだろう。それらのネガティブな批評は、大方、本人が現地を訪れたことがないか、住んだことがないかということを明らかに示している。それは多くが、メンテナンスの不備、不適切な使用方法、施主とデザイナーの軋轢や、それに加えて直近のデザインを否定する傾向がある、などの結果から生じた世評である。一方、素晴らしく満足した施主の評判も、ライトのフレデリック・ロビーやハーバート・ジェイコブ、ミース・ファン・デル・ローエのフリッツ・トゥーゲントハット、あるいはコルビュジエのペサックの集合住宅の賃借人などから聞かれる。

インターナショナル・スタイルのモダニズムを正しく認識するには、とにかく論議されている現地を訪れてみなければその真価はわからない。ロビー邸、ユニティ教会、シカゴのレイク・ショア・アパートメント、イリノイ工科大学のクラウンホール、サヴォア邸、マルセイユのユニテ、パイミオの療養所、イマトラの教会など、それらはすべて訪問することが可能で、訪ねればそれぞれがモダニストの作品の永続する真価の証を示してくれる。ここ数十年間のデザインの進化は著しいが、依然モダニストの先駆者たちの20世紀における新たなデザイン言語の発案者としての名声は失われてはいない。

第17章

アール・デコとインダストリアルデザイン

17.1（左）デイリー・エクスプレス・ビル、エリス・アンド・クラークとオーウェン・ウィリアムズ、フリート通り、ロンドン、1931年
R・アトキンソンが設計した、このビルの玄関ロビーは、イギリスにおける初期のアール・デコ様式の例である。黒いガラスやクロームのデコ様式の壁画と、壮観な天井の照明器具が、1930年代らしさを創出した。

第一次世界大戦後、ヨーロッパの人々は20世紀の表現、つまり本当の近代デザインの方向を探し求めていた。フランスでは、モデルンという言葉が新しいスタイルを示す言葉として理解されるようになり、イギリスではモダニスティックと呼ばれた。この用語は、単に最近あるいは現在という意味のモダンという言葉を、新しいアイデア、つまりモダニスティックなスタイルとして顕在化させた。

アール・デコ

1925年のパリ万国博覧会の名称は、「現代産業装飾芸術博覧会」であった。そこでは第一次世界大戦後の新しいインテリアデザインや物品が展示された。多くのフランスのデザイナーたちはすでに家具、照明器具、テキスタイル、そして、似たようなスタイルのたくさんのアクセサリーを製造していた。電気やラジオを想起させるようなジグザグ模様、鋭角や四角い形態、アルミニウム、黒いラッカー、そしてガラスの使用は、近代の世界のシンボルとみなされた。当時フランスやヨーロッパ各地で人気がでていた1920年代のジャズ音楽の神経質なリズムとの関連性から、ときには、「ジャズ・モダン」という言葉が用いられることもあった。

この傾向のデザインの固有性を示すものとして、アール・デコという言葉が使われるようになった。モダニストのデザイン（16章参照）とは異なり、アール・デコのデザインは、機能性や技術の問題にはあまり関連していなかった。それは主に、ファッションとしてのスタイルであり、過去の歴史的な潮流のうえに位置付けられることが期待された。そのスタイルとは、デザイナーやクライアントの好みによって、選ぶことができるようなものだった。ミッシェル・ルー・スピッツ（1888-1937年）によるパリの装飾芸術家サロンの部屋（1928年）は、アール・デコのデザインのエッセンスが凝縮されている（17.2）。カーペットのパターンはキュビスト芸術への着目を示している。折りたたみ式スクリーンは、アフリカの部族芸術からのパターンを用いている。階段状の形をした家具は高層建築を思わせ、また大きな鏡と目立つ照明のユニットは新しい材料と電気照明への注目を呼び起こす。その全体的な効果は、過去からの何物にも関連していないし、またインターナショナル・スタイルの機能的なインテリアにも関連していない。それはどちらかというと、ファッションの傾向が強く、非常に装飾性が高い。この様式は、発祥の地であるフランスから、次第にヨーロッパの国々へと伝播し、さらに第二次世界大戦の前

17.2（右）芸術家と装飾家のサロン、ミッシェル・ルー・スピッツ、パリ、1928年
アール・デコの起源は、1920年代のパリに遡る。1925年の現代産業装飾芸術国際博覧会である。この部屋では、階段状の化粧台やアフリカをテーマにした屏風、カーペットのパターン、照明器具、鏡の使い方にアール・デコの典型が見られる。

17.3 グランド・サロン、国際博覧会、ルイ・シューとアンドレ・マール、パリ、1925年

スーエとマールの会社、フランス芸術会社は、贅沢な顧客層を獲得しようとしていた。パリ万国博覧会での彼らの室内デザインは、どのように伝統的なデザインが新しい形に改築できるか、そして過去とのつながりを保つことができるかを示していた。ふかふかの椅子の座張りや、派手なパターンの布地やカーペット、左側の本棚にある時計や花瓶、右側のマントルの上の鏡などが、伝統的な形態を拒絶せずに、いかに変容させるかを提案している。

までにはアメリカ大陸へと伝わった。

フランス

家具のデザイナーたち

家具デザインは、フランスのモデルン・スタイルが発展できる可能性をもった分野だった。アール・デコの家具は、マカサール黒檀、ゼブラウッド、象眼を施した象牙、べっ甲、革などの高価な材料を広く用いた。磨いたメタル、ガラス、鏡もよく用いられた。ガラスは、ルネ・ラリック（1860-1945年）や、ドームの会社のデザイナーたちによる装飾的な花瓶、ボール、照明などに最も好まれた材料だった。

ジャック・エミール・リュールマン（1879-1933年）の家具は、伝統的なデザインと同じような精巧な職人技と高価な材料によって製造された。ルイ・シュー（1875-1968年）は、アンドレ・マール（1885-1932年）と一緒に、商業ベースに乗せて、高価な材料を強調しつつも、単純化された形のデザインの家具を製造した（17.3）。第一次世界大戦以前のアール・ヌーヴォーの時代に活躍したジャン・デュナン（1877-1942年）は、1920年代には幾何学的なアール・デコのデザインをするようになった。彼は工場を設立し、主に装飾的なラッカーを用いた分野で、スクリーン、キャビネット、椅子とテーブルを製造した。彼はデコレーターとして、彼の家具を納めることのできる裕福なクライアントの部屋をデザインすることもあった。

モーリス・デュフレーヌ（1876-1955年）も同様に、アール・ヌーヴォーからアール・デコのスタイルへと移行した。彼は、家具やテキス

17.4 ラ・メイトリーズ・パビリオン、国際博覧会、モーリス・デュフレーヌ、パリ、1925年

建築家のJ・ヒリアール、G・トリボー、G・ボウが設計した建築空間に、デュフレーヌは装飾的な模様を壁面や天井に描き、細いメタルの手すりやペンダント照明、そして飾りを加えた。新しいスタイルをみつけようとするアール・デコの試みがすべてのディテールに現れている。

アール・デコとインダストリアルデザイン 389

タイル、ガラス、メタルワーク、インテリア一式のデザイナーとしての作品とともに、その著書や教育といった分野においても影響力があり、著名だった（17.4）。ジャン・ミシェル・フランク（1895-1951年）もまた、同様の傾向をもつデコスタイルを発展させたが、さらにシュールレアリスムのような新しいモダンな芸術の方向にも近づいた。彼の口の形をしたカウチは、サルバドール・ダリの絵画を基にしている。彼は1932年にパリに店を開いた。そこで、彼の家具のデザインは、シリー・モーム（1879-1925年）やフランセス・エルキンズといったイギリス人やアメリカ人のデザイナーたちに、入手可能になった。彼はまた、1937年に典型的なニューヨーク・デコのアパートメントを設計したネルソン・ロックフェラーを含む裕福なクライアントの住宅のインテリアをデザインした。

アイルランドに生まれ、長くフランスでキャリアを積んだアイリーン・グレイ（1878-1976年）の作品は、いくつかの時代とスタイルにまたがっている。第一次世界大戦以前の彼女は、ラッカー（漆）の作品のニキスパートであり、戦後は、スクリーンや他の家具のデザインをはじめた。そしてインテリア全体をまかされる機会がきたときには、彼女自身のラッカーのパネルを用いた。彼女の家具は、とても新奇かつ独創的で、キュビストのような傾向があった。1925年のビベンダムのアームチェア、1924年（1930年にパテント）のトランサットチェア、多様なキャビネット、カウチ、テーブル、照明器具、カラフルで幾何学的な絨毯が、大勢のクライアントや彼女自身の部屋のためにデザインされた。彼女の作品は1929年までに、ル・コルビュジエの作品のようなシンプルでキュビスト風の傾向をもつ建築へと向かうようになった。彼女の作品は、最近再評価されている。

テキスタイル・デザイン

テキスタイルとカーペットの製造業者は、アール・デコのデザインの要求に合うパターンを製造した。ある製造業者は、著名なデザイナーを使い、その他は自社のデザイナーたちに、この

17.5 グランド・サロン、ロジェール・エクスペールとリシャール・ボーウェン、SS ノルマンディー、1935年

フランスの豪華客船、ノルマンディの2階分の高さの1等ラウンジには、天井までのガラスの壁画がある。ジャン・デュパスがデザインしたこの壁画（現在、ニューヨークのメトロポリタン美術館に部分的に展示）は、航海の歴史をテーマにした。タワー状のガラスの照明スタンドは、ラブーレがデザインした。右に見える巨大な壺は、円形の椅子から突き出しており、天井を直接照らす照明が入っている。この船の他の部屋と同じように、この部屋もアール・デコのアイデアの展示場である。

新しいスタイルのパターンの作成を依頼した。その結果、多くの名もないデザイナーによるキュビスティックなテーマ、ジグザグ、縞、デコの色を用いたチェック柄などが、広く出回ることとなった。テキスタイル・デザインの分野でよく知られた人物は、1922年にリヨンで製造業者のためのテキスタイルのデザインを始めたアーティストのソニア・ドローネ（1885-1979年）である。

大型客船

　ファッション性と装飾的な形態の強調を伴う1920年代のアール・デコは、それを製造するための価格的必然性から、クライアントや消費者は、富裕層に限られていた。しかし、アール・デコのインテリアデザインが、1920年代から30年代のレストランやホテルや豪華客船のインテリアに使われるようになって、このスタイルは次第に広く大衆に親しまれるものとなった。フランスのノルマンディー号（17.5、1935年）は、フランスの建築家、デコレーター、芸術家、職人たちによる、アール・デコをテーマにした近代性の表現方法のショーケースだった。ノルマンディー号のインテリアの全責任は、リシャール・ボーウェン（1863-1939年）とロジェール・エクスペール（1882-1941年）の手に委ねられた。彼らがデザインしたスペースもあったが、大勢のフランスの芸術家やデコレーターがデザインに加わっていた。その中には、レイモン・シューブ、ジャン・デュパ（1882-1964年）、ジャック・デュナン（1887-1942年）などがいた。このプロジェクトにおける彼らの働きは、フランスのデコの表現形式の巨匠たちの事実上の点呼だった。

　このスタイルは、国際的に広まり、ドイツ、イタリア、イギリスの客船がそれぞれの国のデコの表現を競い合った。そしてヨーロッパからアメリカへと形式的にも実際にも、アール・デコを運んだのであった。

アメリカ

ヨーロッパからのデザイナー

　アール・デコを用いたアメリカのデザイナーの中には、ヨーロッパからの移民もいた。たとえばポール・フランクル（1878-1958年）は、ウィーンに生まれ、そこで教育を受けたが、ほとんどの仕事はアメリカに移ってからであった。彼は、アメリカの高層建築群（美的な理由というよりはゾーニングの法律に合わせて形成されたものだが）の階段状の形態を観察し、それを彼の1930年代の「摩天楼」家具に応用した（17.6）。棚板は、合板の性能を証明するかのように片側だけで支えられていた。新しい材料である合板は、かつての家具によく用いられた無垢の木に代わるものだった。

　やはりウィーンで学んだジョセフ・アーバン（1872-1933年）は、舞台美術家としてアメリカにわたった。彼は、インテリアと家具デザインを学び、アール・デコのデザイン要素を用いて仕事をした。彼がデザインしたニューヨークのニュー・スクール・フォー・ソーシャル・リサーチ（1930年）のインテリアは、彼の作品の好例である。楕円形のオーディトリアムと色彩豊かに描かれた壁面をもつ、彼がデザインしたより壮大なジーグフェルド劇場（1928年）は、ニューヨークのセント・レジス・ホテルの屋上のエキゾチックなレストラン（1929年）とともに、残念ながら取り壊された。

　もともとウィーンの舞台美術家だったフレデリック・キースラー（1892-1965年）は、1926年にアメリカにくる以前、短期間ではあるがオランダのデ・ステイル運動に関わっていた。彼の最初のアメリカのプロジェクトは、ニューヨークの小さな劇場、8番街のフィルム・ギルド・シネマだった。それは、一般大衆に知られた最初のモダンなインテリアの1つだった。彼の作品は、主に彫刻であったが、理論家として、また未来派として知られるようになり、図面と模型が展示された計画案であるところの曲面を用いたエンドレスハウスに最も力を入れていた。

　新しい時代のコミュニケーションとエンターテインメントの手段であるラジオは、第一次世界大戦後の主要な発明の1つとして広く理解されていた。新鮮なアール・デコの形態が、テーブル型やコンソール型のラジオの受信機のキャビネットに使われるのは、自然なことと思われた。材料は木材であったが、そのすべすべとした曲面を用いた形態は、もはや歴史的な様式に基づいてはいなかった。ラジオはアール・デコをほぼすべての家庭に持ち込んだ。ニュー

17.6 摩天楼の家具、ポール・T・フランクル、1930年

　ニューヨークにおける摩天楼の人気と、高層ビルのセットバックする階段状の形態を参考にして、フランクルは同形の家具をデザインした。摩天楼の形は、アール・デコのデザイン要素の中でも、最も好まれる1つになった。

アール・デコとインダストリアルデザイン 391

17.7（上）インターナショナル・ビルディング、ロックフェラーセンター、ラインハルト＆ホフマイスター、コルベット、ハリソン＆マクマレー、レイモンド・フッド、ゴッドレー＆フォイロー、ニューヨーク、1935年

この記念碑のようなロビーには、上階と下階のコンコースへと導くエスカレーターがある。複合施設であるロックフェラーセンターのいくつかの高層ビルの1つの正式な玄関として、緑の大理石と金箔を張った天井が豪華さを確立している。

17.8（下）ラジオシティ・ミュージックホール、ドナルド・デスキー、ニューヨーク、1932年

ロックフェラーセンターの主要な施設としてデザインされた、この大きな劇場は、映画と舞台芸術に使われることを意図した。デスキーの家具は、ベークライトとアルミニウムを他の材料とともに用いて、フランスのモダニズムの豪華さと、バウハウスの機能性を融合させた。

ヨークのロックフェラーセンターのNBCといったラジオ・ステーション（1930年代にラジオシティと呼ばれた）のスタジオは、ラジオのプログラムが放送されるときに一般の人々が招待される場所であり、形態と色彩の用い方において典型的なアール・デコのスペースだった。青は電気を思い起こさせ、黒とクロームは新しい技術を想起させた。

ロックフェラーセンターのロビーやその他の公共スペースは、アール・デコの特徴があった。豊かな素材を用い、巧妙に照明を隠したインターナショナル・ビルディング（5番街630番地）のロビーは、その主要な事例である（17.7）。アール・デコのデザインの壮観な内装がみられる巨大なラジオシティ・ミュージックホールは、主にアメリカのデザイナー、ドナルド・デスキー（1894-1989年）の作品である。ロビーやラウンジはあたかもそれ自体が巨大なオーディトリアムであるかのようで、その色彩とディテールは興味深い（17.8）。デスキーはまた、多くの富裕なクライアントのための住宅やアパートメントのインテリアをデザインした。ニューヨークのアパートメントの食堂では、通常倉庫の断熱材として使われるコルクの薄いシートを壁面に用いた。家具は、楓材のベニアを白く脱色し、黒いラッカーのディテールとともに用いた。壁やドア、そして家具には、モールディングや伝統的で典型的なパネリングは全くなかった。エドワード・デュレル・ストーンがデザインしたニューヨーク州マウントキスコのマンデル邸は、国際様式の殻の中に、デスキーによる典型的なアール・デコのインテリアを内包したものだった。デスキーは、いくつかのアメリカの製造業者のために、アール・デコ風のテキスタイルをデザインした。そして次第にインダストリアルデザインの方面に移行し、彼の作品には、デコの形の時計や照明器具なども含まれた。

デコの建築

ウィリアム・ヴァン・アレン（1983-1954年）が設計したニューヨークのクライスラービル（1930年）の、階段状のセットバックとステンレススチールのスパイクトップが付いた建築形態は、クライスラー社の製品である自動車のラジエーターキャップとヘッドライトを暗示してい

た。この建物は、ロビー、階段、エレベーターといった場所で、ヴァン・アレンの完璧なデコのインテリアを創出した（17.9）。他の多くの事務所やアパートメントの建物も同様の特徴をもっており、多くはこの時期のインテリアを維持して、良好な状況を保っている。

アール・デコのデザインと近代建築の関係は、多くの重なりがあって簡単ではない。建築の専門家が次第に1930-1940年代の国際様式の理想を求めるようになるにつれ、デコのデザインは、「モダニスティック」——すなわち、表面的で装飾的で、大衆的ファッションの気まぐれな表現と呼ばれるようになった。一方、「モダン」という言葉は、理論的な土台に基づいた、より鮮明な傾向を指すようになった。しかし、同じような傾向もみられる。

1930年代の経済恐慌の時代に開催された一連の万国博覧会は、1920年代と30年代のデザインのフォーラムを提供した。「進歩の世紀」と呼ばれた1933-1934年のシカゴ万国博覧会は、アール・デコの建物の集合であり、それらの多くは、鮮やかな色彩の外観で、内部にはデコの特徴をもつ物品やインテリアを展示した。大衆の受容は、ときに消極的であったが、一方で、いくつ

17.9 クライスラービルのロビー、ウィリアム・ヴァン・アレン、ニューヨーク、1930年

この豪華なアール・デコのロビーは、さまざまな大理石とともに、クロームと木材を用いた。デザインの多くは自動車のビルということをテーマにしており、その中にはエドワード・トランブルによる巨大な壁画も含まれている。木象眼による驚くべきエレベーターのドアは、この近代的なテクノロジーへの興味を引き出す。それらは1978年に改修された。

17.10 アール・デコのビューロー、1930年

このビューローは1930年代のアール・デコの家具の典型を示す。正面は、さまざまな色の木材を使ったベニアが使われている。天板のベニアは、曲線を描いて正面に回り込み、後に「ウォーターフォール・モダン」として知られるようになる効果を作り出した。

かの製造業者は、明らかにデコ風の製品や家具を製造した。作者はわからないが、ベニアを曲げてつくる工場生産された低価格の家具「ウォーターフォール・モダン」のデザインは、たぶんナイアガラの滝をイメージしたもので、少なくとも、あまり選択肢のない普通の人々の家に、アール・デコを持ち込んだのだった（17.10）。

イギリス

アール・デコのスタイルは、イギリスでは限られた範囲にとどまり、たいがい、劇場やホテルやレストランのインテリアに用いられた。ロンドンのストランド・パレス・ホテルを例に挙げれば、公共的なインテリアは、光るガラスとメタルの角とジグザグの形で埋め尽くされた。オーウェン・ウィリアムズ（1890-1969年）と、エリス・アンド・クラーク事務所によるロンドンのデイリー・エクスプレス新聞社（1931年）は、クロームで縁取りした磨き黒ガラスの帯と角丸のコーナーをもつ、アール・デコのデザインのきらめくような事例である。正面玄関ホールのような公共の場のインテリアもまた、同様のデコのディテールが際立っている（17.1）。

キュナード・ライン（1930年代のクイーンメリー号とモーリタニア号）のようなイギリスの客船のアール・デコのインテリアや、ブライアン・オルーク（1901-1974年）によるオリエント・ラインについては、すでに述べた。より幅広い大衆のために表出したアール・デコとしては、フランク・ピック（1878-1941年）が監督したロンドンの地下システムのためにつくられたデザインがある。多くの地下鉄の駅（チャールズ・ホールデンによる建築）は、車両やバスのインテリアと同じように、デコの特徴が強かった。陶芸家のクラリス・クリフ（1899-1972年）の作品は、デコの特徴がみられる抽象的なパターンのカラフルな手書きの絵をつけた多くの陶器を含んでいた。

イギリスの建築家でデザイナーのウェルズ・コーツ（1895-1958年）によって1933年に典型的なデコの形態でデザインされた、エコのためのプラスチック製の卓上ラジオは、イギリスに最初に出現した本当のモダンデザインとみなされた。イギリスのその他の卓上ラジオのためのデザインとしては、1933年にセルジュ・シェルメイエフ（1900-1992年）、1937年にミッシャ・ブラック（1910-1977年）（エコ用も）、1930年から1938年にかけてマーフィー社のために合板のキャビネットともにゴードン・ラッセル（1892-1980年）と彼の兄弟のリチャードによって、開発された。ゴードン・ラッセルは数人のパートナーとともに、デコの家具のデザイナーでもあった。彼はイギリスデザインのスポークスマンとなり、W・H・ラッセルによる家具と、マリアン・ペプラーによるテキスタイルを飾った1937年のパリ万国博覧会の展示室の責任者になった。

スカンディナビア

スカンディナビアの国々は、普通アール・デコのデザインとの際立った関わりはなかったと思われているが、1920年代から1930年初頭にかけて、そこの作品には他の国々と同じような発展があった。スカンディナビアのデザイナーたちもまた、20世紀にふさわしい新しい方向を探し求めていた。しかししばらくの間は国際様式のモダニズムの発展には加わらなかった。その代わり、材料を適切に使い、しかも職人技を大切にするという伝統に深く根ざした、何らかの意識的な発展が起こっていた。その結果としての作品は、幅広い消費者に喜ばれる「暖かく」快適なもので、デ・ステイルやバウハウスの機械的な質とは異なっていた。国際様式はまだ「冷たく」、受け入れがたいと思われていた。

スウェーデンでは、美しく装飾されたブルーホールのあるラグナル・エストベリ（p.352参照）のストックホルム市庁舎が、伝統をヒントにした魅力のあるモダニズムの例として有名になった。過去の建築を真似るのではなく、むしろ過去を想起させる現代的な要素を用いたこのような作品には、ナショナル・ロマンチシズムという用語がよく使われた。目的は何であれ、このような作品は、より多くの大衆をすぐに惹き付けた。スウェディッシュ・モダンという用語は家具インテリアにも使われた。それらは歴史的なデザインの複製ではなく、暖かみのある受け入れやすいものだった。

1917年にグンナール・アスプルンド

(1885-1941年)がデザインしたストックホルムの展覧会のための設えは、スウェーデンのインテリアデザインのアプローチを決定し、公表することに役立った。スムーズにカーブした座と、高い背と、がっちりしたアームのある、彼の1935年のセンナチェアは、古典的なプロトタイプを単純化したものだった。アスプルンドは、抑制された古典的な傾向をもつモダニズムの例として知られる1928年のストックホルム市立図書館の建築家だった。そして1930年のストックホルム展覧会のデザインにおける彼の役割は、スウェーデンのモダンなスカンディナビア風の方向を決定した。1938年にブルーノ・マセソン(1907-1988年)がデザインした拡張できるテーブルは、1930年代のスウェーデン・デザインの単純性と論理性との典型である。

1920年代と1930年代のデンマークのデザインは、職人技の伝統を重視した保守的な傾向を維持し、シンプル、実用的、かつ完成度の高い家具として知られるようになった。国際様式やアール・デコの影響が、デンマークのデザインの伝統を打ち負かすことはなかった。その伝統は、なんらかの様式に依拠するというよりは、合理的な土着性に根ざしたものであった。その結果としての「デンマーク・モダン」スタイルは、20世紀初頭から近年に至るまでの歴史を保持する。コーレ・クリント(1888-1954年)は、人体のプロポーションと人間の必要性に基づいた家具を発展させたリーダーだった。彼の伝統的なサファリチェアの最新型(17.11)とデッキラウンジチェアは、古典になりつつある。その他のデンマークの古典としては、1925年にポール・ヘニングセン(1895-1967年)が開発した吊り照明器具ユニットPHがある。モーエンス・コッホ(1898-1964年)は、シンプルで心地よい椅子とともに、伝統的な土着的デザインに基づいた数々の折りたたみ式の家具で知られるようになった。フィン・ユール(1912-1989年)は、最初にデンマークで製造され、1950年代にアメリカのベイカー・ファニチャー社で製造されるようになった家具をデザインした。彼の最も重要なインテリアのプロジェクトは、ニューヨークの国連ビル(1952-1953年)のトラスティーシップ会議室である。それは緩やかに起伏する細い木が並ぶ壁面と、上部のダクトや設備がみえる天井で構成された。

17.11 サファリチェア、コーレ・クリント、デンマーク、1933年

スカンディナビア・デザインの理論と質実さは、この1933年の椅子からも感じられる。このデザインは、サファリの旅人や探検者たちに用いられた古典的な折りたたみ式の椅子に基づいている。樫のシンプルなフレームは、革のストラップとともにもち運び、組み立てられる。20世紀半ばには、革のアーム、キャンバスの座と背が、サファリチェアを製品として完成させた。ここに示した例は、キャビネットメーカーのラッド・ラズムセンが制作したものである。

(アール・デコに関連したエリエル・サーリネンの作品、特にミシガン州クランブルックでのインテリアと家具のデザインについては、15章参照)

インダストリアルデザイン

1920年代の終わりから1930年代の始めにかけて、アール・デコの提唱者や、国際様式の方向を目指す多くのデザイナーたちが工業製品のデザイン分野への関心を深めていた。「インダストリアルデザイン」という用語は、工業製品に焦点をあてた新しい職業を表すために使われるようになった。そのサービスを推進するうえで、新しい世代のインダストリアルデザイナーたちは、彼らのクライアントたちに、美的な目的よりも、より多く販売するための商業的な目的を優先して語った。製造業の売り上げが下落した経済恐慌の時代は、新しいデザインが消費者の購買意欲を高める製品につながるというアイデアによって、インダストリアルデザイナーたちに仕事を依頼するクライアントをもたらした。新しい形態は、1930年代の典型となった。これらの形態の源は、理論通り新しいテクノロジーだった。特に航空力学のテクノロジーだった。

第一次世界大戦中、ドイツはのちにそのデザイナーで製造者のカウント・フォン・ツエッペリンにちなんでツエッペリンと呼ばれた大型の

飛行船を開発、製造した。大戦後、飛行船は車を運ぶように応用された。イギリスのR-34やR-100といった飛行船や、ドイツのグラーフ・ツェッペリンは、一般大衆にもよく知られるようになった。「エアシップ」と呼ばれる飛行船は、客船のように大きく、乗客たちをほどよい贅沢さで運ぶことができた。

効率のよいフライトは、エアシップの形態が弾丸のような先端部と両側が先細になった尾翼をもつ丸い形をしているときに達成されるということが発見された。そのような形態は、スムーズな空気の流れを飛行船の船体の上につくるので、「ストリームライン」と呼ばれた。飛行船に対抗する、より小さな飛行機も、ストリームラインの恩恵を受けるようになった。

フーゴー・エッケナー博士のグラフ・ツェッペリンによる長い大陸間フライトや、アメリア・エアハートとウイリー・ポストの美しいストリームラインのロッキード・ベガ飛行機による記録的なフライトといった挑戦への大衆の熱狂は、ストリームラインの形態が未来志向を達成する視覚的シンボルとなることを推進した。インダストリアルデザイナーたちの心は、同じ方向を向いていた。それゆえ、ストリームラインの形態は、1930年代のインダストリアルデザインのテーマとなったのである。

ローウィとその他のデザイナー

レイモンド・ローウィ（1893-1986年）は、劇的に売り上げを伸ばしたゲスㇳナー謄写版（小さな事務所用印刷機器）の近代的な形態とともに彼のキャリアを始めた。ハップモービルとスチュードベイカーの自動車のための彼のストリームラインのデザインも、同じように成功した。他のアメリカのデザイナーとしては、ヘンリー・ドレイファス（1904-1972年）、ウォルター・ドーウィン・ティーグ（1883-1960年）、ノーマン・ベル・ゲデス（1893-1958年）などがいた。工業製品での成功は、これらのデザイナーたちの仕事をインテリアデザインや建築にまで広げた（17.12）。ドナルド・デスキー（p.392参照）は、インダストリアルデザイナーとして、あらゆる分野のデザインの仕事をした。1920年代から1930年代初頭にかけての彼の家具や照明器具は、彼の名声を不動のものにした。

17.12 展示用オフィス、レイモンド・ローウィ、ニューヨーク、1934年

ローウィは、デザイン展示会のために、このオフィスのインテリアを製作した。デザイナーは、自分がデザインした家具、照明、時計、図面、車の模型などに囲まれている。丸い形は、インダストリアルデザイナーの装飾的なテーマとしてのストリームラインの応用である。

ローウィ（と彼の拡大する会社）は、船、商店、事務所などのインテリアを発展させた。彼は鉄道の蒸気機関車を再デザインしただけでなく、ペンシルベニア鉄道の客車のデザインや、パナマ、アンコンそしてクリストバルのパナマラインの3つの姉妹船のインテリアデザインも手掛けた。ドレイファスはニューヨークの同業のライバル会社であるニューヨーク・セントラル鉄道の仕事やアメリカン・エクスポート・ラインの4つの船のインテリアを手掛けた。後に彼の事務所は、同じ蒸気船の会社の大型船インデペンデンスとコンスティチューションのデザインの責任者となった。

ティーグはニューヘブン鉄道の客車のインテリアを手掛けた。ベル・ゲデスは、顕著な活躍をしていたステージデザインの分野から、巨大な飛行機やストリームラインの客船のための未来的な提案に焦点をあてるほうに移った。これらは実現に至らなかったが、ニューヨークの曲面の壁と鏡の場がある簡素なエルボールーム・レストラン（1938年）は、彼が才能のあるインテリアデザイナーであることを示した。

ギルバート・ロード（1894-1944年）は、家具のデザインの仕事で知られている。1930年代に彼はアメリカのハーマンミラー社にモダニズムのアイデアを持ち込んだ。しかし、彼のデザインは、のちに家具におけるモダニズムという標準になる機能主義の方向よりは、むしろアール・デコに近い性質のものだった。ドイツ生まれのインダストリアルデザイナー、ケム・ウェバー（1889-1936年）は、パナマ太平洋万国博覧会の仕事をするためにサンフランシスコにやってきた。彼はカリフォルニアにとどまり、グラン・ラッピッドのベイカー・アンド・ウィディコム社の家具デザインや、小売店のインテリア、時計や小物のデザインを手掛けた。彼の1934年の飛行機用の椅子は、最もよく知られた作品である。

ラッセル・ライト（1904-1976年）は、成功したアメリカのインダストリアルデザイナーだった。彼の最も重要な作品は、「アメリカン・モダン」として知られる一連のテーブルウェアで、1939年からたいへんな人気となった（17.13）。それは、アメリカに導入された最初のシンプルで機能的な陶器だった。その成功は、家具やメ

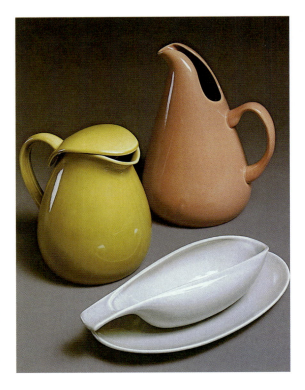

17.13 アメリカン・モダン・テーブルウェア、ラッセル・ライト、1939年

ライトのデザインは、家庭で使うことのできるシンプルなモダニズムを、アメリカの大衆に広めた。このディナー用食器の大成功は、アメリカの産業に、一般大衆にモダンデザインの製品を提供することの価値を確信させるのに役立った。

タル製のアクセサリー、カトラリー、テーブルリネンなどの彼の他のデザインにも注目を集めた。彼は妻のメリーともに、著書『より楽な生活へのガイド』（1951年）や、室内セッティングの展示において、モダンなデザインを効果的に提案した。1934年のライトの彫刻的な形態の木製フレームのアームチェアは、ニューヨークに新しく建設された近代美術館MoMAのメンバーのラウンジに使われた。しかし、その量産を請負いたいという製造業者はみつからなかった。

初期のインダストリアルデザイナーたちの作品の視覚的な特徴は、おおむねアール・デコの装飾とストリームラインの形態を混ぜたものだった。そのゴールは、新しくデザインされた掃除機、鉄道列車、あるいは船がなんらか重要な点が改良されたと大衆に納得させ、商業的に成功することだった。初期のヨーロッパのモダニストの哲学的で機能主義的なゴールは、インダストリアルデザイナーたちの関心ではなかった。しかし、彼らは国際様式の形態を和らげたり、薄めたりしながら、しばしば用いて、これらの形態をより消費者という大衆の趣味に合うように飾り立てた。

ストリームラインは、電車やバス、自動車、船などで次第に人気のある形態となったが、それに加えて、アメリカの奇妙な土着のタイプとして知られるようになった。それは、ダイナー

アール・デコとインダストリアルデザイン 397

17.14 スプリーム・ダイナー、マサチューセッツ州ボストン、1946年

鉄道の食堂車の擬体験を意図した簡易レストラン、ダイナーは、アメリカの道路ぎわの食堂として、人気がでた。本当の食堂車が流線型のデコ・デザインであったように、ダイナーもそれに習って、丸い形、クロームの縁取り、簡易食堂の雰囲気をだす荒っぽい照明などを応用した。

と呼ばれる鉄道の食堂車の形をした簡易なレストランである。最初のダイナーは、実際、固定してブロックした鉄道や路面の車両だった。ストリームラインの電車が知られるようになるに従い、贅沢な列車の車両を模したダイナーの建物は、人気が高まった。そして、ダイナーは、だんだんと増える車の交通に見合うよう、しばしば道路際の場所に建つようになり、恐慌時代の生活の人気のシンボルとなった。カーブしたメタルの縁取りと鏡と鮮やかな色のアクセントというダイナーのインテリアは、これらを建てた会社の名もないデザイナーたちによって生み出された（17.14）。

デザイン教育

初期のインダストリアルデザイナーは、デザインの教育を実際受けていなかった。ローウィの場合は、フランスの電気エンジニアとしての教育で、ドレイファスの場合は、ステージデザインだった。ティーグはニューヨークのアート・スチューデント・リーグで学んだイラストレーター、デスキーはパリで絵画を学び教えていたが、デザインは自分で学んだ。正式なこの分野の教育は、インダストリアルデザインが専門職として発展したときに始まった。ピッツバーグのカーネギー・インスティテュート（現在のカーネギー・メロン大学）は、ドナルド・ドーナー（1907-1944年）の指導のもと、早くも1935年にインダストリアルデザインのプログラムを設立した。ドーナーは後に、1937年のブルックリンのプラット・インスティテュートで、この科目を導入した。そのようなプログラムはアートスクールという設定の中に残り、建築家に提供される教育から切り離されたものとして継続した。建物にはインテリアがあるという現実は、建築とインテリアデザインの間における関係を導き、モダニズムとアール・デコの間のなんらかのスタイルをもたらした。

国際様式モダニズムの厳格さは、一般的には

17.15 バトラー邸、クレッチ・アンド・クレッチ、アイオワ州デモイン、1936年

1930年代までに開発された近代的なキッチンは、科学的な実験室のデザインを真似て、連続するカウンターと、上部のキャビネットを設置した。視覚的なインパクトが、当時のインダストリアルデザイナーたちがよく用いた流線型を連想させる一方、清掃の簡便性や、作業パターンの効率化も暗示された。この写真にみられるレンジなどの台所機器は、近代的なキッチンのコンセプトに合うようにデザインされた。

禁欲的すぎると思われた。その一方、主義主張の少ないアール・デコのデザインは、少なくとも少数の建築家には魅力的に映った。このスタイルは、アメリカの多くの公共ビルのスタイルであり、特に大恐慌時代のスポンサーシップのもとに建てられた、公共事業促進局（WPA）のような計画に用いられた。テネシー川流域開発公社（TVA）は、ダムと電気発電所を建設した。建築とインテリアデザインを担当したローランド・ワンク（1898-1970年）は、ダムの発電施設の中に、素晴らしく洗練された工業的なインテリアの例を創出した。ここではデコとインダストリアルデザインのイディオムが、非常に幸福な出会いを果たした。いく人かの建築家だけがアール・デコのアイデアを採用したが、多くのインテリアデコレーターは、彼らが以前から依拠していた歴史的なスタイルのポートフォリオに付け加えるスタイルとして取り上げた。「モダン」「モダニスティック」という用語は、イギリスやアメリカの作品を記すときに使われた。それらの中にはイギリスのデコレーターのシリー・モームによる鏡とガラスが付いた、すべて真っ白の計画の部屋も含まれていた。アメリカでは、ドロシー・ドレイパー（1889-1969年）が、カーライルホテルのロビーや、770パーク・アベニュー・アパートメントのような公共空間をデザインした。それぞれ、白いバンディング（帯）のついた黒い大理石の床、白い壁、左右対象に配された輝きのある黒いドアが、限られた場所の赤、青などの強い色のアクセントともに用いられた。

住宅デザイン

陸屋根や角丸の壁面、そしてガラスブロックなどの新しく開発された材料がたまに使われることはあっても、住宅を設計する建築家たちが、通常、アール・デコやモダニズムの概念を彼らの施主に勧めことはあまりなかった。工場での大量生産による経済的効果を住宅にもたらすプレファブ住宅建設のための多くの方法が開発され、出版された。しかし、どれも一般に受容されることはなかった。

キッチンとバスルーム

アール・デコと、そのストリームラインへの好みに関連したインダストリアルデザインは、フォーマルなリビングルームより、むしろキッ

アール・デコとインダストリアルデザイン 399

17.16 エドワード・ジェームスとティリー・ロッシュのためのバスルーム、ポール・ナッシュ、ロンドン、1932年

1920年代から30年代にかけて、最低限の機能的な部屋というよりは、飾りのある楽しい場所としてのバスルームという考え方が広まった。この事例では、鏡、メタル、照明の要素が、デコのコンセプトの展示場になっている。天井の照明器具に使われた鏡にも注目。

チンやバスルームをとおして、20世紀の中流階級の住宅に入ってきた（17.15、17.16）。電気機器が導入された後も、キッチンは、ガスレンジやアイスボックス（現在は電気）、シンク、水切り台ユニットなど、それぞれが19世紀初頭に遡ったような形をしたさまざまなものが集まった部屋として残っていた。インダストリアルデザイナーたちは、製造業者を説得して、古い木製のアイスボックスを、滑らかで白い、緩いストリームラインの形に変容させた。ローウィは1935年のコールドスポットをデザインした。そして、ゼネラル・エレクトリックやノルゲや他の製造業者からも、同じようなデザインが続いた。ベル・ゲデスが、スタンダードガス設備会社（1933年）のためにデザインした、白くペイントした滑らかでシンプルな金属のユニットから始まった白いすべすべの表面がレンジの標準になった。ティーグによるほぼ同じようなデザインは、1934年に作られた。これらのシンプルな四角い形は、そのフラットなカウンタートップの標準的な高さとともに、多くのデザイナーや製造業者に連続したカウンターというアイデアを提案した。研究室のような設備の連続をつくるために、そのカウンタートップには、金属かリノリウムが使われた。滑らかな冷蔵庫だけがそのラインから飛び出していた。光沢をもった白いキャビネットと平坦なカウンタートップ、上部のキャビネットの連続、色彩豊かなリノリウムの床、そのようなキッチンが1930年代の住宅の最も好まれた要素になった。

造り付けのバスタブとシャワー、そしてキャビネットユニットの中に組み込まれた手洗い器をそなえたバスルームもまた、モダンな扱いにふさわしいものとなった。設備機器のメーカー

17.17 家具展覧会、ニューヨーク万国博覧会、ノーマン・ベル・ゲデス、1939年

ジェネラル・モーターズの展示の来館者たちは、動くブースに乗って、とてもリアルにつくられた模型、「未来の世界」の景観の上を移動した。この図は、インダストリアルデザイナーのノーマン・ベル・ゲデス（1893-1958）が想像した未来の都市を示している。この展覧会は、近代の高速道路の建設とデザインへの最初の刺激になったと考えられている。

はインダストリアルデザイナーやインテリアデザイナーの熱心なクライアントになった。デザイナーたちは鮮やかな色のバスルームのモデルを製造し、それを雑誌で宣伝した。それまでセンチメンタルな歴史的なモードの複製でしかなかった住宅は、モダンなキッチンとバスルームを取り入れた。インダストリアルデザイナーたちは住宅の地下室に、滑らかなスタイルの外観のファーネスをつくった。通常それらは、もう石炭ではなく、ガスや石油を燃料に用いた。

照明器具

オイルやガスを用いた照明の代わりとして、電気が使われるようになると、照明器具のデザインは新しい時代を迎えた。1930年代に出現したアール・デコのランプや照明器具は、「視力を無駄遣いしない」という利点が強調された。間接照明——すなわち照明源をくぼみなどに隠すことによって、光を天井に反射させる——が、広く使われるようになった。1930年代にはチューブ型の照明源が可能になって、最初は白熱タイプ、のちに蛍光灯の発達により、チューブ型の照明源が公共、商業、教育施設のインテリアの標準になった。ネオンライトは、最初はサインのみに用いられたが、装飾的な光の効果として、たまに用いられるようになった。実用的で機能的なランプは、クルト・ヴェルゼン（1901年生まれ）のようなデザイナーの作品にみられるようになった。彼の会社はそのようなランプや照明器具を製造した。それらは建築家やインテリアデザイナーがデザインしたインテリアに用いられたが、住宅用としては一般の人々にあまり知られなかった。

テキスタイル、カーペット、家具

キュビストの美術を思わせる抽象的で幾何学的なパターンをもったテキスタイルやカーペットが、デザインの専門分野に提供されるようになった。しかし、それがごく普通の住宅に使われることはまずなかった。たとえば、ドロシー・リーブス（1899-1972年）は、公共的、商業的なインテリアのデザイナーたちとともに、モダ

17.18 RCAビクター・ラジオ蓄音機 RAE-26型、1934年

ラジオは20世紀の発明品だが、かつては、伝統的な家具のような彫刻のついた木製の箱に入れるべきだと考えられていた。このデザインは、扉はダイアルやスピーカーのグリルを隠すように閉じることができるし、蓄音機として、蓋を開閉することもできる。居間に置くためには、そのようなテクノロジーの要素を内部に隠さなければならないと思われていた。

ンな布地のデザイナーとして成功した。大衆的なマーケットに製品を提供する製造業者たちは、花柄のプリントやイラスト的なモチーフや、東洋的あるいは伝統的なデザインに基づいた住宅を製造する方が得策であると考えていた。

1925年のパリ万国博覧会によって、アール・デコの時代が始まったように、ニューヨークの1939年に開催された「ニューヨーク万国博覧会」は、それを要約し、アール・デコとストリームラインの時代を終焉させたと考えられる。1920年代と1930年代の重要なデザイナーたちの多くの作品をそろえた「ニューヨーク万国博覧会」は、それまでに発展してきた、それぞれの方向の事例を展示した。ドイツとイタリアの展示館は、急進的なファシズムの流れを象徴する直線的な古典様式を展示した。対照的にフランス館は、客船ノルマンディー号のインテリアを担当したデザイナーの一人、ロジェール・エクスペールの作品を展示した。ドレイファスのデザイン（博覧会のテーマセンターの中の未来都市模型）、ジェネラルモーター館の中の可動頭上ブースからみた未来の世界（17.17）というベル・ゲデスのフューチュラマ、ローウィ（クライスラー）、そしてティーグ（フォードとイーストマンコダック）、その他を含めて、インダストリアルデザイナーたちが没頭したアール・デコとストリームラインというテーマに対する商業的なメリットを示した（17.18）。より正統的モダニズムとしては、レスケーズ（アビエーションビル）、アールト（フィンランド館のインテリア）、スヴェン・マルケリウス（1889-1972年）の端正なスウェーデン館などの作品がみられた。1920年代と1930年代のモダニズムについては、次章で解説する。

第18章

ヨーロッパにおける初期モダニズムの展開

18.1 デ・ラ・ワー・パビリオン、メンデルゾーンとチャマイエフ、ベクスヒル・オン・シー、サセックス、イギリス、1935-1936年

イングランドでモダニズムの理念を具体化した初めての大規模建築。この海浜リゾートの一般向け施設は最良の意味でのモダニズム建築の例である。講堂、展示場、レストラン、屋内・屋外のラウンジがある。曲がったガラス張りの空間の中で、海景に向かって曲線を描くカンティレバーの階段にはシュトゥットガルトのショッケン百貨店の影響がみられる。

18.2 ザギナトーベル橋、ロベール・マイヤール、シアース近郊、スイス、1929-1930年

人目につかないスイスの山岳地帯の渓谷に架かるこの鉄筋コンクリート橋は、近代の技術がもたらした美的可能性を示すものだった。技術者マイヤールはこの300フィート（約91メートル）もある構造物を設計するとき視覚的効果を考慮したわけではなく、機能的な性能と費用のことだけを念頭に置いていた。

20世紀前半のデザインが歴史的折衷主義に支配され続けていたとはいえ、モダニズム理念は目を覚ましはじめ、だんだんと広がっていった。1932年、ニューヨーク近代美術館で、建築史家のヘンリー・ラッセル・ヒッチコックと、この美術館の建築・デザイン部門の責任者だったフィリップ・ジョンソンは「インターナショナル・スタイル」と題した建築展を企画した。

展示された75のプロジェクトのうち、アメリカのものは7つにすぎなかった。16点は16章で論じた近代の先駆者たちの作品で、西ヨーロッパ、ソビエト連邦（ロシア）そして日本へと続く地域の建築だった。これらは、陸屋根、平滑な（そしてたいていは白い）壁、大きなガラス面、非対称の平面、また歴史的あるいは装飾的な細部が全く見当たらないこと、といったいくつかの様式的性質を共有していた。これらのデザインは、何か美的な目標を想定するのではなく、機能を果たすことを最優先にする「機能主義」の一例だった。この展覧会の展示品の中で、11点がインテリアのイラストレーションだったことは興味深い。建築デザインは室内の計画から始めるべきで、そこから論理的に外観の表現が導かれるというのがモダニズムの鍵となる原則の1つだった。イラストレーションに描かれたインテリアは機能的でシンプルなもので、歴史的・装飾的なディティールがみられず、これはその建物の外観と共通する特徴だった。

この展覧会を企画した2人は、作品が何かロマンティックな知識にもとづいているようにみえるかもしれないフランク・ロイド・ライトとスカンディナビアのデザイナーたちを除けば、インターナショナル・スタイルにおけるモダニズムは「マシーン・エイジ」20世紀を表現した抽象的、キュビズム的、機械主義的な性格をもつものだと考えていた。このスタイルは、雑誌記事や図書によくみられるようになっていく。それまではつくることができなかった形態を鉄と鉄筋コンクリートを使ってつくりあげた印象的な工学的構造のおかげで、新しい作品はシンプルで、機械に通じるデザインになっていった。1916年ウジェーヌ・フレシネ（1879-1962年）によってパリ郊外オルリー飛行場につくられた巨大な飛行船の格納庫（現存せず）やロベール・マイヤール（1872-1940年）によるスイスの数多くのコンクリート橋は、新しい構造技術が大きな力をもつ新しい形態をつくりだしていった道筋を示している。コンクリートはもともと半液状であるため、木や鉄などの他の建築材料では実現することが難しい、滑らかなカーブなどさまざまな形をつくることができる（18.2）。鉄筋はコンクリートが流し込まれる前の型枠に置かれて引張強度を担い、この素材の高い強度を生み出す。より自由な形態をつくるためには難しい工学的計算や複雑な設計が必要で、このことがコンクリートの利用に制限を加えた。実際にはほとんどの建物で、直線的な柱や梁をつくってきた慣習がコンクリートを使う場合にも適用されていた。しかしマイヤールの橋と倉庫、貯

水施設のためのデザインでは、柱が滑らかなカーブを描いて上部と流れるようにつながっていて、このような実用的な構造とはあまり縁のなかったインテリアの形態にも影響を及ぼした。

モダニズムの初期の広がりは、ヨーロッパのいくつかの地域では政治的な要素によって阻まれてしまった。ソビエト連邦（ロシア）では抑圧的な政府が、自由に生まれてくる芸術と関わることを怖れた。ドイツとオーストリアでは、ファシズムの擡頭がすべての進歩的思考を停止させた。イタリアの初期未来主義・合理主義の作品は、単純化したヒトラーの古典主義を好むファシズムの進展によって押しのけられてしまった。自由を保ったヨーロッパの国々でも、モダニズムはさまざまな障害に出会った。政府と権力者たちは折衷主義と堅く結びついていたし、歴史的な先例を真似る以外に優れたものを見出す方法はないと信じ込んでいた。しかし、それでもモダニズムは次第に足場を固めていくことになる。

代表的なモダニズムの先駆者たちとその追随者たちの間で信じられていたことは、デザインがすべての人々の必要に応えるべきであるということだった。デザインされた建物や什器を使うすべての人は平等に遇されるべきだと考えられた。近代の多くの作品を発注した顧客はたいてい富裕で権力をもっていたが、多くの企画、住宅計画、公共建築、そして家具などの製品は、全員の広い範囲の要求を満たすように計画された。このように1人ひとりとその必要や願望を尊重することは、個人を全能の国家への抗うことのない奉仕者としかみないファシストの考えにはそぐわないものだった。

したがって、ヨーロッパの中で、第一次と第二次世界大戦の間の困難な時期に民主主義と社会的理想主義が盛んになった地域では、様式としてのモダニズムが非常に急速に、最も広い範囲で進展したことは驚くに価しない。そのため、オランダ、スカンディナビア諸国とイギリスは、第二次世界大戦が発展を阻むまでの1920年代後半と1930年代に、モダニズムが最もよく受け入れられた国となり、ここで最良の作例をみることができる。

オランダ

オランダには、折衷主義者たちの偏狭な歴史主義を避けたH・P・ベルラーへと、他の19世紀後半と20世紀初めの建築家やデザイナーの伝統を進展させた建築家たちがいた。たとえばアムステルダムに近い小さな町ヒルフェルスムで活動したウィレム・マリヌス・デュドック（1884-1974年）は、レンガづくりで気品のある、記念碑的なこの町の市役所（1924-1930年）を設計したが、そのインテリアはアール・デコとモダニズム、どちらの方向も指向していた（18.3）。J・J・P・アウトはニューヨーク近代美術館での展覧会で取り上げられた建築家の1人だったが、モダニズムと啓蒙的な社会的政治的方針との結びつきを示す公共建築計画でよく知られている（16章参照）。

ドイツとオーストリア

ナチズムに抑圧される以前、モダニズムを発展させていったのは、グロピウスやミース・ファン・デル・ローエのようなバウハウスの主要な人物だけでなく、インテリア、家具、テキスタイルの分野で幅広い影響を与えた何人もの建築家やデザイナーだった。リリー・ライヒ（1885-1947年）はミース・ファン・デル・ローエの下で活動し、著名なバルセロナ・パビリオンなど、ミースの多くの博覧会・展覧会展示のインテリアと家具のデザインで大きな役割を果たした。マルセル・ブロイヤー（1902-1981年）はバウハウスでインテリア関係の活動を行い、特に家具のデザイナーとして知られている。木を使った初期の作品はデ・ステイルとの関連を思わせるが、あるとき自転車工場を訪ねてから、そこで刺激を受けたブロイヤーは構造材として金属管を利用する実験を始めたといわれている。チェスカと名付けられたサイドチェア（1928年）や、ワシリーと呼ばれるアームチェア（1925年）はモダニズム運動の著名な典型となっている。

1927年シュトゥットガルトにつくられた「ヴァイセンホーフのジードルンク（住宅地）」と呼ばれる展示用競作住宅群にはミース・ファン・デ

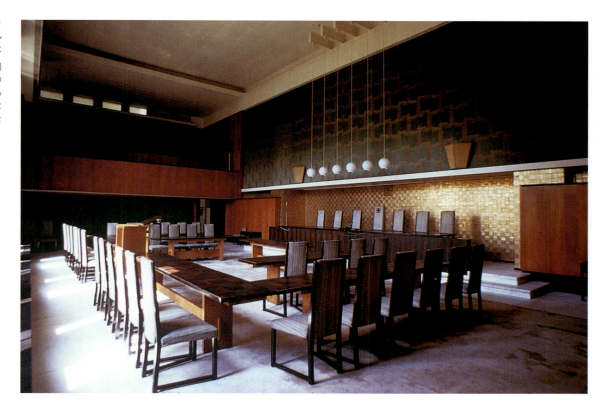

18.3 市役所、ウィレム・マリヌス・デュドック、ヒルフェルスム、スイス、1884-1974年
行政ビルの中にあるこの議場で、デュドックはモダニズムの語彙を用いながらも、格式のある公的な威厳をみせる。暖かな色使いと上質の素材が、秩序を保ちながら心地よい空間をつくりだしている。

ル・ローエ、ル・コルビュジエ、J・J・P・アウト、ルートヴィヒ・ヒルベルザイマー、ヨーゼフ・フランク、マルト・スタム、ハンス・シャロウンなど、モダニズムの主導者たちの中の大半の作品が含まれていた。すべての住宅はそれぞれの建築家によって内装も整えられ、展覧会の期間中公開された。ドイツ・デザインの進路に明らかな影響を与えただけでなく、この展示によってモダニズム理念への一般の理解も進んだ。

こうした住宅の競作展示場は、工作連盟住宅地として1930年、ウィーンにも現れた。これに参加したデザイナーには、ヨーゼフ・フランク、アドルフ・ロース、ヨーゼフ・ホフマン、アンドレ・リュルサ、リヒャルト（リチャード）・ノイトラ、ヘリット・リートフェルトが含まれていた。オーストリアの一般社会への影響という点ではドイツのシュトゥットガルトでの展示場に匹敵するものだった。この展示が「工作連盟」というものの達成した成果として頂点をなすことになった。工作連盟の影響はモダニズムの理念とともに大きくなったが、1934年までに消えていった。

エーリヒ・メンデルゾーン（1887-1953年）は初期の代表作であるポツダムの観測施設アインシュタイン塔（1921年）で知られている。これは建築における表現主義の特徴的な作例だが、メンデルゾーン自身はこの作品を残して、インターナショナル・スタイルに移行していった。1933年にイギリスに移住するまでのドイツでの作品にはいくつかの大きなデパートの建築などがある。最後にはアメリカに行き、そこでもインターナショナル・スタイルを指向した作品を手がけた。

イタリア

未来派と呼ばれる運動は第一次世界大戦前のイタリアで起った。さまざまな宣言の中で、未来派は近代性、テクノロジー、スピードそして機械の力を強調した。アントニオ・サンテリア（1888-1916年）のような未来派は建築計画を提案したが、何ひとつ建設されたものはなかった。第一次世界大戦の終結からイタリアでファシズムが興るまでの間の時期に、「グルッポ7（セッテ）」などイタリアの合理主義者集団が進むべき道はモダニズムしかなかった。モンツァであった1930年の博覧会のためにI・フィジーニとG・ポッリーニが設計した「電気の家」というモデル・ハウスはニューヨークのインターナショナル展で展示された唯一のイタリアの作例だった。

1933-1935年、G・テッラーニの設計でコモの町に、ある行政関係の建物がつくられた。正面は開放的なグリッド（格子形）で、4層の内部は中央の空間を囲む形に配されている、魅力的なモダニズム建築だった（18.4）。インテリアの立面は正確な半正方形で構成され、グリッドのプロポーションも幾何学的に割り出されたものだった。デ・ステイルの美術を思わせる抽象的に処理された壁をもつ中央の会議室にはガラス天板の卓を囲んで金属管の椅子が置かれていた。電気で一斉に開けることのできる一列のガラス扉を通って街路から入ることのできる大きな中央の空間に対して、この会議室は開放されている。ファシズムの時代、この建築は「カーサ・デル・ファッショ（ファッショの家）」と名付けられたが、後に「カーサ・デル・ポーポロ（人民の家）」となった。

1938年、ルガーノに建てられた日光療法研究所はBBPR（この名はメンバーだったバンフィ、ベルジョイオーゾ、ペレッスッティ、ロジャースの4人の頭文字に由来する）として知られるミラノの建築家集団によるものだった。子どもたちの健康ための一種の合宿所で、日光を浴びることで治療効果をあげることを狙っていた。この建物の大部分は広くて天井の高い800人収容の食堂が占める。南面のガラスの区画と赤いタイルでできた北の壁は、典型的なインターナショナル・スタイルのデザインだった。

イタリアのファシズムは、初期にはモダニズムをはっきり敵視したわけではなかったが、ドイツのヒトラーの影響が支配的になるに連れて、モダニズム作品は姿を消していき、戦争が終わるまで再び現れることはなかった。

スイス

スイスの社会は均質で秩序立っており、スイスでは工学技術と熟練の技能が際立って発達していたので、モダニズムの合理的、論理的理念とは相性がよかった。ロベール・マイヤールの技術、パウル・クレーの芸術、スイス社会の平等主義的な性格はどれもモダニズムの発展に重要な役割を果たした。カール・モーザー（1888-1936年）がバーゼルに建てた聖アントニウス教会（1925年）はむき出しのコンクリート構造で、側壁のそばの列柱に格間のついた長いヴォールトが架かっている。縦長の窓にはステンドグラスの小さなパネルが嵌め込んである。これはおそらく、モダニズムのデザインが成功した最初の教会だろう。

スイスには、アルフレート・ロートと従兄弟のエミール・ロートが、バウハウスをでてイギリスに行くまでの間スイスにいたマルセル・ブロイヤーとともに手掛けたチューリッヒに近いドルデルタールにある小さな2つの集合住宅（1935-1936年）がある。これらは著名な建築史家でモダニズムの主張者でもあったジークフリード・ギーディオンが委嘱したものだった。このうち一棟はアルフレート・ロートが所有し、自分の建築事務所をここに置いた。大きなガラス面、白か淡い色調の飾りのない滑らかな壁、そして多くはブロイヤーかアールトによるさまざまなモダニズム家具がインテリアを特徴づけていた。ブロイヤーは、工作連盟と関係のあったヴォーンベダルフ工房のチューリッヒとバーゼルの販売店（1933年）をデザインした。最高のモダニズム家具とさまざまな家庭用品がここで展示され、スイスの誰もが手に入れることができた。この工房はモダニズムの初期に重要な役割を果たし、スイス・デザインの頂点をきわ

18.4 カーサ・デル・ポーポロ、ジュゼッペ・テッラーニ、コモ、イタリア、1938年

もとは「ファッショの家」として知られていたこの公共建築は政治的集会に便利なように設計されている。ファシスト党は記念碑的な建築を好んだにもかかわらず、テッラーニはモダニズムの秀作をつくってみせた。開放的な格子状の面はガラス天井のアトリウムに続く。このデザインは新しい名前「人民の家」に変わってから、民主的な精神の表現として生き残った。

ヨーロッパにおける初期モダニズムの展開 407

18.5 ノートル・ダム教会、オーギュスト・ペレ、ル・ランシー、フランス、1922-1924年

ほとんど全面がステンドグラスの壁のせいでゴシック建築を思わせる雰囲気をもっているが、細い柱と平坦なヴォールト天井をもつこの建築は素材であるコンクリートの質の高さを示している。ステンドグラスはコンクリートの枠で縁取られ、それがすべての側面で室内空間を囲んでいる。

めた。

マックス・ビル（1908-1944年）はバウハウスの学生だったが、スイスに帰ってからスイス工作連盟と協力し、モダニズムのスポークスマンのような存在となった。ル・コルビュジエの作品を収録した大部なシリーズなど、出版にも携わった。1936年のミラノ・トリエンナーレではスイスの展示デザインも担当した。それは強く明るい色のユニットを白で囲んだ開かれた空間で、パネルやケースが自由に配置されていた。

ル・コルビュジエは、フランスの建築家だと思われているが、実はスイス人である。1924年に自分の父母のために設計したヴヴェイの小さな湖畔の家は明らかにインターナショナル・スタイルの計画を実現したものだった。「住むための機械」と考えられていたにもかかわらず、中央のインテリアと対照をなす隅の暗さ、南に面しレマン湖の景観を望む連続するガラス面のせいで明るくみえる長い帯状の部分など、室内空間は精妙な配慮に満ちている。家具を構成するのは素朴で伝統的な田舎の机、椅子、ベッドである。ここでの古い家具と簡素なモダニズム空間との関係は、衝撃的なまでに幸運な出会いだった（ル・コルビュジエの作品については第16章で詳しくみる）。

フランス

ル・コルビュジエが、そのほとんどの作品をフランスで制作し、フランスで最も有名なモダニズムの建築家となったとはいえ、フランスのモダニズムの主流からはいつも何かしら外れたところにとどまり、広く受け入れられるにはあまりに過激だったことも事実である。もう1人の先駆者オーギュスト・ペレ（1874-1954年）は

構造材としての鉄筋コンクリートが新しい美の方向を開く可能性をもっていることを最初に理解したデザイナーの1人だった。パリ、フランクリン街25番地bの集合住宅のような、ペレの初期作品はアール・ヌーヴォーの精神と緊密に結びついていたが、ル・ランシーのノートル・ダム教会（1922-1924年）では明らかにモダニズムの特徴をもった印象的なインテリアをみせている（18.5）。コンクリート構造は、厚い壁や重々しい円柱の代わりに非常に薄い支柱を使うことを可能にした。その結果外壁はすべて、モダニズムのデザインではあるが強く豊かな色彩をもつステンドグラスになった。そこでできあがった空間は中世のサント・シャペル（p.109参照）の近代版だったといえる。

フランス・モダニズムのデザイナーで、それほど知られていないロベール・マレ＝ステヴァン（1886-1945年）の初期作品は、アール・デコの近代的な部分と近いようにみえる（18.6）。1924-1933年に携わったド・ノアイユ子爵のイエールにある邸宅には先進的なインテリアデザインが数多くみられる。ピンクの間では単純な幾何学的形態が、マレ＝ステヴァンとブロイヤーのゴム詰めの家具や金属管のデザインの置かれた空間に使われている。クロワのヴィッラ・カヴロワ（1931-1932年）の見事なインテリアはアール・デコとインターナショナル・スタイルの理念の境目に位置している。台所とバス・ルームは特に先進的なものだった。1920年代の映画美術のデザインは、1928年のパリのバリー靴店、1937年のパリ万国博覧会での衛生・電気パビリオンのデザインなどとともにマレ＝ステヴァンの仕事を広く一般に知らしめることになった。マレ＝ステヴァンは数多くのプロジェクトのために家具をデザインし、中でも1928年の金属のサイドチェアは今も生産されよく使われている。

ピエール・シャロー（1883-1950年）はパリにある「ガラスの家」（1928-1932年）でよく知られているが、ここでは金属のフレームやガラス・ブロックと板ガラスの大きな面などを使用している（18.7）。シャローの家具デザインには、たっぷり詰め物を入れた重厚な木製の椅子と、金属フレームで座面と背に籐を使った簡素な折りたたみの腰掛けの両方があるが、これはアール・デコからインターナショナル・スタイルへ

18.6 マレ＝ステヴァン通り12番地の住宅、ロベール・マレ＝ステヴァン、パリ、1927年

自身の住宅でロベール・マレ＝ステヴァンが設計した居間は、アール・ヌーヴォーからモダニズムに移行していく形を示している。

の移り変わりを表している。

スカンディナビア

スカンディナビア諸国は一般的に民主主義的な政治方針をもち、社会的平等の理念を受け入れる国々で、デザインではモダニズムの理念に強く惹かれる傾向があった。フィンランドのアルヴァ・アールトの作品についてはすでに述べた（16章参照）。主な材料として成形した合板を利用したアールトの家具はフィンランドのアルテック社が生産してアメリカやその他の国々に輸出され、最もよく知られたモダニズム家具のデザインとなった（18.8）。アールトはヘルシンキ郊外の工科大学で教鞭をとり、トゥルクの礼拝堂（1939年）で落ち着いたほとんど白の格調ある空間を示したエリック・ブリグマンなど、多くのフィンランドの建築家を援助した。

スウェーデンのモダニズムは、16章でみたように初期には慎重な表現をとっていたが、次第にはっきりとしたインターナショナル・スタイルを示すようになる。スヴェン・マルケリウスは1930年に開かれたストックホルム博覧会の建築群、1925年のヘルシングボリ・コンサートホールで音響学的考察に基づいた見事なイン

18.7 ダルザス邸（メゾン・デ・ヴェーレ「ガラスの家」）、ピエール・シャローとベルナルト・ベイフット、パリ、1928-1932年

いち早くドラマティックに金属とガラスを使い、ドラマティックで見栄えのするインテリアをつくりだしている。シャローが主なデザイナーだったが、ここではオランダの建築家ベルナルト・ベイフット（1889-1979年）と協働した。むきだしの金属枠とガラス・ブロックを使った例としてはル・コルビュジエより早い。シャローの作品は多くないが、この著名な住宅はモダニズムの代表作として残るものである。

テリアをつくりあげた。ポール・ヘドヴィストによるストックホルムのクングスホルメン女子校（1941年）にみられるように、モダニズムは1930年代と1940年代前半のスウェーデンの公共・商業建築で広く受け入れられた様式となった。穏当な近代的家具、テキスタイル、装飾品がどこでも手に入り、一般の人々がそれを利用するようになる。

イギリス

イギリスのモダニズムは、一般の嗜好における保守主義の権威と、建築専門家と行政の制約によるより専門的な反対という両面で、明らかな抵抗にあった。建築法規はしばしば、デザインにおける既存の伝統への執着を要求する美的選択をも規定しているように解釈された。しかし、1930年代にドイツとオーストリアから追われた建築家、デザイナーがイングランドに移住すると、モダニズム思想の流入が起こった。それは、アーツ＆クラフツ運動とイギリス版のアール・ヌーヴォーという源から発した方向に進もうとしていたイギリスのデザイナーたちの思索と共鳴する。

ヴァルター・グロピウスは1934年イギリスにきて、1937年にアメリカに行くまで短期間滞在した。イギリスでのグロピウスはマックスウェル・フライ（1899-1987年）をパートナーとして、1936年にケンブリッジシャーのインピントン・ヴィレッジ・カレッジのために優れた校舎群を設計した。これは後の多くの1階または2階建てモダニズム校舎の原型となるものだった。2人はまた、ロンドン、オールド・チャーチ街のモダンなベン・レヴィー邸（1936年）をデザインした。これは平面計画、外観の特徴、そし

410　ヨーロッパにおける初期モダニズムの展開

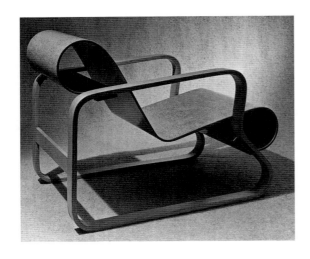

18.8 成型合板のアームチェア、アルヴァ・アールト、1934年

てインテリアデザインの点でインターナショナル・スタイル、モダニズムの優れた作例である。この近く、同じ通りに、エーリヒ・メンデルゾーンとセルジュ・チャマイエフによる住宅（1935年）もある。行きやすい都市の中心部にある2つの住宅は、通りに面した大きなガラス面から典型的なモダニズムの家具や細部に光が降り注ぐフライによるサン・ハウス（18.9、1936年）とともに、ロンドンの人たちにモダニズムを可視化してみせた。チャマイエフはロシア生まれだがロンドンで教育を受け、メンデルゾーンはドイツを離れることを強いられて1933年にイギリスに移住してきていた。

メンデルゾーンとチャマイエフは、ベクスヒル・オン・シーにある最も成功した巨大な公共建築デ・ラ・ワー・パビリオン（1935-1936年）も設計した。これはレストラン、講堂、広大なテラス、その他公共空間をそなえた気晴らしと休憩のための海辺の大型施設だった。美しい曲線をみせる階段と広い公共空間をもつインテリアはインターナショナル・スタイル、モダニズムの頂点を示していた（18.1）。この建物はよく保守修理され、今も活用されている。

マルセル・ブロイヤーは1935年にイギリスに渡り、1936年ブリストルで開かれたロイヤル・ショーの一部の展示館をデザインした。ここでは荒々しいむきだしの石の壁が選ばれており、これはそれまでインターナショナル・スタイル、モダニズムの特徴だと思われてきた滑らかで白い壁に代わるものだった。この展示館のインテリアは、訪れる者にモダニズム・インテリアの可能性を理解させた。この計画でブロイヤーはイギリスの建築家F・R・Sヨーク（1906-1962年）と協働した。ヨークは生まれながらのイギリス人としては最初にモダニズム建築を手掛けた1人で、いくつかの住宅は非常にキュビズム的な形をしていた。グロピウス、フライ、ブロイヤーは、家具をつくった多くのモダニズムのデザイナーの中でも、合板と金属部品を採用、アイソコンというブランドで工場生産すること

18.9 サン・ハウス、マックスウェル・フライ、ハムステッド、ロンドン、1936年

モダニズムの住宅インテリアとしてイギリスでは最も早い例の1つ、サン・ハウスでは、インターナショナル・スタイル建築の典型である大きなガラス面が採用された。

ヨーロッパにおける初期モダニズムの展開　411

18.10 合板の長椅子、マルセル・ブロイヤー、ロンドン、1936年

ドイツのバウハウスが閉鎖された後、ブロイヤーはイギリスで数年を過ごし、アイソコン社で生産される一群の家具の設計に加わった。素材はアルテック社のためにアルヴァ・アールトがよく使っていた成型合板である。

を選んだ。アイソコンの製品で一番有名なものは成型合板のフレームを使ったブロイヤーの長椅子である（18.10）。ブロイヤーはまた、ロンドンのヒールズ百貨店のために成型合板の平面板を使ったいくつかの家具もデザインした。ヒールズには1936年に7人の建築家の作品を展示した展覧会のためにブロイヤーがデザインした部屋もあった。

1934年以降につくられた多くのロンドン地下鉄駅地上入口の建物はモダニズムのデザインだったが、普通表面がレンガ壁で、たいていの初期モダニズムの白い壁に比べれば強烈な特徴をもっていたわけではなかった。アダムズ・ホールディング・ピアソン事務所はロンドンの交通機関の建築を手掛け、ロンドンの人々の日常生活にモダニズムを持ち込んだ。

18.11 ハイポイント、テクトン（バーソルド・ルベトキンほか）、ハイゲート、ロンドン、1936-1938年

バーソルド・ルベトキンはテクトンと名付けた事務所で協働する7人の建築家たちの指導者だった。「ハイゲートI」「ハイゲートII」として知られる集合住宅で、テクトンはモダニズム建築が公共施設だけではなく、住宅でも使えることを示してみせた。この玄関ロビーは正面入口から、右にみえる数段の階段を上った通路へ進む途中にあたり、一方でエレベーターにも通じている。広々とした簡素な空間は今も利用され、20世紀初期の作品でありながら、新しさを感じさせる。

前に触れた（p.393参照）インダストリアルデザイナーのウェルズ・コーツはインターナショナル・スタイルをイギリスに導入することに貢献した建築家でもあった。コーツの設計したロンドン、ハムステッドのローン・ロードの集合住宅（1934年）、ブライトンのエンバシー・コート（1935年）はイングランドで建てられた最も早いインターナショナル・スタイルの大型建築物の1つだった。コーツがウェルウィンに建てたささやかなサンスパン・バンガロー（1935年）は家族向けの小住宅だったが、同様に高いデザインの質を示している。コーツはインテリアと家具のデザイナーでもあった。ローン・ロードの集合住宅では典型的な小さなアパートの家具をつくりつけにしたため、普通の家具がほとんど不要になった。また、並んだキャビネットの中に移動して一体にすることのできるキャスター付きの机など、自宅のためにはいくつか独創的な家具もデザインしている。

バーソルド・ルベトキン（1901-1990年）はロシアで生まれ育ち、パリで学んだ後1930年にイギリスに移ってテクトンというデザイナー集団をつくった。1936-1938年、テクトンは「ハイポイント」と名付けたロンドン、ハイゲートの多層集合住宅を設計し、これはイギリスにおけるモダニズムの最初の印象的な成功例の1つだった。7階建ての各階の平面はそれぞれ大きく豪華な8戸に分かれ、互いに風通しがよく、隣家の窓がみえないように配置されている。簡素なモダニズムのインテリアデザインの好例である玄関ロビーは、現在もよい状態が保たれ使用されている（18.11）。テクトンはリージェント・パークのロンドン動物園でも一連の建築を設計した。ペンギンのプール（1933年）は、空間の抽象的形態を鉄筋コンクリートでつくりだす可能性を示す模範的作例としてよく知られている。

イギリスとヨーロッパにおけるモダニズムの発展は1939年の第二次世界大戦の勃発によって一時的に中断された。アメリカでは、ルイス・サリヴァンとフランク・ロイド・ライトの初期の開拓者的な活動にもかかわらず、モダニズムの発展は比較的遅かった。だがヨーロッパの激動を逃れて、多くの影響力のあるヨーロッパのデザイナーたちがアメリカに移住し、新世界の可能性を切り開くことになった。次の章ではアメリカでのモダニズムの進展を検証することにしよう。

第19章

アメリカのモダニズム

19.1（左）ガラスの家、フィリップ・ジョンソン、コネチカット州ニューカナン、1949年

ジョンソンは、ミース・ファン・デル・ローエと一緒に仕事をしていたときに、見方によれば、ミースのファーンズワース邸（p.334参照）に似た彼自身のガラスの家を計画した。長方形のこの住宅の4つの壁面は、床から天井までのガラスである。床の赤いタイルと、周辺の緑の景観が色彩を決定付けている。ミースがデザインした家具はすべて、クロームのフレームと茶色の革張りが用いられた。

アメリカで、最も成功した建築家やデザイナーたちは、パリのエコール・デ・ボザールのコンセプトに基づいた折衷的歴史主義を先導する役割を維持していた。世紀の変わり目におけるサリヴァンやライトの作品は、通常無視されるか、またはアメリカのデザイン史における奇妙な事例とみなされた。またヨーロッパのモダニストたちの作品が出版される機会はほとんどなかったため、あまり知られていなかった。

建築家とデザイナー

ギル

19.2 ドッジ邸、アーヴィン・ギル、ロサンゼルス、1915-1916年

単純性という近代的なアイデアは、アメリカで受容される以前から、このアメリカの建築家が設計した住宅のインテリアの基本だった。

カリフォルニアの建築家、アーヴィン・ギル（1870-1936年）の作品は、現在あまり注目されていないが、スパニッシュ・カリフォルニア・ミッションの影響を示す一方、後のモダンな建築の前兆となる建物が数多く含まれている。彼のインテリアはシンプルで、装飾のない白い壁と、ときにアーチの開口部をそなえていた。モールディングやグリルのない平滑な木の壁面が、空間を現代的な感覚で満たしていた。最もよく知られているギルの作品は、ロサンゼルスのドッジ邸（19.2、1915-1916年）とラホーヤのスクリップス邸（1917年）である。

ライト：1920年代と1930年代

1932年、ヘンリー・ラッセル・ヒッチコックとフィリップ・ジョンソンが、ニューヨークの近代美術館のために、インターナショナルスタイルの展覧会を企画したとき、そこに含まれたアメリカのプロジェクトは、わずか7つだった。これら7つのうち一つは、ミース・ファン・デル・ローエによる1室のインテリアであり、3つは記憶に残らないほどの小さなプロジェクト、本当に重要な作品は3つに過ぎなかった。この展覧会から除外されたフランク・ロイド・ライトの作品を例外とすれば、この状況は、当時のアメリカの近代建築作品をよく示していた。ライトの初期の作品は、すでに過去の歴史とみなされたゆえに、あるいはインターナショナル・スタイル（国際様式）という用語がもつモダニズムのコンセプトに該当しなかったゆえに、この展覧会から除外されたのだった。日本からアメリカに戻る1922年から1930年代の半ばまでの期間、ライトはあまり建築作品をつくっていな

19.3 バーンズダール邸（ホリーホック・ハウス）、フランク・ロイド・ライト、ロサンゼルス、1916-1921年

　天井の装飾的なパターンは、構造材を反映している。装飾的なディテールのスカイライトは、大きな塊のような暖炉と煙突の前に光をとりいれる。暖炉はこの広い部屋の空間の錘り（おもり）の役割を果たす。天井の下部の凹みには、間接照明がある。ライトがデザインした家具が置かれている。

19.4 タリアセン、フランク・ロイド・ライト、スプリング・グリーン、ウィスコンシン州、1925年から

　ライトが所有する土地に建ついくつかの建物にはドラマチックなインテリアをもつものが含まれている。傾斜する天井と、大きな石積みの暖炉や壁があるこのリビングルームには、ライトが集めたたくさんの小さな美術品が飾られている。家具や絨毯そして壁掛けの多くは、ライトがその生涯の晩年にデザインしたものである。タリアセン（「輝く額」を意味する）という名称は、ウェールズの神秘的な詩から引用された。

い。ロサンゼルスのホーリーホック邸は、ライトが日本にいた時期に、アーリーン・バーンズダールのために設計、建設され、1921年に完成した。それは、成型してつくる幾何学的な装飾のバンドを付けた、コンクリート造の大きな記念碑のような建物である。その外観はマヤ建築のようだが、内部は大きな部屋に比して、とても小さな開口部があり、そこから周囲のテラスと庭につながっていた（19.3）。その後のライトの数軒の住宅は、コンクリートの代わりに、コンクリート・ブロックが同様の独創的な方法で用いられた。それらのブロックは、装飾的なパターンをもつ型で成型され、壁面全体に繰り返しのパターンを与えた。その繰り返しのパターンがプリントされた生地を想起させるので、ライトはこれをテキスタイルブロックと呼んだ。

ラ・ミニアチュラと呼ばれる、パサディナのミラード邸（1923年）は、ライトのこの時期の住宅の中で最も成功した例である。この斜面に建つ住宅は、庭のレベルである下階に、2階分の天井高のリビングと食堂およびキッチンがあって、リビングは2階のバルコニーから見下ろすことができる。寝室と浴室は、それぞれの階にある。パターンの付いたブロックがインテリアの壁面にも使われており、外壁の一部に用いられた穴の開いたブロックは、内部に明暗のパターンを生み出している。カリフォルニアにある他の数軒のテキスタイルブロックの住宅は、マヤ建築を思わせるが、しかしそれは慎重に参照したというよりも、パターンのついたブロックを用いた結果として偶然に生み出されたと考えられる。

ライトの作品が次第に有名になるに連れて、建築を学びたい若者たちは、ライトにアドバイスを求めるようになった。彼は常に、有名な建築学校で学ぶことに反対し、彼らを弟子として、ウィスコンシン州アップルトンに近い、タリアセンの自宅に弟子として招くようになった（19.4）。このやり方は、タリアセン・フェローシップとして知られるようになった。それはライトの事務所でもあり、ライトの生涯にわたって継続、拡大し、繁栄をもたらした。今もなおそれは、ライトのかつての弟子たちの指導によって存続している。

ライトのモダニズムへのアプローチの衝撃は、アメリカの建築雑誌『アーキテクチュラル・フォーラム』が1938年にライトの未発表の作品を特集するまで、あまり知られていなかった。タリアセンの壮大で複合的な、生活と仕事の場も、ここで初めて公表された。たくさんの

19.5 落水荘のインテリア、フランク・ロイド・ライト、ベア・ラン、ペンシルベニア州、1936年

落水荘の広く開放的な居間の空間は、周辺の山林の景観を見渡すガラスと、暖炉および床に張った地元の石材を多用している。天井のパターンは、内部の電気照明器具に関連する。つくりつけのベンチや可動スツールも、ライトがデザインした。

19.6 ジョンソン・ワックス・ビル、フランク・ロイド・ライト、ラシーン、ウィスコンシン州、1936-1939年

S.C.ジョンソン・ワックス・ビル工場に建設された管理棟の「グレートルーム」は、屋根の円盤状の形として広がるコンクリートの構造柱が空間を支配する。コンクリートの円盤と円盤の間は、チューブ状のガラスのスカイライトが日光を採り入れる。

写真によって、そのインテリアの空間の豊かさが示された。その空間は、荒々しい石壁が、平滑なプラスターや自然の木のエレメント、クリアストーリーや連続する縁飾りといった窓まわりの多様性と好対比をなしていた。ライト自身がデザインした家具が至るところに置いてあるが、そのディテールの装飾は最低限である。植物、材料の素材感、日本で収集したさまざまな置物などが、ライトのインテリアの特徴となる暖かさと豊かさの感覚を生み出している。

同じ雑誌において、ライトの最も有名な住宅、落水荘の写真が初めて公表された（19.5）。1936年に、ピッツバーグに近いペンシルバニア州ベア・ランの森の中に建てられた、滝と川の上に突き出したコンクリートのバルコニーのあるカウフマン家のためのこの住宅は、近代の建築の形態として最もロマンティックな例の1つである。装飾のないキャンティレバーと、細い金属フレームの水平窓は、ライトはそのような影響について言及してはいないが、ヨーロッパのインターナショナル・スタイル・モダニズムへの着目を示していた。多くの写真が撮影され、出版されたそのインテリア（現在一般公開されている）は、自然石、自然な木材のつくりつけ家具、その他のさまざまな家具、周辺外部の景色の利用などを含めて、たいへん魅力がある。これらの空間は、周辺の森の景色に対して解放的であると同時に、内部の動線と私的な利用においては、閉鎖的である。

同じ雑誌に、当時ウィスコンシン州ラシーンで建設中だったS・C・ジョンソン社オフィスビルの建設写真と図面も掲載された。1939年にこの建物が完成すると、それはライトの住宅以外の作品として、最も有名なものの1つになった。この建物の大部分は、「グレートルーム」と呼ばれる大きな一室の事務室にあてられている。その構造は、「マッシュルーム」型のコンクリート

19.7 ジョンソン・ワックス・ビルのプライベート・オフィス

ジョンソン・ワックス・ビルのライトがデザインした特徴のある家具は、建物の構造デザインに関連した円と半円のエレメントを用いている。机の引き出しは回転式に収納され、デスクトップの端は半円形である。多くの机には、片側の上部に収納のための棚が取り付けられている。

アメリカのモダニズム 419

の柱が集まったもので、実際それは、マッシュルームの形であるが、柱の部分は細く、上の部分は大きな円盤のように広がっている（19.6）。円盤部分の間のスペースは、空間に陽光を入れるスカイライトのガラスのチューブで満たされている。曲面を描く赤茶色のレンガの壁面に窓はないが、ガラスが壁の上部から柱の最上部まで横長に嵌め込まれている。主要なスペースを囲むように中2階があり、個人的なオフィスや、それに関連したスペースは屋根の上のペントハウスにある。ライトは独創的な家具をこの建物のためにデザインした。椅子の座や背、デスクトップや棚の端には、円のモチーフを使い、机の引き出しは、引くのではなく、回転するように設えた（19.7）。これらはライトの家具デザインのなかで最も成功したものである。

ミシガン州オケモスの1939年のウィンクラー-ゴーチ邸は、ライトの小住宅の好例である。自然木とレンガで仕上げられた、クリアストーリー（高窓）のあるシンプルなインテリアは、温水循環パイプによる床暖房を設置したコンクリート床とともに、ライトのユーソニアン・ハウスのデザインの典型である。ユーソニアンという用語は、U.S.の文字に関連してライトが創造したもので、ライトのスタイルがアメリカにとってユニークであるという彼自身の確信に基づいている。

アリゾナ州フェニックスの近くの砂漠にあった小さなキャンプは、次第にタリアセン・ウェストと呼ばれる建物群になっていった。そこでライトと弟子たちは冬の期間、一緒に仕事をした。荒い石と木をロマンティックな方法で用いたそのインテリアは、ライトの作品の中でも、最も興味深いものの1つである。ライトは、その生涯の最後まで増え続けた作品を、驚くべき独自性をもって創出し続けた。しかし、その成功と名声にもかかわらず、ライトは建築家、デザイナーとして、どこか部外者であり続けた。折衷主義が主流だった時代、建築の権威者たちはライトの作品を無視し、畏怖をもって眺めていた。モダニズムが受容されるようになると、自然な材料を用いて個人的な表現をするライトの有機的な建築よりも、ヨーロッパの国際様式のほうが広く賞賛された。ライト自身のもの以外のすべてに対して、ライトが自由に表現した軽視は、他の建築家たちの同情や理解を引き出すことには、つながらなかった。

ライトの弟子の中には、彼ら自身の際立った作品を生み出す者もいた。ハーウェル・ハミルトン・ハリス（1903-1990年）は、1934年にロサンゼルスに自分の事務所を設立した。彼のフェローシップパーク（ロサンゼルス、1935年）の小さな自邸は、彼が注目されるきっかけとなった。それはシンプルな一戸建て住宅で、三方に窓があり、いぐさの正方形マットを並べた床に、わずかな家具が置かれていた。壁の代わりになるガラス窓の部分は、取り外すことにより、その家は開放的なパビリオンへと変貌した。台所と浴室は、居間の奥にあって壁で囲まれていた。ライトの多くの作品のように、そこには、日本の伝統的な住宅との密接な関連があった。

シンドラーとノイトラ

アメリカのモダニストのパイオニアのいく人かは、少なくともキャリアの初期においてライトに関わっていた。オーストリアに生まれ、教育を受けたルドルフ・シンドラー（1887-1953年）は、ライトとの協力関係に始まり、最後は対立するという波乱の関係があった。シンドラーは、カリフォルニアで彼自身の仕事を始めるにあたり、ロヴェル家のニューポート・ビーチのビーチハウス（1926年）を設計した。それは、デ・ステイルを思わせる幾何学的な近代の建築言語を用いていた。

19.8 ロヴェル邸、リチャード・ジョセフ・ノイトラ、ロサンゼルス、1927-1929年
大きなガラス面や飾りのない白い壁面が、ノイトラの国際様式への傾倒を示す。この鉄骨造の住宅は、ほとんどがカタログから選んだ部材によってつくられた。

アメリカのモダニズム

リチャード・ノイトラ（1892-1970年）もまた、オーストリアに生まれ、オットー・ワグナーやロースといった初期モダニストから、ウイーンで教育を受けた。彼は1921年に渡米し、ルイス・サリバンと出会い、フランク・ロイド・ライトのもとで短期間働いた。1926年に彼はロサンゼルスに移り、そこで自分の事務所を設立した。そして1927年、シンドラーの施主だったロヴェル家の大邸宅の仕事を得た（この作品は、のちにヒッチコックとジョンソンの展覧会に含まれた）。これが、アメリカで最初の国際様式の事例である（19.8）。施主は、日光浴と体の鍛錬を推奨する健康法を喧伝する医者だった。プールやジム、戸外のスリーピングポーチ、室内に日光を取り入れる大きなガラス窓があるこの家は、健康住宅として知られるようになった。外壁や内壁の白く装飾のない壁面、すべての居室のグレーのカーペット、シンプルで大きな作り付けの家具など、この家は、アメリカにおける新しいモダニストのスタイルのドラマチックな導入を示していた。

1932年のノイトラ自邸、それに続くロサンゼルスでの複数の個人住宅は、彼の作品の大きな特徴を確立した。カリフォルニアの砂漠に建てられた、映画監督ジョセフ・フォン・スタンバーグのための住宅（1935年、1971年取り壊し）は、特に壮観な計画だった。プールとドライブウェイを囲む壁面が、箱型を基本とする住宅の形から長く水平に伸びていた。壁面はスチールとペイントされたアルミニウムだった。装飾のない白い壁面と大きなガラス面の室内空間は、いかに近代のインテリアがつくられたかを知る好例である。ノイトラは、多数の住宅やアパートメント、学校を設計した。それらを通して彼は、モダニズムの厳格な幾何学的形態を継続的に主張し続けた。

レスケーズ

ヨーロッパのモダニズムの概念の重要性は、ウィリアム・レスケーズ（1896-1969年）が1920年にアメリカに到着したことによって、広まった。彼は生まれ故郷のジュネーブで、スイスの建築家、カール・モーザーに学んだ。そして、1923年にニューヨークで事務所を開いた。ジョージ・ハウ（1886-1955年）とのパートナーシップによって、彼はフィラデルフィア貯蓄基金協会（PSFS、19.9、1929-1932年）の建物の中心的な建築家になった。ハウは、住宅や小さな銀行ビルの設計者として成功していたが、レ

19.9（左）フィラデルフィア貯蓄基金ソサエティ（PSFS）、ウィリアム・レスケーズとジョージ・ハウ、フィラデルフィア、1929-1932年

広々としたメインの銀行業務の部屋は、大きなガラス窓からの陽光に溢れる。内側に納められた間接照明の明かりが、低い天井部分のパネルから天井を照らす。柱は磨き仕上げの黒大理石、床はダークグレーである。

19.10（右）MoMA、フィリップ・グッドウィンとエドワード・ストーン、ニューヨーク、1939年

MOMA（Museum of Modern Art）の建物に新築されたペントハウスの会員用ラウンジ。天井から床までのガラスが外部のテラスに開かれていた。ブロイヤー、マセソン、ラッセル・ライトによるモダンな椅子が用いられた。

アメリカのモダニズム

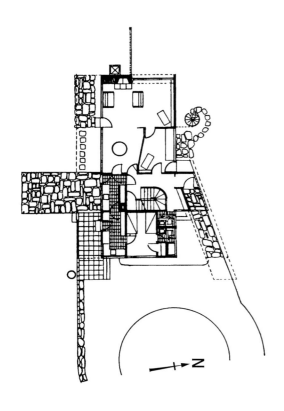

19.11（左上）グロピウス邸、ヴァルター・グロピウス、リンカーン、マサチューセッツ州、1937年

1937年にグロピウスはハーバード大学大学院の教授となった。彼の自邸は、インターナショナル・スタイルの好例であり、ニューイングランドで初めて、この様式で建設されたものだが、伝統的なアメリカの木造工法が用いられた。外部の螺旋階段は、1階と2階のテラスをつなぐ。

19.12（右上）グロピウス邸インテリア

この建築家の自邸の書斎は、つくり付けのデスクの上部に窓がある。ドアの向こうには、外部へと至るアクセスがあり、ガラスブロックの壁面は、この小さな書斎を、メインの居間と食堂から区切っている。

スケーズによるモダニズムの論理に説得された。その結果としての建物は、最初に建てられた真に近代的な高層建築であり、アメリカの国際様式を可視化する大規模な作品だった。その大きさ、厳格な幾何学的集合、黒い石張りの基礎、角の大きなガラス面などは、それまで近代建築というものを意識しなかった保守的なフィラデルフィアの大衆を驚かせた。しかし、この建築は大成功だった。アメリカでは近代的な建築にふさわしい家具がなかったので、レスケーズはバウハウスのデザインを用いて、このプロジェクトのために特別な家具をデザインしなければならなかった。それは、金属チューブのフレームが座と背およびテーブルの天板と引き出しを支えていた。ハウとのパートナーシップを解消した後、レスケーズは、住宅の計画、ラジオのスタジオ（CBS）などの多種多様な計画に携わり、常に国際様式のデザインを用いた。

グッドウィンとストーン

1931年に開館したニューヨークの近代美術館は、その強い影響力から、ヨーロッパですでに確立されていたモダニズムへの関心を早急に広めた。ニューヨーク53番街に建つ、モダニズムの好例であるこの美術館の建物は、フィリップ・L・グッドウィン（1885-1958年）とエドワード・ダレル・ストーン（1902-1978年）によって、1939年に設計された。その室内空間、ロビー、階段、オーディトリアム、会員用屋上ラウンジ（19.10）は、すべて2人の建築家によって設計され、公認された教育施設として、ニューヨークの大衆にモダニズムを可視化したのだった。何年もの間、それはニューヨーク市で最高レベルの国際様式の建築およびインテリアデザインの唯一かつ一番の実例だった。

1940年にエドワード・ダレル・ストーンは、ニューヨーク州ロングアイランドのオールド・ウェストベリーのコンガー・グッドイヤーのための住宅を設計した。それは、陸屋根の国際様式モダニズムの住宅だった。床から天井までのガラスと、平坦な白い壁面が、現代美術のコレクションを飾るギャラリーのスペースを形づくっていた。

グロピウスとブロイヤー

国際様式モダニズムの直接的な影響は、ヨーロッパの近代建築運動のリーダーたち数名がアメリカに到着したころから、急激に増大した。ヴァルター・グロピウスとマルセル・ブロイヤーは、1937年にマサチューセッツ州ケンブ

リッジのハーバード大学に招かれた。グロピウスは、大学院のデザイン学部長になった。その建築教育は伝統的な傾向の内容を捨てて、全く近代的なプログラムを採用した。1938年には、ミース・ファン・デル・ローエがアーマー・インスティテュート（現在のイリノイ工科大学）のディレクターになった。これらの大学のプログラムから卒業した学生や教員たちが、アメリカで教え、仕事をするようになると、専門的な考え方に大きな変化が起きた。モダニズム、特に国際様式といわれるモダニズムが、伝統的な傾向および1920年代から30年代に存在した近代的な方向を凌駕した。

ヴァルター・グロピウスはマサチューセッツ州リンカーンに自邸を設計した（19.11、1937）。国際様式の好例として、その自邸には典型的な陸屋根、大きなガラス面、円柱で支えられた玄関前の覆い、外部の螺旋階段、ガラスブロックの多用などの特徴をそなえていた。驚くべきことに、白い壁面は、コンクリートやスタッコではなく、ニューイングランド地方の土着的な羽目板張りである。室内は、エレガントかつシンプルで、近代建築運動のデザイナーたちの家具がたくさん置かれている（19.12）。この住宅は現在、文化財として指定され、一般公開されている。

1949年までに、グロピウスはアーキテクツ・コラボレーティブ（TAC）という名前の事務所を組織し、ハーバード大学キャンパスで最初の近代建築でありハーバード大学院センターとして知られる中庭を囲む居住用建物群を計画した。外部、内部ともに単純な形態は、次第にアメリカの教育施設の多くに使われるようになっていた。室内には、ヨハン・ミロ、ジョセフ・アルバース、ヘルベルト・バイヤーによる素晴らしい芸術作品があった。

ミース・ファン・デル・ローエ

ミース・ファン・デル・ローエは、イリノイ工科大学の新しいキャンパスを設計した。彼のアメリカでの最初のプロジェクトは、冶金研究棟（1943年）だった。その露出した鉄骨の構造と、間に嵌め込まれたレンガとガラスの厳格なパターンは、多大な影響力をもつようになる彼の後の作品のヴォキャブラリーをすでに示していた。キャンパスの発展にともない、そこに最小限の単純性の可能性を示すミースの建築がたくさん建設された。

ミースがドイツにいたころに計画していたガラスの高層建築という概念は、最終的にミシガン湖を望むシカゴの2棟のアパートメントのビルとして実現された。そのレイクショア・ドライブ・アパートメント（1948-1951年）は、シンプルな長方形のブロックで、四面すべての壁面は、黒くペイントした鉄骨とガラスでできていた。階段とエレベーターがある中心コアは、各階に8戸ずつのアパートメントが共用した。アパートメントのインテリアは、それぞれの住み手に任されたが、外に面した壁は、床から天井までのガラス面が室内の主要な部分であり、1階の玄関エリアは、ミース風のインテリアデザインのシンプルさの最上のものを示していた。（ミースのアメリカでの作品は16章で詳しく述べた）

ジョンソン

フィリップ・ジョンソン（1909年生まれ）は、ハーバード大学のグロピウスのもとで学生として建築を学ぶために、ニューヨークの近代美術館の建築部長の地位を離れた。マサチューセッツ州ケンブリッジに、彼が1942年に建てた自邸（彼の修士論文として設計、建設したといわれる）は、ミースへの傾倒を示している。それは単純な長方形の平面をもち、その3分の2は空へと広がる庭、残りの3分の1が庭へと開かれた室内になっていた。その室内と庭の間は、床から天井までガラスだった。ミースのヨーロッパのデザインによる家具は、衝撃的な国際様式の特徴をこの住宅に加えた。

1949年に、ミースのファンズワース邸に着目したジョンソンは、コネチカット州ニューカナンの自邸をガラスの箱として設計した。そこは、レンガで囲んだ小さな円柱が、浴室と暖炉用につくられているだけだった（19.1）。キッチンは、持ち上げられるカウンターの下に、シンクなどの機器が収められていた。家具はすべてミースのデザインで、主なアートワークは、多様で不規則な形態を空間に与えた。この「ガラスの家」

は、理論的な極論としてのオープンプランの可能性を示す著名な実例となった。

　ジョンソンとミース・ファン・デル・ローエは、ニューヨークの高層建築、シーグラムビル（1954-1958年）の共同設計者だった。それは広いプラザから立ち上がる、シンプルな長方形のタワーだった。外壁は、ブロンズの垂直部材が支えるブロンズ色のガラスである。ロビーや動線空間のインテリアは、統一されたシンプルな形のトラバーチン張りである。フォーシーズンズという1階のレストランは、ジョンソンとウィリアム・パールマンの共同設計で、ミースのブルーノ・チェアと、ガラスの壁面を用いた荘厳な空間である。ガラスの壁面には、錫色と銅色のアルミニウムのチェーンが、弧を描いてカーテンのようにかかっていた。バーには、リチャード・リッポールドの彫刻が飾られている。入口周辺には、ピカソが描いたカーテンもある。

スキッドモア、オーウィングズ、メリル

　大企業、教育施設、政府によって発注されるプロジェクトを請け負うために、ときに100人を超えるほどの大人数のスタッフによる大規模な建築事務所が台頭し始めた。現在、SOMとして知られるスキッドモア・オーウィングズ・アンド・メリル事務所は、1936年に設立され、オハイオ州シンシナティのテラス・プラザ・ホテル（19.13、1945年）の建築およびインテリアデザインを担当した。インテリアには、ヨハン・ミロ、ソール・スタインバーグ、アレクサンダー・カルダーによるアートワークが含まれていた。ベンジャミン・ボールドウィン、デイヴィス・アレン、マリアンヌ・ストレンゲル、そしてワード・ベネット（1917年生まれ）がインテリアデザインのさまざまな局面で参加した。この事務所は、ミース・ファン・デル・ローエのミニマリストの方向に向かった。特に、設計担当のパートナーであるゴードン・バンシャフト（1909-1990年）によって主導されたプロジェクト、すなわちニューヨーク市に建設されることになった真に最初の近代的な高層ビル、レバーハウス（1952年）は、その傾向が強かった。

エーロ・サーリネン

　エリエル・サーリネンの息子、エーロ（1910-1961年）は、ミシガン州クランブルックで、父とともに、ニューヨーク州バッファローのクラインハンス音楽ホール（1938）の設計に携わった。音響的に優れた20世紀最初のアメリカのコンサートホールとして、それはシンプルでありながらも威厳のあるインテリアを有していた。その装飾のない木質の仕上げは、暖かな感覚を呼び起こした。彼らが設計したインディアナ州コロンバスのファースト・クリスチャン教会（タバーナクル教会として知られる）（1942年）は、インテリアの比較的シンプルで印象的な白い壁面とレンガ積みが、聖なる空間の感じをつくりだしていた（19.14）。サーリネン父子は、パーキンス・アンド・ウィルとのパートナーシップで、クロウアイランド学校（1939年）を設計した。それは、典型的なアメリカの公立学校のためのモダニズムの可能性を印象的に示したものだった。J・ロバート・F・スワンソンと共同で、サーリネン父子は、1939年のワシントンDCに建設されるスミソニアン・アートギャラリーの設計競技で優勝した。それは非常に良くまとまった非対称の構成で、この市における最初の重要なモダニズムの作品となるはずだった。しかし、残念なことに建設されなかった。予定されたモールの場所は、ナショナルギャラリーの敷地になり、ジョン・ラッセル・ポープ（1874-1937年）の古びた折衷的な様式の作品が、彼の死後1940年に完成した。

インテリアデコレーション：モダニズムへの対応

　アメリカのデザイン学校は、ボザールのシステムを規範にしたプログラムで歴史的な模倣を教えた。そこで学生たちは、特定の歴史的様式によってデザインすることを求められた。インテリアデコレーションは、多くの学校において、家庭経済の一環として教育された。それは、彼らが自分の家を飾るときに使える知識という考え方に基づいていた。専門的なデコレーターの中には、シリー・モームのように、アメリカや

424 アメリカのモダニズム

19.13 テラス・プラザ・ホテル、スキッドモア・オーウィングス・アンド・メリル、シンシナティ、オハイオ州、1945年

SOMは、ランドスケープ的設えのある建物の設計で特に知られるようになった。このホテルの小さな食堂は、上階のワンフロアにあり、魅力的な景色が見えるガラス面がある。作り付けのバンケットソファと椅子は、明るいブラウンの革張りである。曲面の壁に描かれた、スペインの画家、ヨハン・ミロ（1893-1983年）による壁画が、空間を活性化している。

19.14 ファースト・クリスチャン教会（タバーナクル）、エリエルとエーロ・サーリネン、コロンバス、インディアナ州、1942年

これは、アメリカで最初の近代建築による教会とみなされている。高さのある窓、突き当たりの壁面の十字架、自然木と白だけに限定された色彩などによる均整のとれた空間の究極のシンプリシティは、静かな瞑想を誘う空間を作り出している。

アメリカのモダニズム　425

19.15 ポンペイアン・コート・レストラン、ドロシー・ドレーパー、メトロポリタン美術館、ニューヨーク、1948年

このインテリアデコレーターは、もともと美術館の展示に使われていた空間を、レストランに改築した。床と壁に用いられた活力のある色彩計画は、ペンダント式の巨大な装飾的照明器具によって増幅された。ドーリア式の柱は、既存建築の部分である。

イギリスで住宅の仕事をした人もいた。折衷的なデザイン言語を用いて仕事をしたアメリカのデザイナーには、ルビー・ロス・ウッドやローズ・カミング、ナンシー・マクレランド、そしてマクミラン社があった。スミス・アーカート・アンド・マークウォルドは、「アメリカ」号を含む船舶のインテリアを請け負った。カリフォルニアで仕事をしたフランシス・エルキンズは、アメリカで最も著名なデコレーターのドロシー・ドレーパーと同様に、大仰な装飾的なスタイル（19.15）で住宅、ホテル、レストラン、オフィスのインテリアを設計した。ヘンリー・（「シスター」）・パリッシュ2世夫人（1910-1994年）は、気張らないイギリスのカントリーハウスのスタイルでよく知られている。

しかし、他のデコレーターたちは歴史的な模倣から遠ざかった。彼らは近代の世界に関連したスタイルをつくろうと試みていたが、その一方で、国際様式モダニズムの機能主義的な側面は避けていた。T・H・ロブジョン・ギビングス（1909-1973年）は、イギリスで生まれて教育を受けたが、アメリカで働き、彼のシンプルで優雅なインテリアに似合う、古典的なヴォキャブラリーを断片的に用いた家具をデザインした。彼は特に、古代ギリシャの家具に興味をもち、近代的なクリスモス（椅子）を開発した。それは、ミシガン州グランラピッズにあるウィディコム家具会社の工場で製造された。

エドワード・ウォームレイ（1907-1995年）は、インディアナ州ベルンにあるダンバー家具会社が製造するシンプルで趣味のよい家具で、知られるようになった。ダンバーのための彼のショールームは、抑制の効いた置き方で家具を配置した。さまざまなスタイルの仕事を残した他の多才なデコレーターたちの中には、ニューヨークのロード・アンド・テイラー百貨店の華麗で豪華なモデルルームをデザインしてよく知られるようになったウィリアム・パールマン

（1906-1987年）や、そのファッショナブルなインテリアで裕福なクライアントたちに好まれたビリー・ボールドウィン（1903-1984年）がいる。

家具とその他のインテリア造作

アメリカの1930年代と40年代のモダンなインテリアデザインは、近代的な家具の不足という問題を抱えていた。グローブ・ワーネックや、ジェネラル・ファイアープルーフィング（現在のGF）といった会社でつくられたスチール製のオフィス家具は、平凡なものだったが、事務所や教育施設で用いられた。しかし、住宅や商業的なインテリアにふさわしい家具は、ほとんど存在しなかった。ハーマンミラー社によって製造されたギルバート・ロードのデザインが唯一の例外だったが、それらはアール・デコの傾向が強く、国際様式のデザイナーたちが求めたシンプルなものではなかった。フィンランドの会社、アルテックはアルヴァ・アールトやトーネットのデザインを見出し、モダンなインテリアに似合ういくつかの製品を製造した。しかしデザイナーたちは、多くの場合、彼らのインテリアに似合うカスタムメイドの家具をデザインしなければならず、あるいは製品化されたものの中から、何も特徴のないデザインを選ばなければならなかった。

ノル

近代的な家具の製造を始めるために、ハンス・ノル（1914-1955年）が、1937年に生まれ故郷のドイツからニューヨークにやってきたとき、新しい時代が始まった。ノル自身はデザイナーではなかったが、近代的なインテリアの要望に見合う家具がどのようなものかをドイツで学んでいた。彼は、1938年にアメリカにきたデンマークのデザイナー、ジェンス・リズム（1915年生まれ）と協同した。リズムはノルのために、木の椅子の座と背に、すでに使用可能だった伸縮するウェブを用いた、多くのシンプルな椅子やテーブルをデザインした。1940年代の後半は、戦争による制限により、家具製造のほとんどが

軍用のために転用された。しかし、ノルの家具は、入手可能な基本的な材料を使って、小さな工場で製造することができた。ウェブはパラシュートをつくるための材料として不適とされていたので、入手可能だった。シンプルなデザインは、軍の施設や将校のラウンジ、軍人クラブなどのインテリアのために必要とされる戦時の要求に非常に適していた。結果として、ノルは近代的な家具の生産における足がかりを確保したのだった（19.16、19.17）。1941-1942年につくられた651という名の椅子は、製造され続けており、最初につくられたときのように近代的なインテリアにふさわしいものである。1940年代に、建築家やデザイナーが製造した、近代的なインテリアにふさわしい家具の供給者として、ノル社は、デザインの専門家たちとともに、長期にわたる実り多い関係を確立した。

フローレンス・シュスト（1917年生まれ）は1943年に、インテリアデザインのプロジェクト

19.16、19.17 家具、フローレンス・ノル、1940年代と1950年代

ノル・アソシエイツは、ドイツ生まれのハンス・ノルと、妻の旧姓フローレンス・シュストによって1946年にニューヨークに設立された。フローレンス・ノルは、最高のデザイン・クオリティをもった家具を製産するというこの会社の使命を維持するうえで、要となる人物だった。この会社は、初期の近代デザインのパイオニアたちのクラシックなデザインを製産した。その中には、ミースやブロイヤーが含まれる。しかし、必要に応じて、フローレンスは、近代的なイディオムを用いて新しいデザインにも取り組んだ。

アメリカのモダニズム 427

19.18 設計競技図面、チャールズ・イームズとエーロ・サーリネン、1940年、MoMA、ニューヨーク

MoMAによる「住宅の造作におけるオーガニック・デザイン」設計競技の入賞作品。生産上の問題があって、製造されなかったが。この考え方はのちに、2人のデザイナーが別々の椅子として発展させた。

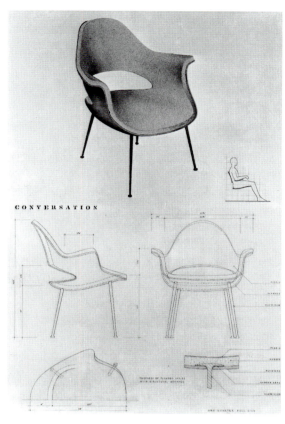

19.19 ロッカー・ベース・アームチェア、チャールズとレイ・イームズ、1953年

ほかの椅子に用いられたプラスチック（ファイバーグラス）のシェル型の椅子は、ここでは木製のロッカーを繋ぐスチールワイヤーの脚に支えられている。

を担当するためノル社に入社した。そのようなプロジェクトの多くは建築家が関わっていた。彼女は若い時代をクランブルックのサーリネンの下で過ごしていた。彼女はクランブルックでの人的関係を用いて、マルセル・ブロイヤーやミース・ファン・デル・ローエの古典的なデザインをノル社の範疇に持ち込むことができた。彼女はまた、他のアメリカの近代建築運動のリーダーたちに対しても、ノル社にデザインを与えるよう説得した。エーロ・サーリネンは、1948年のラウンジチェア（現在ウームチェアと呼ばれる）や、1955-1956年の台座ベースの椅子とテーブルを含めたシリーズのデザイナーである。もう1人のクランブルックの人脈である彫刻家のハリー・ベルトイア（1915-1978年）は、1952年にノルの古典的なラインに加わったワイヤーチェアのデザイナーである。フローレンス・シュスト（現在、ハンス・ノルの妻）は、布張りの椅子やオフィス家具のための、無駄のない近代デザインを数多く手掛けた。

ノル社のプラニング・ユニットは、もともと家具の選択や配置をアドバイスするために、ささやかなサービスをしていた。それが次第にインテリアデザイン全体を手掛けるようになった。ノル社は、フローレンス・ノルの指導のもと、インテリアまでは設計しない近代の建築家たちに対して、インテリアデザインを提供した。1949年には、テキスタイルの部門が追加され、そのディレクターは、エスツラー・ハラスツティ（1910年代-1995年）だった。ノル社のプラニング・ユニットは、その時代の最も素晴らしいインテリアを生み出した。その中には、SOMの設計によるコネチカット州ブルームフィールドのジェネラルライフ保険会社ビル（1954-1957年）の素晴らしい内装も含まれる。フローレンス・ノルが、ミース・ファン・デル・ローエの美学に傾倒していたこと、強烈な色彩のセンスがあったことは明らかである。

ハーマンミラー家具会社

ハーマンミラー家具会社は第二次世界大戦中、その施設を戦争関連製品の製造にあてて、製産を縮小していた。戦後、1944年に亡くなったデザイナー、ギルバート・ロードに代わって、デザインに関する雑誌を編集した建築家、ジョージ・ネルソン（1908-1986年）が主力になった。1946年に、ネルソンはモダンな家具の完璧な生産ラインを開発するよう頼まれた。他の数名の協力者とともにネルソンは、椅子やベッドが付属したモデュラーキャビネットユニット全体を作り出した。彼はまた、彫刻家イサム・ノグチや、ハリウッドの装飾家ポール・ラズロ、そして最も著名なチャールズ・イームズのデザインによる椅子と棚といった製品のラインをつくることをアドバイスした。

建築家でもあったイームズ（1907-1978年）は、1937年からクランブルックにおり、エーロ・サーリネンとの交友関係があった。イームズとサーリネンは一緒に1940年のニューヨーク近代美術館の住宅家具のオーガニックデザイン（19.18）という設計競技で2つの1等賞を獲得した。合板を曲げてつくろうとした椅子は、製造するには難しすぎるということが判明したが、イームズは戦時中、合板の椅子の座面を開発し続け、最後にハーマンミラー社にわたした。それらは、長きにわたるイームズ家具デザインシリーズの最初のものとなった（19.19、19.20）。

ハーマンミラー社のデザインプログラムは、1952年にアレキサンダー・ジラード（1907-1993

年）がテキスタイル部門の部長になってから拡大した。ジラードはヨーロッパで教育を受け、1932年にニューヨークにきて、1937年にデトロイトに移り、建築家およびインテリアデザイナーとして活躍した。ミシガン州クロスポイントにある彼の自邸は、彼のフォークアートのコレクションで埋まった、生き生きとした色彩豊かなインテリアのショーケースである。彼のハーマンミラーのためのテキスタイルは、抽象的な形態と明るい色彩を用いていた（19.21）。彼はまた、インディアナ州コロンバスにあるアーウィン・ミラーのためにエーロ・サーリネンが設計した大邸宅のインテリアデザインを担当した（1952年）。1953年に、ジラードはニューメキシコ州サンタフェ移り、そこで伝統的なアドービ住宅を購入して、アリゾナ、メキシコ、南アメリカ、インドで集めたフォークアートを飾る美術館のように修復した。ジラードの色彩のセンスは、彼が収集した物品の明るく大胆な色彩への愛情と学びから生まれたものである。

1950年までにモダニズムは主なアメリカのデザイナーたちに確実に受け入れられた。しかし多くの大衆は違う方向をみていた。すなわちモダニストのアイデアを商業的な製品の言語に翻訳するという方向である。特に長所のない郊外住宅においては、粗悪な「近代風」家具が溢れ

19.20 収納ユニット（ESU）、チャールズとレイ・イームズ、1941年

この収納戸棚のモジュラー・システムは、1940年のMoMAの設計競技「住宅の造作のオーガニック・デザイン」の入賞案のシステムに基づいている。このシステムは、製造されなかった。

19.21 縞模様のテキスタイル、アレキサンダ・ジラード、1954年

たインテリア、パステルカラーの電気製品を備えたキッチン、そして何より、意味もなく後部に羽がついたような大型の自家用車といったものが、第二次世界大戦後のデザインのアイコンになった。思慮深い専門家たちの仕事としてのインテリアデザインは、この残念な大勢の方向とは反対のほうに、進んだのだった。

第20章

モダニズムの隆盛

20.1 イタリアのミラノの家具、ジョエ・コロンボ、1970
コロンボが円形を用いた未来志向のアパートで、ダイニング・テーブル棚、右方の、折りたたみ天蓋つきのベッドなど、回転する可動要素も見られる。

　第二次世界大戦で、アメリカのデザイン活動は制限されたが、ヨーロッパでもデザインは停滞した。戦後、ヨーロッパでは、再びデザインが活発になった。戦争とその経済的影響から立ち直ろうとする国々は、徐々に繁栄へと戻りつつあった。アメリカでは、経済事情から、戦時中に保留となっていた新ビル建設が急速に盛んになった。ビジネスの発展で、新しいオフィスや他の施設も必要となった。また大学や病院、その他の施設での計画が多くなり、インテリアデザイン・ワークの需要も増えた。ヨーロッパとアメリカでは、デザイン会社が増大して繁栄した。インターナショナル・スタイルがベースとなっているモダニズムが、プロフェッショナルなデザイン・ワークの標準となった。そこでは新たに、フラット・ルーフ、白い壁、大きなガラス、といったヴォキャブラリーが、好まれるようになった。ガラスで覆われた超高層ビルは、商業や自治体の成功のシンボルとなり、都市の中心部には、高層建築が林立した。このような傾向は、特にアメリカで多くみられたが、ロンドンやパリのような保守的な都市でも、新しい高層建築が建ち並ぶことになった。

　建物とインテリアには、まだ"トラディショナル"スタイル志向は残り、プロフェッショナルらしいデザインもみられず、とても理解が浅いリプロダクションが横行していた。住宅開発は、大体が投機的なビルダーによるものだったが、ハイウエイ網の発達とともに、郊外地に広がっていった。こうした"郊外スプロール"現象は、都市の周辺やその郊外に商業ベースで無計画に散らばり、いい加減なデザインの建物ばかりとなり、粗製濫造の街並みとなってしまった。そしてインテリアも、デザインの質が向上したとはいえなかった。居住用のインテリアは、そこに住む人々によって、設えられるのが普通であった。それでデザインは、販売される家庭用品の種類、滅多に技術的美学的に良質とはいえないようなもので決まってしまうのだった。それは、ビジネスや組織、政府機関など、近年、よりよいデザインがみられるような、プロフェッショナル・デザイナーたちの作品でならよかったのだが。

　多くの技術的な発展が、インテリア空間の質に、変化をもたらした。プラスチックのような合成マテリアルが、古い天然素材に取って代わった。合成繊維のテキスタイルやカーペット（しばしば天然繊維との混紡）が、一般的に使われるようになった。ビニール製が、床材としても、（アスファルト・アスベスト製に代わり）最も多く使われるようになった。メラミン樹脂は、家具やカウンター・トップの表面材に、浸透防止のマテリアルとして広く使われるようになった。グラスファイバーで強化したプラスチックは、ボディー・フィットするカーブラインの椅子に最適の素材となった。プラスチックは、壁面材や家具の構造材として使用される、ウッド・チップ製のパネルのいろいろな形の表装ともなった。壁や天井のプラスターは、"石膏ボード"や"ドライウオール"など工場生産のボードに代わった。天井、特にオフィスや公共建物などは、音響効果のある吸音材のパネルを、メタル材のシステムで吊り下げるようになった。ライティングとエアコンのグリルは、天井のデザインに、うまく組み込まれるようになった。

　伝統的に光と新鮮空気を採り入れていた窓に代わり、開かない窓だけか、全く窓のない建物にも、空気の取り入れ、適度な温度や湿度の調整など、機械的なエアコンが導入された。費用が安くつく蛍光灯は、美学的にはそうよいとは

いえないが、商業店舗やオフィス空間では、標準仕様となった。こうした変化が、住宅のデザインにも、影響を与えた。プラスチックは、カーペットやテキスタイル、家具などで、伝統的な素材を模倣して使用された。エアコン本体は極力隠され、空気の取り込み口やリターン・グリルが、表面に最小限みえるだけになった。蛍光灯照明は、オフィス・インテリア、キッチンやバスルームでは、使われるようになったが、リビングルームでは、滅多に使われることはなかった。

デザインは、それまでより、さらにインターナショナルに普及してきた。雑誌や本からの情報量も増え、デザイナーやデザインに興味のある人々も、飛行機定期便での移動が頻繁になってきた。ヨーロッパのモダン・デザインは、人口が増加したアメリカで、より親しみやすくポピュラーになり、素材や技術の発展が、ヨーロッパからだけでなく、しばしばアメリカからも発信され、ワールドワイドになっていった。

イタリア

イタリアは、エキサイティングな戦後のデザインをリードし、まだ新しく創造的とはいえない他の国々へ、家具や工業製品を輸出した。電車でローマ駅に到着した人は、ユージニオ・モントゥオリ（1907-1982年）設計事務所によるテルミニ駅駅舎（1951年）に、圧倒されたことだろう。道路のエントランスから電車ホームへの大ギャラリーは、ドラマチックで印象的な空間である。

ピエール・ルイージ・ネルヴィ（1891-1979年）は、フィレンツェのスタジアム（1930-1932年）で頭角を現したエンジニアだが、そこでは、鉄筋コンクリート造で、独創的で幾何学的なインテリア空間をつくりだす機会を得た。トリノ展示場（1948-1950年）では、大きなシェル屋根を支えるのに、大きな塔を、コンクリートの枝のようなリブで支え、間にはガラスを嵌め、バイタリティーに溢れた構造空間を生み出した。トリノ労働会館（またはイタリア61パビリオン）

20.2 トリノの労働会館、ピエール・ルイージ・ネルヴィ、イタリア、1960-1961年

労働会館の広い展示ホールの、葉のついた枝を伸ばすかのようなコンクリートの柱。この写真は、そのスケール模型を上から撮影したもの。中の展示が変化してもこのホールの構造システムが統一されていて、見応えある空間である。

モダニズムの隆盛 433

インサイト

ジオ・ポンティ；ピレリ・タワー

ジオ・ポンティは、建築家として、初期には、モダニストとしての急進的な運動と、ファシストに求められるより古典的なスタイルとの葛藤に悩まされた。トリノの美術評論家でデザイナーでもある、エドアルド・ペルシコは、1934年に、この葛藤について次のように書いている。

> 今日のアーチストは、イタリア生活で、苦痛の種といえる問題に、必ずぶつかるのだ。あるイデオロギーを信じる立場と、大勢の反モダニズムの主張と戦う意志との、両極である。[1]

戦後のポンティは、やっと解き放たれて、自分自身の本能で、作品の中に美と興奮を表現できるようになった。建築家リチャード・イングランドは、戦後ポンティの下で学び、ピレリ・タワーの独自性と、純粋な素材を活かすデザイン手法について、次のように述べた。

> ポンティの信念や弁解、傾倒ぶり、は、本質的に、個人的で特別でユニークだった。ミラノのピレリ・タワーは、モダンな摩天楼の中の宝石とも称えられるに違いない。イタリアの伝統の中で（何と素晴らしい伝統だろう！）も、ポンティの作品は、観客に、恍惚とファンタジーの不思議な感覚をもたらす。これは、スピリチュアルな領域にまで、純粋にインテレクチュアルでテクノロジカルな価値を超越した、愛と喜びの表現である。[2]

1. Quoted in K. Frampton, *Modern Architecture* (London, 1992), p. 205; 2. Quoted in A. L. Taylor and C. Naylor (eds.) *Contemporary Architects* (London and Chicago, 1987), p. 708

という展示会場（20.2、1960-1961年）では、16個の四角いユニットを用い、それらが、枝状のスチール製リブ・スポークでルーフ・デッキを生み出す屋根パネルを、尖ったコンクリート製の中央柱が支えている。四角いユニットに分割されて、ガラスの束が使用されている。

ネルヴィは、パリのユネスコ本部ビル（1953-1957年）の設計では、マルセル・ブロイヤーとコラボしたエンジニアでもある。またミラノのピレリ・ビル（1955-1959年）の設計でも、コラボしたエンジニアであった。ジオ・ポンティ（1891-1979年）は、このヨーロッパ初のモダンで印象的な高層ビルを、基本設計から担当した建築家である。ポンティによる1階のパブリック・スペースのインテリアは、戦後のイタリアでのインテリアの最高例といえよう。黄色と緑色のゴムタイルで大理石のように輝くフロアには、ところどころ、ポンティがデザインした家具とカラフルなラグが置かれている。天井は、吸音材が、換気口の溝で仕切られて設置されている。ポンティは、広く一般に知られることになった、伝統的工芸家具をベースとしたサイドチェアを、デザインした。この1951年のスーパーレッジェーラは、モダン・クラシックであり、シンプルでエレガント、実質的にもみた目にも、超軽量である。

イタリアン・デザインは、アメリカではニューヨーク5番街のオリベッティのショウルーム（1954年に解体）から、導入された。ここでは、タイプライターは大理石の台に展示され、インテリアも大理石が優雅に使用されていた。そして彫刻家コンスタンティーノ・ニヴォラによる巨大なレリーフもあり、街一番ともいえる美しいインテリアとなった。

他に家具で有名になったイタリアのデザイナーとしては、フランコ・アルビーニ（1905-1977年）、マルコ・ザヌソ（1916-2001年）、トビア・スカルパ（1935年生まれ）、カルロ・モリノ（1905-1973年）、ヴィコ・マジストレッティ（1920年生まれ）、カスティリオーニ（アッキーレは、1918-2002年、それ以外に2兄弟）らは、いずれも家具や照明器具や、その他のデザインで、知られるようになった。ジョエ・コロンボ（1930-1971年）は、イタリアのデザイナーの中でも特に冒険心に富む1人で、1つのパッケージの中でもさまざまな機能をもつ、いろいろな椅子や興味深い家具ユニットを生み出した（20.1）。

他にも、ヴェニーニによるカラフルなガラス器など、多くのイタリアン・デザインのプロダクトで、イタリアのモダニズムは、有名になり影響力があった。

スカンディナビア

デンマークは、戦前から活発で魅力的なモダニズムで知られていたが、戦後のインテリアデザインのリーダー的存在となった。フィン・ユール（1912-1989年）は、伝統的デンマークの木工クラフツマンシップから、エレガントで彫刻的

な家具を生み出した。ユールは、彼の家具と造作棚やユニットで、静かで鋭い感覚の空間をもたらすような、多くのインテリアをデザインした。彼のデザインは、一時、ミシガン州のグランド・ラピッズのベイカー家具会社で製作され、アメリカ国内で手に入れることができた。特にアメリカでの一番重要なインテリアプロジェクトは、ニューヨークの国際連合の信託統治局室（1953年）であろう。シンプルな木製パネルの壁に、イースト・リバーを望む大きな窓は、カーテンで隠すこともできる。頭上には、箱状の照明器具を支えるメタルのグリッドの天井があり、明るい色調で、活き活きとした空間となっている。

アルネ・ヤコブセン（1902-1971年）は、個人住宅、学校、市庁舎などを設計した、デンマークの建築家の第一人者である。これら、ソレロッド、グロストラップ、ロドオーバーなどの市庁舎の建物の多くが、シンプルで均整のとれたインテリアで、ヤコブセンがデザインした家具を使用している。彼は、また、コペンハーゲンの超高層SASホテル（20.3、1958年）など、主要なプロジェクトも行っている。このホテルのためにデザインされたエッグチェアは、広く知られているが、フリッツ・ハンセン社で、シートや背もたれは曲げ合板で、金属の脚をつけた、シンプルな椅子を、数回試作した。彼はまた、デンマークの黄金期を代表するような、テキスタイル、照明器具、銀器、ガラス器なども、デザインした。

ヨーン・ウツソン（1918-2008年）は、国際コンペで勝ち取ったオーストラリアのシドニーのオペラハウス（1956年）の設計で有名になった。それは、外観は船の帆のようなシェルを連ね、インテリアも素晴らしく、ランドマークとなっている。またコペンハーゲンのバウスベア教会（1976年）も、やはり注目を浴びた。四角のモジュールに長方形のプランをデザインした空間で、教会の天井も、そのような構成である。家具デザイナーとしてのウツソンは、カーブや直線を組み合わせられるモジュールからなる、ウツソン・モブラー・シーティング・システムを開発した。

デンマークのモダン家具は、世界中に普及した。それは、チーク材やその他の木を使う伝統的なクラフツマンシップと結びついた、どこか保守的なデザインであり、アメリカでは、経済事情もあり、一般に普及した。デザイナーとしては、戦後に独立した、ハンス・ウェグナー、ボルゲ・モーゲンセン、パオロ・カイヤホルムらがいる。もう少し若いデザイナーとしては、ピーター・ヒビット、グレテ・ヤルク、バーナー・パントンら、そして前述のフィン・ユールとアルネ・ヤコブセンらがいる。モダンなデンマークのキャビネットや収納棚システムも、陶器、銀器、その他の製品が、"デンマーク・モダン"として、国際的にポピュラーなスタイルとなったように、広まった。

戦後のスウェーデンのデザインとしては、先進的な都市計画も強力に推し進められたが、個人的な仕事も、注目に値する。グンナール・アスプルンドの晩年の作品である、ストックホルム近郊のソッケンベーゲンの森の墓地（1934-1940年）は、森林のお墓と、前面にブロンズとガラスのゲイトがあるメインのチャペルなどを組み合わせた静寂な空間となっている。ゲイトは低く敷地に向かい、屋外の中庭と一室のチャペルのインテリアがつくられている。スベン・マルケリウスは、たくさんの会議室と、

20.3 デンマーク・コペンハーゲンのSASロイヤル・ホテル、アルネ・ヤコブセン設計、1958年

ヤコブセンによる、デンマークでのモダニズムの代表作で、落ち着いたフォルムでデザインされたルーム・インテリア。

エッグチェアを含む全ての家具は、ヤコブセンのデザイン。

モダニズムの隆盛　435

20.4 スウェーデン・ストックホルムのフォルケッツ・ヒュース、スヴェン・マルケリウス設計、1934年

広いオーディトリアムには、通りやすくゆったりとしたカーブした座席列が配置されている。シンプルで機能的なフォルムは、暗い背景に浮かぶような明るい円盤状の照明器具が配置された天井のデザインで、活気にあふれている。

20.5 フィンランド・タンペレのカレバ教会、パーティライネンとピエトラ設計、1964-1966年

細長い高いインテリア空間には、フィン（ひれ）状のコンクリート壁で、窓がスリットのように入っている。屋根は、コンクリート・パネル製で、壁とマッチしている。カラー・スキームは、抑えたグレーが基調で、座席と右側のパイプ・オルガンだけが、暖かみのある木調となっている。

スウェーデン貿易組合の機能があるストックホルムのフォルケッツ・ヒュース（20.4、1934年）を設計し、キャリアを重ねた。一番大きな集会室は、彼の代表作といえよう。彼は、ニューヨークのUN本部を担当した何人かの建築家の1人でもあり、そこでは、フィン・ユールの設計と似ているが、照明を組み合わせた大きくスムースなパネルの天井を、1つのオフィスで、設計している。こちらは、フィン・ユール設計の部屋よりも、フォーマルで落ち着いた部屋になった。

スウェーデン・デザインは質が高く、多くの個人住宅や集合住宅群でもそれは証明されている。また優れたデザインの家庭用品も、小売店で扱われた。スウェーデンの家具やテキスタイル、そして、オレフォス社のガラス製品などの装飾品も、有名になり、一般的になった。AGAのストーブ（キッチンのレンジ）と、ユニークなエリコフォン電話機も、スウェーデンのデザインは、どんなインテリアにも合うと、売れ続けた。

フィンランドは、デザインで高い質を維持しているが、そのルーツは、シンプルなクラフツマンシップの伝統にあった。アルヴァ・アールトは、彼の後期の作品と教師としての立場で、フィンランドのデザインに、強く影響を与えた。アールトによるオタニエミの工科大学（1955-1966年）には、素晴らしいホールもあるが、ライリ・パーテライネンとレイマ・ピエティラによる、ディポリ（1964-1966年）と呼ばれる学生組合ビルにも近く、これは、イレギュラーにうねった形で、インテリアの壁として保存された自然石を使ったインテリアである。彼らのタンペレのカレバ教会（20.5、1964-1966年）は、鉄筋コンクリートのカーブした高い壁がガラス面で仕切られ、印象的で威厳ある空間となっている。それとは対照的だが、カイヤとヘイッキ・シレンによるオタニエミの小さなチャペルは、前面は美しいランドスケープをガラス越しに臨む箱状の建物である。ヘルシンキ市立劇場（1967年）は、ティモ・ペンティラの設計で、大成功といえるオーディトリアムとなっている。

ヴィルヨ・レヴェル（1910-1964年）は、シンプルで明るいオフィスのある、ハンゴの工場建築（1954-1956年）から、有名になった。さらに、カナダのトロントの新市庁舎（1958年）のコンペに優勝し、国際的に有名になった。それは、2棟の高層ビルが、議会場などの低層部分を見下ろすようになっている。

フィンランドは、特に家具や家庭用品のデザインでは、輝かしい歴史がある。エーロ・アールニオ（1932年まれ）による1963-1965年の丸い凹みのボールチェアと、足のついたカップ状の1967年のアームチェアは、フィンランドのデザインの中でも、世界的名声を得た。トウルクのワートシラのフィンランド造船所には、乗客フェリー乗り場と端正なインテリアのフローティング・ホテルを建てている。たとえば、そのフェリー・フィンジェット（1973年）は、端正な特等客室と、5つの乗客デッキに素晴らしいパブリック・スペースがある。

フランス

ル・コルビュジエの後期の作品は、フランスの戦後デザインである。ロンシャンのチャペルと、マルセイユのユニテ・ダビタシオンは、すでに述べた（p.376参照）。彼の都市計画の理念は、大きい高層集合住宅棟で、それぞれ完璧な近隣関係を構成し、ついには、そうした建物で町をまとめるのを目指した。ル・コルビュジエは、他のユニテを、フランスのナントとフィルミニーなどに、またドイツやベルギーでも、いくつかの建築を計画した。

ル・コルビュジエの晩年の作品として、スイスのチューリッヒにある1967年の展示センターが興味深い。角型の数枚のパネルとガラスでモ

20.6 ドイツのオープン・プラン・オフィス、クルド・アルスレーベンとクイックボーナー・チーム設計、1968年

広いドイツの会社の事務棟は、"ビューロランドシャフト"（オフィスランドスケープという意味）の手法が適用された。プライベート・オフィスや閉鎖空間は、コミュニケーションのパターンにより、家具配置で自由に仕切ることができる。曲線は、想定される動線を示している。

20.7 フライ・オットー設計、モントリオールのエキスポ67、ドイツ・パビリオン。1967年
マストから吊るされるネットを支えているテンション・ケーブルは、自由にカーブした形態を強調するプラスチック膜で覆われた。この屋根の透明な膜は、インテリアを昼間は光で満たし、外が暗くなると、エクステリアに光を発することが可能になった。

ントなブラウン電化製品や、1953年のM125モデュラー家具などが、ウルムの学校の影響の例である。その学校は、1968年に閉鎖となったが、その影響は、その後も続いた。ドイツ企業の主要なオフィス・ビルは、戦後徐々に広がっていった。そのほとんどは、モダン主義のインターナショナル・スタイルに限られていた。それらのインテリアは、クイックボーナー・チームとして知られる組織で働く、エベルハルトとウオルフガング・シュネル兄弟のような、経営コンサルタントによるコンセプトをもとにつくられた。オフィス・プランニングにおける、彼らのアプローチは、仕切られたオフィス空間とビューロランドシャフト（オフィス・ランドスケープ）と呼ばれ、オープンスペースが、家具や可動スクリーンで仕切られ、コミュニケーションが容易になるよう、自由に設置されるものだ（20.6）。こうしたオープン・プランニングの初期の例では、急進的すぎるとも思われたが、受け入れられ、少々手直しされ、モダンなオフィス・プランニングの標準となった。ギュータースローのブッフ・アンド・トン・オフィス（1961年）、エッセンのクルップ社オフィス（1962年）、そして1963年ドルトムントードルスフェルトのオーレンシュタイン・ウント・コッペル社オフィスなどは、初期オフィス・ランドスケープの典型的な例である。フライ・オットー（1925年生まれ）は、支柱ケーブルで、画期的なテントのようなインテリアスペースをつくりだした。モントリオールのエキスポ67でのドイツ・パビリオン（20.7）は、このような構造だと、観客が広く会場を見渡せるという効果があった。ミュンヘン・オリンピック・スタジアム（1972年）は、同じ構造で、さらに大きくドラマティックな実例となった。

デュラー要素を入れ、スチール構造柱で支え、三角に折りたたんだようなスチールの"傘"の下におさまっている。この建物は、理想の家のデモンストレーションでもあり、2つのレベルを結ぶ照明を内蔵し映写する展示センターとなっている。

ドイツ

他の偉大なパイオニアとしては、ミース・ファン・デル・ローエが、ドイツで大きく開放的なガラス壁で囲まれた、ベルリンのナショナル・ギャラリー（p.370参照）で、"ユニバーサル・スペース"という彼の理念を実践した。またベルリンのハンス・シャウロン（1893-1972年）による、1952-63年のフィルハーモニー・ホールは、テントのようにカーブした屋根で、広いコンサート・ホールに導く端正なホワイエからなる。そのホールは、座席が段々畑のように並び、巨大なパイプ・オルガンが、右側に偏って配置されている。オーケストラは、観客に囲まれながら、センター・エリアで演奏する。

ウルムでは、バウハウスを新しい組織で再編しようと、1952年造形大学が設立された。その建物（1955年）は、その最初の校長である、マックス・ビルが設計し、ほぼインターナショナル・スタイルといえる。そこは、ディーター・ラムス（1932年生まれ）やハンス・グジェロ（1920-1965年）らが好んだ、簡素なミニマリスト・スタイルのセンターともなった。エレガ

オランダ

建築家アルド・ファン・アイク（1918-1999年）は、ヨーロッパの中心でミドルクラスの価値観をベースとした"理想"の解決法を模索しているような、モダニストのデザイナーたちを批判した。彼は、ユーザーやインテリア組織への参加者に、オープン・スペースを残すような

20.8 オランダ・アペルドールンのセントラル・ビヘーア社オフィス、ヘルツバーガー設計、1973年

ヘルツバーガーが、セントラル・ビヘーア保険会社のために設計したこのオフィスビルは、オープン・プランのオフィスというコンセプトから、もっと自由に、小単位の構成となっている。さまざまなレベルに、いろいろなモジュールのプラットホームかバルコニーかを複雑に配置している。1,000人以上のオフィス・ワーカーが、それぞれ個性的に配置している。

自由な空間を主張した。ヘルマン・ヘルツベルガー（1932年）は、アペルドールンの保険会社、セントラル・ビヘーア社のオフィスビル（20.8、1973年）で、同様な理念を採用した。このビルは、四角く不規則なパターンで積み上げた規格化されたユニットで、構成されている。結果として、インテリアスペースは、それぞれのワーカーが、家具や装備やアクセサリーを、好きなように配置できる、小空間の複合体となっている。統一感はなくとも、驚くほどヒューマンで、オフィス・レイアウトが、自由度が高くなった。

イギリス

イギリスでの戦後の仕事といえば、ニュータウンのプランニングと、ハイレベルなデザインでの住宅プロジェクトであろう。ロイヤル・フェスティバル・ホールは、1951年イギリス・フェスティバルの一環として建設されたが、このフェアでの唯一の残存建築となった。建築家は、ロンドン・カウンティ・カウンシル（LCC）のR・H・マシューとJ・L・マーティンであった。3,000席のメイン・ホール（20.9）は、戦後の優れたコンサート・ホールの最初の一例といえよう。

スミッソン夫妻（アリソンとピーター）は、ニュー・ブルータリズム（p.378参照）の指導的役割を果たしてきた。彼らの最も有名な作品は、エコノミスト・ビル（1964年）で、実際は3棟のタワーだが、ロンドンのセント・ジェームス通りに位置している。オリジナルのエントランス・ロビーと他のパブリック・スペースには、ブルータリズムの簡素という特徴が、よく現れていた。

最も巨大な客船として、クイーン・エリザベス2世号（1968年）では、当時イギリスのデザインで最高といえるインテリアがみられ、デニス・レノン事務所が担当した。またペンタグラム社のテオ・クロスビーは、上階デッキの特別端正な客室と、ルックアウト（望楼）と呼ばれたバーとラウンジを手掛けた。その部屋は、船の幅に広がる眺望ラウンジで、前方の隔壁（壁）は内側に傾き、船首を見渡す大きな窓が付けられた。そこには、唯一の強い色彩として、明るい朱色のピアノが置かれた。ペンタグラムは、さらにインテリアや展示デザイン計画など、で質のよい空間を設計し、ロイター社、ブリティッシュ・ペトロリアム会社、そしてペンタグラム自体のロンドン・オフィスなども、含まれていた。

デイビッド・ヒックス（1929-1998年）は、1955年から活動を始め、イギリスの一流デザイナーの地位を確立した。彼のテキスタイルやカーペットのデザインは、長方形のブロックをベースにしていた。強い色調でのパターンの床材は、部屋の中で、大きな絵画やトラディショナルな家具とともに、彼独自のスタイルとなった。またロビン・デイやアーネスト・レイスや、他のデザイナーらの家具は、テレンス・コンランにより成功したハビタ店舗チェーンに、デザインを供給し製作された。

アメリカ

グロピウス、ブロイヤー、ミース・ファン・デル・ローエおよびアールトは、戦後のアメリカに影響を与え続けた。エーロ・サーリネンは、ケネディ空港のTWAターミナル（20.11、

モダニズムの隆盛 439

20.9 ロンドンのロイヤル・フェスティバル・ホール、R・H・マシューとJ・L・マーティン設計、1951年

　この広いコンサート・ホールは、テームス河の南岸に建てられたコンプレックスの一部である。天井の形と側壁のカーブした箱状前面は、音響的効果のために計画された。天井は、間接照明があり、舞台エリアの上には、天然木の3枚のパネルが設置されている。大きなパイプ・オルガンのパイプが、ステージの上の装飾要素となっている。

1956-1962年）を設計した。複雑にカーブした表面を見渡すことのできる曲線の歩行用ブリッジが架かった、鉄筋コンクリートによるその自由な形態は、大きく開放的で彫刻的なインテリア空間を生み出した。飛行機に搭乗するアクセスは、チューブ状になった通路である。これも曲面だが、その閉鎖的な感覚は、メインターミナルビルの開放性と対照的だ。

　同じくサーリネンが設計したワシントンDCのダレス空港（バージニア州　チャンティリー、1962年）では、異なる手法が用いられた。そのケーブルで吊った屋根構造は、大空間の印象的なコンコースを創出した。「動くラウンジ」と呼ばれる特別な乗り物が、ターミナルと飛行機のゲートを往復している。この計画では、それまでのように直接飛行機の搭乗口に行くタイプよりも、コンパクトなターミナルが可能になった。またサーリネンは、マサチューセッツ工科大学において、周囲を囲む浅い池の水面からの変化する反射光に満ちた小さな円形のチャペルと、大きなシェル構造のクレスゲ・オーディトリアム（1955年）を設計した。彼がニューヨークのCBSのために設計した、黒く端正な高層建築（1965年）の優雅でカラフルなインテリアは、

フローレンス・ノルがデザインした。

サーリネンの死後、後継したローチ・ディンケルー設計事務所は、イリノイ州モリーンのジョン・ディア・アンド・カンパニーのオフィスビル（20.10、1955年）と、フォード財団のニューヨーク本部（1967年）を設計した。ジョン・ディアの空間は、2層分の温室のようになっており、成長する植物が目立つそのエリアでは、オフィス家具はマイナーな要素となっている。フォード財団ビルでは、L字型のオフィス階がガーデンアトリウムの2辺を囲む。ガラス窓に囲まれた自然光が入るこのインテリア空間では、樹木や植物が庭園を周囲のオフィス同様、重要なものにしている。ウォーレン・プラットナーがデザインした家具とインテリアは、威厳のあるシンプルなものだった。

リチャード・ノイトラは戦後も多くの顕著な作品を生み出した。それらは、学校、病院、個人住宅などで、すべてシンプルで直線的な国際様式の建築言語を用いた。彼が1946-1947年に、カリフォルニア州パームスプリングスの砂漠に建てたカウフマン家（ライトの落水荘の施主）のための住宅は、特に素晴らしい事例である（20.12）。床から天井までの大きなガラス面がシンプルなインテリアと外部空間をつないでいる。

モダニストの住宅デザインは特にカリフォルニアで好まれた。ウィリアム・ウィルソン・ウースター（1895-1973年）は、ベイ・リージョン・ヴァナキュラーと呼ばれる、サンフランシスコ湾周辺地域を中心としたスタイルを発展させた建築家の1人である。そのスタイルは、農家や納屋の伝統的な構造にヒントを得て、質素で直接的なモダニズムの形態を作り出したものである。1958年のポープ・ランチハウスを例に挙げれば、切り妻屋根と幅広いベランダがその特徴である。サンフランシスコのコールマン・シティハウスは（1962年）、湾がみえる大きなガラス面と、すがすがしい白ペイントの鉄骨のフレームが特徴的である。インテリアは、シンプルな白

20.10 ジョン・ディア・アンド・カンパニーの事務室、ケビン・ローチとジョン・ディンケルー設計、モリーン、イリノイ州、1955年

事務スペースは、広いガーデン・アトリウムを挟んだ、2つの長方形の2層部分にある。すべての事務ステーションから、アトリウムあるいは周辺の公園の景色がみえる。構造材は、スチールCOR-10である。

20.11 ニューヨーク州ケネディ空港、TWAターミナル、エーロ・サーリネン設計、1956-1962年

サーリネンは、建物内外を特徴付ける自由な曲線を創造するための構造材として、鉄筋コンクリートの可能性に挑戦した。弧を描く階段が、1階と2階をつなぎ、シンプルな金属の手すりが装飾的なディテールの役割を果たす。大きなガラス面が構造体の彫刻的な形態を強調するように、光りを採り入れている。右手にみえる案内カウンターさえもが、自由に流れるような形をしている。

モダニズムの隆盛 441

20.12 カウフマン邸、リチャード・ノイトラ、パームスプリングス、カリフォルニア州、1946-1947年

インターナショナル・スタイルの単純性は、ノイトラの後期の作品の特徴として継続した。このカウフマン邸には、ミースの影響もみられる。引き込み式の大きなガラス面と床や天井の単純な扱い方は、丁寧に計画された外部の庭園と、インテリア空間との統合を果たした。

ペイントの壁面と、自然木を用いた床およびドアと枠を用いている。

より北部のオレゴン州ポートランドでは、ピエトロ・ベルーシ（1899-1994年）が1948年のエクイタブル・ビルによって知られるようになった。それは、モダニズムの特徴をもつアメリカで最初の高層ビルの1つだった。同じくポートランドに3年後に建設された彼の設計によるルセラン・チャーチは、内外ともにレッドウッドで建てられており、太平洋岸北部の土着的な納屋の構造との類似性を示している。ベルーシは、1951年にマサチューセッツ工科大学の学部長になり、東部での仕事を引き受けると同時に、西海岸でのプロジェクトも継続した。彼は多くの教会を設計し、その中には、レッドウッドと地元の石を用いた八角形の建物で、インテリアの木材の質感と暖かさが特徴的な、ロードアイランド州ポーツマスのポーツマス・プライオリ（1961年）などがある（ニューヨークのパンナムビルや、ジュリアード音楽学校でのベルーシの役割については、p.444を参照のこと）。

フランク・ロイド・ライトは、戦後もその活発な活動を継続し、最も著名な作品の1つ、ニューヨークのグッゲンハイム美術館（1942-1960年）を設計するに至った。螺旋状の斜路が回る煙突状の丸いインテリア空間は、近代建築の中で最も特記すべきデザインの1つである（20.13）。その建築形態が、展示される美術作品を圧倒してしまうのではないかという批評家たちの意見により、美術館の空間としての適切性が論議の的になった。

グッゲンハイム美術館と同様の重要性をもつ美術館として、マルセル・ブロイヤーが設計したニューヨークのアメリカ美術のためのホイットニー美術館（1963-1966年）がある。量塊的な重々しい構造体は、厳格で威厳のある空間を内包する（20.14）。そのエントランスは、オープンな庭園の上にかかるブリッジの向こうにあり、ロビーへとつながる。そのロビーと地下のカフェが、三角形グリッドのコンクリート構造の天井がある広いギャラリースペースへと入館者を誘う。1つの左右非対称の大きく突き出した窓が、入館者に外部を垣間見せ、また外部からギャラリーを垣間みせている。ブロイヤーはア

20.13 グッゲンハイム美術館、フランク・ロイド・ライト、ニューヨーク、1942-1960年

この美術館の主要な円形の空間は、螺旋の斜路によって形づくられている。アート作品は、斜路のカーブの外側にある壁面に展示される。来館者は、1階の床を見下し、上部のスカイライトを見上げることができる。色彩は、クリーム・オフホワイトで、植栽の緑がアクセントになっている。

20.14 ホイットニー美術館、マルセル・ブロイヤー、ニューヨーク、1963-1966年

長方形の石を張った床、調整できる照明器具を配した機能的な天井のグリッドは、それぞれの芸術作品が、余裕をもって鑑賞されるように展示される白い壁面に調和する。奥の真ん中にある台形の窓の1つは、建物の外壁から突き出している。

メリカで、ニューヨーク州ポキプシーのヴァッサー・カレッジのフェリー・ハウスという学生寮（1950年）や、ミネソタ州カレッジビルのセント・ジョーンズ・アビー教会および図書館（1953-1968年）など、多数の建築を設計した。この教会のインテリアは、折板コンクリートスラブによる天井と壁をもつ、大きなオーディトリアム状の空間である。バルコニーは、オーディトリアムの内部に立ち上がる独立したコンクリート構造である。

モダニズムの隆盛　443

20.15（上） IBM ワールド・トレード・オフィス、エドワード・ララビー・バーンズ、マウントプレザント、ニューヨーク州、1974年

3階建ての建物には連続したガラス壁がある。動線はガラスの壁面に沿っている。一方、事務ステーションは内側にグループ化されているので、すべての事務員は、等しく、外光と外の素晴らしい景色の恩恵を受ける。各階のカーペットの色が異なり、ここでは赤であるが、多くの植物の緑と楽しいコントラストをなしている。

20.16（下） ナショナル航空ターミナル、ジョン・F・ケネディ国際空港、イオ・ミン・ペイ・アンド・パートナーズ、クイーンズ、ニューヨーク州、1972年

スペースフレーム構造の屋根をもつこのオープンスペースの外壁はガラスである。

ニューヨークのブロイヤーの事務所は、多数の教会、学校、事務所、そして住宅を設計した。ワシントンDCにあるアメリカ住宅都市開発省の巨大な本部ビル（1963-1968年）では、コンクリートのグリッドの外壁をもつ通常業務のための9階分の事務所スペースが、屋根付きの外部通路がある玄関レベルの上部に配置されている。

都市のオフィスビル

ヴァルター・グロピウスは、1945年にアーキテクツ・コラボレーティブ（TAC）を設立した。彼は、ピエトロ・ベルーシとともに、当初パンナムビルとして知られた1963年のニューヨークのオフィスタワーの設計コンサルタントだった。エミリー・ロス・アンド・サンズ事務所が、この計画の遂行にあたった。グロピウスの影響は、タワーの先細りになった平面や、ヨーゼフ・アルバース、ジョージ・ケペッシュ、リチャード・リッポルドなどによるアート作品が置かれた地上階の公共空間（残念なことに現在は改築されている）にみられる。TACは、教育施設とともに、コロラド州デンバーの近くのジョンズ・マンビル・オフィスビル（1976-1977年）のような施設や政府関連のビルも設計した。そのオフィス空間の開放的な広がりは、オフィス・ランドスケープ風に扱われている。

平凡なオフィスタワーが多い中で、そのほかの例外としては、ヒュー・スタビンズ（1912-1994年）による優れた高層オフィスビル、ニューヨークのシティコープ・ビル（1977年）が挙げられる。その大らかで魅力的なアトリウムは、ショッピングセンターになっており、エスカレーターが数階を繋ぐ、高く開放的な空間の周囲を、多くの店やレストランが囲んでいる。このビルの高層階には非常に興味深いオフィスのインテリアがある。それは、トッド・ウィリアムス・アソシエイツによるBEAのオフィスである。サンドブラストしたガラスと、照明を組み込んだ赤茶色の柱による仕切りが、その空間に静かで魅力的な質を与えている。

スキッドモア・オーウィングズ・アンド・メリルは、アイオワ州デモインのアメリカン・リパブリック保険会社ビル（1965年）の建築およびインテリアを設計したが、そのインテリアデザインは傑出していた。この事務所はオフィス・デザインの分野以外でも多くのプロジェクトを創り出した。ハワイ州カムエラのマウナケア・ビーチホテル（1965年）はその一例だが、そのインテリアは、材料や手工芸的な形態から、地元の伝統を参考にしたことがわかる。ゲストルームは地元産の藤家具と、細いルーバーが並ぶ引き戸を用いている。客室は高いヤシの木がある中庭を囲むギャラリーに面している。

エドワード・ララビー・バーンズ（1915年生まれ）は、ニューヨーク州マウントプレザントにあるワールド・トレード・オフィス（20.15、1974年）を含むいくつかのIBMのプロジェクトの建築家およびデザイナーだった。ワールド・トレード・オフィスの3層の開放的なオフィス空間は、田舎の景色がみえるガラス窓に囲まれていた。機能的にプライベートな囲まれた空間が必要なところでは、視覚的な開放性を保つために、床から天井までの透明ガラスが仕切りとして用いられた。

フィリップ・ジョンソンは、1984年のニューヨークのAT&T本社オフィスビル（現在のソニービル）の設計者だった。建築的な論議を呼んだそのプロジェクトについては、次の章で解説する。ISD事務所によるオフィスのインテリ

アは、大理石を用いた部分や装飾的な木製パネルなど、過去の似たようなスタイルを参照しており、さまざまな意味で時代遅れにみえる。1986年に完成した3番街885のロビー（これもフィリップ・ジョンソンのプロジェクト）は、その長円の段状の形から、冗談まじりに「口紅ビル」と呼ばれるが、その一階のロビー空間は、どちらかといえば1930年代のアール・デコの方向に近い。

イオ・ミン・ペイ（1917年生まれ）の作品は、ニューヨーク州カトナにある彼自身のシンプルなカントリーハウス（1952年）から、インテリアデザインも彼のオフィスで手掛けた大規模なプロジェクトの分野まで、多岐にわたる。典型的な例としては、ニューヨーク、フィラデルフィア、ワシントンDCのアパートメントビルや、アレキサンダー・ジラードがインテリアデザインを担当したデンバー・ヒルトンホテル（1960年）がある。1972年のニューヨーク、ケネディ空港のナショナル航空ターミナル（現TWAターミナルビルB）は、建物のガラス壁の外側に立つ柱によって支えられたスペースフレームのトラス屋根がつくる巨大な空間である（20.16）。それはミース・ファン・デル・ローエのユニバーサルスペースの考え方への強い傾倒を示す。（ペイとパートナーによる後の作品に関しては21章参照のこと）。

ニューヨークのリンカーン・センターの建築群は、記念すべき総合芸術施設であるが、インテリア空間はあまり感心できるものではない。3つの主な建物の中で、インテリアデザインという視点から最も評価できるのは、フィリップ・ジョンソンによるニューヨーク・ステート劇場（1964年）である。エントランスの階にあるロビーとその上部の大きなホワイエには、トラバーチンの床と壁が際立った空間で、数層のバルコニーに囲まれたホワイエは、2つの主要なエリー・ネーデルマンの彫刻作品が置かれている。金箔と赤いビロードが多用されたオーディトリアムは、過去の壮大なオペラハウスの感覚を強調している。それは、隣接したメトロポリタン・オペラハウスの平凡なインテリアに比べれば、ずっと成功しているといえる。隣接したピエトロ・ベルーシとエドアルド・カタラノによるジュリアード音楽院（20.17）は、リンカーン・センターの中で最高の建物である。適度な大きさのアリス・タリー・ホールのインテリアは、視覚的にも音響的にも傑出している。

オフィス計画

オフィス施設のデザインは、インテリアデザインの実務という面で、たいへん重要なものになっていった。それは、専門的な分野へと成長して、スペースプランニングと呼ばれるようになった。スペースプランナーと呼ばれる人々は、教育施設やホテルや商店も手掛けた。彼らの計画への取り組みは、計画を立てることから、家具の配置、インテリアデザインの装飾的な部分にまで及んだ。そのような計画の目的は、効率のよいオフィス機能とともに、働く人々の快適性や、組織の変化・成長への適応性を実現することだった。

ISD（Interior Space Design）は、最も成功した有名なスペースプランニングの組織である。ボストン市庁舎、ニューヨークのAT&Tビル、コネチカット州スタンフォードのゼロックス本社ビルなどのオフィスのインテリアは、ISDが手がけた仕事の好事例である。カールマン・マッキンネル・アンド・ウッド建築事務所による、ボストンのアメリカン・アカデミー・オブ・アーツ・アンド・サイエンスの建物（1961年）において、ISDは、慎重に選択された材料と物を用いて、木材で表面を仕上げた静かで威厳のある多様な空間を提示した。

その他のスペースプランナーとしては、SLSエンヴァイロネティックス、スペース・デザイン・グループ、デザイン・フォー・ビジネス（後者はロックフェラーセンターのニューヨーク・タイムライフビルの14階のタイムライフ社のオフィスを設計した）がある。シドニー・ロジャース・アソシエイツは、シカゴのモンゴメリー・ワード本社ビルの26階分のスペースプランニングを担当した。いくつかの原色のカーペットが、色彩以外ほとんど違いのない各階のデザインに差異をつけている。すべてにランドスケープ・プランニング（下記に記述）が用いられた。ロジャース・アソシエイツは、ワシントン州タコマのウェアーハウザー会社本社ビルのオフィスのデザインを手掛けた。周囲の風景に開かれた、

広いガラス面のあるオープンプランに、ノル社のオフィス家具が仕切りとして使われた。この建物を設計した建築家は、スキッドモア・オーウィングズ・アンド・メリルであった。

ジョージ・ネルソン（1908-1986年）の事務所は、ウィスコンシン州アプルトンに建てられた、ジョン・カール・ワーネック（1919年生まれ）設計による、エイド・アソシエーション・フォア・ルーセランズの傑出したインテリアを創出した。特別なオープンオフィスのための家具システムが、ストーワル・インターナショナルという会社名で製産された。室内の屋根のような中心部の傘状の形態や、円形に配置された可動パネルによる小さな会議エリアが、珍しい特徴になっている。小規模な計画としては、ニューヨークのレストラン、ポタジェリー（1971年、現存せず）が、ネルソン事務所（ジュデス・ストックマンがデザイン担当）の色彩豊かで明るく機能的な空間の例として挙げられる。

オフィス家具

オフィスビルの拡大に伴い、ビューロランドシャフト（オフィス・ランドスケープ）の計画の利用が増加した。アメリカの家具製造会社は、早速新しいシステムの開発に取り組んだ。それはプライバシーを守るため、また過多な電気や電話の配線など近代的なオフィス設備の必要性に応えるために、表面と収納部分をスクリーンやパネルと一体化させたものだった（20.18）。ロバート・プロストは、1964年に、彼がアクションオフィスと呼んだハーマンミラー家具会社のためのシステムを開発した。まもなく、同じようなシステムがたくさん考案され、それぞれがデザイナーの名を冠した。ステファン、ザップ、ハナー、モリソンといったシステムがノル社によって導入された。スイスからのハラー・システムや、イタリアのメルカトーレとオリベッティのシステム、イギリスのルーカス・システム、カナダのレース・システム、ドイツのヴォコ・システム、アメリカのスチールケースとヘ

20.17 ジュリアード・シアター、リンカーン・センター、ベルーシ・アンド・カタラーノ、ニューヨーク、1968年

この劇場兼コンサートホールは、ジュリアード音楽院が入っている大きな建物の内部にある。適度な規模と、全体に自然の木材を使ったことで、快適な空間が得られ、リサイタルや室内楽のコンサートのための場として高く評価されている。

20.18 エトスペース・インテリア、ハーマンミラー社、ビル・スタンプ、1985年

主要なアメリカの製造業者によるオフィス家具と、スクリーンによる仕切りシステムが、典型的なグルーピングを示している。壁パネルによって囲まれたスペースには、事務机（ワーク・サーフェス）、エルゴノミカルにデザインされた椅子、照明器具が置かれている。交換可能なパネルには、多様な色彩の布カバー、あるいは透明または曇りガラスが取り付けられており、プライバシーや光、開放性や閉鎖性といった要求に応えることができる。

イワースの製品なども参入した（20.19）。

一日中オフィスワークで椅子に座っていると、身体的な問題を生ずる恐れがあるということが発見されると、エルゴノミック・チェアと呼ばれる身体的な快適性と健康性を重視したデザインを提供する椅子が開発されるようになった。ビル・スタンフ（エルゴンチェア）を始め、ニール・ディフリエントやその他のデザイナーたちは、優れたオフィス用の椅子を供給しようとした。それらは、近代的なオフィス・デザインの主要なエレメントになった。

インテリアデザイナー

インテリアデザインは、特に住宅の場合、建築と無関係に請け負われることが多い。あるデザイナーの仕事が、とても刺激的で魅力的とみなされれば、クライアントのステータスが高まることもある。アメリカで仕事をした、そのような「スター」デザイナーの中でも、マリオ・ブワタ（1935年生まれ）、マーク・ハンプトン（1940-1998年）、アンジェロ・ドンギア（1935-1985年）は、1920年代〜30年代の折衷的な装飾家たちの作品を思わせるアンティークの家具や、カラフルな布地を用いた豪華なインテリアによって、最もよく知られている。ジョン・サラディーノ（1939年生まれ）の作品は、より現代的な状況の中で、歴史的なものを参照している。19章で述べたチェース・マンハッタンのビルの設計者、ワード・ベネット（1917年生まれ）は、国際様式のシンプルなインテリアを家具とともにデザインした。ジョセフ・ポール・ドゥルソ（1943年生まれ）は、建築とインテリアの両方を学び、自分のオフィスを設立する以前は、ワード・ベネットの事務所で働いていた。ときに「ミニマリスト」と呼ばれる彼の作品は、工業製品のエレメント（棚、テーブルの脚、照明器具）とともに、シンプルな表面材を用いて、工業的なスタイルとも呼べるものを生み出した。

サラ・トマーリン・リー（1911-2001年）は、ホテルのインテリアという専門分野を開拓した。1981年のニューヨークのパーカー・メリディアン（古いホテルを改装）のようなホテル、あるいは、最も古い時代の伝統的なデザインを引用したインテリアなど、それらは時代的な家具やテキスタイルを使った「ロマンティック」な作品と称された。ニューヨークのヘルムズレー・パレスは、1884年にマッキム・ミード・アンド・ホワイトが設計したヴィラード邸の部分的な改築である。1980年に行われたホテルへのコンバージョンは、サラ・トマーリン・リーが折衷的な華やかさを実現する場となり、その装飾

モダニズムの隆盛　447

20.19 フロー・ワークステーションと収納ユニット、ブライアン・アレキサンダー、アメリカ、1997年

オフィス・ワークステーションのための1977年のこの未来的な提案は、「Flo」と命名された。その目的は、仕事の経験をより個人的なものにして、仕事に取り組みやすく、仕事の流れをよくすることだった。このプロトタイプは、家具製造業者のヘイワース社によって製造された。

的なインテリアのスタイルは、全体として家庭的な心地よさを感じさせる（20.20）。

ベンジャミン・ボールドウィン（1913-1993年）は、クランブルック・アカデミーの出身で、1960年代から70年代の最も優れたインテリアのプロジェクトによって知られている。彼のスタイルは、ミニマリズムに近いが、色彩と形態に対する強烈な感覚によって、エドワード・バーンズ、ルイス・カーン、イオ・ミン・ペイといった多くの近代建築家との仕事を得てきた。カーンのために彼は、ニューハンプシャー州エグゼターのフィリップス・エグゼター・アカデミーの図書館および食堂ホール（1967-1972年）のインテリアを、さらにコネチカット州ニューヘイブンのブリティッシュ・アート・センター（1969-1974年）の家具および関連するディテールを担当した。テキサス州フォートワースのアメリカーナ・ホテル（1980年）の特別細やかなインテリアもまた、彼の作品である。ニューヨーク州イーストハンプトンの彼自身の家は、彼のデザインに対する姿勢をよく示している。

ニューヨークのデザイナー、マッシモ・アンド・リッラ・ヴィネッリは、家具やインテリアのみならず、インダストリアルデザインあるいはグラフィックデザインといった広い範囲のデザイン・プロジェクトに携わった。ニューヨークのセント・ピーターズ教会は、近代的な形態と、生き生きとした色彩を空間に調和させた。その空間のパイプオルガンと、ユニークなデザインの内陣の設えが生命感に満ちた宗教的インテリアを実現した（20.21）。

レストランのデザインは、インテリアデザインの1つの専門分野となった。アダム・ティハニーによって再度デザインされた、ラスベガスのオリオール・レストラン（1999年）は、この種の仕事を多くこなすこの事務所の主要なプロジェクトの事例である。

工業的な機能性もまた、質の高いインテリアを生み出す一因となった。ローランド・ワンクが管理監督した、アメリカのテネシー川流域開発公社（TVA）の発電所のインテリアは、質素だが、そのシンプルで機能的な形態は、衝撃的である（20.22）。

家具およびその他のインテリアの設え

第二次世界大戦後に使われるようになった近代的な家具は、多くは1920年代から30年代のアールト、ブロイヤー、ル・コルビュジエ、ミース・ファン・デル・ローエたちによる「クラシック」なデザインを包括している。チャールズ・イームズ、ジョージ・ネルソン事務所、ウォーレン・プラットナー、その他の多くのアメリカの椅子が古典となり、さらにイタリアやスカンディナビアの国々からの最新のデザインを輸入して、優れた品質の多様な家具をインテリアデザイナーたちに供給した。チャールズ・イームズは常に優れたデザインの流れを与え続けた。その多くは、彼と妻のレイが一緒に作品をつくるインテリアプロジェクトの副産物だった。

そのようなデザインは、通常、建築家やデザイナーだけに親しまれるものだった。大多数の中産階級の家庭は、「コロニアル」あるいは「フランスの田舎風」を装ったデザインの安物を使っていた。このパターンの例外は、ポール・マッコブ（1917-1969年）のシンプルな木製キャビネットと椅子である。それはアメリカン・コロニアルあるいはシェーカーといった前例の基本を踏襲しながらも、偽物という感じがない。百貨店で手に入るマッコブの安価な家具、ジェンス・リゾムのデザイン、そしてもう少し高価なエドワード・ウォームレイのデザインは、少なくともアメリカの家庭に入り込むことができた。彫刻家のハリー・ベルトイア（1915-1978年）は、クランブルックでチャールズ・イームズとともに仕事をし、その後、ノル社の家具デザインの開発に携わった（19章参照）が、彼が1952年にノル社のためにデザインしたワイヤーフレームチェア（20.23）は、モダンなインテリ

モダニズムの隆盛 449

20.20（左）ヘルムスレー・パレスホテル、サラ・トマーリン・リー、ニューヨーク、1980年

折衷様式の時代に、マッキン・ミード・アンド・ホワイトが設計した美しい住宅は、新しいヘルムスレー・パレスが建設されるときに保存され、ホテルの公的な部屋として改築された。デザイナーは、装飾的で伝統的なインテリアを近代の機能と趣味に合わせて調整したが、オリジナルの空間の豊かな色彩とディテールは、家具や色彩計画に反映されている。

アの家具として、長くその人気を保っている。

テキスタイル

モダニストの美学が広く受け入れられるようになるのは、テキスタイルの主な製造者がシンプルでソリッドなカラーパターンや、ストライプ、チェックその他幾何学的なデザインをカーテンや椅子の座張りに使えるよう製造したことと並行している。伝統的なインテリア装飾で用いられる花柄やその他の装飾的なプリントや織物も継続的に製造された。アメリカのデザイナー

20.21 インテリア、セント・ピーターズ教会、マッシモ・アンド・リッラ・ヴィネッリ、ニューヨーク、1977年

高層オフィスビルの基礎に関連した部分を含むこの教会のインテリアは、インダストリアルデザイナーとして最も知られたチームがデザインした。座席とカラフルなテキスタイルを含む祭壇の設えも、すべてこのデザイナーたちの作品である。

20.22 ケンタッキーダム発電室7/47、テネシー川流域開発公社、ローランド・ワンク、1938年

この工業的なデザインは、公社のチーフ建築家、ローランド・ワンクの指導のもとつくられた。その左右対称の形態は、円や長方形の形とコントラストをなすが、すべて機能性を目的にしている。この設計者は、裕福な施主のための仕事よりも、公的なプロジェクトを好んだ。

としては、ドロシー・リーブス（1899-1972年）が、太い織り糸の豊かでスケール過剰のテクスチャーで知られるようになった。ボリス・クロール（1913年生まれ）は、デザイン、構造ともに高品質な、多様なテキスタイルを製造する会社を設立した。

製産されるテキスタイルやカーペットの多くは、製造業者に雇われた無名のスタッフデザイナーがパターンをつくっていた。しかし、いくつかの家具製造会社は、テキスタイル専有ラインを提供するようになった。そのデザインは、個性的なデザイナー各自のスタイルを強調した、特別にスタイリッシュなやり方でコーディネートされた。メキシコや南アメリカの民芸のパターンや色彩を基本にした、アレキサンダー・ジラードのハーマンミラー社のための作品については、すでに述べた。ノル社は、能力のあるデザイナーを継続的に雇い、その中には、直線の「トレイシー」のようなパターンのエスツラー・ハラスツティや、抽象的な幾何学的パターンのバウハウス出身のアニ・アルバース（1899-1994年）がいる。アンジェロ・テスタ（1918年生まれ）は、ノル社から依頼された最初の抽象的な柄のプリントに寄与した。実用的で色彩豊かな座張り用の布地もまた、このようなテキスタイルの

20.23 ノル社のためのワイヤーチェア、ハリー・ベルトイア、1950-1952年

溶接したスチールのワイヤーを使ったこの椅子は、1950-1952年に、ノルのためにデザインされた。そのデザイナーである彫刻家のハリー・ベルトイアは、ノルの一連の家具を開発する仕事を請け負っていた。ダイヤモンド形の背の「チキン・メッシュ」と呼ばれるワイヤーチェアは、彼の最も有名なデザインになった。

プログラムに組み込まれた。

クランブルックでは、ロハ・サーリネン（1879-1968年）が、織物のスタジオを組織し、多くの工芸的な織物をデザインした。クランブルックから輩出したテキスタイル・デザイナー

20.24 ラーセン・デザイン・スタジオ、レインボールームのホワイエ、ロックフェラーセンター、ニューヨーク、1996年

曲面の壁に貼ったジャガード織りの強烈なパターンと、ミルトンカーペットの輪の模様は、織物という素材が基本的にシンプルな空間の装飾となりうることを示す。

には、エド・ロスバック（1914-2002年）、マリアンヌ・ストレンゲル（1909-1998年）がいる。多様な独自の織物を紡いだジャック・レノア・ラーセン（1927年生まれ）の作品は、ときに、新しく開発された繊維（金属繊維や合成繊維）と抽象的な柄を用いた。そして、彼は傑出したアートとしてのテキスタイルデザインを確立した（20.24）。彼はテキスタイルにクランブルックで最も強い影響を与えた。

フィンランドのテキスタイルの色彩と大胆なパターンは、アルミ・ラティア（1912-1979年）とマイヤ・イソラ（1927-2001年）がデザインしたマリメッコというブランド名で広く知られるようになった。タイシルクのジム・トンプソン（1906-1977年）、ヴェルナー・パントン（1926-1998年）によるデンマークのデザイン、そして、あまり有名ではないスウェーデンやドイツのテキスタイルが広く普及し使われた。

モダニズムは、何十年間も重要なスタイルで在り続けた。それは1920年代に台頭し、1930年代から40年代にかけて興隆し、1960年代、1970年代、1980年代に主流であった。ということは、常に新しい形態と表現をみつけて、2世代、3世代にわたる一般大衆やデザイナーに支持されてきたことになる。そのように優勢を保ったモダニズムが、批判の対象になったのは、避けられないことだった。モダニズムのデザインに込められた意味を理解することなく、表層的な質だけを応用した作品は、それに対する反撃を受けることになった。モダンデザインは、一般の人々よりも専門家たちの考えを重視し、抽象的なアイデアを追求するあまり、使う側の要望を無視していると非難された。

モダニズムは、様式の呼称であり、初期と現代、思慮深さと退屈さ、オリジナルと模倣というように、幅広いデザインの様相を包括している。最も成功しなかったモダニズムの作品を攻撃して、最も成功したものを無視することにより、悪意に満ちた批評家が否定的な批判を集積した。つまり、多くの同じような集合住宅や、単調なガラスの高層オフィスビルを証拠にして、モダニズムは「失敗」だったとしてきたのである。この批判は、少なくともモダニズムの後のデザインの方向を模索するための十分な理由となった。それに対する現代、および可能な答えについては、次章で述べたい。

第21章

現代建築デザイン

21.1 大英博物館エリザベス2世グレート・コート、ナイジェル・ヤング、フォスター・アンド・パートナーズ、2001年

かつては屋外であり、後に図書館の諸部門が所在していた博物館の中庭は、ガラス天井に覆われた内部空間として改装され、多くの参観者が巡回し、休憩する場所となった。円い建物はもともと19世紀に建てうれた閲覧室であったが、これは改装により新たに白いスペイン製カプリ・ライムストーンを使った建物の中に収められた。

モダニズムをテーマとしているインターナショナル・スタイルに代わる新たなスタイル、その方向性を確定しようとする議論は、評論家はもちろん歴史家の間でもさかんに行われている。最近の建築デザインはいくつかの対立、競合する方向に進んでいるように思える。いずれのスタイルも将来的には圧倒的な地位となりうるか、もしくは現在はいまだ表面に現れていない新たな方向へ展開するか、あるいは理論の統合によりさらに発展していく可能性を秘めている。

インターナショナル・スタイルの発展、成長は顕著である。ノイトラ、レスケーズ、エリエル・サーリネン、グロピウス、ブロイヤー、ミース・ファン・デル・ローエらがインターナショナリズムをもたらし、そのスタイルのバリエーションをイギリスやアメリカに伝えた。フランク・ロイド・ライトの重要な初期作品は日本でつくられた。第二次世界大戦後の飛行機、とりわけジェット機による移動は物事の伝達スピードを飛躍的に早くした。情報開示の拡大とその伝達スピードにより新たな意匠は雑誌や書籍を通じて素早く世界各国で認知されるようになった。その結果、建築デザインの仕事は本当の意味で国際的な職業となったのである。

将来デザインの予言者たち

国際化の進展を明らかにするために2つの事例を紹介しよう。ルイス・カーン（1904-1974年）は現在では世界的に知られ尊敬されている巨匠であるが、1940年代まではほとんど名前は知られていなかった。彼の名声が飛躍的に高まったのは彼の作品が1950年代に入って紙媒体により各国に認知されるようになったからである。シーザー・ペリ（1926年生まれ）は今もなお世界を股にかけて活躍している建築家である。2人の建築家とも、内部空間に格別の配慮を払ったが、そのスタイルの提案はいずれの派に分類することも難しいものであった。

カーン

カーンはエストニアで生まれ1924年にペンシルベニア大学の建築学部を卒業している。卒業後いくつかの建築事務所で製図、デザインに携わった後、1941年にジョージ・ハウ事務所に入所した。その後1947年よりイェール大学で教鞭をとり始め、建築家としてよりも偉大な理論家、建築哲学者として認知されるようになる。彼の最初の重要な作品は、イェール大学のアートギャラリー（1951-1953年）であろう。ギャラリーフロアはオープンスペースで、その特注の格天井はコンクリートの構造スラブで形作られた三角形の鏡板で仕上げられている。4階建ての各フロアはエレベーターと階段で接続されているが、それらは円筒形の構造物の中に収められている。

イェール・アートギャラリーに続き、カーンはより衝撃的な作品であるフィラデルフィア所在のペンシルベニア大学リチャーズ医学研究所（1957-1961年）を完成させた。ここでカーンは「役務を提供するスペース」と「役務を享受するスペース」を分離するという概念を生み出した。役務を提供するスペースは広大な研究施設の外に付設されたタワー型の構造物の中に設けられ、その中に階段、ダクト、配管、ユーティリティが収められている。役務提供スペースが入る構造物には窓はなく、レンガづくりである。一方研究施設は4階建てで、各フロアはコンクリー

454　現代建築デザイン

21.2 ファースト・ユニタリアン教会、ルイス・I・カーン、ロチェスター、ニューヨーク州、1959-1969年

壮麗な内部空間は部屋の四隅の天窓から射す太陽光により穏やかに照らされている。天窓は座席からも立位でも直接見ることはできない。側壁に架けられたジャック・レノア・ラーセン作のタペストリーパネルが部屋に色彩を与えている。

トフレーム構造とグラスウォールで形づくられたパビリオンのようなユニットで構成されている。建物の外観は近代建築のいずれにもみられないスタイルである。他方、合成された内部空間は概してユーティリタリアンの特徴を有している。この建築により、カーンはアメリカ建築界の大御所となった。

カーンは建築材料のもつ質感、表現や採光によりつくられるインテリアの表情に特に大きな関心を払った。ニューヨーク州ロチェスターのユニタリアン教会（1959-1969年）は多目的ルームのクラスターが中央の聖域を取り囲んでいる。光は屋根の突き出しの高い位置の窓から差し込んでいる。窓は教会内のほとんどの位置から直接みることはできない――これにより光は目にみえない光源からミステリアスに教会内を照らしている。シンプルなグレイの石工壁は簡素である。しかし壁には明るい色のジャック・レノア・ラーセンのタペストリーが吊るされており室内に活気を与えている。限定された色彩と採光の効果により室内の雰囲気が力強く変化していく（21.2）。

名声が高まるに連れカーンの建築は国際化していく。インド・アーメダバッドのインド経営大学（1962-1974年）やバングラディッシュ・ダッカの新国会議事堂（1962-1983年）はカーンの非常に印象的な作品例である。両作品とも石工壁に開口部が設けられ、絶えず室内の光の変化が演出されている。ダッカの国会議事堂は円筒状の石工壁と四角の壁のユニットがクラスター状に構成されており、円形や三角形の開口部により室内に導かれる。これらが議事堂の議

21.3 イェール大学、センター・オブ・ブリティッシュアート、ルイス・I・カーン、ニューヘブン、コネチカット州、1969-1974年

円筒形の建物に収められた階段へと続くドア。階段は美術館の各階に通じている。日の光が上方より階段の吹き抜けに射しこんでいる。対照的に控えめな照明は美術作品を浮き上がらせている。木や石造の材質の色調は暖かみのあるものである。

場を取り囲んでいて、さらにアーチ状の曲面天井と側廊上部の壁に設けられた開口部を有している。

アメリカ、ニューハンプシャー州エクセターのフィリップス・エクセター・アカデミー図書館（1965-1974年）においては、バルコニーフロアに書架が配置され、それが中央のアトリウムを取り囲み、巨大な円形の開口部を形成している。コネチカット州ニューヘブンのイェール・センター・オブ・ブリティッシュ・アート（21.3、1969-1974年）においては天窓から光を受ける2つの中庭を囲むようにギャラリースペースが配されている。テキサス州フォートワースのキンボール美術館（1966-1972年）は1階建ての建物である。並行に配されたコンクリートの円天井からなるパビリオンのような構造で、円天井のてっぺんの隠れた採光窓より光が導き入れられている。日中の日の光が差し込むところに人工の照明が設けられている。カーンは教師としてフォルム、光、素材、様式について謎めいたフレーズで語り、学生のみならず建築にかかわるプロを魅了してきた。結果、彼は建築界

21.4 ウィンターガーデン、ワールド・フィナンシャル・センター、シーザー・ペリ、バッテリーパーク、ニューヨーク、1980-1988年

明らかに1951年築のロンドンのクリスタルパレスを参考にしつつ、コンサートや展示会、その他の特別なイベントが可能な巨大スペースが確保できる構造物である。こういったイベントがないときには、参観者が行きかうアトリウムとして機能しており、まわりのショップへのアクセスを提供している。床の模様、円柱、そして植栽のグリーンが色彩的なアクセントとなっている。

の予言者、リーダーとみなされるようになった。

ペリ

シーザー・ペリはアルゼンチン生まれ。より世界的な存在の建築家である。彼が手掛ける巨大プロジェクトは多く、その中で内部空間は巨大な建築構造の副産物のようにみえる。1972年に彼は東京のアメリカ大使館を設計した。大使館の外観は直線的な巨大な鏡とアルミで覆われている。1984年にはニューヨークの近代美術館（MoMA）をデザインした。美術館に隣接してアパートメントタワーがつくられた。もとの美術館はガラスに包まれたアトリウムのようなスペースにより拡張され、アパートに続くエスカレーターと展示フロアが連結されている。

ニューヨーク、バッテリー・パークのワールド・フィナンシャル・センターにおいて、ペリはこれらと類似したタワービル群をデザインしている。ウィンターガーデン（21.4、1980-1988年）は1851年に建てられた有名なクリスタルパレス（p.273参照）を示唆している。

1995年シーザー・ペリによって手掛けられた東京のNTTビルは30階建てのタワービルである。建物は上からみると基本的には直角三角形であるが、斜辺がカーブしている。斜辺に配された窓は通常のオフィスフロアへの採光と隣接するプラザや小さな商業ビルといった外界の景色を提供している。オフィスフロアは完全にコンピュータ化されており、またビルのマネジメントシステム（電気、防犯・防災）などもコンピュータ制御である。一般のエントランスロビーはプラザレベルにあり、大理石のフロアと有孔のアルミプレートの天井に囲まれている。カーブした開放階段は中2階へとつながっており視覚的なアクセントを与えている。

ペリにより設計されたマレーシアのクアラルンプール、ペトロナス・センターのツインタワー（1998年）は世界一の高さを誇っている。ベースレベルにはさまざまなロビースペースやショッピングアトリウムがある。上の階はバルコニー状に配され、それが中央のオープンスペースを取り囲み、吹き抜けのてっぺんには平らなドームがある。

カーンの内省的で自制の効いた作品とペリの活気ある過剰ともいえる作品は興味深いコントラストを示している。しかしながら、どちらの作品も現在認識されているどの流行のスタイルや派閥にも属さない独自のものであるという点は共通している。

長く続いたモダニズム規範の圧倒的な支配は、新たな試みや探検を行うようになるマネリストの世代も招くことになった。このような試みの結果、建築はいくつもの対立、競合するカテゴリーに細分化され、それぞれが支持を受け、新たな名称で呼ばれるようになった。

それらは、ハイテク、ポストモダニズム（伝統への回帰も内包する）、後期モダニズム、デコンストラクティビズムである。

ハイテク

近代化は新しい技術（鉄、コンクリート、ガラス）を重要な基盤の1つとして進展してきた。近年において技術は飛躍的な前進をとげた。とりわけ航空機に関連する技術、宇宙開発に関連する高度な通信、最近ではコンピュータ分野で技術革新が進んでいる。高度な技術を基盤として行われる建築デザインは一般的にハイテクと通称される。ハイテクの建築家達は近代の建設プロジェクトにおいて電機、通信、配管、空調などのシステムが全体のコストの50％以上を占めるという現実に注目している。基本構造や機械的な輸送システム（エレベーター、エスカレーター、動く歩道）が建物に加えられると、それらの技術はビルの構造や内装の中で圧倒的な存在感を持ち始める。これらのシステムを視覚的に明らかにし、そのインパクトを最大化するというやり方がハイテク建築の特質である。

フラー

このような方法は名称を得るはるか以前から、アメリカ人のエンジニア、建築家、発明家、そして哲学者でもあったリチャード・バックミンスター・フラー（1895-1983年）の作品の基本にあった。彼の活動が認識されるようになるのは1920年代に遡る。彼は多くのプロジェクトの発案者で建築家であったが、それらのプロジェ

現代建築デザイン 457

クトは往々にして「未来的」と評された。それゆえ、つくることができたのはプロトタイプ止まりで、実際の施工に至らなかった。彼はダイナミックとマキシマムを組み合わせた造語「ダイマキシオン」をつくり、彼自身のプロジェクトを特徴づけ表現した。1927年のダイマキシオンハウスは、リビングフロアが持ち上げられており、ケーブルが中央のマストから吊り下がっているというものだった。これに続き1933年には、彼はダイマキシオン三輪自動車とプレファブ製浴室トイレユニットを発表する。これは工場で事前に組み立てられたユニットを現地に運ぶもので（プレファブ）、躯体や配管もプレファブユニットの一部として組み込まれているものだった。彼のプロジェクトはそれぞれ注目を集めたが、どれ1つとして彼が予見したように工場での大量生産が実現することはなかった。しかし、彼が開発した幾何学的な概念は小さな三角形のユニットを組み上げて半球状のドーム型天井を形成するいわゆるジオデシック・ドームの実現へとつながった。ユニットはいろいろな素材で、かつさまざまなスケールで実践可能な技術となった。彼のジオデシック・ドームの最も素晴らしい作品は1967年モントリオール万博におけるアメリカ・パビリオンであろう。巨大なドーム型ストラクチャーは（半球以上の球形）光を透過するプラスチックパネルに覆われており、日除けが機械的にコントロールされている。中のインテリアはエスカレーターへとアクセスするプラットフォーム上に展示されている。取り囲むストラクチャーは独立した幕を形成し高くそびえている（21.5）。この結果インテリアスペースは多くの人からドラマチックかつ美しいとの評価を得た。

チャールス・イームズの自邸は、統一された工業品のパーツにより建てられているが（p.447参照）、これは技術をベースとしたデザインでもインテリアスペースを美しく演出し、十分居住用にも耐えられることを証明した好例としてしばしば挙げられる（21.6）。

ロジャースとピアノ

恐らく最もなじみ深く身近にみられるハイテクプロジェクトはパリの多目的カルチャーセンターであるポンピドーセンター（1971-1977年）であろう。このデザインはイタリア人のレンゾ・ピアノ（1937年生まれ）とイギリス人リチャード・ロジャース（1933年生まれ）のチームによりつくられた。この巨大な多層ビルには構造、機械的なシステム、垂直の輸送システム（エスカレーター）などが、あるがままに建築途上の足場とともにその西側で露出され、展示されている。建物の東側には化学プラントや製油所のパイプやチューブが配されている。

建物内部にも、飾り気がない頭上のダクトや電気配線、パイプなど、通常の建物では注意深く隠されている要素がむきだしになっている（21.7）。この建物は急速に人気を集め、旅行客はもちろんパリの住民の観光スポットとなっている。

2人のパートナーはポンピドープロジェクトの後、別々の道を歩んだ。ピアノはテキサス州ヒューストンのメニル・コレクション美術館（1981-1986年）を設計した。同美術館において外壁のストラクチャーは頭上の採光窓を支え、内部に入り込み、ギャラリーの天井を形成している。スイスのバーゼルにあるバイエラー美術館（1998年）は威厳のある彼の傑作である。

ロジャース独自の素晴らしいプロジェクトとしてはロンドンの金融街に建設されたロイズのオフィスビル（1978-1986年）が挙げられる。ポンピドーセンター同様、構造物やエレベーター

21.5 アメリカ館パビリオン、'67万国博覧会、リチャード・バックミンスター・フラー、モントリオール、1967年

フラーのジオデシックドームと呼ばれる幾何学的な半球構造。中には展示品が収められている複数レベルのプラットフォームがあり、それがエスカレーターで結ばれている。ジオデシックドームは半球状の立体的枠組みからできた構造物で、軽量の棒鋼みからなる六角形のパネルが組み上げられている。展示品のデザインはケンブリッジ・ファイブと呼ばれる事務所によるものである。自動開閉のシャッターにより日照はコントロールされている。太陽光はメタルの枠組みに嵌められたプラスチックパネルを透過してパビリオンに降り注いでいる。

21.6 イームズ自邸・スタジオ、チャールス・イームズ、サンタモニカ、カリフォルニア州、1949年

イームズチェア（1940-1941年）のデザイナーとしてのほうがよく知られているイームズは「ハイテク」と呼ばれる方向性を示す初期の作品としてメタルとガラスを使った自邸をデザインした。オープン・ウェブの小梁が天井を支えている。外壁はガラスと硬いパネルでできているが、いずれも一般的な産業用途の窓と構造部材である。写真はスタジオの近景で、2階に続く階段の先にイームズの収納家具ユニットの基本のカラーがみえている。

を含む機械システムが建物外壁にそのまま配置されている。内部のオフィスフロアは中央のコートを取り囲み、見下ろせるように配置され、半円筒状のガラス製屋上の天空光からの光を受けている。中央スペースに配されたエスカレーターの両側は低層階を貫き、上階へと昇って行く構造になっている。これにより建物全体がガラスと構造物とサービスからなっているという感覚が得られる。ロジャースはベルリンと東京にオフィスをもち、多くの国際的なプロジェクトに従事している。

フォスター

ノーマン・フォスター（1935年生まれ）は1962-1965年の期間、リチャード・ロジャースの共同パートナーとして仕事をした。その後、彼はイギリス、イプスウィッチにおいてウィリス・ファーバー・デュマのオフィスビル（1970-1975年）を設計する。変形地に建つ当該ビルはグ

現代建築デザイン 459

21.7 ポンピドーセンター、レンゾ・ピアノ、リチャード・ロジャース、パリ、1971-1977年

　内部空間の一部はギャラリーとして使われており、フランス国有の美術品が収められている。壁と天井のパネルは可動式である。一方で頭上ではビルの構造や機械システムなどがむきだしになっており、それが空間を特徴づけている。技術的な要素を強調することで、ポンピドーセンターが指向する「ハイテク」という人々が興味をもつテーマを際立たせている。

ラスウォールにより独特のフォルムを有している。内部の開かれた中央部は2階にわたるオフィスフロアと地上階に付設されたさまざまな機器、配管等に囲まれたスペースとなっている。中央部にあるエスカレーターは3つの階を連結し、最上階のレストランがあるペントハウスへと続いている（21.8）。解放的な平面デザインはすべての内部スペースをガラスの外辺部と中央のアトリウムにつなげており、頭上にむきだしになっているトラス構造とともにハイテク派の空間の特徴を際立たせている。アメリカでは、フォスターはネブラスカ州オマハにあるアール・デコ・ジョスリン美術館（1994年）に素晴らしい増築を行った。そこでは落ち着いた白い空間に隠れた採光窓から日の光が差すように天井の曲線が設計され、理想的な近代美術の展示スペースを演出している。フォスターによる別のハイテクプロジェクトとしては、イギリスのケンブリッジ大学の法学部ビル（1995年）が挙げられる。同ビルでは半円筒のフォルムにハイテクのトラス構造が用いられており、ガラスでできた半円形の天井が何層にもわたるプラットフォームの上を覆っている。プラットフォーム上には書架と読書スペースが設けられている。香港に壮麗にそびえる上海国立銀行の超高層オフィスビル（1986年）やロンドンのロイヤルアカデミーの中庭を利用して組み込まれたサックラー・ギャラリー（1991年）においては、古典主義的なもとの古い建物や展示されている美術品と、技術的に先進的な新しいスペースとが、繊細なディテールを通じて融合されている。フランス・ニーム所在、現代アートギャラリーとメディアテック両方の機能を有するカレダール美術館（1984-1993年）はメゾン・カレとして知

インサイト

ロジャース、ピアノとポンピドーセンター

リチャード・ロジャースとレンゾ・ピアノはキャリアの初期においてポンピドーセンターのデザイン・コンペを勝ち取った。彼らの独自のデザイン・コンセプトの背景には空間と移動の自由の価値に対する固い信念があった。

「私たちの信念として建物は平面だけでなく断面、上下に関しても変化を与えるものでなければならないと考えていました。人々がそれぞれの目的によって自由であること…
この枠組みは人々がその中で完全自由に活動でき、技術的あるいは顧客のニーズにより融通無碍に適応することができるようにするものでなければなりません。そしてこの自由で変化することができるということが建物の建築上の表現のテーマとなってきているのです。―それは旧来の静的で動きのない人形の家ではなくむしろ大きなメカニカルなセットといえるでしょう」[1]

このようなデザインによりポンピドーセンターの管理者たちはイベントのプログラムの必要性に応じて内部空間を自由に変化させることができた。この建物は、中が展示スペースとして一般に公開されたこともあり、大きな人気を博したが、それでも先鋭の評論家、たとえば建築批評家のアラン・コルコーンはこのデザインを旧来の建築との差異のつけ方が未だ徹底されていないと批判した。

「（このデザインは）建築の目的をただ単に必要に応じて中でのいかなる活動をも可能にならしめるよう適応するということに限定しており、それらの活動に対し建築が働きかけることができるという積極的で前向きな側面は有していない」[2]

1999年、建物は必要に迫られ大規模改修を行った。この改修工事の結果についてリチャード・ロジャースは強く非難している。下記は建築ジャーナルに掲載された文章であるが、その中ではもともとの建物がもつ柔軟性（さらに建物の色調）が台無しにされたとしロジャースらが大いに失望したことが明らかにされている。

「もともとの建物が持つ優れた循環適応性（人々が自由に動けること）、それはこの建物の1つの楽しみであったが、これは新しい建物においては大幅に損なわれている。そして表現の明確性も曖昧なものになっている。ロジャースとピアノが、これは大きな悲劇であるとみなしたのは正しい判断である。もし仮にレオナルド・ダ・ビンチが彼のモナリサの顔をジャコボ・ブロスキーに描き替えたと知ったとしたらどう感じたであろう」[3]

1. Rogers and Piano, "A Statement," Deyjan Sudjic, *Norman Foster, Richard Rogers, James Stirling: New Directions in British Architecture* (London, 1986), p. 24.
2. Alan Colquhoun, *Architectural Design*, ibid, p. 29.
3. Letters page, *Architects' Journal*, January 20, 2000, p. 23.

現代建築デザイン 461

21.9 カレダール美術館、ノーマン・フォスター、ニーム、フランス、1993年

ニームでは、通りを挟んで、古代ローマのメゾン・カレ（紀元前12世紀頃）からみえるガラスに覆われた近代的な構造物はローマ時代の寺院と劇的な対比をみせている。ノーマン・フォスターのデザインは1985年のコンペで選ばれたが、実際にビルが建てられたのは1993年のことであった。

21.8（左）ウィルス、ファーバー、デュマオフィス、ノーマン・フォスター、イプスウィッチ、イギリス、1970-1975年

3階建ての保険会社のビルは中央に吹き抜けのアトリウムがあり、そこからつながるエスカレーターが各階で働く1300人の従業員の移動を確保している。目でみることのできる天窓の構造フレーム、天井パネルを形成するアルミ薄板はビルが技術的な側面を重視していることを強調している。黄色い壁とグリーンのフロアは明るくカラフルな雰囲気を生み出している。

られる古典的な古代ローマ神殿の真ん前にガラス張りの集合体として並び立っている（21.9）。また、別の挿入の例としては、ほとんど室内にビルが入っているといってもいいロンドンの大英博物館のグレート・コートのリノベーションが挙げられる（21.1、2001年）。このプロジェクトにおいてはもとの大英図書館（現在、移設されている）の円形読書室が室内に設置されている。フォスターはこうして壮麗なパブリック・スペースを演出した。

スターリング

ジェームズ・スターリング（1924-1992年）はイギリスの建築家でハイテク派の創始者と考えられる。イギリスのレスター大学工学部ビル（1959年）はジェームズ・ガゥワンとの共作で大きな注目を集めた作品である。ガラス張りのオフィスタワー、隣接するくさび型のブロックには講堂が入っており、汽船の煙突状の通気口が配されている。店舗施設は隣接する大きな低層の建物の中に収められている。内部は外観の機械的な質感を共有しており、露出された構造物群は当該ビルの用途が工学部の建物であることを示唆している。イギリスのケンブリッジ大学歴史学部ビルは大半のスペースが図書館に割かれている。建物内には大きなギャラリーアトリウムが入り、天井はガラスで太陽光が注いでいる。ここにおいてもまた機械構造が大きく印象的な形で内部スペースを性格づけている（21.10）。スターリングはそのキャリアを進めるにつれ、次第に技術的な力点をより多様な価値観へとシフトしていった。イギリスのハスルミアにあるオリベッティ社の研修施設（1969年）において内部のスペースはいわゆる"マルチプレース"としてさまざまなサイズや目的のミーティングに対応できるよう変えられるようになっている。ガラス張りのギャラリー内のらせん状の通路はビルの各エレメントをつないでいる。

スターリングの最近のメジャーなプロジェクトはドイツ・シュトゥットガルトの州立美術館における増築（1979-1984年）である。ここではテクノロジー的な指向からより冒険的な方向へと力点がシフトしている。ギャラリースペースはらせん状にコートヤードのまわりに配置されている（21.11）。大理石の壁の前には収蔵品である彫像が置かれ、太く短いトスカーナ様式の入口は過去の建築スタイルと関連付けられている。建物は完全に独自なものであるが、美術品と過去の建築の複雑な関係性を想起させる。スターリングは現在ポストモダンと呼ばれるアプ

インサイト

ジェームズ・スターリング

戦後リバプール建築大学院で学んだジェームズ・スターリングは新しい近代建築をめぐる論争について思い出し、以下のように述べている。

「近代美術の運動の意味づけについての議論は白熱したものがあった。その熱気はすさまじいもので議論は延々と続いた。スタッフのあるものは辞任し、また学生で他大学に転校したものもいた。いずれにせよ私自身は近代建築の倫理的な正当性について強い確信を持った」[1]

スターリングは後に、建物の材質などによる制約に厳格に従うのではなく、中に居住する人たちのニーズを汲むことの方が重要であるとして自説を修正した。

「私は初めてパラーディオの建築をみたとき、色の剥げかけた円柱が、それまで私が深く考えもせず大理石や石だと推測していたが、実際はレンガでつくられているのをみてフランク・ロイド・ライトの本物の材料の哲学を信奉するのはやめにした。私は建物の形状は、居住者の生活形態による実際の使用方法を示し、またおそらくは展示するべきものであると信じている。従って建物の外観は簡素であるよりはむしろ起伏に富み多様にならざるを得ないと考えている」[2]

彼はその考え方についてシュトゥットガルトの州立美術館の増築のデザインを行うに際しその詳細を説明している。

「退屈で意味のない無責任で無節操でだらだらと続いている現在の建築に私はあきあきしている」[3]

1. James Stirling, *Buildings and Projects 1950-74* (London, 1974), p. 14.
2. James Stirling, speech,1957, *Contemporary Architects* (Chicago and London, 1987), 230.
3. Arnell and Bickford, *James Stirling: Buildings and Projects* (London, 1984), p. 252.

21.10 ケンブリッジ大学歴史学部ビル、ジェームズ・スターリング、ケンブリッジ、イギリス、1964-1967年

ビルの大部分は図書館の機能に割り当てられている。複数階にわたるこのビルは中央の吹き抜けのアトリウムを各階から見下ろせるつくりとなっており、外はガラスで覆われている。突き出た通路の外被には窓があり、通行する人はギャラリーの様子を見下ろすことができる。

ローチへとシフトしたといいたいところであるが、ビルの外観は依然、厳格なハイテクの様式を維持している。展示ギャラリースペースは抑制的なフォルムと色彩を維持している。一方エントランスロビー、ショップ、客の通行スペース、レストラン等には外観同様、鮮やかな強い色彩が使われている。

ポストモダニズム

ポストモダンという語句は近代以降のいかなるスタイルについてもあてはまるように思えるが、現在ではモダニズムが継続的に発展して形成された特定のスタイルを表すものとして使われる。

ヴェンチューリとスコット・ブラウン

ロバート・ヴェンチューリ（1925年生まれ）はその著書『建築の多様性と対立性』（1966年）においてポストモダニズムの理論的な基礎を展開している。その中で彼は単純化への注力と、近代化の基礎とは制限することであるというロジックは、究極的には建築を陳腐で退屈なものにしてしまう、と論じた。この本の中で彼は建築史の多くの事例を引き合いに出し（たとえばブレナム・パレス、オテル・ドゥ・マティニョン、ジェファーソンのモンティチェロ、バター

21.11 州立美術館、ジェームズ・スターリング、シュトゥットガルト、ドイツ1977-1984年

中央の中庭——正に天井が無く空が見える部屋といってもいい——は美術ギャラリーのコアを形成している。これは旧美術館のビルに、近代に付け加えられたものである。彫像、大理石の模様が浮き出たアーケード、そして左端にみえる太くて短いトスカーナ風円柱などはポストモダニズムの特徴を示唆している。

現代建築デザイン 463

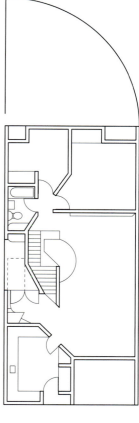

21.12（左）ヴァンナ・ヴェンチューリ邸、ロバート・ヴェンチューリ、フィラデルフィア、1964年
この内装においては、通常とは異なる平面図案による視覚的な効果は階段とそれを遮る暖炉の煙突でみてとることができる。それらが持つ特異なフォルムは伝統的な家具と好対照をみせている。

21.13（右）ヴァンナ・ヴェンチューリ邸1階平面図
この平面図においてヴェンチューリは彼のデザイン思想の中核をなす多様性と対立性の一端を表現している。部屋はその隅を斜めに切り取られた形状をしている。中央のエントランスからドアへは急ターンを要する。そして階段ののぼりだしは広角で途中急に狭くなる形状となっている。

フィールドによるオール・セインツ教会、マーガレット・ストリート）、偉大な建築は単純化ではなく多様性と対立性からもたらされると説いた。彼は多様性、対立性といった価値を認めることで、より人間の本質に近いタッチが得られるとした。なぜなら人間そのものが多様で対立に満ちた存在であるからである。ヴェンチューリがモダニズムのパイオニア、とりわけル・コルビュジエとアールトの作品から多くの事例を引用しているのは興味深い。これらの巨匠はモダニズムが公言する単純化という目標に完全に違反し、自由に多様性と対立性を追求したのだとヴェンチューリはいう。

1964年にフィラデルフィア郊外チェストナットヒルで母親ヴァンナ・ヴェンチューリのために設計した家はポストモダニズムの概念を特徴づける最初の重要な作品である（21.12、21.13）。左右対称の原則は驚くような非対称により修正されている。内部空間は予想を裏切り湾曲したフォルムを呈し、通常の四角い部屋の原則を覆している。フィラデルフィアの老人向け邸宅ギルドハウス（1969-1963年）やコネチカット州グリニッジのブラントハウスにおいても同様の複雑性が採用されている。

ヴェンチューリはこの後、実際に建設されなかったプロジェクトにおいても実現した建物においても歴史的な先例を参照した装飾的なオーナメントを取り入れ、設計を行った。1997年のコネチカット州の個人宅のプロポーザルにおいて彼はマウントバーノンのジョージ・ワシントン邸をモデルとし、それを奇妙に圧縮したり比率を歪めたりしている。1984年、ノル社のためにヴェンチューリがデザインした家具は新たな装飾パターンを紹介するとともに、歴史的先例への参照がなされている。構造的には大差ない、いくつものタイプの椅子が開発された——その構造は単純で、2つのモールドされた合板が組み合わさっている。1つは座面と前脚、もう1つは背もたれと後脚である。背もたれの平面の合板からチッペンデール、クイーン・アン、シェラトン、アール・デコを想起させる装飾的な形状をくり抜くことによりさまざまなバージョンの家具が生み出された（21.14）。家具の表面は、あるときは伝統的な壁紙を想起させるシルクスクリーンによって華やかに装飾され、またあるときは明るい色の組み合わせのパターンにより仕上げられた。また別の例では、過度に厚い詰め物をして外張りされたソファに花柄のタペス

トリーの生地が用いられた。自邸において、ヴェンチューリと彼のパートナーで妻のデニース・スコット・ブラウンは伝統的な家具、装飾的な壁紙を使い（文字どおり）折衷的で快適な空間を演出している（21.15）。ヴェンチューリはまたニューヨークのノル・インターナショナル・オフィスのショウルームや会議室を、ポストモダン色の強い家具を使ってプロデュースしている。

ヴェンチューリはキャリアを積むにつれ、大型のプロジェクトを受注し手数料を得るようになった。そうしたプロジェクトにおいて彼が演出する内部空間は一般的にいって、きまぐれで対立するようなポストモダニズムの特色を有していた。ペンシルベニア州ステートカレッジのペンシルベニア州立大学の教職員食堂（1974年）においては装飾的なミシン目の入ったスクリーン、バルコニーの上には先端を切ったアーチ状の開口部が設けられ、固定された装飾的な照明が伝統的なデザインの家具が配された落ち着いたダイニングスペースを照らしている。

21.14 チッペンデールの椅子、ロバート・ヴェンチューリ、ノル・インターナショナル社製造、ニューヨーク、1978-1984年

最新の型枠合板でできた奇抜なデザインの椅子はその背もたれ部分が、18世紀のチッペンデール家具の模様パターンがくり抜かれている。このように現代的なものと伝統的なものを組み合わせる手法はポストモダンと呼ばれる方向性の特徴でもある。

21.15 ヴェンチューリ邸、ヴェンチューリ・スコット・ブラウン・アンド・アソシエイツ、フィラデルフィア、1980年代

ヴェンチューリ夫妻はその居を古家に構え、伝統的なものと現代的なものはこのように簡単に融合できるという建築の表現様式を示してみせた。画の額の上に貼られたフリーズ、ガラスと木の作り付けキャビネット、天井から釣り下がった照明器具、そしてダイニングテーブル等全てが彼らの個人的趣向を強く反映している。

ヴェンチューリとスコット・ブラウンは1835年築のロンドンのトラファルガー広場のナショナルギャラリーに、素晴らしいセインズベリー・ウィングの増築を行った（1986-1991年）。外観はそのテーマに従い、旧ギャラリービルのさまざまなクラシック調の細部のバリエーションが繰り返されている。開口部はアーチ型のメタル天井に囲まれたモニュメンタルな階段へと続いている。階段は地下につながっており、地階にはオーディトリアム、レストラン、ショップなどの施設が設けられている。階段を最上階まで上るとそこは旧ギャラリービルに接続する橋に通じている。階段と連絡橋はメイン・ギャラリーへの代替的アクセスを提供している。メイン・ギャラリーは16の部屋からなり、それぞれアーチ型の入口でつながっている。アーチ型の入口のいくつかは太く短いトスカーナ調の円柱で縁どられている。ギャラリー自体は展示されている絵画の鑑賞に理想的なように、至ってシンプルである。しかし柱や蛇腹などの繊細なディテールは建物自体のユニークな特色を思い起こさせてくれる。ワシントン州のシアトルにおける、より最近の美術館プロジェクトにおいても、やや小ぶりではあるが同様の概念的パターンが用いられている。

グレイブス

マイケル・グレイブス（1934年生まれ）は当初、モダニズムの方向性をもってニューヨークの他の4人の仲間と一緒に、建築家としてのキャリアをスタートさせた。彼らは後にニューヨークファイブとして知られるようになる。また別名で、彼らの作品における白への傾倒から「白派」とも呼ばれている。しかしグレイブスは次第にこのグループから離れ、装飾的なディテール、原色、気まぐれでときにエキセントリックなフォルム等を内包したポストモダンの方向へと傾倒していく。彼は1978年カルコ邸の設計において（未実施）基本的には左右対称であるものの、左右両面が異なったデザインの案を示した。幅が狭く、しかも蹴上げが巨人でなくては使えないほど高い階段が、ファサードの一方に配され、もう一方のファサードにはパーゴラの装飾が施されていた。

グレイブスのインテリアは1979年のスナー家具会社のためにつくられたいくつかのショウルームでみることができる（21.16）。複雑な形

21.16 スナー家具会社ショウルーム、マイケル・グレイブス、テキサス州ヒューストン、1980年

予期せぬエレメントが多く盛り込まれたショウルーム。たとえば2本のペアコラムとその上のブロック状の柱頭。この柱頭部分に組み込まれたユニットが間接照明をサポートしている。また彼の強い色調の二次色の使用（強い色調の二次色の使用）はポストモダニズムの特徴をよく表している。スナー家具会社のショウルームではマッシモ・ヴィネッリやマイケル・グレイブス自身の手による展示家具が見られるのに加えショウルーム自体、視覚的に楽しめるものになっている。

状の部屋とパステルと原色が組み合わさった空間に家具が展示されており、その中にはグレイブス自身のデザインによる家具もみることができる。彼の先端的なポストモダン提唱者としての名声は徐々に高まっていき、1980年、彼がオレゴン州ポートランドの市庁舎ビルのデザインコンペを勝ち取ったことにより一気に有名になった。当該ビルは巨大な立方体のブロックの外観を呈しており、その表面は一般的ではなく、多様性のある仕上げになっている。せり出した尖頭形の飾りや、表面素材の変化、窓の形状の変化、帯状のリボンのような装飾等が伝統的な建築界を震撼させた。ある批評家はこの作品はアメリカ建築界を50年ほど後退させた、とコメントしている。ビルの内部空間を表現することは難しい。しかしメインエントランスのロビーはまさにポストモダンを過激に表現したものだった（21.17）。グレイブスのサンファン・カピストラーノ図書館（1980年）は中央にコートヤードをもつ低層のビルで、ゴシック風クリアストーリーと張り出したパビリオンから差し込む光が精細な読書室を静かに照らしている。カリフォルニア州ナパヴァレー、カリストガのワイナリー、クロ・ペガス（1984年）においては18世紀フランスの新古典主義の建築家ルドゥーのデザインからヒントを得てポストモダンを探求している。

フロリダ州ブエナビスタのディズニーワールドに建設された2つのホテルのスワンとドルフィンはそれぞれ屋上に冒険的な彫刻が飾られた巨大な建造物である。グレイブスはこのプロジェクトの内装において、彼が指向する華々しくエキセントリックなフォルムと色彩を思い通りに追求する機会を得た。ディズニーのエンターテインメントとの密接な関係は遊びにあふれた、ときにばかばかしいようなデザインを誘発した。それは通常「嗜好」と考えられるものを無視していることを強調していた。グレイブスはディズニーのオフィスやパリ・ディズニー・プロジェクトも同じ思想で設計した。これらの建物とそのインテリアは一般大衆に驚きと喜びを与えた。一方でこれらのデザインは常に「キッチュ」、つまり人間のいたずら心を反映するために、わざとばかばかしく嗜好のないデザイン、とのボーダーライン上にあった。

論理と秩序からのがれようとするポストモダニズムの決意は、豊かさにあふれた社会の中で論理が消えてしまった現代を映し出しているのかもしれない。エキセントリックで特定の嗜好を持たないスタイルはデザインの1つのツールとなった。けばけばしさや凡庸さは、テレビ、映画、インターネットやセレブの崇拝者らが提供する娯楽情報をもとに考え方を決める一般大

21.17 市庁舎ビル、マイケル・グレイブス、ポートランド、オレゴン州、1980-1983年

ポートランド市庁舎ビルの外観のデザインは多くの批評家に衝撃を与え、批判を浴びた。しかしこれとは対照的に内装はきわめて保守的な仕上げとなっている。ただ、色使いやメザニン階の上に配された柱頭を模した照明ユニット、上階の壁面や天井の照明等に、かろうじてポストモダニズムの特色をみてとることができる。

21.18 AT＆Tビル（現ソニープラザビル）、フィリップ・ジョンソン、ニューヨーク、1978-1983年

近代的超高層ビルの1階エントランスロビー。多くの驚くような仕掛けが配されている。アーチ型の吹き抜けスペース、そこに建つロマネスク調の回廊を想起させる円柱、その前にはパネルに覆われたエレベータドア。幾何学模様の大理石のフロア。中央の台座（写真では右方向）には羽をもつ男性の彫像がひそんでいる。この写真では彫像の影がほのかに壁に映っているのがみえる。ジョンソンのデザインは多くの驚きに満ちているが、彼が長年にわたり顧みられなかったミース・ファン・デル・ローエの教えを忠実に守ってきた事実を思い起こせば、彼がこのようなデザインをしたことは不思議ではない。

21.19 リップスティックビル、フィリップ・ジョンソン、ニューヨーク、1986年

885サードアベニューにフィリップ・ジョンソンにより建てられた構造物は、その口紅の容器のような特異な形状から「リップスティックビル」と一般的には呼ばれている。このようなフォルムはポストモダンの考え方に関連付けてとらえることができる。

21.20 現代家具博物館、ソットサス・アソシアティ、ラベンナ、イタリア、1994年

シンプルな幾何学的形状が強い色調と組み合わさり視覚的なインパクトをだしている。これはメンフィスデザインの潮流をくむインテリアのデザインである。四角やアーチ型の開口部は太陽光によりできる陰影のパターンを刻々と変化させ、それにより、驚くほど静謐な印象を与えている。

衆とコミュニケーションをとるためには正当な手段ともいえる。グレイブスは日本においても多くのプロジェクトを手掛けた。小ぶりなものでは、やかんやテーブルクロスといったキッチン用品から、大きなものはファッションビルまで幅広く彼のデザインが紹介されている。

ジョンソン

フィリップ・ジョンソンは一時期ミース・ファンデル・ローエと同じくモダニズムの建築家であったが、ニューヨークでAT&T本社の超高層ビルを設計したのを機に、ポストモダンの仲間入りをしたと思われる（1978-1983年）。同ビルではチッペンデールの切妻が書架を覆うように気まぐれなモチーフがビルを飾っている。アーチ状の堂々たる表玄関を抜け、エントランスに入ると、中世の修道院のような装飾の大理石張りのロビーに至る（21.18）。中央部にはかつてニューヨークのダウンタウンにあった旧AT&Tビルを飾っていた金箔の彫像が配されている。巨大企業の堂々たる主張は皮肉にも気まぐれで装飾的なものとして解釈されたようである。ニューヨーク、3番街のオフィスビル（21.19）はポストモダンと1930年代のアールデコの両面をもっている。

ヨーロッパのポストモダン

ヨーロッパにおいてモダニズムは1981年、ミラノを拠点とするメンフィスという名称のグループから大きな挑戦を受けた。エットレ・ソットサス（1917年生まれ）をリーダーとしアンドレア・ブランジ、アルド・チビック、マルコ・ザヌーソらの仲間からなるこのグループは主流のモダニズムから決別し、あえてエキセントリックで遊びに満ちた家具やテキスタイル、装飾品をデザインし始めた。機能性にあまり配慮しない鮮やかな色使い、装飾的な表面のパターン、形状等はメンフィスのデザインの特色であ

21.21 オーストリア観光省ビル、ハンス・ホライン、ウィーン、1978年

いろいろな装飾エレメントは旅行先のシンボルを表している。緑色のフロアと天窓からの光により生み出された空間に配されたメタル製のヤシの木は熱帯の雰囲気を醸し出している。遺跡を模したコラムはギリシャ、ローマを思い起こさせる。

る。マイケル・グレイブスは1981年にメンフィスのためにドレッシングテーブルのデザインを提供した。グレイブスが提供した階段状のフォルム、強い色調、小尖頭の上部等は同じく鮮やかな色使いや角張った形状を特色とするソットサスのカサブランカ・サイドボードやカリトン書棚（1981年）と共通するものである。

ソットサスの事務所、ソットサス・アソシアティはラベンナに現代家具博物館をつくった（1994年）。その結果、完成した博物館のスペース、つまり屋内のギャラリー、ポルチコ、屋外のコートヤードなどは単純な四角とアーチ型の開口部を使うことで、明るい色使いのアクセントを得ながら空間的な多様性を生み出している（21.20）。メンフィスのファンタジーは壁画の遠近法的な錯視により、跡をたどることができる。

一方でその空間は静かな落ち着きが支配しており、芸術家達が集まる「オープンスタジオ」が意図されている。

ハンス・ホライン（1934年生まれ）は1978年ウィーンのオーストリア観光省ビルのインテリアにおいて素晴らしいポストモダンのデザインを世に示した（21.21）。おもちゃのようなさまざまな装飾はいろいろな地域への旅行を象徴する要素であった——遺跡を模した柱はギリシャ、ローマを示し、ガーデン・キオスクやパビリオン、またはメタルでできたヤシの木はエキゾチックな熱帯や砂漠の旅行を最もイメージさせるものである。床は薄いグリーンのパターンからなり、ガラス天窓から射す光とともにファンタジックな雰囲気をかもしだすよう抑制的なつくりになっている。

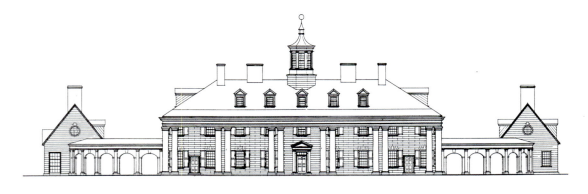

21.22 コネチカット厩舎、アラン・グリーンバーグ、1979年

ドローイングは18世紀のジョージ・ワシントンのバージニアの大邸宅のスキームを土台にして描かれている。1997年ロバート・ヴェンチューリは同一のテーマ、すなわち有名な邸宅をポストモダンのファンタジーへと要約、圧縮するという提案を行った。一方グリーンバーグのデザインではむしろ要素が付加され拡大されている。もともとのワシントン邸では8本のシングルコラムが配されていたのに対し、グリーンバーグのドローイングでは6対のペアコラムへと代えられている。

21.23 インディアナ州コロンバス地域病院、ロバート・スターン、1988-1996年

暖かな色調の材質が大病院の公共スペースに落ち着いた雰囲気を生み出している。

伝統の復活

ポストモダンのファンタジーや自由さとともに、別の関連した展開としては、古典への回帰が出現したことが挙げられる。これは正確に過去のデザインを再現するという1920年代、1930年代の折衷主義的な動きというよりは、古典の原則を以て新しいものを創造しようという試みであった。パラーディオ主義デザインの理想化、古典的な秩序、コラム、ペディメント等が再びこれらの作品で現れるのは単に面白半分で取り入れられたのではなく、歴史から文字通り引用することで、新しいデザインの基本とするためである。

グリーンバーグ

最も極端な形の新古典主義はアラン・グリーンバーグ（1938年生まれ）の作品であろう。彼がデザインしたコネチカットの厩舎（1979年）はワシントンのマウント・ヴァーノンのスキームを取り入れ、それを拡大し、またオリジナルデザインの「過ち」を直す形で生まれた（21.22）。オリジナルのベランダにあるコラムや細かな不規則性はここではすべて取り除かれている。彼のコネチカット州マンチェスターの裁判所（1978-1980年）は、容易に1930年代の折衷主義の建物と間違えられることだろう。

スターン

ロバート・A・スターン（1939年生まれ）は、通常はポストモダンに属すると思われているが、彼の作品のほとんどはポストモダンのもつ冒険的な側面と、古典の復活による制約的な側面のちょうど中間に位置している。内装においてスターンは細かい部分では厳格な古典主義を振り返りつつ、ポストモダンの異形を目指した。彼の多くの作品は住宅建築で、それには都市のアパートや郊外住宅などが含まれる。アパート、住宅いずれの建築プランも強い伝統色のある部屋をつくりだしつつ、細部では拡大、誇張されたフォルムがしばしば使われた。彼による田舎の「別荘」は現代的につくりなおされたスタンフォード・ホワイトあるいはエドウィン・ラッチェンスの作品を想起させる。スターンによりオフィスビルやホテル、その他の大きなプロジェクトの内装で用いられているペディメント、円蓋、古典建築からヒントを得た円柱、壺型装飾

21.24 ナショナルギャラリー東ウィング I・M・ペイ、ワシントンDC、1968-1978年

アトリウムスペースは各階の展示スペースへと通じている。ビルのプランは三角形のフォルムを基本とし、それらが複雑で興味深い空間の相互関係を形成している。バルコニーからはアトリウムが見渡せ、そこには天井からふんだんに太陽光が取り込まれている。

内装の色調は中立的なものであるが、アレクサンダー・カルダー（1898-1976年）作の真っ赤な巨大モービルがアクセントを与えている。

等の細部は彼の作品を復古主義とポストモダニズムの中間に位置付けた。

スターンが設計したフロリダ州ブエナビスタのディズニー・ヨット・アンド・ビーチ・クラブ・リゾート（1987-1991年）はグレイブスのホテルに近接し、仮想の大建造物ビレッジを形成している。これらの建造物群はさながら19世紀のリゾートのようである。内部空間は過度にならない程度に贅沢に装飾されている。ディズニーのプロジェクトはより派手な方向へと進んでいる。カリフォルニア州バーバンクのフューチャー・アニメーションビル（1991-1994年）やフロリダ州ブエナビスタ湖のキャスティング・センター（1987-1989年）はカラフルで装飾的な細部に溢れている。フランスのヴィリエ・シェル・マルヌに建てられたユーロ・ディズニーのビジターセンター（1990年）においては遊園地の遊びに満ちた側面が強調されている。これとは対照的にインディアナ州コロンバスの地域病院（21.23、1988-1996年）は、暖色のレンガと木材がふんだんに使用され、初期のフランク・ロイド・ライトのようなテイストとなっている。スターンの国際的な仕事としてはオランダや日本におけるプロジェクトが挙げられる。

後期モダニズム

最近のデザインにおける別のテーマとしてポストモダンの特色を拒否し、初期のモダニズムに忠誠を継続して捧げる流れがある。後期モダニズムの作品はモダニズムの創始者たちを模倣するのではなく、彼らが、建物の設計に積極的に従事していたならどのような概念を発展させただろうかと考え、先に進むことで生まれたものである。

ペイ

I・M・ペイ（p.444参照）はそのキャリアを進める中で後期モダニズムに属すると考えることができる。インディアナ州コロンバスの郡立

現代建築デザイン　471

21.25 ピラミッド、ルーブル美術館、I・M・ペイ、パリ、1983-1989年

公共スペースから美術館を構成するたくさんの伝統的なスペースへのアクセスを提供している。大きな疑念の声や論争を呼んだものの、ガラスとメタルの構造物は大成功を収めたといえる。わずかにみえるまわりのルネサンス建築はピラミッドの幾何学的フォルムと対照的である。曲がりくねった階段は地下フロアのコンコースへと通じている。

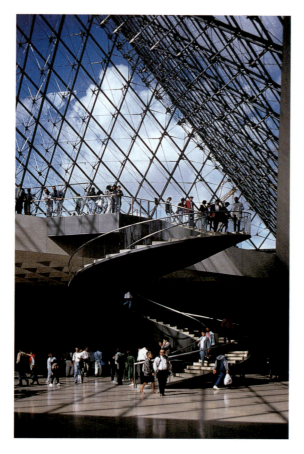

図書館（1963-1969年）はシンプルな四角形のレンガブロックの建物でエントランス付近に非対称なガラス張りの空間を有している。内部はバルコニー階が1階の読書エリアを上から眺められるように設計されており、読書エリアは自然な色と単純なフォルムにより落ち着いた整然とした雰囲気の空間になっている。アイオワ州デモインのアートセンターの増築（1966-1968年）においては強い幾何学的なフォルムがギャラリースペースに展示される彫刻や絵画のためにシンプルな舞台を形成している。

テキサス州ダラスの地域センター（市庁舎）（1977年）ではバルコニーに取り囲まれた巨大な公共フロアにふんだんに自然光が差し込み、さまざまな市役所のセクションへのアクセスを与えている。暖かいベージュのコンクリートの壁面はその圧倒的な広さにもかかわらず、驚くほど心地よい。恐らくアメリカの政府・役所のビルの中で最も成功したプロジェクトといえる。ペイのよく知られている、また世間から好まれている別のプロジェクトとしては、ジョン・ラッセル・ポープによりつくられた折衷古典主義的なワシントンDCナショナル・ギャラリー旧本館に加えられた東館の増設が挙げられる（21.24、1968-1978年）。

建物は三角形のフォルムを基本としており、その形状がメイン・アトリウムのスペースを覆っている。透明な天窓は、三角形のグリッド構造が組み合わさっている。複数階に設置された各バルコニーからはメインフロアの空間が見下ろせる。メインフロアからは7フロアを使ったギャラリーや副次的な施設へのアクセスが提供されている。アレクサンダー・カルダー作の鮮やかな赤色の巨大なモビールは大理石壁面の中立的なトーンのアクセントになっている。

ニューヨーク州ジャビッツ・コンベンション・センター（1979-1986年）においてはガラスと鉄骨が巨大なエキジビション・スペースをつくりだしている。この建物は、三角形の型で縁取りされたガラスグリッドで天井が覆われている1851年築のクリスタルパレスを想起させる。三角形化はパリのルーブル美術館のピラミッド構造の中心的なテーマである（21.25、1983-1989年）。鉄骨とガラスでできたピラミッドはルーブルへの新しい入口となり、階段やエレベーターのアクセスとなっている。階段を下って行くと玄関ロビー、ショップ、展示室、カフェなどに通じる巨大な地階コンコースが広がっている。歴史的建造物であるルーブルの中庭に、近代的な構造物をつくったことは当初大きな物議を呼んだが、完成したプロジェクトは大成功であったとみなされている。ペイの事務所は、I・M・ペイ・パートナーズとなり、その後ペイ・コブ・フリード・アンド・パートナーズへと改組され、重要なパートナーとしてのヘンリー・コブとジェームズ・フリードの名前が認識されるようになった。ペイ・コブ・フリード・アンド・パートナーズによるテキサス州ダラスのマイヤーソン・シンフォニー・ホール（1982-1989年）はその重厚で暖かみのある木と真鍮を使ったメイン・ホールの視覚的なクオリティーにおいても、また音響の素晴らしさにおいても類まれな成功をおさめた。同事務所は多数の大プロジェクトを請け負い、海外拠点もシンガポール、香港、日本、中国に構えている。

グワスミーとマイヤー

　チャールス・グワスミー（1938年生まれ）とリチャード・マイヤー（1934年生まれ）は2人ともニューヨークファイブに属していたが、後にはモダニストのテーマである単純化、幾何学的フォルム、装飾的な細部の完全な排除等の原則を守って作品をつくるようになった。グワスミーは両親のためにニューヨークのロング・アイランドで小さな家を設計した（1966年）。よけいなものをまじえない幾何学的なフォルムはル・コルビジエの作品を想起させる。ロバート・シーゲルとパートナーを組んだグワスミーはその事務所で住宅（たとえば、イースト・ハンプトンのコーガン邸（1972年）や同じくイースト・ハンプトンのデ・メニル邸（21.26、1983年）から、増加する大型プロジェクトまで幅広い仕事をするようになった。ニュージャージー州プリンストンのプリンストン大学ホイッグホールの増設（1970-1972年）は実際、1893年築で火事のため大きな損傷を受けたすでにあるクラシックな構造物の骨組みに、後期モダンの建築を入れ込んだものだった。

　ニューヨークのシェザン・レストランのインテリア（1976年）ではガラスブロックの壁と、きらきら輝くメタルの天井が使われ、ブロイヤー・チェスカの椅子とともに、1930年代モダニズムを想起させる部屋をつくっている。グワスミーはライトのニューヨークにあるグッゲンハイム美術館に増設を行った。このインテリアは彼の事務所が手掛けた他のプロジェクト同様、後期モダニズムのスタイルをとっていた。ソニーによるニューヨーク旧AT&Tビルの買収は、グワスミーとシーゲルに「スカイラウンジ」の受付エリアに素晴らしい内装をほどこす機会を与えた。トラヴァーチン大理石に囲まれた空間にはシンプルな家具が置かれ、壁にはカラフルなフレスコ画が描かれている。

　1996年グワスミーとシーゲルはニューヨーク公立図書館のため、古いデパートの建物を利用し、新たに科学・産業・ビジネス図書館をつくった。道路のレベルにあるエントランスはエレベー

21.26 デ・メニル邸、チャールス・グワスミー、ニューヨーク州イーストハンプトン、1983年

　2階の天井高があるリビングルームにはバルコニーがあり上から部屋全体が見渡せる。

　ソファの前には暖炉が配されている。高く据えつけられている漁の戦利品の魚は、施主のお気に入りの所有物である。

現代建築デザイン　473

21.27 シュタットハウス（タウンホール）、リチャード・マイヤー、ウルム、ドイツ、1993年
　白い壁面の内部空間は複雑にアレンジされており、近隣の中世の教会とは対照的である。

ターと吹き抜けの階段を通じて階下のロビーへのアクセスとなっている。もとの建物の円柱は表面を緑色で覆われ、空間の高さを強調している。電光掲示板により館内案内がなされ、各部署は完全にコンピュータ化されている。また500個の読書机には、それぞれラップトップPC用の電源が用意されている。5層にわたる書架がロビーの上に広がり、かつてデパートであった上階に広がる。

　リチャード・マイヤー（1934年生まれ）の作品は初期の住宅プロジェクトにおいては、後期モダニストの複雑な幾何学的な特色をもっていた。例としては、コネチカット州ダリアンのスミス邸（1965年）、ニューヨーク州イースト・ハンプトンのサルツマン邸（1967-1969年）、ミシガン州ハーバースプリングスのダグラス邸（1971-1973年）などである。しかし彼の作品は次第に、より複雑で大型なものになっていく。例としては、インディアナ州ニューハーモニーの学術図書館（1975-1979年）、コネチカット州ハートフォードのハートフォード神学校（1978-1981年）などである。ニューヨークのブロンクス開発センター（1973-1977年）においては、中央の中庭を四層のクラスター状の構造が覆っている。通常においては白色でつくられる壁は放棄され、代わりに角が円いアルミ材が用いられている。ロサンゼルスのゲッティー・センター（1984-1998年）は20世紀最大の複合ビルと言われている。これはさながら多様な古典的、伝統的な内部空間のユニットが集合する村のようである。

　マイヤーの仕事は国際的になり、ドイツ、オランダ、スペイン、フランスなどでプロジェクトに関わっている。ドイツのウルムにおけるシュタットハウス（タウンホール、1993年）では旧市街のスペースに複雑なビルが織り込まれている。建物は町のプラザに建っており、その白い湾曲したフォルムは反対側にある中世の教会の尖塔と強いコントラストを生み出している。オープンスペースがビル中央を貫いて吹き抜けとなっており、オフィス、最上階のギャラリーなどのパブリックスペース等へのアクセスを与えている（21.27）。内部空間は、三角形の張出しの天窓から射す光に満ちており、その天窓からは教会の尖塔が垣間見える。これにより近代と古い時代との接点が生み出されている。

個人主義スタイル

スタルク

　多くの関心を集める20世紀後期の作品は必ずしも批評家が定義するようなスタイルの方向性の類型にあてはまらない。フィリップ・スタルク（1949年生まれ）は当初、家具のデザイナーとして知られるようになったが、徐々に彼の仕事はインテリアや建築プロジェクトにシフトしていった。彼の手掛ける作品は往々にして派手でエキゾチックなものが多い。スタルクの家具のデザインには、しばしばプラスチックやメタルパーツが使われ、それらが意外な形で組み合わされている。四角い立方体と、流れる曲線のフォルムの意外な組み合わせも彼の特徴である。1990年作アルミ鋳型の3脚の腰掛けは、先

474　現代建築デザイン

21.28 フィリップ・スタルク、カフェ・コスト（現存せず）パリ、1987年

アプリコット色とオリーブ色を混ぜ合わせた色調と大きな掛け時計はポストモダニズムの非定型的でしばしば空想的な要素に対する受容性を示している。

21.29 パラマウント・ホテル、フィリップ・スタルク、ニューヨーク、1995年

ホテルのゲストルームのフロアには黒地に灰色の四角い模様が入ったカーペットが敷かれている。壁面、天井、家具は全部白で統一されており、その結果大きな複製画がとりわけ強い印象を与えている。

が細く流れるようなフォルムの3つの脚の上に狭い座椅子がついており、それは機能性をもったものというよりは、一種の彫像作品のようである。彼の椅子の奇抜さは、彼がそれらに冠した奇妙な名前（ロード・ヨー、ドクター・ノー、ミス・トリップ、プリンス・アハ）により、さらに強調されている。インダストリアルデザイナーとしてスタルクは歯ブラシやジュースしぼり器などをデザインしたが、それらも機能的というよりは造形的であった。インテリアデザインにおいてもスタルクはやはり予測不能であった。パリのカフェ・コスト（1987年、現存せず）において階段は上に行くにつれ幅が広くなりその先の壁には巨大な掛け時計が設置されている（21.28）。ファンタジー的な要素が彼の設計するレストラン、ナイトクラブ、ホテルなどのインテリアに現れている。

ニューヨークのロイヤルトン・ホテル（1988年）には大きな2階にわたるロビーが配され、そのフロアには青いカーペットが敷かれている。カーペットの片端には白いカリグラフのパターンの模様があしらわれ、順路を伝えている。カーペットのもう一方の側には、いくつものスタルクの奇抜な家具が置かれている。ニューヨークのパラマウント・ホテル（1995年）では2階ぶち抜きの天井の高いロビーに、やはり下から上へと徐々に幅が広がる劇的な階段が配されている。同ホテルではスタルクのポストモダンの家具のセレクションが、大理石の上に斜めに敷かれた大きなカーペットの上に置かれている。寝室では巨大な額縁に収められたフェルメールの

現代建築デザイン　475

21.30 ヴィラ・トゥルク内装、アンドレ・プットマン、ショ・デュ・フォン、スイス、1988年

1916-1917年、ル・コルビュジエにより建てられた邸宅（p.370参照）は1988年に広告会社のオフィスとして使用されることになり、内装の全面リノベーションが決定された。写真は待合エリア。庭に面する高い窓は元々のものであるが、ネットとシルクのローマンブランドはリノベーションによるものである。

複製画が枕側のボードの上にかけられており、部屋全体に強い印象を与えている。そして典型的なスタルクの奇抜な家具は2色のチェック柄のカーペットの上に置かれている（21.29）。浴槽は円いステンレス加工の鉄製のボウルでそれが円錐の台の上に置かれている。円錐の細い先端は床に固定されている。

プットマン

　スタルク同様アンドレ・プットマン（1925年生まれ）は国際的な活躍をしている。1978年から1997年に掛けて彼女はエカール・インターナショナルを率い、現在は自分の会社を経営している。エカールはアイリーン・グレイやマレ・ステヴァンといった初期のモダニズムの古典的な家具づくりを始めた。同時に彼女は世界中のオフィスやショウルーム、ショップのデザインを手掛けた。エカールのショウルームとオフィスは彼女の手法の素晴らしい事例である。そこで彼女は初期モダニズムのもつ単純化というコンセプトを抑制された装飾的細部と静かな色調に生かしている。1988年彼女はラ・ショー・ド・フォンにある初期のル・コルビュジエ作品ヴィラ・トゥルク（21.30）で新しいオフィスインテリアをデザインした。

　プットマンはボルドーやルーアンの美術館の古い建造物のインテリアでは、そのスペースに応じて単純な細部の調整のみを行っている。ボルドー美術館の素晴らしい石つくりのアーチ天井の細部はその例である。日本における河口湖、神戸のクラブやホテルやレストラン、モナコ、セビリアにおける多くのショップ、またイギリス、フランスやアメリカの民間のアパートなど、これらすべてのインテリアにおいて彼女は落ち着いた清廉さというパターンを踏襲している。これはしばしばその場所のあるがままのスペースと初期モダンの家具、ときおりアンティークなどを組み合わせるという手法であった。ケルンのヴァッサートゥルム・ホテル（1990年）は19世紀の歴史的なモニュメントとして保存されている巨大な給水塔を改装してつくられた。円筒形のタワーと巨大なレンガ造りの建造物が生み出すスペースに、プットマンが考え抜いて合わせたインテリアの細部が調和している。ニューヨークのモルガン・ホテル（1984年）や優雅ですっきりしたエベルの宝石店（1989年）のインテリアは彼女の素晴らしい代表作である。

　レム・コールハース（1944年生まれ）の作品はポストモダン、ハイテク、そしてデコンストラクティビズムのコンセプトの橋渡しとして位置付けられる。ボルドーの邸宅（1998年）においてはエレベーターの上にインテリア・リビング・スペースが設けられ、別の階を行き来できるようになっている（21.31）。ニューヨークのファッションブランドのプラダのショウルームはフロアにいくつもの階層を設けることにより、驚くような空間を創造している（21.32）。

21.31 ボルドーの邸宅、レム・コールハース、ボルドー、フランス、1998年

レム・コールハースはこの家を身体の不自由なオーナーの為に設計した。この一室にはエレベーターのプラットフォームが設けられ、各階を行き来することができるのに加え、シャフトの一方が書架に面しており、本棚へのアクセスを与えている。

デコンストラクティビズム

　デコンストラクティビズムという用語は1980年代から1990年代にかけて生まれたデザインの1つのうねりを表すものとして使われるようになった。この用語は1988年ニューヨーク近代美術館で行われたフィリップ・ジョンソンとマーク・ウィグリー企画の展示会により公に認知されるようになった。未建築作品のドローイング、壊れた模型、雑然と組み立てられたパーツ、また構成要素が一度ばらばらにされて再度、混沌とした状態で組み立て直されたようなもの、これらが一般的にみられる特徴である。この用語はもともと2つのことと関連している。1つはタトリン、マレヴィッチ、ロドチェンコといったロシアのコンストラクティビスト（構成主義者）との関連である。彼らはしばしば細分化された要素を組み立てることに注力した。もう1つはフランスのデコンストラクショニズム（解体批評）との関連である。これはフランス哲学、文学批評でテキストを構成している要素を分解し、必ずしも文面では明らかでない内在する意味を読み解こうとする批評の方法である。このよう

21.32 プラダ・ショウルーム、レム・コールハース、ニューヨーク、2001年

ファッションデザイン会社のプラダのニューヨークのショウルームは2001年にオープンした。ゼブラウッドの急なスロープをコールハースは「大波」と名付けた。写真の回転式のせり出したプラットフォームはファッションショウなどで使用される。

21.33 展示会ビル、ベルナルド・チュミ、ラ・ヴィレット公園、パリ、1982-1985年

これは大きな公園に点在する施設の1つである。回廊は上階へと続き一般に開放されている。赤と青のエレメントが白色を基調とした内装にアクセントを与えている。

なセオリーを適用して建築デザインにおいても内在する「テキスト」というコンセプトをもち込んだ。

ジョンソンとウィグリーはMoMAの展示会のためにいくつかのプロジェクトを選んで紹介した。それにはパリのラ・ヴィレットの公園（21.33、1982-1985年）が含まれている。このプロジェクトにおいて、ベルナール・チュミ（1944年生まれ）は小さなパビリオン群を設計した。これらは基本となる立方体から組み立てられているが、それが複雑な幾何学的なリアリティーに分解されおり、それぞれの幾何学的グリッドが鮮やかな赤色に塗られて公園に配置されている。パビリオンにはいろいろな機能が付されている――カフェ、子どもの遊び場、展望プラットフォーム――大多数の施設は中に入ることができ、その構造の切断図をみることができる。建物のいくつかの大きなユニットは複雑な構成要素からなっており、それらが相互に全く偶然に入り組んだような印象を受ける。チュミはその後ニューヨーク、コロンビア大学建築大学院の学長となった。コロンビア大学において彼は学生会館、ラーナー・ホール（21.34）を設計する。

メインキャンパスに面したガラスウォールのアトリウムを何本もの長いガラスの傾斜路が貫いている。

アイゼンマン

ピーター・アイゼンマン（1932年生まれ）は当初ニューヨークファイブの一員として知られていたが、その後デコンストラクティビズム派の複雑な幾何学的作品を展開し始める。家のデザインの連作（ローマ数字番号で表示）はそれぞれが重なり合うグリッドが組み合わせるグリッドプランを利用している。コネチカット州レイクビルのミラー邸（House III、1970年）は2つの立方体からできており、それらが衝突したように干渉し、重なり合っている。1つの立方体はもう1つと45度の角度で接している。その結果、内部空間は直線で囲まれた抽象彫刻のようなフォルムを形成し、それらは白く統一されている（21.35）。いくつか置かれたシンプルな家具の存在でそこに人が住んでいるということがわかる。MoMAの展示会においてアイゼンマンはドイツ、フランクフルト大学のバイオセンター

21.34 コロンビア大学ラーナー・ホール、ベルナール・チュミ、ニューヨーク、1994-1999年

ニューヨークのコロンビア大学の学生センターには透明な斜路が幾層も接続し、それが各階、各ウィングと交差して連続した回路を形成している。ガラス壁を通じて中から大学キャンパスを見渡すことができる。

と呼ばれる建物の図面と模型を出品した。長いらせん状の回廊が連続したラボの各ブロックを貫通し、接続している。当該ブロックそれ自体が1つの小さな建物になっている。構成要素が分解され、緩やかに再構成されるというデコンストラクティビズム派の特徴がよく現れた作品である。

コロンバスにあるオハイオ州立大学ウェクスナー視覚芸術センター（1985-1989年）においてアイゼンマンは再び長いらせん状の回廊を用い、連続したユニットをゆるく結び合わせている。ユニットには入口付近のメインエントランス、湾曲したタワーのようなもの等が含まれている。アイゼンマンによる全てがインテリアのプロジェクトであるカナダ建築センターが主催した「人工的発掘の都市」という展示会は、モントリオールに現存する美術館の中に今も設置されている（21.36、1994年）。展示は旧来の古いビルに新しいギャラリーとして入れ込まれている。当該ギャラリーはギリシャ十字のフォルムを組み合わせたものをベースとして設計されている。4つのアームはそれぞれ強い色で彩られており、所蔵されるプロジェクトがそれぞれ違うテーマであることを示している。緑はカリフォルニアのロングビーチ、バラ色はベルリン、青はパリ、そして金色がヴェニスをそれぞれ示している。強い色調と複雑なフォルムの組み合わせの装置は、展示の中で最も価値あるものにしている。より最近の作品としては、オハイオ州シンシナティのアロノフ・デザイン・アンド・

21.35 ミラー邸（House III）、ピーター・アイゼンマン、コネチカット州レイクビル、1970年

立方体のユニットが重なり合い複雑な幾何学的な空間を生み出し、それが白で統一された内装により強調されている。唯一自然木のフローリングとかすかに窓から見える外界の緑が白い建築要素との対比をみせている。

現代建築デザイン 479

21.36 展覧会展示、カナダ建築センター、ピーター・アイゼンマン、モントリオール、1994年

この展示で、彼は自信の作品を「人工的発掘の都市」と名付けて紹介している。アイゼンマンはそれまでの白を基調とした色使いを変え、強い色の要素を使っている。それぞれの色はプロジェクトが所在する場所を特定している。たとえば緑色はカリフォルニア州ロングビーチを意味している。

アート・センター（21.37）が挙げられる。ここでは表面と空間が複雑に組み合わされ、正に「デコンストラクティビズム」の正当性を訴えるものとなっている。

ゲーリー

本人はデコンストラクティビストと位置付けられることを否定しているものの、フランク・ゲーリー（1929年生まれ）はこの語句が示す様式の建築家として最もよく知られた存在である。彼が最初に注目を浴びたのは彼自身のロサンゼルスの郊外の小さい居宅に加えられた通常とは異なるリノベーションである（1978-1988年）。家を構成する要素は分解され、それらは家のエクステリアとして家に張り付けられている。そうすることで偶然の衝突が起きたような印象を与えている。この自邸およびロサンゼルス近郊の他の住宅プロジェクトにおいて、ゲーリーは一般的な建築材料や内部の色使いを一見ランダムで混沌とした形で交錯させた（21.38）。大規模なプロジェクトの依頼がくるに従い、ゲーリーは複雑性という語句に向かっていく。そこで彼は曲線的フォルムを多用するようになり、それらが建物の外部で衝突しあうことで非日常的な多様性をもった内部空間を生み出している。ドイツのヴァイル・アム・ラインのヴィトラ美術館（1990年）はいろいろな形をした白い箱が集め合わされてできており、それらは予測のつかない角度で交わっている。内部では、複雑さが

21.37 アーノフ・デザイン・アンド・アート・センター、ピーター・アイゼンマン、シンシナティ、オハイオ州、1988-1996年

中央の巡回スペースは、アイゼンマンの建物の中を巡り続く回廊となり、各階のスタジオや部屋と通じている。複雑な内部空間は「デコンストラクティビズム」のラベルにふさわしい。

ヴィトラ美術館所蔵の近代的な椅子やオブジェを展示するのに適した空間をつくりだしている。パリのアメリカンセンター（1991-1994年）でも、同様に複雑なフォルムと従来のような巨大な構造物とを並列に置くことにより、建物が設計されたときに意図されたいろいろな機能が表現されている。

ミネソタ州ミネアポリスのフレデリック・R・ワイズマン美術館（1994年）では単純でほとんど平凡といってもいいギャラリープランが、複雑な曲線を描く天窓のフォルムと驚くほど入り組んだエントランスエリアと組み合わされており、それがきらきら光るステンレス鋼板で覆われた外壁により強調されている。視線の先のギャラリーは、シンプルで白い壁に囲まれた部屋からなっている。しかしいったん上に目を転じると、そこには（すべて白で統一された）巨大なトラスのフォルムと曲線を描く天窓が平面フロアの単純さにチャレンジするかのように大きく広がっており、圧倒される。

ゲーリーによるスペイン、ビルバオのグッゲンハイム美術館（1998年）もワイズマン美術館と同じコンセプトを用いてつくられた、より巨大な建造物である。建物の複雑なフォルムは輝くチタン鋼板で一面覆われている。内部空間は外側の入り組んで多様なフォルムを反映している。このように複雑で曲線的な巨大建築物の開発はかつて図面製作、構造計算が困難であること、また基本的な直角的で幾何学的なフォルムから逸脱した部材を切り取り、それを実際のビル施工で組み上げる技術的な問題等から実際上きわめて困難であった。しかしゲーリーはCADの潜在的な力を利用することで、より自由なフォルムの建物を設計することに成功した。

ゲーリーはまた家具のデザインにも興味を示している。1972年、彼は段ボールを重ねて、数インチの広い厚板として使い、一連の家具を製作して紹介した。その驚くほどの強度は曲線的なフォルムをクッション性を維持しつつ可能にした。一連の家具の中でウィグルチェアは一番よく知られたものであろう。これは1992年に再度ヴィトラ社により紹介されている。1990-1992年にゲーリーはノル社の依頼により一連の椅子とテーブルを開発した。彼はここでは合板から成る部材を組み上げることによりさまざまな形状の家具を世に送り出した。それは小さな椅子から巨大なアームチェア、オットマン等多岐にわたる。

その他のトレンド

東西クロスオーバー

何人かの日本人建築家、建築デザイナーの出現とそれらのヨーロッパ、アメリカでの現在の活躍は建築家という職業の国際化を反映したものである。当初西欧のデザインはフランク・ロイド・ライトによる東京の帝国ホテルやル・コルビュジエの国立西洋美術館（1955-1959年）などのプロジェクトによって日本に大きな影響を与えた。関連出版物の増加やヨーロッパ、アメリカへの渡航、留学機会が増えるにつれ、若い日本の建築家達は西欧の近代建築への造詣を深めていく。日本の伝統建築の簡素さとロジックは西欧のモダニズムと通じるものがあった。

安藤忠雄（1941年生まれ）による大阪の近つ飛鳥博物館（1994年）はモダニズムのミニマリスト的な作品でもあり、また時間を超越したスペース群は博物館のテーマでもある古代の墓と

21.38 ゲーリー自邸、フランク・ゲーリー、ロサンゼルス、1978-1988年

リモデルされた郊外のゲーリー邸のキッチン。彼の建築の構成要素に対する情熱が良く示されている。エレメントはばらばらに分解され、動かされ、驚くような関係性をもって再構成されている。キッチンの作業スペース自体は機能的にできているが、天井の構成要素でデコンストラクティビズムの名前がつけられたわけが理解できる。

21.40 オルセー美術館、ガエ・アウレンティ、パリ、フランス、1986年

壮麗なパリボザールの駅舎は鉄道の移転により見捨てられた状態であったが、大規模な改修によって、以前適切な展示スペースを与えられていなかった固有美術コレクションを収納する新たな美術館へと変貌し、新たな命を得た。旧建造物のドラマティックな外枠が、膨大な美術品を収納するためつくられた多様で幾層にもわたる展示スペースを印象的に取り囲んでいる。

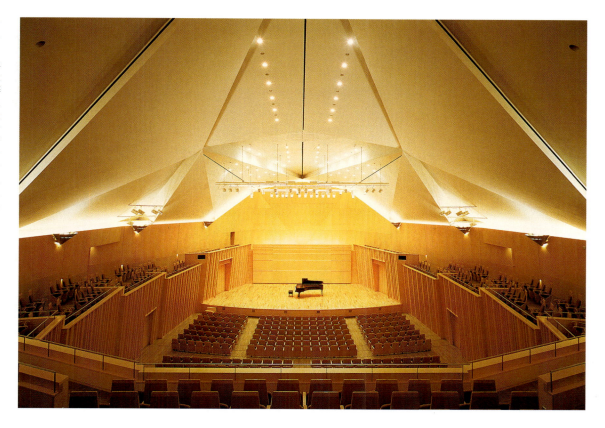

21.39 霧島国際音楽ホール、槇文彦、相浦、日本、1994年

槇は三角形のパネルが組み合わさった曲線的な天井と葉の形をした音楽ホールというアイディアを実践した。このようにしてできた空間は素晴らしい音響を生み出す。バルコニー席は段々状に中央のステージを囲んでいる。壁の自然木には暖色が用いられている。

関連付けられているようでもある。内部空間は薄暗く落ち着いている。コンクリート打ちっぱなしの壁は太陽の位置により刻々と変わる光と影を演出している。同じく安藤の大阪のサントリー美術館（1994年）は、海に面したロケーションにあり、逆円錐形の大きなIMAXシアターがウォーターフロントに続く階段状のプラザに突き刺さるように立っている。長方形の要素でできた箱型の外壁の中にはレストランやギャラリーが収められ、それが建物の幾何学的なフォルムを際立たせている。

日本の相浦（あいのうら）に建つ霧島国際音楽ホール（1994年）は槇文彦（1928年生まれ）により設計された。エントランスホールや休憩ロビーがメインの音楽堂を包むように配されており、それを囲むガラス壁がまわりの山々の眺望を与えている（21.39）。メインホールは葉のような形をしており、両側のバルコニー席は段状のテラス・プラットフォームを形成して中央スペースを囲んでいる。壁には自然木が使われている。一方、屋根には三角形の白いパネルが使われており、それらが不規則に組み合わされていることにより視覚的には興味深く、また聴覚的には音響効果がよくなっている。

西欧の影響が日本の建築界に入ってくるだけではなく、日本のデザインもヨーロッパやアメリカに逆輸出されることはよくあることである。磯崎新（1931年生まれ）はアメリカにおいて目覚ましい活躍をしている。ブエナビスタのチーム・ディズニー・管理センター・ビルディング（1990年）は彼の手による4階建てのビルで、多様な大きな塊がぶつかり合うようにデザインされている。谷口吉生（1937年生まれ）がニューヨーク現代美術館（MoMA）の大規模修復のデザイナーに選ばれたことは建築界の国際化を示す1つの好例といえる。

保存

20世紀の最後の10年間で古い建造物の保存に

21.41 テート美術館、ヘルツォーク・アンド・ド・ムーロン、ロンドン、1995-2000年
　かつてはタービンが置かれていた発電施設の広大なスペースは、発電所の廃棄により新たにテート美術館のメインアトリウムとして生まれ変わった。多層階の展示スペースはすべてこの壮大な中央アトリウムを取り囲むように隣接している。

対する関心は増大した。これは経済的な圧力によって解体、破壊される多くのビルから生じる無駄と損失に目が向けられるようになったからである。鉄道の駅は交通手段そのものが変わってしまったことにより、しばしば陳腐化して役に立たなくなってしまった施設の代表的なものである。マッキム・ミード・アンド・ホワイト事務所により1911年に建てられたニューヨーク・ペンステーションは、折衷ローマ古典様式の印象的な建物であったが、これが解体されたことによる損失が、ワシントンDCの旧ユニオン・ステーションの保存と再利用やニューヨークのグランド・セントラル・ステーションの現在行われているきめ細かい補修に大きな影響を与えた。パリでは旧オルセー駅を補修、転用することでオルセー美術館が生まれた（21.40、1986年）。これはガエ・アウレンティ（1927年生まれ）の設計によるもので、歴史的な建造物が基礎となり、その構造の中に近代的要素の建築を行うことが可能であることを示した顕著な成功例となった。使われなくなった発電施設の再開発によりロンドンではテート美術館が生まれた（21.41）。これはヘルツォーク・アンド・ド・ムーロンの設計によるもので、かつてはタービンが置かれていて無用の長物となった広大なスペースが巧みに再利用されている。ハン

現代建築デザイン 483

21.42 ING銀行、エリック・ファン・エゲラート建築事務所、ブダペスト、ハンガリー、1995年

枠なしのガラスのスライドドアを抜けると銀行の取締役会室である。木でできたあばら骨がスペースの骨格となっており、現存の19世紀のランドマークを覆っている。この結果、空間は未来的な印象を与える。ガラスで囲まれたエレベータシャフトが左側にみえる。チャールズ・イームズの椅子が明るい取締役会室のテーブルを取り囲み、配置されている。

ガリー、ブダペストの19世紀の建物の修復は更に徹底したものであった。これは1995年、EEA——エリック・ファン・エゲラート（1956年生まれ）建築事務所——により行われたING銀行のためのオフィスビルである。新しいビルは古いビルの中庭に入れ込まれ、その屋根は古いビルの頭上にそびえ、あたかも新しい建造物が上に建っているような外観を呈している。オフィスはセンタースペースを取り囲む多層階に配置されている。最上階のストラクチャーは木製のあばら骨とガラスに囲まれた非定型の「クジラ」型で、銀行の取締役会室となっている（21.42）。ユニークな内部空間の形は黄褐色の抽象的なフォルムの模様の入った非定型の青いラグに反映されている。

グリーンビルディング

古い建造物を保存し、再利用したいという要望が強まるのと並行して、問題解決をすべて科学技術に依存しすぎると、結果としてより多くの原材料やエネルギーを消費することにつながってしまうという認識がなされるようになった。20世紀の中後期の典型的なビルは、人工的な照明、冷暖房、垂直移動の為の重機械に大きく依存している。増大する需要に対する資源の制約の論理的帰結として、資源多消費型に代わり、資源節約型のデザインが注目されるようになった。古いビルは太陽光、自然排気、太陽熱、太陽エネルギーの利用等を行っている点で多くの示唆を現代に与えている。グリーンビルのコンセプトは環境への影響を最小限にし、自然の力を最大限活かして必要な機能を賄うというも

21.43 ナショナル・オウデュボン協会本部ビル、クロクストン共同建築家集団、ニューヨーク、1992年

　1891年築の古いビルは解体されていても不思議ではなかったが、環境問題を意識した大規模改修により救われた。写真のオフィススペースでは旧ビルのアーチ状の窓から採光と換気を行っている。ペンキの色はその反射により、なるべく照明コストが抑えられるように選択されている。また館内照明システムも最大限のエネルギー効率が追求されている。

のである。ビル自体は建築家と技術者により設計されるが、建物の性質は大概、その建物の中に入るインテリアによって規定される。インテリアデザインは材料の賢い使い方、エネルギーを多く消費する機械システム使用の最小化に向かい、それによってビルは環境や天然資源にとってより優しい、経済的にもより健全なものになる。

　ニューヨークにおいてナショナル・オーデュボン協会はその本部ビルのデザインにおいて環境上の懸念に対応するゆるぎない姿勢を方針として明らかにした（21.43、21.44）。建築家集団、クロクストン共同建築家集団は、1891年築で使われなくなっていた18階建てのロフトビルを新たなスペースとしては格安で購入した。全面改装においても、開閉のできる窓は保存され、また窓からの採光とビルのイルミネーションを使うことにより、消費電力を削減している。窓には断熱フィルムが張られ、夏場の室内気温の上昇防止と冬場の暖房効率向上が図られている。建材は希少資源の消費を最小化するよう選ばれ、また、においを放つ建材も除外された。完成したプロジェクトは信頼性の点でも満足でき、経済的にも有利なものになり、環境的価値への懸念を反映した建築に何ができるのかを示す好例となった。

新しい世紀

　新しい世紀を迎えるミレニアムの2001年、21

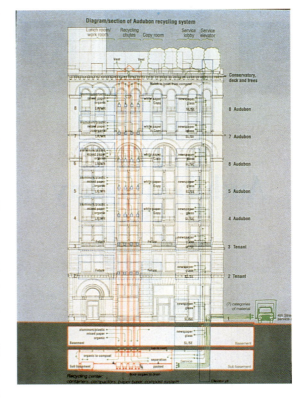

21.44 ナショナル・オウデュボン協会本部ビル、クロクストン共同建築家集団、ニューヨーク、1992年

　このダイアグラムにはごみ／廃棄物のリサイクルシステムが描かれている。ゴミは、金属、ガラス、紙、オーガニックに分別されて収集エリアに運ばれ、郊外のリサイクル施設あるいは廃棄施設へと送られる。オーガニックな素材は堆肥として屋上庭園と温室の木の肥料となる。このプロジェクトは経済性かつ環境的な責任の両立を示すものである。

世紀に建築デザインがどのような方向に向かっていくのかという問いは興味深いものである。過去において各世紀——18世紀、19世紀、20世紀——とも結果的にはそれぞれ特別な概括的な性格を有していたとみなされる。それでは新しい世紀でどんなことが予想できるだろうか？
もちろん過去の世紀の特徴が世紀の始まりの年の元旦に突然現れたわけではない。変化は徐々に起こるもので、前世紀の終わりに萌芽が現れ、それが新世紀にも継続する種類のものである。こう考えると、すでに21世紀の変化は始まっているというのは明らかである。これまで論じて

21.45 エヴァ・ジリクナ、住宅増築、ハイゲート、ロンドン、1994年

モダニストの伝統であるガラス、鉄骨素材の使用によって、1957年の近代建築を20世紀の建築へと変容させている。繊細な金属による天井の構造が元のフォルムの飾り気のなさを補っている。

きたさまざまな方向性——後期モダニズム、デコンストラクティビズム、ハイテク——もすべて20世紀の後半には存在し、新しい世紀に入った今も現存している。しかし、新しく、かつ成長しているとみられる重大な関心ごとのシフトを観察することは可能である。

過去の世紀においては、建築デザイン、インテリアデザインは実際につくるもののイメージをいったん、紙に落とす必要があるという制約があった。紙は二次元の世界である以上、水平方向のみを描く設計図は平面図にならざるを得ずこれを立面図、断面図と組み合わせることでデザイナーは頭で思い描く造形を表現した。設計図面で使われる伝統的なT型定規や三角定規は直線や単純な角度の交錯を描くのには最も有効な道具であった。結果として直線と正しい角度からできているデザインが設計図を描くプロセスでは特に重んじられた。「箱」と呼ばれる建築家の作業部屋やインテリアデザインの風景は大昔から1900年代に至るまで変わらぬものであった。曲線的なフォルムが求められるようになってもコンパスで描くことができる一平面上の正円のみがデザインの遡上に乗った。これは紙に落とすことが容易で、かつ施工も簡単であるからである。曲線を使った円い部屋、アーチ型の開口部、丸天井などは直線によるフォルムと比べると一般的とはいえなかった。しかし曲線のフォルムが全く使われなかったわけではない。ある意味で「特別」な空間——たとえば宮殿や教会の要素として——に使われることが一般的であった。より複雑な曲線的フォルムである楕円や放物線を使うことはきわめてまれで、その施工は非常に困難であり、評判が悪かった。三次元の曲面使用はさらに困難であり、したがってより稀有であった。さらに幾何学的システムに基づかない「奔放な曲面」に至っては適用不可能といえた。

彫刻や、工芸においてもある段階までは、曲面使用の制約はもっと緩いものである。これは芸術家や工芸家が直接、素材に働きかけて最終的な造形ができるからである。彫刻の場合、石材を切ったり、土や石膏を鋳型で組み上げたり、金属を鋳造したり、針金や金属メタルを曲げたりすることにより、建築家やインテリアデザイナーにとっては大きな負担となる制約から解放されていた。木彫り職人、陶芸工、石膏士

21.46 現代美術センター、ザハ・ハディド、シンシナティ、オハイオ州、2003年

複雑なパターンの空間から直線的に伸びる階段。左側のはさみのように交錯する手すり付き2つの階段が6階建てのギャラリーへのアクセスとなっている。

たちはより自由なフォルムの作品をつくることができた。これにより内部空間のデザインにおいては二次的にこういった造形物を使うことが行われた。自由な曲線を使って多様なフォルムを建築や内部空間に使おうという試みはゴシックの円天井や典型的なバロックのフォルム、ロココデザインにまで遡る。またアントニオ・ガウディーのようなアールヌーボーの建築においてもこの試みが観察される。これとは対照的にモダニズムは概して直線と平面という語句へ傾倒する動きとしてとらえることができる。それらは一般的には90度に相互の関係を維持しており、曲線的な要素が盛り込まれることはまれであった。

20世紀後半、コンピュータとその関連技術の出現により複雑なフォルムの関係性を規定することが可能になり、その技術は徐々に建築設計現場で受け入れられるようになってきた。その結果、歴史上初めてT型定規とコンパスの軛（くびき）から解放されるようになった。設計の手法は従来の土や石膏、ワイヤーメッシュ、そして紙（しばしば過去においては建築家により使われた）で行う立体的な模型づくりから、実物のスケールのフォルムやインテリアをつくることができる複雑な技術的指示とそれを可能にする建築技術へとシフトした。20世紀後半においては、新しい技術が可能にする新しい自由を実感することができるようになっていた。

新世紀に入り、過去の建築を振り返ることが可能になった。1957年構造技師オーヴ・アラッ

21.47 パルコ・デラ・ムジカ、レンゾ・ピアノ、ローマ、2002年

ビルは3つの音楽堂のかたまりとそれを繋ぐスペースからなっている。この写真のように建物を取り囲む殻の中の内部空間は、複雑な曲線を描いており、それが角度のついた直線的な構造部材と交差している。

21.48 ライヒスタークビル再建プロジェクト、フォスター・アンド・パートナーズ、ベルリン、1999年

1894築の既存のビルの中に新しい立法府の議事堂がつくられた。旧ビルのエントランスから、議事堂のまわりのカーブした通路とプラットフォームへと続くアクセスロビーが形づくられ、これによりドームのある新しい議事堂へのアクセスが提供されている。

プが自宅としてロンドン・ハイゲートに建てた家は1994年にエヴァ・ジリクナにより建て直された（21.45）。建て直された家は、後期モダニストとハイテクへの指向が感じられると同時に、より自由度の増した要素をもっている。これは彼女の最近の作品を特徴づけるもので、代表例としてはプラハのホテル・ジョセフ（2002年）が挙げられる。

2003年ザハ・ハディドはオハイオ州シンシナティに現代美術センター（21.46）を設計した。建物の要素は直線的なフォルムに限定されているが、それらの相互の関係性はさまざまな角度で交錯しており、20世紀に結実したデコンストラクティビズムを示唆している。多様な内部空間は、はさみのように手すりが交錯する階段が続く6階建てであり、来訪者が上階への興味をそそられる構造である。

2002年レンゾ・ピアノによるローマのパルコ・デラ・ムジカでは、3つの音楽堂が貝殻型のストラクチャーに収められており、そのフォルムは複雑な曲線でできあがっている。外壁と内部の音楽堂との間のスペースには人が入れる通

路があり、そこでは貝殻型の曲線を支持する複雑な構造要素を目でみることができる（21.47）。

壮麗な外観を誇るベルリンの1894年旧ドイツ、ライヒスターク・ビル（連邦議会議事堂）において、ノーマン・フォスター・アンド・パートナーズは1999年その内部に新たな立法府の議事堂を建設した。議事堂はガラスとメタルのドームに覆われており、その天井は旧ビルの上にそびえ、新しいランドマークとなっている。ドームの中の階段と廊下を通って来訪者は議場上部へと回っていくことができ、そこから議場の様子を見ることができる。公共スペース（21.48）は後期モダニズムの特徴である直線が強調されている。他方、議場は曲線的フォルムでできており、天井のドームとともに新世紀の自由なフォルムを表現している。

モダニズムの特徴であるシンプルで概して直角、直線的なフォルムと新しい技術が可能にした複雑な曲線とを相互に取り入れることで新しい特色をもったデザインを生み出すことができた。安藤忠雄は2001年イタリア・ミラノの世界的ブランド、ジョルジオ・アルマーニの本社ビルにおいて古いチョコレート工場の枠組みの中に湾曲し、傾斜したコンクリート壁面をつくった（21.49）。コンクリートの表面は驚くほどスムーズに完璧に仕上げられている。これは安藤のコンクリートに滑らかさを加えて完璧な枠組みをつくるというこだわりからできあがったものである。ひかえめなグレイのコンクリート、白い漆喰の天井、そして天井が浮いているような印象を与える帯状の間接照明は、ビルに入っているフォーカスとなるアルマーニのハイセンスなファッションの展示品のさまざまな色を中和し、ニュートラルな環境をつくりあげている。

すでに20世紀の彼の作品で議論したように、フランク・ゲーリーこそが複雑な曲線的フォルムを一見ランダムに組み合わせるという新たな建築の可能領域を示した予言者的な存在である。彼が新世紀に入ってもこのアイディアを一層深化させていることは不思議ではない。2003年にロサンゼルスに建てられたウォルト・ディズニー・コンサート・ホールにおいて外観は巨大な曲線要素が組み合わさっており表面は一面ステンレス鋼で覆われている。内部空間においては、ホール自体は左右対称であるものの、それを取り巻く要素は曲線的なフォルムが複雑に交錯する目を見張るようなアレンジであり、またホールを取り巻く公共スペースと建造物とのかかわりも意外性に満ちている（21.50）。

コンピュータ関連技術の導入により、創造的な作品を自分自身でつくるという建築家の伝統的な役割が破壊されるのではないかという懸念をよく耳にする。実際の現場においてはこの点はあまり心配がない。たとえばフランク・ゲーリーは彼自身コンピュータを利用しないと言っている。彼は伝統的な方法で紙にスケッチを描き、段ボールやワイヤを使ってラフな模型をつくっている。コンセプトを現実のものにする段

21.49（左）ジョルジオ・アルマーニ本社ビル、安藤忠雄、ミラノ、2001年

曲線的で傾斜した壁は滑らかなコンクリートで仕上げられ、複雑なフォルムを呈している。こうして古いチョコレート工場はハイセンスな有名ファッション企業の本社へと変貌した。コンクリートの壁は、浮かんでいるようにみえる漆喰の天井から、間接照明の帯により分離しているようにみえる。その光はサンドストーンの床とともにオートクチュールの洗練された色調を際立たせるように、控えめに演出している。

21.50（右）ディズニー・コンサート・ホール、フランク・ゲーリー、ロサンゼルス、2003年

コンサートホールの音楽堂を取り囲む公共スペースは、ゲーリー作品の特徴である曲線的で複雑な要素が多用されている。コンピュータにより、彼のコンセプトが実際の建築へと翻訳されることが可能となった。

階では専門家のスキルが利用される。たとえば最先端技術であるCATIA、これはもともと航空機の設計のためにフランスで開発されたコンピュータのプログラムであるが、これにより、かつてはあまりにも困難で、時間とコストがかかることから断念されていたプロジェクトが実現可能となった。コンピュータの役割はフォルムのコンセプトを実際の建材に移転することであり、この点において非常に有効である。コンクリートの成形、構造部材製作、金属加工等をサポートする実施図面を描くということがコンピュータの役割であり、これにより、かつては実施困難、不可能であったプロジェクトが実施可能なものになった。新しい技術が新しい可能性を開いたのである。

　21世紀は建築デザインを過去1000年、2000年にわたって規定してきた制約条件や問題から解放し新たな領域へと導くであろう。それはまだ始まったばかりである。そして建築デザインは、過去もそうであったように人類の文明の土台を築き、未来の人類の生き方に作用する存在であり続けることだろう。

用語集

ア

アイオニック、イオニア式　Ionic
古代ギリシャならびにローマ建築の3オーダーのうち第2番目。円柱の柱頭は、対になった螺旋状のヴォリュート（渦巻き）を使うことが特徴である

アイル、側廊　aisle
教会堂の身廊の側面にある通路

アーカンサス　acanthus
コリント式円柱の柱頭を取り巻く装飾的な葉の要素

アーキヴォルト、飾り迫縁　archivolt
アーチの面でその曲線に沿った刳り形

アーキトレイヴ　architrave
エンタブラチュアの最下部の水平帯

アクエダクト、水道橋　aqueduct
水路を支える橋の構築物

アクスミンスター　axminster
図柄と色が幅広い多様性をもつ、羊毛の切ったパイルを使う伝統的な絨毯の製法

アーケード　arcade
連続した隣りあうアーチ

アゴラ　agora
古代ギリシャ都市の屋根のかけられていない市場の広場

アシュラー、切石、切石積み　ashlar
整った矩形のブロックに切りだされた建設用石材、架かるブロックで造られた壁面の構築

アシンメトリー、非相称性　asymmetry
相称的な釣り合いを避けること

アズ、手斧　adze
重いのみのような、長い柄のついた道具

アストラガル、小玉縁　astragal
小さな、凸型の刳り形で、しばしば刻まれた数珠玉で装飾される

アーチ　arch
開口部に渡す楔形をしたブロックからなる構築物

アーツ＆クラフツ、美術工芸運動　Arts and Crafts
ウィリアム・モリスの教えに主導された、イングランド19世紀後半の耽美主義運動

アティック、屋階　attic
建物の最上階。屋根の下の室内空間

アディロンダック　Adirondack style
仕上げていない木の枝を使う、アメリカのアディロンダック山脈で作りだされたインテリアと家具の様式

アドベ　adobe
日に干した泥とわらでできた煉瓦。また、この材料で建てられた建物

アトリウム　atrium
古代ローマ建築で、住宅の中央の屋根が架かっていない中庭。さらには、中央にある露天式の場所

アバクス　abacus
ギリシャ・ドリス式円柱の柱頭の最も上の部分

アプス　apse
バシリカすなわち教会堂の半円形の端部

アラインメント、列石　alignment
先史時代の、直線状の巨石の配置

アラベスク　arabesque
軽快で流れるような表面装飾

アーリー・イングリッシュ　Early English
イングランドのゴシック建築の最初期（13世紀）

アリス、稜線　arris
2つの面がぶつかり形成される鋭い縁

アール・デコ　Art Deco
近代の技術的発展を連想するように意図された要素を使った、1920年代、1930年代の装飾様式

アール・ヌーヴォー　Art Nouveau
歴史的装飾要素を置き換えるため流れる曲線と自然に触発された要素を使った、19世紀後期の様式の展開

アルモワール、大型衣裳タンス　armoire
正面扉の付いた移動可能な衣裳タンス

アンディロン、薪載せ台、薪架　andiron
暖炉の炉床で薪を置くのに使われる対になった金属製の台

アンドロン　andron
古代ギリシャの住宅の玄関に隣接する前室広間

アンビュラトリー、周歩廊　ambulatory
教会堂の内陣の側面や背面を巡る通路

アンピール　Empire
ナポレオンの治世（1804-1814年）に対応するフランスの新古典主義デザインの時期

イ

イーストレイク・スタイル　Eastlake style
チャールズ・イーストレイクが導入した華麗なヴィクトリア時代の装飾様式

イーセティック・ムーヴメント、耽美主義運動　Aesthetic movement
英国19世紀の美術とデザインの運動

イタリアニット　Italianate

イタリアの先例を模倣した、アメリカのヴィクトリア朝風（と同様により一般的な）デザイン

インターシィヤ　intarsia
イタリア・ルネサンスで使われたような、手の込んだ装飾的な象眼細工で、しばしば抽象的あるいは絵画的デザインを形成している

インターナショナル・スタイル、国際様式　International Style
機能にもとづく20世紀の建築様式で、たいてい装飾が省かれ、陸屋根と大きなガラス面が特徴である

インプールヴィウム　impluvium
古代ローマ建築で、屋根を架けない中庭の真ん中に設けた水盤すなわち貯水槽

インポスト・ブロック、迫り元　impost block
アーチの基礎部分の組積み造のブロック

インレイ、象眼細工　inlay
平らな平面をもつ背景の材料から切り抜かれた部分に、対照をなす色あるいは素材の型を嵌め込んでつくりだされる装飾的な表面の飾り

ウ

ヴァナキュラー　vernacular
鍛錬を積んだあるいは専門的な補助の手助けなしに普通のやりかたにより生み出されたデザイン

ヴィクトリアン　Victorian
ヴィクトリア女王の治世（1837-1901年）に対応するイングランドとアメリカのデザインの時代

ウィグワム　wigwam
アメリカ大陸の東側でアメリカの先住民族が建てた草と藁の小屋

ウィッカー　wicker
家具を形作るために使われるトウ、たけ、そのほか材料から織られた織物

ヴィッラ　villa
たいていとても豪華なイタリアのカントリー・ハウス。この用語は大規模カントリー・ハウスならどれにも、さらに一般的に使われるようになった

ウィリアム・アンド・メアリ　William and Mary
ウィリアム3世とメアリ女王の治世（1689-1702年）の間の17世紀のイングランドの様式。その時期のデザインは、特徴としてバロック的である

ウィールバック・チェア　wheelback chair
背もたれに円形の車輪の形を使ったヴィクトリア朝期の椅子

ウィング・バック・チェア　wing-back chair
高い背もたれと前に突き出た覆いをかぶせた要素をもつ椅子

ウィンザー（チェア）　Winsor (chair)
後ろに曲がる縁を支えるろくろ加工の多くの細い木材を使った、簡素なサドルシートの椅子

ウィーン分離派　Sessesion
19世紀末のウィーンにおける運動で、建築家やデザイナー（またそのほか芸術家）が、非伝統的な様式を創りだそうと、伝統尊重の展覧会から退会した

ウエインスコット　wainscot
室内の壁面の下部の羽目板

ウェストワーク　westwork
ドイツの中世教会堂の正面の構成

ヴェルクシュタット　Werkstätte
ウィーン分離派のデザインの作品を工房、店舗、展示をとおして奨励するオーストリアの組織

ヴォリュート　volute
渦巻きの装飾的な形で、イオニア式の建築オーダーの円柱での柱頭における主要な要素として使われる

ヴォールト　vault
開放的な空間を覆うため1つないし2つのアーチの形態を使う組積み造の構築法

ヴーソワール　voussoir
アーチを構成する石で、完成したアーチ構造で置かれる場所が決まるように楔状をしている

エ

エキヌス　echinus
円柱の上でアバクスの下の、ドリス式円柱の柱頭の円形の要素

エクスプレショニスム、表現主義　Expressionism
感性にもとづく表現を求めて努力する美術とデザインの様式

エクセドラ　exedra
会話のため設けられた半円形をした部屋またはそのほかの場所

エクレクティシズム、折衷主義　eclecticism
さまざまな以前の時代からデザインを借用すること。20世紀前半の建築とインテリアのデザインによくみられた

エッグ・アンド・ダート、卵鏃文様　egg and dart
古典主義建築の割り形を卵形と鏃のような要素を交互にして飾るのに用いられる装飾的細部

エトルスカン・スタイル、エトルスク様式　Etruscan style
初期の古代ローマの先例を基礎とした装飾様式

エリザベサン　Elizabethan
女王エリザベス1世の治世（1558-1603年）に対応するイングランドのデザインの時期

エンタシス　entasis
古典的な円柱の柱身における先すぼまりすなわち外側の湾曲

エンタブラチュア　entablature
古典主義建築のオーダーの円柱に支えられた水平の層。アーキトレイヴ、フリーズ、コーニスの3つの要素からできている

オ

黄金分割、ゴールデン・ミーン　Golden mean
最小の数と最大の数の関係が、最大の数と二数の和、すなわち A:B = B: A + B という比率または比例

王制復古期、レストレーション・ピィアリアッド　Restoration period
1660年から88年にかける、イングランドのチャールズ2世とジェームズ2世の治世

オエクス　oecus
古代ギリシャ住宅の主室

オキュラス、円窓　oculus
ドームの頂部の円形の開口部または窓

（建築の）オーダー　order
古代ギリシャ、ローマ建築で使われた、円柱とエンタブラチュアを基本としたデザインの仕組みの1つ。3つの重要なオーダーは、ドリス式、イオニア式、コリント式である

オービュッソン　aubusson
フランスの手作りによる平織りの敷物すなわち絨毯

オルケストラ　orchestra
古代ギリシャ劇場の中央の円形舞台。また現在、劇場の座席の最下部にも使われる

用語集

オルモル ormolu
新古典主義期の家具の装飾的細部に使われた、金箔を貼られた青銅製品

カ

ガーゴイル、樋嘴 gargoyle
怪奇な形に彫刻された突き出した水の排出口

カース kas
蝶番の正面扉をもつ大きなオランダ風衣裳ダンス

カッサパンカ cassapanca
鏡板で飾られた背もたれと肘掛けを持ち、それゆえ腰掛けにも使える、イタリア・ルネサンスの飾りたてた大きな収納箱

カッソーネ cassone
イタリア・ルネサンスの手の込んだ彫刻をほどこした収納箱

カナペ canap_
長椅子あるいはソファのフランス語

カーペンター・ゴシック、大工のゴシック Carpenter Gothic
木材から切り出したゴシックの装飾的要素を使った、アメリカのヴィクトリア時代の大工により建設された構築物

カリアティッド、女人像柱 caryatid
人体が彫刻された構造的支持材に使われた柱

カルダリウム、熱浴室 caldarium
古代ローマ浴場で、熱い蒸気の浴室のための部屋

カールトン・ハウス・デスク Carlton House desk
イングランド18世紀の、書き物をする面の背後と側面に沿って並ぶ小さな引き出しと仕切りを持つ書き物机

カロリアン Carolean
チャールズ2世時代のイングランドの様式

カロリンジアン、カロリング朝 Carolingian
紀元後750年から1000年までのフランスとドイツのロマネスク様式

ガンブレル・ルーフ、腰折れ屋根 gambrel roof
下がより急で、上がより平らな、屋根の傾斜面に2つの角度を持つ破風付きの屋根

キ

キッチュ kitsch
悪趣味で質が低く、しばしばふざけたデザイン

キープ keep
中世城郭で最もしっかりと防御された、たいてい中央の部分

キャピタル、柱頭 capital
古典的円柱の頂部の要素

キャブリオール、猫足 cabriole
彫り込んだ、先細りとなる家具の脚

キャンチレヴァー、片持ち梁 cantilever
内側の端部のみで支えられた水平に突出した梁あるいはそのほか構築物

キュールール curule
古代ローマで高位高官のための座席

ギリシャ十字形、グリース・クロス Greek cross
等しい長さの4本の腕をもつ十字形

ギリシャ雷文文様、グリークキー Greek key
古代ギリシャのデザインに用いられた、鍵型のようなモティーフを使った装飾の図柄

ギンプ、笹縁 gimp
針金あるいは細引きのまわりに巻き付けられた織物の細い組ひもの家具覆いの装飾材料

ク

クイーン・アン Queen Anne
イングランド女王（在位1702-1714年）に由来する、18世紀初期のイングランドのデザイン様式。この様式は、19世紀後半に復興され、新古典主義への回帰を記した

グラストンベリィ・チェア Glastonbury chair
Xに交差する脚の基部をもつイングランドのテューダー朝期の折り畳み椅子

クラップボード、下見板、羽目板 clapboard
重ね合わせた水平の平らな板を使用した、建物の外壁

クラフツマン・ムーヴメント、職人運動 Craftman Movement
英国の美術工芸運動をもとに起きたアメリカのデザインと家具の様式

クリアストーリー、高窓 clerestory
壁面の最上部の窓開口部

グリーク・リヴァイヴァル、古代ギリシャ様式復興 Greek revival
古代ギリシャ建築の形式を採用した19世紀の様式

クリスモス klismos
古代ギリシャの椅子の形式で、前に曲がった正面の脚と弓なりになった後ろの脚、また凹形に湾曲した背もたれを支える背中の支持部材をもっている

クリデンツァ credenza
棚あるいは引き出しの付いた横置きの家具

クリプト、地下祭室 crypt
教会堂あるいは大聖堂の床下に設けられた地下室で、しばしば礼拝堂または埋葬場所として使われる

クルースフォーム、十字形 cruciform
ラテン十字の形をもつこと

クロイスター、回廊 cloister
修道院の囲われた屋根のない中庭。また意味を拡張し、修道院あるいは僧院

グローイン・ヴォールト、交差ヴォールト groin vault
2つのヴォールトが交差して形作られるヴォールト。「グローイン」（きゅう稜）と呼ばれる交差する稜を作りだす

クロケット、拳華、拳葉飾り croket
葉にもとづく突き出た形をした装飾

クロッシング、交差部 crossing
中世の教会堂や大聖堂の設計で、身廊、内陣、袖廊の交差部分

グロテスク grotesque
幻想的で不格好な形。こうした形の彫刻

クワイア choir
もともとは修道士の合唱隊が占めていた、大聖堂あるいは教会堂の内陣部分

クワドゥラトゥーラ quadratura
壁面や天井面に描かれた、幻想的な遠近法による絵画

クワドゥラパータイト・ヴォールティング quadripartite vaulting
各々のヴォールトはリブすなわち交差線で4分割されるヴォールト架構

クワトゥロフォイル quatrofoil
四葉形の装飾要素

クワドゥロリポーテート quadro riportato
ヴォールトに据えられたパネルの絵画、あるいはこのやりかたをまねた絵画

ケ

ケースメント・ウィンド、開き窓　casement window
わきに蝶番のついた窓枠の窓

ゲートーレッグ・テーブル　gate-leg table
脚を外に回転させることで支えられる蝶番付の自在板をもつテーブル

ケープコッドコテイジ　Cape Cod cottage
コロニアル時代のアメリカで広く手本とされた切妻屋根を持つ平屋の住宅型式

ゲーブル、破風　gable
傾斜屋根の建物の三角形をした端部の壁

ゲリドン　gueridon
ろうそく用の円形の皿をもつ彫刻された人物像のついた燭台

ゲル　ger
ユルト（yurt）を参照

コ

コイン、クオイン　quoin
建物の隅で突き出た石で、装飾的な隅の帯を形成する

コーヴ　cove
突出した凹形の刳り形あるいは要素、くぼみまたはへっこみ

工作連盟　Werkbund
ドイツ、のちにオーストリアの、より良質のデザインを振興することに専心した組織

ゴシック　Gothic
尖塔アーチの使用が特徴付ける中世後半の建築様式

ゴシック・リヴァイヴァル、ゴシック様式復興　Gothic Revival
中世のゴシック建築の形態を採用した19世紀の様式

コーニス、蛇腹　cornice
エンタブラチュアの最上部の要素、あるいは壁面の頂部の突出した要素

コーベル、迫り出し　corbel
梁あるいはアーチの基礎のような、構築要素を支持する突出する要素

コモード、脚付き整理だんす　commode
引き出しあるいは棚をもつ家具

コリンシィアン、コリント式　Corinthian
おのおのの円柱の柱頭の周りに彫り込んだ群となった（アーカンサスの）葉を使う、古代ギリシャとローマの建築のオーダーの最も入念に作られたもの

ゴールデン・オーク・スタイル　Golden Oak style
褐色に彩色されたオークを用いる19世紀後期のアメリカの家具様式

コロ　coro
イタリアとスペインのゴシックあるいはルネサンスの教会堂における内陣

コロニアル　colonial
植民地の歴史の期間のデザイン、とくに1776年以前のアメリカの作品

コロネード、柱廊　colonade
連続した円柱

コンサレート様式、執政政府様式　Consulate style
フランスのナポレオン時代の装飾様式

コンプレッション、圧縮力　compression
圧力が加えられた材料を圧搾あるいは圧縮しようとする力

コンポジット式オーダー　Composite order
イオニア式とコリント式オーダーの要素を組み合わせて使った建築のオーダー

サ

サヴァンリー・カーペット　Savonnerie carpet
サヴァンリーの工場で制作された18世紀のフランスのカーペット

サヴォナローラ・チェア　Savonarola chair
サヴォナローラが使ったといわれる、イタリア・ルネサンスの折り畳み椅子

サクリスティ　sasristy
聖職者が礼服に着替えるために考えられた教会堂の部屋

シ

シェイカースタイル　Shaker style
アメリカのシェイカー教徒の社会で発展した控えめで簡素な様式

シェイズ　chaise
肘掛けのない椅子

シェイズ・ロング　chaise longue
寝椅子として使える広くされた座部をもつ椅子

ジェネラル・グラント様式、ジェネラル・グラント・スタイル　General Grant style
ユリシーズ・グラントが大統領であった時期のアメリカのヴィクトリア朝風の建築と装飾様式

シノワズリー　Chinoserie
18世紀のフランスやイングランドにおける、中国の伝統的デザインに由来する装飾的な要素の使用

ジャカード　jacquard
フランスで開発された織機の一形式で、手の込んだ図柄を織ることができる。また、ジャカード製法で作られた織物

ジャコビアン　Jacobian
ジェイムズ1世とチャールズ1世の治世（1603-1649年）に属するイングランドのデザイン

シュヴェ　cheve
ゴシック大聖堂の聖歌隊席と周歩廊を巡る礼拝堂の配置

床几、ショーギ　shogi
伝統的な日本建築で部屋を分けるのに使われる仕切りの引き戸

ジョージアン　Georgian
イングランド国王ジョージ1世からジョージ4世の治世（1714-1830年）に対応するイングランドとアメリカの時代の様式

シングル、こけら板　shingle
建物の外部に張るため使われる薄い板の切片

シングルスタイル　Shingle style
建物の外にこけら板（シングル）を張って覆ったアメリカのヴィクトリア朝後期の建築様式

新古典主義、ネオクラシシズム　Neoclassicism
起源が古代ギリシャ、ローマ建築にさかのぼれる建築とデザインの様式

ジンジャーブレット　gingerbread
手の込んだヴィクトリア朝期の表面装飾のくだけた言い回し

シンパウリオ　cimborio
窓の開口部をとるため、主要な屋根の上に設けた頂塔あるいは高くした構築物のスペイン語

シンメトリカル・バランス　symmetrical balance
中心線のどちらの側でも、要素が一致して完成されたバランス

ス

スカベッロ、ズガベッロ　sgabello

イタリア・ルネサンスで発展した小さく、移動可能な椅子
スカルセッラ　scarsella
礼拝堂あるいは教会堂の連続した小規模の方形の内陣のイタリア語
スクリーン　screen
前室あるいは食料貯蔵室として使われた、中世のマナー・ハウスの広間に隣接した部屋
スクロール・ソー　scroll saw
複雑な曲線を切りだすことのできる機械仕掛けののこぎり
スコンス　sconce
白熱電球を載せる装飾的な壁に取り付けた台
スゴンタンピール　Second Empire
1850、1860年代のルイ16世時代の復興様式
スタイロベート　stylobate
古典的柱廊の基礎を形作る段
スティーヴ・チャーチ　stave churck
大きな直立する構造材を使うフィンランドの中世初期の教会堂
ステレオトミィ、スティーレトミィ　stereotomy
複雑なヴォールト構築物の要素を形作るための石切りの方法
ストア　stoa
古代ギリシャ都市の屋根を架けない市場（アゴラ）の一方にある屋根のかかった柱廊
ストゥーパ　stupa
仏教のモニュメントの1つで、通例ドーム状の形態をしており、しばしば遺物をもつ。ストゥーパは、外観か内部で完全な建物あるいは建物の一部であるかもしれない
ストラップワーク　strapwork
革から切りだされた紐を連想させる彫刻したり、漆喰仕上げの装飾的細部
ストリップド・クラシシズム　stripped classicism
古典主義を基礎とするが古典的細部は簡略化されたり省かれた、1920年代、1930年代のデザイン
スプラットバック　splat back
中央に幅広の垂直の要素を使う椅子の背もたれ
スプリット・ラス　split lath
ところどころに裂け目の入った木の薄板で、漆喰が裂け目に押しつけられると漆喰のため止めとなる下地を形成する
スプール・アンド・ノブ　spool and knob
円筒形と球形の要素を交互に使った装飾的細部
スペースプランニング　space planning
20世紀の事務空間やそのほかの室内の計画法
スラスト　thrust
アーチ、ヴォールト、ドームが働かせる外に向かう力。堅固な組積み造あるいはバットレスで抑える必要がある
スワッグ　swag
吊りさげられた花綱の形をした装飾

セ

セイル・ヴォールト　sail vault
室内空間の天井を形成する、緩い曲線のヴォールト
セクスパータイト　sexpartite
ヴォールト面が6つの面からなる中世のヴォールトの型式
セクレタリー・デスク　secretary desk
17世紀、18世紀のイングランドやアメリカで発展した、上に書棚、下に書き物机をもつ机

セットバック　set-back
高層の建築で、都市計画法により上層で下層より規模を縮減すること
セディア　sedia
イタリア・ルネサンスの椅子
セラ、ケッラ、神室　cella
古代ギリシャ神殿の周囲を囲った部屋
センタリング　centering
アーチあるいはヴォールトを建設する際に使う仮設の木製工作物

ソ

ソフィット　soffit
どの要素でも下の面
ソルト・ボックス　salt-box
正面と較べると建物の背面で切妻屋根がたいそう低く延びている住宅。ありふれた台所の塩の容器を思い起こさせる

タ

ダウル、ほぞ　dowel
2つの要素をつなぐためそれに合った穴に固定される円形の木片
ターキーワーク　turky-work
ルネサンスのイングランドで覆いのために使われた、東洋風の織物を模倣した刺繍法
ダッチベット　Dutch bed
囲まれたアルコーヴに納まる寝台
ダド、台胴　dado
特別に仕上げた室内壁面の低い部分。また木工では、溝
ダニッシュ・モダン、デンマークの近代様式　Danish Modern
デンマークで展開された20世紀の装飾と家具の様式
タブリヌム　tablinum
古代ローマ住宅でアトリウムの端部に設けた小室あるいはアルコーブ。家族の記念品や肖像を飾った
ダブリュ・ピー・エイ・スタイル　WPA style
古典的な要素を省いた形を採用した、アメリカ政府機関による1930年代の計画にみられる建築デザイン
タワー・ハウス　tower hoiuse
中世城郭の型式で、垂直に部屋を積み重ねて防御しやすい塔を造るもの
タング・アンド・グルーヴ　tongue and groove
突き出た実をそれに合った溝に差し込んで使う木の継ぎ手
ダンテ・チェア　Dante chair
座部や背もたれにピンと張った革を使うイタリア・ルネサンスの折り畳み椅子
タンプト・アース　tamped earth
床として使うため固い場所を形成するように突き固めた地面
タンブールド　tambour door
画布の裏に貼りつけた平行に並ぶ薄く長い細片でできた、自由に引くことのできる扉

チ

チャンセル、内陣　chancel
教会堂あるいは大聖堂の聖なる領域で、クワイア（聖歌隊席）とも呼ばれる
チュリゲレスコ　Churrigueresco
1650年から1780年にかけるスペイン・バロックのデザイン
チンツ、インド更紗　chintz
たいてい光沢のある、装飾的な印刷された図柄をもつ平織の織物

テ

ディ・ソット・イン・ス　di sotto in sù
見上げた幻覚をともなう透視図法による天井画

ディレクトワール　Directoire
古代ローマの装飾エレメントを強調する革命後の時期（1795-1804年）のフランスのデザイン

ティンパヌム　tympanum
ペディメントの内側に形成される三角形の板

テキスタイル・ブロック　textile block
フランク・ロイド・ライトが1920年代につくりだした、織物のような表面の図柄をなす模様の入った表面をもつコンクリート・ブロック

デコレイティッド、装飾式　Decorated
イングランドのゴシック建築の第2期〔14世紀〕

デコンストラクティビズム、脱構築主義　deconstructivism
20世紀後半の建築で、壊されたり分離された要素を使ったデザイン

デサワナメンタード　desornametado
最小の装飾的細部を用いる、スペイン・ルネサンス後期の装飾様式

デ・ステイル　De Stiji
美術とデザインにおける初期近代主義のオランダでの運動（1917-1931年）

テピダリウム　tepidarium
古代ローマ浴場で、ほどよい温度の部屋

テペ　tepee
獣皮あるいは毛布の外面を支える支柱から形作られた、アメリカ先住民族の移動可能な住宅

テューダー　Tudor
1485年から1601年までのテューダー王朝の治世の、イングランドの初期ルネサンス建築の様式

デュープレックス　duplex
2層からなる一戸の区画

テラゾ　terazzo
大理石の小さなかけらで、セメントに埋め込み、床仕上げに適するようなめらかな表面となるよう磨く

デンティル、歯形飾り　dentil
イオニア式やコリント式の古典主義建築で使われる歯のような突き出た装飾的細部

テンプル・ハウス　temple house
古代ギリシャ神殿の形をした住宅

ト

トウシィア　torchereier
ロウソクあるいはランプを据える台

トゥスカン、トスカナ式　Tuscan
ドリス式を簡素化した古代ローマのオーダー

トウチィア　torchier
照明のため、たいまつあるいはろうそくを載せておく台あるいは設備

ドヴテイル、蟻継ぎ　dovetail
先細りの形の組み合わせる要素を使う木工の継ぎ手

ドゥーマー　domer
窓の場所となる傾斜屋根の突出部。また、架かる突出に配置された窓

トゥルッリ　trulli
南イタリアのアプリアに代表される、ドームが頂部に載る単純な形の建物

床間　tokonoma
伝統的日本住宅に設けられたアルコーヴで、絵が掛けられたり、花瓶またはなんらかほかの装飾的なものが置かれたりする。

ドスレット　dosseret
円柱の柱頭の上に置かれたブロックで、しばしば上方のアーチを支える

ドーム　dome
アーチを回転させて導きだされる円形のヴォールト。半球形あるいは平たい形（皿形ドーム）、または平面が楕円形のことがある

トラヴァーティン　travertine
小さな空隙をもつ柔らかい石灰岩の大理石で、ときには漆喰あるいはモルタルで埋められることもある

トラサンザム　transom
窓の最上部の要素、または扉の上方に位置する窓で、たいてい別に開けられるように調整されている

トラス　truss
三角形に分割することを用い、開放的な空間を架け渡す木または鋼鉄の構造的要素

トラディショナリズム　traditionlism
歴史的先例から借用する要素に限られたデザイン

トラビエイティド　trabeated
ポスト・アンド・リンテルを参照

ドラビダ　dravida
南インドの神殿建築の様式

トランスパレンテ　transparente
スペインの大聖堂で祭壇の手の込んだ彫刻を施した背景。内陣や背後の周歩廊からサクラメント〔秘跡〕をみるとこができる

トランセプト　trancept
十字型（cruciformm）平面を構成する大聖堂または教会堂の両側に外に付きだした腕部分

トリクリニウム　triclinium
古代ローマ住宅の食事室で、ものを置かない方形をつくるように並べられた3つの傾けた台を用いる

トリグリフ　triglyph
3本の垂直の細長い断片を彫り込まれた板で、古代ギリシャのドリス式エンタブラチュアのフリーズを飾ったメトープと交互に使われた

ドリック、ドリス式　Doric
古代ギリシャとローマの建築の古典的オーダーのうちで最も簡素なオーダー

トリップティック　triptych
3枚のパネル画で、脇のパネル画は、中央のパネル画を覆う扉になるよう蝶番でとめられていた

トリフォリウム　triforium
ゴシック大聖堂あるいは教会堂の主要な身廊アーケードの上で、高窓層の下の歩廊

ドルメン　dolmen
頂部に水平の石を載せた、2ないし3の直立する石からなる先史時代の一群の石。おそらく古代の墓の一部

トレーサリ　tracery
細く複雑な形をした、ゴシックの装飾的な彫り込んだ細部

トレフォイル　trefoile
三葉形をもつ彫刻された装飾的要素

トロップ・リーフ・デスク　drop-leaf desk
書き物をする面を形成するため、下に降ろす面をもつ箱型の机

トロンプロワ　trompe-l'oell
現実感の幻想を生み出す写実的な絵画技法（字義では、「眼をだます」）

ナ

ナガラ　nagara
北インドの神殿建築の様式

ナルテクス　narthex
教会堂の身廊の前面に設けた玄関すなわち前室

ネ

ネイヴ　nave
大聖堂または教会堂の中央の主要空間

ノ

ノルマン　Norman
11世紀、12世紀のイングランドのロマネスク様式

ハ

ハイ・ゴシック、盛期ゴシック　High Gothic
最も完全に発達した時期の中世ゴシック建築

ハイオルター　high alter
複数の祭壇のある教会堂あるいは礼拝堂で、最も重要な中心となる祭壇

ハイテック　high-tech
航空機や宇宙船のような最新の技術的デザインに典型的な要素を特色とする、20世紀の近代建築とデザイン

ハイボーイ　highboy
たくさん引き出しをもつ背の高いタンス

ハイポコースト　hypocaust
古代ローマの建物の一部で設けられた、床下の空洞。離れたところに設けた炉からその空洞をとおった煙道ガスにより熱を供給する

ハイポスタイル・ホール、多柱室　hypostle hall
上部の屋根を支える多数の円柱をもつ部屋

バイレイテラル・シンメトリー、左右相称　bilateral symmetry
2つの相称的に配置された要素を用いたデザイン

パイロン　pylon
古代エジプト神殿の出入り口正面の左右に使われたような、巨大な組積み造の要素

バウハウス　Bauhaus
1919年から1932年までのドイツの美術とデザインの学校。ワルター・グロピウスの指導のもとに、この学校はデザインのすべての面でモダニズムの発展に強く影響した

バーガインヨー　vargueňo
スペイン・ルネサンスに造りだされた天板が可動する机の一型式

バシリカ、キリスト教会堂　basilica
キリスト教会堂となった、元来は古代ローマの裁判所の1つの形式で、中央に天井の高い身廊があり、両側により低い側廊をもつ

バス・レリーフ、浅浮き彫り、薄肉彫り　bas-relief
浅浮き彫りにより平らな表面を彫り込む彫刻術

バター、転び　batter
垂直壁面の内への傾斜

バットレス、控え壁　buttress
突っ張りあるいは支柱となる組積み造構築物の要素（フライング・バットレスも参照）

パネル　panel
枠で囲まれた表面の一区画。鏡板張りは表面に木の羽目板を使った壁面処理の1つの形態である

ハーフティンバー、木骨様式　half timber
木造工法の1つで、柱や梁が筋交いとともに、煉瓦または漆喰などの詰め物と、建物外側に露出している

パーペンディキュラー　perpendicular
もう1つの（たいてい水平の）線と垂直に交わる1つの線。また(Perpendicular)、イングランド15世紀、16世紀のゴシック建築様式

バラスター、手すり子　baluster
手すりを支える束あるいは柱

パラッツォ　palazzo
宮殿のイタリア語

パラーディアン　Palladian
アンドレア・パラーディオの様式を基本としたデザイン

パルケィ、寄せ木張り　parquet
しばしば図柄を形作る木片による床仕上げ

バルダッキーノ、天蓋　baldacchino
たいがい祭壇または墓の上部に設けられる、円柱に支えられる覆い、天蓋

バレル・ヴォールト、半円筒ヴォールト　barrel vault
半円形をした組積み造のヴォールト。またトンネル・ヴォールトともよばれる

バロック　Baroque
ルネサンス末期から発展した建築とデザインの様式。手の込んだ装飾的細部をもつ複雑な形態の空間が、その典型

ハンマービーム　hammer beam
基部の水平のつなぎ材を省いた、トラスの形態

ヒ

ピアノ・ノビレ　piano nobile
建物の主要な（たいてい2階）階に当たるイタリア語

ヒストリシズム、歴史主義　historicism
デザインに歴史的形式を採用すること

ビーダーマイヤー　Beidermeier
新古典主義と地域の要素を結びつけた、ドイツ19世紀の家具様式

ヒップドルーフ、寄棟屋根　hipped roof
正面と背面、ならびに側面で傾斜面をもつ屋根

ビード・アンド・リール、連珠紋　bead and reel
半球形と半円筒形を交互に用いた彫り込まれた装飾の要素

ビーム、梁　beam
構造的に支える水平材

ヒューマニズム　humanism
人間の行動や価値観を基礎にした考えかたや哲学

ビューロー・ア・シランドゥル　bureau à cylindre
筒型のたたみ込み式のふたのついた書き物机

ピラー・アンド・スクロールスタイル　pillar and scroll style
ダンカン・ファイフが造りだしたアメリカ19世紀の様式で、彫り込んだ古典的な円柱と渦巻きの要素を使用する

ピラスター　pilaster
壁面に据えられた平たくされた円柱の外形

ピラミッド　pyramid
古代エジプトで建てられたような、四角錐の形態をもつ、たいてい墓の、構築物

ピロティ　piloti
地面のレヴェルより高く建物の軀体をもちあげるため使われる、大きな塔門のような支持部材

フ

ファシーズ、ファスケス　fasces
古代ローマの皇帝の力の象徴で、ともに結ばれた棒の束の形をとる。その形態は、フランスのアンピール期の装飾的デザインで復興されたが、ナポレオンの権力と野望を象徴化するためであった

ファットーノット　what-not
装飾的な飾り物を入れるためのヴィクトリア朝期風の棚のユニット

ファン・ヴォールト　fan vault
シュロの扇を連想させる模様で放射状に拡がる数多くのリブをもつヴォールト

フィニアル、頂華　finial
頂部すなわち最高部の飾り

フェデラル　Federal
植民地時代に続く、アメリカの建築とデザインの時期（1780-1830年）

プエブロ　pueblo
アリゾナやニュー・メキシコの南西部の州に、土着のアメリカ人共同体で建てられたような、陸屋根のアドベ住宅あるいは住宅群

フォトュイユ　fauteuil
フランス・ルネサンス期の覆いをつけ座りやすくした肘掛け椅子

フォルディド・ピラスター　folded pilaster
曲げたり折りたたんだ形にすることで、建物の隅に収められる片蓋柱

フューダル・システム、封建制　feudal system
中世ヨーロッパの統治の仕組みで、領地の所有と支配の位相の権威性にもとづく

フューチャリズム　Futurism
1920年代の運動、機械化、速度を特色にしたイタリアの美術とデザインの様式

フライング・バットレス　flying buttress
半アーチ形のバットレスで、空中をまたぎ、圧力が室内のヴォールトの横圧力に抵抗するため作用する点まで架かる

ブラウンストーン、褐色砂岩　brownstone
落ち着いた茶色の砂岩。また、この素材の建物

プラテレスコ　Plateresco
16世紀前半のスペインデザイン様式。銀細工師の仕事を示す素晴らしい細部が特徴

フランボワイアン　Flamboyant
フランス・ゴシック建築の最後の時期（14世紀から16世紀まで）。手の込んだ、炎のような装飾的トレーサリが特徴

フリギダリウム　frigidarium
古代ローマの浴場で、冷水の浴槽のある部屋

フリーズ　frieze
古典的エンタブラチュアの第二のすなわち真ん中の水平層。また意味を拡張して、装飾的な水平の層

ブール　boulle
フランスでシャルル・ブールが開発した金属と鼈甲の象眼細工製品

ブール　burl
不規則に成長した模様の木から作られた装飾的化粧単板

ブルータリズム（あるいは新ブルータリズム）、野蛮主義　brutalism (or new brutalism)
たいていは打ち放しコンクリートの、どっしりとした要素を使った近代建築様式

フルーティング　fluting
古典的円柱の柱身に使われるような、彫り込まれた平行の溝

ブレイクフロント・デスク　breakfront desk
下部の突き出た机と上部の書架からできた家具の組み合わせ

フレスコ　fresco
テンペラ絵具を使い湿ったあるいは湿気のある漆喰に描かれる絵画

プレーリー・ハウス　prairie house
水平性を強調し設計された中西部の住宅を言い表すため、フランク・ロイド・ライトが使った用語

プロヴィンシャル　provincial
ヴァナキュラーあるいは格式張らない特徴をもつ歴史的時期のデザイン。17世紀、18世紀のフランスとイタリアの地方特有の様式は、しばしば称讃され模倣されている

ブロークン・ペディメント、破れ破風　broken pediment
中央がつながっていないペディメント

フロスティング　frosting
菓子の砂糖ころもを連想させる、装飾的な表面の綿密な仕上げ

ブロックフロント　blockfront
3つの部分からなる一式の家具で、左右が突き出し、中央は引っ込んでいる。アメリカ18世紀（とくにニュー・イングランド）の家具製作者のものが一般的

ヘ

ベイ、柱間　bay
繰り返された同じ要素を用いる構築システムの単位

ベイウィンド　bay window
突き出した窓の要素

ペッグド・ラップ・ジョイント　pegged lap joint
2枚の板切れをその両方を貫く釘あるいは細長い栓でともに重ね合わせ止める、木の継ぎ手

ペディメント　pediment
破風の端部で形作られる三角面。古典的なギリシャとローマ建築のペディメントは、たいてい室内や家具の装飾的細部として使われている

ベトン・ブリュット　beton brut
打ち放しコンクリートのフランス語

ペリスタイル　peristyle
建物あるいは中庭を囲む連続した円柱

ベルジェール　bergère
フランスで作られ使われた、背の低い覆いをつけた肘掛け椅子

ペンデンティフ　pendentive
ドームの基部を下の箱型の空間とつなぐため使われる組積み造の三角面

ベントウッド、曲げ木　bentwood
蒸気を使い柔らかくした木を型にはめて、木片を曲面に成形する技術。この技法で制作された家具は曲げ木と呼ばれる

ホ

ボザール　Beaux-Arts
パリにある美術とデザインのフランスの学校、エコール・デ・ボザールで展開された建築様式

ポスト・アンド・リンテル　post and lintel
水平部材（梁または楣）を支える垂直的要素（柱）を使う構築の基本的な仕組み

ポストモダニズム　post-modernism
近代主義者の仕事を継承する20世紀の建築とインテリアデザインで、歴史主義や装飾的要素の使用で特徴づけられる

ボックス・（フィンガー・）ジョイント、組継ぎ　box (finger) joint

突き出た歯を組み合わせる木の継ぎ手

ポリクロミィ polychromy
いくつかの色を使う装飾的表面のデザイン

ボール・アンド・クロウ・フット ball and claw foot
彫り込まれた鉤爪が球形の玉をつかんだ、家具の脚の底部の装飾の要素

ホール・チャーチ、広間型教会堂 hall church
側廊を設けず1つの大きな身廊空間からなる教会堂

ボール・フット、球形の脚 ball foot
家具の脚の底部で球形をした装飾の要素

ポルティエール portière
扉口あるいはほかの開口部の両側（片側）に吊るし、横に引くカーテン

ボルティコ portico
玄関を形作るための屋根を支える柱廊で、たいてい建物の出入り口にある

ボンベィ bombè
外に膨れる曲線を使う家具に当てたフランス語

マ

マイター、留め miter
2つの部材の間の継ぎ目で、（通常直角に）交わる隅で合わせるため各々は斜めに切られている

マクスーラ makusura
木あるいは石の穴をあけた囲いのある、初期のモスクの聖所

マッド・ブリック、泥煉瓦 mud brick
型に詰め込んで乾かして作る組積造のブロック

マニエリスム Mannerism
盛期ルネサンスの厳格な古典主義から逃れようと試みた、ルネサンス末期に向かうイタリアの建築とデザインに当てられる用語。またこの用語は16、17世紀の北ヨーロッパでの作品を明らかにするため使われる。この用語は、モダニズムの支配を変えようと試みる現代作品にも当てられてきた

マリオン mulllion
窓あるいは扉の鏡板や窓枠を区画する垂直部材

マールケェトリィ marquetry
木の化粧単板に象眼細工を施した、手の込んだ表面装飾

マンサーディク・スタイル Mansardic style
マンサード屋根を採用したアメリカのヴィクトリア朝風の建築様式

マンサード屋根、マンサード・ルーフ mansard roof
フランス・ルネサンスで発展した急傾斜の面をもつ屋根

ミ

ミッション・スタイル Mission style
カリフォルニア布教団のデザインを意味する、アメリカ19世紀のデザイン。しばしは、職人あるいは金のオークのデザインと同義に使われる

ミニマリズム Minimalism
極めて少ないかあるいはまったく装飾的細部を用いないデザイン

ミフラーブ mihrab
モスクにおいてメッカの方向に向いた壁龕

ミュー mews
住宅の列の背後でサーヴィスのため使われる狭い小路

ミューラル mural
壁画

ミンバール mimber
モスクの説教壇

ム

ムテハル mudéjar
13世紀から17世紀にかけイスラムの影響のもとに展開されたスペインの装飾様式

ムーリッシュ・スタイル Moorish style
支柱により立ち上げられ、外側に曲がることもある半円形や尖頭アーチ

メ

メガロン megalon
初期の古代ギリシャの宮殿の大きな中央の広間空間

メザニン mezzanine
建物の主要な階の上に、中間で部分的に設けられた階

メトープ metope
古代ギリシャ建築で、古典的ドリス式エンタブラチュアのフリーズにトリグリフと交互に置く方形の鏡板

モ

モザイク mosaic
図案あるいは図柄を形作るように、互いにあわされた色のついた石またはタイルの小さな四角

モジュール module
基準寸法による設計を構成する一連の繰り返される単位の、単一の幾何学的単位

モスク mosque
礼拝者の広間、すなわちイスラム諸国で最も重要な宗教建築の形式

モダニスティック Modernistic
近代の社会を示唆する要素を使った20世紀の装飾デザイン

モダニズム Modernism
機能と構造を基本とした20世紀の建築とデザインの様式

モーティス・アンド・テノン、鎌継ぎ mortise and tenon
突き出した実（テノン）があわされた穴（モーティス、柄穴）に挿入される期の継ぎ手

モデルン Moderne
近代あるいは近代主義のデザインを意味するフランス語

モデュロール modulor
ル・コルビュジエが開発した寸法と比例の仕組み

モノポディア monopodia
先細りで1つの脚になるグロテスクな頭や胴体を使う家具の脚の装飾的な彫刻

ユ

ユーゲント・スティール Jugendstil
19世紀末のドイツ、オーストリア、スカンディナビアの、アール・ヌーヴォーの特徴をもつデザイン

ユーソニアン Usonian
フランク・ロイド・ライトが自分のアメリカ的デザインを説明するためつくりだした用語

ユート yurt
モンゴルの遊牧種族が使用する移動可能な円形の小屋

ユニテ・ダビタシオン unité d'habitation
20世紀にル・コルビュジエが生み出した大規模な集合住宅に当てられた用語

ラ

ライハ reja
ルネサンスのスペイン教会堂における手の込んだ鉄格子

ラコニクム laconicum
発汗させるため高温で乾燥した熱気を使う、古代ローマ浴場の部屋

ラス lath
漆喰の表面のための基礎を形成する薄く細長い木片。現在のラスは、漆喰が固まるのを助ける穴の空いた金属の網または石膏ボードのこともある

ラスティケーション rustication
表面の明瞭なパターンを形成するよう、突き出た石とくぼんだ目地で表現された石細工

ラダーバック・チェア ladderback chair
いくつかの水平の横木を使う背もたれをもつ椅子

ラタン rattan
籐製の家具を作ったり、枝編み細工の家具を編むため、薄い細片で使われるシュロの樹皮

ラッカー lacquer
木材の仕上げに使われるアジア産のワニスで、きわめて光沢のある表面を作るため、何度も重ね塗りする。この用語は、合成樹脂から作られる類似の特徴の現在の仕上げにも使われる

ラディアル・シンメトリー radial symmetry
円形に数本の軸が交差する相称性

ラテン十字形、ラテン・クロス Laten cross
3本の等しい長さの腕と、より長い腕を1本もつ十字形

ランタン、頂塔 lantern
ドームまたは屋根の頂部の上に立ちあがる窓のある構築物

リ

リアルダス、リアリダス reredos
普通彫刻化されたり装飾化された、教会堂の祭壇背後のスクリーン

リアンバトー lit en bateau
船を想起させる形の手の込んだ寝台のフランス風の形。アンピール期に発展する

リージェンシー、リージェント様式 Regency
ジョージ四世になる前の皇太子ジョージの摂政期（1811-1820年）に対応する、19世紀初期の建築とデザインにおけるイングランドの時代

リーディング reeding
装飾的に使われる平行する細い半円形の割り形

リネンフォールド linenford
織り重ねられたリネンを想起させる彫った板の表面

リバティ・スタイル Liberty style
アール・ヌーヴォー様式の英語

リファインメント refinement
古代ギリシャ建築で、視覚的なゆがみを修正し、美的な質を改善することを意図した、見かけの直線や比例関係における微小な調整

リンテル、楣 lintel
扉または窓のような開口部に渡す水平材。楣はまた、上方で壁体あるいはほかの構築物を支える

ル

ルネサンス Renaissance
イタリアで1400年のあたりに始まり、ヨーロッパのデザインで1800年頃まで続く時期。古典的デザインの発想が顕著であった

ルイカーンズ、ルイ14世様式 Louis XIV style
ルイ14世の治世（1643-1715年）に典型的な建築とデザインのフランスの様式。バロックという用語はこの様式の特徴を説明するのに使われる

ルイキャトワーズ、ルイ15世様式 Louis XV style
1730-65年の時期の建築とデザインのフランスでの様式で、1723年から1774年まで治めた国王に由来する。その時期の特徴はたいていロココと呼ばれる

ルイセーズ、ルイ16世様式 Louis XVI style
フランスの1765年から1790年のデザインの様式。1774年から1792年まで統治したルイ16世に由来する。この時期は新古典主義的な抑制で特徴づけられる

レ

レイト・モダニズム late modernism
近代初期の（しばしば国際様式いわれる）デザインを特質を継承する、20世紀後期の建築とデザインを述べるために使われる用語

レイヨナン Rayonnant
手の込んだ複雑なトレーサリを特徴とする、フランス・ゴシック建築の13世紀の段階

レインフォースト・コンクリート reinforced concrete
引っ張り応力を吸収するため強化鉄筋をコンクリートに埋め込んだ構築法

レジャンス Régence
ルイ14世とルイ15世の治世の間（1715-1723年）に生じた時期に由来する18世紀初期のフランスのデザイン様式

レリクワリー reliquary
崇められた聖人あるいはそのほかの偉人の遺物のための大型収納箱またとそのほか容器

ロ

ロウ・ハウス、連棟住宅 row house
隣接する住宅と棟を連続して建設された住宅

ロココ Rococo
バロック様式に続く、18世紀の建築と装飾の様式。バロック様式に較べて、より簡素な形とより繊細な装飾を使用した

ローズ・ウィンド rose window
大きな円形で、普通ゴシック大聖堂あるいは教会堂の正面にみられる

ロッジア、列柱廊 loggia
屋根を支える円柱のある覆われたポーチまたはベランダ

ロトンダ rotunda
円形の、ドームを架けた室内空間

ロマネスク Romanesque
半円形のローマン・アーチの使用を特徴とする、中世初期の建築様式。イングランドではノルマンの用語が使われる

ローマン・アーチ Roman arch
古代ローマ建築で使われたような、半円形のアーチ

ロマンティシズム Romanticism
18世紀後期や19世紀初期に展開された、中世やゴシック時代のようなロマンティックな考えへの関心

ロールトップデスク rolltop desk
巻き取ることもできる天板の覆いをもつ机

ロンデル rondel
円形の表面装飾の要素で、しばしば彫刻の要素を含んでいる

参考文献

全般

Abercrombie, Stanley, *Century of Interior Design, 1900–2000*. New York: Rizzoli, 2003

Ball, Victoria Kloss, *Architecture and Interior Design*, 2 vols. New York: John Wiley & Sons, 1980

Banham, Joanna, ed., *Encyclopedia of Interior Design*, 2 vols. Chicago and London: Fitzroy Dearborn, 1997

Battersby, Martin, *The Decorative Thirties*. New York: Walker, 1969; rev. and ed. by Philippe Garner, New York: Whitney Library of Design, 1988

Blakemore, Robbie G., *History of Interior Design and Furniture: From Ancient Egypt to Nineteenth-Century Europe*. New York: Van Nostrand Reinhold, 1997

Bogen, Louise Ade, *The Complete Guide to Furniture Styles* (rev. edn). Prospect Heights, IL: Waveland Press, 1997

Boyce, Charles, ed., *Dictionary of Furniture* (2nd edn). New York: Facts on File, 2001

Ching, Francis, D. K., *Interior Design Illustrated*. New York: John Wiley & Sons, 1987

Copplestone, Trewin, ed., *World Architecture* (rev. edn). London: Hamlyn, 1975

Dorfles, Grillo, *Kitsch: An Anthology of Bad Taste*. New York: Universe Books, 1969

Edwards, Ralph and L. G. G. Ramsey, eds, *The Connoisseur's Complete Period Guides to the Houses, Decoration, Furnishing and Chattels of the Classic Periods*. New York: Bonanza Books, 1968

Fairbanks, Jonathan L. and Elizabeth Bidwell Bates, *American Furniture: 1620 to the Present*. New York: Richard Marek, 1981

Fletcher, Banister, *A History of Architecture* (20th edn), rev. by Dan Cruikshank. London: Heinemann, 1996

Framton, Kenneth, *Modern Architecture: A Critical History* (3rd edn). New York and London: Thames and Hudson, 1992

Giedion, Sigfried, *The Eternal Present: The Beginnings of Architecture* (2nd edn). Princeton, NJ: Princeton University Press, 1981

—— *Space, Time and Architecture* (5th edn). Cambridge, MA: Harvard University Press, 1982

Harris, Jennifer, ed., *Textiles: 5000 Years*. New York: Abrams, 1993

Heathcote, Edwin, *Furniture and Architecture*. London: Wylie-Academy, 2002

Hine, Thomas, *Populuxe*. New York: Knopf, 1986

Jervis, Simon, *Dictionary of Design and Designers*. Harmondsworth, England: Penguin, 1984

Kostof, Spiro, *A History of Architecture* (2nd edn). New York: Oxford University Press, 1995

Lucie-Smith, Edward, *Furniture: A Concise History* (2nd edn, rev.). New York: Thames and Hudson, 1990

McCorquodale, Charles, *A History of the Interior*. New York: Vendome Press, 1983

Oliver, Paul, ed., *Shelter and Society*. New York: Praeger, 1969

Oman, Charles C. and Jean Hamilton, *Wallpapers: An International History and Illustrated Survey from the Victoria and Albert Museum*. New York: Abrams, 1982

Pevsner, Nikolaus, *Outline of European Architecture*. New York: Penguin, 1943; repr., 1991

—— *Pioneers of Modern Design from William Morris to Walter Gropius* (rev. edn). New York: Penguin, 1991

—— *The Sources of Modern Architecture and Design*. New York: Praeger, 1968

Pile, John, *Furniture, Modern and Post Modern*. New York: John Wiley & Sons, 1990

Praz, Mario, *An Illustrated History of Furnishing*. New York: George Braziller, 1964

Rappoport, Amos, *House: Form and Culture*. Englewood Cliffs, NJ: Prentice-Hall, 1969

Thornton, Peter, *Authentic Decor: The Domestic Interior, 1620–1920*. London: Weidenfeld & Nicolson, 1984

Trachtenberg, Myron and Isabelle Hyman, *Architecture from Prehistory to Post-Modernism/The Western Tradition*. New York: Abrams, 1986

Venturi, Robert, *Complexity and Contradiction in Architecture* (rev. edn). New York: Museum of Modern Art, 1977; repr., 1990

Wanscher, Ole, *The Art of Furniture*. New York: Reinhold, 1967

Whiton, Sherrill, *Interior Design and Decoration* (5th edn), ed. by Stanley Abercrombie. Upper Saddle River, NJ: Prentice Hall, 2002

Wiffen, Marcus and Frederick Koeper, *American Architecture, 1607–1976*, 2 vols. Cambridge, MA: MIT Press, 1981–83

古代エジプト、古代ギリシャ、古代ローマ

Badawi, A., *Architecture in Ancient Egypt and the Near East*. Cambridge, MA: MIT Press, 1966

Brown, Frank E., *Roman Architecture*. New York: Braziller, 1961

Edwards, I. E. S., *The Pyramids of Egypt*. Harmondsworth, England: Penguin, 1947; rev. 1993

Lawrence, A. W., *Greek Architecture* (5th edn) rev. by R.A. Tomlinson, New Haven: Yale University Press, 1996

Scully, Vincent, *The Earth, the Temple and the Gods: Greek Sacred Architecture*. New Haven: Yale University Press, 1962; rev., 1979

Smith, W. S., *The Art and Architecture of Ancient Egypt* (3rd edn), rev. by W.-K.-Simpson. New Haven: Yale University Press, 1998

Stern, P. V. D., *Prehistoric Europe from Stone Age Man to the Early Greeks*. New York: Norton, 1969

Stuart, James and Nicholas Revett, *The Antiquities of Athens*, 3 vols. London: John Haberkorn, 1762; repr. New York: Benjamin Blom, 1968

Vitruvius, *The Ten Book on Architecture*. trans. M. H. Morgan. New York: Dover, 1960

初期キリスト教、ビザンティン、ロマネスク

Conant, K. J., *Carolingian and Romanesque Architecture: 800 to 1200*. New York: Pelican, 1959; 4th edn, New Haven: Yale

University Press, 1993
Krautheimer, Richard, *Early Christian and Byzantine Architecture* (4th edn), rev. by Slobodan Ćurčić. New Haven: Yale University Press, 1996
Oursel, R., *Living Architecture: Romanesque*, trans. K. M. Leake. London: Oldbourne, 1967
Temple, Richard, ed., *Early Christian and Byzantine Art*. London: Element Books, 1990

コロンブス以前のアメリカ

Dwyer, J. P. and F. B. Dwyer, *Traditional Art of Mesoamerica and the Central Andes*. San Francisco, CA: Fine Arts Museums, 1973
Kubler, George, *The Art and Architecture of Ancient America*. Harmondsworth, England: Penguin, 1962; repr. New Haven: Yale University Press, 1993
Miller, Mary Ellen, *The Art of Mesoamerica: From Olmec to Aztec* (3rd edn). New York and London: Thames and Hudson, 2001
Stone-Miller, Rebecca, *Art of the Andes: From Chavin to Inca* (2nd edn). New York and London: Thames and Hudson, 2002
Ueda, Atsushi, *The Inner Harmony of the Japanese House*. New York and Tokyo: Kodansha International, 1990
Volwashen, Andreas, *Living Architecture: India*. New York: Grosset and Dunlap, 1969

イスラムとアジアの伝統

Bernstein, Valerie, *India and the Mughal Dynasty*. New York: Abrams, 1998
Blair, Sheila S. and Jonathan M. Bloom, *The Art and Architecture of Islam, 1250–1800*. New Haven, CT: Yale University Press, 1994
Brend, Barbara, *Islamic Art*. Cambridge, MA: Harvard University Press, 1991
Clunas, Craig, *Art in China*. Oxford and New York: Oxford University Press, 1997
Drexler, Arthur, *The Architecture of Japan*. New York: Museum of Modern Art, 1955.
Edwardes, Michael, *Indian Temples and Palaces*. London: Hanlyn Publishing Group, 1969.
Ettinghausen, Richard, *Islamic Art and Architecture, 650–1250* (2nd edn). New Haven: Yale University Press, 2001
Fisher, Robert E., *Buddhist Art and Architecture*. New York: Thames and Hudson, 1993
Harle, J.-C., *The Art and Architecture of the Indian Subcontinent* (2nd edn). New Haven and London: Yale University Press, 1994
Hillenbrand, Robert. *Islamic Art and Architecture*. London: Thames and Hudson, 1999
Irwin, Robert, *Islamic Art in Context: Art, Architecture, and the Literary World*. New York: Abrams, 1997
Ishikawa, Tadashi, *Palaces of Kyoto*. London: Ward Locke and Co. and, Tokyo: Kodansha International, 1968.
Knapp, Ronald G., *The Chinese House: Craft, Symbol, and the Folk Tradition*. New York: Oxford University Press, 1990
Lee, Sherman E., *Japanese Decorative Style*. New York: Harper & Row, 1972
Liu, Laurence G., *Chinese Architecture*. New York: Rizzoli, 1982
Meech-Pekarik, Julia, et al., *Momoyana*. New York: Metropolitan Museum of Art, 1973
Pal, Pratapaditya, et al., *Romance of the Taj Mahal*. New York: Thames and Hudson with the Los Angeles County Museum of Art, 1989
Rawson, Philip, *The Art of Southeast Asia: Cambodia, Vietnam, Thailand, Laos, Burma, Java, Bali*. London: Thames and Hudson, 1967, repr. 1990
Rowland, Benjamin, *The Art and Architecture of India*. Harmondsworth, England, and Baltimore, PA: Penguin, 1967
Stierlin, Henri, *Islamic Art and Architecture*. New York and London: Thames and Hudson, 2002

ゴシック

Branner, Robert, *Gothic Architecture*. New York: Braziller, 1961
Fitchen, John, *The Construction of the Gothic Cathedrals*. London: Oxford University Press, 1961; repr. Chicago, IL: Chicago University Press, 1981
Wilson, Christopher, *The Gothic Cathedral*. London and New York: Thames and Hudson, 1990

イタリア・ルネサンス

Ackerman, James S., *The Architecture of Michelangelo*. Harmondsworth, England and Baltimore, PA: Penguin, 1970
—— *Palladio*. Harmondsworth, England and Baltimore, PA: Penguin, 1966
Borsi, Franco, *Leon Battista Alberti*, trans. Rudolf G. Carpanini. New York: Harper & Row, 1977, repr. New York: Electra/ Rizzoli, 1989
Lowry, Bates, *Renaissance Architecture*. New York: Braziller, 1962
Masson, Georgina, *Italian Villas and Palaces* (2nd ed.). London: Thames and Hudson, 1966
Murray, Peter, *The Architecture of the Italian Renaissance*. New York: Schocken, 1966; rev. ed. New York and London: Thames and Hudson, 1986
Palladio, Andrea (intro. Adolph K. Placzek), *The Four Books of Architecture*. Venice: 1570; London: Isaac Ware, 1738; repr. New York: Dover, 1965
Thornton, Peter, *Seventeenth-Century Interior Decoration in England, France, and Holland*. New Haven: Yale University Press, 1978
—— *The Italian Renaissance Interior, 1400–1600*. New York: Abrams, 1991

バロックとロココ

Blunt, Anthony, *Baroque & Rococo Architecture & Decoration*. New York: Harper & Row, 1978
Fürst, Viktor, *The Architecture of Sir Christopher Wren*. London: Lund Humphries, 1956
Hitchcock, Henry-Russell, *Rococo Architecture in Southern Germany*. London: Phaidon, 1968
Millon, Henry A., *Baroque and Rococo Architecture*. New York: Braziller, 1961
Portoghesi, Paolo, *The Rome of Borromini*, trans. Barbara Luigia La Penta. New York: Braziller, 1968

フランスとイギリスのルネサンス

Blunt, Anthony, *Art and Architecture in France, 1500–1700*. Harmondsworth, England: Penguin, 1957; 5th edn rev. by Richard Beresford, New Haven: Yale University Press, 1999
Summerson, John, *Inigo Jones*. Harmondsworth, England: Penguin, 1966; repr. New Haven: Yale University Press, 2000
—— *Sir Christopher Wren*. Hamden, Connecticut: Archin Books, 1965

18世紀

Adam, Robert and James Adam, *Works in Architecture*, 3 vols. London, 1773, 1778–1822; (excerpts) London: Alec Tiranti, 1959
Campbell, Colen, *Vitruvius Britannicus*. 2 vols. London, 1727
Chippendale, Thomas, *The Gentleman & Cabinet-Makers Directory* (3rd edn). London, 1762; repr. New York: Dover, 1966
Hepplewhite, George, *The Cabinet-Maker and Upholsterer's Guide*. London, 1786; 3rd edn, London: I. & J. Taylor, 1794; repr. New York: Dover, 1969
Sheraton, Thomas, *The Cabinet-Maker and Upholsterer's Drawing Book*. London, 1793; repr. New York: Dover, 1972
Yarwood, Doreen, *Robert Adam*. New York: Scribner, 1970

植民地時代のアメリカと復興様式

Hamlin, Talbot, *Greek Revival Architecture in America*. New York: Oxford University Press, 1944; repr. New York: Dover, 1964
Isham, Norman M. and Albert F. Brown, *Early Connecticut Houses*. New York: Dover, 1965

Kelly, J. Frederick, *The Early Domestic Architecture of Connecticut*. New Haven: Yale University Press, 1924; repr. New York: Dover, 1963

Kettell, Russell Hawes, *The Pine Furniture of Early New England*. New York: Doubleday Doran, 1929; repr. New York: Dover, 1929

ヴィクトリア朝

Church, Ella Rodman, *How to Furnish a Home*. New York: Appleton, 1881

Kassay, John, *The Book of Shaker Furniture*. Amherst, MA: University of Massachusetts Press, 1980

Ochsner, Jeffrey Karl, *H. H. Richardson: Complete Architectural Works*. Cambridge, MA: MIT Press, 1982

Pevsner, Nikolaus, *High Victorian Design*. London: Architectural Press, 1951

Schaefer, Herwin, *Nineteenth Century Modern: The Functional Tradition in Victorian Design*. New York: Praeger, 1970

Scully, Vincent, Jr., *The Shingle Style and the Stick Style*. New Haven: Yale University Press, 1971

Sprigg, June, *Shaker Design*. New York: Whitney Museum of American Art, 1986

Wilk, Christopher, *Thonet: 150 Years of Furniture*. Woodbury, NY: Barrons, 1980

アーツ&クラフツ

Briggs, Asa, ed., *William Morris: Selected Writings and Designs*. Baltimore. PA: Penguin, 1962

Cathers, David M., *Furniture of the American Arts and Crafts Movement*. New York: New American Library, 1981

Clark, Fiona, *William Morris: Wallpapers and Chintzes*. New York: St. Martin's Press, and London: Academy Editions, 1973

Eastlake, Charles L., *Hints on Household Taste in Furniture, Upholstery and other Details* (3rd edn). London: Longmans Green, 1872

Gere, Charlotte, *Nineteenth-Century Decoration: The Art of the Interior*. New York: Abrams, and London: Weidenfeld and Nicolson, 1989

Kaplan, Wendy and Elizabeth Cumming, *The Art and Crafts Movement*. London: Thames and Hudson, 1991

Parry, Linda, *William Morris Textiles*. New York: Viking Press, 1983

Smith, Bruce, *Greene & Greene: Masterworks*. San Francisco: Chronicle Books, 1998

Stickley, Gustav, *Craftsman Homes: Architecture and Furnishings of the American Arts and Crafts Movement*. New York: Dover, 1979

Volpe, Tod M. and Beth Cathers, *Treasures of the American Arts & Crafts Movement, 1890–1920*. New York: Abrams, 1988

アール・ヌーヴォーとウイーン分離派

Amaya, Mario, *Art Nouveau*. London: Studio Vista, 1960; repr. New York: Schocken, 1985

Arber, Katie, *Turn of the Century Style: Home Decoration and Furnishings between 1890 and 1910*. London: Middlesex University Press, 2003

Barnes, H. Jefferson, *Some Examples of Furniture by Charles Rennie Mackintosh in the Glasgow-School of Art Collection*. Glasgow: Glasgow School of Art, 1969

Bitcliffe, Roger, *Charles Rennie Mackintosh: The Complete Furniture, Furniture Drawings, and Interior Design*. New York: Dutton, 1986

Brunhammer, Yvonne, et al., *Art Nouveau Belgium/France* (exh. cat.). Houston, TX: Institute for-the Arts, Rice University, 1976

Burckhardt, Lucius, ed., *The Werkbund: History and Ideology, 1907–1933*, trans. Pearl Sanders.-Woodbury, NY: Barrons, 1977

Graham, F. Lanier, *Hector Guimard*. New York: Museum of Modern Art, 1970

Howorth, Thomas, *Charles Rennie Mackintosh and the Modern Movement*. New York: Wittenborn, 1953; repr. 1977

Kaplan, Wendy, ed., *Charles Rennie Mackintosh*. New York: Abbeville Press, 1996

Osthaus, Karl Ernst, *Van de Velde*. Hagen: Folkwang-Verlag, 1920; repr. Berlin: Frölich & Kaufmann, 1984

Rheims, Maurice, *The Flowering of Art Nouveau*. New York: Abrams, 1966

Ruckschcio, Burkhardt and Roland Schachel, *Adolf Loos* (2nd edn). Salzburg and Vienna: Residenz Verlag, 1987

Sekler, Eduard F., *Josef Hoffmann: The Architectural Work*. Princeton, NJ: Princeton University Press, 1985

Selz, Peter and Mildred Constantine, eds, *Art Nouveau*. New York: Museum of Modern Art, 1960; rev., 1975

Spencer, Robin, *The Aesthetic Movement: Theory and Practice*. London: Studio Vista, and New York: Dutton, 1972

Tschudi, Stephan Madsen, *Art Nouveau*. New York: McGraw-Hill, 1967

折衷主義

The American Revolution, 1876–1917. New York: Brooklyn Museum, 1979

Drexler, Arthur, ed., *The Architecture of the École des Beaux Arts*. New York: Museum of Modern Art, 1977

デ・ステイルとバウハウス

Herzogenrath, Wulf, ed., *50 Years Bauhaus*. Stuttgart: Würtembergischer Kunstverein, 1968

Hochman, Elaine S., *Bauhaus: Crucible of Modernism*. New York: Fromm, 1997

Jaffé, Hans L. C., *De Stijl*. New York: Abrams, 1967

Naylor, Gillian, *The Bauhaus*. London: Studio Vista and New York: Dutton, 1968

—— *The Bauhaus Reassessed*. New York: Dutton, 1985

Overy, Paul, *De Stijl*. London: Thames and Hudson, 1991

Scheidig, Walther, *Crafts of the Weimar Bauhaus*. New York: Van Nostrand Reinhold, 1967

Whitford, Frank, ed., *The Bauhaus: Masters & Students by Themselves*. Woodstock, NY: Overlook Press, 1993

Wingler, Hans M., *The Bauhaus*. Cambridge, MA: MIT Press, 1969; repr. 1978

アールデコとインダストリアルデザイン

Arber, Katie, *Thirtiestyle*. London: Middlesex University Press, 2003

Bayer, Patricia, *Art Deco Architecture Design: Decoration and Detail from the Twenties and Thirties*. London: Thames and Hudson, 1999

Bony, Anne, *Furniture and Interiors of the 1940s*. trans. Lysa Hochroth. Paris: Flammarian, 2003

Buddensieg, Tilmann and Henning Rogge, *Cultura e Industria: Peter Behrens e la AEG, 1907–1914*. Milan: Electa, 1979

Bush, Donald J., *The Streamlined Decade*. New York: Braziller, 1975

Duncan, Alastair, *Art Deco Furniture: The French Designers*. New York: Thames and Hudson, 1992

—— *American Art Deco*. New York: Abrams, 1986

Hennessey, William, *Russel Wright: American Designer*. Cambridge, MA: MIT Press, 1983

Heskett, John, *Industrial Design*. London: Thames and Hudson, 1980; repr., 1997

Hillier, Bevis, *Art Deco*. Minneapolis: Minneapolis Institute of the Arts, 1971

Meikle, Jeffrey L., *Twentieth Century Limited: Industrial Design in America, 1925–1939* (2nd edn). Philadelphia: Temple University Press, 2001

Schönberger, Angela, ed., *Raymond Loewy: Pioneer of American Industrial Design*. Munich: Prestel-Verlag, 1990

Sembach, Klaus-Jürgen, *Style 1930*. New York: Universe Books, 1971

Windsor, Alan, *Peter Behrens: Architect and Designer*,

1868–1940. New York: Whitney Library of Design, 1981

モダニズム

Ambasz, Emilio, ed., *Italy: The New Domestic Landscape*. New York: New York Graphic Society, 1972

Banham, Reyner, *Theory and Design in the First Machine Age* (2nd edition). Cambridge, MA: MIT Press, 1986

Bayley, Stephen, ed., *The Conran Dictionary of Design*. London: Conran Octopus, 1985

Blake, Peter, *The Master Builders*. New York: Knopf, 1964; repr. New York: Norton, 1996

Clark, Robert Judson, *Design in America: The Cranbrook Vision, 1925–1950*. New York: Abrams, 1983

Frankl, Paul T., *Form and Re-Form*. New York: Harper, 1930; repr. New York: Wacker Art Books, 1972

Garner, Philippe, *Contemporary Decorative Arts*. New York: Facts on File, 1980

—— *Twentieth-Century Furniture*. New York: Van Nostrand Reinhold, 1980

Giedion, Sigfried, *Mechanization Takes Command*. New York: Oxford University Press, 1948; repr. New York: Norton, 1969

Hiesinger, Kathryn B. and George Marcus, eds, *Design Since 1945*. Philadelphia: Philadelphia Museum of Art, 1983

—— *Landmarks of Twentieth-Century Design: An Illustrated Handbook*. New York: Abbeville Press, 1993

Hine, Thomas, *Populuxe*. New York: Knopf, 1986

Hitchcock, Henry-Russell, *Architecture: Nineteenth and Twentieth Centuries* (4th edn). Harmondsworth, England and Baltimore, PA: Penguin, 1987

—— and Philip Johnson, *The International Style: Architecture since 1922* (3rd edn). New York: Norton, 1966

Larrabee, Eric and Massimo Vignelli, *Knoll Design*. New York: Abrams, 1981

Mang, Karl, *History of Modern Furniture*. New York: Abrams, 1979

McFadden, David, *Scandinavian Modern Design*. New York: Abrams, 1982

Myerson, Jeremy, *New Public Architecture*. London: Laurence King, 1996

Naylor, Colin, ed., *Contemporary Architects* (2nd ed.). Chicago and London: St. James Press, 1987

—— ed., *Contemporary Designers* (2nd ed.). Chicago and London: St James Press, 1990

Phillips, Lisa, et al., *High Styles: Twentieth-Century American Design*. New York: Whitney Museum of American Art/Summit Books, 1985

Pile, John, *Open Office Planning*. New York: Whitney Library of Design, 1978

Pulos, Arthur J., *The American Design Adventure, 1940–1975*. Cambridge, MA: MIT Press, 1988

Rouland, Steven and Linda, *Knoll Furniture 1938–1960*. Atlglen, PA: Schiffer Publishing, 1999

Sembach, Klaus-Jürgen, *Contemporary Furniture*. New York: Architectural Book Publishing, 1982

Smith, C. Ray, *Interior Design in 20th-Century America: A History*. New York: Harper & Row, 1987

Walker Art Center, *Nelson, Eames, Girard, Propst: The Design Process at Herman Miller* (*Design Quarterly 98–99*). Minneapolis: Walker Art Center, 1975

Wilson, Richard Guy, Dianne H. Pilgrim and Dickman Tashjian, *The Machine Age in America 1918–1941*. New York: Abrams, 1986; repr., 2001

アルヴァ・アールト

Fleig, Karl, ed., *Alvar Aalto*, 3 vols. Zurich: Editions Girsberger, 1963

Gutheim, Frederick, *Alvar Aalto*. New York: Braziller, 1960

Reed, Peter, *Alvar Aalto: Between Humanism and Materialism*. New York: Museum of Modern Art, 1998

Schildt, Göran, *Alvar Aalto: The Early Years*. New York: Rizzoli, 1984

—— *Alvar Aalto: The Decisive Years*. New York: Rizzoli, 1986

—— *The Complete Catalogue of Architecture, Design, and Art*. New York: Rizzoli, 1994

マルセル・ブロイヤー

Wilk, Christopher, *Marcel Breuer, Furniture and Interiors*. New York: Museum of Modern Art, 1981

ル・コルビュジエ

Blake, Peter, *Le Corbusier: Architecture and Form*. Baltimore. PA: Penguin, 1964

De Fusco, Renato, *Le Corbusier, Designer: Furniture 1929*. Woodbury, NY: Barrons, 1977

Le Corbusier, *Oeuvre complète*, 7 vols. Zurich: Girsberger, 1937–67

Le Corbusier, *Creation is a Patient Search*, trans. James Palmes. New York: Praeger, 1960

—— *The Modulor I and II*, trans. Peter de Francia and Anna Bostock. Cambridge, MA: Harvard University Press, 1980

—— *1929 Sitzmobel*. Zurich: Galerie Heidi Weber, 1959

—— *Towards a New Architecture*, trans. Frederick Etchell. London: Architectural Press, 1927; New York: Dover, 1986

チャールズ・イームズとレイ・イームズ

The Work of Charles and Ray Eames (exh. cat.). New York: Harry N. Abrams, 1997

Drexler, Arthur, *Charles Eames Furniture from the Design Collection*. New York: Museum of Modern Art, 1973

Neuhart, John, Marilyn Neuhart, and Ray Eames, *Eames Design*. New York: Abrams, 1989

ヴァルター・グロピウス

Fitch, James Marston, *Walter Gropius*. New York: Braziller, 1960

Giedion, Sigfried, *Walter Gropius*. New York: Reinhold, 1954

ミース・ファン・デル・ローエ

Blaser, Werner, *Mies van der Rohe: Furniture and Interiors*, trans. Roger Marcinik. London: Academy Editions, 1982

Drexler, Arthur, *Mies van der Rohe*. New York: Braziller, 1960

Glaeser, Ludwig, *Ludwig Mies van der Rohe: Furniture and Furniture Drawings*. New York: Museum of Modern Art, 1977

Johnson, Philip C., *Mies van der Rohe*. New York: Museum of Modern Art, 1947

Tegethoff, Wolf, *Mies van der Rohe: The Villas and Country Houses*. New York: Museum of Modern Art/Cambridge, MA: MIT Press, 1986

フランク・ロイド・ライト

Gill, Brendan, *Many Masks: A Life of Frank Lloyd Wright*. New York: Putnam, 1987; New York: Da Capo Press, 1998

Heinz, Thomas A., *Frank Lloyd Wright: Interiors and Furniture*. London: Academy Editions, 1994

Hitchcock, Henry-Russell, *In the Nature of Materials*. New York: Duell, Sloan and Pearce, 1942; New York: Da Capo Press, 1975

Kaufmann, Edgar, Jr. and Ben Raeburn eds, *Frank Lloyd Wright, Writings and Buildings*. New York: Meridian, 1960

Wright, Frank Lloyd, *An Autobiography*. London and New York: Longmans Green, 1932

ポストモダニズムとデコンストラクティビズム

Jencks, Charles, *Architecture Today*. New York: Abrams, 1982; rev. 1988

Jencks, Charles, *Modern Movements in Architecture* (2nd edn). Harmondsworth, England: Penguin, 1985

—— *The Language of Post-Modern Architecture* (4th edn, rev.). New York: Rizzoli, 1984

Johnson, Philip and Mark Wigley, *Deconstructivist Architecture*. New York: Museum of Modern Art, 1988

Klotz, Heinrich, *The History of Postmodern Architecture*, trans. Radka Donnell. Cambridge, MA: MIT Press, 1988

Kron, Joan and Suzanne Slesin, *High-Tech*. New York: Clarkson

N. Potter, 1978

Papadakis, Andreas C., ed., *Post-Modernism on Trial*. London: Academy Editions, 1990

Riewoldt, Otto, *Intelligent Spaces: Architecture for the Information Age*. London: Laurence King, 1997

現代建築デザイン

Adam, Peter, *Eileen Gray: Architect, Designer*. New York: Abrams, 1987

Bertoni, Franco, *The Architecture of Philippe Starck*. London: Academy Editions, 1994

Brayer, Marie-Ange, *Archilab's Future House: Radical Experiments in Living Space*. London: Thames and Hudson, 2002

Brownlee, David B. and David E. De Long, *Louis I. Kahn: In the Realm of Architecture*. New York: Rizzoli, 1991

Buchanan, Peter, *Renzo Piano Building Workshop: Complete Works*. 2 vols, London: Phaidon, 1993–95

Cannell, Michael T., *I. M. Pei: Mandarin of Modernism*. New York: Carol Southern Books, 1995

Danz, Ernst, *Architecture of Skidmore, Owings and Merrill, 1950–1962*, trans. Ernst van Haagan. New York: Praeger, 1963

De Sessa, Cesare, *Zaha Hadid: eleganze dissonanti*. Turin: Testo & Immagine, 1996

Foster, Norman, Deyan Sudjic, and Spencer de Gray, *Norman Foster and the British Museum*. Munich: Prestel, 2001

Frampton, Kenneth, ed., *Tadao Ando: Buildings, Projects, Writings*. New York: Rizzoli, 1984

Garner, Philippe, *Eileen Gray: Design and Architecture, 1878–1976*. Köln: Tachen, 1993

Gast, Klaus-Peter, *Louis I. Kahn: The Idea of Order*, trans. Michael Robinson. Basel: Birkhäuser, 2001

Hadid, Zaha, *The Complete Buildings and Projects*. New York: Rizzoli, 1988

McCoy, Esther, *Richard Neutra*. New York: Braziller, 1960

Morrison, Hugh, *Louis Sullivan: Prophet of Modern Architecture*. New York: W.-W.-Norton, 1935; rev., 2001

Pawler, Martin, *Eva Jiricna: Design in Exile*. New York: Rizzoli, 1990

Ragheb, J. Fiona, ed., *Frank Gehry, Architect*. New York: Guggenheim Museum Publications, 2001

Román, Antonio, *Eero Saarinen: An Architecture of Multiplicity*. New York: Princeton Architectural Press, 2003

Sommer, Degenhard, *Ove Arup & Partners: Engineering the Built Environment*. Basel: Birkhäuser, 1994

Scully, Vincent, Jr., *Louis I. Kahn*. New York: Braziller, 1962

Sudjic, Deyan, *Norman Foster, Richard Rogers, James Stirling: New Directions in British Architecture*. London: Thames and Hudson, 1986

Sweet, Fay, *Philippe Starck: A Subnerchic Design*. London: Thames and Hudson, 1999

Sullivan, Louis H., *The Autobiography of an Idea*. New York: Dover, 1956

Temko, Allen, *Eero Saarinen*. New York: Braziller, 1962

Venturi, Robert and Denise Scott Brown, *Venturi Scott Brown & Associates on Houses and Housing*. London: Academy Editions, and New York: St. Martin's Press, 1992

図版クレジット

本書で使用するための写真などを提供してくださった機関、個人に対して心よりお礼申し上げます。

1.1 © Photo Scala, Florence
1.2 J. Clottes, Ministère de la Culture et de la Communication—Direction du Patrimoine—Sous Direction de l'Archeologie
1.3, 1.31, 1.30, 1.36 © John Pile, New York
1.4 Smithsonian Institution, National Anthropological Archives, neg. 1713
1.11 写真 Günter Schörlitz, Fotozentrum der Friedrich-Schiller-Universität, Jena
1.13 Robert Harding Picture Library
1.14 The Collection of Newark Museum, Gift of Miss Louise MacDougall
1.15 Robert Harding Picture Library
1.17 © Esther Paztory 1972
1.18 Robert Harding Picture Library
1.19 Princeton University of Art Museum. Museum purchase, gift of the Hans A. Widenmann, Class of 1918, and Dorothy Widenmann Collection. © Justin Kerr.
1.20, 1.21 Robert Harding Picture Library
1.22 Art Archive/Dagli Orti
1.24 Robert Harding Picture Library
1.25 Robert Harding Picture Library
1.26 Art Archive/Dagli Orti
1.27 Art Archive/Album/J.Enrique Molina
1.28 Art Archive/Archaeological Museum Lima/Dagli Orti
1.32 Robert Harding Picture Library, photo Gavin Hellier
1.34 Egyptian Museum, Cairo © Photo Scala, Florence

2.1 (G. P. Pannini, c.1750, oil on canvas, 127 × 99cm). National Gallery of Art, Washington D.C., Samuel H.Kress Collection. Photo Fototeca Unione, Rome
2.2 The Ancient Art and Architecture Collection
2.3 Hirmer Fotoarchiv, Munich
2.10, 2.13, 2.24 © John Pile, New York
2.12 Archaeological Museum Athens
2.15, 2.17 © Paul M. R. Maeyaert, Mont de l'Enclus (Orroir), Belgium
2.22, 2.23, 2.25 © Fotografica Foglia, Naples

3.1 © Adam Woolfitt/CORBIS
3.2 Robert Harding Picture Library
3.3, 3.5 © Photo Scala, Florence
3.4 © Vincenzo Pirozzi, Rome
3.7 © Cameraphoto Arte, Venice
3.8 A. F. Kersting, London
3.9 A. F. Kersting, London
3.11 © Cameraphoto Arte, Venice
3.12 Josephine Powell Photograph, courtesy of Historic Photographs, Fine Arts Library, Harvard College Library
3.13, 3.18, 3.19, 3.29 © Paul M. R. Maeyaert
3.15 A. F. Kersting, London
3.17 Studio Fotografico Quattrone, Florence
3.20, 3.24, 3.25 © John Pile, New York
3.21 © Angelo Hornak, London
3.22 AKG, London/Eric Lessing
3.23 The Honourable Thomas Lindsay, Hedingham Castle の厚意による
3.30 The Royal Collection © 2000, Her Majesty Queen ElizabethII
3.31 © British Library, London MS Harley MS 4431
3.32 Oronoz, Madrid

4.1 写真：akg-images/Jean-Louis Nou
4.3 Art Archive/Dagli Orti
4.4 © Brian Vikander/Corbis
4.5 Bridgeman Art Library
4.6 A. F. Kersting, London
4.7 Sonia Halliday
4.8, 4.11 © Photo Scala, Florence
4.9 A. F. Kersting, London
4.12 © 1990 Photo Scala, Florence
4.13 The Metropolitan Museum of Art, The James F. Ballard Collection, Gift of James F. Ballard, 1922. (22.100.51) Photograph © 1990 The Metropolitan Museum of Art
4.14 The Hali Archive
4.15 The Hali Archive
4.16 Robert Harding Picture Library
4.18 © Stapleton Collection/Corbis
4.19 © Lindsay Hebberd/Corbis
4.20 写真：akg-images/Jean-Louis Nou
4.21 © Corbis
4.22 A. F. Kersting, London
4.23 © Lindsay Hebberd/Corbis
4.24 © Lindsay Hebberd/Corbis
4.26 Bridgeman Art Library
4.27 A. F. Kersting, London
4.28 A. F. Kersting, London
4.29 Bridgeman Art Library
4.30 写真：akg-images/British Library
4.31 Photograph © 2004 Museum of Fine Arts, Boston. Gift of Mrs. Frederick L. Ames, in the name of Frederick L.Ames
4.32 © Roberto Schezen/Esto
4.33 Robert Harding Picture Library
4.34 写真：akg-images
4.35 Robert Harding Picture Library
4.36 Art Archive/Dagli Orti
4.37 Art Archive/Dagli Orti
4.38 写真：akg-images/Gilles Mermet
4.39 © Bettmann/Corbis
4.41 Dale Cherry/Rex
4.43 Ron Knapp の厚意による
4.47 © Christopher Little/Aga Khan Trust for Culture
4.48, 4.49 Bridgeman Art Library
4.50 V&A Picture Library
4.51 写真：akg-images/Francois Guenet
4.52 Christie's Images
4.53 Pei, Cobb, Freed and Partners の厚意による
4.54, 4.55, 4.56 Timothy Ciccone/www.orientalarchitecture.com
4.57 Collection of National Museum of Korea
4.58 V&A Picture Library
4.59 Robert Harding Picture Library
4.60 © Horace Bristol/CORBIS
4.61 Werner Forman Archive
4.62 Werner Forman Archive
4.63 Werner Forman Archive
4.66 © Michael Freeman/Corbis
4.67 © Ezra Stoller/Esto
4.68 British Museum © 2003, Photo Scala Florence/HIP
4.69 写真：akg-images/Suzanne Held
4.70 Kyoto National Museum

5.1, 5.14, 5.15, 5.31 © Paul M. R. Maeyaert
5.2 Bridgeman Art Library/Giraudon, Paris
5.3, 5.5, 5.13, 5.18, 5.20, 5.21, 5.24 © Angelo Hornak, London
5.10, 5.25, 5.26 © John Pile, New York
5.19, 5.27, 5.37 A. F. Kersting, London
5.22 © The Trustees of the National Museums of Scotland
5.23 © Photo Scala, Florence
5.28 Bibliothèque Royale de Belgique, Brussels, Codex 9967 folio 47 (Jean Wauquelin, Lystoire de Sainte Helen)
5.30 Bibliothèque Nationale de France
5.33 © John Pile, New York
5.35 Glasgow Museums: The Burrell Collection
5.36 Musee du Moyen Age – Cluny. © Photo RMN – R.G. Ojeda

6.1, 6.3, 6.4, 6.10 © Studio Fotografico Quattrone, Florence
6.6, 6.7, 6.8, 6.9, 6.13, 6.19, 6.20, 6.24, 6.32 © Photo Scala, Florence
6.12 Calmann & King Archives/Ralph Lieberman
6.14, 6.18 © James Morris, London
6.23, 6.28, 6.29 © John Pile, New York
6.30 Accademia, Venice, photo ©Cameraphoto Arte, Venice
6.31 Scuola di S. Giorgio degli Schiavoni, Venice © Photo Scala, Florence
6.33 Bridgeman Art Library
6.34 © 1990 Photo Scala, Florence. Courtesy of the Ministero Beni e Att. Culturali
6.35 © Photo Scala, Florence. Courtesy of the Ministero Beni e Att. Culturali
6.36 Sotheby's Picture Library
6.37 © 1990 Photo Scala, Florence
6.38 Museo Civico Correr, Venice ©Cameraphoto Arte, Venice

7.1 Galleria Nazionale di Arte Antica at Palazzo Braschi, Rome, photo © Araldo De Luca, Rome
7.2, 7.14 © Achim Bednorz, Cologne, Germany
7.3 © James Morris, London
7.4 Conway Library, Courtauld Institute of Art, neg. # B76/2249
7.5, 7.12 © Photo Scala, Florence
7.8 © Vincenzo Pirozzi, Rome
7.11 © Cameraphoto Arte, Venice
7.13 A. F. Kersting, London
7.16 © Paul M. R. Maeyaert/Courtesy Stift St. Florian
7.17, 7.18, 7.19, 7.21, 7.24, 7.25 © Paul M. R. Maeyaert
7.20 写真: akg-images/Erich Lessing
7.22 Dr W. Bahnmuller/Bilverlag/Bildwerbung
7.23 akg-images/Erich Lessing
7.26 写真: akg-images/Rabatti—Domingie
7.27 Bridgeman Art Library
7.28 © Angelo Hornak, London
7.29 写真: akg-images
7.30 写真: akg-images/Pirozzi

8.2 Roger-Viollet, Paris
8.3, 8.11, 8.34 Conway Library, Courtauld Institute of Art, London
8.4 © John Pile, New York
8.5 © Photo RMN, Paris—Lagiewski
8.8 Bulloz neg. 81902
8.9 Bridgeman Art Library, London. John Whitehead, *The French Interior in the Eighteenth Century* (Laurence King, London, 1992), photo J.M. Tardy
8.10 Life Picture Library, London の厚意による
8.13, 8.16, 8.29 © Paul M. R. Maeyaert
8.14 © Photo RMN, Paris/G. Biot-C.Jean
8.15 Bridgeman Art Library/Giraudon, Paris
8.17 Art Archive/Dagli Orti
8.18 Bridgeman Art Library, London. John Whitehead, *The French Interior in the Eighteenth Century*, p.189 (Laurence King, London, 1992) Musée des Beaux Arts, Tours/photo Arsicaud
8.19 上記, p.152, photo J.M.Tardy
8.21 上記, p.80/Hazlitt, Gooden & Fox, London
8.23 © Photo RMN
8.24 写真: akg-images/Jerome da Cunha
8.25 上記, p.65, photo J.M.Tardy
8.26 上記, pp.68–9, photo J.M.Tardy
8.28 A. F. Kersting, London
8.32 Christie's Images
8.33 Oronoz, Madrid
8.35 Pernille Klemp/Kunstindustrimuseet, Copenhagen
8.36 © Photo Scala, Florence

9.1 © Wilton House Trust, photo Ian Jackson
9.3 Courtesy the Mauritishuis, The Hague
9.4 Otto Naumann Ltd, New York
9.5 (Jan Vermeer, *A Young Woman at a Virginal*, c.1670, oil on canvas, 20 × 17$^{3/4}$in. [51.5 × 45.5cm]). National Gallery, London
9.8, 9.14, 9.15, 9.18, 9.20, 9.26 A.F.Kersting, London
9.9 V&A Picture Library
9.11 © John Freeman, London
9.13 V&A Picture Library
9.21 National Monuments Record
9.22 Bridgeman Art Library
9.23 Bridgeman Art Library
9.24, 9.28, 9.29 © John Pile, New York
9.26 Conway Library, Courtauld Institute of Art, London
9.27 By courtesy of the Trustees of Sir John Soane's Museum
9.32 V&A Picture Library

10.1 A. F. Kersting, London
10.2 写真 Ferenz Fedor, Museum of New Mexico, neg. no.100506 の厚意による
10.5 American Museum, Bath
10.6 © John Pile, New York
10.7 The Minneapolis Institute of Arts, The Driscoll Fund and the Julia B. Bigelow Fund
10.8 Library of Congress, Washington D.C.
10.9 (Room from the Powel House, Philadelphia, Pennsylvania, built 1765–66, remodeled 1769–71). The Metropolitan Museum of Art, Rogers Fund, 1918 (18.87.1-.4), American views, American Wing
10.10 © Esto Photographics Inc., Mamaroneck NY/photo Wayne Andrews 1252. All rights reserved
10.11 Colonial Williamsburg Foundation, Virginia
10.12 Arcaid, London/Richard Bryant
10.13 © Philadelphia Museum of Art/Corbis
10.14 Fine Arts Museum of San Francisco, Museum purchase, gift of Mrs. Robert L. Wood and the Museum Acquisition Fund, 1990. 21.2
10.16 Society for the Preservation of New England Antiquities, Boston
10.17 Fine Arts Museum of San Francisco, Bequest of Jane Clark Carey, 1983.7.10
10.18 Monticello/Thomas Jefferson Memorial Foundation Inc.
10.19 Architect of the Capitol, Washington D.C.
10.20 The Octagon Museum, Washington D.C. Photo by Robert C. Lautman の厚意による
10.21 Fine Arts Museum of San Francisco, Gift of Stuart Scott, Davenport Scott and Mrs. Barbara Scott Meyer in memory of their mother, Mrs. Anna Lawton Scott, 1982.9.1
10.22 Fine Arts Museum of San Francisco, Bequest of Lucy D. Hale, 1990.28.1

11.1 © John Freeman, London
11.2 Royal Pavilion, Libraries & Museums, Brighton
11.3 RCHME
11.4, 11.18 © John Pile, New York
11.7 A. F. Kersting, London
11.9 The Merchant's House Museum, New York/photo Madeleine Doering
11.10 David Finn, New York
11.11 Library of Congress, Washington D.C.
11.14 John Freeman, London
11.15 (145 Buccleach Street, Glasgow). Arcaid, London/Richard Bryant 1993, courtesy

of the National Trust

11.20, 11.21 James Austin, Cambridge

12.1 The Pennsylvania Academy of the Fine Arts, Philadelphia, photo Rick Echelmeyer の厚意による

12.2 A. F. Kersting, London

12.3 National Trust Photographic Library/Michael Boys

12.4 National Monuments Record, Bedford Lemere 5272

12.7 © Esto Photographics Inc., Mamaroneck NY/photo Wayne Andrews 2670. All rights reserved

12.9 Museum of the City of New York, Print Archives. Byron collection

12.11 The Adirondack Museum, Blue Mountain Lake, New York の厚意による

12.12 Arcaid, London/Richard Bryant

12.16 VITETTA, Philadelphia & Hyman の厚意による

12.17 © Araldo de Luca/Corbis

12.19 © John Pile, New York

13.1 RCHMS, photo 1904 neg. no.DB/580

13.2 © John Freeman, London

13.3 V&A Picture Library

13.4 写真: akg-images/Erich Lessing

13.5 A. F. Kersting, London

13.8 RCHME

13.11 British Architectural Library, RIBA, London

13.13, 13.15 © John Pile, New York

13.16 The Print Department, Boston Public Library の厚意による

13.17 Arcaid, London/Richard Bryant

13.18 © Gardner/Halls, Architectural Association Photo Library

14.1 Gift of Madame Charles Masson, 1938. Photo Studio Image

14.3 © Paul M. R. Maeyaert/ DACS, 2004

14.4 © Martin Charles, London/ DACS, 2004

14.6 Bridgeman Art Library

14.7 写真 Nicolas Sapieha

14.8, 14.16, 14.18 © John Pile, New York

14.9 © Paul M. R. Maeyaert

14.13 Museum of Finnish Architecture, Helsinki

14.15 Österreichische NationalBibliothek, Vienna

14.20 © DACS, 2004

14.21 V&A Picture Library

14.22 (Comfort Tiffany, Leaded glass window from reception room at Rochroane, Irvington-on-the-Hudson, New York, 1905, home of Melchior S. Beltzhoover, 346.2 × 330.1 × 21.2cm). Courtesy The Corning Museum of Glass, Corning, New York, 76.4.2

14.23 Morris Library, University of Delaware, Neward, De.

14.24 Art Institute of Chicago

14.25 Calmann & King, London/ Ralph Lieberman

15.4 Roger-Viollet, Paris

15.5 The Breakers and Marble House, Preservation Society of Newport County

15.6 Biltmore Estate, Asheville, North Carolina

15.7 Library of Congress, Washington D.C.

15.8 Museum of the City of New York, Print Archives. Photo George P. Hall & Son, 1911

15.9 © Esto Photographics Inc., Mamaroneck NY/photo Peter Aaron 98A38. All rights reserved

15.10 © Esto Photographics Inc., Mamaroneck NY/photo Wayne Andrews 893. All rights reserved

15.11 Museum of the City of New York, Print Archives

15.13 Saint Thomas Church

15.14, 15.15 Courtesy of Cranbrook Archives, Bloomfield Hills, Michigan. negs no.K1989-2 and K1989

15.16 The Folger Shakespeare Library, Washington D.C. の許可による

15.22 National Trust Photo Library, James Mortimer

15.23 Compagnie Generale Maritime/Agence Le Havre

16.1, 16.2 Museum of Modern Art, New York/© ARS, NY and DACS, London 2004

16.3, 16.4 © ARS, NY and DACS, London 2004

16.5 © DACS, 2004

16.6 Centraal Museum Utrecht/© DACS, 2004 の厚意により写真提供

16.7 The Museum of Modern Art, New York, Gift of Philip Johnson © 2004 Artists Rights Society (ARS), New York/ Beeldrecht, Amsterdam

16.8 Bauhaus Archiv, Berlin

16.11 Sotheby's Picture Library

16.12 © DACS, 2004

16.13 The Mies van der Rohe Archive, The Museum of Modern Art, New York. Photograph courtesy The Museum of Modern Art, New York. © DACS, 2004

16.15 © John Pile, New York

16.16 © Esto Photographics Inc., Mamaroneck NY/photo Scott Frances 88SF17.20. All rights reserved. © DACS, 2004

16.17 © FLC/ADAGP, Paris and DACS, London 2004

16.18 写真 Musée des Arts Décoratifs, Editions A.Lévy, Paris/© FLC/ADAGP, Paris and DACS, London 2004

16.19 © FLC/ADAGP, Paris and DACS, London 2004

16.20, 16.21 Le Corbusier Foundation, Paris/ ©FLC/ ADAGP, Paris and DACS,London 2004

16.22 © Peter Kent, London, ©FLC/ADAGP, Paris and DACS,London 2004

16.23 © Bettmann/Corbis, ©FLC/ADAGP, Paris and DACS,London 2004

16.24 © John Pile, New York, ©FLC/ADAGP, Paris and DACS,London 2004

16.25 © Anderson & Low, London/© FLC/ADAGP, Paris and DACS, London 2004

16.26, 16.28 © FLC/ADAGP, Paris and DACS, London 2004

16.27 Fondation Le Corbusier, © FLC/ADAGP, Paris and DACS, London 2004 の厚意による

16.29, 16.30, 16.32 Museum of Finnish Architecture, Helsinki

16.31 Museum of Finnish Architecture, Helsinki, photo Jussi Tiainen

16.34 © John Pile, New York

17.1 © John Freeman, London

17.5 Conway Library, Courtauld Institute of Art, London

17.7 Andrew Gordon Photography Inc., New York

17.8 Radio City Music Hall, photo George Kalinsky の厚意による

17.9 © Angelo Hornak/Corbis

17.10, 17.18 © John Pile, New York

17.11 Dansk Moebelkunst Denmark

17.14 Diner Archives of Richard J.S. Gutman, West Roxbury, Mass

17.15 Chicago Historical Society, Hedrick Blessing Collection

17.16 Architectural Press, London の厚意による

17.17 GM Media Archives, Detroit Michigan, neg. 148555

18.1, 18.11 Arcaid, London/ Richard Bryant

18.2, 18.3, 18.8, 18.10 © John Pile, New York

18.5 © Paul M. R. Maeyaert

18.6 © ADAGP, Paris and DACS, London 2004

18.7 Tim Benton © Musée des Arts Décoratifs, Paris の厚意による

18.9 Architectural Press, London の厚意による

19.1 © Norman McGrath, New York

19.2 © Marvin Rand, Venice California

19.3 © Esto Photographics Inc., Mamaroneck NY/photo Ezra Stoller. All rights reserved. ©ARS, NY and DACS, London 2004

19.4 © ARS, NY and DACS, London 2004

19.5, Calmann & King Archives, photo Ralph Lieberman/© ARS, NY and DACS, London 2004

19.6, 19.7 © Johnson Wax Company, Racine, Wisconsin © ARS, NY and DACS, London 2004

19.8 © Grant Mudford, Los Angeles
19.9 Avery Architectural and Fine Arts Library, Columbia University, New York の厚意による
19.10 写真 Robert Damora, ©2000 The Museum of Modern Art, New York
19.12 © Esto Photographics Inc., Mamaroneck NY 109.Q6. All rights reserved
19.13 © Esto Photographics Inc., Mamaroneck NY/photo Ezra Stoller 59J DAO. All rights reserved
19.14, 19.20, 19.21 © John Pile, New York
19.15 Dorothy Draper & Co. Inc. (New York) の厚意による
19.18 (Charles Eames & Eero Saarinen, Competition Drawing, 1940, 色鉛筆の合板と白い厚紙に切り紙, 30 × 40in.). The Museum of Modern Art, New York. © The Museum of Modern Art, New York
19.19 Bridgeman Art Library

20.1 Philippe Garner, London の厚意による
20.3 © Kim Ahm, Copenhagen
20.4 Arkitekturmuseets, Stockholm
20.5 Museum of Finnish Architecture, Helsinki
20.7, 20.10, 20.15, 20.9 © John Pile, New York
20.9 Royal Festival Hall, London の厚意による
20.12 Julius Schulman, Los Angeles
20.13 Guggenheim Museum, New York/© ARS, NY and DACS,
20.14 © Esto Photographics Inc., Mamaroneck NY/photo Ezra Stoller 78BB. All rights reserved
20.17 © Esto Photographics Inc., Mamaroneck NY/photo Ezra Stoller 66EE.19. All rights reserved
20.19 Haworth, Inc.
20.20 © Esto Photographics Inc., Mamaroneck NY/photo Peter Mauss 91M371B. All rights reserved
20.21, 20.22, 20.23 © John Pile, New York

21.1 Nigel Young/Foster and Partners
21.2 © Grant Mudford, Los Angeles
21.3, 21.5, 21.7, 21.11, 21.16, 21.18, 21.25 © John Pile, New York
21.4 © Timothy Hursley, Little Rock AR
21.6 Elizabeth Whiting & Associates, London, photo Tim Street-Porter
21.8 View Pictures, London
21.9 James Morris/Axiom/ Courtesy Foster and Partners
21.10 © John Donat Photography, London
21.12 VSBA, photo by Matt Wargo の厚意による
21.14 Philadelphia Museum of Art: Given by Collab 1985
21.15 VSBA, photo by Rollin R.La France の厚意による
21.17 © Esto Photographics Inc., Mamaroneck NY/photo Peter Aaron 82A46-15. All rights reserved
21.19 Hines, New York の厚意による
21.20 Sotsass Associati の厚意による
21.21 Studio Hans Hollein, Vienna の厚意による
21.23 © Esto Photographics Inc., Mamaroneck NY/photo Peter Aaron. All rights reserved
21.24 © Esto Photographics Inc., Mamaroneck NY/photo Ezra Stoller. All rights reserved
21.26 Gwathmey Siegel, New York の厚意による
21.27 Arcaid, London/Richard Bryant
21.28 Philippe Starck, Paris の厚意による
21.29 Schrager Hotels, New York の厚意による
21.30 Andrée Putman, Paris の厚意による
21.31 Hans Werlemann/Office for Metropolitan Architecture
21.32 Office for Metropolitan Architecture
21.33 Bernard Tschumi, photo Peter Mauss/Esto の厚意による
21.34 Peter Mauss/Esto. Courtesy of Tschumi Architects
21.35 © Dick Frank, New York
21.36 © Canadian Centre for Architecture, Montreal. Photo Michel Legendre
21.37 Eisenman/Esto の厚意による
21.38 Elizabeth Whiting & Associates, London, photo Tim Street-Porter
21.39 Maki and Associates の厚意による , photo © Toshiharu Kitajima
21.40 © John Pile, New York
21.41 © Tate, London 2004／ADAGP, Paris and DACS, London 2004
21.42 EEA Architects/photo © Christian Richters の厚意による
21.43, 21.44 Croxton Collaborative Architects PC, New York
21.45 © Richard Bryant/Arcaid
21.46 © Paul Warchol
21.47 写真 Moreno Maggi ©RPBW
21.48 © Dennis Gilbert/View
21.49 © Richard Bryant/Arcaid
21.50 © Richard Bryant/Arcaid

索 引

ページ数がイタリックの場合、図の中を示す。

【あ】

ING銀行、ファン・エゲラート　*483*
アイク、アルド・ファン　437
アイゼンマン、ピーター　477
IBMワールド・トレード・オフィス　*443*
アインジーデルン大修道院、スイス　*168*
アウト、J・J・P　404
アウレンティ、ガエ　481
赤い城、インド　89
明かり取り窓　63
アーキテクツ・コラボレーティブ　422, *443*
アーキトレーヴ　35
アクセサリー、折衷主義　350
アシュビー、チャールズ・R　300
アシュレイ・ハウス、コロニアル様式　*239*
アスプルンド、グンナール　394, 434
アゼー・ル・リドー城、フランス　*180*
アダム、ジェイムズ　221
アダム、ロバート　221, 260
アーチ、ゴシック　106
　　古代ローマ　40
　　初期キリスト教　53
　　尖頭――　106
　　プロセニアム　157
　　リブ――　107
　　ロマネスク　61
アチェルビ・ジュゼッペ　66
アーチ架構、シュメール　21
アーツ&クラフツ　295
アッタロスのストア、アテネ　*38*
アップジョン、リチャード　258
アティック　145
アディロンダック・スタイル　282
アート・ワーカーズ・ギルド　300
アドラー&サリヴァン事務所　358
アドラー、ダンクマール　328
アヌビス　15
アバクス　35
アパートメント、ウィーン分離派　325
アーバン、ジョセフ　390
アビー　114
アーマー・スタイナー・ハウス、アメリカ　280
アマリエンブルグ、ドイツ　*172*
アミアン大聖堂、フランス　110, 111
アム・シュタインホフ教会、オーストリア　323
アームチェア、アーツ&クラフツ　304
　　イームズ　427
　　ヴィクトリア女王時代　*290*
　　モダニズム　*410*
アメリカ・パビリオン、フラー　*457*
アメリカン・モダン　396
アモン神殿、エジプト　28
アラップ、オーヴ　486
アリス・タリー・ホール、モダニズム　*444*
アール・デコ　387
　　スカンディナビア　393
アール・ヌーヴォー　313
　　アメリカ　326
　　フランス　317
　　ベルギー　314
ある学者の部屋、韓国　98, *99*
アルタミラ　15
アルテック、フィンランド　426
アールト、アルヴァ　380, 426, 436
アールニオ、エーロ　436
アルバース、アニ　450
アルハンブラ宮殿、スペイン　*80*
アルビ大聖堂、フランス　109
アルプ、ジャン　361
アルベルティ、レオン・バッティスタ　137
アルモアール　190
アレイジャジーニョ　230
アロノフ・デザイン・アンド・アート・センター、アイゼンマン　478
アングロ・ジャパニーズ　300
アンコール・ワット、カンボジア　*92*
アンシー・ル・フラン城、フランス　180
安藤忠雄　480
アンドレア・デル・サルト　143
アンドロン　38
アンビュソン　191
アンビュラトリー　56
アンピール様式　197

【い】

イェーヴェル、ヘンリ　114
イェール・センター・オブ・ブリティッシュ・アート、カーン　455
イオニア式オーダー　35, 36
イギリス、ヴィクトリア女王時代　275
イグルー、イヌイット　17, *18*
衣装タンス、ロココ　173
椅子、ヴィクトリア女王時代　289, *290*
　　ウィーン分離派　324, *326*
　　エジプト　30
　　クイーン・アン　220, *220*
　　古代ローマ　*49*
　　コルビュジエ　375
　　シェーカー　284
　　ジャコビアン様式　215
　　ジョージ王朝期　226
　　スペイン・ルネサンス　*202*
　　中世　70
　　中世後期　122, *124*
　　明朝　96
　　モダニズム　410, 426
　　リージェント様式　253
　　リートフェルト　362
　　ルイ14世　190
　　連邦様式　247
椅子兼机、コロニアル様式　233
イーストレイク、チャールズ・ロック　278, 300
伊勢神宮　100
磯崎新　481
イソラ、マイヤ　451
イタリアネート　278
イブン・トゥールーン・モスク、エジプト　76
イームズ、チャールズ　427
イル・ジェズ聖堂、イタリア　157
イル・レデントーレ、イタリア　149
インカ文明　26
イングランド風ウィグウァム　231
印刷会社、ヴィクトリア女王時代　*286*
インダストリアルデザイン　394
インターナショナル・スタイル　364
インターナショナル・ビルディング、アール・デコ　*391*
インテリア　15
インテリアデコレーション　343
インド経営大学、カーン　454
インド絨毯　91
インプルヴィウム　46

【う】

ヴァイセンホーフ・ジードルンク　366
ヴァッサートゥルム・ホテル、ブットマン　475
ヴァラン、ウジェーヌ　317
ヴァル・ド・グラース教会、フランス　188
ヴァルゲーニョ　202
ヴァルター・グロピウス　421
ヴァン・アレン、ウィリアム　392
ヴァン・エートヴェルデ邸、ベルギー　314
ヴァン・ド・ヴェルド、アンリ　316
ヴァンナ・ヴェンチューリ邸、ヴェンチューリ　*463*
ヴァンブラ、ジョン　219
ヴィオレ・ル・デュク　69, 121
ヴィオレ・ル・デュク、ウジェーヌ・エマニュエル　17
ヴィクトリア期、アメリカ　277
ヴィクトリアン・スタイル　273
ウィグリー、マーク　476
ウィグワム　17, *18*
ヴィース、ドイツ　*169*
ウィッカー家具　290
ウィップル・ハウス、コロニアル様式　232
ヴィラ・カヴロワ、モダニズム　408

索引

ヴィッラ・カプラ、イタリア 148
ヴィッラ・バルバロ、イタリア 148
ヴィッラ・フォスカリ、イタリア 149
ヴィッラ・メディチ、イタリア 143
ヴィトラ美術館、ゲーリー 480
ウィトルウィウス・ポリオ、マルクス 49
ヴィニョーラ、ジャコモ 150, 158
ヴィニョン、アレクサンドル・ピエール 198
ヴィネッリ、マッシモ 447
ヴィネッリ、リッラ 447
ヴィハーラ、インド 84
ヴィラ・マイレア、アールト 381
ウィリアム・アンド・メアリー大学、コロニアル様式 241
ウィリアムズ、オーウェン 393
ウィリアムズバーグ州議会議事堂、コロニアル様式 241
ウィリス・ファーバー・デュマ・オフィス 458
ウィルス、ロイヤル・バリー 350
ウィルソン・アジャスタブル・チェア、ヴィクトリア女王時代 292
ウィルトン・ハウス、イングランド 207, 214
ウィンクラー―ゴーチ邸、ライト 419
ウイーン工房 323
ウィンザー・チェア 220
　コロニアル様式 240
　ルネサンス 220
ウィンズロー邸、ライト 358
ウィンターガーデン、ペリ 456
ウィンフォード、ウィリアム 114
ウイーン分離派 321
ウェクスナー視覚芸術センター、アイゼンマン 478
ウェスタン・ユニオンビル、ヴィクトリア女王時代 285
ウエストミンスター・ホール、イングランド 118
ウエストミンスター寺院、イングランド 114
ウェッジウッド、ジョシュア 224
ヴェッティの家、イタリア 46, 48
ウェットモア、チャールズ・D 340
ウェッブ、ジョン 214
ウェッブ、フィリップ 297, 298
ヴェヌスとローマ神殿 44
ウェバー、ケム 396
ウェルズ大聖堂、イングランド 107, 114
ヴェルゼン、クルト 400
ヴェロネーゼ、パオロ 148
ヴェンチューリ、ロバート 462
ヴェンチューリ邸、ヴェンチューリ 463

ヴォー・ル・ヴィコント城、フランス 184
ヴォイジー、チャールズ・フランシス・アンズリー 302
ヴォークス、カルヴァート 279
ヴォクセンニスカの教会、アールト 384
ウォーターフォール・モダン 392
ウォームレイ、エドワード 425, 447
ヴォールト、グローイン 61
　ゴシック 105, 106
　古代ローマ 40-42
　セイル―― 166
　中世後期 107
　筒型 41
　トンネル 61
　バレル――、バロック 186
　半円筒 41
　ルネサンス 133
　六分 64
　ロマネスク 61
ウォルドーフ・ホテル、ヴィクトリア女王時代 286
ウォルポール、ホレス 260
ウオーレン、ホイットニー 340
ヴォワザン計画、コルビュジエ 376
ウースター、ウィリアム・ウィルソン 440
ウツソン、ヨーン 434
ウッド、ルビー・ロス 345
ウマネージモ、ルネサンス 129
ヴュルツブルク司教館、ドイツ 171
ウールワース・ビルディング、折衷主義 343

【え】
映画館、折衷主義 350
AT&Tビル、ジョンソン 467
エキヌス 35
エクスペール、ロジェール 390
エクセター大聖堂、イングランド 114
エクセドラ 59
エーグル城、スイス 121
エクレクティシズム 333
エコノミスト・ビル、モダニズム 438
エコール・デ・ボザール 333
エジプトの神殿 28
SASホテル、モダニズム 434
エスコリアル修道院、スペイン 177, 201
エストベリ、ラグナル 352
エスプリ・ヌーヴォー館、コルビュジエ 372
枝編み細工 49
エッグ・アンド・ダーツ 106
エッグチェア 434
エッフェル、ギュスタフ 268

エディス、ロバート・W 300
NTTビル、ペリ 456
エピダウロスの劇場、ギリシャ 40
エリザベス朝様式、ルネサンス 210
エリス&クラーク事務所 393
エリス、ハーヴェイ 304
エル・カスティージョ、メキシコ 25
エルヴィラ工房、ドイツ 320
エルベデン・ホール、ヴィクトリア女王時代 275
エルボールーム・レストラン、ベル・ゲデス 396
エレファンタ寺院、インド 84
エレラ、ファン・デ 201
エローラ、インド 85, 87
エンタシス 35
エンタブラチュア 35
エンデル、アウグスト 320
エンバシー・コート、モダニズム 412

【お】
黄金寺院、インド 90
黄金比 28
黄金分割 109
大広間、ユーストン駅、イングランド 255
オーク・アレイ、アメリカ 257
オクタゴン・ハウス、コロニアル様式 243
屋内 15
オクルス 133
オスタリー・パーク、イングランド 222
オーストリア観光省ビル、ホライン 468
オーダー 35
　古代ギリシャ 35
　古代ローマ 50
オタニエミ工科大学、アールト 383
オーチャード、イギリス 302
オットー、フライ 437
オットーボイレン、ドイツ 169
オーディトリウムビル、アメリカ 328
オテル・デュー、フランス 118, 118
オテル・ド・カルナヴァレ、フランス 182
オテル・ド・シュリー、フランス 182
オテル・ランベール、フランス 182
オフィス・ランドスケープ 437, 445
オープン・プラン・オフィス、モダニズム 436
オペラ座、フランス 333
オペラハウス、オーストラリア 434
オラーナ、アメリカ 279
オリエント絨毯 91
織物 19
　アフリカ 20

スペイン・ルネサンス 202
チムー文化 27
連邦様式 249
オール・セインツ教会堂、イングランド 262
オルガン、クイーン・アン 278
オルセー駅、フランス 335
オルセー美術館、アウレンティ 481
オルタ、ヴィクトール 314
オルタ邸、ベルギー 314
オールド・イングリッシュ 276
オールド・シップ礼拝堂、コロニアル様式 234
オルブリッヒ、ヨーゼフ 321
オルモル 190
音楽時計、ロココ 191
温浴室 42

【か】
カ・ドロ、イタリア 120
カイゼルザール、ドイツ 171
ガイヤール、ウジェーヌ 319
街路、ジョージ王朝期 223
ガウディ、アントニオ 319
カウフマン邸、モダニズム 441
ガウワン、ジェームズ 461
鏡、連邦様式 248
鏡のギャラリー、フランス 186
家具、アール・ヌーヴォー 316, 318
　イスラム 80
　インダストリアルデザイン 400
　インド 90
　ヴィクトリア女王時代 289
　エジプト 30
　エリザベス朝様 212
　クイーン・アン 220
　ゲーリー 480
　古代ローマ 47
　コルビュジエ 375
　コロニアル様式 233
　ジャコビアン様式 215
　ジョージ王朝 224
　スペイン・ルネサンス 202
　折衷主義 350
　中国 96
　中世 70
　日本 102
　バロック 173
　ビーダーマイヤー様式 200
　フランクル 390
　フランスバロック 190
　プロヴァンシャル 199
　ミース 367
　モダニズム 426, 431, 445, 447
　ライト 418
　リージェント様式 253
　ルネサンス 131, 151

レジェンスとロココ	194	
連邦様式	246, 248	
ロココ	173	
家具展覧会、ベル・ゲテス	400	
ガーゴイル	106	
カーサ・木村の居間	102	
カーサ・デル・ポーポロ、モダニズム	406	
カサ・バトリョ、スペイン	319	
カサ・ミラ、スペイン	320	
カザフ絨毯	82	
カスティリオーニ、アッキーレ	433	
カステル・ベランジェ、フランス	317	
カタコンベ	53	
片山東熊	355	
カタラノ、エドアルド	444	
カッサパンカ	152	
合衆国第二銀行、ギリシャ様式復興	255	
カッソーネ	152	
桂離宮	101	
カーテン、中世	71	
ガードナー‐ピングリー・ハウス、アメリカ	248	
カートライト、エドモント	264	
カートリントン・パーク、イングランド	220	
カナペ	194	
カフェ・コスト、スタルク	474	
株式取引所、アメリカ、ギリシャ様式復興	256	
ガブリエル、アンジュ・ジャック	193	
カブリオール	191	
壁紙、ヴィクトリア女王時代	291	
カーペット、インダストリアルデザイン	400	
ヴィクトリア女王時代	290	
サヴォンヌリ――	191	
カーペンターゴシック	278	
カーペンター視覚芸術センター、コルビュジエ	378	
カミング、ローズ	345	
カーライルの家、ヴィクトリア女王時代	276	
カラカラ浴場	42	
唐草飾り	106	
ガラス、ティファニー	326	
ガラスの家、ミース	415, 422	
カラッチ、アンニーバレ	142	
カラッチ・ギャラリー	142	
カールスキルヘ、オーストリア	167	
ガルニエ、ジャン・ルイ・シャルル	333	
カルパッチョ、ヴィットーレ	151	
カールマン・マッキンネル・アンド・ウッド	444	
カルローネ、カルロ・アントニオ	166	
ガレ、エミール	317
カレダール、フォスター	459
カレッジ、中世後期	119
カレバ教会、モダニズム	435
カレール、ジョン・M	340
カロリング風	61
カーン、ルイス	453
雁鴨池、韓国	98, 99
間接照明	348
カンピン、ロベルト	122
カンペン、ヤコブ・ファン	208

【き】

議会議事堂、テネシー州、ギリシャ様式復興	256
議会の間、バロック	162
ギザの大ピラミッド、エジプト	27
議事堂、アメリカ合衆国議会旧――	256
コロニアル様式	243
キースラー、フレデリック	390
貴族院議場、イングランド	261
キッチン、インダストリアルデザイン	398
キッチン、キングズ・ニュー――	125
ギマール、エクトール	317
ギムソン、アーネスト	300
客船、アール・デコ	389, 393
客船、折衷主義	355
キャビネット・オルガン	225
ギャランティービル、アメリカ	330
キャンデラーブラ	154, 190
ギャンブル邸、アメリカ	307
キュヴィエ、フランソワ	172, 192
宮廷礼拝堂、ドイツ	60
旧聖具室	134
キュービット、ルイス	266
教会、ルネサンス	131
バロック	189
京都御所	100
玉座、古代ローマ	49
中世	71
ツタンカーメン	30
曲面架構、シュメール	21
霧島国際音楽ホール	481
ギリシャ十字	59
ギリシャ様式復興	254
アメリカ	255
イングランド	255
ドイツ	254
ギリシャ雷文文様	37
ギル、アーヴィン	415
ギルドハウス、ヴェンチューリ	463
ギルバート、キャス	343
キングズ・カレッジ・チャペル、イングランド	116, 119
キングズ・クロス駅、イングランド	266
キングズ・ニュー・キッチン、イングランド	125
キングスウッド学校、折衷主義	348
キングスコート、アメリカ	278
キングズ礼拝堂、コロニアル様式	240
銀行、サリヴァン	330
キンボール美術館、カーン	455

【く】

クアドゥラトゥーラ	157
グアリーニ、グアリーノ	163
クイーン・アン	219, 278
クイーンズ・ハウス、イングランド	212
グエル公園、スペイン	320
ククルカン神殿、メキシコ	25
孔雀の玉座、インド	90
グッゲンハイム美術館、ゲーリー	480
モダニズム	441
グッドウィン、フィリップ・L	421
クノッソス	33
クライスト・チャーチ、イングランド	219, 220
クライスラービル、アール・デコ	392
クラウズ、イギリス	299
グラスゴー美術学校校舎、イギリス	303
グラストンベリィ・チェア	212
クラッグサイド、折衷主義	353
グラナダ大聖堂、スペイン	200
クラフツマン運動	295
アメリカ	304
クラム、ラルフ・アダムス	346
グランド・セントラル駅、折衷主義	340
クランブルック・アカデミー	346
グリーク・キー	106
クリスタル・パレス、イングランド	267, 297
クリスチャン・サイエンス教会、アメリカ	307
クリスモス椅子、ギリシャ	39
クリフ、クラリス	393
グリフォン	253
クリプト	63
クリムト、グスタフ	321
クリュニー会	67
クリュニーの修道院	68
グリーン、チャールズ・サムナー	307
グリーン、ヘンリー・マザー	307
グリーン・ダイニング・ルーム、イギリス	298
クリント、コーレ	394
グリーンバーグ、アラン	469
グリーンビルディング	483
クルスカヤ地下鉄駅、剥奪折衷主義	351
クレ、ポール・フィリップ	348
グレイ、アイリーン	389
グレイブス、マイケル	465, 466
グレース教会、アメリカ	258
クレスゲ・オーディトリアム、モダニズム	439
クレデンツァ	153
グレートルーム、ライト	418
クロイスター	68
グローイン・ヴォールト	61
クロクストン共同建築家集団	484
クロケット	106
クロスビー、テオ	438
グロテスク装飾	106
グロピウス、ヴァルター	357, 364, 409, 443
グロピウス邸	421
クロール、ポリス	449
クワイア	54
グワスミー、チャールズ	472
クワドロ・リポルタート	157
クワトロフォイル	106
クーンレイ邸、ライト	360

【け】

ケイ、リーフェン・デ	208
景福宮、韓国	98, 99
化粧箱、エジプト	30
ゲステットナー謄写版印刷機	395
ケツァルコアトルの宮殿、メキシコ	23
ケネディ空港、モダニズム	438
ケネディ国際空港、モダニズム	444
ゲーリー、フランク	479, 488
ゲーリー自邸、ゲーリー	480
ゲリドン	190
ゲル、モンゴル	18
ゲルスドルフ療養所、オーストリア	324
ケルン大聖堂、ドイツ	116
原始的な社会	17
現代家具博物館、ソットサス	467
現代美術センター、ハディド	487
ケンタッキーダム、モダニズム	449
建築の七灯	295
建築論、アルベルティ	137
ウィトルウィウス	49
ケンテ織	20
ケント、ウィリアム	220
ケンブリッジ大学法学部、フォスター	459
ケンブリッジ大学歴史学部、スターリング	461

【こ】

後期青銅器時代	34
後期モダニズム	470
工業、インテリア	264
公共建築、ヴィクトリア女王時代	287

索引		
コロニアル様式	240	
折衷主義	339	
工業製品のデザイン	394	
交差ヴォールト、中世後期	107	
交差廊	63	
高層建築、ヴィクトリア女王時代	284	
公的謁見室、インド	89	
高等裁判所、インド、コルビュジエ	378	
合同庁舎、インド、コルビュジエ	378	
国民年金協会、アールト	383	
国務省・陸海軍省合同庁舎、ヴィクトリア女王時代	287	
国立図書館、フランス	268, 269	
ゴシック	105	
カーペンター――	278	
ゴシック・リバイバル	276, 295	
ゴシック大聖堂、フランス	109	
ゴシック様式	64	
ゴシック様式復興、アメリカ	257	
イングランド	260	
古代エジプト文明	27	
コーツ、ウェルズ	393, 412	
国会議事堂、バングラデシュ	91	
ゴッツォリ、ベノッツォ	137	
コッドマン、オグデン	336	
コッホ、モーエンス	394	
ゴドウィン、エドワード・W	299	
コーニス	35	
コネチカット厩舎、グリーンバーグ	468	
古墳	16	
コモード	190	
コリント式オーダー	37	
コルトナ、ドメニコ・ダ	179	
コールハース、レム	475	
コルビュジエ	370	
コルビュジエ・センター	379	
コロニー・クラブ、折衷主義	343	
コロニアル様式、北アメリカ	231	
コロンナ、エドワール	319	
コロンボ、ジョエ	431, 433	
コンソール公債室、イングランド	252	
近つ飛鳥博物館	480	
コンポジット式オーダー	44	
【さ】		
サイオン・ハウス、イングランド	222	
最初のすみか	15	
財務省、アメリカ、ギリシャ様式復興	256	
サヴェリエ、ウィリアム	239	
サヴォア邸、コルビュジエ	374	
サヴォナローラ・チェア	153	
サヴォンヌリ・カーペット	191	
サクサイワマン、ペルー	26	
サックラー・ギャラリー、フォスター	459	
サッコーニ、ジュゼッペ	351	
ザヌーソ、マルコ	467	
ザヌソ、マルコ	433	
サファリチェア	394	
サーラ・デイ・ジガンティ、イタリア	147	
サラディーノ、ジョン	446	
サリヴァン、ルイス	326	
サーリネン、エリエル	321, 346, 352	
サーリネン、エーロ	423, 427	
サーリネン、ロハ	450	
サーリネン・ハウス、折衷主義	347	
ザルギナトーベル橋、モダニズム	403	
サルビン、アンソニー	275	
サロンの部屋、ルー＝スピッツ	387	
サン・イシドーロ教会、スペイン	72	
サン・ヴィターレ聖堂、イタリア	55	
サン・エステバン、メキシコ	230	
サン・カルロ・アッレ・クワトロ・フォンターネ聖堂、イタリア	160, 161	
サン・サーティロ、イタリア	138	
サン・ザビエル・デル・バック聖堂、メキシコ	231	
サン・ジョルジョ・マッジョーレ、イタリア	149	
サン・ステファン教会、オーストリア	116	
サン・テチエンヌ大聖堂、フランス	109	
サン・ドニ修道院、フランス	105, 110	
サン・ハウス、モダニズム	410	
サン・ピエトロ・イン・モントーリオ修道院、イタリア	139	
サン・ピエトロ大聖堂、イタリア	139, 158	
サン・フランシスコ・デ・アシス聖堂、ブラジル	230	
サン・フランシスコ聖堂、ブラジル	230	
サン・ホセ聖堂、メキシコ	230	
サン・マクルー教会、フランス	111	
サン・マルコ大聖堂、イタリア	59	
サン・マルタン・デュ・カニグー修道院、フランス	67	
サン・ミニアート・アル・モンテ教会、イタリア	63	
サン・ルイ礼拝堂、フランス	190	
サン・ロレンツォ聖堂、イタリア	133, 164	
サンガッロ、アントニオ・ダ	140	
産業革命	262	
ザンクト・ガレン修道院、スイス	62, 168	
ザンクト・フローリアン修道院、オーストリア	166	
サンタ・クローチェ教会、イタリア	135	
サンタ・コンスタンツァ、ローマ	54	
サンタ・マリア・イン・コスメディン聖堂、ローマ	54	
サンタ・マリア・デッラ・サルーテ聖堂、イタリア	162	
サンタ・マリア・デル・フィオーレ、イタリア	117	
サンタ・マリーア・プレッソ・サン・サーティロ教会、イタリア	138	
サンタ・マリア・マッジョーレ大聖堂、ローマ	54	
サンタンドレア・アル・クイリナーレ聖堂、イタリア	160	
サンタンドレア教会、イタリア	137	
サンティーヴォ・デッラ・サピエンツァ礼拝堂、イタリア	161, 162	
サンティッシマ・シンドーネ礼拝堂、イタリア	164	
サンテス・クレウス修道院、スペイン	72	
サンテリア、アントニオ	405	
サント・シャペル、フランス	109	
サント・ジュヌヴィエーヴ教会、フランス	197	
サント・ジュヌヴィエーヴ図書館、フランス	268	
サント・フォワ教会、フランス	63	
サント・フォワ教会の人物型聖遺物入れ、フランス	69	
サンファン・カピストラーノ図書館、グレイブス	466	
三葉飾り	106	
三連の祭壇画	105	
【し】		
シアーズローバック、アメリカ	291	
シヴァ寺院、インドネシア	94	
シェーカー	283	
シェーカー村、アメリカ	282	
ジェキル、トマス	300	
シェザン・レストラン、グワスミー	472	
シェーズ・ロング	194	
シェッツラー宮殿、ドイツ	171	
シエナ大聖堂、イタリア	117	
ジェネラル・グラント様式	278	
ジェファーソン、トマス	241	
シェラトン、トーマス	226	
シェルメイエフ、セルジュ	393	
シェンク・ハウス、コロニアル様式	238	
司教座、中世後期	124	
ジーキル、ガートルード	353	
シーグラムビル、ミース	369, 423	
紫宸殿	100	
市庁舎、ヴィクトリア女王時代	288	
執政様式	196	
室内、コロニアル様式	233	
室内調度、ジョージ王朝	224	
チャールズ2世	218	
シティコープ・ビル、モダニズム	443	
シトー会	67	
シャー・ジャハーン、インド	90	
ジャイナ教	84	
シャウロン、ハンス	437	
ジャコビアン様式	212	
ジャコブ、ジョルジュ	196	
ジャズ・モダン	387	
ジャック・クェール邸、フランス	123	
ジャビッツ・コンベンション・センター、ペイ	471	
シャルトル大聖堂、フランス	110	
シャロー、ピエール	408	
ジャンヌレ、ピエール	372	
上海国立銀行、フォスター	459	
シャンボール城、フランス	179	
シュー、ルイ	388	
シュウォブ邸、コルビュジエ	370	
州議会棟、インド、コルビュジエ	378	
十字形	64	
住宅、アメリカのジョージ王朝期風	235	
インダストリアルデザイン	398	
ヴィクトリア期、アメリカ	280	
ヴィクトリア女王時代	275	
エジプト	28	
オランダ・ルネサンス	208	
古代ギリシャ	38	
古代ローマ	49	
コルビュジエ	372, 375	
コロニアル様式	231	
ジリクナ	485	
折衷主義	349	
中世後期	123	
ティファニー	326	
ポンペイ	46	
ミース	367	
モダニズム	407	
連邦様式	245	
絨毯、インド	91	
オリエント	91	
カザフ	82	
ブハーラ	83	
明朝	97	
礼拝用、トルコ	82	
収納具、中世	70	
中世	70	
収納ユニット、モダニズム	447	
主祭壇	105	
シュスト、フローレンス	426	
シュタットハウス、マイヤー	473	

シュツットガルトの州立美術館、スターリング 461	人民の家、ベルギー 316	スナー家具ショウルーム、グレイブス 465	ンド 261
シュペーア、アルベルト 352	シンメトリー、ルネサンス 131	スーパーレッジェーラ 433	尖頭アーチ 106
シュメール文明 20		スピネット 225	セントポール・メソジスト教会、アメリカ 330
ジュリアード・シアター、モダニズム 445	【す】	スフロ、ジャック・ジェルマン 197	セントラル・ヴェヘア社、モダニズム 437
ジュリオ・ロマーノ 146	スイス学生会館、コルビュジエ 375	スマーク、サー・ロバート 255	
シュレジンジャー・メイヤー百貨店、アメリカ 329	垂直式、中世後期 114	すみか、最古の 17	【そ】
シュレーダー邸、リートフェルト 362	水道橋、フランス 42	スミソニアン協会本部、アメリカ 259	装飾壁、中世後期 116
ジョイ、ウィリアム 114	スウェディッシュ・モダン 393	スミッソン、アリソンとピーター 438	装飾式、中世後期 116
ショウ、ノーマン 353	ズガベッロ 153	スミッソン、ロバート 211	蔵書箱、ジョージ王朝期 227
ショウ、リチャード・ノーマン 276	スカラ・レジア 160	スルタン・アフメット・モスク、トルコ 78	総督の宮殿、メキシコ 231
ショーヴェ洞窟 15	スカルセッラ 134, 145	スレイマニエ・モスク、トルコ 78	側廊、初期キリスト教 53
城郭 66	スカルパ、トビア 433	スワン・ハウス、イングランド 276	ソットサス、エットレ 467
中世後期 120	スキアス、ギリシャ 36, 37		ソファー、ビーダーマイヤー様式 200
城館 66	スキッドモア・オーウィングズ・アンド・メリル 423, 443	【せ】	ソファ、連邦様式 247
証券取引所、オランダ 310	スクエアピアノ、連邦様式 248	聖遺物入れ 70	粗面仕上げ 135
昌徳宮、韓国 98, 99	スクリーン、中世後期 120	聖家族教会、スペイン 320	ソールズベリー大聖堂、イングランド 114
照明器具、インダストリアルデザイン 399	スコット、マッケイ・ヒュー・ベイリー 301	税関、アメリカ、ギリシャ様式復興 256	ソルボンヌ大学礼拝堂、フランス 189
初期イギリス式、中世後期 116	スコット・ブラウン、デニース 462	聖女ウルスラ伝 151	ソーン、ジョン 251, 252
書斎の聖アウグスティヌス 151	スコットランド・ヤード、イングランド 277	聖セルギウス・バッカス聖堂、トルコ 57	ソンク、ラルス 321
ジョージ王朝期 220	スタイロベート 35	生誕教会、イスラエル 53	ソーン自邸、イングランド 252
アメリカ 234	スタイン・ドゥ・モンジ邸、コルビュジエ 373	聖母マリアの聖域の聖堂、メキシコ 229	ソーントン、ウィリアム 243
食器棚、明朝 97	スタビンズ、ヒュー 443	聖母マリアの2人の息子の誕生 121	
ジョルジオ・アルマーニ本社ビル、安藤忠雄 488	スターリング、ジェームズ 461	セイル・ヴォールト、バロック 166	【た】
ジョン・ヴァッサル邸、コロニアル様式 236	スターリング、パトリック 292	セヴィリア大聖堂、スペイン 116	ダ・ヴィンチ、レオナルド 179
ジョーンズ、イニゴー 212, 223	スタルク、フィリップ 473	石器時代 16	大英博物館グレート・コート 453
ジョンソン、フィリップ 422, 443, 467, 476	スターン、ロバート・A 469	折衷主義 333	大学ゴシック 346
ジョンソン・ワックス・ビル、ライト 418	スタンデン、イギリス 298	折衷主義、ヨーロッパ 351	ダイクマン・ハウス、コロニアル様式 238
シラー・ビル、アメリカ 328	スタンフ、ビル 446	セーディア 153	大修道院の図書室、オーストリア 167
ジラード、アレキサンダー 427, 450	スタンリ-ホイットマン・ハウス、コロニアル様式 232	銭袋 134	大清真寺、中国 96
ジランドール 191	スティック・スタイル 281	セルギウス・バッカス、トルコ 78	大邸宅、ヴィクトリア女王時代、アメリカ 279
シレン、J・S・ 352	スティックレー、グスタフ 304	セルリオ、セバスティアーノ 180	ダイナー、インダストリアルデザイン 397
シロエ、ディエゴ・デ 200	ステンドグラス 106	セレブ・デザイナー 295	ダイニング・ホール、中世後期 119
新ウェストミンスター宮殿、イングランド 261	ストゥーディオ 131	戦士たちの神殿、メキシコ 25	ダイニングルーム、のアーツ&クラフツ 305
シンガー・ビルディング、折衷主義 342	ストゥディオーロ、イタリア 143	船上ベッド、ロココ 197	ダイマキシオン 457
	ストゥーパ 83, 93	セント・ジョーンズ大聖堂、フィンランド 321	大モスク 76
シングルスタイル 282	ストゥピニージの狩猟小屋、イタリア 166	セント・スティーヴン・ウォルブルック教会堂、イングランド 216	インド 89
シンケル、カール・フリードリヒ 254	ストックホルム市庁舎、折衷主義 352	セント・スティーヴン教会堂、イングランド 216	スペイン 80
寝室、コロニアル様式 233	ストックレー邸、オーストリア 324	セント・トーマス教会、折衷主義 346	タイル、オランダ・ルネサンス 208
寝室、プチ・トリアノン 193	ストーブ、産業革命 265	セント・パトリック大聖堂、アメリカ 258	大邸宅、ヴィクトリア女王時代、イギリス 275
神社 100	ストラトフォード・ホール、コロニアル様式 236	セント・ピーターズ教会、モダニズム 449	ダウニング、アンドリュー・ジャクソン 259
真珠のモスク、インド 90	ストリックランド、ウィリアム 255	セント・ポールズ教会堂、アメリカ 257	タウン、イシエル 255
寝台、エジプト 30	ストリップド・クラシシズム 348	イングランド 214	タウン・アンド・デビス 255, 259
寝台、古代ローマ 49	ストリート、ジョージ・エドモンド 297	セント・ポールズ大聖堂、イングランド 216	タウン・ハウス、ジョージ王朝期 223
神殿、エジプト 28	ストリームライン 395	セント・ポールズ礼拝堂、コロニアル様式 240	ダコタアパート、ヴィクトリア女王時代 286
ギリシャ 35	ストレイナー・アーチ、中世後期 107		タージ・マハル、インド 75, 89, 89
ローマ 42	ストレンゲル、マリアンヌ 451		ダス・エングリッシュ・ハウス 309
シント・バフォ教会、オランダ 116	ストロベリィ・ヒル、イングランド 260	セント・メアリー教会、イングランド	タッセル邸、ベルギー 314
シンドラー、ルドルフ 419	ストーン、エドワード・ダレル 421		
	ストーンヘンジ 16		

索 引

項目	ページ
辰野金吾	355
谷口吉生	481
多柱室、インド	85
エジプト	28
タブラリウム	46
ダブル・キューブの間、イングランド	207
タペストリー、中世後期	123
タベルナ・チェア、コロニアル様式	233
ダム、インダストリアルデザイン	398
ダラム大聖堂、イングランド	64
タリアセン、ライト	417
樽板教会	65
タルバート、ブルース	300
ダレス空港、モダニズム	439
タンス、コロニアル様式	233
バロック	172
ダンテ・チェア	153

【ち】

項目	ページ
チェスカチェア、グロピウス	366
チェヘル・ソトゥーン宮、イラン	77
チェンバー・オルガン	225
地下貯水槽、トルコ	57
チッペンデール、トーマス	225
チッペンデール、フィラデルフィア──	239
チビック、アルド	467
チムー王国	25
チャイティヤ窟、インド	83
着色陶器、マヤ	24
チャクモール、メキシコ	25
チャンセル	54
チャンチャンの都市遺跡、ペルー	26
チャーンリー邸、アメリカ	329
中国建築	95
中国風椅子、ジョージ王朝期	226
中国屋根	95
柱頭、エジプト	28
厨房、コロニアル様式	238
中世後期	125
チューダー朝様式、ルネサンス	210
チュミ、ベルナール	477
チュリゲラ、ホセ	202
チュリゲレスコ	202
調度、連邦様式	248
長老派教会堂、アメリカ	257

【つ】

項目	ページ
ツィンマーマン、ドミニクス	169
ツヴィーファルテン、ドイツ	169
ツタンカーメン	30
筒型ヴォールト	41

【て】

項目	ページ
デ・ウルフ、エルシー	343
デ・ステイル	361
デ・メニル邸、グワスミー	472
デ・ラ・ワー・パビリオン、モダニズム	403, 410
テアトロ・オリンピコ、イタリア	150
ディ・ソット・イン・ス	157
ディア・アンド・カンパニー、モダニズム	440
ティエポロ、ジョヴァンニ・バッティスタ	171
ディオクレティアヌス浴場	42
邸館、パリ	192
ティーグ、ウォルター・ドーウィン	395
帝国ホテル	103, 360
ディズニー、スターン	470
ディズニー・コンサート・ホール、ゲーリー	488
ディーター・ラムス	437
ディドロ、ドゥニ	262
ディーナリー・ガーデン、折衷主義	353
ティハニー、アダム	447
ティピー、アメリカ	17
デイビス、アレクサンダー・ジャクソン	255
デイビッド・ミニトリー、コロニアル様式	237
ティファニー、ルイス・コンフォート	326
ティファニー・ガラス会社、アール・ヌーヴォー	326
ティファニー邸、アメリカ	328
ディフリエント、ニール	446
デイリー・エクスプレス新聞社、アール・デコ	387, 393
ティリンス	34
ディレクトワール	196
ディワーニ・アム、インド	89
ティンパニ、中世後期	111
テオティワカン、メキシコ	23
テキスタイル、アール・デコ	389
インダストリアルデザイン	400
ヴィクトリア女王時代	290
モダニズム	450
モリス	297
ルネサンス	154
テクトン	412
デコンストラクティビズム	475
デザイン教育、インダストリアルデザイン	397
テジャパラ寺院、インド	86
デスキー、ドナルド	391
テスタ、アンジェロ	450
デソルナメンタド	201
デッラ・ポルタ、ジャコモ	158
デッラ・ロッビア、ルーカ	135
テート美術館、ヘルツォーク＆ド・ムーロン	482
テーブルウエア、ライト	396
デブロー、アメリカ	257
デュドック、ウィレム・マリヌス	404
デュナン、ジャン	388
デュフレーヌ、モーリス	388
テラス・プラザ・ホテル、スキッドモア	423
テラッツォ	154
テルフォード、トマス	265
テルミニ駅、モダニズム	432
電気換気扇	292
電気照明、ヴィクトリア女王時代	292
天守	66
デンティル	106
テンピエット、イタリア	139
デンマーク・モダン	394

【と】

項目	ページ
ドイツ・パビリオン、モダニズム	367, 437
塔院窟、インド	83
洞窟	15
トゥーゲンハット邸、ミース	367
東方三博士の行列	137
トゥンプ、ペーター	168
ドウルソ、ジョセフ・ポール	446
トゥルン・サノマト新聞社ビ、アールト	379
灯籠	103
読書机、ジョージ王朝期	227
時計、コロニアル様式	239
ジョージ王朝期	224, 225
都市計画、コルビュジエ	376
図書館、ヴィープリ──、アールト	380
クレーン──、アメリカ	307
シェイクスピア──、剥奪古典主義	348
折衷主義	338, 340
中世後期	119
ペンシルベニア大学	287
ラウレンツィアーナ、イタリア	129
トスカナ式オーダー	39
トーチュア	153
ドッジ邸、ギル	415
ドーナー、ドナルド	397
トーネット、フィンランド	426
トプカプ宮殿のハレム、トルコ	78
ドーム、古代ローマ	40
シュメール	21
ドーム付礼拝堂、フランス	189
ドライウオール	431
トライグリフ	35
ドラヴィダ様式、インド	87
トラヤヌスの市場、ローマ	46
トランスパレンテ	202
トランセプト	63
トリクリニウム	46
トリグリフ、ルネサンス	146
ドリス式オーダー	35
トリニティー教会、アメリカ	258, 306
トリノ労働者会館、モダニズム	432
トリビューンビル、ヴィクトリア女王時代	285
トリフォイル	106
トリフォリウム	64
トリプティク	105
トルシエ	190
ドルメン	16
ドレイパー、ドロシー	398
ドレイファス、ヘンリー	395
ドレッサー、クリストファー	299
トレッスル・テーブル、中世後期	123
トレド、ファン・バウティスタ・デ・	201
ドローゴ、キャッスル	354
ドロップ・リーフ	194
泥レンガ、シュメール	20
ドンギア、アンジェロ	446
トンネル・ヴォールト	61
ルネサンス	142, 149
トンプソン、ジム	451

【な】

項目	ページ
内部空間	15
ナヴァホの毛布	22
長持ち	103
ナガラ様式、インド	87
ナショナル・オーデュボン・ソサエティー、クロクストン	484
ナショナル・ギャラリー、ミース	370
ナショナル・ロマンティシズム	352
ナショナル・ギャラリー、ペイ	471
名高き婦人	122
ナッシュ、ジョン	251
ナポレオン1世	197
ナルテクス	62
ナンシー派	317

【に】

項目	ページ
西構え、ドイツ	62
二重アーチ、中世後期	107
二条城	100
日本銀行、折衷主義	355
ニュー・スクール・フォー・ソーシャル・リサーチ、アール・デコ	390
ニュー・ブルータリズム	378
ニューヨーク・ステート劇場、モダニズム	444
ニューヨーク近代美術館、ペリ	456
ニューヨークファイブ	472

索 引

【ぬ】
ヌネリー、メキシコ　24

【ね】
熱浴室　42
ネルヴィ、ピエール・ルイージ　432
ネルソン、ジョージ　427, 444
粘土板、メソポタミア　20

【の】
ノイトラ、リチャード　419, 440
農家、フィンランド中世　68
ノートル・ダム教会、モダニズム　407, 408
ノートル・ダム大聖堂、フランス　111
ノートルダム・デュ・オー礼拝堂、コルビュジエ　378
ノートン、ジョン　275
ノル、ハンス　426
ノル、フローレンス　439
ノルマンディー号、アール・デコ　390
ノルマン様式、中世後期　116

【は】
バイエラー美術館、ピアノ　457
ハイテク　456
ハイポイント、モダニズム　412
パイミオ・サナトリウム、アールト　380
バイヨン　93
パイロン　29
ハウ、ジョージ　420
パウエル・ハウス、コロニアル様式　235
バウスベア教会、デンマーク　434
ハーウッド・ハウス、イングランド　232
バウハウス、グロピウス　364
ハギア・イレーネ聖堂、トルコ　59
ハギア・ソフィア大聖堂、トルコ　53, 57
パーク・クレセント、リージェント様式　252
白書院、西本願寺　100
剥奪古典主義　348
柏林寺、中国　96
橋、産業革命　265
バージニア大学、コロニアル様式　241
バシリカ、古代ローマ　46
バシリカ教会、初期キリスト教　54
バス・リリーフ、中世後期　125
バスルーム、インダストリアルデザイン　398
バターフィールド、ウィリアム　262
パックストン、ジョセフ　266
パッツィ家礼拝堂、イタリア　135
ハットフィールド・ハウス、イングランド　212
バットレス　59
バットレス、フライング——　108
ハディド、ザハ　487
ハーデンバーグ、ヘンリー・J　286
ハードウィック、フィリップ　255
ハードウィック・ホール、イングランド　211
ハドフィールド、ジョージ　256
ハートレー＆グラハム商店、アメリカ　285
ハドン・ホール、イングランド　120
バーナム、ダニエル・H　340
ハバード、エルバート　305
ハーフ・ティンバー、中世後期　126
ハープシコード、ジョージ王朝期　225
　ルネサンス　154
　ロココ　191
ハーフティンバー　69
ハーマン・ミラー、モダニズム　446
ハーマンミラー社　426
ハーモニウム、ヴィクトリア女王時代　280
ハラストゥティ、エスツラー　427, 450
パラッツォ　130
　ルネサンス　140
パラッツォ・ヴェッキオ、イタリア　120
パラッツォ・カリニャーノ、イタリア　164
パラッツォ・ダヴァンツァーティ、イタリア　132
パラッツォ・デル・テ、イタリア　146
パラッツォ・ドゥカーレ、イタリア　143, 163
パラッツォ・ファルネーゼ、イタリア　140
パラッツォ・マッシモ・アッレ・コロンネ　143
パラッツォ・メディチ＝リッカルディ、イタリア　135
パラディアン・ウィンドウ、コロニアル様式　236
パラーディアン・モチーフ、ルネサンス　148
パラーディオ、アンドレア　147
パラマウント・ホテル、スタルク　474
バラ窓、中世後期　110
ハーランド、ヒュー　114, 118
ハリ・マンディル、インド　90
バリィ、サー・チャールズ　261
ハリス、ハーウェル・ハミルトン　419
ハリソン、ピーター　240
梁柱構造、エジプト　28
パルコ・デラ・ムジカ、ピアノ　487
バルセロナ・チェア、ミース　367
バルセロナ・パビリオン、モダニズム　367
バルセロナ大聖堂、スペイン　116
バルタザール・ノイマン、ヨハン　169, 170
バルダッキーノ　160
バルタール、ヴィクトール　269
バルティモア大聖堂、コロニアル様式　244
パルテノン　35
バルトロメーオ、ミケロッツォ・ディ　135
パールマン、ウィリアム　425
バルロワ城、フランス　181
パレスホテル、モダニズム　449
ハレム、トルコ　78
バレル・ヴォールト、バロック　186
バロック　157
　イタリア　157
　フランス　177, 185
バーン・ジョーンズ、エドワード　297
半円筒ヴォールト　41
バンケティング・ハウス、イングランド　213
パンコック、ベルンハルト　320
バンシャフト、ゴードン　423
バーンズ、エドワード・ララビー　443
ハンス・グジェロ　437
バーンズダール邸、ライト　416
半地下室　63
パンテオン　44, 45
パンテオン、ローマ　33
ハント、リチャード・モリス　336
パントン、ヴェルナー　451

【ひ】
ビアズリー、オーブリー　314
ピアノ、レンゾ　459
ピアノ・ノビレ　130, 143
ピエールフォン城、フランス　121
ヒエログラフの碑文　28
微温浴室　42
控え壁　59
ピーコック・ルーム、イギリス　300
ビザンティン　53, 55
聖カルロ聖堂、オーストリア　167
聖ミヒャエル、ドイツ　63
ピック、フランク　393
ヒックス、デイビッド　438
ヒッチコック、ランバート　247
碑文の神殿、メキシコ　23
日乾レンガ、シュメール　20
ピュージン、オーガスタス・ウェルビー・N　261
ヒューマニズム、ルネサンス　129
ピュリズム　371
ピューリタン・インテリア　350
ビューロー、アール・デコ　392
ビューロー・ア・サンドル　194
ビューロランドシャフト　437, 445
病院、スターン　469
ビラ・トゥルク、ブッドマン　475
ピラミッド　27, 28
　の角度　28
ビリャビシオサ礼拝堂、スペイン　80
ビル、マックス　407, 437
ビルトモア、アメリカ　336
ビルナウの巡礼教会、ドイツ　168, 169
ヒルハウス、イギリス　295, 304
ヒルフェルスム市役所、モダニズム　404
ピレリ・ビル、モダニズム　433
ビング、サミュエル　316
ヒンドゥー教　84

【ふ】
ファイフ、ダンカン　247
ファースト・クリスチャン教会、サーリネン　423
ファーネス、フランク　287
ファン・ヴォールト、中世後期　114, 116
ファン・エゲラート、エリック　483
ファン・ドゥースブルフ、テオ　361
ファンズワース邸、ミース　369
フィッシャー・フォン・エルラッハ、ヨハン　167
フィラデルフィア貯蓄基金協会、レスケーズ　420
フィリップス・エクセター・アカデミー図書館、カーン　455
フィルツェーンハイリゲンの巡礼教会、ドイツ　169
フィルミニ・ヴェール、コルビュジエ　377
フィレンツェ大聖堂、イタリア　117, 133
フィンランド・パビリオン、アールト　383
フォスター、ノーマン　458, 487
フォートゥイユ　194
フォーラム、コルビュジエ　378
フォルケッツ・ヒュース、モダニズム　434
フォン・ヒルデブラント、ヨハン・ルーカス　171
フォンテーヌ、ピエール・フランソワ・レオナール　197
フォンテンブロー宮殿、フランス　180
フォントヒル・アビィ、イングランド　260
輻射暖房　49
副柱頭、ルネサンス　134
付属中庭　68
仏教　83
復興様式　254
仏塔、インド　84

プットマン、アンドレ 475	ブロカテール 154	ホイットニー美術館、モダニズム 441	マウント・プレザント邸宅、コロニアル様式 236
プティ・トリアノン 193	ブロケード 154	ボーヴェイ大聖堂、フランス 110	梛式構造、エジプト 28
プティ・トリアノン、フランス 193	プロセニアム・アーチ 157	ボーウェン、リシャール 390	マクドナルド、フランシス 304
船、産業革命 265	プロト・アール・ヌーヴォー 314	豊穣の女神、メキシコ 23	マクドナルド、マーガレット 304
ブハーラ絨毯 82	ブロードレイズ、イギリス 302	法隆寺 100	マクマード、アーサー・ヘイゲート 302
フラー、リチャード・バックミンスター 456	フローリス、コルネリス 208	ホクシー・ハウス、コロニアル様式 232	マクミラン、エレノア 345
フライ、マックスウェル 409	ブロワ城、フランス 179	ホークスムア、ニコラス 219	マーケット・ホール、中世後期 119
プライウッド 290	分離派館ギャラリー、オーストリア 322	ボザール、エコール・デ・ 333	マサチューセッツ州議会議事堂、コロニアル様式 243
フライング・バットレス 108		ボスコベル、コロニアル様式 243	マジストレッティ、ヴィコ 433
プラス・マウル、イングランド 210	【へ】	ポストモダニズム 462	マーシャル・フィールド・ホールセール・ストア、アメリカ 307
プラダのショウルーム、コールハース 475	ペイ、I・M 470	ポストモダン、ヨーロッパ 467	マジョレル、ルイ 317
フラッグ、アーネスト 342	ペイ、イオ・ミン 443	ボスワース、ウェルズ 343	マーチャンツハウス博物館 257
ブラック、ミッシャ 393	ベイ・リージョン・ヴァナキュラー、モダニズム 440	ポセイドン神殿、イタリア 36	マチュピチュ 26
プラットナー、ウォーレン 440	ヘイスティングス、トマス 340	ボダール邸、フランス 195	マッカーサー・Jr、ジョン 287
ブラッドバリー・ビルディング、折衷主義 342	ベヴィラックアの間、イタリア 152	ボッロミーニ、フランチェスコ 161	マッキム、チャールズ・フォレン 338
ブラッドリー、ウィル 305	ベーカーハウス、アールト 383	ボッロメオ、サン・カルロス 231	マッキム・ミード・アンド・ホワイト設計事務所 282
プラテレスコ 200	壁画、ルネサンス 131	ポートランド市庁舎ビル、グレイブス 466	マッキンタイア、サミュエル 246
ブラフメシュワラ寺院、インド 87	ヘゲソの石碑 39	ボナール、ピエール 314	マッキントッシュ、チャールズ・レニー 303
ブラマンテ、ドナート 138	ベックフォートン城、イングランド 275	ポープ、ジョン・ラッセル 471	マッコブ、ポール 447
プーラルト、ジョセフ 351	ヘップルホワイト、ジョージ 226	ホープ、トーマス 253	マッソン邸、フランス 313
フランク、ジャン・ミシェル 389	ヘディンガム城、イングランド 67	ホフ、ロバート・ファント 361	マデルノ、カルロ 158
フランクル、ポール 390	ペトロナス・センター、ペリ 456	ホフマン、ヨーゼフ 323	窓、中世後期 125
フランコ・アルビーニ 433	ヘニングセン、ポール 394	ボフラン、ガブリエル・ジェルマン 192	窓、ティファニー 326
ブランジ、アンドレア 467	ベネディクト会 67	ポブレー修道院、スペイン 71	マードック・ビルディング、折衷主義 341
フランソワ1世 179	ペリ、シーザー 453, 455	ホライン、ハンス 468	マトマタ、地下住居 19
プランタウアー、ヤーコプ 166	ペリアン、シャルロット 375	ホルウェル、ジョン 239	マドレーヌ教会堂、フランス 198
フランボワアン 110	ペリステリウム 35, 47	ボルグンド・スターヴ教会、ノルウェー 65	マナー・ハウス 120
フリーズ 35	ベル・ゲデス、ノーマン 395	ポルト・ドーフィヌ駅入口、フランス 319	マニエリスム 144
フリッツ・ハンセン社 434	ベルーシ、ピエトロ 441	ボールドウィン、ウイリアム（ビリー） 345	マーブル・ホール、ヴィクトリア女王時代 275
フリードマン邸、オーストリア 321	ペルシエ、シャルル 197	ボールドウィン、ビリー 426	マリメッコ 451
プリマティッチオ、フランチェスコ 180	ベルジェール 194	ボールドウィン、ベンジャミン 446	マール、アンドレ 388
ブール、アンドレ・シャルル 190	ベルター、ジョン・ヘンリー 290	ボルドーの邸宅、コールハース 475	マルケリウス、スヴェン 401, 408, 434
ブール、ロココ 190	ヘルツォーク＆ド・ムーロン 482	ボロブドゥール、インドネシア 94	マルメゾン城、フランス 197
ブルー・モスク、トルコ 78	ペルツィ、バルダッサーレ 143	ホワイト、スタンフォード 338	マレ＝ステヴァン、ロベール 408
ブールジュ大聖堂、フランス 108	ヘルツベルガー、ヘルマン 437	ポン・デュ・ガール、フランス 42	マンサード 182, 278
フルーティング 195	ベルトイア、ハリー 427, 447	ボン・マルシェ、フランス 269	マンサール、ジュール・アルドゥアン 185
ブルネル、イサンバード・キングダム 265	ベルトン・ハウス、イングランド 218	ポンティ、ジオ 433	マンサール、フランソワ 181
ブルネレスキ、フィリッポ 132	ベルニーニ、ジャンロレンツォ 158	ポンピドー・センター、ロジャース、ピアノ 459	マンチェスター・バイ・ザ・シー、アメリカ 282
ブルバスドーム、インド 89	ベルラーヘ、ヘンドリック 310	ポンペイアン・コート・レストラン、モダニズム 425	
ブルフィンチ、チャールズ 243	ペレ、オーギュスト 407		【み】
ブレイカーズ、アメリカ 336	ベーレンス、ペーター 320	【ま】	ミケーネ 33
フレイジー、ジョン 256	ペロー、クロード 186	舞殿、インド 86	ミケランジェロ・ブォナローティ 144
フレグメント・ヒル・ホテル、中国 97	ベン・レヴィー邸、モダニズム 409	マイヤー、リチャード 472, 472	ミケロッツォ 135
フレシネ、ウジェーヌ 403	ペンシルベニア鉄道駅、折衷主義 339	マイヤーソン・シンフォニー・ホール、ペイ 471	ミシン 292
フレデリック・R・ワイズマン美術館、ゲーリー 480	ペンシルベニア美術アカデミー、合衆国 273	マイヤール、ロベール 403	ミース・ファン・デル・ローエ 364, 422
フレデリック・ロビー邸、ライト 360	ペンタグラム社、モダニズム 438	マウナケア・ビーチホテル、モダニズム 443	
ブレニム宮殿、イングランド 219	ペンデンティヴ・ドーム 134	マウント・バーノン、コロニアル様式 236	
プレーリースタイル 359	ペンデンティブ技法 57		
ブロイヤー、マルセル 404, 406, 410	ヘンリー7世礼拝堂、イングランド 114		
プロヴァンシャル 199	【ほ】		
	ホイッスラー、ジェイムズ・マクニール 300		

ミース・ファン・デル・ローエ、ルートヴィヒ 357	モーザー、カール 406	【ら】	【り】
ミック、リシャール 194	モーザー、コロモン 326	ラ・ヴィレット公園、チュミ 477	リー、アン・ 283
ミッシェル・ルー=スピッツ 387	モザイク、ラヴェンナ 54	ラ・カルトゥハ、スペイン 202	リー、サラ・トマーリン 446
ミード、ウィリアム 338	モスク 76	ラ・スペルガ、イタリア 164	リ・アン・バトー 197
ミナレット 76	モースブルッガー、カスパール 168	ラ・トゥーレット修道院、コルビュジエ 378	リー・マンション、ギリシャ様式復興 256
ミノア 33	モダニスティック 387	ラ・マドレーヌ修道院教会、フランス 63	リアドス 116
ミヒャエル・フィッシャー、ヨハン 169	モダニズム 357	ラ・マルコンテンタ、イタリア 149	リヴァイヴァル 254
ミフラーブ 76	アメリカ 415	ラ・ロトンダ、イタリア 148	リエデ、ロワゼ 121
ミュケナイ 34	モダニズム、初期——、ヨーロッパ 403	ライアススリー写本 70	力織機 264
ミュージック・キャビネット、唯美主義 302	モダン・ムーブメント 357	ライト、フランク・ロイド 357, 415, 441	リージェンツ・パーク、リージェント様式 252
ミュシャ、アルフォンス 314	持ち送り屋根 85	ライト、ラッセル 396	リージェント様式 251
ミュレット、アルフレッド・B 287	モティ・マスジド、インド 90	ライヒ、リリー 367, 404	リスボア、アントニオ・フランシスコ 230
ミラー邸、アイゼンマン 477	モデュロール 379	ライヒスターク・ビル、フォスター 488	リゾム、ジェンス 426, 447
ミラノ大聖堂、イタリア 117	モデルン 387	ライン、キュナード 393	リチャードソン、ヘンリー・ホブソン 306
ミルズ、ロバート 256	モナストリー 114	ラヴェンナ 54	リップスティックビル、ジョンソン 467
ミンストレルズ・ギャラリー 120	モノポディア 253	ラウレンツィアーナ図書館、イタリア 129	リーディング 195
ミンバル 76	モヘンジョ・ダロ、パキスタン 83	ラーキン・ビル、モダニズム 357	リートフェルト、ヘリット 362
	MoMA、グッドウィン 421	落水荘、ライト 417	リネンフォールド 123
【む】	模様 19	ラジオ、アール・デコ 390	リバティ様式 313
ムーア風 79	モリス、ウイリアム 295	折衷主義 351	リビング・ルーム、中世後期 123
——アーチ 80	モリス・チェア 297	ラジオシティ・ミュージックホール、アール・デコ 391	リブ・アーチ 107
ムクテシュワル寺院、インド 87	モリス・マーシャル・フォークナー商会 297	ラジオ蓄音機 400	リブ・ヴォールト、中世後期 107, 114
ムテジウス、ヘルマン 309	モリス商会のデザイン 297	ラスキン、ジョン 261, 295	リーブス、ドロシー 400, 450
ムデハル 200	モリスチェアー、オーストリア 324	ラスコー 15	リーマーシュミット、リヒャルト 320
ムハンマド・シャーの墓、インド 87	モーリタニア号、折衷主義 355	ラスティケーション 135	リミング、ロバート 212
	モリノ、カルロ 433	ラーセン、ジャック・レノア 450	リュールマン、ジャック・エミール 388
【め】	モン・サン・ミシェル修道院、フランス 64	ラダーバック・チェア 232, 284	リンドハースト、アメリカ 259
メイドウッド、アメリカ 257	モンティチェロ、コロニアル様式 241	ラッセル、ゴードン 393	
メイベック、バーナード・R 307	モンドリアン、ピエト 361	ラッチェンス、エドウィン 91	【る】
メガロン 34		ラッチェンス、サー・エドウィン 353	ル・ヴォー、ルイ 182
メクレンブルク=シュトレーリッツ公妃フレデリカの肖像 173	【や】	ラティア、アルミ 451	ル・コルビュジエ 357, 370, 436
メサ・ヴェルデの廃墟、コロラド 22	野外闘技場 41	ラテン・アメリカ、植民地様式 229	ル・トロネ修道院、フランス 67
メソニエ、ジュスト・オーレル 192	ヤコブセン、アルネ 434	ラテン十字形 64	ルイ・ジロー、シャルル 335
メソポタミア 20		ラトローブ、ベンジャミン 243	ルイ14世 185
メゾン・カレ、フランス 44	【ゆ】	ラーナー・ホール、チュミ 477	ルイ15世様式 192
メゾン・ド・ロム、コルビュジエ 379	唯美主義 295	ラファージ、ジョン 306	ルイ16世 194
メゾン城、フランス 182	ユヴァーラ、フィリッポ 164	ラフィーヴァー、マイナード 256	ルート、ジョン・ウエルボーン 341
メディチ家礼拝室、イタリア 136	郵便貯金局、オーストリア 323	ラブルースト、ピエール-フランソワ-アンリ 268	ルドゥー、クロード・ニコラ 198
メディチ家礼拝堂、イタリア 145	ユーゲント・スティール 313, 320	ラム、トーマス・W 351	ルートン・ホー、イングランド 221
メトープ 35	ユージニオ・モントゥオリ 432	ラリック、ルネ 319, 388	ルネサンス 129
メトロ入口、フランス 318	ユーストン駅、イングランド 255	ラルー、ヴィクトル 335	イングランド 207
メニル・コレクション美術館、ロジャース、ピアノ 457	ユーソニアン・ハウス、ライト 419	ラール・キラー宮殿、インド 89	オランダ・フランドル 207
メールオーダー、ヴィクトリア女王時代 292	ユニオン駅、折衷主義 340	ランス大聖堂、フランス 111	スペイン 200
メルク大修道院、オーストリア 166	ユニタリアン教会、カーン 454	ランタン 63, 133	フランス 177, 179, 180
メルクの大修道院、オーストリア 166	ユニテ・ダビタシオン、コルビュジエ 376	ランプ、アール・ヌーヴォー 317	ルーブル宮殿、フランス 188
メロードの祭壇画 122	ユール、フィン 394, 433	ヴィクトリア女王時代 280, 292	ルーブル美術館、ペイ 471
メンデルゾーン、エーリヒ 405	ユルト、モンゴル 18	産業革命 265	ルベトキン、バーソルド 412
メンフィス、モダニズム 467		ランブール兄弟 105	ルメルシエ、ジャック 189
	【よ】		
【も】	浴場、中世 69		
木彫、中世後期 125	寄木細工、ルイ14世 190		
	四葉飾り 106		
	四十柱宮 77		

【れ】

項目	ページ
レイクショア・ドライブ・アパートメント、ミース	422
礼拝堂、フランス	186
礼拝用祭服、バロック	*174*
レイヨナン	110
レヴェル、ヴィルヨ	436
レオン大聖堂、スペイン	116
レギュレーティング・ライン	370
レジャ	116
レジャンス	191
レスケーズ、ウィリアム	420
レスコー、ピエール	181
レスター大学工学部、スターリング	461
レストラン、ファン・ドゥースブルフ	*362*
レスプリ・ヌーヴォー	371
列石	16
レッド＆ブルーチェア、リートフェルト	*363*
レッド・ハウス、イギリス	297
レディース・ホーム・ジャーナル	305
レン、サー・クリストファー	215
レンウィック・ジュニア、ジェイムズ	258
レンジ、ヴィクトリア女王時代	281
レンジ、産業革命	265
連棟住宅	69
ギリシャ様式復興	257
レンのシティー・チャーチ	*302*
連邦様式	241

【ろ】

項目	ページ
ロイクロフト	305
ロイズのオフィスビル、ロジャース	457
ロイヤル・サロン、ヴィクトリア女王時代	292
ロイヤル・パビリオン、イングランド	251
ロイヤル・フェスティバル・ホール、モダニズム	*438*
ローウィ、レイモンド	395
ロヴェル邸、ライト	419
六分ヴォールト	64
ロココ	157
ロココ、フランス	177
ロジャース、ジェイムズ・ギャンブル	346
ロジャース、ジョン	280
ロジャース、リチャード	459
ロース、アドルフ	325
ロスバック、エド	451
ロセッティー	299
ロッキング・チェア	284
ロックフェラーセンター、モダニズム	*450*
ロッジア、韓国	98
ロッソ、ジョヴァンニ・バティスタ	180
ロード、ギルバート	396, 426
ロートレック、アンリ・トゥールーズ	314
ロバーツ、トマス	221
ロビー邸、ライト	360
ロブスジョン-ギビングス	425
ロマネスク、スペイン	72
ロマネスク様式	53, 61
ロマーノ、ジュリオ	146
ロールトップ	194
ロールトップの机、ヴィクトリア女王時代	286
ロング・ギャラリー、イングランド	*210*
ロングハウス、アメリカ	21
ロングリート、イングランド	211
ロンゲーナ、バルダッサーレ	162
ロンドン万国博覧会、日本展示館	*300*
ロンハ・デ・ラ・セダ、スペイン	119

【わ】

項目	ページ
ワイアット、ジェイムズ	260
ワイルド、オスカー	300
ワーグナー、オットー	322
ワークブンド	310
ワシリーチェア、グロピウス	366
ワッツ・シャーマン・ハウス、アメリカ	*282*
ワット、ジェームス	263
ワット・スワンナラム、タイ	93
ワット・プラシー・サンペット、タイ	93
ワーネック、ジョン・カール	445
ワールド・フィナンシャル・センター、ペリ	456
ワンク、ローランド	398

[著者紹介]

ジョン・パイル（John Pile）

プラット・インスティテュートのデザイン科名誉教授。
2001年に4万人以上が加盟するアメリカ・インテリアデザイナー
協会のジョエル・ポルスキー賞を受賞。

インテリアデザインの歴史

2015年2月20日　初版第1刷発行

著　者	ジョン・パイル
翻　訳	大橋竜太，末永 航，高木陽子，田島恭子，田中厚子，羽生修二，深見奈緒子，星 和彦，安田結子，横山 稔，渡辺真弓
発行者	富澤凡子
発行所	柏書房株式会社 東京都文京区本郷 2-15-13（〒113-0033）
電　話	(03) 3830-1891［営業］ (03) 3830-1894［編集］
組　版	有限会社秋耕社
装　丁	山田英春
印　刷	壮光舎印刷株式会社
製　本	小髙製本工業株式会社

Ⓒ 2015, Printed in Japan
ISBN978-4-7601-4526-3